한울정치학강좌

국제관계론강의 1

·

김우상·김재한·김태현·박건영 편역
백창재·신욱희·이호철·조기숙

한울
아카데미

머리말

    국제관계론을 공부하면서, 그리고 길지 않은 기간 동안이나마 이를 강의하면서 우리는 부담스러운 책임감과 기다림을 마음 속에 접어두고 있었던 것 같다. 필요한 그 무언가가 결여되어 있다는 안타까움, 그것을 누군가가 해소시켜 주지는 않을까 하는 막연한 기다림, 그리고 그 누군가가 바로 우리가 아닌가 하는 부담 섞인 책임감이 늘 공존하였던 것이다.

    국제관계론 또는 그와 유사한 과목을 수강하는 학생들은 주로 문헌비평 중심의 독서에 의존하고 있었다. 문헌비평만의 독서는 비평가의 견해가 내포된 이론의 요약을 흡수하는 데는 도움이 되지만, 이론 자체에 대한 정확한 이해와 비판의 가능성을 처음부터 제한할 수 있고, 자칫 피상적이고 단편적인 지식의 습득에 그치도록 하기 쉽다. 더욱 심각한 것은 독자들이 '연구에 대한 연구를 연구'하는 꼴이 되어 '이론가의 독창성'을 왜곡되게 해석할 수도 있다는 점이다.

    이러한 문제를 보완하기 위해서는 '이론'이라고 일컬어질 만한 국제관계 분야의 '역작들'을 기존 교과서와 더불어 소개함으로써 이론가와의 보다 직접적인 대화를 모색하게 하는 방법이 필요하다. 이러한 교재(Reader)의 필요성을 절실히 느끼면서도 엄청난 시간과 에너지를 투자할 수 없어 기다리고만 있었던 사람들이 비단 우리만은 아니었을 것이다. 사실 나 아닌 다른 누군가의 글을 번역한다는 것은 나의 글을 창조하는 것보다 더 힘들 수 있기 때문이다. 그러나 누군가는 반드시 해야 할 일이고, 우리는 이 작업을 우리가 떠맡기로 하였다. 책 발간까지 시간이 꽤 걸린 것은 모자라는 능력 탓도 있지만 책을 제대로 만들어야 한다는 사명감 때문이었고 우

4

리는 이를 위해 섣불리 서두르지 않았다. 이러한 형태의 교재의 생명은 번역의 정치성(精緻性)에 있으므로, 국제관계론 각 분야를 전공한 학자들이 자신의 글을 '창조하듯' 열과 성을 다하였다.

이 책은 1권과 2권으로 나뉘어 있다. 제1권은 국제정치, 제2권은 국제정치경제에 관한 이론을 담았다. 제1권의 내용은 현실주의와 자유주의로 구분되어 있다. 즉 국가를 합리적 단일행위자로 보고 이들 간의 생존 및 갈등과 관련한 문제를 핵심 연구주제로 보는 관점과, 이와는 달리 국가를 국제관계의 여러 행위자 중 하나로 파악하고 안보문제를 포함한 다양한 이슈를 협력의 가능성에 강조점을 두고 연구하는 관점으로 제1권의 주제를 나누었다. 물론 특정 이론가가 어느 저작에서는 현실주의에 다른 논문에서는 자유주의에 가까울 수도 있다. 따라서 구분의 대상은 이론가 개인이 아니라 글의 내용이 된다. 제2권에는 현실주의와 자유주의에 더하여, 국제관계를 세계경제사적 관점에서 조명하면서, 행위자와 상호작용하는 구조, 그리고 국제관계 변동의 주체로서 사회세력의 중요성을 강조하는 글로벌리즘까지 포함하여 실었다. 각 이론들은 연대순으로 배열되어 있어 독자들이 활용하기에 따라서는 이론의 논쟁, 수정, 진화과정을 용이하게 파악할 수 있을 것이다. 아울러 이해를 돕기 위해 1, 2권에 게재되어 있는 모든 저작들의 '국제관계 이론사적 자리매김'을 각 장의 모두(冒頭)에 제시하였다.

우리는 이 책에 포함되지 못한 '이론들'이 많이 있음을 알고 있다. 특히 역사사회학적 이론들, 구성주의, 탈구조주의 등 비판이론들, 그리고 환경, 페미니스트 저작들은 앞으로 정선하여 필히 주워 담아야 할 것으로 생각한다.

이 책이 나오게 될 때까지 많은 분들이 수고를 아끼지 않았다. 특히 세심하게 교성을 봐준 서강대 최형덕, 도서출판 한울의 진경희, 이민정 님에게 고마움을 전하고 싶다. 우리의 작업성과가 세상의 빛을 보게 해준 도서출판 한울 김종수 사장님께도 깊은 감사를 드린다.

1997년 2월
편역자들을 대신하여 박건영

차례

II 자유주의

I
현실주의

현실주의 국제정치이론*

한스 모겐소

이 책은 국제정치이론의 정립을 목적으로 하고 있다. 그러한 이론을 검증하는 기준은 이론적이고 추상적인 것이 아니라 경험적이고 실용적인 것이 되어야 한다. 바꾸어 말하면 그 이론은 선입견을 지닌 추상적인 원칙이나 현실과 동떨어진 개념에 의해서가 아니라, 이론이 목적하는 바에 의해서 판단되어야만 한다. 그럼으로써 단절되어 있고 난해한 수많은 현상에 체계와 의미를 부여할 수 있게 되는 것이다. 이론은 경험적인 면과 논리적인 면에서 이중의 검증을 거쳐야만 한다. 경험적 검증은 실제로 현실에서 발견되는 사실들이 이론의 해설에 들어 맞는가 하는 질문에 답하는 것이다. 논리적 검증은 이론이 도달하게 되는 결론이 이론의 전제로부터 논리적 필연성에 의해 도출된 것인가 하는 질문에 답하는 것이다. 한마디로 말

---

* Hans J. Morgenthau, *Politics Among Nations: The Struggle for Power and Peace*, 5th ed., New York: Alfred A. Knopf, 1973(1948), ch.1(조기숙 옮김). 이호재 교수가 번역한 『현대국제정치론』(법문사, 1987)을 참고하였음.

▶ 모겐소의 이 저작은 전후 국제정치 분야에서 가장 널리 읽혀진 책의 하나이다. 그 이유는 이 책이 국제정치 연구에서 현실주의 패러다임을 정립하는 데 결정적 공헌을 했기 때문이다. 이후 국제정치 연구동향은 이상주의적 규범론에서 현실주의적 분석론으로 전환되었다고 해도 과언이 아니다. 이 책에서 모겐소는 보편적인 도덕적 원칙으로부터 규범적 논의의 연역적 도출에 치중해 온 이상주의 전통을 비판하고, 인간성과 정치현실에 대한 실제적 가정에 입각하여 경험적이며 과학적인 연구를 지향하는 현실주의 정치이론을 정립하고 있다. 이기적 존재로서의 인간성, 권력투쟁으로서의 정치현상, 권력으로 정의되는 국가이익, 주행위자로서의 국가 등의 가정에 입각해서 현실주의 국제정치이론을 전개하고 있다.

한다면 그 이론이 사실에 부합하며 그 이론체계내에서 일관성이 있는가 하는 것이다.

이러한 이론이 제기하는 논점은 모든 정치의 본질과 관련되어 있다. 현대정치사상사는 인간과 사회 그리고 정치의 본질에 대한 이해를 궁극적으로 달리하는 두 학파 사이의 논쟁으로 이루어져 있다. 한 학파는 보편적으로 타당한 추상적 원칙들로부터 도출된 합리적이고 도덕적인 정치질서가 지금 당장 수립될 수 있다고 주장한다. 이 학파는 인간본성이 본질적으로 선하며 무한히 개선될 수 있다고 가정한다. 따라서 사회질서가 합리적 기준에 부합하지 못하는 이유는 지식과 이해의 부족이나 진부한 사회제도, 또는 소외된 개인이나 집단의 박탈감 때문이라고 한다. 이 학파는 교육과 개혁 그리고 이따금 강제력의 사용을 통해 이러한 결함을 고칠 수 있다고 믿는다.

다른 한 학파는 합리적 관점으로 볼 때 세상이 불완전한 이유는 인간본성에 내재된 동인(動因)으로부터 결과한다고 믿는다. 이 세상을 개선하기 위해 그러한 동인들에 대항할 것이 아니라 그러한 힘을 인정하고 대처해야 한다고 믿는다. 이 세계에는 대립하는 이해와 갈등이 본래부터 존재하므로 도덕적 원칙이 완벽하게 실현되는 것은 불가능하다. 기껏해야 일시적인 이해의 균형과 불확실한 갈등의 타결을 통해서 도덕적 원칙에 접근할 따름이다. 따라서 이 학파는 견제와 균형의 체계를 모든 다원사회에 적용할 수 있는 하나의 보편적인 원칙으로 간주한다. 이 학파는 추상적인 원칙보다는 역사적인 선례를 따르고자 하며, 절대선보다는 오히려 차악(差惡)의 실현을 목표로 하고 있다.

실제로 존재하는 인간의 본성과 실제로 일어났던 역사적 과정에 대한 이러한 이론적 관심은 현실주의의 이름으로 여기에 제시된다. 그러면 정치적 현실주의의 원칙은 무엇인가? 정치적 현실주의의 이념을 여기에서 체계적으로 설명할 수는 없다. 따라서 빈번하게 오해를 받아 온 여섯 개의 기본 원칙을 설명하는 것으로 대신하고자 한다.

정치적 현실주의의 6가지 원칙

1. 정치적 현실주의는 일반적으로 정치도 사회와 마찬가지로 인간 본성에 근거하는 객관적 법칙의 지배를 받는다고 본다. 사회를 향상시키기 위해서는 먼저 그 사회를 지배하는 법칙을 이해하는 것이 필수적이다. 이러한 법칙의 작용은 우리들의 선호와는 무관하며, 인간이 그 법칙에 도전한다고 해도 바뀌지 않는다.

정치적 법칙의 객관성을 믿는 현실주의는 아무리 불완전하고 편파적인 객관적 법칙이라 하더라도 합리적인 이론의 발전 가능성을 믿을 수밖에 없다. 이는 또한 정치에서 진리와 견해가 구분될 수 있다고 믿는다. 진리는 증거에 의해 객관적으로 뒷받침되고 이성에 의해 합리적으로 밝혀지는 진실한 것이며, 견해는 사실과 괴리된 편견과 희망사항에 따른 주관적인 판단에 불과하다.

정치적 법칙의 연원이 되는 인간의 본성은 이러한 법칙을 발견하기 위해 노력해 온 중국과 인도, 그리스의 고대철학 이래로 전혀 변하지 않았다. 그러므로 정치이론에 있어서 새로운 것이 반드시 좋은 것도 아니며 오래되었다고 반드시 흠이 되는 것도 아니다. 전에 그러한 정치이론을 한 번도 들어본 적이 없다는 사실은 비록 그것이 존재한다고 하여도 이론의 필요성에 도움이 되기보다는 이에 불리한 가정을 만들어 내는 경향이 있다. 반대로 세력균형이론과 같은 정치이론이 수백 년 심지어는 수천 년 전에 만들어졌다는 사실 때문에 그 이론은 시대에 뒤떨어지고 진부한 것임에 틀림없다는 추론할 수 있는 것은 아니다. 정치이론은 반드시 이성과 경험에 의해 이중으로 검증을 받아야 한다. 몇 세기 전에 그 이론이 전성기를 누렸기 때문에 그러한 이론을 무시한다면 이는 합리적인 주장이라기보다는 현재를 과거에 비해 우월하다고 간주하는 현대적인 편견에 불과하다. 그러한 이론의 부활을 '시류' 또는 '일시적 유행'으로 치부하는 것은 정치문제에서는 진리는 없고 견해만이 존재할 수 있을 뿐이라고 가정하는 것과 다를 바 없다.

현실주의에 있어서 이론은 사실을 확인하고 이성을 통해 그 사실에 의미를 부여한다. 이론은 수행된 정치적 행위와 이러한 행위의 예측 가능한 결과를 검토함으로써만 외교정책의 특성을 확인할 수 있다고 가정한다. 따라서 우리는 위정자들이 실제로 행한 바를 발견할 수 있으며, 그들 행위의 예측 가능한 결과로부터 그들의 목적이 무엇이었는지를 짐작할 수 있게 된다.

그러나 사실의 검토만으로는 충분하지 않다. 외교정책에 관한 사실적인 자료에 의미를 부여하기 위해서는 일종의 합리적인 틀(rational outline)을 가지고 정치현실에 접근해야 한다. 합리적인 틀이란 외교정책의 의미를 제시하는 좌표와 같은 것이다. 다시 말해서, 어떤 구체적인 상황하에서 외교정책상의 문제를 해결해야 하는 위정자의 입장이 되어 보는 것이다. 그리고 이런 상황에서 어떤 구체적인 문제를 해결하지 않으면 안되는 정치가(항상 합리적으로 행동한다고 가정하고)가 택할 수 있는 합리적인 정책대안에는 어떤 것들이 있으며, 또 그러한 상황하에서 특정 정치가는 여러 정책대안 중 어느 것을 택할 것인지를 스스로에게 질문하여야 한다. 이렇게 하는 것이 합리성 가설을 실제의 사실과 결과에 적용하여 검증하는 것이고, 이를 통해 국제정치의 여러 사건에 의미를 부여하여 정치이론이 탄생하는 것이다.

2. 정치적 현실주의가 국제정치를 이해하는 길을 찾는 데 도움을 주는 핵심지표는 권력에 의해 정의되는 이익의 개념이다. 이 개념은 국제정치를 이해하려는 이성과 이해의 대상이 되는 사실 사이를 연결시켜 준다. 바로 이 점이 정치학이 (富로 정의되는 이익의 관점에서 이해되는) 경제학, 윤리학, 미학 또는 종교와 같은 다른 분야와는 별도로 행위와 이해에 관하여 독자적인 영역을 차지하도록 만든다. 이익의 개념이 없이는 국제정치이론이든 국내정치이론이든 모두 불가능했을 것이다. 왜냐하면 그 개념이 없이는 정치적 사실과 비정치적 사실을 구분할 수도 없으며, 정치적 영역에 있는 최소한의 체계적인 질서조차 감지할 수 없기 때문이다.

우리는 위정자들이 권력에 의해 정의되는 이해관계에 따라 생각하고 행동한다고 가정한다. 역사가 이러한 가정을 증명하고 있다. 이 가정을 통해서 우리는 위정자가 정치의 무대에서 과거, 현재, 그리고 미래에 취했거나 취하려고 하는 행위를 추적하고 예측할 수 있게 된다. 우리는 어깨너머로 그가 공문서를 쓰는 것을 살펴보기도 하고, 다른 위정자와 나누는 대화를 엿듣기도 하고, 그가 하고 있는 바로 그 생각을 추측하고 예측하기도 한다. 권력에 의해 정의되는 이해관계를 기준으로 생각함으로써, 우리는 그가 생각하는 것처럼 생각한다. 그리고 우리는 사심 없는 관찰자로서 정치의 무대에 놓여 있는 행위자인 그가 자신의 생각과 행위를 이해하는 것보다도 더 잘 이해하게 된다.

권력에 의해 정의되는 이익의 개념은 관찰자를 지적으로 훈련시키며, 주관적인 정치적 사건에 합리적인 질서가 스며들게 하고, 그럼으로써 정치를 이론적으로 이해할 수 있게 해준다. 행위자의 측면에서 볼 때, 그 개념은 행동규범을 제공해 주고, 외교정책에 있어서 놀랄 만한 지속성을 만들어 낸다. 후임자의 동기, 선호, 지적·도덕적 자질이 전임자와 다름에도 불구하고 대체로 내적 일관성을 보임으로써 미국, 영국, 러시아의 외교정책을 이해할 수 있고, 합리적인 연속체로서 보이게 한다. 국제정치에 관한 현실주의이론은 동기에 대한 관심과 이념적 선호에 대한 관심에서 비롯되는 흔히 범하기 쉬운 두 가지 오류를 막아 준다.

외교정책의 실마리를 전적으로 위정자의 동기에서 찾는 것은 무의미하며 믿을 수도 없다. 동기란 심리학적인 자료 중에서 가장 착각을 일으키기 쉬운 것이기 때문에 무의미한 것이다. 동기는 행위자와 관찰자 모두의 이해관계와 감정에 의해 종종 인식하기 어려울 정도로 왜곡되어 있다. 우리는 스스로의 동기가 무엇인지를 진정으로 알고 있는가? 다른 사람의 동기에 대해 무엇을 알고 있는가?

그러나 우리가 위정자의 진정한 동기를 알 수 있다고 하더라도 그것이 외교정책을 이해하는 데에 큰 도움을 주지 않을 것이며, 오히려 우리를 혼란에 빠뜨릴지도 모른다. 위정자의 동기를 안다는 것은 그의 외교정책 방향이 무엇인지를 알려 주는 많은 실마리 중에 하나를 갖는 것과 같다. 그러나 그 단서를 이용하여 그의 외교정책을 예측할 수 있는 것은 아니다. 역사적으로도 동기와 외교정책 사이에 정확하고 필연적인 관계를 찾아보기는 어렵다. 이는 규범적인 면에서나, 정치적인 면에서 모두 그러하다.

위정자가 좋은 의도를 가지고 있었다고 해서 그의 외교정책이 도덕적으로 칭송할 만하다거나 정치적으로 성공이라고 결론을 내릴 수는 없는 것이다. 그의 동기를 놓고 판단컨대 그가 도덕적으로 잘못된 정책을 의도적으로 추구하지는 않을 것이라고 말할 수는 있지만, 실제로 그러한 결과가 산출될 것이라고는 누구도 장담할 수 없다. 그의 행위가 도덕적으로나 정치적으로 어떤 자질을 띠고 있는지를 알고자 한다면, 그의 행위 자체를 알아야지, 그의 동기를 알 필요는 없다. 위정자는 세계를 개선하고자 하는 열망을 가졌으면서도 사태를 악화시킨 예가 얼마나 많았던가? 그들이 한 가지 목표를 추구했으면서도 그들이 기대하거나 원하지 않았던 결과를 초래한 경우는 또 얼마나 많았던가?

챔벌린(Neville Chamberlain)의 유화정치(politics of appeasement)는 판단컨대 좋은 동기에서 나온 것이었다. 그는 영국의 많은 역대 수상과 비교하여 개인적인 권력욕이 적었다고 할 수 있으며, 평화를 유지하고 모든 관계자들의 행복을 보장하고자 노력하였다. 그러나 그의 정책으로 인해 제2차 세계대전이 불가피하게 발생하였으며 수백만의 인류에게 유래 없는 불행을 안겨 주게 되었다. 반면에 처칠(Sir Winston Churchill)의 동기는 훨씬 덜 보편적이었으며 편협한 사적 권력과 자국의 권력을 추구하였다. 그러나 이렇게 천박한 동기에서 나온 그의 외교정책은 그의 전임자가 추구했던 것과 비교할 때 도덕적·정치적 자질에 있어서 확실히 나은 것이었다. 동기만을 평가할 때, 로베스피에르(Robespierre)만큼 선한 사람은 없었다. 하지만 자신보다 덜 선한 사람들이 죽임을 당하도록 하였고, 자신을 단두대에 세웠으며, 결국 그가 이끌던 혁명마저도 파멸로 이끈 것은 바로 이상주의적 급진주의라는 덕목(德目)이었다.

좋은 동기를 가진 사람이 고의적으로 나쁜 정책을 펼치지는 않는다. 그러나 좋은 동기를 가졌다고 해서 위정자들이 바라는 도덕적인 선과 정치적인 성공이 보장되는 것은 아니다. 따라서 외교정책을 이해하고자 할 때 중요한 것은 위정자의 동기를 알아내는 것이 아니라, 외교정책의 본질을 이해하는 위정자의 지적 능력뿐만 아니라 그가 이해한 것을 성공적인 정치행위로 전환시키는 정치적 능력을 알아야 한다. 따라서 윤리가 동기의 도덕성을 추상적으로 평가하는 반면에, 정치이론은 지성, 의지, 행위라는 정치적 특성을 판단하여야 할 것이다.

국제정치에 대한 현실주의이론은 위정자의 외교정책을 그의 철학적 정치적 신조와 동일시함으로써 그의 정책을 그의 신조로부터 추론하는 범하기 쉬운 또 하나의 오류를 회피할 것이다. 특히 현대사회에서는 정치가들이 대중적인 지지를 얻기 위해서 철학이나 정치적 신조를 사용하여 자신의 외교정책을 제시하는 습성이 있는 것도 사실이다. 그러나 그들은 링컨의 경우처럼 국가이익의 관점에서 생각하고 행동해야 하는 '공적 의무'와 자신의 도덕적 가치와 정치적 원칙이 전세계적으로 실현되기를 바라는 '개인적 희망' 사이를 구분할 것이다. 정치적 현실주의는 정치적 이상과 도덕적 가치에 대해 무관심해야 한다고 요구하지도 않으며, 이를 그냥 보아 넘기지도 않는다. 그러나 바람직한 것과 가능한 것 사이를 분명히 구분할 필요가 있다고 생각한다. 언제 어디서나 바람직한 것과 구체적인 때와 장소에서 가능한 것 사이에는 분명한 차이가 있는 것이다.

모든 외교정책이 합리적이고 객관적이고 감정적으로 휩쓸리지 않는 경로를 항상 따랐던 것은 아니라고 말하는 것도 일리가 있다. 인성, 편견, 주관적인 선호, 인간이 지닌 지성이나 의지의 모든 약한 면과 같은 부차적인 요소는 외교정책을 합리적 경로로부터 이탈시키도록 되어 있다. 특히 외교정책이 민주적 통제하에서 수행되어야 하는 곳에서는 외교정책을 지지하도록 대중의 감정을 이끌 필요가 있기 때문에 외교정책의 합리성 그 자체를 손상시키지 않을 수 없다. 그러나 합리성을 추구하는 외교정책이론은 당분간 이러한 비합리적인 요인으로부터 분리되어야 하며, 경험에서 발견되는 합리성으로부터 우발적으로 이탈하는 것을 제외하고는 경험에서 발견되는 합리성의 진수를 보여 주는 외교정책의 상을 그리기 위해 노력하여야 한다.

정책결정자의 개인적인 변덕이나 정신병으로 인한 것이 아닌 합리성으로부터의 이탈은 합리성의 관점에서 보면 우발적인 것이 될 수 있다. 그러나 그 자체가 비합리성의 일관된 체계내에 있는 요소일 수도 있다. 미국이 수행한 인도네시아 전쟁이 그 가능성을 시사한다. 현대의 심리학과 정신분석학이 일종의 국제정치에 관한 정신병리학이라고 할 수 있는 비합리적 정치에 관한 역이론(counter-theory)을 구성할 수 있도록 개념적 도구를 제공하였는지는 살펴볼 가치가 있다.

인도네시아 전쟁의 경험은 그러한 이론이 포함해야 할 다섯 가지 요인을 제시하고 있다. 민속과 이념적 가정으로부터 도출된 단순하고 선험적인 세계상을 경험세계에 투영한 것, 즉 경험을 미신으로 대치한 것, 이러한 세계상을 경험에 비추어 수정하기를 거부한 것, 현실에 대한 잘못된 인식에서 만들어진 외교정책을 고집하고, 현실에 맞는 정책을 채택하려는 목적이 아니라 정책에 맞추어 현실을 재해석하려는 목적으로 지적 능력을 사용하는 것, 한편으로는 인식과 정책 사이의 격차, 다른 한편으로는 인식과 현실 사이의 격차를 벌어지게 만드는 정책결정자의 자기중심적 사고, 마지막으로 다루기 어려운 현실을 지배한 것과 같은 환상을 일으키는 행동(그것이 어떤 종류의 행동이든지 간에)을 통해서 주관적으로나마 그 격차를 좁혀 보려는 충동 등을 들 수 있다. ≪월스트리트 저널(*Wall Street Journal*)≫ 1970년 4월 3일자에 따르면 "'무언가 해보려는' 욕구가 정부 고위층에 만연되어 있으며, 이 때문에 미국이 사태를 해결할 능력은 미미하다는 '상식적인' 충고를 묵살할지도 모른다. 무언가 해보려는 열망은 정신치료의 일환으로 무모한 정책을 초래할 수도 있을 것이다"라고 한다.

실제의 국제정치와 그것으로부터 도출된 합리적 이론 사이의 차이는 사진과 초상화의 차이와 같다. 사진은 맨눈으로 볼 수 있는 모든 것을 보여 준다. 초상화는 맨눈으로 볼 수 있는 모든 것을 보여 주지는 않는다. 그러나 초상화는 맨눈으로 볼 수 없는 어떤 것 하나, 즉 대상인물의 인간적인 본질을 최소한 보여 주거나 보여 주고자 노력한다.

정치적 현실주의는 이론적인 요소뿐만 아니라 규범적인 요소도 포함하고 있다. 정치적 현실주의는 정치적 현실이 우발성과 체계적인 비합리성으로 가득 차 있다는 것도 알고 있으며, 그것이 외교정책에 미치는 전형적인 영향력에도 주목하고 있다. 그러나 모든 사회이론과 마찬가지로 이론적인 이해를 위해서는 정치현실의 합리적인 요소를 강조할 필요가 있다는 점에 동감한다. 바로 이 합리적 요소가 이론을 통해 현실을 이해할 수 있도록 만들기 때문이다. 정치적 현실주의는 경험을 통해서는 완벽하게 성취될 수 없는 합리적인 외교정책을 이론적으로 구성해 준다.

동시에 정치적 현실주의는 합리적 외교정책을 좋은 외교정책이라고 간주한다. 합리적 외교정책만이 위험을 최소화하고 이익을 극대화하며, 따라서 분별력이라는 도덕적인 교훈과 성공이라는 정치적 필요에 부응하기 때문이다. 정치적 현실주의는 정치세계의 사진이 가능한 한 그 사진을 그린 초상화를 많이 닮기를 원한다. 정치적 현실주의는 좋은, 곧 합리적인 외교정책과 실제의 외교정책 사이의 불가피한 격차를 의식하고 있기 때문에,

이론은 반드시 정치현실의 합리적 요소에 초점을 맞추어야 할 뿐만 아니라 외교정책은 도덕적이고 실천적인 목적에 비추어서도 합리적이어야 한다고 주장한다.

그렇기 때문에 이것이 실제의 외교정책은 이론에 맞지도 않으며, 맞을 수도 없다는 주장에 대해 반대의 논리를 펴는 것은 아니다. 그러한 주장은 이 글의 의도를 오해하고 있다고 하겠다. 이 글의 목적은 정치적 현실을 무턱대고 묘사하는 것이 아니라 국제정치에 관한 합리적 이론을 제시하는 것이다. 가령 완벽한 세력균형정책이 현실적으로 거의 발견되기 어렵다는 사실이 이론을 부정하지는 않는다. 이 점이 현실에서 부족한 것은 사실이지만 이상형의 세력균형체제에 가까운 것으로 이해되고 평가되어야 하는 것이다.

3. 현실주의는 권력에 의해 정의되는 이익이라는 주요 개념이 보편적으로 타당한 객관적인 범주라고 가정하지만 그 개념의 의미를 고정불변의 것으로 간주하지는 않는다. 이익이라는 개념은 정치의 진수이며 시공을 초월하여 그렇게 간주되어 왔다. 고대 그리스에서의 경험을 토대로 투키디데스는 "이해관계의 일치야말로 국가든 개인이든 그들 사이의 가장 확실한 연대"라고 하였다. 이는 국가들 사이의 "연합을 유지해 주는 유일한 연대"는 "이해의 갈등이 존재하지 않는 것"이라고 주장한 19세기의 샐리스베리 경 (Lord Salisbury)에게로 이어졌다. 워싱턴(George Washington)은 이를 다음과 같이 정부에 관한 일반원칙으로 확립시켰다.

인간본성에 대해서 조금만 알아도 대부분의 인류에게 있어서 이해관계가 행동을 지배하는 원칙이며, 거의 모든 인간은 어느 정도 그 영향을 받는다는 것을 확신할 수 있을 것이다. 공공선을 추구하는 동기에 의해서 인간이 한때 또는 특별한 경우에 순전히 자신의 이해관계와 상관없는 일을 할 수 있을지도 모른다. 그러나 공공선의 동기 때문에 사회적 의무라는 명령과 책임에 대해 지속적인 복종을 하지는 않는다. 공공선을 위해서 모든 사적인 이익을 지속적으로 희생할 수 있는 사람은 별로 없다. 이러한 점에서 인간 본성의 야박함을 규탄해 봐야 소용이 없다. 사실이 그러하다. 모든 사람과 국가의 경험이 이를 증명해 왔다. 그래서 인간의 천성을 바꾸려고 하기보다는 그것을 상당한 정도까지 변화시키려고 노력해야 할 것이다. 어떠한 제도도 이러한 교훈이 보여 주는 자명한 진리에 근거하지 않는 한, 성공할 수 없을 것이다.

이는 금세기의 베버(Max Weber)에 이어져서 발전되었다.

인간의 행위를 직접적으로 지배하는 것은 사상이 아니라 이익(물질적이든, 정신적이든)이다. 그러나 이러한 사상에 의해서 창조된 '세계상'이 종종 행위의 동인이 되는 역동적인 이해관계를 결정하는 것처럼 뒤바뀌었다.[1]

그러나 특별한 시기에 정치행위를 결정하는 이익의 종류는 외교정책이 수립되는 정치적·문화적 맥락에 따라 달라진다. 국가들이 외교정책에서 추구할 수 있는 목표는 이제까지 모든 나라들이 추구해 왔고 추구할 수도 있는 온갖 가능한 목표가 다 될 것이다.

권력이라는 개념에도 같은 이야기가 적용될 수 있다. 권력 개념의 내용과 사용방법은 정치문화적 환경에 의해서 결정된다. 권력이란 인간이 인간에 대한 지배를 수립하고 유지하는 모든 것을 포함한다. 그리하여 권력은 무력적인 폭력에서부터 한 사람이 다른 사람의 마음을 조정하는 가장 미세한 심리적인 유대관계에 이르기까지 모든 사회적 관계를 포괄한다. 권력은 인간에 의한 인간의 지배를 모두 포괄하는 것이다. 권력은 서구 민주국가에서처럼 도덕적 목적으로 규율되고 헌법적 보호를 받을 때뿐만 아니라 자신의 힘이 곧 법이며 유일한 정당화를 세력의 확장에서 찾을 수 있는 제어당하지 않는 야만적인 힘에도 해당된다.

정치적 현실주의는 외교정책이 수행되는 오늘날의 조건이 극단적으로 불안정하고 이전에 볼 수 없었던 대규모 폭력의 위협이 존재하기는 하지만 그 조건이 변화될 수 없다고 가정하지는 않는다. 예컨대 세력균형은 미헌법의 기초자들도 잘 알고 있었듯이 모든 다원주의 사회에 영원히 존재하는 요소이다. 그럼에도 세력균형은 미국에서 그랬던 것처럼 상대적인 안정과 평화적인 갈등의 조건하에서 작동할 수 있다. 이러한 조건을 조성하였던

---

1) Marianne Weber, *Max Weber*, Tuebingen: J. C. B. Mohr, 1926, pp.347-348. Max Weber, *Gesammelte Aufsätze Zur Religionssociology*, Tuebingen: J. C. B. Mohr, 1920, p.252 또한 참조할 것.

요인이 국제적인 환경에서도 똑같이 만들어질 수 있다면, 몇몇 국가들에서 꽤 오랫동안 그러했던 것처럼 비슷한 안정과 평화라는 조건이 국제사회에서도 자리잡게 될 것이다.

국제관계의 일반적인 특성 중에서 진리인 것은 현대 외교정책의 기본 단위가 되는 국민국가에서도 진리이다. 현실주의자는 실제로 이익이 정치적 행위를 판단하고 실행하는 영원한 기준이라고 믿고는 있지만, 이익과 국민국가 간의 오늘날의 관계는 역사의 산물이며 이 관계는 역사의 흐름에 따라 사라지게 된다고 생각한다. 국민국가로 나뉘어 있는 오늘날의 정치세계가 기술적인 잠재력과 현대세계의 도덕적 요구에 부응하기 위하여 매우 다른 성격의 보다 큰 단위로 대체될 것이라는 가정을 현실주의자 중 누구도 부정하지 않는다.

현실주의자들은 현대의 세계가 어떻게 변모되어야 하는가에 대한 가장 중요한 질문에 대해서 다른 학파와는 생각을 달리한다. 현실주의자는 이러한 변환이 미래에도 그러할 것처럼 과거를 결정하였던 영원한 동인을 인간이 조작함으로써 성취될 수 있다는 데에는 동의한다. 그러나 나름대로의 법칙을 지닌 정치적 현실에 이러한 법칙의 존재를 무시하는 추상적인 생각으로 대응해서 그러한 변화를 가져 올 수 있다는 데에는 동의하지 않는 것이다.

4. 정치적 현실주의는 정치적 행위의 도덕적 중요성을 의식하고 있다. 도덕적 명령과 정치적 행위의 성공요건 사이에는 긴장이 불가피하다는 것 또한 의식하고 있다. 그리고 현실주의자들은 그 긴장을 무마해 버리려고 하지도 않으며, 가혹한 정치적 사실이 실제보다는 도덕적으로 더 만족스럽다거나 도덕적 법칙을 실제보다 덜 엄격한 것처럼 보이게 함으로써 도덕적 쟁점과 정치적 쟁점 모두를 혼란스럽게 만들려고 하지도 않는다.

현실주의는 보편적인 도덕적 원칙을 추상적이고 보편적인 형태 그대로 국가의 행위에 적용할 수는 없다고 주장한다. 따라서 그 원칙이 구체적인 시간적·공간적 상황에 따라 변형되어 적용되어야 한다고 주장한다. 개인의 입장에서는 "세계가 멸망할지라도 정의를 실현하자"라고 말할 수 있다. 그러나 국가는 자신의 보호를 받고 있는 사람들의 이름을 걸고 그렇게 말할 권리가 없다. 개인과 국가는 모두 자유와 같은 보편적인 도덕적 원칙에 의거하여 정치행위를 판단하여야 한다. 그러나 개인은 그러한 도덕적 원칙을 수호하기 위해서 스스로 희생할 도덕적 권리를 가지고 있는 반면에, 국가는 자유의 침해라는 도덕적 비난 때문에 성공적인 정치행위를 그르칠 권리가 없다. 성공적인 정치행위란 바로 국가의 생존이라는 도덕적 원칙을 따르는 것이다. 분별력이 없이는, 즉 외견상 도덕적으로 보이는 행위가 초래할 정치적 결과를 고려하지 않고서는 정치적 도덕성이 존재할 수 없다. 따라서 현실주의는 분별력―대안의 정치적 행위가 초래할 결과의 경중을 비교하는―을 정치에서 최고의 선이라고 생각한다. 추상적인 윤리는 도덕적 법칙에 순응하는지의 여부에 따라 행위를 판단한다. 반면에 정치적 윤리는 정치적 결과에 따라 행위를 평가한다. 고전철학과 중세철학은 이것을 알고 있었다. 다음과 같이 말한 링컨 또한 알고 있었다.

나는 내가 할 수 있다고 알고 있는 바의 최선을 다하고 있으며, 최후까지 계속해서 최선을 다할 것을 약속한다. 결과가 좋다면 그동안 내가 들었던 비난은 문제가 되지 않을 것이다. 만일 결과가 좋지 않다면, 내가 옳았다고 열 명의 천사가 맹세를 한들 무슨 소용이 있겠는가.

5. 정치적 현실주의는 특정한 국가의 도덕적 열망과 우주를 지배하는 도덕적 법칙을 동일시해서는 안된다고 주장한다. 진리와 견해를 구별하는 것과 마찬가지로 진리와 맹신을 구별한다. 모든 국가는 자국의 특별한 열망과 행위를 우주를 위한 도덕적 목적 때문에 했다고 가면을 쓰고 싶은 유혹을 느낀다. 사실 오랫동안 그러한 욕망을 물리친 국가는 별로 존재하지 않는다. 국가들이 도덕적 법칙을 따라야 한다는 것을 안다는 것과 국가들의 관계에 있어서 선과 악을 확실히 구분할 줄 아는 척하는 것은 별개의 문제이다. 모든 국가들이 인간이 이해할 수 없는 신의 판단하에 있다고 믿는 신념과, 신은 항상 자신의 편에 있으며 자신이 원하는 것은 신도 역시 원한다는 신성모독적인 확신 사이에는 엄청난 차이가 존재하는 것이다.

특수한 민족주의와 신의 섭리를 경솔하게 동일시하는 것은 도덕적으로 용납되지 않는다. 왜냐하면 그것은 그리스의 비극작가들이나 성서의 예언자들이 지배자와 피지배자에게 경고했던 바로 오만의 죄이기 때문이다. 그러한 동일시는 정치적으로도 해가 된다. 이는 도덕적 원칙이나 이상, 혹은 신의 이름을 걸고 눈먼 해방군의 광란으로 국가와 문명을 파멸시키는 오판을 가져 올 위험이 있기 때문이다.

반면에 우리가 도덕적으로 과하지도 않고 정치적으로 바보스럽지도 않게 해주는 것이 바로 권력에 의해 정의되는 이익의 개념이다. 우리나라를 포함하여 모든 국가를 권력으로 정의된 자국의 이익을 추구하는 정치적 실체로서 파악할 때, 비로소 우리는 모든 국가를 공명정대하게 대할 수 있게 되기 때문이다. 우리는 모든 국가를 두 가지 점에서 공평하게 다루게 되는 것이다. 첫째, 우리가 우리나라를 판단하는 것과 마찬가지 방법으로 다른 나라를 판단할 수 있게 된다. 둘째, 이런 식으로 다른 나라를 판단하게 되면, 우리나라의 이익을 보호하고 증진하면서도 다른 나라의 이익을 존중하는 정책을 추구할 수 있다. 중용(中庸)의 정책은 중용이라는 도덕적 판단을 반영하게 될 것이다.

6. 정치적 현실주의와 다른 학파의 생각 사이에는 실제적으로 커다란 차이가 있다. 그러나 정치적 현실주의이론이 얼마나 많이 오해를 받았고 잘못 해석되어 왔든지 간에, 정치적인 문제에 대해서 독특한 지적·도덕적인 태도를 지녀 왔다는 점은 부인하기 어려울 것이다.

경제학자, 법률가, 도덕주의자가 지적인 면에서 자신의 영역을 주장하듯이 정치적 현실주의자 또한 정치적 영역의 독자성을 주장한다. 경제학자가 부(富)에 의해 정의되는 이익의 관점에서 생각하듯이, 법률가가 법률 규칙을 준수하는 행위의 관점에서 생각하듯이, 도덕주의자가 도덕적 규칙을 준수하는 행위의 관점에서 생각하듯이, 현실주의자는 권력에 의해 정의되는 이익의 관점에서 생각한다. 경제학자는 "이 정책은 사회의 부에 혹은 그 일부에 어떻게 영향을 미치는가?"라고 질문한다. 법률가는 "이 정책은 합법적인가?"라고 질문한다. 도덕주의자는 "이 정책은 도덕적인 원칙에 합치되는가?" 그리고 정치적 현실주의자는 "이 정책은 국가(아니면 연방정부, 혹은 의회, 정당, 농업 등등)의 권력에 어떻게 영향을 미치는가?"라고 질문한다.

  정치적 현실주의자가 정치적인 사고 이외의 기준이 존재한다는 것과 그
것의 적실성을 의식하지 못하는 것은 아니다. 정치적 현실주의자로서는 이
러한 여타의 사고기준을 정치적인 것에 종속시킬 수밖에 없을 뿐이다. 그
래서 다른 학파가 다른 영역에 적합한 사고의 기준을 정치적 영역에 적용
하려는 것에 대해서는 의견을 달리한다. 정치적 현실주의가 국제정치에 대
한 '법적·도덕적 접근법'과 대립하는 것도 바로 이 점에서이다. 이 점이 여
지껏 주장되어 온 것처럼 단순한 상상에 의한 허구가 아니라 바로 논쟁의
핵심이라는 것을 많은 역사적 사례가 보여 주고 있다. 세 가지 예만 들어도
이 점을 밝히기에 충분할 것이다.[2]

  1939년에 소련이 핀란드를 침공했다. 이러한 행동은 프랑스와 영국에게
두 가지 문제를 안겨 주었다. 하나는 법적인 문제이고 다른 하나는 정치적
인 문제였다. 그 행위는 국제연맹규약을 위반한 것인가? 그렇다면 프랑스
와 영국은 어떠한 대응조치를 취할 것인가? 소련이 명백하게 규약을 위반
하였기 때문에 법적인 문제에 대해서는 쉽게 긍정적인 답을 할 수가 있다.
정치적인 문제에 대한 답변은 세 가지 요인에 달려 있다. 첫째 소련이 프랑
스와 영국의 이해관계에 어떤 영향을 주었는지, 둘째 프랑스와 영국을 한
편으로, 소련과 특히 독일과 같은 다른 잠재적 적성국가를 반대 편으로 하
여, 소련의 행위가 기존의 세력분포에 어떤 영향을 미쳤는지, 셋째 이에 대
한 대응조치가 프랑스와 영국의 이해관계와 향후의 세력 분포에 어떠한 영
향을 미칠 것인지 등이다. 국제연맹을 주도하는 국가로서 프랑스와 영국은
소련을 연맹으로부터 제명시켰으나, 스웨덴 정부가 스웨덴의 영토를 통과
해서 영국과 프랑스의 군대를 핀란드로 보내는 것을 허용하지 않았기 때문
에 핀란드에 응원군을 파견하여 소련과 교전을 할 수는 없었다. 만일 스웨
덴이 프랑스와 영국을 구해 주지 않았더라면, 그들은 한꺼번에 소련 및 독
일과의 전쟁에 즉각적으로 휘말리게 되었을 것이다.

---

2) Hans J. Morgenthau, "Another 'Great Debate': The National Interest of the
   United States," *The American Political Science Review*, vol.XLVI, 1952. 12, p.979
   이하에 논의된 다른 예를 참조할 것. Hans J. Morgenthau, *Politics in the 20th
   Century*, vol.I, *The Decline of Democratic Politics*, Chicago: University of Chicago
   Press, 1962, p.79 이하와 축약판(Chicago: University of Chicago Press, 1971),
   p.204 이하 또한 참조할 것.

　프랑스와 영국의 정책은 법적인 질문에 대한 해답이 나오도록 한 합법주의의 고전적인 예라고 하겠다. 이들은 정치적 행위를 결정함에 있어서 그 영역내에서 정당화시킨 것이다. 법에 관한 것과 권력에 관한 것, 두 가지를 다 질문하는 대신에 그들은 법에 관한 것만 질문했던 것이다. 그리고 그들이 얻은 대답은 바로 그들의 생존이 달려 있을지도 모르는 쟁점과는 아무런 상관이 없을 수도 있다.

　두 번째 예는 국제정치에 대한 ‘도덕적 접근법’을 보여 준다. 이는 중국 공산당정부의 국제적 지위와 관련이 있다. 이 정부가 수립됨에 따라 서방세계는 도덕적인 것과 법적인 문제 두 가지에 직면하게 되었다. 중국정부의 성격과 정책은 서구세계의 도덕적 원칙과 일치하는가? 서구세계는 그러한 정부와 상대를 해야만 하는가? 첫 번째 질문에 대한 대답이 부정적으로 나오는 데에는 문제가 없었다. 그러나 두 번째 질문에 대한 대답 역시 반드시 부정적으로 나오라는 법은 없었다. 첫째 도덕적 질문에 적용된 사고의 기준은 단순히 중국 공산당정부의 성격과 정책을 서구의 도덕성의 원칙에 비추어 검증하는 것이다. 반면에 두 번째, 정치적 질문은 양측의 이해관계와 이들이 사용할 수 있는 권력, 그리고 이러한 이해관계와 권력에 대해 의미를 가지게 될 행동의 경로 등에 대한 복잡한 검증을 거쳐야 한다. 이러한 검증을 적용한 후에 중국 공산당 정부와 상대하지 않는 것이 더 현명하다는 결론에 다다를 수도 있었을 것이다. 그러나 이 모든 사항을 검토하지도 않은 채, 정치적인 질문을 도덕적인 측면에서 답변함으로써 위와 같은 결론에 도달했다는 것은 국제정치에 ‘도덕적으로 접근’하는 고전적인 예이다.

　세 번째 사례는 외교정책에 대한 현실주의와 법적·도덕적 접근 사이의 뚜렷한 대조를 보여 준다. 벨기에의 중립보장국 중의 하나로서 영국은 독일이 벨기에의 중립을 침해한 것을 이유로 1914년 8월 독일과 교전에 들어갔다. 영국의 행위는 현실주의적인 면에서나 법적·도덕적인 면, 어느 쪽에서도 정당화될 수 있었다. 현실주의적으로 말하자면 적대세력이 베네룩스 3국에 개입하는 것을 막는 것은 수세기 동안 영국 외교정책의 기본원칙이었다. 따라서 영국에게 개입할 근거를 제공했던 것은 벨기에의 중립이 침해받았다는 사실보다는 침입자의 적대적인 의도였다. 만일 침입자가 독일이 아닌 다른 국가였다면, 영국은 개입을 자제했을지도 모를 일이다. 이것이 당시 외무상이었던 그레이 경(Sir Edward Grey)이 취한 입장이었다. 이미 1908년에 하딘지(Hardinge) 외무차관은 그에게 다음과 같이 말했다. "만일 프랑스가 독일과의 전쟁 때문에 벨기에의 중립을 침해하였다면, 영국이나 러시아가 벨기에의 중립을 보장하기 위해서 손가락 하나라도 까딱할지 의심스럽습니다. 반면에 벨기에의 중립이 독일에 의해 침해된다면, 그 반대의 경우가 일어날 가능성이 많겠지요." 거기에 대해 그레이 경은 "잘 지적하였소"라고 응답하였다. 그러나 벨기에의 중립침해, 그 자체가 이 문제에 있어서 영국과 미국의 개입을 정당화시킨다고 법적 도덕적인 입장을 취할 수도 있다. 왜냐하면 거기에 걸린 이해관계나 침입자가 누구냐에 상관없이 중립의 침해는 법적 도덕적으로 하자가 있기 때문이다. 이것이 루스벨트(Theodore Roosevelt)가 그레이 경에게 1915년 1월 22일 보낸 편지에서 취한 입장이었다.

나에게 가장 어려웠던 상황은 벨기에 문제였습니다. 만일 영국과 프랑스가 독일이 행동했던 것처럼 벨기에에 대해 행동을 취했다면 본인은 지금 독일에게 반대하는 것과 꼭 같이 그 국가들에게도 반대를 해야 할 것입니다. 본인은 귀하의 행동을, 조약은 신념을 가지고 지켜야 하며 국제도덕이라는 것이 존재한다고 믿는 사람들이 행해야 할 행동의 표본으로서 적극 지지해 왔습니다. 본인은 독일인도 영국인도 아닌 미국 국민의 한 사람으로서, 이러한 입장을 택합니다. 그 이유는 본인이 자국의 이익을 위해 충성스럽게 봉사하려고 노력할 뿐만 아니라, 대다수 인류의 정의와 예절을 위해서 할 수 있는 바를 수행하려고 하며, 따라서 주어진 상황에서 모든 다른 나라들이 행한 바에 따라 그들을 평가해야 한다고 느끼기 때문입니다.

현실주의자들이 정치적 영역의 독자성이 다른 사고양식에 의해 지배되는 것을 막으려고 한다고 해서, 다른 사고양식의 존재나 중요성을 인정하지 않는 것은 아니다. 그보다는 각 사고양식은 적당한 영역과 기능을 차지해야 한다는 것을 의미한다. 정치적 현실주의는 인간의 본성에 대해 다원주의적 개념을 가지고 있다. 실제의 인간은 '경제적 인간' '정치적 인간' '도덕적 인간' '종교적 인간' 등의 복합체이다. 오로지 '정치적이기만 한' 인간이 존재한다면 이는 도덕적인 절제를 전혀 지니고 있지 않기 때문에 짐승에 지나지 않는다. 오로지 '도덕적이기만 한' 인간이 존재한다면 그는 분별력이 전혀 없기 때문에 바보일 따름이다. '종교적이기만 한' 인간이 존재한다면 그는 세속적인 욕구를 전혀 가지고 있지 않기 때문에 성인(聖人)일 것이다.

인간본성에는 이렇게 다양한 국면이 존재한다는 것을 인식하기 때문에 정치적 현실주의는 그 중 하나를 이해하기 위해서는 그것의 측면에서 인간의 본성을 다루어야 한다는 것 또한 인식하고 있다. 다시 말하자면, 만일 '종교적인 인간'을 이해하기를 원한다면 당분간은 종교적인 측면이 유일한 것인 양 인간본성의 다른 측면을 배제하여야 할 것이다. 더 나아가서 다른 기준의 존재와 그것이 실제로 인간의 종교적 특성에 영향을 미친다는 것을 항상 의식은 하고 있으면서도 종교적 영역에서는 거기에 적합한 사고의 기준만을 적용해야 하는 것이다. 인간본성의 한 측면에서 진실인 것은 다른 모든 측면에서도 사실이다. 가령, 현대 경제학자 중 누구도 자신의 학문이나 인간에 관한 다른 학문과의 관계를 다른 방식으로 생각할 수는 없을 것이다. 경제학이 인간의 경제적 활동분야에 관한 독자적인 이론으로서 발전되어 온 것은 다른 사고기준으로부터 해방되는 과정을 통해서이며, 또 경제학의 중심문제에 적합한 사고기준을 발전시켜 온 때문이기도 하다. 정치학 분야에서 이와 유사한 발전에 기여하는 것이야말로 정치적 현실주의의 목표이다.

그러한 원칙에 기반한 정치이론에 모든 사람이 이구동성으로 찬성하지는 않을 것이며, 현실주의 외교정책도 그 점에서는 당연히 마찬가지이다. 왜냐하면 이론이나 정책이나 모두 문화 속의 두 가지 경향에 배치되기 때문이다. 두 가지 경향은 합리적이고 객관적인 정치학이론의 가정과 결과에 스스로 합치될 수 없다. 이 중 한 가지 경향은 권력의 개념이 19세기의 경험과 철학으로부터 나왔다는 근거에서 권력의 역할을 비난한다. 현실주의 이론과 정치현실에 반대되는 나머지 다른 경향은 인간의 내면과 정치적 영역 사이에 존재하는, 그리고 존재해야만 하는 바로 그 관계에서 파생된다. 이 이유는 차후에 논의되겠지만 일상생활 속의 인간의 마음은 정치의 참모습을 정면으로 응시할 수 없다고 한다. 인간의 마음은 진실을 은폐하고 왜곡하고 경시하고 과장해야만 한다. 개인이 정치과정에, 특히 국제정치 과정에 활발하게 개입하면 할수록, 왜곡의 정도는 더 심해진다. 정치의 본질과 정치적 무대에서 자신이 수행하는 역할에 대해 스스로를 속임으로써 인간은 자신의 동료들과의 관계에서뿐만 아니라 스스로도 정치적 동물로서 만족스럽게 살아갈 수 있기 때문이다.

따라서 사람들이 파악하고자 하는 국제정치가 아니라, 있는 그대로의 국제정치를, 또는 본질적인 관점에서 국제정치가 어떠해야만 하는지를 이해하려는 이론은 다른 학문분야는 직면할 필요가 없는 심리적인 저항을 극복해야만 한다. 따라서 국제정치를 이론적으로 이해하는 데 기여하고자 하는 책에 대해서는 특별한 설명과 정당화를 할 필요가 있다.

갈등의 전략*

토마스 셸링

1. 협상에 관한 소고

이 글은 협상의 분석에 대한 전술적인 접근법을 소개한다. 이 주제는 명시적인 흥정과 암묵적인 종류를 모두 포함한다. 묵시적 협상에서 적대자들은 상대방이 자신의 행동을 해석하고 예측한다는 것을 의식하고 있으며, 각자 서로의 예측에 대한 예측을 하여 행동한다. 즉 그들은 서로 상대방의 행동을 예의주시하며 해석하는 것이다. 이 주제는 경제학에서 임금협상과 관세협상, 경쟁자가 소수인 경쟁, 법정 밖에서의 타결, 부동산 소개업자와 고객 사이의 거래 등을 총망라한다. 경제학 이외의 영역에서는 대량보복의

---

* Thomas C. Schelling, *The Strategy of Conflict*, Cambridge, Mass.: Harvard University Press, 1960, ch.2(조기숙 옮김). 최동철 교수의 번역본 『갈등의 전략』(나남, 1992)을 참고하였음.

▶ 셸링의 『갈등의 전략(*Strategy of Conflict*)』은 게임이론을 국제정치학에 적용한 최초의 연구의 하나이다. 게임이론은 흔히 '상호의존적 결정'이론(theory of inter-dependent decision)이라고 불린다. 도박을 포함한 많은 일상사에서 일의 결말은 특정한 행위자의 결정에 의해 이루어지는 것이 아니라 복수의 참가자들에 의해 공동으로 결정되며, 따라서 많은 경우 의도하지 않은 혹은 예측하지 못한 결과를 가져 오기도 한다. 전쟁을 포함한 국제정치는 기본적으로 복수국가 간의 관계로 이루어지며, 동시에 국가의 수가 유한하기 때문에 게임이론의 적용 여지가 매우 많은 영역이다. 셸링은 일반적인 협상이론, 군비와 군축의 동학, 기습공격에 대한 상호적 두려움이 누구도 원치 않은 결과를 가져 올 수 있다는 상호행위의 동학을 게임이론의 기본논리를 통해 잘 보여 주고 있다. 셸링의 이와 같은 연구는 냉전 당시 미국의 대소전략에 커다란 영향을 미쳤다.

위협에서부터, 택시로부터 통행시 우선권을 빼앗는 것에 이르기까지 협상의 적용범위는 다양하다.

여기에서 우리는 주로 상호 유익한 조정을 탐색하는 흥정의 면모에는 관심이 없는데, 이는 협상의 '효율성' 측면이라고 칭할 수 있을 것이다. 가령, 고객의 차를 수리해 주는 대신에 현금으로 해결하자고 제의함으로써 보험회사로서는 돈을 절약하면서도 고객을 더 만족시켜 줄 수 있는가, 임금의 상당 부분을 상품으로 받겠다고 합의하는 고용인에게 솔선해서 임금을 인상시켜 줌으로써 고용주는 돈을 절약할 수 있는가 등이 협상의 효율성 측면에 관한 예이다. 대신에 여기에서는 협상의 '분배적' 측면이라고 부를 수 있는 것에 관심을 두기로 하겠다. 이런 협상상황에서는 한 쪽에 득이 되면 다른 쪽에는 실이 된다. 사업체가 마침내 관심 있는 구매자에게 팔리게 되었을 때, 그 사업가는 값을 얼마나 부를 것인가? 과속으로 달리던 두 대의 트럭이 한 대만 지나갈 수 있는 좁은 도로 위에서 마주쳤을 때, 누가 차를 후진시킬 것인가?

이 예들은 궁극적으로 순수한 협상의 요소를 포함한다. 순수한 협상에서는 협상의 당사자가 상대방이 무엇을 수용할 것인지에 대한 각자 나름대로의 기대에 맞추어 행동한다. 그러나 각자는 상대방도 역시 똑같이 행동할 것임을 알고 그 기대에 맞추어 행동하기 때문에 예측은 복잡해진다. 누군가가 최종적으로 충분한 합의를 할 때에 이르러 협상은 멈추게 된다. 그는 왜 합의하는가? 그는 상대방이 하지 않을 것이라고 생각하기 때문이다. "그가 양보하지 않을 것이므로 내가 합의하여야 한다. 그는 내가 양보할 것이라고 생각하기 때문에 합의하지 않을 것이다. 그가 그렇게 생각한다고 내가 생각하는 것을 그가 알기 때문에, 그는 내가 양보할 것이라고 생각한다 등등…." 아무런 합의를 하지 않는 것보다는 하는 편이 양쪽 모두에게 유익한, 일련의 대안들이 일정한 범위내에 존재한다. 그 중의 어떤 점을 주장하는 것이 순수협상이다. 왜냐하면 사람은 합의를 전혀 이루지 못하는 것보다는 차라리 적게 얻으려고 하고, 후퇴가 합의에 필요하다는 것이 입증되면 언제라도 쉽사리 물러설 수 있기 때문이다. 그러나 양쪽이 모두 이러한 범위의 한계를 의식한다면, 최소한 한쪽은 기꺼이 후퇴하려고 하고 다른 쪽은 그것을 알고 있으므로 그 범위내에서 어떠한 결과든 나올 수 있게 된다. 즉 협상의 결과가 일정하게 정해진 것은 아니다.

그러나 어찌되었든 결과는 존재한다. 그리고 우리가 그것을 상황의 논리 속에서 발견할 수 없다면 사람들이 사용한 전술 속에서 발견할 수 있을 것이다. 이 글의 목표는 불확정한 상황의 논리에 특별히 적합한 종류의 중요한 전술에 대해 주의를 환기시키는 것이다. 이러한 전술의 진수는 어느 정도 자발적이기는 하지만 선택의 자유를 필수적으로 희생시킨다는 것이다. 이 전술은 적대자를 구속하는 힘이 스스로를 구속하는 힘에 의해 좌우될 수도 있다는 역설에 기반을 두고 있다. 즉 협상에서는 약점이 흔히 강점이 되며, 자유는 항복할 자유가 될 수도 있으며, 자신의 뒤에 있는 다리(bridges)를 불태우는 것[1]만으로도 상대를 충분히 파멸시킬 수 있다.

2. 협상력: 자신을 구속하는 힘

'협상력(bargaining power)' '협상의 힘' '협상기술'은 힘 있고, 강하며, 기술이 좋은 사람들이 유리하다는 것을 시사한다. 협상에서 이기는 자가 이긴다는 것만을 의미하는 것으로 이들의 성질을 정의한다면, 물론 그렇다. 그러나 이 용어들이 토론에서 더 지적이거나 능한 것, 혹은 더 큰 재원이나, 보다 큰 체력, 더 강한 군사력, 혹은 더 큰 손실감당 능력 등을 갖는 것이 유리하다는 것을 암시한다면, 이 용어는 오히려 해(害)가 된다. 이러한 특성들은 협상상황에서 절대 보편적으로 이로운 것만은 아니다. 이는 흔히 정반대되는 가치를 갖는다.

뛰어난 협상가는 정말로 완고한 사람만큼이나 완고하게 보이는 것이 어렵다는 것을 알게 될 것이다. 만일 어떤 사람이 느닷없이 찾아와서 10달러를 주지 않으면 현관에서 자해하겠다고 말한다고 가정할 때, 그의 눈에 핏발이 서 있다면 10달러를 얻을 가능성은 더 높아진다. 상대방이 너무나 무지해서 그것을 이해할 수 없거나, 너무나 약해서 그가 대표하는 사람들에게 그의 의지를 강요할 수 없는 경우에는 그를 제지하기 위해 상호 파괴의 위협을 사용할 수 없다. 국제수지를 조절할 수 없거나, 세금을 징수할 수

---

1) 배수진을 치는 것-역자주.

없거나, 혹은 안보를 위해 정치적 통합을 이룰 수 없는 정부는 외국의 원조를 받을 수 있다. 물론 이 정부가 자체적으로 재원을 통제할 능력이 있었더라면 그 원조는 거부당했을 것이다. 그러면 경제학이론으로부터 친근한 예를 하나 인용해 보자. 과점적 시장에서의 가격선도(price leadership)는 소기업들이 회피함으로써 대기업이 어쩔 수 없이 떠맡게 되는 수지가 맞지 않는 영예가 될 것이다.

협상력은 또한 속이고 허세를 부리는 힘, 즉 "자신을 위한 최선의 값을 정하고 상대방으로 하여금 이것이 자신이 제안할 수 있는 최대의 값이라고 믿게끔 속이는 능력"이라고 묘사되어 왔다.[2] 협상에는 분명히 속이고 허세 부리는 것이 포함되어 있다. 그러나 속임수에는 두 가지 종류가 있다. 하나는 사실에 대해서 속이는 것이다. 집을 사려는 사람이 자신의 수입에 대해 거짓말을 하거나 식구 수를 부정확하게 말할 수 있다. 다른 속임수는 순전히 전술적인 것이다. 협상 당사자는 서로에 대해 모든 것을 알고 있으며, 상대가 안다는 사실도 각자 알고 있다고 가정하자. 그러면 속일 것이 무엇이 있겠는가? 구입자는 그가 실제로 2만 달러까지는 지불할 의사가 있으며 판매자가 그것을 안다고 할지라도, 전술적으로는 1만 6천 달러 위로는 한 치도 안된다는 확고한 결심을 했다고 말할 수도 있을 것이다. 만일 그 판매자가 양보를 한다면 그는 속은 것인가? 아니면 진실이라고 확신한 것인가? 혹은, 그 전술이 실패한다면 판매자가 그 다음에 어떻게 할지를 구매자가 정말로 몰랐던 것인가? 만일 구매자가 확고히 결심했다고 진실로 '느낀다'면 그리고 결심의 근거가 판매자가 양보할 것이라는 확신에서 나왔다면, 그리고 판매자가 그렇게 했다면, 후에 구매자는 자기가 '속인 것은 아니다'라고 말할지도 모른다. 결과가 어찌 되었든지 간에 허세와 속임수의 개념으로 그것의 의미를 충분히 전달할 수 있는 것은 아니다.

사람은 어떻게 다른 사람이 무언가를 믿게끔 하는가? 이에 대한 답은 사실에 관한 질문, 즉 '그것이 진실이냐'에 달려 있다. 진실을 진실이라고 증명하는 것이 거짓을 거짓이라고 증명하는 것보다는 더 쉽다. 우리의 건강에 대한 진실을 밝히기 위해서는 명성 높은 의사를 찾아가면 된다. 지출과

---

2) J. N. Morgan, "Bilateral Monopoly and the Competitive Output," *Quarterly Journal of Economics* 63, August, 1949.

수입에 관한 진실을 증명해 보이려면 평판이 좋은 회계사나 국세청이 감사한 장부를 보여 주면 된다. 그러나 사람에게 무엇인가가 거짓이라고 설득하기 위해서는 이만큼 설득력 있는 증거가 존재하지 않을 수도 있다.

실제로 어떤 이가 자신에게 2만 달러의 값어치가 있는 집에 관해 1만 6천 달러 이상은 지불하지 않을 것이라고 상대방을 설득하고자 할 때, 일반적으로 거짓말보다 신빙성에 있어서 우월한 진실된 주장의 이점을 살리기 위해서 그는 무엇을 할 수 있는가? 그 답은 '그것을 진실되게 만들어라'이다. 어떻게 구매자가 그것을 진실되게 만들 수 있는가? 만일 그 집이 직장에 가깝기 때문에 마음에 든다면, 직장을 옮기고 나서 이제 그 집은 정말로 자신에게 1만 6천 달러의 가치밖에 없다고 집주인을 설득할 수도 있다. 그러나 이는 수지가 맞지 않는 일이다. 비싼 가격을 치르는 것보다 더 나을 것이 없기 때문이다.

그러나 그 집에 대해 1만 6천 달러 이상은 지불할 수 없으며, 만일 이를 어기면 5천 달러를 몰수해도 좋다고 구입자가 제삼자의 입회하에 정식으로 공증된 내기(bet)를 걸 수 있다고 가정하자. 이 내기는 번복할 수 없으며 강제적으로 실행해야 한다. 이 경우에는 판매자가 진 것이다. 구매자는 진실을 제시하면 그만이다. 집주인이 격분하여 순전히 분풀이로 그 집의 판매를 보류하지 않는 한, 상황은 그에게 불리하게 되어 있다. '객관적인' 상황─구매자의 진짜 동기─은 자발적으로, 명백하게, 그리고 되돌릴 수 없게 변해 버렸다. 판매자는 그 제안을 받아들이거나 판매를 포기하거나 택일할 수 있다. 이 예는 판매자도 확연하게 알 수 있도록 구매자가 번복할 수 없는 서약을 할 수 있다면 그에게 가장 유리한 점까지 협상결과의 불확실한 범위를 좁힐 수 있다는 것을 보여 준다. 이는 또한 전술의 인위성 때문에 이 전술을 사용할 수도, 그렇지 않을 수도 있음을 시사한다. 구입자가 스스로 맹세를 하는 데 효과적인 도구를 발견할 수 있느냐의 여부는 그가 누구이며 판매자가 누구인지, 그들이 어디에 사는지, 그리고 (앞에서 언급한 인위적인 예에서 내기가 법적으로 강제력이 있는지의 여부를 포함하여) 수많은 법적·제도적 장치에 달려 있다.

두 사람이 다 '하늘에 맹세하는 것(cross my heart)'이 보편적으로 효능이 있는 것으로 받아들여지는 문화권에 살고 있다면, 구매자가 할 일은 천

벌에 호소하면서 1만 6천 달러 이상은 지불하지 않을 것이라고 맹세하는 것뿐이다. 결국 구매자는 이기게 될 것이다. 혹은 판매자가 '하늘에 맹세컨 대 1만 9천 달러'라고 외치면서 선수를 치지 않는 한, 최소한 구매자는 이 기게 될 것이다. 만일 구매자가 정확히 1만 6천 달러를 내고 그 집을 구입 하도록 위임받은 이사회의 대리인이고, 이사들은 몇 달 안에 법적으로 다 시 회합을 가질 수도 없으며 구매자는 직권을 남용할 수 없다면, 그리고 판 매자도 이 모든 사실을 알도록 만들 수 있다면, 구매자는 이기게 된다. 이 번에도 판매자가 1만 9천 달러에 대한 공언에 집착하지 않는 한 그렇다는 것이다. 혹은 구매자가 너무나 확고히 1만 6천 달러 이상은 내지 않을 것 이라고 했기 때문에 더 많이 지불하게 됨으로써 개인적 명예나 협상가로서 의 평판이 도저히 참을 수 없을 만큼 손실될 것이라고 단언할 수 있다면, 그리고 그가 더 많이 지불했다는 사실이 필수적으로 알려질 것이라면, 그 리고 판매자가 이 모든 것을 용인한다면, 큰 소리로 주장하는 것이 그 자체 로서 서약이 될 것이다. 물론 이 모든 것이 판매자에게 충분히 명백하고, 그가 이해하도록 납득시킬 수 없는 한, 이 방법은 불필요하게 융통성만 없 애 버리게 된다.

덧붙이자면, 보다 계약적인 종류의 맹세는 처음에 생각한 만큼 그렇게 효과적이지 않다. 내기를 통해 자신에게 벌금을 부과한 예에서, 집주인이 제삼자를 찾아가서 만일 내기를 풀어 주지 않으면 그 집을 1만 6천 달러에 팔아 버리겠다고 위협을 하면서, 자신을 내기로부터 풀어 주는 조건으로 적지 않은 몫을 주겠다고 제의할 가능성이 남아 있다. 내기의 효과는—대 부분의 그러한 계약을 통한 서약과 같이—협상의 장소와 대상인물을 바꾸 는 데에 있다. 이는 제삼자의 경우 협상에 임하기도 어려울 것이며 양보할 유혹도 적게 받을 것이라는 생각에서이다. 다시 말해서, 계약을 통한 맹세 는 보통 '실제 비용(real cost)'이 아니라 부차적인(contingent) '이전비용 (transfer cost)'을 떠맡는다. 그래서 관심 있는 모든 당사자들을 협상에 끌 어 들일 수 있다면, 협상결과의 불확정성의 범위는 과거 그대로 남아 있다. 그러나 만일 제삼자가 상당한 교통비를 지불하여야 협상에 임할 수 있다 면, 그 정도까지는 정말로 번복할 수 없는 책임을 제삼자가 떠맡게 되는 셈 이다(만일 여러 사람들이 내기를 한다면, 그들을 협상으로 끌어들이는 '실

제 비용'은 너무나 커서 협상이 불가능하게 될 것이다).[3]

이 주제에서 가장 흥미로운 부분은 맹세가 받아들여질 수 있는지의 여부와 어떻게 받아들여질 수 있는지에 대한 것이다. 그러나 실천적인 문제가 없는 모델, 즉 절대적인 맹세를 자유롭게 구사할 수 있는 세계를 상정하는 모델을 간단히 고려해 보는 것도 가치가 있다. '하늘에 대한 맹세'가 절대적인 구속력이 있다고 보편적으로 인식되고 있는 문화권을 고려해 보자. 이러한 맹세를 동반하는 제안(offer)은 어떤 것이든 최종의 제안이 되며 또 그렇다고 인정을 받는다. 각 당사자가 상대방의 진짜 마음 먹은 가격을 안다면, 확고한 제안을 먼저 하는 것이 목표가 된다. 따라서 결과에 대한 책임은 순전히 상대방에게 달려 있다. 상대방은 그것을 택하든지 아니면 그가 택한 대로 내버려 두든지 선택할 수 있다(그리고 그는 그것을 택하는 선택을 한다). 흥정은 모두 끝났다. 맹세(즉 처음의 제안)는 이긴 것이다.

여기에 의사소통의 어려움을 개입시켜 보자. 아마 편지로 흥정을 하고 있을 때에 이러한 어려움이 개입될 것이다. 그러한 하늘에 대한 맹세(in-

---

3) 아마도 쌍무독점에 대한 '이상적인' 해(解)는 다음과 같을 것이다. 두 사람 중 한 사람이 자신의 한계비용 곡선을 이동시킴으로써 원래 생산량에 있어서 합동수익이 극대화될 수도 있었던 것을 이제는 영(零)이 되게 한다. 그는 이것을 취소 불능의 임대를 안고 판매(sale-leaseback)하는 방법을 통해서 한다. 즉 그는 일시불을 받고 제3자에게 특허권을 판다. 이 특허권은 생산량과 연관되어 있어서 다른 모든 생산량에 있어서 합동비용이 합동수입금을 초과하도록 되어 있다. 이제 그는 전체적으로 원래 합동수익을 가져다 준 가격과 생산량을 제외하고는 어떠한 가격이나 생산량으로도 생산할 수 없게 된다. 쌍무독점의 다른 한쪽은 이 계약을 지켜보고, 상황을 이해하여, 그는 진짜 최소한의 수익을 받아들인다. '승자'는 특허권을 판매해서 받은 일시불을 통해 전체적인 원래의 수익을 실제로 획득한다. 이 수익은 그가 생산하는 것과는 무관하기 때문에 생산동기에는 아무런 영향을 미치지 않는다. 제삼자가 일시불을 지불하는 이유는 다른 한쪽이 단념해야 할 것이며 따라서 그가 어쩔 수 없이 자기 몫을 받게 될 것이라는 것을 알기 때문이다. 여기서 한 가지 조건은 '패자'가 특허권 구매자를 접촉할 수 있어서는 안된다는 것이다. 그렇지 않으면 패자가 그에게 협상에 응하지 말라고 위협을 함으로써 그의 특허권리를 포기하라고 강요할 수 있으며, 그럼으로써 원래의 한계비용 상황으로 되돌아갈 수 있을 것이다. 그러나 우리는 특허판매를 전문으로 하는 기관의 탄생을 상상할 수 있다. 그 기관의 궁극적인 성공은 결코 재협상을 허용하지 않는다는 평판에 달려 있으며, 따라서 단일한 협상에서는 누구도 재협상을 호소하려고 하지 않을 것이다.

vocation)는 사인을 할 때부터 유효하지만, 편지가 도착할 때까지 상대방은 알 길이 없다. 이제 한쪽이 그러한 편지를 쓸 때, 다른 쪽은 그의 편지에 이미 사인을 했을 수도 있고, 혹은 첫 번째 편지가 도착하기 전에 아직 사인을 하지 않았을 수도 있다. 그렇게 되면 매매는 이루어질 수 없으며 두 사람은 서로 모순된 입장에 묶이게 된다. 양자는 이제 교착상태에 빠질 가능성을 인식해야만 하며 상대방이 자신의 맹세에 이미 사인을 했거나 할 것임을 고려하지 않으면 안된다.

의사소통에 있어서의 비대칭성(asymmetry)은 자리에 없어서 메시지를 받을 수 없는 (또는 없다고 알려진) 사람에게 당연히 유리할 것이다. 그가 상대방의 메시지를 받았다면 자신의 맹세를 하는 것이 불가능하겠지만, 받지 않음으로써 맹세하는 것을 제지당하지 않기 때문이다(반면에, 의사소통을 할 수 없는 사람이 자신이 그럴 수 없다는 사실을 모르는 척 할 수 있다면, 상대방 또한 부지중에 먼저 맹세를 하게 될까 두려워서 자기가 맹세하는 것을 억제할지도 모른다). 만일 맹세가 단지 말로서가 아니라 특별한 형식이나 의식(儀式)에 의해 이루어진다면, 상대방이 맹세를 위해 치르는 의식에 대해 무지하다는 것이 충분히 인정되는 한, 이에 대해 모르는 편이 유익할 수도 있다. 그의 무지로 말미암아[4] 상대방은 스스로 맹세하지 않고 자제하는 것만이 교착상태를 모면할 수 있는 길임을 깨닫게 되기 때문이다.

인구의 일부만이 '하늘에 맹세'가 절대적 구속력을 갖는 종파에 속한다고 가정하자. 누구나 다른 모든 사람의 소속 종교를 알고 있다면(그리고 안다고 알려져 있다면), 이 특별한 종파에 속한 사람들이 유리할 것이다. 그들은 서약을 할 수 있는데 상대방은 그렇게 할 수 없기 때문이다. 만일 구입자가 "하늘에 맹세코 1만 6천 달러요"라고 말한다면, 그의 제안은 최종적이다. 만일 판매자가 "1만 9천 달러요"라고 말한다면 그는 단지 '협상 중'(그리고 그렇다고 알려진 것)일 뿐이다.

만일 상대방이 진짜 마음 먹은 가격을 서로 모른다면, 일상적인 흥정에서와 마찬가지로 초기 단계에서는 상대방의 가격을 알아내려 하고 자기의 가격은 부정확하게 알려 주려고 한다. 그러나 발견과 폭로의 과정은 금새 맹세를 만들어 내고 알아내는 과정과 합쳐진다. 맹세는 모든 실천적인 목

---

4) 그는 맹세의 의식을 이해하지 못할 것이므로 — 역자주.

적을 위해서 '진짜' 마음 먹은 가격을 영원히 변화시킨다. 만일 한쪽은 맹세를 하는 의식을 믿고 다른 쪽은 믿지 않는다면, 전자가 자신이 마음 먹은 가격을 만드는 수순을 밟고 있는 반면에 후자는 그가 마음 먹은 가격을 한 번에 주장하는 '일상적인' 홍정기술을 따르는 것이다.

　앞의 논의에서는 자기맹세라는 전술의 그럴싸함과 논리를 제시하려고 시도하였다. 가시적인 전술이 사용되었을 때, 관찰자가 비록 그것의 사용이 의식적으로 논리적인지, 직관적인지 혹은 무심코 이루어졌는지를 확신을 가지고 구별하는 것이 거의 불가능할지라도, 몇몇 예는 이 전술의 적실성(relevance)을 보여 줄 수 있다. 첫째로, 노동조합 간부들이 임금협상 동안이나, 혹은 바로 전에 노조원들의 흥분과 결의를 고취시키는 일이 특이한 것은 아니다. 노조는 시간당 임금인상으로 2달러를 주장할 것이고 관리자가 1달러 60센트로 맞설 것이라고 기대한다고 하자. 노조간부들은 관리자가 2달러를 지불할 수 있을 것이라는 사실뿐만 아니라 만일 그들이 2달러 가까이를 얻어내지 못한다면 자신들은 협상가로서 무능력하다고 회원들을 설득하려고 노력할 것이다. 그 목적-혹은 그보다는 이 분석이 제시하는 그럴 듯하게 보이는 목적-은 설령 그들이 그렇게 하고 싶어도 회원을 더이상 통제하지 못하기 때문에 혹은 그들이 그렇게 했다가는 자신의 지위를 상실할 것이기 때문에 2달러 이하로는 받아들일 수 없음을 회사측에 명백히 해두기 위함이다. 다시 말해서, 파업을 막을 수 있는 힘을 노조 스스로가 제거함으로써 자신의 권한을 축소시키고 노조 자신도 회피할 수 없는 파업을 위협삼아 회사측에 정면대결하는 것이다.

　미합중국 정부가, 예컨대 해외원조의 용도나 관세율 인하에 관해서 다른 나라 정부와 협상할 때에도 이와 비슷한 상황이 일어난다. 만일 행정부가 가능한 한 최선의 조정을 위해 자유롭게 협상을 할 수 있다면, 미국은 어떤 입장을 고집할 수 없으며 논란이 되고 있는 점을 양보함으로써 협상을 종결할 수도 있다. 왜냐하면 미국의 입장에서 협상을 중단하는 것보다는 양보하는 편이 더 낫다는 것을 상대방이 알고 있거나 혹은 완강히 그렇게 믿고 있기 때문이다. 그러나 행정부가 의회가 허용하는 범위내에서 협상을 하기 때문에, 행정부의 입장이 법에 의해 제한된다면 그리고 의회가 필요한 기간내에 법을 바꾸기 위해서 재소집되지는 않을 것임이 분명하다면,

행정부는 확고한 입장을 협상 상대국에게 보여 줄 수 있다.

　잠정적 합의의 범위가 광범위해서 결과가 협상에 의존할 것임을 알고 국가 대표부가 국제적 협상에 임할 경우를 생각해 보자. 그들은 종종 공식 성명, 즉 구체적으로 어떠한 양보도 해서는 안된다는 여론을 일으키기 위해 계획된 성명을 통해 협상에서 유리한 입장을 취하려고 한다. 만일 구속력이 있는 여론이 조성될 수 있고 상대에게 명백히 전달될 수 있다면, 그것에 의해 초기의 입장이 명백하게 '최종적인' 것이 될 수도 있다.

　이러한 예들은 어떤 공통된 특징을 갖는다. 첫째로, 이 예들은 맹세를 초래하는 것뿐만 아니라 그것을 상대방에게 설득력 있게 의사전달을 하는 것에 의해 좌우된다. 둘째로, 맹세가 성립되는 것도 절대로 쉽지는 않지만, 그 맹세가 얼마나 강경한가 하는 것이 관계 당사자들 중 어느 쪽에게도 전적으로 분명한 것은 아니다. 셋째로, 양쪽의 당사자 모두가 유사한 방법을 사용할 수 있다. 넷째로, 양쪽 모두가 맹세의 가능성을 이용할 수 있을지라도 절대로 양쪽이 동등하게 사용할 수 있는 것은 아니다. 즉 여론을 이용하여 구속을 받는 민주정부의 능력은 그러한 맹세를 시도하는 독재정부의 능력과는 차이가 있다. 다섯째, 그들은 모두 상대방이 양보할 수 있는 선을 넘어서서 부동의 위치를 차지하려는 위험을 감수하기 때문에 그로 인해 협상이 교착상태에 빠지거나 결렬될 가능성을 유발시킨다.

3. 협상의 제도적·구조적 특성

　협상상황의 제도적·구조적 특성은 맹세의 전술을 사용하기 쉽게도 할 수 있고 어렵게도 할 수 있다. 또한 협상상황의 제도적·구조적 특성에 따라 한편이 다른 편보다 더 잘 이용할 수도 있으며, 동시에 맹세를 할 가능성, 즉 교착상태에 빠질 가능성도 있는 것이다.

1) 흥정 대행자의 이용

　흥정 대리인을 이용하면 적어도 두 가지 경우에 맹세의 효력에 영향을 미친다. 첫째는, 대리인에게 변경하는 것이 어렵거나 불가능한 지시를 주며, 상대방이 그러한 지시(혹은 그 지시의 비융통성)를 명확히 알도록 만든 경우이다. 이 원리는 의회와 행정부, 경영진과 이사회를 구분하는 데 응용된다.5) 뿐만 아니라 협상과정에 시간제한이 있으며, 정해진 시간이 끝나기 전에는 본인(협상 위탁자)과 심부름꾼 사이에 더이상 의사교환을 하는 것이 명백히 불가능하도록 충분한 거리를 두었을 때, 심부름꾼이 가져 온 제안에도 응용된다.

둘째로, '대행자'는 위탁자와는 다른 자기 나름의 동기구조를 가지고 당연히 협상의 주역으로 개입할 수 있다. 이러한 방책은 자동차보험에서 찾아볼 수 있다. 법정 밖에서 타결을 볼 경우, 일개 시민은 보험회사만큼 효과적으로 위협을 행사할 수 없다. 보험회사는 차후의 사고에 대비하여 자신의 평판을 유지하기 위해서 어쩔 수 없이 더욱 눈에 띄게 위협을 행사하기 때문이다.6)

  2) 비밀과 공개

맹세의 효과적인 수단이자 때로는 유일한 수단은 자신의 명성을 걸고 서약하는 것이다. 국가의 협상대표부가 어떠한 사소한 양보에 대해서도 유화정책이라고 비난을 받도록 미리 짜놓을 수만 있다면, 그들이 양보를 할 수 없다는 사실을 남들이 다 알도록 해놓는 결과가 된다. 다른 공장과도 협상을 해야 하는 노조의 경우에 어떠한 후퇴도 남들의 눈에 극적으로 띄도

---

5) 이 경우 행정부와 경영진은 의회와 이사회의 대행자가 된다―역자주.
6) 자동차 도로에서의 우선권 문제에 대한 공식 해(formal solution)는 모든 경우에 대비해서 충분히 보험을 들었으며, 남들에게 이를 알린 사람이 승자가 된다는 것이다. 이 경우에 그는 사고를 피해야 할 유인을 가지고 있지 않으며 상대방은 양보해야만 하고 또 그것을 안다(후자는 다른 종류의 행동으로 대적할 수 없다. 앞 사람의 차가 보험에 들어 있기 때문에 어떤 회사도 이제 그의 보험을 받아들이지 않을 것이다). 더욱 심각한 것은 노조들이 파업기금을 공동으로 분담하게 되면, 개별 노조에 있어서 파업을 피하고자 하는 가시적인 동기는 축소된다는 것이다. 앞에서 제시한 쌍무 독점의 해에서처럼, 협상 당사자 자신의 동기구조(incentive structure)에 가시적인 변화를 초래함으로써 제삼자에게 이익을 이전시키는 결과를 낳는다.

록 장치를 해놓을 수 있다면, 노조는 자신의 협상 명성을 위태롭게 만드는 셈이다. 그 때문에 노조는 심각한 타협을 가시적으로 할 수 없게 된다(이와 똑같이 편의상 협상명성을 위험에 빠뜨리는 것이 보편적으로 이용되는 방어의 기초가 된다. '내가 만일 당신에게 그렇게 해주면 다른 모든 사람을 위해서도 그렇게 해주어야 할 것이다'). 그러나 이런 식으로 맹세하기 위해서는 공표를 할 필요가 있다. 최초의 제안과 최종의 결과가 모두 공개되어야만 할 것이다. 만일 둘 중 어느 하나라도 비밀에 싸이거나, 혹은 원천적으로 결과를 관찰하는 것이 불가능하다면, 이 방책은 유용하지 않다. 만일 한쪽은 '대중적 지지자'를 가지고 있고 다른 쪽은 그렇지 못하다면, 지지자를 가지지 못한 쪽은 관련된 (상대방의) 대중적 지지자를 배제함으로써 자신의 약점을 중화시키려고 할 수 있다. 혹은 양쪽이 다 이 술책을 동시에 사용함으로써 교착상태에 빠질 것을 두려워한다면, 비밀리에 협정을 실행하려고 노력할 수도 있다.

3) 교차하는 협상

만일 회사측은 다른 공장을 가지고 있지 않아서 다른 노조와 협상할 필요가 없는 반면에 어떤 노조가 많은 협상을 동시에 하고 있거나 잠시 후 연이어 하게 된다면, 회사측은 자신의 협상명성을 걸고 협상을 하는 것이 전혀 설득력이 없지만 노조는 그렇게 할 수 있다. 이 협상에서 양보를 하면 줄지어 늘어선 다른 협상에 있어서 자신의 입장이 난처하게 된다는 것을 설득력 있게 지적할 수 있는 쪽이 유리하다(협상의 '명성값(reputation value)'은 결과보다는 흥정 초기의 입장을 고수하는 강경성과 더 관련이 있을지도 모른다). 이 술책에 대항하는 방어책은 많이 있겠지만, 그 중에서도 중요한 두 가지는 상대방의 입장을 오인하는 것과 최종의 결과가 초기의 입장과 모순되도록 만드는 것이다. 만일 협상의 주제가 협상과정에서 확대될 수 있거나,[7] 임금액수를 올려 주는 대신에 임금과 동등한 값으로 환산

---

7) 주제의 확대는 협상의 핵심을 희석시키는 결과를 가져 온다. 가령 임금인상을 요구한 노조에게 회사측에서 보너스 인상을 약속한다면, 이는 주제의 확대를 가져 왔다고 할 수 있다. 결국 노조 간부들은 어찌되었든 인상을 가져 왔다고 노조

될 수 없는 보너스(fringe benefits)를 대신 제공하는 경우에는 스스로 맹세한 쪽에 '구실(변명)거리'를 제공하는 셈이다. 맹세한 사람이 이 '구실'을 이용할 수 있다는 사실은 맹세 그 자체를 약화시키며, 따라서 그에게 불리하게 작용한다.

4) 연속협상

상호관련된 협상 중 한 가지 특별한 경우는 동일한 당사자가 다른 주제를 동시에 협상하든지 혹은 곧 협상하려고 할 때에 일어난다. 이러한 경우의 논리는 더욱 미묘하다. 자신이 후퇴할 수 없다는 것을 상대방에게 설득하기 위해서 실제로 다음과 같이 말한다. "내가 만일 여기서 패배를 인정하면, 당신은 다른 협상에서도 나에 대한 평가를 달리할 것이다. 당신으로부터 나의 평판을 보호하기 위해서 나는 강경하지 않을 수 없다." 협상의 상대자는 동시에 '제삼자'가 되는데 바로 그는 제삼자이자 협상의 당사자인 상대방에게 협상의 평판을 거는 것이다. 이러한 상황은 국지적인 공격에 대한 국지적인 저항의 위협에서 일어난다. 위협하는 쪽은 위협의 신빙성 때문에 자신이 한 맹세를 실행한다. 이는 이 특별한 경우에 위협을 실행함으로써 얻는 것이 있기 때문이 아니라 미래에 하게 될 위협의 신빙성을 강화하기 위해서 장기적인 이득을 노리는 것이다.

5) 의제제한

협상할 대상이 두 가지가 있을 때, 그것들을 동시에 다루느냐 혹은 별개의 회의에서 하느냐, 별개의 시간대에 하느냐에 대한 결정은 결과에 커다란 영향을 미친다. 잠재적으로 강압적인 위협이 보다 일상적이고 합법적인 협상상황에서 사용될 수 있을 때에는 특히 그러하다. 강압적 위협에 대한 방어책으로는 협상을 거절하거나 협상에 불참하거나 무능함을 보여 주는 것이다. 그러나 만일 강압적 위협의 대상을 다른 논제와 같이 의제에 올릴

원들에게 변명거리를 찾기는 하였지만 초기의 맹세와 다른 결과를 가져 옴으로써 그들의 협상명성이 타격을 입게 될 것이다-역자주.

42

수 있다면 잠재적 위협은 효과적이 된다.

관세흥정이 한 예가 된다. 치즈와 자동차에 대한 호혜관세율을 협상할 때에 한쪽이 순전히 보복하기 위해 다른 관세를 변경시키겠다고 위협함으로써 그 결과를 바꾸어 놓을 수 있다. 그러나 위협당한 쪽의 협상대표부가 치즈와 자동차 의제에 한정되어 다른 상품의 관세를 다룰 수 있는 관할권마저도 인정받지 못하였거나, 치즈와 자동차가 타결되지 않은 상태에서 다른 관세를 언급하는 것을 금지하는 기본규칙이 존재한다면, 이 강압적인 위협은 효력을 갖지 못한다. 만일 회의석상에서 위협을 공개하는 것 자체가 문제가 된다면, 공개된 위협은 효과적인 의사소통을 불가능하게 할 수 있다.

6) 보상의 가능성

펠너(Fellner)가 지적한 것처럼, 협정은 아마도 비용이나 이익을 재분배하는 어떤 수단에 따라 달라질 수 있을 것이다.[8] 가령 복점회사(duopolists)가 그들의 연합이윤을 극대화하는 방식으로 시장을 분할한다면, 초기 이윤은 그것에 따라 결정된다. 수익을 달리 분할하려면 한 회사가 다른 회사에게 보상할 수 있어야 한다. 보상을 한 사실이 불법 공모의 증거가 된다든지, 보상의 동기를 주주들이 오해한다면, 혹은 양자가 서로 충분히 신뢰하지 않는다면, 두 회사의 초기 수익이 그들 사이에 합의된 이득의 분할과 일치되도록 맞추기 위해서는 공동 이윤은 최적에 못미치는 수준에서 책정되어야 할지도 모른다.

본질적으로 행위가 한 사람에 의해서 이루어지는(1인 행위) 어떤 것에 관해서 합의를 이루어야 할 때에, 비용을 어떻게 분할하느냐 하는 것은 보상에 달려 있다. 이 경우에 '의제'는 특별히 중요성을 지닌다. 보상의 주요 방법은 다른 어떤 대상에서 양보를 하는 것이기 때문이다. 만일 동시 협상에서 서로 조건부적인 관계를 맺도록 할 수 있다면 보상의 방법을 사용할 수 있게 된다. 만일 그 두 협상이 별도로 떨어져 있다면, 각각은 분할될 수 없는 대상으로 남게 된다.

8) W. Fellner, *Competition Among the Few*, New York, 1949, pp.34-35, pp.191-197, 231-232, 234.

어떤 이에게는 흥정을 격리시키는 편이 이익이 될 수도 있고, 다른 이에게는 그것을 어떤 제2의 흥정에 연결시키는 편이 나을 수도 있다. 만일 두개의 사업이 있고, 각각의 사업에는 3의 비용이 들며, 각 사업당 A에게는 2, B에게는 4의 가치를 주고, 그리고 각각은 본래 '1인'이 수행해야 될 사업이면서 보상이 제도적으로 불가능하다고 가정하자. 두 사업이 분리되어 있는 한, 각 사업에 드는 총 비용(3＋3＝6)은 B가 부담하여야 할 것이다. B는 사업을 하지 않겠다는 위협을 효과적으로 사용할 수 없는데, 그 이유는 A가 어떠한 사업도 독자적으로 수행할 동기를 가지고 있지 않기 때문이다. 그러나 만일 B가 자신이 사업을 한 가지 할 터이니 다른 하나는 A에게 하라고 제안하면서 두 개의 사업을 함께 연결시킬 수 있다고 가정하자. 그리고 A가 둘 중의 하나를 맡지 않는 한, 둘 다 포기해 버리겠다고 효과적으로 위협할 수 있다면, A는 3의 비용에 4의 이득을 보는 대안을 갖게 되고 결국 이 대안을 택할 것이며, B는 그의 비용을 반으로 절감하게 된다.

흥정상황의 전형으로서 경제문제가 갖는 중요한 한계는 그 문제들이 분할할 수 있는 대상과 보상할 수 있는 행위를 불균형적으로 포함하는 경향이 있다는 것이다. 한 집의 뒷편에 있는 배수구가 양쪽 집에 다 유용하다고 가정하자. 만일에 시공에 1,000달러가 드는데 각 집주인에게는 800달러의 값어치가 있다면, 어느 집도 단독으로 시공을 하려고 하지 않을 것이다. 그럼에도 불구하고 보통은 그들이 함께 모여 두 집 모두에게 1,600달러만큼의 값어치가 있는 이 사업을 같이 수행할 것이다. 그러나 합의에 이르지 못하는 경우도 있다. 만일 스카우트 대장이 되면 주당 10시간을 소비해야 하고, 각 단원은 스카우트단을 거느리는 일이 자신의 시간으로 따져 8시간의 값어치가 있다고 생각한다고 가정하자. 그러나 한 사람이 모든 일을 해야 한다고 한다면, 한 사람이 그 일에 대해 10시간을 투자하고 다른 사람은 그에게 현금을 주거나 다섯 시간 동안 그의 정원을 돌보아 준다는 흥정에 이웃사람들이 도달할 가능성은 거의 없다. 두 대의 차가 좁은 길에서 마주칠 때 일어나는 교착상태는 우선권에 대해서 요금을 매기는 관습이 없기 때문에 더욱 악화된다. 의회의 교착상태는 의원끼리 투표교환(logrollong)[9]

9) 한 의원이 이번에는 상대방의 안건을 지지해 주는 대신 다음 번에는 자신이 원하는 안건에 대해 지지표를 얻는 방법으로 표를 교환함으로써 상호협조하는 것

을 하는 것이 불가능할 때에 일어난다. 만장일치를 필요로 하는 법안은 단독으로는 통과되기 어렵기 때문에 흔히 다른 법안 들과 함께 묶여서만 상정될 수 있다.[10]

7) 협상의 역학

우리가 비록 그것이 함축하는 바를 탐구하지는 않을 것이지만, 다른 많은 특성들에 대해서도 언급할 가치는 있다. 허위정보를 전달하면 벌칙을 주는가? 수를 물리는 것(called bluffs)에 대한 벌칙이 있는가? 즉 제안을 하고 그것이 수락된 다음에 그것을 철회할 수 있는가? 관심을 가진 당사자를 가장하여 단지 상대방의 입장을 시험해 보기 위해서 불성실한 제안을 하는 중개인을 고용하는 데 대한 벌칙이 있는가? 관심을 가진 모든 당사자들이 인정받을 수 있는가? 흥정에 시간제약이 있는가? 흥정은 특정한 경매양식을 취하는가? 그렇다면 그것은, 네덜란드식 경매(Dutch auction)[11]인가, 비밀입찰체인가, 아니면 기타 다른 양식을 취하는가? 현상(現狀)이라는 것이 존재하는가? 그래서 협상이 불가능하게 될 때 현상을 선호하는 쪽이 이길 수 있는가? 교착상태에 빠질 경우 재협상은 가능한가? 교착상태에 빠질 경우 어떠한 대가를 치루어야 하는가? 협정사항의 이행을 감시할 수 있는가? 일반적으로 의사소통의 수단은 무엇이며 그 수단 중 어느 것이 어느 한쪽에 의해 단절될 가능성이 있는가? 만일 협상할 사항이 여러 개 있다면, 하나의 종합적인 협상으로 다루는가, 아니면 특별한 순서에 의해 다른 사항을 협상하기 전에 한 항목을 종결하는 식으로 협상이 이루어지는가, 혹은 다른 대리자를 통해서나 다른 규칙하에서 동시에 이루어지는가?

을 일컫는다-역자주.

10) 서독의 점령을 종식시켰던 '파리협정'(1954년 10월에 파리에서 체결된 협정으로 미국, 영국, 프랑스, 이탈리아, 캐나다, 벨기에, 네덜란드, 룩셈부르크 등 14개국이 서독의 주권회복, 재군비, 나토 가입 등의 승인을 협정한 것-역자주)에 짜르(Saar, 제2차 세계대전 후 1956년까지 프랑스의 경제통제하에 있었던 서독의 서부에 있는 지역-역자주)에 관한 조항을 포함시킨 것은 이 원칙을 반영했든지, 아니면 앞 문단에 있는 원리를 반영한 것이다.

11) 최고 입찰가격을 정해 놓고 가격을 깎아 내려가는 경매-역자주.

이같이 많은 구조적 문제의 중요성은 의회의 진행절차를 숙고해 보면 명백해진다. 대통령이 예산안에 대해 거부권을 행사할 때에 항목별로 거부할 수 없고 예산안 전체에 대해서만 거부권을 행사하도록 허용하는 규칙이나, 원안에 대해 표결하기에 앞서서 각 수정안에 표결할 것이 요구되는 규정, 혹은 상이한 종류의 동의안에 대한 순위제도 등은 각각의 행위에 영향을 미치는 유인들을 상당히 변경시킨다. 차선을 택하도록 강요를 당할 수도 있는 사람은 일찍이 표결을 하여 그 차선의 가능성을 제거해 버릴 수 있으면, 그런 압력에서 벗어날 수 있다. 이를 통해 그는 자신의 선호가 매우 강하다는 것을 남에게 알리는 첫 번째와 세 번째 선호만을 남김으로써 어떠한 위협도 자신에게 가해질 수 없도록 하는 것이다.

8) 원칙과 선례

설득력을 발휘하기 위해서 맹세는 통상적으로 양적이기보다는 질적이어야 하며 어떤 합당한 근거에 의존해야 한다. 정말로 확고하게 2.07 1/2이라는 맹세를 상상하기는 어려울 것이다. 그렇다면 2.02 1/4은 왜 안되는가? 수치는 너무 연속적이어서 2달러와 같이 똑떨어지는 값이 아니면 어디에서 끊어야 할지를 모르게 된다. 그러나 '이윤분배'의 원칙, '생활비 상승,' 혹은 2.07 1/2달러라는 계산이 나오는 근거에 대한 서약은 하나의 서약을 위한 발판이 될 수도 있다. 더 나아가서 사람은 그 원칙과 선례 자체를 위험에 빠뜨림으로써 어떤 맹세 같은 것을 창출해 낼 수도 있다. 예를 들어 과거에 무력으로 세운 정부를 인정하지 않는 원칙을 성공적으로 유지해 왔으며 현재의 협상에서 그 원칙을 관철하기로 결심했다면, 그는 그의 주장을 뒷받침하기 위해 선례를 끌어댈 수 있을 뿐만 아니라 원칙 그 자체를 걸고 협상을 하는 위험을 감수할 수도 있다. 그것을 공약함으로써 그는 원칙을 포기하고 무효화시키는 대신에 차라리 협상의 교착상태를 수용할 것이라고 상대방을 설득할 수 있을 것이다.

9) 궤변

만일 어떤 사람이 양보가 바람직하다는 결론에 도달한다면 두 가지 효과를 인식하여야 한다. 이는 그가 상대방의 입장에 보다 가까이 갔다는 것을 의미하며, 이는 또한 상대방이 그가 어느 정도 확고한지를 평가하는 데에 영향을 미친다. 양보는 항복으로 해석될 수 있을 뿐만 아니라, 이전의 맹세를 사기행위로 낙인해 버리고, 새로운 약속을 위해 어떠한 시늉을 해도 상대방이 회의적으로 생각하게 만든다. 따라서 이 사람은 상대방을 수용하기 위한 핑계가 필요하며, 가능하면 최초의 서약을 합리화시키는 재해석을 통해서 상대방을 납득시킬 필요가 있다.

보다 흥미로운 것은 상대방을 서약으로부터 풀어주기 위해서 궤변(casuistry)을 사용하는 것이다. 상대방에게 그가 서약하지 않았다거나 그의 서약은 오판이었다는 것을 보여 줄 수 있다면 사실상 상대방의 서약을 취소하거나 수정할 수 있다. 그도 아니고 상대방의 서약을 혼동시킬 수 있다면, 그래서 그의 지지자나 상급자, 혹은 청중이 서약을 지키는 것이 무엇인지 정확히 알지 못한다면 서약의 가치를 취소시키거나 저하시킬 수 있다. 그러한 예로서는 '생산성'이 모호하다거나 '비례부담'이 여러 가지 의미를 갖는다고 해석하는 것 등이다. 이 경우에 이 서약을 논리적으로 반증하는 데 성공하면 상대방에게 불이익을 준다. 그러나 상대방이 적당하게 양보할 것을 결정하였을 때에는 두 가지 방법으로 그를 도울 수 있다. 가령 그가 온건한 양보를 하는 것이 앞에서의 입장과 모순되지 않는다는 것과, 그가 양보를 해도 그의 원래의 원칙을 손상시킨다고 믿을 만한 근거가 없다는 것을 증명하는 것이다. 다른 말로 하면, 자신이 상대방의 합의로 인해 너무 많은 혜택을 본다는 것을 부정해야 한다. 그렇지 않는 한 양보는 일어나지 않을 것이다.12)

---

12) 기업 간의 쌍무적 독점과 같은 많은 교과서 문제에서는 흥정 범위의 한도는 어느 한쪽의 수익이 영(零)이 되는 지점이다. 어느 한쪽이 최소한의 이익을 보는 위치에서 타결하는 것은 아예 타결하지 않는 것보다 나을 것이 전혀 없기 때문이다. 그러나 특별한 매매상황을 별도로 한다면, 수용할 수 있는 결과의 범위에는 공통의 한계가 있다. 한쪽이 별 무리없이 받아들일 수 있는 최악의 결과라고 할지라도 협상의 결렬보다는 훨씬 나을 수 있기 때문이다. 이 경우, 무엇보다도

10) 위협

어떤 사람이 공격을 받으면 싸우겠다고 위협을 하거나, 경쟁자가 가격을 인하하면 자신도 하겠다고 위협을 할 때, 그 위협은 자신의 행동이 초래할 결말에 대한 인상을 상대방에게 심어주기 위해 자신의 동기를 표현하는 것일 따름이다. 그리고 우연히 그것이 상대의 행위를 저지하는 데 성공하면 양쪽 모두 이롭게 된다.

그러나 한 사람이 수행할 동기는 없지만 상호 해가 되는 약속을 통해서 억지하기 위한 의도로 위협을 할 때에는 의사소통 이상이 개입된다. 사소한 침입에 대항하여 대량 보복위협을 하는 것이 이런 종류에 속한다. 선행권을 양보하지 않는 차를 들이박겠다고 위협을 한다든지, 임금이 몇 푼이라도 오르지 않는다면 값비싼 파업을 하겠다는 것도 마찬가지이다. 이러한 위협의 뚜렷한 특징은 위협자가 사건 전이나 후에 그것을 수행할 의사를 가지고 있지 않다는 것이다. 만일 그가 위협이 성공적일 수 있다고 생각한다면 스스로 위협을 이행하기로 맹세할 동기를 갖게 된다. 왜냐하면 목적을 성취하는 것은 위협에 의해서이지 위협의 이행에 의해서가 아니기 때문이다. 그리고 나서 그 위협이 성공하면 이행할 필요가 없게 된다. 상황에 따른 조건부 이행이 확실할수록 실제 이행의 가능성은 낮아지게 된다. 그러나 위협의 효과는 상대방이 얼마나 고지식하냐에 달려 있으며, 위협자가 그것을 사후에 이행할 동기를 가지고 있음을 보여 주기 위해서 자신의 동기를 다시 정리하여 보여 주지 않는 한 그 위협은 효과가 없다.[13]

중요한 목적은 상대방이 오도적인 서약을 하는 것을 제압하는 것일 수 있다. 만약 진실이 거짓된 입장보다 입증하기가 더 쉬운 것이라면, 보수적인 초기의 입장을 부각시킨다. 최초에 '제기된' 입장으로부터 후퇴하는 것은 진실을 전달하려는 차후의 어떠한 시도도 불신하도록 만들 수 있기 때문이다. 실제로 보통 어떤 사람의 행동에 벌칙을 가하지는 않을지라도 거짓에 대해 강제성 있는 벌칙이 존재한다는 사실은 도움이 될 것이다. 가령, 어떤 사람이 자신의 소득세납세신고서를 보여 줌으로써 그의 비용이나 소득의 수준을 보여 줄 수 있다면, 거짓에 대한 벌칙이 존재한다는 사실은 그가 보여 준 증거의 가치를 높여 줄 수 있다. 만일 협상이 대리인이나 고용인에 의해 수행된다면 그리고 그들에 대한 사례금이, 합의의 조건이 얼마나 유리한가 하는 것보다는 합의가 이루어졌는지의 여부에 달려 있다면 '순수한' 쌍무독점의 경우가 이와 비슷한 성질을 띠게 될 것이다.

48

다시 서약의 문제로 돌아오자. 자신의 서약으로 상대방을 저지하기 위하여 실제로 행하지도 않을 행위에 대해 어떻게 사전에 서약을 할 수 있는가? 물론 위협을 행하는 사람은 자기가 입을 손해나 비용은 사소하거나 거의 없을 것이라고 상대방을 속이기 위해 허세를 부릴 수도 있다. 보다 재미있는 점은 위협을 하는 자가 그 자신의 비용은 작게 들 것이라고 스스로 잘못 믿는 척하다가, 실수로 더 나아가서 위협을 실행에 옮길 것이라는 점이다. 아니면 아마도 자기손상의 가능성을 감내할 만큼 강한 복수의 동기가 있는 것처럼 행동할 수도 있다. 그러나 이 선택은 정말로 복수심에 불타는 사람이나 가장 쉽게 이용할 수 있을 것이다. 그렇지 않다면 스스로 서약할 다른 방도를 모색해야 할 것이다.

어떤 이는 위협받는 사람에게 강한 인상을 심어주기 위해서 자신의 명성을 걸고 이행을 하겠다고 할 수도 있다. 만일 위협을 당하는 이가 위협을 무시할 수 있다면 그에게 교훈을 주기 위해서는 대가와 고통을 치를 만한 가치가 있다는 근거로 그 자신의 평판과 함께 위협받는 사람의 평판을 걸 수도 있다. 아니면 제3자와의 계약을 통해서 법적인 서약을 하려고 할 수도 있다.[14] 혹은 어떤 사람이 사업 전체를 대리인에게 맡길 수 있고, 그 대리인은 위협을 이행하는 데 따라 월급을 받으며, 그 이상 드는 비용에 대해

---

13) 한 가지 덧붙여 말하자면, 억지(抑止)를 위한 위협은 보상과 처벌 사이에 비대칭성을 보여 주면서 몇 가지 흥미로운 양적인 성격을 가지고 있다. 가령 위협의 약속이 위협을 이행하는 쪽보다는 위협을 당하는 쪽에 보다 큰 손상을 입힐 필요는 없다는 것이다. 새 자동차로 헌 자동차를 받아 버리겠다는 위협은 상대가 믿기만 한다면 성공할 수 있다. 혹은 작은 손해에 대해서 비용이 많이 드는 소송을 하겠다는 위협이나 가격전쟁을 시작하겠다는 위협도 마찬가지이다. 억지력에 관한 한, 위협이 '너무 큰' 경우는 없다. 만일 위협이 성공할 만큼 충분히 크다면, 어차피 그것은 이행되지 않을 것이다. 어떤 위협이 '너무 클' 때에는 그 크기가 신빙성에 손상을 입힐 때뿐이다. 주차시간 초과에 대한 가혹한 금고형과 마찬가지로 작은 잘못에 대한 핵공격은, 위협당한 사람이 그것이 너무 지나쳐서 현실성이 없다고 생각하여 무시하지 않는 한, 불필요하게 과도하기는 하지만 부당한 것은 아니다.
14) 강대국과 약소국 사이의 상호 방위조약은 이러한 시각에서 보는 것이 가장 바람직할지도 모른다. 다시 말해서 이 조약은 약소국들을 재보장하기 위한 것도 아니고, 상응조치(quid pro quo)의 교환에 있는 것도 아니다. 그보다는 오히려 당혹스러운 선택의 자유를 포기하는 장치로 보인다.

서는 어떠한 책임도 지지 않도록 한다면, 그 사람은 (위협받는 사람의) 동기를 변경시킬 수도 있다.

서약 문제는 '최후의 명백한 기회(the last clear chance)'라는 법률원칙을 잘 보여 주고 있다. 이 원칙은 사고(accident)를 일으키게 된 사건에 있어서 이전의 행동의 결과로 인해 사고를 피할 수 없게 되는 어떤 지점이 있으며, 사고를 방어하는 양 당사자의 능력이 같은 시기에 없어지지는 않는다는 점을 인지한다. 협상에서 서약이라고 하는 것은 상대가 충분히 납득할 수 있는 방식으로 상대방과 결과를 결정할 최후의 분명한 기회를 남겨 두는 도구이다. 그것은 상대방이 자신의 선호에 맞게 선택하지 않으면 안되도록 동기를 조작해서 상대가 더이상의 주도권을 잡지 못하도록 하는 것이다. 한 운전자가 가속을 하여 멈출 수가 없다면 상대방이 그것을 알고서는 양보하지 않을 수 없다. 회기 말에 제출된 의회의 추가법률안은 대통령에게 그 법안을 통과시킬 마지막 분명한 기회를 남겨 둔다. 이 원칙은 다른 기준에 따르면 취약한 것에도 협상'력'이 내재되어 있는 경우를 이해하는 데에 도움을 준다. 어떤 사람이나 국가가 자력갱생할 힘이나 상호 손상을 회피할 힘을 상실했다면, 관심 있는 상대방이 비용이나 책임을 떠 맡는 것 이외에 선택의 여지가 없게 된다. 아서 스미시즈(Arthur Smithies)는 '강제적 부족'이라는 용어를 사용하여, 1년 예산을 고의로 연초에 다 써 버려서 비용의 필요성을 어쩔 수 없이 절박하게 만드는 술책을 설명하였다.15)

이와 관련된 또 하나의 술책은 계략적으로 현상을 유지하는 것이다. 조작을 하는 쪽은 후퇴하는 힘을 이미 포기해 버렸기 때문에 상대방이 상호 손상을 가속화하는 공공연한 행위에 의해서만 그 상황으로부터 빠져 나올 수 있게 만드는 것이다. 만일 어떤 사람이 자신과 어떤 공격자의 파멸을 피할 수 없는 것이 명백하도록 사람의 눈에 띄게 폭발물을 몸에 지녔다면, 그가 폭발물에 대해 어떤 통제를 할 때보다 훨씬 더 성공적으로 공격을 저지할 수 있을 것이다. 결코 후퇴하지 않을 것인 최정예부대를 파견할 것이라

---

15) A. Smithies, *The Budgetary Process in the United States*, New York, 1955, p.40, 56. 한 가지 해결책은 예산배당 과정을 짧게 편성하는 것이다. 해외원조 할당에 같은 원리를 적용한 것으로는 T. C. Schelling, "American Foreign Assistance," *World Politics* 7, July, 1955, pp.609-625를 참조할 것.

고 맹세를 한다면 총력저항의 서약은 증강될 것이다. 월터 리프만(Walter Lippmann)은 보석상점을 방위하는 데 도움이 되는 판유리창의 비유를 사용하였다. 누구든지 그것을 쉽게 깰 수 있지만 요란한 소리를 내지 않고는 깰 수 없다.

위협당하는 사람도 비슷한 기법을 사용할 수 있다. 물론 최선의 방어는 위협을 받기 전에 행동을 이행하는 것이다. 이 경우에는 상대가 보복의 동기를 가질 수도 서약을 할 수도 없기 때문이다. 그가 서둘러서 행위 그 자체를 할 수 없다면 그것에 자신을 걸 수도 있다. 위협받을 사람이 이미 서약을 해버린다면, 위협을 할 사람은 자신의 위협으로 상대를 저지할 수 없게 된다. 단지 그는 상호 비참한 결과를 위협한다는 것을 재확인할 수 있을 따름이다.16) 위협받는 사람이 위협이 있기 전에 다른 사람들과 위험을 분담할 것을 결정할 수 있다면 (앞에서 언급한 선행권문제에 대해 보험에 의한 해결책이 시사하는 바와 같이) 그가 별 위협을 느끼지 않게 되었다는 것이 상대에게도 보여서 위협하는 자를 설득하여 그만두게 할 수도 있게 된다. 혹은 위협이 이행된다 하더라도 그는 오히려 득을 보는 것처럼 보이기 위해 (혹은 아마도 그럴 것이라고 자신이 생각을 하는 것만으로도) 다른 어떤 수단을 통해서 자신의 동기를 변경하거나 가장할 수 있다면, 위협하는 자는 손실은 많으면서 쓸모가 없기 때문에 위협을 포기해야 할지 모른다. 혹은 어떤 사람이 위협을 이행할 수 없다든지, 아니면 너무나 완고해서 그것을 받아들일 수 없는 것처럼 가장할 수 있다면, 그는 위협 그 자체를 제어할 수도 있다. 무엇보다도 최선의 방법은 순진무구, 고집 혹은 단순한 불신일 것이다. 왜냐하면 그것이 장래의 위협가에게는 보다 설득력이 있어

---

16) 일련번호가 매겨져 있고 지울 수도 없는 교통위반 딱지를 경찰에게 공급하는 제도는 경찰이 운전자에게 말을 걸기 전에 자동차 번호를 적을 수 있게 하는데, 이는 운전자의 위협을 배제할 수 있게 해준다. 어떤 트럭은 "경보와 잠금장치가 운전자의 통제하에 있지 않음"이라고 쓰인 표식을 붙이고 다닌다. 은행금고의 시간제 자물쇠나 선거에서의 강제적인 비밀투표도 같은 목적에 부합된다. 목표를 달성하기에는 너무 작고 미숙하지만 후퇴를 하기에는 그 과업에 너무나 많은 명예가 걸린 소수의 선발대로 침공을 시작하는 것도 같은 이치이다. 그렇게 되면 큰 병력은 순전한 억지위협을 불러 들일 염려 없이 투입할 수 있게 되는 것이다. 많은 대학에서는 일단 성적을 기록한 후에는 수정할 권한을 교수에게 주지 않는 규칙으로서 교수를 보호한다.

보이기 때문이다. 그러나 물론 그것이 그를 설득하지 못하고 그 스스로도 위협을 맹세하게 된다면 양쪽은 같이 망하게 된다. 끝으로 위협과 맹세는 의사교환이 되어야 한다. 만약 위협당한 사람이 전갈을 받지 않기 위해 자리를 모면할 수 있다거나 의소소통 창구를 없애 버릴 수 있다면, 비록 그가 그렇게 하는 것이 위협을 회피하기 위한 명백한 노력이라 하더라도, 위협 그 자체를 억지할 수는 있다.17) 그러나 불신이나 고집은 위협을 하기 전에 보여 주어야 한다. 즉 위협을 행동에 옮기기 직전이 아니라 위협을 맹세하기 전이어야 한다는 것이다. 전령사가 위협의 맹세를 가지고 도착했을 때, 안 믿는 척한다든지 자리를 모면해 봐야 별 소용이 없는 것이다.

보통의 협상에서와 마찬가지로 위협상황에서는 서약이 모두 분명한 것은 아니다. 각 당사자는 위협에 관련된 두 행동이 상대방에게 미치는 손실과 가치를 정확하게 평가할 수 없다. 서약의 과정은 일련의 행동에 의해서 서약이 확고하게 되어 가는 그런 점진적인 것인지도 모른다. 의사교환은 흔히 전적으로 불가능한 것도 아니고, 그렇다고 해서 전적으로 믿을 만한 것도 아니다. 한 사람이 행한 맹세에 대한 어떤 증거는 직접 전달될 수 있는 반면, 또 다른 증거는 신문이나 풍문으로 떠돌게 하거나 행동으로 보여 주지 않으면 안된다. 이러한 경우에는 동시 서약의 결과로 두 가지 행동이 모두 일어날 불행한 가능성은 증대된다. 더 나아가서 동시 서약의 가능성을 인지하는 것 그 자체가 서약하는 것을 억지하게 된다.18)

---

17) 공갈범은 그의 고객이 집에 편안하게 있어야지만 보호해 준다는 명목으로 돈을 뜯어낼 수가 있다. 마찬가지로 유괴범도 유괴된 사람의 친구나 친척과 의사소통을 할 수 없으면 몸값을 받아낼 수 없다. 따라서 비현실적인 제안이기는 하지만, 유괴가 일어났을 때, 모든 관련된 친구나 친척을 즉각적으로 감금시키는 법률을 제정한다면 몸값을 받을 전망은 희미해져서 수지가 맞지 않게 될 것이다. 방범대원이나 순경들의 윤번제나 무작위로 그들의 파트너를 정하는 것은 그들이 뇌물을 받아 내는 것을 제한할 뿐만 아니라 그들을 위협으로부터 보호하기도 한다.

18) 개인이나 국가가 우리가 논의해 온 종류의 서약을 자연스럽게 행할 간단하고도 보편적인 방법이 관례상 존재하지 않는다는 사실은 주목할 만하다. 그들이 서약을 시도할 수 있는 방법은 여러 가지가 있지만, 대부분 매우 모호하고 불확실하거나 어쩌다가 사용할 수 있을 뿐이다. 앞에서 언급한 '하늘에 맹세'를 하는 사회에서는 협상이론 그 자체가 게임의 전략이나 의사소통의 기제로 환원될 것이다. 그러나 현대 대부분의 사회에서 누가 어떻게 그리고 상대방의 어떠한 인

위협을 하였으나 저지하는 데 실패한 경우, 양자가 위협을 이행하기에 앞서 서약을 취소할 의사가 있는 제2의 단계가 있다. 위협의 목적은 이미 사라졌고, 억지에 실패했으므로 그 값은 영(零)이니, 이행을 부추기는 위협의 맹세만이 존재할 따름이다. 물론 이러한 양상은 양자가 양립할 수 없는 입장에 서약을 하거나 한쪽이 상대방이 진정으로 받아들이지 않을 입장에 실수로 서약을 함으로써 초래되는 교착상태로서 보통 협상에서의 교착상태와 유사한 점이 있다. 만일 그 서약을 취소할 가능성이 보인다면, 양자는 모두 그렇게 하고자 할 것이다. 그것을 어떻게 취소하느냐 하는 것에 대해서는 그들의 이해관계가 달라진다. 그것을 취소하는 방법에 따라 상이한 결과를 초래하기 때문이다. 더욱이 '취소'라는 것이 평판을 무시하고 서약을 소홀히 하는 것을 의미하지는 않는다. 만일 평판을 건 서약이 진정이라면 '취소'는 위협을 자신의 평판으로부터 단절시키는 것, 아마도 위협받은 사람과 자신의 평판을 단절시키는 것을 의미한다. 그래서 그것은 난해하고 희박한 상황이라, 양자가 서약을 취소할 의향이 있을지라도 그런 상황에서 그들이 서로 협력하여 그것을 취소하기는 매우 어려울 것이다.

위협을 정의하는 데 있어서, 그것이 위협하는 행위(the act)든지 위협에 대한 대응행위(the counter act)든지, 특별한 주의가 필요하다. 정의의 어려움은 방금 주목하였듯이 전자가 일단 이루어지면, 후자를 수행할 동기가 사라진다는 데에서 생긴다. 행위를 하기 이전의 위협의 신빙성은 위협하는 자가 목적에 실패한 다음 자신의 맹세를 철회하기 위해 합리화할 수 없다는 것을 위협받는 쪽이 얼마나 잘 알 수 있느냐에 달려 있다. 위협하는 쪽이 빠져나갈 구멍을 남겨둔 것이 위협받는 자에게 보인다면 가시적인 서약은 약화되고 위협의 신빙성도 감소하게 되는 것이다(대만협정에서 금문도를 애매모호하게 다룬 것이 한 예가 될 수 있다).

따라서 최대한의 신빙성을 위해서는 위협을 이행하는 데 있어서 판단이나 재량의 여지를 가능한 한 남기지 않는 것이 필수적이다. 한 사람이 어떤 유형의 행위가 어떤 한계에 도달할 때 처벌하기로 맹세를 했다고 하자. 그러나 그 한계가 조심스럽고도 객관적으로 정의되지 않는다면, 그 위협이

정을 보장받으면서 서약을 할 수 있는가 하는 것은 순전히 경험적이고 관례적인 주제가 될 것이다.

이행되어야 할 것인지 그렇지 않은지를 결정할 시기가 될 때, 위협받는 쪽은 상호 불쾌한 결과를 회피하기 위해서 그의 이익과 위협하는 쪽의 이익이 일치할 것이라는 것을 깨닫게 될 것이다.

위협을 정확히 하기 위해서는, 그래서 그 조건이 위협을 받는 자뿐만 아니라 전체적인 사태에 대한 반응이 상대에게 도움을 주게 될 제3자에게도 보이기 위해서는, 어떤 임의적인 요소를 도입하는 것이 필수적일지 모른다. 그 위협은 의도보다는 공공연한 행위를 포함하지 않으면 안된다. 그것은 보이지 않는 행위가 아니라 잘 보이는 행위와 결부되어야 한다. 그 행위 자체만으로는 위협하는 자에게 아무런 영향도 미치지 않는 어떤 부차적인 행위와 위협이 결부되어야만 할지도 모른다. 가령, 무기의 사용보다는 무기를 소지한 데 대해, 적발된 비행보다는 수상스러운 행동에 대해, 범죄 그 자체보다는 범죄에 가까운 행위를 한 것에 대해 형벌을 주어야 할지도 모른다. 결국 처벌의 행위는 처벌의 효과와 영향력이 분명히 감지될 수 있어야 한다.[19]

위협에 명예를 걸 수 있으려면 현재의 쟁점과 이후에 일어나게 될 쟁점 사이에 연속성이 있어야만 한다. 연속성이 필요하다는 것은 이것이 최초의 위협을 보다 효과적으로 만드는 수단임을 시사한다. 그것이 일련의 지속적인 작은 위협으로 나누어질 수 있다면 초기의 몇몇 위반에 대해 제재할 기회를 가짐으로써 나머지의 위반에서도 위협이 실행될 수 있음을 보여 줄 수 있다. 오히려 처음 몇 번의 이행이 보다 그럴 듯해 보인다. 왜냐하면 그것을 하나의 '교훈(본보기)'으로서 실행한다는 명백한 동기가 존재하기 때문이다.

이 원칙은 아마도 원천적으로 정도가 문제가 되는 행위에 가장 적합할 것이다. 해외원조 계획에서 원조를 중단하는 것과 같은 공공연한 행위는 양쪽 모두에게 고통을 주는 것이 명백하기 때문에 수혜자는 이러한 위협을 심

---

19) 1950년에 미국경제협력부처(Economic Cooperation Administration, 1951년 폐지)는 특별히 건전한 정책을 따르는 마샬플랜(Marshall Plan) 국가들에게는 많은 원조를 할당함으로써 보상을 해주고, 그렇지 않는 국가들은 적은 원조를 할당함으로써 처벌을 하겠다고 발표했다. 그러나 기본액수를 결정하지도 않았을 뿐만 아니라 그 결정이 궁극적으로는 공식에 의해서라기보다는 판단에 의해서 이루어질 것이기 때문에 후에 실제로 원조가 증가되었는지 감축되었는지를 알 방법이 없었으며 결국 그 계획은 실행상의 문제로 어려움을 겪었다.

각하게 고려하지 않을 수도 있다. 그러나 기금을 조금이라도 오용할 때마다, 수혜자를 곤경에 빠뜨리거나 외교적 불화를 야기시킬 만큼 크지 않게 원조를 소량 삭감한다면, 그것을 수행하겠다는 의지를 보다 신빙성 있게 받아들일 것이다. 만일 처음에 그것을 신빙성 있게 받아들이지 않는다면, 몇 번의 본보기만으로도 큰 손상을 입히지 않고 설득력을 발휘할 수 있을 것이다.[20)

물론 위협하는 자는 행위를 여러 단계로 나눌 수 없을지도 모른다(억지당하는 행위와 처벌이 모두 분할되지 않으면 안된다). 그러나 이 원칙은 공격이나 위반을 용인될 수 없다고까지 생각하는 어떤 결정적인 정도나 양으로 정의하는 것이 적어도 현명하지는 않음을 시사한다. 억지되어야 할 행위가 본래 일련의 단계로 이루어져 있고, 그 누적적인 효과가 문제가 될 경우에는, 위협의 단계를 조금씩 진전시켜 나가는 것이 어떤 특별한 점에 도달했을 때 한꺼번에 위협을 모두 실행해야 하든지 아니면 전혀 하지 않아야 되는 것보다는 더 신빙성이 있을 것이다. 심지어는 설득력을 발휘할 만큼 충분히 명확한 '임계점(critical point)'을 정의하는 것조차 불가능할지도 모르기 때문이다.

위협받은 행위를 분할할 수 있도록 만들기 위해서는 그 행위 자체를 수정해야 할 것이다. 분할될 수 없는 부분의 행위는 배제해야 할지도 모른다. 반면에 사건에 동반되는 보조적 행위는 그 자체로서는 관심거리가 아닐지라도 위협이 효과적으로 결부될 수 있는 대상이 될 수도 있다. 가령, 주요 행위에 대한 준비를 할 뿐이지 그 자체가 손상을 입지는 않는 행위라 할지라도 시간이 지남에 따라 분할될 수도 있으며, 따라서 위협의 효과적인 대상이 될 수 있다. 개를 차고 싶은 사람이 개와 어느 정도 가까이 있는가 하는 것이 그 자체로는 관심의 대상이 아니라고 할지라도 그 사람이 개를 향해 한 발자국씩 다가감에 따라 어느 정도 위협을 느낄 수밖에 없다.

시간이 지남에 따라 처벌의 행위가 점점 더 가혹해지는 위협을 시작하는 것은 하나의 위협을 연속적으로 분해하는 것과 비슷하다. 폭행으로 죽

---

20) 아마도 부채의 상환을 부채기간 완료시 일시불로 갚게 하지 않고 정기적으로 여러 번에 분할상환하도록 하는 관례는 이와 유사한 원리를 반영하는 것이다. 이는 대학에서 학생들이 학기말에 단 한 번의 시험을 잘못 친 것 때문에 낙제하는 것을 막기 위하여 학기중에 자주 시험을 치르게 하는 관습과도 같다.

여 버리겠다는 위협이 먹혀 들어가지 않는 곳에서 식량공급을 중단하겠다
는 위협은 항복을 가져올 수도 있다. 이 술책은 사실상, 윤리나 선전의 목
적상 '마지막 분명한 기회'를 상대에게 떠넘기는 것이다. 위협이 실패했을
때, 상대의 죽음은 그의 고집 때문이라는 비난을 받도록 그렇게 하는 것이
다. 그러나 어떠한 경우에도 위협자는 그의 표출된 행위가 그의 결의에 대
한 최종적이고 무시무시하고 눈에 잘 띄는 장애물로 놓아 두기보다는, 오
히려 그것이 아직 예비적이고 대수롭지 않을 때 제거해 버린다. 그리고 만
일 위협을 당하는 자가 그들의 파국이 시시각각 다가가고 있음을 아는 유
일한 사람이라면, 진정한 의미에서의 마지막 분명한 기회는 그가 가지고
있는 것이다. 더 나아가서 위협을 하는 사람은 상대의 파국에는 당황할지
몰라도 상대가 불편해 하는 것에 대해서는 전혀 당황하지 않을 것이다. 따
라서 이 장치는 한 번으로 끝나는 위험한 위협을 손실이 적은 지속적인 것
으로 전환시킬 수 있다. 세입자들을 힘으로 몰아 붙이는 것보다는 수도와
전기를 끊어버림으로써 쉽게 내보낼 수 있다.[21]

단계적인 접근방법은 또한 위협받는 쪽에서도 사용할 수 있다. 만일 그
가 행위 전체를 서둘러 마침으로써 위협을 회피할 수 없다면 상대에게 궁
극적으로 이행하겠다는 맹세를 분명히 보여 주는 초기의 단계를 서둘러 해
버릴 수도 있다. 또는 위협자의 보복은 한 번에 대규모로 가해지는 반면에
위협받는 행위는 분할될 수 있다면, 그것을 조금씩 이행함으로써 위협자가
그의 반응을 촉발할 만큼 극적인 행위를 하는 것을 막을 수 있다.

11) 약속

법인체가 갖는 법률상의 특권 가운데에서, 교과서에 언급된 두 가지 권
리는 고소할 권리와 고소당할 '권리'이다. 누가 고소를 당하기를 원하겠는

---

[21] 이는 연합군이 1945년 6월 북부 이탈리아를 점령하고 있던 드골의 점령군을
교전을 피하면서 철수하도록 유도했던 작전이다. 이 작전은 그들을 내쫓으려는
어떠한 연합군의 행위도 적대행위로 간주될 것이라고 발표한 다음에 이루어졌
다. Harry S Truman, *Year of Decisions*, New York, 1955, pp.239-242; Winston
S. Churchill, *Triumph and Tragedy*, vol.VI of The Second World War, Boston,
1953, pp.566-568을 볼 것.

가! 그러나 재판을 당할 권리는 약속을 하는 힘이다. 약속을 한다는 것은 돈을 빌리는 것, 계약을 체결하는 것, 손해를 볼지도 모르는 어떤 사람과 사업을 하는 것 등을 의미한다. 처음에는 권리가 사업을 하는 데 있어서 선결조건이 된다. 그러나 소송이 제기되면 권리는 결과적으로 책임이 된다.

간략히 말해서 고소당할 권리는 어떤 책임을 수락하는 힘이다. 이제까지 논의된 맹세에서 어떤 사람의 적(혹은 '상대방,' 그를 어떻게 부르든지 간에)은 그 사람을 맹세로부터 풀어 주는 힘을 갖지 않을 필요가 있었다. 맹세는 진짜이든 허구이든 간에 사실상 제3자에게 하는 것이었다. 반면에 약속은 협상에서 상대방에게 하는 맹세다. 당사자나 상대방의 최종적인 행위를 서로 통제할 수 없을 때에는 항상 약속이 필요하다. 협정에서 상대를 속이려는 동기가 있을 때에도 약속이 필요하다.[22]

이러한 약속이 필요한 이유는 우발적인 이유 때문만은 아니다. 그것은 그 자체로서 제도적인 중요성을 지니고 있다. 서로가 수긍하고 구속력 있는 약속을 하는 것이 항상 쉽지는 않다. 인질을 석방하고자 하는 납치범과, 인질 두 사람은 모두 인질이 납치자에 관한 정보를 누설하지 않겠다는 것을 보장할 만한 방법을 필사적으로 모색하지만 결국 찾지 못할 수도 있다. 만일 피해자가 어떤 행위를 하겠다고 맹세를 했는데 그것을 폭로하는 것이 하나의 공갈이 될 수 있다면, 인질은 그것을 불어 버릴지도 모른다. 만일 그렇지 않다면 인질은 그가 말하지 않겠다는 것을 보증할 약정을 만들어 내기 위해서, 납치자의 면전에서 어떤 행위를 하겠다고 맹세할 수도 있다. 그러나 이러한 극단적인 가능성으로부터 우리는 약속을 하는 것이 얼마나 중요하면서도 어려운지를 알 수 있다. 만일 법률이 가격협정을 강제하지 않거나 노조가 파업을 하지 않겠다는 약속을 스스로 지킬 수 없다면, 혹은 계약자가 소송에서 패할 경우에 손해를 보상할 재산을 갖고 있지 않은데 법은 채무자들을 수감시키지 않는다면, 또는 자신의 명성을 걸고 서약할 수 있는 '청중'이 없다면, 협상을 이루어내는 것이 불가능할지도 모른다. 아니면 최소한 그렇지

---

22) 위협이 단지 자신의 명성을 상대에게 거는 것이라면, 그것은 약속인 것처럼 보인다. 그러나 그것은 상대방이 위협자를 일방적으로 놓아 줄 수 있는 그런 약속은 아니다. 왜냐하면 상대방은 위협자의 이행과 그에 대해 자신이 미래에 내리게 될 평가를 분리할 수 없기 때문이다.

않은 상황에서는 가능했을 협상이 이루어지는 것이 불가능할 것이다.

협상은 이익의 분배뿐만 아니라 '동기' 체계에도 관여를 해야만 할 것이다. 과독점자들(Oligopolists)은 '공정거래'법을 제정하기 위하여 로비활동을 할 수 있다. 아니면 주식을 서로 교환할 수도 있다. 서로 상대의 시장에 개입하지 않겠다는 협정은 제품을 서로 다른 사람의 영역에서는 적당하지 않게끔 재설계하자는 협정을 필요로 할지도 모른다. 하나의 섬을 군용으로 사용하지 않겠다는 협정을 하고자 하는 두 국가는 그 섬의 유용성 자체를 파괴해야 할지도 모른다(실제로 효율적인 '상호 서약'을 만들어 낼 수 없을 때, '제3자 서약'이 고려되어야 한다).

약속의 이행을 항상 감시할 수는 없다. 만일 누군가가 비밀선거에서 자신의 표를 판다고 해도, 또는 행정부가 의회에 어떤 법안을 발의하기로 동의한다 해도, 혹은 종업원이 재고물품을 훔치지 않겠다고 약속한다 해도, 또는 교사가 수업시간에 자신의 정치적 견해를 드러내지 않겠다고 동의한다 해도, 또는 국가가 '가능한 한 많은' 수출을 고취하기로 동의한다 해도, 이를 준수하였는지 감시하거나 측정할 만한 신뢰성 있는 방법이 없다. 관찰될 수 있는 결과는 여러 가지 영향을 받게 되는데 그 중 하나만이 협정의 적용을 받는 것이다. 따라서 협상은 비록 관찰될 수 있는 것이 협상에서 의도된 대상은 아닐지라도 관찰될 수 있는 어떤 용어로 표현되어야 한다. 만일 선거에서 이기게 되면 당선자는 매수했던 투표자가 누구에게 투표를 했든지 상관없이 보답을 해야 할 것이다. 마찬가지로 판매원에게는 판매의 기술이나 노력보다는 판매고에 대해 수고비를 지불해야 하며, 경찰관의 경우는 의무의 충실성보다는 오히려 범죄해결의 건수에 따라서 포상을 하며, 또는 한 종업원의 도둑질에 대해서 모든 종업원에게 벌을 주어야 할지도 모른다. 약속의 이행이 정도의 문제가 되는 협상에서는, 이행과 불이행을 구별하는 임의의 경계를 설정하여야 할 것이다. 즉 구체적인 재고물품의 분실을 도둑의 증거로 명기하고, 일정한 정도의 수출의 증대를 '충분한' 노력이라고 간주하며, 이러저러한 것들이 이행되어야만 약속이 모두 이행된 것으로 본다고 미리 정해 놓는 것이다.

분할의 전술은 위협에서와 마찬가지로 약속에도 적용된다. 많은 협정이 이행되도록 만드는 것은 오로지 만일 상호신뢰가 만들어지거나 유지되지 않는다면 장래에 협정의 기회가 없을 수도 있다는 것을 인식하는 것뿐이다. 이 때 미래의 협정의 기회가 갖는 가치는 현재 속여서 얻을 수 있는 금전적 이익을 능가하여야 한다. 각 협상의 당사자는 상대방이 처음부터 신뢰를 파괴함으로써 미래의 기회를 위태롭게 하지는 않으리라고 확신해야 할 것이다. 이러한 확신이 항상 존재하는 것은 아니다. 그래서 단계적인 협상을 하는 목적 중에는 필수적인 상호기대를 고양시키는 것도 포함된다. 하나의 커다란 쟁점에 대해서는 아무도 상대방의 인격(또는 그 사람의 인격에 대한 상대방의 신뢰 등)을 기꺼이 믿으려고 하지 않을 것이다. 그러나 만일 여러 개의 예비흥정이 소규모로 이루어질 수 있다면, 각자는 신뢰의 전통을 세우기 위해 기꺼이 작은 투자를 아끼지 않을 것이다. 그 목적은 각자가 신뢰의 필요성을 충분히 인식하며 상대방 역시도 그렇다는 것을 알고 있음을 보여 주도록 하는 데 있다. 따라서 어떤 중요한 문제를 협상할 때에는, '연습' 삼아 몇 개의 사소한 항목을 찾아내서 협상하는 것이 필요할 것이다. 이는 성실의 장기적 가치를 피차 자각하는 데 필요한 신뢰를 확고히 만들어 줄 것이다.

미래에 꼭 같은 협상이 재개되지는 않는다 할지라도, 협상쟁점을 연속적으로 나눔으로써 협상이 연속적으로 일어나는 것과 같은 효과를 낼 수 있다. 만일 각자가 상대방도 같이 한다는 조건하에 100만 달러를 적십자에 기증하기로 동의한 경우, 상대방이 먼저 기증을 한다면 다른 상대는 속이고 싶은 유혹을 받을 것이다. 그래서 상대가 속일지도 모른다는 것을 예상하여 협정이 이루어지지 않을 수도 있다. 그러나 만일 조금씩 연속적으로 내도록 기부금을 분할한다면 각 행위자는 작은 액수로 상대의 성실성을 떠볼 수가 있다. 더구나 이들은 끝까지 상대방의 이행 여부를 관찰할 수 있기 때문에, 누구도 한 번에 작은 기부금 이상을 내는 모험을 걸 필요가 없게 될 것이다. 끝으로 이러한 동기구조 자체의 변화는 최초의 기부에서부터 대부분의 위험부담을 없애 준다. 두 사람은 모두 확립된 신뢰의 가치를 명백히 깨닫게 되는 것이다.

예비흥정은 또 다른 목적에도 쓰인다. 흥정은 적어도 어느 한쪽이 흥정을 제기하고 나섰을 때에만 이루어진다. 흥정을 제기하고 나서는 것을 꺼리는 이유는 그것이 자신의 간절한 염원을 노출시키거나 혹은 노출시키게 될 것 같기 때문이다. 그러나 만일 각자가 상대방과의 성공적인 흥정의 경험에 의해서 상대방이 자신과 타협할 것이라는 기대를 가질 만한 분명한 이유가 있다면, 바로 그 경험 때문에 상대방이 자신의 과도한 염원을 눈치챌 것이라는 걱정을 할 필요가 없게 된다.

4. 게임의 예

서약, 위협, 약속 그리고 의사소통의 문제 등을 포함하는 다양한 흥정 상황은 2인이 각각 한 쌍의 대안 중에서 택일을 하는 다양한 종류의 게임에 의해서 설명될 수 있다. 북(North)은 A 아니면 a를 택하고 동(East)은 B 아니면 b를 택한다. 각자의 이득은 두 사람 모두의 선택에 의해서 좌우된다. 이는 결합되어 AB, Ab, aB, ab라는 네 개의 선택을 가능하게 만드는데, 이들 각각은 북에게 특정한 이득 또는 손실을 초래하며, 동에게도 특정한 이득과 손실을 가져다 준다. 북과 동 사이에는 어떠한 보상도 이루어질 수 없다. 일반적으로 각자의 선호는 상대방의 선택에 의해서 좌우된다.

이러한 게임은 2차원 그래프 위에 양적으로 표시될 수 있다. 북의 이득은 수직방향으로, 동의 이득은 수평방향으로 나타나며, 네 가지 선택의 값은 AB, Ab, aB, ab라는 점으로 표시된다. 이 게임은 단순하지만 실제로 거기에는 질적으로 상이한 다양한 변형들이 존재한다. 게임의 변형은 평면상의 네 점의 상대적 위치에 의해서 달라질 뿐만 아니라, 수순(手順)에 관한 '규칙,' 커뮤니케이션의 가능성, 서약의 방법을 사용할 수 있는지, 약속을 이행시킬 수 있는지, 그리고 두 사람 사이에서 두 개 또는 그 이상의 게임을 함께 결합시킬 수 있는지 등에 의해서도 결정된다. 그러한 변형들은 각 행위자가 네 가지 결과가 상대방에게 어떤 '값'을 갖는지를 알거나 추측하는 것에 관해서 다른 가설을 선택함으로써 한정없이 늘어날 수 있다. 그리고 상대방이 자신에 관해서 이렇게 추측하리라고 각자 추측하는 것에 관해서 상이한 가정을 함으로써 늘어날 수도 있다. 편의상 여기서 두 사람이 모두 여덟 가지의 '값들'을 명백한 방법으로 분명히 안다고 가정한다. 그리고 우리가 방금 보상을 배제시켜 버린 것과 마찬가지로, 이 게임과 관계없는

위협행위 또한 제외시킨다. 이러한 게임의 아주 자그마한 예를 하나 들어
보기로 하자.

<그림 1>은 '보통'의 흥정상황을 나타낸다. 여기에서 우리는 북과 동
이 선택하기 전에 명백한 협정에 도달해야만 한다는 규칙을 채택해야 할
것이다. Ab와 aB는 그들이 택할 수 있는 협정이라고 생각할 수 있다. 반면
에 AB와 ab는 두 사람 모두에게 영(零)의 값을 가지므로 '매매 불가'나 마
찬가지의 흥정이라고 해석할 수 있다. 누구든지 먼저 맹세를 할 수 있는 쪽
이 이긴다. 만일 북이 A를 택하겠다고 맹세를 할 수 있다면 그는 Ab를 확
보할 것이다. 왜냐하면, 북이 동에게 Ab와 AB중에서 택할 기회를 남겨 두
게 되는데, 이 상황에서 동은 분명히 Ab를 선택할 것이기 때문이다. 그러
나 만일 동이 먼저 B를 택하겠다고 언질을 줄 수 있다면, 북은 aB를 택하
든지, 협정불가로(즉 aB, 아니면 AB) 남아 있을 수밖에 없고, 결국 aB로 협
정하게 될 것이다. 사실상 먼저 맹세를 해버리는 것은 일종의 '선수'를 치
는 것이다. 같은 수만큼을 차례대로 두게 되어 있는 게임에서는 먼저 수를
두는 것이 유리하다. 만일 실수로 북은 A, 그리고 동은 B를 택하겠다고 맹
세를 해버린다면, 그들은 모두 AB라는 교착상태에 빠지게 된다.

<그림 2>는 제어를 위한 위협을 나타낸다. AB을 현상태(status quo)라
고 할 때, 북은 a로 옮길 계획을 하고 있고(결국 aB가 됨) 동은 만일 그가
a로 옮기면 b로 옮기겠다고 위협하고 있다(결국 ab가 됨). 만일 북이 먼저
움직인다면, 동은 b로 움직임으로써 손해를 볼 따름이다. 마찬가지로 만일
동이 위협을 하기 전에 북이 a를 택하겠다고 맹세를 할 수 있다고 해도 동
은 b로 움직여서 손해를 볼 것이다. 그러나 만일 동이 서로에게 바람직하

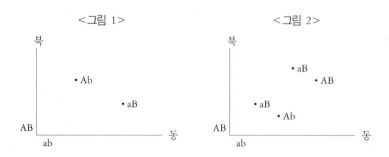

지 않은 ab를 택하겠다고 효과적으로 위협할 수 있다면, 북은 ab 아니면, AB중에서 양자택일을 할 수밖에 없게 된다. 결국 북은 AB(현상태)를 택하게 된다. 여기에서 동은 자신의 선택을 미리 못 박아 두는 것만으로는 충분하지 않다는 사실이 <그림 1>과는 다른 점이다. 동은 북이 A혹은 a를 택하느냐에 따라서 B또는 b를 택하는 조건부 선택을 해야만 한다. 만일 동이 그의 선택을 맹세해 버린다면, 그는 단지 '선수'를 친다는 장점을 가지게 될 뿐이다. 그리고 이 게임에서 누가 먼저 수를 두든지 간에 북이 aB에서 승리하게 될 것이다(동은 먼저 b보다는 B를 택함으로써 북으로 하여금 ab와 Ab 중의 택일이 아니라 aB와 AB중에서 택하도록 만든다. 그래서 북은 aB를 택하게 된다. 북이 먼저 수를 둔다면 A보다는 a를 택하게 될 것이며, 동으로 하여금 Ab와 AB중에서의 택일이 아니라 ab와 aB 중에서 택하도록 만들 것이다. 결국 동은 aB를 택하게 될 것이다).

　<그림 3>은 약속을 나타낸다. 누가 먼저 수를 두든지, 혹은 비록 동시에 둔다 해도, aB는 '미니맥스(minimax)'(최소최대)가 된다.[23]

　즉 누구든지 혼자 힘으로 선택할 수 있으며, 누구도 상대방을 더 나쁜 선택을 하도록 만들겠다고 위협할 수 없다. 그러나 둘다 aB보다는 Ab를 선택하게 될 것이다. 그러나 Ab에 이르려면 그들은 반드시 서로 신뢰하든지 아니면 이행을 강제할 수 있는 약속을 할 수 있어야 한다. 누가 먼저 수를 두든지 간에 다른 사람은 속임수를 쓰고 싶어한다. 만일 북이 A를 택한다면, 동은 AB를 택할 수 있고, 만일 동이 먼저 b를 택한다면, 북은 ab를 택할 수 있다. 만일 두 사람이 동시에 수를 두게 되면, 각자는 속임수를 쓰고 싶은 유혹을 갖게 되며, 서로 상대방이 자신을 속일 것이라는 예상을 할 수도 있다. 그래서 고의적으로 상대를 속이려는 의도에서든지, 혹은 상대방이 자신을 속일지도 모르는 데 대한 자기방어로서 a와 B를 택하게 된다. 적어도 한쪽은 수를 두지 않고 기다리겠다고 서약할 수 있어야 한다. 그러면 상대방이 먼저 수를 둘 수 있다. 만일 두 사람이 동시에 수를 두어야만 한다면, 둘 다 이행을 강제할 수 있는 약속을 할 수 있어야 한다.

---

23) 이는 게임이론에서 최대한의 손실을 최소화하는 전략이다. 최악의 경우를 상정한 후에 그 중에서 가장 나은 대안을 택하기 때문에 이 전략을 사용하는 경우 상대방이 상황을 더이상 불리하게 만들 수 없다―역자주.

62

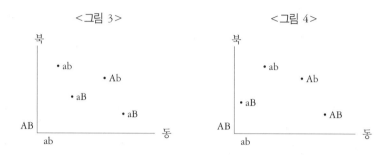

<그림 3>

북

· ab
· Ab
· aB
· aB

AB
ab
동

<그림 4>

북

· ab
· Ab
· aB
· AB

AB
ab
동

　<그림 4>는 aB가 좌측으로 옮겨진 것만 빼고는 <그림 3>과 같다. 여기서는 의사소통이 없을 경우, 누가 먼저 수를 두든, 동시에 수를 두든 상관없이, 북이 ab에서 이기게 된다. 그러나 만일 동이 조건부 서약을 상대에게 전달할 수 있다면, 그는 북에게 A를 택하라고 강요할 수 있으며 Ab의 결과를 얻을 수 있다. 그러나 이러한 서약은 약속이나 위협 이상의 그 무엇이며, 약속과 위협을 합한 것이 된다. 만일 북이 a를 택한다면 그는 aB를 택하겠다고 위협해야 한다. 그리고 만일 북이 A를 택한다면, 'AB'는 택하지 않겠다고 약속을 해야만 한다. 위협 하나만으로는 북이 a를 피하도록 유도할 수 없을 것이다. 북에게는 AB보다는 aB가 더 낫기 때문이다. 만일 동이 마음대로 B를 택할 수 있다면, A를 택함으로써 북은 AB을 얻게 되기 때문이다. 북이 a든 A든 무엇을 택하든지 간에, 동은 만일 자신이 서약을 하지 않았다면 택하게 되었을 선택의 반대를 택하겠다고 서약을 해야만 한다. 즉 AB를 회피하거나 아니면 aB에서 희생하겠다는 서약을 해야만 하는 것이다.

　끝으로 <그림 5>와 <그림 6>이 보여 주는 두 게임은 각각 별개로는 흥미가 없지만, 함께 합쳐지면 부당한 위협을 가능하게 한다. <그림 5>는 aB에 최소최대의 해(解)를 하나 가지고 있다. 둘 중의 누구든지 aB를 얻을 수 있으며 누구도 이보다 더 나은 것을 강요할 수는 없다. 협력도 불가능하며 위협이 가해질 수도 없다. <그림 6>은 두 당사자의 이익을 비교해 보면 <그림 5>와 대조가 되지만, 어떤 협력이나 의사소통도 필요없으며 이용하기 위해 위협을 하는 것도 불가능하다는 점이 서로 유사하다. 의사소통이 있든지 없든지, 수를 두는 순서가 있든지 없든지 관계없이 결과는 AB가 된다.

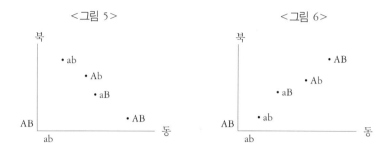

그러나 이 두 게임이 동시에 결정되어야 하며 또 동일한 두 당사자가 두 게임에 동시에 개입되어 있다고 가정하자. 만일 누군가가 한 가지 위협을 행사할 수 있다면, 그는 그의 입지를 향상시킬 수 있다. 가령 동은 북이 게임 5에서 a 대신에 A를 선택하지 않는 한, 게임 6에서 B 보다는 b를 선택하겠다고 위협할 수 있다. 이번에는 반대로, 북은 동이 게임 5에서 b를 선택하지 않는 한, 게임 6에서 a를 선택하겠다고 위협할 수 있다. 충분한 간격을 두고서 게임 6이 일어 나고, 또 위협이 설득력 있게 행해졌고 전달된 경우라면, 위협자는 게임 6에서 아무런 손해 없이 게임 5에서 이득을 본다. 그의 위협이 성공적이기 때문에, 그는 그것을 실행하지 않는 것이다. 그래서 그는 게임 5에서 그가 바라던 선택도 하고 게임 6에서도 AB를 얻는다. 이 결과를 다르게 표현한다면, 게임 6은 일찌감치 제외되었던 것, 즉 '게임 밖의' 위협행위를 하게 되는 셈이다. 게임 5의 입장에서 보면 게임 6은 관계없는 행위이다. 이는 마치 북이 게임 5에서 A를 택하지 않으면 그의 집을 불태워 버리겠다고 동이 북을 위협하는 것과 다름이 없다. 그러나 이와 같이 순전히 부당한 위협을 하는 것이 항상 쉬운 일은 아니다. 그러한 위협은 종종 계기와 대상과 의사소통의 수단을 필요로 하며, 또 거기에 덧붙여서 종종 불법, 부도덕한 행위라고 비난을 받거나 또는 순전한 옹고집에서 나오는 저항에 직면하기도 한다. 따라서 같은 안건에 대한 두 협상을 합치는 것은 순전히 부당한 위협을 실행할 수 없는 곳에서 성사될 수 있다.

만일 북이 위협을 할 수 없고, 결과적으로 동의 위협을 방지하기만을 원한다면, 의사소통이 불가능한 것이 그에게는 유리하다. 또는 의사소통이 이루어지더라도, 두 게임을 같은 의제에 올려 놓지 않는 것이 북에게는 유리하다. 혹은 만일 동이 그것들을 한꺼번에 논의하는 것을 북이 막을 수 없다면, 각각의 게임을 서로 다른 대리인에게 넘겨 각 대리인이 자신의 게임의 결과에 따라서만 보수를 받도록 하는 편이 북에게는 이롭다. 만일 북이 게임 6을 먼저 하자고 주장할 수 있으면서 위협에 대응해서는 서약을 할수 없다면, 그 위협을 미연에 방지할 수 있다. 만일 위협을 당하기 전에 북이 게임 5에서 그의 선택을 고집할 수 있다면, 그는 안전하다. 그러나 만일 북이 게임 5에서 서약을 할 수 있는데 게임 6이 먼저 이루어진다면, 북이 게임 5에서 A를 먼저 고집하지 않는 한, 동은 게임 6에서 b를 선택하겠다고 위협할 수 있을 것이다. 이 경우에 북이 서약을 할 수 있는 능력은 불이익이 된다. 그 이유는 북이 게임 6에 앞서서 게임 5를 먼저 '하도록' 강요할 수 있기 때문이다.

덧붙여서, <그림 2>에서 AB를 수직으로 ab보다 아래로 떨어뜨리는 것은 하나의 중요한 원리를 보여 준다. 즉 북에게 '불리'하게 한 점을 움직이는 것이 실제로는 그에게 좀더 나은 결과를 가져올 수도 있다는 것을 보여주는 것이다. <그림 2>에서 북이 이기지 못하도록 막는 위협은 북이 ab에 비해서 얼마나 더 AB에 끌리는지에 따라 성패가 달려 있다. 만일 AB가 ab보다 북에게 더 나쁘게 되면 북은 위협에 끄떡도 하지 않게 될 것이다. 그렇게 되면 위협은 성립되지 않으며, 북은 aB에서 이기게 된다. 이는 협상의 원리에 대한 한 가지 추상적인 예인데, 이 원리에 따르면 협상에서는 약점이 강점이 될 수도 있는 것이다.

개념적 모형과 쿠바의 미사일 위기*

그래이엄 앨리슨

쿠바의 미사일 위기는 기념비적인 사건이었다. 1962년 10월의 13일간, 역사상 어느 때보다도 많은 인간이 목숨을 잃을 뻔했다. 최악의 경우 수많은 미국인과 소련인, 수백만의 유럽인들의 목숨을 빼앗아, 과거의 자연재해나 비인간성을 대수롭지 않게 만들고도 족히 남을 뻔했던 것이었다. 케네디 대통령이 1/3에서 1/2이라고 추정한 재앙의 확률을 놓고 볼 때, 이로부터 탈출한다는 것은 경외로운 것이다.[1] 이 사건은 비록 부분적인 생각에 그칠지는 몰라도, 우리의 생존에 관한 중대한 사실을 상징적으로 보여 준다. 그러한 결과가 중앙정부의 선택과 행동으로부터 초래될 수 있다는 사실은 통치에 참여하는 사람뿐만 아니라 정치학자들까지도 이 문제에 대해 심각히 생각하지 않을 수 없게 한다.

* Graham Allison, "Conceptual Models and the Cuban Missile Crisis," *American Political Science Review*, vol.63, no.3, 1969, pp.698-718(조기숙 옮김).
▶ 이 글은 발표된 지 28년이 지난 지금에도 정책결정과정 연구의 가장 중요한 글로 꼽히고 있다. 쿠바 미사일 위기시의 케네디 행정부의 대응 사례를 바탕으로 앨리슨이 제시한 합리적 행위자, 조직과정, 관료정치의 세 모델은 이후의 국제정치의 미시적 분석의 지속적인 준거틀이 되어 왔으며, 이를 바탕으로 심리학적 접근법, 사이버네틱스 모델, 외교정책결정에 있어서의 국내 사회의 영향에 대한 연구 등의 보완작업이 진행되어 왔다. 앨리슨 자신이 강조하였던 공공정책 결정의 관료정치적 영향은 현재에도 미국 외교정책 논의의 중심적인 주제 중의 하나가 되고 있으며, 국제정치에 있어서의 행위자와 의제가 보다 복합화되고 있는 현재에 있어서도 이 세 가지 모델은 국가행위분석의 기본적인 틀로서 지속적인 유용성을 갖고 있는 것으로 보인다.

1) Theodore Sorensen, *Kennedy*, New York, 1965, p.705.

이 위기에 대한 이해를 높이기 위해서는 보다 많은 정보와 가능한 정보에 대한 탐색적 분석이 필요하다. 이러한 노력에 일조를 하는 것이 이 연구의 부분적인 목적이다. 그러나 여기서 미사일 위기는 기본적으로 보다 일반적인 연구를 위한 미미한 역할을 수행할 따름이다. 이 연구는 다음과 같은 전제로부터 시작한다. 그러한 사건에 대해 괄목할 만큼 이해를 향상시키느냐의 여부는 관찰자가 분석에 도입하는 것에 대해 얼마나 높은 자의식을 가지고 있느냐에 결정적으로 달려 있다. 개별 분석가가 중요하다고 간주하고 판단하는 것은 일어난 사건에 관한 증거에 의해 영향을 받을 뿐만 아니라 분석가가 어떠한 '개념적 렌즈'를 통해서 증거를 바라보느냐에 따라서 좌우된다. 이 논문의 주요 목적은 분석가가 정부행위에 대한 문제, 특별히 외교군사 문제를 생각할 때 사용하는 기본적인 가정과 범주를 탐구하는 것이다. 일반적인 주장은 세 가지 명제로 정리될 수 있다.

1. 분석가는 외교 및 군사정책 문제를 생각할 때 그들의 사고 내용에 중요한 영향을 미치는 대체로 암묵적인 개념 모형을 사용한다.[2]

오늘날 외교정책 분석의 결과가 체계적이지도 설명력이 강력하지도 않지만, 분석가가 만들어 낸 설명을 자세히 검토해 보면 기본적인 유사성이 많이 나타난다. 특정한 분석가들이 제시한 설명은 상당히 규칙적이고 예측 가능한 특징을 보여 준다. 이 예측 가능성은 하부구조를 시사한다. 이러한 규칙성은 퍼즐의 성격, 그 안에서 문제가 고려되어야 할 범주, 관련된 증거의 유형, 사건 발생의 결정요인 등에 대해 분석가가 하고 있는 가정을 반영한다. 첫 번째 명제는 그렇게 연관된 가정이 모여, 분석가가 질문을 하고 답변하는 데 사용하는 준거의 틀이나 개념적 모형을 구성한다는 것이다. 무슨 일이 일어났는가? 그 사건은 왜 일어났는가? 무슨 일이 일어날 것인가?[3] 이

---

2) 외교문제를 연구하려는 시도에서 분석가는 연관되어 있지만 논리적으로 분리될 수 있는 여러 가지 작업에 종사한다: ① 묘사, ② 설명, ③ 예측, ④ 평가, ⑤ 권고 등이 그러한 작업들이다. 이 글은 주로 설명(이는 예측을 의미함)에 초점을 맞춘다.

3) 설명이 묵시적인 개념적 모형을 사용하여 행해진다고 주장함에 있어서, 이 글은 외교정책 분석가들이 어떤 만족할 만하고 경험적으로 검증된 이론을 발전시켜 왔다고 주장하지는 않는다. 이 글에서 '모형'이라는 용어의 사용은 다른 조건 없

러한 가정들은 설명과 예측의 행위에 있어서 중심적이다. 특정한 사건을 설명하려는 시도에 있어서 분석가는 단순히 그 사건에 이르게 된 세계의 상태를 완전히 기술할 수는 없기 때문이다. 설명의 논리상 그는 사건발생의 중요한 결정요인을 구별해 낼 필요가 있다.[4] 더욱이 예측의 논리가 강조하듯이 분석가는 문제가 된 사건을 잉태하고 있는 다양한 결정요인을 정리해야 한다. 개념적 모형은 분석가가 특정한 행위나 결정을 설명하기 위해 재료 속에 드리울 그물망을 만들어 주고 그가 찾고 있는 물고기를 잡기 위해 선택한 연못에 그물을 어느 정도의 깊이로 던져야 할지를 가르쳐 준다.

2. 대부분의 분석가들은 하나의 개념적 모형을 다양한 형태로 응용하여 중앙정부의 행위를 설명(하고 예측)한다. 이를 합리적 정책모형(모형 1)이라고 하자.[5]

분석가들은 이 개념적 모형을 사용하여 사건을 통일된 중앙정부의 다소 의도적인 행위로 이해하려 한다. 이들 분석가에게 있어서 설명의 요점은 국가나 정부가 자신이 직면한 전략적 문제하에서 문제가 된 행위를 어떻게 선택할 수 있었는지를 보여 주는 것이다. 예를 들어, 합리적 정책모형 분석가는 소련이 쿠바에 미사일을 설치함으로써 제기된 문제에 직면하여 어떻게 이것이 소련의 전략적 목표하에서 소련의 관점으로부터 보아 합당한 것이었는지를 보여 주려고 한다.

이 '개념적 틀'로 이해되어야 할 것이다.

4) 이러한 주장을 할 목적으로 헴펠(Carl G. Hempel)의 설명의 논리에 대한 묘사를 수용할 것이다. 설명은 법칙 $L_1, L_2, \cdots, L_r$를 따르면서 $C_1, C_2, \cdots, C_k$로 규정되는 특정한 상황으로부터 그 현상이 연유된다는 것을 보임으로써 "왜 피설명-현상이 발생했는가" 하는 질문에 답한다. 이것을 지적함으로써 그 주장은 주어진 특정한 상황과 문제가 된 법칙하에서 그 현상의 발생이 기대되었다는 것을 보여 준다. 이런 점에서 설명은 그 현상이 왜 일어났는지를 우리로 하여금 이해하도록 한다는 것이다(*Aspects of Scientific Explanation*, New York, 1965, p.337). 다양한 설명의 유형이 구분될 수 있지만(Ernest Nagle, *The Structure of Science: Problems in the Logic of Scientific Explanation*, New York, 1961) 만족할 만한 과학적 설명은 이 기본적인 논리를 보여 준다. 결과적으로 예측은 설명의 역논리이다.

5) 이러한 주장을 담은 초고는 이 모형에 대한 적당한 이름과 관련하여 열띤 논쟁을 불러일으켰다. 일상적인 언어로부터 이름을 선택하게 되면 익숙하기는 하지만 혼란을 자초할 위험이 있다. 아마도 이들 모형을 1과 2, 3으로 간주하는 것이 최선이라고 생각된다.

3. 여기에서 조직의 과정모형(모형 2)과 관료정치모형(모형 3)이라고 명명된 두 가지 '대안적인' 개념모형은 향상된 설명과 예측을 위한 기초를 제공해 준다.

표준적인 준거틀이 수많은 목적에 유용하다는 것이 증명되어 왔다. 그러나 그것이 정책과정에 개입하는 거대한 조직과 정치적 행위자에 초점을 맞추고 있는 준거틀에 의해 대체되지는 않는다 하더라도 보완되어야 할 뚜렷한 증거가 존재한다. 중요한 사건에는 중요한 원인이 있다는, 즉 하나의 바위덩어리는 커다란 이유를 위해 큰 임무를 수행한다는 모형 1의 암시는 다음과 같은 사실을 인정함으로써 균형을 찾아야 한다. ① 하나의 바위덩어리(중공초석)는 고도로 분화된 정책결정구조 속의 다양한 기어와 레버를 감싸고 있는 블랙박스이다. ② 큰 임무란 다양한 수준의 관료조직에서 오직 부분적으로만 양립 가능한 개념인 국가목표, 조직목표, 정치적 목적에 봉사하기 위해 개인이 행하는, 종종 충돌하는 수많은 작은 행동의 결과이다.

조직이론 분야에서 이룬 최근의 발전은 모형 2의 기초를 제공한다. 이 조직과정 모형에 따르면, 모형 1이 '행위'나 '선택'이라고 분류하는 것은 어떤 규칙적인 행동유형에 따라 기능하는 거대한 조직의 산출물이라는 것이다. 쿠바에 있는 소련 미사일의 문제에 직면하여 모형 2의 분석가는 관련된 조직을 밝혀 내고 이 행위가 일어나게 된 조직행위의 유형을 보여 준다. 모형 3은 정부의 내부 정치에 초점을 맞춘다. 관료정치 모형에 따르면 외교문제에서 일어난 사건을 선택으로서 이해하지도 않으며 결과로서 이해하지도 않는다. 대신에 사건들은 중앙정부내에 위계적으로 짜여진 행위자들 사이의 중첩되는 다양한 협상 게임의 결과로 분류된다. 쿠바에 있는 소련 미사일에 의해 제기된 문제에 직면하여 모형 3의 분석가는 결과를 초래한 주요 행위자의 인식, 동기, 지위, 권력, 책략 등을 보여 준다.[6]

---

6) 엄밀하게 말해서 이 세 가지 모형이 설명하고자 하는 '결과'는 필연적으로 중앙 정부의 행위, 즉 정부에 고용된 모든 개인들의 이 쟁점과 관련된 행위의 합이다. 이 모형들은 문제의 상태에 초점을 맞추는 것이 아니라, 즉 세계에 대한 완전한 묘사가 아니라, 국가의 결정과 실행에 초점을 맞춘다. 이러한 구분은 Harold & Margaret Sprout, "Environmental Factors on the Study of International Politics" in James Rosenau(ed.), *International Politics and Foreign Policy*, Glencoe, Illinois, 1961, p.116에 분명히 언급되어 있다. 이러한 제약은 주로 국제체계이론을 사용

이 모형들 사이의 차이점을 드러내는 하나의 중요한 은유(隱喩)를 살펴보자. 외교정책은 장기게임에서 일련의 수(手)에 비유되어 왔다. 만일 어떤 사람이 말이 어떻게 움직이게 되었는지에 대해서는 알지 못하고 장기의 수만 비쳐지는 화면을 관람하도록 되어 있다고 가정하자. 그는 모형 1과 마찬가지로 장기를 두는 개개인이 게임을 이기려는 목표를 향해 계획과 책략에 의존하여 말을 놓고 있다고 가정할 것이다. 그러나 세심한 관찰자는 여러 번의 게임을 관찰한 후에 장기를 두는 사람이 혼자가 아니라 반(半)독자적인 조직의 느슨한 동맹을 이루고 있으며, 동맹의 일원은 표준적인 게임 절차에 따라 각자 한 벌의 말을 둔다는 가설을 생각할 수 있을 만큼, 수의 유형을 상상할 수 있다. 차(車), 포(包), 졸(卒)과 같은 각 진영의 말은 정해진 계획에 따라 적을 반복해서 공격하는데, 각각 정해진 절차에 따라 교대로 움직임이 진행된다. 더 나아가서 장기를 두는 유형으로부터 관찰자는 별개의 목표를 가지고 있지만 말에 대해 공통의 권한을 가지고 있는 많은 개별적인 장기꾼들이 단체협상의 결과로서 수를 결정하고 있음을 알아 낼 수 있다. 예를 들어, 한(漢)나라 차는 이동하여 견줄 만한 소득도 없이 한나라의 마(馬)를 잃게 할 수도 있지만, 한나라의 차가 그쪽 국경선에서 주요한 궁정의 방어자가 될 수도 있다.

이와 같은 일반적인 주장을 발전시키고 뒷받침할 만큼 지면이 허락되지 않는다.[7] 대신에 다음 절에서 각 개념적 모형을 대략 소개하고, 그것을 분

하여 제시된 설명을 배제한다. 그럼에도 불구하고 이러한 제약이 심각한 것은 아니다. 왜냐하면 외교정책에서 일어난 사건에 대한 흥미로운 설명이 그러한 분석 수준에서는 별로 이루어지지 않았기 때문이다. 싱어(David Singer)에 따르면 "국제관계에 있어서 일차적인 행위자인 민족국가는 … 서구학자들 사이에서는 분명히 전통적인 초점이며 영어권의 대학에서 사용되는 모든 교과서를 지배하는 것이다"(David Singer, "The Level-of-Analysis Problem in International Relations," Klaus Knorr and Sidney Verba(eds.), *The International System*, Princeton, 1961). 마찬가지로 국제관계 연구에서의 현대적 조류에 대한 브로디(Richard Brody)의 논평에서도 발견되듯이 "학자들이 국가의 행위에 점점 더 초점을 맞추어 왔다. 즉 그들은 모두 어느 면에서는 국가의 행위에 초점을 맞춘다. 국가의 행위를 설명하는 것에 공통적인 관심을 가지고 있기 때문에 공통의 준거틀을 사용하게 될 전망이 증진되었다."

7) 이러한 주장을 더욱 발전시키고 지지하는 필자의 보다 광범위한 연구 *Bureaucracy and Policy: Conceptual Models and the Cuban Missile Crisis*(근간)를 참조하라.

석적 패러다임으로 발전시켜 적용함으로써 설명을 시도하겠다. 그러나 각
모형은 미사일 위기 동안 미국의 쿠바 봉쇄라는 단일한 사건에 적용된다.
같은 사건에 대한 이 '대안적 설명들'은 모형 사이에서 작용하는 차이점을
드러내 보인다.[8] 최종의 위협 속에서 소수의 집단에 의한 위기결정, 이는
그 자체로서 합리적 정책모형의 한 사례이다. 따라서 이 경우에 모형 2와
3이 밝히는 차원과 요인은 특별히 시사적이다. 이 글의 결론 부분은 세 모
형이 어떤 관련을 가지는지, 예측을 위해 이들이 어떻게 확대될 수 있는지
에 대해 논의한다.

1. 모형 1: 합리적 정책

1) 합리적 정책모형의 예시

소련이 탄도탄 요격미사일을 배치한 것에 대해 ≪뉴욕타임스≫가 제기
한 의문의 정곡은 어디에 있는가?[9] 타임스 지가 주장한 바와 같이, 소련은
데탕트를 증진시키는 정책을 추구하는 것 같으면서도, 동시에 그렇게 많은
액수의 돈을 이 무기체제를 위해 할당한다는 점에서, 문제는 소련의 목표
와 관련이 있다. 존슨 전 대통령의 말에 의하면 "우리의 상호 적대감이 완
화되기 시작한다는 증거가 풍부한 시점에서 이 일(소련의 탄도탄 요격미사
일의 배치)이 일어나야 한다는 것은 모순이다."[10] 이 문제가 사람들을 혼
란시키는 일차적인 이유는 소련의 탄도탄 요격미사일 배치와 소련이 데탕
트를 지향한다는 증거를 우리의 암묵적 모형에 같이 포함시키는 것이 문제

주장이 축약되어 어느 면에서는 과도하게 경직되어 보인다. 그것은 지면의 제한
으로 인해 주장의 조건이나 명료함을 삭제할 수밖에 없었기 때문이다.
8) 세 가지 '사례의 스냅사진'은 각각 미국의 쿠바 미사일 봉쇄를 설명하기 위해
적용되기 때문에 개념적인 모형의 작업을 보여 준다. 그러나 이 세 가지 단편은
가설의 검증보다는 주로 가설을 만들어 내는 연습이다. 특별히 보다 광범위한
연구로부터 분리될 때, 이들 설명은 오도될 여지가 있다. 충분한 공적 기록과 사
건에 참여했던 사람들과의 수많은 면담이 이러한 설명의 기초이다.
9) *New York Times*, February 18, 1967.
10) Ibid.

를 야기시키기 때문이다. 어떤 목표를 위해서 소련정부는 이 두 가지 행동 경로를 동시에 추구하기로 선택하였는가? 이러한 문제는 분석가가 일관성 있는 사고를 하는 행위자들의 의도적인 선택으로서 사건을 구성하려고 할 때에 한해서 제기된다.

분석가들은 소련의 쿠바 미사일 설치에 대해 어떠한 설명을 시도하는가? 이 사건에 대해 가장 널리 인용되는 설명은 두 명의 RAND연구소 소련전문가 호렐릭과 러쉬(Horelick and Rush)에 의해 제시되었다.[11] 그들은 "쿠바에 전략미사일이 도입된 것은 주로 미국의 전략적 우위에 의한 현재의 격차를 극복하려는 소련의 열망 때문"[12]이라고 결론짓는다. 그들은 어떻게 이러한 결론에 도달했는가? 그들은 셜록 홈즈 스타일로 이 행동에 대해 여러 개의 눈에 띄는 특징을 포착하고, 이러한 특징을 소련의 목적에 대한 대안의 가설을 반증하는 기준으로 사용한다. 예를 들어, 소련이 미사일을 배치한 규모면에서나, 중거리 미사일뿐만이 아니라 더 비싸고 더 잘 보이는 중장거리(intermediate) 미사일을 동시에 설치했다는 사실로 볼 때, 그것이 쿠바의 방어를 위한 행위라는 설명은 부정된다는 것이다―왜냐하면 그 목적은 훨씬 작은 수의 중거리 미사일만으로도 달성될 수 있었을 것이기 때문이다. 그들의 설명은 소련의 세세한 행동을 가치 극대화의 선택으로 해석하기 위해 한 주장이다.

분석가들은 제1차 세계대전의 도래를 어떻게 설명하는가? 모겐소(Hans J. Morgenthau)에 따르면 "제1차 세계대전은 오로지 유럽의 세력균형이 깨지는 것에 대한 두려움 때문에 일어났다."[13] 제1차 세계대전 이전 기간에 삼자동맹은 불안정하게 삼자 협상국의 균형을 맞추었다. 삼국이 어떻게 짝을 짓든지 발칸에서 결정적으로 이득을 얻을 수 있다면 그 동맹은 세력균형 가운데에서 결정적인 이득을 취할 것이다. "오스트리아가 1914년 7월에 단번에 세르비아와 협정을 타결하도록 하고, 독일이 조건 없이 오스트리아를 지원하도록 유도했던 것은 바로 이 두려움 때문이었다. 러시아가

---

11) Horelick and Rush, *Strategic Power and Soviet Foreign Policy*, Chicago, 1965; A. Horelick, "The Cuban Missile Crisis: An Analysis of Soviet Calculations and Behavior," *World Politics*, April, 1964.

12) Horelick and Rush, op. cit., p.154.

13) Hans Morgenthau, *Politics Among Nations*, 3rd ed., New York, 1960, p.191.

세르비아를 지원하게 만들고 프랑스가 러시아를 지원하도록 만든 것도 같은 두려움 때문이었다"[14]고 모겐소는 단언한다. 모겐소는 이 문제를 어떻게 그렇게 자신 있게 해결할 수 있는가? 자료에 '합리적 틀'[15]을 부여함으로써 가능하다. 모겐소에 따르면, 이 방법의 장점은 "그것이 행위에 있어서 합리적인 훈련을 제공하고, 후임 정치가의 다른 동기, 선호, 지적·도덕적 자질에 상관 없이 미국, 영국, 러시아의 외교정책이 지적이고 합리적인 연속성으로 보이게 만드는 외교정책상의 놀랄 만한 지속성을 만들어 낸다는 것이다."[16]

호프만(Stanley Hoffmann)의 논문 「미국 외교정책에 있어서 제약과 선택」은 성격상 국제체제, 이념, 국민성 같은 '깊이 있는 힘'에 초점을 맞춘다 ―이는 제약, 한계, 가리개를 형성한다.[17] 그는 결정을 부차적으로 고려할 따름이다. 그러나 특정한 사건을 설명할 때에는 관련된 제약을 강조한다 해도 국가의 선택에 초점을 맞춘다. 동남아에서의 미국의 행위는 "사람은 스스로의 서약에 의해 구속된다. 사람은 자신의 실수로 서약을 하게 된다"는 제약하에서는 "미국의 직접 개입을 선호하는 이 특별한 동맹(SEATO)을 폄하시키는 것"이 합당한 선택이라고 설명한다.[18] 호프만은 국가의 선택에서 혼동이나 모순을 더 자주 발견한다. 예를 들어, 저개발국에 대한 미국의 정책은 '정신분열증적'[19]이라고 설명한다. 이에 대해 합리적 (혹은 비합리적) 결정이라고 설명하는 데 있어서 호프만이 사용한 방법을 그는 '상상력에 의한 재구성'이라고 명명한다.[20]

억지는 전략에 관한 현대 문헌에 있어서 중요한 문제이다. 셸링은(Thomas Schelling) 『갈등의 전략』에서 핵시대에 있어서 억지의 동태성에 초점을 맞춘 수많은 명제를 구성했다. 중심적 명제 중의 하나는 테러의 안

---

14) Ibid., p.192.

15) Ibid., p.5.

16) Ibid., pp.5-6.

17) Stanley Hoffmann, *Daedalus*, Fall, 1962(*The State of War*, New York, 1965로 재판됨).

18) Ibid., p.171.

19) Ibid., p. 189.

20) 맥키버(Robert MacIver)를 따르는 Stanley Hoffmann, *Contemporary Theory in International Relations*, Elglewood Cliffs, 1960, pp.178-179를 보라.

정된 균형과 관련이 있다. 상호 억지의 상황에서 핵전쟁의 가능성은 균형(단순한 상황의 등가성)에 의해서 감소되는 것이 아니라, 균형의 안정성, 즉 어느 쪽의 선제공격도 상대방의 보복을 제거할 수 없다는 사실에 의해서 감소된다는 것이다.21) 셸링은 어떻게 이 명제를 뒷받침하는가? 이 주장에 대한 확신은 수많은 과거의 사례를 담은 귀납으로부터가 아니라, 두 가지 계산에서 나왔다. 균형을 이루고 있지만 깨질 가능성이 있는 상황에서라면 합리적인 상대방은 적의 보복능력을 소멸시키기 위해 선제공격을 선택할 만한 가치가 있는 것이다. 누가 먼저 공격을 하든 양쪽 모두 용납할 수 없는 손상을 입을 만큼 보복능력이 보장되는 '안정된 균형'에서는 어떠한 합리적 행위자도 선제공격이라는 행위를 선택할 수 없을 것이다(그 선택은 서로 살상을 선택하는 것과 같은 효과를 갖기 때문이다). 대부분 현대의 전략적 사고가 이러한 계산에 의존하는 동력에 의해 암묵적으로 움직여지는 반면, 셸링은 전략이론이 하나의 모형을 전제로 한다는 것을 명시적으로 인식한다. "전략이론의 기초는 합리적 행위-단지 지적인 행위가 아니라, 이득에 대한 의식적 계산, 즉 명시적이고 내적으로 일관된 가치체계에 기초한 계산에 의해 유발된 행위를 가정하는 것"22)이라고 셸링은 주장한다.

외교정책과 국제관계에 대한 문헌으로부터 나온 이들 예에 있어서 놀라운 것은 다른 유형의 분석가들이 설명을 하도록 요구받을 때 보이는 유사성이다. 각 분석가는 설명되어야 할 것은 하나의 행위, 즉 어떤 목적이나 의도의 실현이라고 가정한다. 각 분석가는 전략적 문제에 대한 계산된 대응으로 선택된 것이 행위라고 가정한다. 각 행위를 행함에 있어서 정부는 어떤 목표를 추구하였으며, 주어진 국가의 목표하에서 이 행위가 합당한 것이었는지를 보여 주는 것으로 각 분석가의 설명이 이루어진다. 이러한 일련의 가정이 합리적 정책모형의 특성을 구성한다. 모형 1이 표준적인 준거 틀이라고 해서 소련전문가나 외교역사가, 국제관계이론가, 전략가 등의 관심 가운데 매우 눈에 띄는 차이가 있다는 것을 부정하지는 않는다. 실제

---

21) Thomas Schelling, *The Strategy of Conflict*, New York, 1960, p.232. 이 명제는 일찍이 Wohlstetter, "The Delicate Balance of Terror," *Foreign Affairs*, January, 1959에서 구성되었다.
22) Schelling, op. cit., p.4.

로 모겐소와 호프만, 셸링의 저작은 많은 점에서 충분히 차이가 지적될 수 있다. 그러나 그들이 각각 모형 1에 전적으로 의존하는 정도를 인식하면, 모겐소의 '합리적 재규정'의 방법, 호프만의 '상상력에 의한 재구성,' 셸링의 '대리에 의한 문제 해결' 사이에는 기본적인 유사성이 있음을 알 수 있으며, 모겐소의 '합리적 정치가,' 호프만의 '룰렛게임을 하는 사람,' 셸링의 '게임 이론가' 사이에는 가족적인 닮은 꼴이 존재한다.[23]

(보통사람뿐만 아니라) 대부분의 현대 분석가들은 – 대부분 암묵적일지라도 – 외교문제에서 일어난 일을 설명하려고 시도할 때 지배적으로 이 모형을 사용한다. 실제로 외교문제에서의 사건들이 국가들의 행위라는 것은 너무나 기본적이어서 묵시적인 모형이 인식된 적이 거의 없었다는 문제를 생각할 수 없는 것 같다. 외교정책에서의 사건을 설명하는 것은 단지 정부가 어떻게 그 행위를 합리적으로 선택할 수 있었는가를 보여 주는 것을 의미한다.[24] 여기에 제시된 짧은 예들은 이 모형의 다섯 가지 사용을 예시한다. 대부분의 분석가들이 대체로 합리적 정책모형을 사용하여 사고한다는 것을 증명하는 것은 불가능하다. 이 한정된 지면에서는 분석틀의 사용 범위를 예시하는 것조차 불가능하다. 그보다는 독자 스스로 자신에게 가장 익숙한 문헌을 검토하고 독자적인 판단을 내리도록 모형의 개요와 이에 대한 비판을 전달하는 것이 필자의 목적이다.

사회학적 분석을 위해 머튼(Robert K. Merton)이 개발한 '분석적 패러다임'이라는 기술적인 의미에서 합리적 정책모형을 발전시킴으로써 이에 대한 총체적인 묘사가 다듬어질 수 있다.[25] 모형 1의 분석가들이 사용한

---

23) Morgenthau, op. cit., p.5; Hoffmann, *Contemporary Theory*, pp.178-179; "Roulette in the Cellar," *The State of War*; Schelling, op. cit.

24) 보다 광범위한 연구에서는 이 일반화에 대한 여러 가지 예외를 검토한다. 버바(Sidney Verba)의 훌륭한 논문「합리성의 가정과 국제체제 모형에서의 비합리성」은 예외라기보다는 약간 다른 문제에 대한 하나의 접근법이다. 버바는 개별적인 위정자의 합리성과 비합리성의 모형에 초점을 맞춘다. 이 논문은 Knorr and Verba, *The International System*에 실려 있다.

25) Robert K. Merton, *Social Theory and Social Structures*(수정 보완판), New York, 1957, pp.12-16. 만족할 만한 이론적 모형보다 상당히 약함에도 불구하고 패러다임은 느슨하고 암묵적인 개념적인 모형으로부터 이론적인 모형의 방향으로 약간 나아갔음을 보여 준다. 개념이나 변인 사이의 관계가 모두 연역적으로 명제를

기본적인 가정, 개념, 명제에 대한 체계적인 언명은 이 분석유형의 뚜렷한 특징을 부각시킨다. 대체로 암묵적인 틀을 명료화하는 것은 필연적으로 캐리커처에 지나지 않는다. 그러나 캐리커처는 교훈적일 수 있다.

2) 합리적 정책 패러다임

(1) 분석의 기본단위: 국가의 선택으로서 정책

외교문제에서 일어난 일은 국가나 정부가 선택한 행위로 인지된다.[26] 정부는 전략적 목표와 목적을 극대화할 행위를 선택한다. 전략적 문제에 대한 이러한 '해결책'은 분석가들이 설명되어야 할 것으로 인지한다는 점에서 근본적인 범주이다.

(2) 조직개념

① 국가 행위자

합리적이고 통합된 정책결정자로 인지되는 국가나 정부는 대리인이다. 이 행위자는 일련의 구체적인 (일관된 효용 함수와 동등한) 목표와 일련의 인지된 선택안, 그리고 각각의 대안으로부터 나오게 될 결과에 대한 단일한 평가를 지니고 있다.

만들어 낼 만큼 충분히 구체화되어 있지 않다. 그럼에도 불구하고 '패러다임적 분석'은 정치학에서 분석의 유형을 상당히 명료화하고 명문화시킬 전망을 지니고 있다. 여기에서 언급된 각각의 패러다임은 수학적인 용어로 엄밀하게 표현될 수 있다. 예를 들어 모형 1은 Herbert Simon, "Behavioral Theory of Rationality," *Models of Man*, New York, 1957의 학풍을 따라 수학적으로 구성될 수 있다. 그러나 이것이 '측정과 평가'라는 가장 어려운 문제를 해결하지는 않는다.

26) 이 모형의 변형이 쉽게 확률적(stochastic)이 될 수 있을지라도, 이 패러다임은 비확률적인 의미에서 언급된다. 현대 전략에서 이 모형의 확률적 변형이 때로 예측을 위해 사용된다. 그러나 외교 관계에서의 사건에 대해 초지일관 확률적인 설명을 하는 것은 거의 불가능하다. 모형 1과 콜링우드(R. G. Collingwood)와 드레이(William Dray), 그리고 비판역사철학에 관심이 있는 철학자 가운데 다른 '수정주의자'가 발전시킨 설명의 개념 사이의 유사성은 우연이 아니다. '수정주의자의 입장'의 요약에 대해서는 Maurice Mandelbaum, "Historical Explanation: The Problem of Covreing Laws," *History and Theory*, 1960 참조.

② 문제

행위는 국가가 직면한 전략적 문제에 대한 대응으로 선택된다. '국제 전략시장에서 일어나는' 위협과 기회는 국가를 움직여 행동하도록 한다.

③ 정태적인 선택

어떤 문제와 관련된 정부 대표부의 행위의 합은 국가가 '해결책'으로 선택한 것을 구성한다. 따라서 그 행위는 대안의 결과 중에서 (가령, 동태적인 흐름 속에서 수없이 많은 부분적인 선택을 한 것이 아니라) 정태적으로 선택한 것으로 인지된다.

④ 합리적 선택으로서의 행위

구성요소는 다음을 포함한다.

1. 목표와 목적: 국가의 안보와 국가이익은 전략적 목표를 인지하는 데 있어서 최우선 범주이다. 국가는 안보와 더 광범위한 범위의 목적을 추구한다(분석가는 전략적 목표와 목적을 명백한 효용함수로 거의 전환시키지 않는다. 그럼에도 불구하고 분석가들은 주요 목표와 목적에 초점을 맞추어 직관적으로 부수적 효과는 상쇄시킨다).

2. 대안들: 전략적 문제와 관련 있는 다양한 경로의 행위가 가지각색의 대안을 제공한다.

3. 결과: 각 경로의 행위를 실행하면 일련의 결과가 만들어진다. 관련된 결과는 전략적 목표와 목적이라는 의미에서 이익과 비용을 구성한다.

4. 선택: 합리적 선택은 가치를 극대화하는 것이다. 합리적 행위자는 그의 목표와 목적에 비추어 가장 높은 순위의 결과를 갖는 대안을 선택한다.

(3) 지배적인 추론유형

이 패러다임은 분석가들이 다음의 추론유형에 의존하도록 유도한다. 만일 한 국가가 특정한 행위를 한다면 그 국가는 그 행위가 최적의 수단이 되어 추구해야 하는 목표를 가지고 있었음에 틀림없다. 합리적 정책모형의 설명력은 이 추론유형으로부터 나온다. 사건이 의도적인 유형내에서 가치를 극대화하는 것으로 밝혀짐으로써 어려운 문제가 해결된다.

(4) 일반적인 명제

어떤 일반성을 지닌 명제가 구성되고 검증되는 빈도가 높지 않다는 데에 정치학의 무자비함이 있다. '패러다임적인 분석'은 분석에 사용되는 용어가 명시적이어야 하며, 설명의 논리를 고수해야 한다고 주장한다. 이 모형을 사용하는 분석가들이 의존하는 명제의 종류를 단순히 예시하자면, 여러 가지 형식이 있다.

가치-극대화의 행위에 관한 기본가정은 대부분의 설명에 있어서 중심적인 명제를 만들어 낸다. 일반적인 원칙은 다음과 같이 구성될 수 있다. 어떤 특정한 행위를 할 가능성은 다음의 요소들의 결합으로부터 나온다. 그 요소들은 국가의 ① 관련된 가치와 목적, ② 인지된 대안의 행동 경로, ③ (각 대안으로부터 나오는) 다양한 집합의 결과에 대한 평가, ④ 각각의 결과에 대한 순수한 가치평가 등이다. 이는 두 가지 명제를 만들어 낸다.

첫째, 대안의 비용에 있어서의 인상은 그 행위로부터 초래될 결과의 가치가 하락하거나 혹은 예정된 결과를 얻을 확률이 감소하는 것을 의미하는데, 이 경우 그 대안이 선택될 가능성은 감소된다.

둘째, 대안의 비용에 있어서의 인하는 그 대안으로부터 초래될 결과의 가치가 상승되거나 예정된 결과를 얻을 확률이 상승하는 것을 의미하는데, 이 경우 그 행위가 선택될 가능성은 증가된다.[27]

(5) 구체적인 명제

① 억지

어떤 특별한 공격의 가능성은 일반적인 명제가 규정하는 요인으로부터 나온다. 이 일반적인 명제는 사실적인 주장과 결합하여 억지에 관한 하위 이론의 명제를 만들어 낸다.

㉠ 안정된 핵 균형은 핵공격의 가능성을 감소시킨다. 이 명제는 일반적 명제와 다음과 같은 사실적인 주장을 합친 것으로부터 도출된다. 그 주장

---

[27] 이 모형은 기업과 소비자에 관한 경제학적 이론에서 광범위하게 발전되어 온 합리적인 기업가이론과 유사하다. 이 두 가지 명제는 '대체효과'를 구체화한다. 이 모형을 세련화시키고 경제학적 이론으로부터 번역된 추가의 일반명제를 구체화하는 것은 간단하다.

이란 공격, 일명 보복으로부터 초래될 수 있는 특별한 결과의 가능성과 여기에 드는 비용을 상승시킴으로써 2차 공격능력은 잠재적 공격자의 계산에 영향을 미친다는 것이다.

ⓛ 안정된 핵균형은 국지전의 가능성을 상승시킨다. 이 명제는 일반적 명제에 다음과 같은 사실적 주장으로부터 도출된다. 그 사실이란 안정된 핵균형이, 핵을 교환하는 비용은 증가시킬지 몰라도, 그럼에도 불구하고 국지전에 대응하여 핵전쟁을 선택할 가능성은 상당히 감소시킨다. 따라서 이러한 결과(핵전쟁)는 계산시에 보다 작은 비중을 차지하게 된다.

② 소련의 군사적 태도

소련은 소련의 전략적 목적과 군사적 이념의 수행을 극대화하는 수단으로 무력(무기와 무기의 배치)을 선택한다. 이런 종류의 명제는 국방장관 라이어드가 200 SS-9(대규모 대륙 간 미사일)에 관한 사실로부터 '소련은 선제공격 능력을 추구할 것이며 이 사실에는 의문의 여지가 없다'는 주장을 추론하는 데에 기초가 된다.[28]

3) 합리적 정책모형의 변형

이 패러다임은 합리적 모형의 가장 세련된 변형의 특성을 보여 준다. 전략에 관한 현대의 문헌은 이러한 종류의 모형을 사용한다. '국제전략시장'에 있어서 문제와 압력은 사건의 확률을 만들어 낸다. 모든 국가 행위자는 국제 행위자가 될 수 있는데 후자는 단지 전략적 문제로부터 논리적 해결책에 이르기 위한 가치극대화의 기제일 따름이다. 그러나 대부분의 국제관계 분석가의 설명과 예측은 기본적으로 이 '순수'모형의 변형에 의지한다. 각각의 요점은 같다. 즉 어떤 제약하에서 행위를 가치극대화의 틀 속에 꿰맞추는 것이다. 그럼에도 불구하고 각각의 변형이 하나의 패러다임으로서 비슷하게 보일 수 있도록 여러 개의 변형을 구분하는 것은 도움이 될 것이다. 첫 번째 변형은 분석가들이 고려할 목표와 대안과 결과를 제한하도록 유도하는 특정한 상황 속에서의 국가의 행위자와 그의 선택에 초점을 맞춘

---

28) *New York Times*, March 22, 1969.

다. 따라서 ① '조작적 부호' 속에 반영된 국민성이나 인성, ② 어떤 목적에 대한 관심, 또는 ③ 행위에 대한 특별한 원칙 등은 패러다임의 '목표'나 '대안'이나 '결과'의 폭을 축소시킨다. 예를 들어, 소련이 ABM을 배치한 것을 때로는 소련의 '방어기질'을 이용하여 설명한다. 또는 특정한 소련의 행위를 볼셰비키의 조작적 부호내에서 행위에 관한 특별한 규칙을 예로 들어 설명하기도 한다.29) 두 번째 이와 연관된 또 한 부류의 변형은 지도자 개인과 지도자 집단에 초점을 맞추는데 그들의 선호함수를 극대화시키고, 그들의 개인적(혹은 집단적) 성격에 맞게 대안과 결과, 그리고 선택의 규칙을 수정한다. 미국의 베트남 개입을 케네디-존슨 행정부의 외교정책 원칙의 자연스러운 결과로 보는 것은 이 변형에 의존한 설명이다. 세 번째, 기본모형의 보다 복잡한 변형은 정부내에 강경파와 온건파, 군대와 문민 등, 다양한 행위자가 존재한다는 것을 인정한다. 그러나 승리한 행위자의 목적을 준거로 삼아 사건에 대한 설명(혹은 예측)을 시도한다. 따라서 예를 들면, 냉전에 대한 수정주의적 역사는 미국정부내의 밝은 세력과 어두운 세력이 같이 존재했음을 인정한다. 그러나 미국의 행위를 승리한 어두운 세력의 목표나 인지의 결과로서 설명한다.

　기본 패러다임이 변형된 각각의 형태는 분석가들이 전형적으로 묵시적으로 의존한 것을 공식화한 것이다. 묵시적인 개념적 모형에서부터 명시적인 패러다임으로 이전하면서 이 모형이 최선으로 사용될 때 얻을 수 있는 많은 것들이 손실된다. 그러나 느슨하고 묵시적인 개념적 모형을 명시적인 수준으로 끌어올리는 이유는 분석행위의 기본적인 논리를 공개하기 위해서이다. 아마도 패러다임의 언명을 둘러싸고 아직 남아 있는 인위성은 지배적으로 합리적 정책모형내에서 연구해 온 분석가가 사용한 수많은 표준의 첨가와 수정을 이용하여 제거될 수 있을 것이다. 첫째로, 분석가는 기록과정에서 때로 기본모형과 논리적으로 양립할 수 없는 상황의 측면을 미봉적으로 꿰맞추면서 기본모형의 한 변형으로부터 다른 변형으로 이동한다. 둘째로, 분석가는 수많은 사건을 설명하는 과정에서, 때로 사건에 대해 엄청난 정보를 가지고 있어서 세부사항을 밝힐 수 있는 특별한 사건에만 관심을 둠으로써 무작위적이라는 인상을 만들어 낸다. 셋째로, 설명과 예측

---

29) Nathan Leites, *A Study of Bolshevism*, Glencoe, Illinois, 1953.

을 도출해 내는 데 있어서 다른 가정과 범주를 사용하여 분석가는 말끔하고 설득력 있는 합리적 정책모형 패키지내에서 그들의 생산물(예측과 설명)을 제시할 것이다(이러한 조정은 지적 공동체의 성원이 좋아하는 것이다. 세부절차는 고려될 만하지만, 그들은 사건을 보다 큰 합리적 틀에 끼워 맞춤으로써 독자들의 이해를 도울 수 있다고 느낀다). 넷째로, 설명을 하려는 시도에서−특별히 기본모형으로부터 도출된 예측이 실패한 경우에−'실수'의 개념이 나오게 된다. 따라서 '미사일 갭'에 대한 예측이 실패한 것은 자신의 기회를 이용하지 않은 소련의 실수 때문이라고 삭제되었다. 이와 비슷한 다른 수정을 통해서 모형 1의 분석가들은 패러다임이 제시하는 것 이상으로 상당히 많은 변형을 이용한다. 그러나 그러한 조정은 필수적으로 이 분석의 기본 논리에 대한 부속물일 따름이다.

2. 미국의 쿠바 봉쇄: 첫 장면30)

쿠바에 소련 미사일을 설치하는 것에 대한 미국의 반응은 단순한 가치 극대화의 상승이라는 전략적 의미에서 이해되어야 한다. 미국의 핵우위성은 소련의 핵군사력을 마비시킬 수 있을 정도이다. 미국이 낮은 수준으로 폭력을 사용한 것에 대응하여 소련이 핵한계선을 위반한다면 이는 소련 공산체제와 러시아 국가의 실질적인 멸망을 의미하는 것이기 때문에 심히 비합리적일 수 있다. 미국의 국지적 우월성은 압도적이다. 핵한계선에 약간 못미치는 수준까지 단계를 계속해서 상승시키면서 상당한 신뢰성이 있는 위협을 낮은 수준에서 촉발시킬 수 있다. 미국은 그 미사일이 제거되어야 한다는 미국의 결단을 보여 주는 방법으로 전략적 우월성과 국지적 우월성을 지키기만 하면 된다. 그러는 한편, 동시에 소련이 모욕감 없이 후퇴할 여지와 시간을 허용하면 되는 것이다. 해상봉쇄−국제법의 미묘함을 우회

---

30) 서론에서 언급했듯이 이 '사례의 스냅사진'은 편집자의 주석 없이도 미국의 봉쇄에 대한 모형 1 분석가의 설명을 제시한다. 강력한 특성을 지닌 합리적 정책모형의 설명을 보여 주는 것이 그 목적이다. 이러한 해명은 이 사건에 대한 기존의 설명과 (대강) 일치한다.

하기 위해서 '차단'이라고 완곡하게 명명된-는 그것을 했을 따름이다.

미국정부가 봉쇄를 선택한 것은 이 논리를 따른 것이다. 쿠바에 소련 미사일이 상주한다는 보고를 받은 미대통령은 국가안보회의의 집행위원회(ExCom)를 소집하여 "다른 모든 과제는 차치하고, 모든 가능한 행동 경로와 위험에 대해 즉각적으로 심혈을 기울여 조사하라"[31]고 지시했다. 이 집단은 "다른 부서는 대표하지 않으며 대통령만을 대표하며 자체적인 기능을 갖는 15명의 개별적인 사람들"이다.[32] 참석자 중에 한 명이 회상하듯이 "그 회합의 엄청난 측면은 완벽한 평등감각이었다."[33] 다음 한 주 동안 그들은 대부분의 시간을 모든 가능한 경로를 찾아내고 각 경로의 장단점에 대한 주장을 비교하면서 보냈다. 여기에서 여섯 가지 주요한 행위의 범주가 고려되었다.

1) 아무것도 하지 않는다

소련 미사일에 미국이 취약하다는 것은 새로운 사실이 아니다. 미국은 소련에 기지를 둔 미사일의 총포 아래에서 이미 살아 왔기 때문에 소련이 쿠바로부터도 공격할 능력을 갖추었다는 사실이 별 실질적인 차이를 가져오지는 않는다. 진정한 위협은 미국이 과민 반응을 보일 가능성으로부터 나온다. 미국은 소련의 행위를 차분하고 무심한 태도로 발표함으로써 흐루시초프가 미사일로부터 어떠한 정치적 밑천을 뽑으려고 하든지 간에 이를 축소시켜야 한다.

이 주장은 두 가지 점에서 잘못되었다. 첫째로, 소련의 술수에 있어서 군사적 중요성을 엄청나게 과소평가했다. 소련의 미사일 역량은 두 배가 될 것이며 뿐만 아니라 미국의 조기 경고체제는 뒤처지게 될 것이다. 소련은 미사일을 더 설치함으로써 전략적 균형을 뒤집을 기회를 갖게 될 것이며, 실제로 장기적으로는 값비싼 장거리 미사일보다는 값싼 단거리 미사일에 투자할 기회를 갖게 될 것이다. 둘째로, 이러한 술수에 있어서 정치적 중요

31) Sorensen, op. cit., p.675.
32) Ibid., p.679.
33) Ibid., p.679.

성은 부정될 수 없다. 소련의 행위는 미국 대통령의 가장 근엄한 경고에 도전했던 것이다. 만일 미국이 반응을 보이지 않는다면, 어떠한 미국인의 언질도 신뢰를 받지 못하게 될 것이다.

2) 외교적 압력

조사단을 파견하라고 UN이나 OAS에 호소하는 것, 비밀리에 흐루시초프에게 접근하는 것, 아마 정상회담 같은 데에서 직접적으로 흐루시초프에게 접근하는 것 등 여러 가지 형식이 고려되었다. 미국은 미사일을 제거하라고 요구할 것이지만 최종적인 타결은 쿠바의 중립화, 미군의 관타나모 기지로부터의 철수, 터키나 이탈리아로부터 쥬피터 미사일의 철수 등을 포함할 것이다.

외교적 접근은 각 형식에 따라 나름대로의 약점이 있다. UN의 안전보장 이사회에서 소련을 규탄하는 것은 별로 전망이 없다. 어떤 조치를 제안하든지 간에 소련은 거부권을 행사할 수 있기 때문이다. 외교관이 떠드는 동안 미사일이 작동될 수도 있을 것이다. 밀사를 흐루시초프에게 보내서 미사일을 철거하라고 요구하는 것은 지킬 수 없는 대안을 상정하는 것이다. 한편으로, 이는 흐루시초프가 외교적 주도권을 포착하여 쿠바에 대한 공격에 대항하여 전략적 보복을 할 것이라는 언질을 할 빌미를 제공하게 될 것이다. 다른 한편으로, 이는 어떠한 강대국도 수용할 수 없는 최후통첩을 보내는 것이나 마찬가지가 될 것이다. 정상회담에서 흐루시초프와 대좌하게 되면 반드시 미국이 양보할 것을 요구받게 될 것이며 터키에 있는 미국 미사일과 쿠바에 있는 소련 미사일 사이의 유사성을 회피할 수 없게 될 것이다.

그러나 터기와 이탈리아에 있는 미국의 주피터를 쿠바의 미사일과 맞바꾼다면 어떨까? 미 대통령은 과거에 그것을 철수하라고 지시한 바 있다. 미국은 이 미사일을 성능이 더 낮고 덜 취약한 지중해 중거리 탄도탄 잠수함으로 교체하기 위해 그것을 철수하기로 선택하였던 것이다. 그러나 위기 도중에 양보할 시간이 없었다. 그러한 흥정을 제안하게 되면, 소련은 서방이 양보할 것이라고 생각하여 더 많은 것을 요구할 유혹을 갖게 될 것이다.

미국은 위급할 때 기꺼이 유럽인의 이익을 희생할 것이라는 유럽인들의 의구심을 분명하게 확인시켜 줄 것이다. 끝으로 기본적인 쟁점을 분명히 해두어야 한다. 러셀(Betrand Russell)에 대한 응답에서 대통령이 "나는 강도를 잡은 사람에게보다는 강도에게 관심을 기울게 되는 것도 당연한 일이라고 생각합니다"[34]라고 언급했듯이.

3) 카스트로에게 비밀리에 접근

이 위기는 카스트로에게 "갈라서든지 아니면 망해라"라는 대안을 제안함으로써 쿠바와 소련 공산주의를 떼어 놓을 기회를 제공했다. 그러나 소련군대는 그 미사일을 옮겨 놓았고, 세웠고, 보호했으며 그리고 조정했다. 따라서 그것을 제거하는 것은 소련의 결정에 따라 좌우될 것이다.

4) 침략

미국은 미사일을 제거할 뿐만 아니라 미사일로부터 카스트로를 제거하기 위해서도 이 경우를 택할 수 있다. 플로리다로부터 군함을 타고 항해하는 해병이 상상 속의 비에케스(Vieques) 섬을 해방하는 해군의 훈련은 오래 전에 계획되어 있었다.[35] 간단히 상륙지점을 이동하면 어떻겠는가?(이 작전을 계획하는 데 있어서 국방부의 선견지명은 미중앙정보부의 피그만에 대한 적당한 일화가 될 것이다!)

침략을 위한 준비는 이루어졌다. 그러나 이는 최후의 수단이다. 미국 군대는 초강대국의 군대 사이에서 있은 맨처음 직접 교전한 냉전의 사례에서 2만의 소련군을 대적할 수밖에 없을 것이다. 그렇게 극한 정책은 실질적으로 소련이 베를린에게 꼭 같은 수를 쓰는 것을 보장하면서 핵 재앙을 자초할 것이다.

---

34) Elie Abel, *The Missile Crisis*, New York, 1966, p.144.
35) Ibid., p.102.

5) 부분적인(Surgical) 공중폭격

미사일 기지는 잡음 없고 재빠른 전통적인 공격으로 제거되어야 한다. 이는 사기성의 책략이 마땅히 받아야 할 효과적인 반-작용이다. 부분적인 공격은 미사일을 제거할 것이며 따라서 미사일이 작동될지도 모른다는 위험과 미국이 발견한 사실을 소련이 발견해서 소련이 먼저 행동을 취할지도 모른다는 두려움을 모두 제거한다.

이 대안이 처음에 갖고 있던 매력은 여러 가지 어려움 때문에 희석되었다. 첫째로 그 공격이 정말로 '부분적'일 수 있을까? 공군은 모든 미사일의 파괴를 보장할 수는 없었다.[36] 몇 개는 공격중에 불타겠지만 몇 개는 어디에 있는지도 모르게 될 것이다. 소련과 쿠바의 보복 수단을 확실히 파괴하기 위해서는 부분적 공격이 아니라 대량 공격─최소한 500대의 출격이 필요했다. 둘째로 갑작스런 공습은 물론 미사일기지내의 소련인을 살상할 것이다. 소련에게 보복하라는 압력이 거세져서 베를린이나 터키에 대한 공격 가능성이 매우 높아진다. 셋째, 이 작전의 핵심적인 문제는 조기경보의 문제이다. 진주만의 기억과 미래에 대한 미국의 책임이라는 이상을 지닌 미국의 대통령이 '역진주만'을 명령할 수 있겠는가? 175년 동안, 발표 없는 일요일 아침 공격은 우리의 전통에는 금지되어 왔었다.[37]

6) 봉쇄

봉쇄라는 형식의 간접적 군사행위는 실행위원회가 다른 대안을 절단하는 바람에 보다 매력적으로 되었다. 그러나 해상봉쇄로 쿠바로의 군수품 선적을 금지하는 것이 결점이 없는 것은 아니었다. 미국은 소련이 베를린에 보복하지 않도록 하면서도 쿠바를 봉쇄할 수 있을까? 연합봉쇄를 해결할 가능성은 양쪽의 봉쇄를 제거하여, 새로운 균형상태를 복구하면서, 소

---

36) Sorensen, op. cit., p.684.
37) Ibid., p.685. 이것이 주장을 공식화한 것일지라도 그 사실이 엄밀하게 정확한 것은 아니다. 급습에 반대하는 우리의 전통은 175년이 채 되지 않았다. 예를 들어, 루즈벨트는 1904년 러시아에 대한 일본의 공격을 찬양했다.

런이 미사일을 완전히 제거하도록 추가의 시간을 허용하는 것일 것이다. 둘째로, 봉쇄로부터 초래될 결과는 공습을 배제했을 때의 문제점과 비슷하다. 만일 소련 군함이 멈추지 않으면 미국은 첫발을 먼저 쏠 수밖에 없으며 이는 보복을 초래하게 될 것이다. 셋째, 봉쇄는 미국과 가까운 여러 동맹국들이 요구해 온 전통적인 해상의 자유를 부정하게 될 것이며, 미국이 OAS에서 2/3투표를 얻지 못하는 한, UN헌장과 국제법을 위반한 불법이라고 낙인이 찍힐 수도 있다. 끝으로 봉쇄는 일명, 약 75마일 떨어진 쿠바의 섬에 매일 접근하는 작전의 신속성이라는 문제와 어떻게 연관될 수 있는가? 봉쇄는 소련이 미사일 설치를 끝마칠 시간을 버는 것을 포함하여 가지각색의 지연작전을 소련에게 제공해 준다. 기정사실이 필요한 것은 아닌가?

이러한 엄청난 어려움에도 불구하고 봉쇄는 상대적 장점을 가지고 있었다. ① 이는 아무것도 하지 않는 것과 공격 사이의 중간 경로였으며 의도의 확고함을 전달할 만큼 충분히 공격적이지만 그럼에도 불구하고 공습만큼 그렇게 경솔하지는 않았다. ② 이는 흐루시초프에게 다음 단계와 관련하여 선택의 부담을 부가했다. 그는 자기네 나라의 군함을 멀리 치움으로써 직접적 군사충돌은 회피할 수 있었다. 그는 최후의 기회를 분명히 가졌다. ③ 카리브 해에서의 해상교전은 미국이 다른 어떤 군사적 충돌보다도 수용할 수 있는 것이었다. ④ 이 수는 전통적인 위력을 보임으로써 다음 단계에서 미국이 상당한 우위를 차지하고 있는 비핵의 위협을 이용하는 것을 가능하게 한다.

장점과 단점에 대한 구체적인 주장은 강력하다. 그러나 미국이 봉쇄를 선택한 것에 대한 설명은 보다 일반적인 원리에 놓여 있다. 케네디 대통령이 위기의 도덕성을 들어 언급한 것처럼.

무엇보다도 우리 자신의 사활이 걸린 이익을 방어하는 반면에, 핵강대국들은 적에게 모욕적인 후퇴나 핵전쟁 중 양자택일을 강요하는 식의 대결은 피해야 한다. 핵시대에 그러한 종류의 경로를 채택하는 것은 우리의 정책이 파산했다는 것을 증명할 따름이다－이는 전세계의 집단적인 죽음을 원하는 것과 같다.[38]

봉쇄는 미국이 택할 수밖에 없었던 유일한 진짜 대안이었다.

38) *New York Times*, June 1963.

3. 모형 2: 조직과정

어떤 목적상, 정부의 행위는 통일된 합리적 정책결정자에 의해 선택된 행위라고 유용하게 요약될 수 있다. 이 행위자는 중앙집권적으로 통제되고, 완벽한 정보를 가지고 있으며 가치를 극대화한다. 그러나 이러한 단순화가 '정부'가 반봉건적이고 느슨하게 연결된 조직의 집단으로 구성되어 있으며, 각 조직은 상당한 자율성을 갖는다는 사실을 덮어 버려서는 않된다. 정부의 지도자는 사실상 어느 정도까지는 이 집단의 정상에 공식적으로 앉아 있다. 그러나 정부는 조직의 감각을 통해 문제를 인지한다. 정부는 조직이 정보를 처리하는 것처럼 대안을 정의하고 결과를 평가한다. 정부는 이 조직이 일상적인 일을 실행하듯이 행동한다. 따라서 정부의 행태는 두 번째 개념적 모형에 의거하여 이해될 수 있는데, 이는 지도자의 의도적 선택이라기보다는 표준적인 유형의 행태에 따라 거대한 조직이 기능한 결과로서 이해하는 것이다.

광범위한 가지각색의 문제에 대응하기 위해서 정부는 거대한 조직으로 구성되어 있으며, 조직내에 특정한 영역에 대한 일차적인 책임이 분할되어 있다. 각 조직은 특별한 집합의 문제에 관심을 쏟으며, 이 문제에 대해 준독자적으로 행동한다. 그러나 단일한 조직의 영역에만 배타적으로 속하는 중요한 문제는 별로 없다. 그래서 모든 중요한 문제에 관련된 정부의 행태는 여러 조직의 독자적인 산출을 반영하는데, 이는 정부지도자에 의해 부분적으로 조정된 결과이다. 정부지도자들은 이들 조직의 행태에 상당히 개입할 수는 있지만 실질적으로 통제할 수는 없다.

복잡한 일상업무를 수행하기 위해서 수많은 개인의 행태는 조정되어야 한다. 조정은 표준적인 업무절차, 즉 일을 수행하는 데 따라야 할 규칙을 필요로 한다. 업무수행 능력은 수백만 명의 행태에 달려 있기 때문에 신뢰성 있는 능력을 보장하기 위해서는 확립된 '프로그램'이 필요하다. 만일 11명의 미식축구 선수단이 어떤 특별한 터치다운에 있어서 알맞은 임무를 수행해야 한다면, 실제로 각 선수는 '그가 할 필요가 있다고 생각하는 것'이나 '쿼터백이 하라고 말하는 것'을 해서는 안된다. 그보다 각 선수는 쿼터백이 미리 세워진 작전을 소리치면 거기에 맞추어 경기를 해야 한다.

항상 정부는 기존의 조직들로 이루어져 있으며, 각 조직은 일련의 정해진 표준적인 수행절차와 프로그램을 가지고 있다. 따라서 어떤 특정한 경우에 한 쟁점에 관련된 이 조직들의 행태, 그리고 결국은 정부의 행태는 주로 그 사건 이전에 이들 조직내에서 확립된 일상업무 절차에 따라 결정된다. 그러나 조직은 변한다. 학습은 시간이 지남에 따라 점진적으로 이루어진다. 극적인 조직의 변화는 주요한 위기에 대응하여 일어난다. 학습과 변화는 모두 기존의 조직의 역량에 의해 영향을 받는다.

조직에 대한 연구로부터 빌어 온 느슨하게 구성된 명제는 단지 경향성을 띤다. 각 명제는 '다른 조건이 같다면,' '어떤 조건하에서는'과 같이 수정하는 사람에 의해 제약을 받아야 한다. 특별한 경우에 경향성은 다소간 지켜진다. 구체적인 상황에서 관련된 질문은 '다소간(?)'이라는 것이다. 그러나 그럴 수밖에 없는 것이다. 왜냐하면 한편으로는 '조직'은 '고체'와 마찬가지로 동질적인 부류가 아니기 때문이다. 과학자들이 '고체'에 대해서 일반화하려고 시도했을 때, 그들도 비슷한 결과를 얻었다. 고체는 열을 받으면 확장되는 경향이 있다. 그러나 몇 가지는 그렇지만 몇 가지는 그렇지 않다. '조직'이라는 제목하에 한 덩어리로 취급되는 다양한 요소를 보다 적절하게 범주화할 필요가 있다. 다른 한편으로, 특정한 조직의 행태는 고체의 행태보다는 훨씬 더 복잡한 것 같기 때문이다. 경향성에 대한 언명을 더욱 구체화하기 위해서는 특정한 조직에 대한 정보가 추가로 필요하다. 이 두 가지 단서에도 불구하고 정부의 행위를 조직의 산출로 묘사하는 것이 모형 1과는 뚜렷한 차이를 보인다. 외교관계를 이러한 준거틀을 사용하여 이해하려는 시도는 매우 다른 설명을 만들어 낼 것이다.[39]

---

39) 조직에 대한 연구가 오늘날 외교문제에 대한 문헌에 미친 영향은 미미하다. 국제정치 전문가는 조직이론을 연구하는 사람들이 아니기 때문이다. 조직이론은 최근에야 조직을 정책결정자로 연구하기 시작했으며, 국가안보 조직에 대해 정책결정의 시각에서 행태적 연구업적을 내놓지는 못했다. 그러나 이러한 격차가 훨씬 오랫동안 메꿔지지 않을 것 같지는 않다. 기업을 조직으로 보는 연구는 이미 상당한 진보를 이루었기 때문이다. 학자들은 이러한 직관을 정부조직에 응용하기 시작했으며, 조직적 시각에 대한 관심은 실제 정부의 움직임에 관심이 있는 기구와 개인들 사이에 만연해 있다. Richard Snyder, R. Bruck & B. Sapin, *Foreign Policy Decision-Making*, Glencoe, Illinois, 1962에서 제시된 '정책결정' 접근법은 조직이론으로부터 수많은 직관을 받아들이고 있다.

1) 조직과정 패러다임[40]

(1) 분석의 기본단위: 조직의 산출로서의 정책

국제정치에서의 사건은 세 가지 중대한 의미에서 조직과정의 산출이다. 첫째, 실제적인 사건은 조직과정의 산출이다. 예를 들어, 중국의 한국전 참전―즉 중국군이 1950년 압록강 남쪽에서 UN군에게 발포를 하였다는 사실―은 조직의 행위였다. 정부지도자의 결정이 조직의 일상업무 체계를 이끌어 간다. 정부지도자는 조직의 산출을 다듬고 산출을 결합시키는 데에서 어느 정도의 선택권을 행사할 수 있다. 그러나 커다란 덩어리는 이미 확립된 절차에 따라 결정된다. 둘째로, 현재 군사력의 사용을 위한 기존 조직의 일상업무 체계는 정부지도자가 어떠한 문제에 처하든지 효과적인 대안을 제공한다. 군대로서 장비를 갖추고 훈련을 받았으며, 북한으로 이동시킬 수 있는 인간이 존재함으로써 중국지도자에게 한국전 참전이라는 대안을 유효하게 만드는 것이다. 지도자들은 준비된 프로그램(장비, 인간, 특정한 때에 존재하는 일상적 절차)이 자신들이 누를 수 있는 모든 단추를 포괄하고 있다는 사실을 항상 인지하지는 않는다. 그러나 모든 경우 실제로 이루어진 일을 이해하는 데에 그것은 결정적으로 중요하다. 셋째로, 조직의 산출은 지도자가 어떤 쟁점과 관련하여 자신들의 좁은 한계내에서 '결정'을 내려야만 하는 그 상황을 구조화한다. 산출은 문제를 제기하고, 정보를 제공하며, 지도자에게 넘겨지는 쟁점의 국면을 채색하는 최초의 수를 쓴다. 소렌슨(Theodore Sorensen)이 관찰했듯이 "대통령은 과거에 한 적이 있는지 몰라도―특별히 외교문제에서는―백지 위에 자신의 결론을 쓴다는 의미에서 거의 결정을 내린 적이 없다. 대통령의 선택을 제한하는 기본결정은 대개는 과거에 이미 내려져 있다."[41] 만일 우리가 상황의 구조와 쟁점

---

40) 이 패러다임의 구성은 사이몬(Herbert Simon)의 정향과 직관 그리고 사이어트(Richard Cyert)와 마아치(James March)가 *A Behavioral Theory of the Firm* (Englewood Cliffs, 1963)에서 언급한 행태모형의 도움을 받았다. 그러나 여기에서 우리는 정부조직내의 덜 일상적이고, 덜 분화된 요소의 덜 계량화된 기능과 고군분투해야만 한다.

41) Theodore Sorensen, "You Get to Walk to Work," *New York Times Magazine*, March 19, 1967.

의 국면—이는 조직의 산출에 의해 결정된다—을 이해한다면 지도자의 형
식적인 선택은 종종 용두사미가 된다.

(2) 조직개념
① 조직의 행위자
행위자는 일원적인 '국가'나 '정부'가 아니라, 느슨하게 연합된 조직의
무리이며, 그 조직의 정상에는 정부지도자들이 자리잡고 있다. 이 무리는
구성조직이 일상업무를 수행함에 따라 행동할 따름이다.[42)]

② 분해된 문제와 분산된 권력
외교문제의 여러 국면에 대해 감독하기 위해서는 문제를 분할해서 다양
한 조직으로 분배해야 한다. 업무마비를 피하기 위해서 일차적인 권력은
일차적 책임을 동반해야 한다. 그러나 조직이 무슨 일이든지 하도록 허용
된다면 그들이 행하는 일의 많은 부분이 조직내에서 결정될 것이다. 따라
서 각 조직은 문제를 인지하고, 정보를 처리하며, 준독자적으로 (국가정책
의 광범위한 좌표 위에서) 광범위한 행위를 수행한다. 분해된 문제와 분산
된 권력은 양면의 날을 지닌 하나의 칼이다. 문제를 분해하는 것은 정부지
도자들이 문제를 스스로 해결하려고 할 때 가능한 것보다 특별한 문제의
국면에 보다 특화된 관심을 기울이도록 한다. 그러나 조직이 무엇에 관심
을 기울여야 하는지 그리고 조직의 대응책이 어떻게 계획되어야 하는지를
식별하는 데 이러한 관심을 추가로 기울여야 한다.

③ 편협한 우선순위, 인지, 쟁점
좁은 범위의 문제들에 대해 일차적 책임을 묻는 것은 조직의 편협주의
를 조장한다. 이러한 경향은 다음과 같은 요인이 추가됨으로써 강화된다.
㉠ 조직이 이용할 수 있는 선택적 정보, ㉡ 조직에의 인원충원, ㉢ 조직내
개인의 정년보장, ㉣ 조직내의 소집단 압력, ㉤ 조직에 의한 보상의 분배.

---

42) 조직은 일원적이지 않다. 적당한 분산의 수준은 각각의 분석목표에 달려 있다.
　　이 패러다임은 미정부를 구성하는 주요 조직을 준거로 하여 구성되었다. 각 부
　　서와 기구의 주요한 요소에 대해 일반화하는 것은 상대적으로 간단하다.

조직의 고객(즉 이익집단), 정부의 동지(즉 의회의 위원회) 그 밖의 국가적인 상대자들(즉 국방성에 대한 영국의 국방부, ISA, 혹은 국무성에 대한 영국의 외무청, EUR)이 이러한 편협주의를 고양시킨다. 따라서 조직들은 작업 순위, 인지, 쟁점과 관련하여 상대적으로 안정된 성향을 발전시킨다.

④ 조직의 산출로서의 행위

조직활동의 두드러진 특징은 어떤 특별한 경우의 행태일지라도 미리 확립된 일상업무 체계의 수행이라고 할 정도로 미리 짜여진 성격에 있다. 결과를 생산해 내는 데 있어서 각 조직의 활동은 다음과 같이 묘사된다.

㉠ 목표: 수용할 수 있는 업무를 한정하는 제약

조직의 활동목표는 형식적인 명령에 의해 드러나는 경우가 별로 없다. 그보다 각 조직의 활동목표는 수용할 수 있는 업무를 정의하는 일련의 제약으로서 드러난다. 이러한 제약 중에서 중심적인 것은 조직의 건강이다. 조직의 건강은 보통 배당된 사람과 배정된 경비로 정의된다. 정부내의 다른 조직, 사법기관, 시민과 특수 이익집단 등의 기대와 요구와 다른 조직과의 협상이 혼합되어 이로부터 일련의 제약이 나타난다. 이러한 제약은 갈등에 대한 준해결책을 보여 준다―그 제약은 비교적 안정되며 그래서 어떤 해결책이 존재하게 되는 것이다. 그러나 여러 개의 목표 사이의 갈등은 항상 잠재적이다. 그래서 준해결책이라고 하는 것이다. 전형적으로 그러한 제약은 대강 알고 있는 불안함과 재난을 회피하기 위해서 필수적으로 만들어진다.[43]

㉡ 목표에 대한 순차적인 관심

활동제약 가운데 존재하는 갈등은 순차적인 관심을 통해서 해결된다. 하나의 문제가 일어남에 따라 그 문제에 가장 관심을 갖는 조직의 하부단위는 그들이 가장 중요하다고 간주하는 제약을 사용하여 그 문제를 다룬다. 다음 번 문제가 일어날 때에는 또 다른 하부단위가 다른 일련의 제약에 초점을 맞추어 그것을 다룬다.

43) 이러한 제약의 안정성은 승진이나 보상의 규칙, 예산과 회계의 절차, 세속적인 작업절차와 같은 요인에 달려 있다.

ⓒ 표준작업절차

조직은, 예를 들어 예산을 준비하고, 보고서를 작성하고, 장비를 개발하는 등, '보다 낮은 수준의' 과업을 행함으로써 문제지역을 방문하고, 정보를 모니터하고, 발생 가능한 경우와 관련하여 대응책을 준비하는 등의 '보다 높은 수준의' 기능을 수행한다. 이러한 과제를 신뢰할 만하게 수행하기 위해서는 표준작업절차(앞으로는 SOPs)가 필요하다. 절차가 '표준적'이기 때문에 쉽거나 급작스럽게 변하지 않는다. 이러한 표준적 절차가 없이는 어떠한 합의된 과제라도 수행하는 것이 불가능할 것이다. 그러나 표준적 절차 때문에 특별한 경우에 조직행태는 종종 과도하게 공식적이고, 느리고, 부적당해 보인다.

ⓓ 프로그램과 레파토리

조직은 수많은 개인의 행태가 세심하게 조정되는 곳에서 업무를 수행할 수 있어야 한다. 업무를 보증하기 위해서는 구체적인 업무를 위해, 적과 싸운다든지, 대사의 전보에 답신을 한다든지 등등, 미리 연습된 종합적인 SOP가 있어야 한다. 각 절차는 조직이 상황을 다루는 데 사용할 수 있도록 가지고 있는 '프로그램'(드라마나 컴퓨터 양쪽의 의미를 모두 지님)을 구성한다. 전쟁과 같은 활동유형과 관련 있는 프로그램의 목록은 조직의 레파토리를 구성한다. 하나의 레파토리에 들어 있는 프로그램의 수는 항상 매우 제한되어 있다. 방아쇠를 잘만 당기면, 조직은 프로그램을 실행한다. 특별한 상황에서 프로그램에 상당한 수정을 가하는 것은 불가능하다. 행위가 복잡할수록, 개입된 사람의 수가 클수록, 프로그램과 레파토리는 조직행태를 결정하는 요인으로서 더 중요하다.

ⓔ 불확실성의 회피

조직은 미래사건의 발생가능성을 평가하려고 시도하지 않는다. 조직은 차라리 불확실성을 회피한다. 조직은 협상된 환경을 조성함으로써 그들이 협상해야 할 상대 행위자의 반작용을 규칙적으로 만든다. 정부를 구성하는 다른 조직과의 관계라고 할 수 있는 일차적인 환경은 예산분배의 합의, 책임영역의 수용, 전통적 업무의 확립 등과 같은 장치로 안정시킨다. 국제세계와의 관계라고 할 수 있는 이차적인 환경은 계약(동맹계약)과 '클럽관계'(미국의 국무성과 영국의 외무청 혹은 미국의 재무성과 영국의 재무부)

를 맺음으로써 동맹국들 사이를 안정시킨다. 적들 사이의 계약과 용인된 전통적인 행위 또한 가령, 케네디 대통령이 미사일 위기에서 언급한 '불확실한 현상(starus quo)'의 규칙과 비슷한 기능을 수행한다. 국제적 환경이 협상될 수 없는 곳에서, 조직은 그들이 대비한 경우에 관하여 일련의 표준적 대본을 만듦으로써 남아 있는 불확실성을 처리한다. 예를 들어, 미공군의 전술적 공습명령을 위한 표준 시나리오는 적의 항공기와 전투하는 것을 포함한다. 이 문제에 응전하도록 비행기가 고안되며 조종사는 훈련된다. 보다 일어날 가능성 있는 경우에 이러한 준비가 별 적실성이 없으면, 즉 베트남처럼 제한된 전쟁에서 근거리 지상군 지원의 준비 같은 것은 각본에 별 영향을 주지 못했다.

ⓗ 문제가 지시하는 탐색

상황을 표준적이라고 해석할 수 없는 곳에서는 조직이 탐색에 착수한다. 탐색의 유형과 해결책은 대체로 현존하는 일상업무 체계에 의해서 결정된다. 조직이 선택할 수 있는 행위를 찾는 것은 문제 지향적이다. 그것은 반드시 회피해야만 하는 비전형적인 불안에 초점을 맞춘다. 그것은 단순한 마음을 가지고 있다. 그 징후의 옆에 것이 먼저 탐색된다. 그리고는 현재의 대안의 옆에 있는 것이 탐색된다. 탐색의 유형은 편견을 드러내는데 편견은 다시 전문적인 훈련이나 경험, 의사소통의 유형과 같은 요인을 반영한다.

ⓢ 조직의 학습과 변화

조직행태의 파라미터들은 대부분 지속된다. 조직의 탐색과 일상업무 체계는 비표준적인 문제에 대응하여 새로운 상황에 동화되어 진화되어 간다. 따라서 학습과 변화는 많은 부분 현존하는 절차로부터 나온다. 그러나 때로는 조직내에서 엄청난 변화가 일어나기도 한다. 다음은 극적인 변화를 일으킬 가능성이 있는 조건들이다. ① 예산이 풍부한 기간: 전형직으로 조직은 현재의 구입목록에 있는 항목을 추가로 구입함으로써 풍부한 예산을 써버린다. 그럼에도 불구하고 변화하기로 약속했다면 예산을 통제하는 지도자는 변화를 가져 오기 위해 별도의 예산을 사용할 수 있다. ② 장기화된 예산부족 기간: 한 해만 부족한 경우에는 전형적으로 조직구조상에 별 변화를 가져 오지 않는다. 그러나 지속적인 예산부족으로 인해 몇몇 프로그램의 수행상 효율성이 상실되면 주요부분의 축소를 단행할 수밖에 없다.

③ 극적인 실행의 실패: 극적인 변화는 (대체로) 주요 재난에 대응하여 일어난다. 절차와 레파토리의 자명한 실패에 직면하여 조직 밖의 권력자가 변화를 명령하면, 현존하는 직원은 변화에 대해 덜 저항하며 조직의 핵심 성원은 변화를 지향하는 사람에 의해 교체된다.

⑤ 중심적인 조정과 통제

행위는 책임과 권력의 분권화를 필요로 한다. 그러나 문제는 여러 조직의 관할권에 중첩되어 발생한다. 따라서 분권의 필요성은 즉각적으로 조정을 필요로 하게 된다(진퇴양난에 빠져 있는 사람이―요구에 부응하는 행위는 권력의 분산을 수반하고, 조정행위는 중앙통제를 필요로 한다―정부 재조직을 지속적으로 요구하는 이유가 상당부분 해명된다). 국내 복지정책과 외교정책을 조정할 필요성과 국내 복지정책에 비하여 외교정책을 중심적 위치에 두어야 하는 두 가지 사실 때문에 자연히 정부의 지도자들은 문제가 분할되고 권력이 분산된 절차에 개입하게 된다. 각 조직의 성향과 일상 업무 체계는 정부의 지도자들이 침입하면서 흔들리게 된다. 그러나 조직활동을 중앙에서 지시하거나 지속적으로 통제하는 것이 가능하지는 않다. 조직들 사이의 관계와 조직과 정부지도자 사이의 관계는 다음과 같은 구조적인 변수에 의해 결정적으로 좌우된다. ㉠ 직업의 성격, ㉡ 정부지도자가 이용할 수 있는 척도와 정보, ㉢ 조직의 성원에 대한 상벌체제, ㉣ 인력과 물질자원이 집행되는 절차. 예를 들어 조직의 성원에 대한 상벌의 정도는 고위당국자에 의해 결정되는데 이들 당국자는 조직의 산출을 평가하는 데 사용하는 기준을 구체적으로 제시함으로써 어느 정도 통제를 행사한다. 이러한 기준은 조직활동의 수행에 제약이 된다. 그러나 제약은 미숙한 통제도구이다.

정부지도자의 침범은 조직의 활동을 때로 의도된 방향으로 변화시킨다. 그러나 그러한 경우는 기대한 만큼에 미치지 못한다. 정부조직을 조작하는 데 있어서 거장인 프랭클린 루스벨트는 다음과 같은 이야기를 하였다.

재무성은 너무나 거대하고, 멀리 나동그라져 있으며, 습관에 물들어서 내가 원하는 업적과 결과를 얻는 것이 거의 불가능하다는 것을 발견했다. …그러나

94

재무성은 국무성과 비교되어서는 안된다. 직업외교관의 사고와 정책, 행동상
의 어떤 변화를 가져 오려는 노력은 실제로 경험해 보아야 한다. 그러면 진정
으로 문제가 무엇인지를 알게 될 것이다. 그러나 재무성과 국무성을 함께 합친
것은 ㅎ-ㅐ-군(해군)에 비하면 아무것도 아니다. ㅎ-ㅐ-군의 어떤 것을 변화시
키는 것은 깃털로 만든 침대를 찌르는 것과 같다. 그것을 계속해서 오른 손으
로 치고 다시 왼손으로 쳐보아라. 결국은 지쳐 떨어지고 말 것이다. 그러면 그
빌어먹을 침대는 치기 시작한 바로 직전의 모습으로 있는 것을 발견하게 될
것이다.44)

존 케네디의 경험도 비슷했었던 것 같다. 그는 "국무성은 제리로 가득찬
밥공기이다"45)라고 단언했다. 방위성의 맥나마라 혁명이 너무나 놀랄 만
한 반증의 예가 되지 않도록 해군 무기조달에서 맥나마라의 주요 발명인
F111B를 최근에 해군에서 거절한 것은 하나의 일화로서 연구되어야 한다.

⑥ 정부지도자의 결정
조직이 지속된다고 해서 정부형태가 변화하지 않는 것은 아니다. 왜냐하
면 정부지도자는 조직집단의 정상에 앉아 있기 때문이다. 정부업무에 있는
많은 중요한 쟁점 때문에 이 지도자들은 어떤 조직이 어떤 프로그램을 어
디에서 실시할 것인가를 결정해야 한다. 따라서 개별 조직의 편협주의와
SOPs의 안정성은 정부행태에 있어서의 중요한 변동과 일치한다. 이러한
변동의 범위는 현존하는 조직의 프로그램에 의해 제한되는 것이다.

(3) 지배적인 추론유형
만일 한 국가가 오늘날 이러한 유형의 업무를 수행한다면 그 국가조직
의 구성요소는 과거에도 이 업무와 별차이가 없는 업무를 수행했음에 틀림
없다(혹은 업무수행을 위한 일상업무 체계를 확립시켜 놓았을 것이다). 어
떤 특정한 시점에 하나의 정부는 확고한 조직의 집합으로 이루어져 있으
며, 각 조직은 현존하는 목표와 프로그램, 레파토리를 가지고 있다. 정부의
행위상의 특성은 어떤 경우에도 그렇게 확립된 일상업무 체계와-기존의

---

44) Marriner Eccles, *Beckoning Frontiers*, New York, 1951, p.336.
45) Authur Schlesinger, *A Thousand Days*, Boston, 1965, p.406.

일상업무 체계가 제공하는 정보와 평가에 기초한—정부지도자의 선택으로
부터 나오게 된다. t라는 시간의 조직행위에 대한 최선의 설명은 t−1이다.
t+1에 대한 예측은 t이다. 모형 2의 설명력은 문제가 된 사건을 구성하고
있는 결과를 만들어 냈던 조직의 일상업무 체계와 레파토리를 발견함으로
써 얻어진다.

(4) 일반명제

여러 개의 일반명제가 앞에서 언급된 바 있다. 모형 2의 분석가가 사용
하는 명제의 유형을 분명히 예시하기 위해서 여기서는 여러 개의 명제를
보다 정확하게 구성하겠다.

① 조직의 업무

SOPs와 프로그램에 따른 활동은 (분석가가 그것이라고 인지하는) '그
쟁점'에 대해 장기적 안목을 가지고 있지 않으며 융통성 있는 적응을 하지
도 않는다. 조직이 행하는 업무의 세부사항과 뉘앙스는 정부지도자의 명령
에 의해서가 아니라 조직의 일상업무 체계에 의해 지배적으로 결정된다.

㉠ SOPs는 표준적인 상황에 대처하기 위한 일상업무 체계를 구성한다.
일상업무 체계는 수많은 보통사람이 매일매일 깊은 생각 없이 기본 자극에
반응함으로써 다양한 경우에 대처할 수 있게 한다. 그러나 적절한 수행을
하기 위한 이 규격화된 역량은 표준화라는 대가를 치른다. 만일 SOPs가 적
합하다면 평균실적, 즉 광범위한 경우의 평균실적은 각 경우에 개별적으로
접근했을 때의 실적보다는 정해진 재능, 타이밍, 자원의 제약하에서 나을
것이다. 그러나 특별한 경우, 특히 '표준적인' 특성을 전형적으로 가지고
있지 않은 결정적인 경우는 종종 느리게 처리되거나 부적당하게 처리된다.

㉡ 하나의 프로그램, 즉 한 레파토리에서 짧은 목록의 프로그램으로부터
선택된 복잡한 업무는 그것이 실행되는 구체적인 상황에 맞추어 짜여진 적
이 거의 없다. 그보다 그 프로그램은 (기껏해야) 과거에 개발된 레파토리의
프로그램 중에서 가장 적합한 것일 따름이다.

㉢ 레파토리는 편협한 조직에 의해서 그 조직이 규정한 표준적인 각본
을 위해서 개발되기 때문에 특별한 상황을 다루는 데 이용할 수 있는 프로

그램은 종종 잘 맞지 않는다.

② 제한된 융통성과 점진적인 변화

조직의 주요 업무는 직선적으로 변화한다. 즉 어떤 시간에서의 행위는 t-1시간의 행위와 별로 차이가 나지 않는다. 단순한 생각으로 하는 예측이 가장 잘 맞는다. t+1에서의 행태는 현재의 행태와 단지 약간만 다를 것이다.

㉠ 조직의 예산은 총액에 있어서나 조직내의 배분에 있어서 모두 점진적으로 변한다. 조직이 (목적이나 환경의 변화에 비추어) 쓸 수 있는 금액을 해마다 새로운 분할방법을 사용하여 분배할 수 있을지라도, 실제로는 1년 전의 예산을 기초로 삼아 점진적으로 조정한다. 조직 사이에서나 조직 내의 단위 사이에서 단 한 해 동안 거대한 예산의 변동을 필요로 하는 예측은 제한되어야 한다.

㉡ 조직은 일단 투자를 하였으면 '객관적인' 비용이 이익을 능가하는 점에서 투자가 감소되지는 않는다. 조직은 채택된 과제가 손실지점을 훨씬 넘어설 때까지 이에 매달린다.

③ 행정의 실행 가능성

적합한 설명, 분석, 예측은 행정의 실행 가능성을 중요한 차원으로 포함해야 한다. 지도자가 선택하는 것(혹은 합리적으로 선택한 것)과 조직이 수행하는 것 사이에는 상당한 격차가 있다.

㉠ 조직은 둔감한 도구이다. 여러 개의 조직이 고도의 정확성과 조정능력을 겸비하고 업무를 추진할 필요가 있는 과제는 성공할 가능성이 없다.

㉡ 기존의 조직단위가 익숙한 기능으로부터 벗어나서 과거에 계획되지 않은 과업을 수행할 필요가 있는 경우 과제가 작성된 형태로 성취된 적은 거의 없다.

㉢ 정부지도자는 각 조직이 그 조직이 아는 방법을 사용하여 역할을 수행할 것이라고 기대할 수 있다.

㉣ 정부지도자는 문제의 역할과 관련하여 각 조직으로부터 불완전하고 왜곡된 정보를 기대할 수 있다.

ⓜ 배정된 문제가 조직의 현재 목표에 반대되는 곳에서는 그 문제의 수행에 대한 저항에 부딪히게 될 것이다.

(5) 구체적 명제
① 억지(抑止)
핵공격의 가능성은 수많은 조직적인 요인에 비해서는(모형 1이 사용하는 개념과 같은) 균형과 불균형이나 안정과 불안정에 대해 덜 민감하다. 소련이 일격을 가해 미국을 무장해제시킬 수 있다고 믿을 만한 파괴력을 보유한 특별한 경우를 제외하고는 미국이 군사적으로 우위에 있느냐 열세에 있느냐 하는 것은 수많은 조직적 요인보다도 핵공격의 가능성에 영향을 덜 미친다.

첫째로, 만일 핵공격이 일어난다면, 이는 조직의 행위로부터 초래될 것이다. 즉 미사일 집단의 성원에 의한 로켓의 발사에 의해 일어나는 것이다. 적의 통제체제, 즉 누가 언제 로켓을 발사할 수 있느냐를 결정하는 군사적 기제와 표준적 절차는 매우 중요하다. 둘째로, 상태를 경고하기 위한 전략적 군사력을 가져 오는 적의 프로그램은 사고에 의한 발포와 순간의 확률을 결정한다. 제1차 세계대전 발발 당시 러시아의 짜르가 총동원하라는 그의 명령이 방아쇠의 불을 당기게 되는 조직의 과정을 이해했더라면, 그가 전쟁을 선택한 것임을 깨달았을 것이다. 셋째로 조직의 레파토리는 적의 지도자에게 열려 있는 효과적인 선택의 범위를 고정시킨다. 1914년 짜르 니콜라스에게 주어진 메뉴에는 총동원과 동원금지라는 두 가지 음식이 있었다. 부분적 동원은 조직의 대안이 아니었다. 넷째로 조직의 일상업무 체계는 장기판을 설치해 놓기 때문에, 군대의 훈련과 핵무기의 배치는 중요하다. 베를린에서 적대감의 촉발은 핵전쟁에 대한 어떠한 각본보다도 가능성이 있다고 할 때, 동독에 위치한 소련군의 배치, 훈련, 전술적 핵무기에 관한 사실은—이는 적대감의 촉발시에 소련의 지도자가 이해하는 쟁점의 국면과 선택이 실행되는 방법에 영향을 미칠 것이므로—'균형'의 문제만큼이나 중대하다.

98

② 소련군 정세

소련군의 정세, 즉 어떤 특별한 무기의 조달과 배치는 조직적인 요인에 의해 결정된다. 조직적 요인에는 정부지도자의 선택으로 생기는 제한된 예산내의 기존 군복무의 목표와 절차, 그리고 연구실과 설계실의 목표와 과정 등이 속한다. 소련의 기성군대내의 소련 공군력의 약점은 소련이 1950년대에 거대한 폭격기를 갖지 못한 데에 중요한 요인이 있다(그로 인해 미 정보부가 '미소 간의 폭격기 격차'를 예측하는 데 실수하도록 했다).

1960년까지 소련에 있는 미사일이, 목표와 절차에 있어서 대륙 간 작전에 흥미를 반영하고 있지 않았던, 소지상군에 의해 통제되었다는 사실은 소련이 ICBM을 뒤늦게 구축하였다는 사실과 무관하지 않다(그럼으로써 미정보부가 '미소 간의 미사일 격차'를 예측하는 데 실수하도록 했다). 이러한 조직적 요인들(소지상군의 미사일 통제와 유럽의 각본과 짜맞춰진 소련군)이 소련으로 하여금 그렇게 많은 MRBM을 배치하도록 하여 유럽의 과녁이 세 배 이상 파괴될 수 있도록 했다는 것은 보다 이해할 만하다. 최근의 무기개발, 즉 FOBS(Fractional Orbital Bombardment System)와 SS-9을 위한 다중 핵탄두의 실험은 선제공격 체제를 획득하고자 하는 소련지도자의 결정에 의해서라기보다는 소련의 연구 및 개발 위원회 집단의 활동과 이익을 반영할 가능성이 매우 높다. 소련 기성군대의 조직적 구성요소[전략적 로켓부대, 해군, 공군, 지상군, 그리고 전국 영공방위(National Air Defense)]에 대한 세밀한 관심, 각 구성요소를 결합시키는 임무와 무기체제(독자적인 무기체제는 독자적 방위를 통해 생존을 돕는다), 그리고 기존의 예산분할(다른 나라에서와 마찬가지로 이는 아마 소련내에서도 상대적으로 안정되어 있다)은 중장기 예측을 향상시킬 잠재력을 보여 준다.

4. 미국의 쿠바 봉쇄: 두 번째 장면

1) 조직으로서의 정보부

1962년 10월 22일 저녁 7시에 미국이 쿠바에 있는 소련의 전략 미사일을 발견한 것을 감추었던 케네디 대통령은 "쿠바로 선적되고 있는 모든 공격무기에 대한 봉쇄(quarantine)"를 선포했으며 "흐루시초프 서기장은 비밀리에 분별 없이 진행되는 세계평화에 대한 도발적 위협을 중지하고 제거하라"[46]고 요구했다. 이 결정은 일주일간의 중대한 숙고 끝에 미국정부의 정상에서 내린 것이다. 귀중한 한 주를 주도했던 것은 10월 14일 쿠바에 있는 소련의 미사일 기지 사진이었다. 이 사진은 일주일 후까지는 찍히지 않았을지도 모른다. 케네디 대통령은 그랬을 경우 "아마도 우리가 최종적으로 한 것만큼 조심스럽게 선택을 하지는 못했을 것이라고 생각한다"[47]고 추정했다. 만일 U-2기가 9월의 마지막 주에 산크리스토발(San Cristobal)로 날아갔더라면, 미국 지도자들은 이 정보를 3주 전에 받았을지도 모른다.[48] 미국 지도자들이 봉쇄를 선택하게 된 정황을 결정했던 것은 10월 14일 미사일의 발견이었다.

쿠바 미사일 위기에 있어서 '미정보부의 실패'라고 추정되는 것에 대한 상당한 논의가 있었다.[49] 그러나 비평가나 옹호자 모두가 소홀히 한 것은 미정보부 조직을 구성하는 조직의 일상업무 체계와 절차의 결과로 3주 전이나 일주일 후가 아니라 10월 14일에 발견되었다는 사실이다. 이들 조직은 전 달에 일어났거나 다음 달에 일어날 것과 비교하여 더 성공적인 것도 덜 성공적인 것도 아니었다.[50]

10월 19일 미연합국 정보이사회(USIB)가 승인한 그 악명높은 '9월 평가'는 소련이 쿠바에 공격미사일을 도입하지는 않을 것이라고 결론지었다.[51] (9월 5일 이후) 10월 4일 이전까지는 U-2기가 쿠바의 서단으로 보

---

46) US Department of State, *Bulletin*, XLVII, pp.715-720.

47) Schlesinger, op. cit., p.803.

48) Sorensen, *Kennedy*, p.675.

49) US Congress, Senate, Committee on Armed Services, Preparedness Investigation Subcommittee, *Interim Report on Cuban Military Build-up*, 88th Congress, 1st Session, 1963, p.2; Hanson Baldwin, "Growing Risks of Bureaucratic Intelligence," *The Reporter*, August 15, 1963, pp.48-50; Roberta Wohlstetter, "Cuba and Pearl Harbor," *Foreign Affairs*, July, 1965, p.706.

50) US Congress, Senate, Committee on Armed Services, Preparedness Investigation Subcommittee, *Interim Report on Cuban Military Build-up*, p.25 이하.

51) R. Hilsman, *To Move a Nation*, New York, 1967, pp.172-173.

내지지 않았다.[52] 10월 14일에서야 U-2기는 쿠바의 서단으로 날아가 소 미사일을 발견하였다.[53] 이러한 '실패'가 조직적인 의미에서 설명될 수 있 는가?

USIB가 쿠바의 문제를 고심해야 했던 9월 19일 그 '체제'는 다음의 정 보를 포함하고 있었다. ① 선상의 정보원은 물 위에 높이 떠 있던 큰 뚜껑 이 달린 두 대의 소련 고무배가 쿠바에 도착하는 것을 목격하였다. ② 미 사일 관찰에 관한 것뿐 아니라 하바나에서 어느 날 저녁 취한 카스트로의 개인 비행사가 "우리는 죽을 때까지 싸울 것이며, 우리는 핵무기를 포함해 서 모든 것을 가지고 있기 때문에 아마도 이길 수 있을 것이다"라고 떠벌 렸다는 셀 수 없이 많은 난민보고서, ③ 전략 미사일의 후면을 보았다는 CIA 요원의 목격담, ④ 8월 29일, 9월 5·17일 비행으로 U-2기가 찍은 수 많은 SAM 기지와 다른 방어 미사일의 구축을 보여 주는 사진들.[54] 그러나 이 모든 정보가 평가자의 책상에 놓여 있었던 것은 아니었다. 해운정보 전 문가는 큰 뚜껑이 달린 배가 물 위에서 높이 항해하고 있었다는 사실을 목 격하였고 그 배는 '자리를 많이 차지하는' 화물을 운반하고 있음에 틀림없 다는 추론을 하였다.[55] 이러한 사실들은 선적과 관련된 정보부의 목록에 조심스럽게 포함되었다. 그러나 소련의 선박 부족에 민감한 전문가에게 있 어서 이러한 사실들은 어떤 특별한 신호를 의미하는 것이 아니었다. 카스 트로의 개인 비행사의 말에 관한 피난민의 보고서는 난민집단들이 만들어 낸 막대한 분량의 부정확한 보고서와 함께 프로리다의 오파 로카에 접수되 었다. 이 보고서와 수많은 다른 보고서는 워싱턴에 보내지기 전에 비교 검 토되어야 한다. 초기의 정보처리에 요구되는 2주일은 재원을 엄청나게 증

---

52) Department of Defense Appropriations, *Hearings*, p.67.

53) Ibid., pp.66-67.

54) ① Hilsman, op. cit., p.186; ② Abel, op. cit., p.24; ③ Department of Defense Appropriations, *Hearings*, p.64; Abel, op. cit., p.24; ④ Department of Defense Appropriations, *Hearings*, pp.1-30.

55) 여기에 있는 사실들이 전적으로 명확하지는 않다. 이러한 주장은 다음의 두 가 지 정보에 기초한다. ① "존경하는 맥나마라 국방부장관에 의한 국방성 브리핑, 국무성 강당, 오후 5시, 1963년 2월 6일" 발표의 어록은 실제로 캐롤 장군의 부 관인 존 휴에 의해 만들어졌다. ② Hilsman's Statement, op. cit., p.186. 그러나 월스테터의 해석인 "Cube and Pearl Harbor," p.700을 참조

대시킴으로써 단축될 수도 있었다. 그러나 이러한 요인은 단지 미미할 따름이었다. CIA 요원이 전략 미사일의 후면을 목격한 것은 9월 12일이었다. 요원의 목격으로부터 워싱턴에 도착한 전달시간은 전형적으로 9일에서 12일 정도 걸렸다. 이 전달시간을 단축하기 위해서는 하부요원과 요원 그리고 의사전달망에 위험을 준다는 점에서 엄청난 비용을 감내해야 할 것이다.

소련이 공격미사일을 쿠바에 도입하지 않을 것이라고 예측했던 정보부장은 입수된 정보에 대해 그럴듯한 방어적인 판단을 내렸다.[56] 더욱이 이 조직들이 쿠바에 대해서뿐 아니라 세계의 각지에서 일어날 수 있는 사건들에 대해서도 정보를 수집하고 있었다는 사실에 비추어 평가자가 사용할 수 있는 정보 기반에는 범상하지 않은 것은 아무것도 포함되지 않았다. 또한 소련이 쿠바에 미사일을 설치하고 있었다는 가설을 구성함에 따라 10월 4일 쿠바의 서부에 특별기를 띄우라는 명령을 결정하게끔 했던 증거가 점진적으로 축적되었다는 것에 관해서도 조직의 관점에서 볼 때 놀랄 만한 것은 아무것도 없다.

그 결정과 비행 사이에 열흘간의 지연은 조직에 관한 또 다른 이야기를 요한다.[57] 10월 4일 회의에서 국방성은 자신의 관심에 대해 중요한 쟁점을 제기할 기회를 가졌다. U-2가 추락할 위험이 증가된 상황에서 조정사가 CIA 요원이기보다는 군복을 입은 장교라면 더 좋을 것 같다는 것이다. 따라서 공군이 U-2의 쿠바 비행에 책임을 져야한다고 생각했다. 반대로 CIA는 이는 정보부 작전이며 따라서 CIA의 관할내에 있다고 주장했다. 더욱이 CIA의 U-2기는 소련의 SAM을 속이도록 변경되어 있어서 공군의 U-2에 비해 유리했다. 국무성은 무인항공기와 같이 덜 위험스러운 대안을 강요하고 CIA는 영역분쟁에 몰두하는 동안 닷새가 지났다. 공중정찰위원회(COMOR)는 10월 9일 산크리스토발로의 비행계획을 승낙하였다. 그러나 CIA 요원이 아니라 공군 조정사가 작전의 책임을 지게 되어 CIA는 실망을

---

56) Hilsman, op. cit., pp.172-174 참조.
57) Abel, op. cit., p.26 이하; Weintal and Bartlett, *Facing the Brink*, New York, 1967, p.62 이하; *Cuban Military Build-up*; J. Daniel and J. Hubbell, *Strike in the West*, New York, 1963, p.15 이하.

하였다. 이 점에 관한 세부사항은 잘 알려져 있지 않지만 공군의 U-2 조정사가 10월 9일 고공비행을 시도하다 '갑자기 연소정지'되어, 즉 동력을 상실함으로써 엔진 시동을 다시 걸기 위해 하강하여야 했다고 정보부의 수많은 조직원은 추측했다. 뒤이은 공군과 CIA 사이에 2차전의 결과로, 공군 조정사는 CIA의 U-2로 비행하기 위해 훈련을 받았다. 성공적인 정찰비행이 10월 14일 완수되었다.

이 열흘간의 지연은 일종의 '실패'에 속한다. 미국의 가장 치명적인 이익에 중대한 위험을 가했던 쿠바에 있는 소련의 공격미사일과 관련하여 근거가 충분한 의혹에 직면하여, 이러한 정보를 만들어 내는 것이 임무인 조직들 사이에서 사소한 언쟁을 한다는 것은 전면적으로 부적당해 보인다. 그러나 각각의 조직에게 있어서 '그것은 누구의 임무가 되어야 하는가'라는 쟁점은 문제가 된다. 더욱이 그 쟁점은 단지 어느 조직이 U-2의 쿠바비행을 통제할 것인가 하는 것이라기보다는, U-2의 정보활동의 소유권, 즉아주 오래된 관할영역의 분쟁에 관한 광범위한 쟁점이다. 따라서 이 지연이 어느 의미에서 '실패'였다고 할지라도, 이는 또한 거의 회피할 수 없는 두 가지 사실의 결과이다. 많은 업무가 정확히 규정되는 조직의 관할내로 깨끗하게 맞아 떨어지지 않는다는 것과 활발한 조직은 제국주의적이라는 것이다.

2) 조직이 제시한 대안

ExCom 회의에서 지도자들의 숙고는 광범위한 대안의 윤곽을 만들어 냈다. 그것의 실행을 위한 이들 대안과 청사진의 세부사항은 이 과업을 수행하려는 조직이 구체화시켜야 한다. 이러한 조직이 만들어 낸 결과는 "구체적으로 무엇이 이루어질 수 있는가?" 하는 질문에 답변을 한다.

ExCom에서의 논의를 통해 실행 가능한 대안은 순식간에 두 가지로 좁혀졌다. 공습과 봉쇄가 그것이다. 공습대신에 봉쇄를 선택하는 데에는 두 가지 이유가 있다. ① 미국은 '진주만의 반대'를 범할 수 없다는 도덕성과 전통으로부터 비롯되는 주장, ② '부분적인' 공습은 불가능하다는 신념이 그것이다.[58] 미국이 선제공격을 할 것인가의 여부는 역량의 문제가 아니라

도덕성의 문제였다. 미국이 부분적인 공습을 할 수 있는지의 여부는 역량과 관계된 사실적인 질문이었다. 대통령을 포함하여 ExCom 구성원의 대다수는 애초에 공습을 선호했다.[59] 그러나 이 대안을 사실상 제외했던 것은 그들이 원했던 공습의 성공확률이 아주 높지는 않다는 사실 때문이었다.[60] 잠정적으로 조심스러운 경로를 선택한 후에―부분적 공습이 대안이 아니라는 조건하에서―케네디는 재고를 했다. 10월 21일 일요일 아침, 대통령은 사저에서 있었던 특별회의에서 '부분적인' 공습의 대안을 한 번 더 탐색하며 공군 전문가를 소환했다.[61] 전략공군 대장인 월터 스위니 장군은 공군이 부분적 공습에서 90퍼센트 이상의 성공률을 보장할 수 없다고 다시 한 번 단언했다.[62] 그 '사실'은 거짓이었다.

공습이라는 대안은 군사적 평가에 관한 고전적인 경우에 해당한다. ExCom이 대략 제시한 대안 중의 하나는 '공습'이라고 명명되었다. 이 대안에 대한 세부사항을 구체화하는 것은 공군에 위임되었다. (소련의 베를린 탈취에 대한 반격과 같은 경우를 위해 대비한) 미국의 대 쿠바 대량군사행동에 대한 기존의 계획으로부터 시작하여 공군 평가자는 성공을 보장하는 공격을 만들어 내었다.[63] 이 계획은 모든 미사일 기지, 무기저장고, 공항, 그리고 해군에 복종하기 위하여 관타나모의 해군기 반대편에 있는 포대에 대한 광범위한 폭격을 요청했다.[64] ExCom의 구성원들은 여러 번의 출격이 요구되고, 사상자와 상호 피해가 있을 것이라는 군사적인 평가에 대해 당혹함을 반복해서 표시했다. 그러나 정치적 지도자가 마음에 두었던 '부분적' 공습은 위기의 첫 주 동안 한 번도 신중하게 검토된 적이 없었다. 그보다는 쿠바에 있는 소련의 MRBM은 미국 설명서에 의하면 '이동성'으로 분류되었기 때문에 광범위한 폭격이 필요하다는 이유로 단지 이 대안은 배제되었다. 위기의 두 번째 주 동안 작은 짐이 움직이는 정도로 미사일이

58) Schlesinger, op.cit., p.804.
59) Sorensen, *Kennedy*, p.684.
60) Ibid., p.684 이하.
61) Ibid., pp.694-697.
62) Ibid., p.697; Abel. op. cit., pp.100-101.
63) Sorensen, *Kennedy*, p.669.
64) Hilsman, op. cit., p.204.

유동적이라는 신중한 검토가 발표되었다. 즉 미사일은 이동될 수 있고 6일 안에 재조립될 수 있는 것이었다. 미사일이 '이동 가능하다'고 재분류된 후에야 부분적 공습을 위한 자세한 계획이 구체화되었으며, 부분적 공습은 두 번째 주의 끝무렵에 가서야 실행 가능한 대안의 목록에 첨가되었다.

3) 조직적인 실행

ExCom의 구성원들은 봉쇄를 여러 종류로 분류하였다. 즉 공격용 무기에 한정할 것인지, 모든 군수물을 포함할 것인지, 또는 POL(석유, 기름, 윤활유)을 포함하여 모든 전략 물품 등으로 할 것인지 등의 분류였다. 그러나 작전의 '세부사항'은 해군에게 맡겨졌다. 월요일 저녁 대통령이 봉쇄를 발표하기 전에, 해군의 일단계 청사진이 작동되었고 한 가지 문제가 점점 분명하게 드러나기 시작하였다.[65] 해군은 봉쇄를 위한 자세한 계획을 가지고 있었다. 대통령도 언제 어떻게 무엇을 해야 하는지와 관련하여 덜 명확하기는 하지만 해군과 마찬가지로 여러 가지 결정적인 생각을 가지고 있었다. 해군에게 있어서 한 가지 쟁점은 정치적 지도자들의 참견과 방해 없이 해군의 봉쇄를 효과적으로 수행하는 것이었다. 대통령에게 있어서의 문제는 소련의 지도자들이 보고 나서 생각하고 신호를 보낼 시간을 갖도록 사건의 속도를 조절하면서 사건을 다루는 것이었다.

이용 가능한 출처를 자세히 읽으면 교훈적인 사건을 발견할 수 있다. 화요일 영국 대사 옴즈비-고어는 봉쇄에 대한 세부사항을 보고받은 후에 쿠바 비행기의 영역을 멀리 벗어나서 소련 배를 가로채는 계획은 흐루시초프가 어려운 결정을 내리는 데 도움을 주지 못할 것이라고 대통령에게 제안했다.[66] 쿠바에 보다 가까운 곳에서 가로챔으로써 소련 지도자에게 보다 많은 시간을 주는 것이 어떻겠느냐고 제안을 했다. 관련되었던 많은 사람들의 공적인 발표와 회상에 따르면 케네디는 '즉시 동의했으며' 맥나마라를 불러서 감정적인 해군의 항의를 무시하고 적절한 지시를 내렸다.[67] 소

---

65) Abel, op. cit., p.97 이하를 보라.
66) Schlesinger, op. cit., p.818.
67) Ibid.

렌슨이 기록했듯이 "해군의 날카로운 대립에 직면하여 대통령은 그의 의지에 복종할 것을 분명히 하였다."[68] 따라서 해군의 봉쇄계획은 봉쇄선을 쿠바에 훨씬 가깝게 하는 것으로 변경되었다.

상당한 조직적인 정향을 가진 사람이라면 이러한 해명에 대해 한 가지 의문을 제기할 것이다. 이용 가능한 증거를 세심히 검토하면 대안의 설명이 어느 정도 추측에 불과하다 할지라도 이 의문을 강하게 뒷받침한다. 공공 연대기에 따르면, 쿠바 가까이에 그어진 격리선은 수요일 아침에야 효력을 발휘하였고, 첫 번째 소련 배가 목요일 아침에 접촉되었으며 최초의 승선은 금요일에 있었다고 한다. 국무성의 발표에 따르면, 존 피어스(John R. Pierce) 호로부터 한 무리가 마쿨라(Marcula) 호에 승선한 것은 "오전 7시 50분에 나소(Nassau)의 동북 180마일 지점 EDT에서 였다."[69] 마쿨라는 전날 저녁 10시 30분경 이후부터 계속 추적당했다.[70] 간단한 계산으로 쿠바의 동단인 케이프 맥시(Cape Magsi)로부터 해상 500마일 확장된 원래 봉쇄선을 따라서 피어스 호가 정박해 있었다는 것을 알 수 있다.[71] 봉쇄선이 대통령의 명령에 따라 옮겨지지 않았으며 해명서도 이렇게 보고하고 있다.

일어난 일이 전적으로 명확하지는 않다. 그러나 소련 배와 공식적인 '최초의 접촉'이 있기 전에 미군이 스스로 고지했던 선을 따라서 소련 배가 지나갔다는 것을 우리는 확신할 수 있다. 10월 26일 소련의 탱크는 하바나에 도착하였으며 '봉쇄를 돌파하자'는 부둣가의 집회로부터 환호를 받았다. 이 군함의 사진에서 배의 옆구리에 시릴문자(러시아어의 모태 – 역자주)로써 있는 비니스타라는 이름을 볼 수 있다.[72] 그러나 미국의 공식 입장에 따르면 봉쇄를 통과한 최초의 유조선은 10월 25일 아침 해군의 총탄세례를 받은 부카레스트였다고 한다. 다시 간단한 수학적 계산을 해보면 부카레스트와 비니스타가 같은 배였을 가능성은 배제된다. 쿠바에 보다 가까이 봉쇄하라는 대통령의 명령에 대한 해군의 저항 때문에 아마도 공식적인 봉쇄작전이 시작된 후에도 한 대 혹은 몇 대의 소련배가 봉쇄를 통과하도록 허

---

68) Sorensen, *Kennedy*, p.710.
69) *New York Times*, October 27, 1962.
70) Abel, op. cit., p.171.
71) 원래의 봉쇄선 위치는 Ibid., p.141 참조.
72) *Facts on File*, vol.XXII, New York, 1962, p.376,

용할 수밖에 없었을 것으로 보인다.[73]

해군의 봉쇄를 구속하려는 이러한 시도는 대가를 치루었다. 10월 24일 수요일 아침, 대통령이 기다리고 있었던 일이 일어났다. 통제구역을 향하던 18대의 마른 화물선이 물 속에서 엔진을 끄고 멈추었다. 이는 딘 러스크(Dean Rusk)가 "우리는 눈에는 눈으로 대하며 상대방이 방금 신호를 보내 왔다고 생각한다"[74]라고 말하는 것과 같은 경우였다. 그러나 해군은 다른 해석을 했다. 배는 단지 멈추어서 소련잠수함 호위선들을 끄집어 올렸을 뿐이었다. 대통령은—대통령이 자신의 일에 참견을 했기 때문에 이미 화가 났던—해군이 실수로 사고를 저지르지 않도록 상당한 관여를 하게 되었다. 대통령이 두려워하는 것을 감지한 맥나마라는 최초의 선박차단에 사용될 해군의 절차와 일상업무 체계에 대해 의심을 하게 되었다. 해군 사저에 있는 해군작전실장을 불러서 맥나마라는 거칠게 질문을 하였다.[75] 누가 첫 번째 차단을 할 것인가? 러시아 말을 하는 장교가 타고 있었는가? 해병은 어떻게 다룰 것인가? 어느 순간 맥나마라는 앤더슨에게 만일 소련배의 선장이 그의 화물에 대한 질문에 답변하기를 거절한다면 어떻게 할 것인가 하고 물었다. 한 해군은 해군법규집을 집어 들어 맥나마라의 얼굴에 대고 그것을 흔들면서 소리쳤다. "여기에 모든 것이 있소." 거기에 대해 맥나마라는 "나는 존 폴 존스가 했을 것 같은 빌어먹을 질문은 하지 않소. 나는 당신이 무엇을 할 것인지를 지금 알고 싶소"라고 답변하였다.[76] 싸움은 앤더슨의 말에서 끝났다. "장관님, 이제 당신과 당신의 보좌관이 사무실로 돌아간다면 해군은 봉쇄를 실시할 것입니다."[77]

---

73) 이러한 가설은 부카레스트가 빠져 나간 것에 대해 케네디가 진노한 사건을 둘러싼 의혹을 해명을 한다. Hilsman, op. cit., p.45를 보라.

74) Abel, op. cit., p.153.

75) Ibid., p.154 이하.

76) Ibid., p.156.

77) Ibid.

5. 모형 3: 관료주의적 정치

조직의 꼭대기에 앉아 있는 지도자들은 단일한 집단이 아니다. 각 개인은 의당 중심적이고 경쟁적인 게임에서의 행위자이다. 게임의 이름은 관료적 정치이다. 이 게임은 정부내에 위계적인 지위를 갖는 행위자들 사이에 규격화된 통로를 따라서 이루어지는 협상이다. 따라서 세 번째 개념적 모형에 따르면 정부의 행태는 조직의 산출로서가 아니라 협상게임의 결과로서 이해될 수 있다. 모형 1과는 대조적으로 관료적 정치모형은 단일한 행위자로 보는 것이 아니라 많은 행위자를 게임 참가자로 본다. 이들은 단일한 전략적 쟁점이 아니라, 다양한 국내적 문제에 초점을 맞춘다. 일관성 있는 전략적인 목표의 집합을 사용하는 것이 아니라 국가적, 조직적, 그리고 개인적인 목표의 다양한 개념에 따라 합리적인 선택에 의해서가 아니라 끌고 당기는 정치에 의해 정부의 결정을 내리는 것이다.

각국 정부기구는 국내적 게임을 위한 복잡한 영역을 구성한다. 이 기구의 정상에 있는 정치지도자와 중대한 조직의 정상의 위치를 차지하고 있는 사람들은 중심적 게임참가자의 모임을 구성한다. 이 모임으로 상승하게 되면 어느 정도의 독자적인 위치를 보장받는다. 광범위한 외교정책 문제에 대한 조치를 취하는 데 필요한 결정을 필수적으로 분산하게 되면 각 게임 참여자가 상당한 재량을 보장받게 된다. 따라서 권력은 서로 나누어 갖게 되는 것이다.

외교정책은 문제의 성격상 무엇이 행해져야 하는지에 대해 합리적인 사람들 사이에 근본적인 불화를 만든다. 분석결과는 갈등적인 제언을 한다. 개인의 어깨 위에 놓여진 각각의 책임은 인지와 우선순위에 있어서 차이를 부추긴다. 그러나 쟁점이 제일 중요하다. 국가가 무엇을 하는가 하는 것이 진실로 문제가 된다. 잘못된 선택은 지울 수 없는 손상을 입힐 수 있다. 따라서 책임 있는 사람은 그들이 옳다고 확신한 것을 위해 싸우지 않을 수 없다.

사람들은 권력을 나누어 갖고 있다. 사람들은 무엇이 행해져야 하는지에 대해 의견을 달리한다. 그 차이는 문제가 된다. 이러한 환경은 필수적으로 정책이 정치에 의해 해결되도록 한다. 국가가 하는 일은 때로 한 집단이 다른 집단을 이긴 결과이다. 그러나 종종 다른 집단이 다른 방향으로 잡아 끌게 되면 어느 누구도 의도하지 않은 결과를 낳게 된다. 장기의 말을 이동시키는 것은 단순히 행동의 경로를 지지하기 때문도 아니며, 다른 대안을 수행하는 조직의 일상업무 체계 때문도 아니다. 문제가 된 행동에 대한 지지자와 반대자의 권력과 기술에 의해서 장기의 말이 움직여지는 것이다.

이러한 묘사는 관료정치 성향에 대한 단면을 포착하게 한다. 외교정책의 문제가 별개의 (불연속적인) 쟁점으로 떠오르고, 한 번에 하나의 게임에 대해 결정이 내려진다면, 이러한 해명으로 충분할 것이다. 그러나 예를 들어 베트남이나 핵무기의 증식 같은 대부분의 '쟁점들'은 시간이 지남에 따라 한 맥락에서 한 덩어리, 다른 맥락에서는 두 번째 덩어리로 하나씩 나타난다. 수많은 쟁점이 참가자의 관심을 끌기 위해 매일 경합한다. 각 게임 참가자는 그날 자신의 쟁점을 채택하고, 자신의 조건에 맞추기 위해 그 쟁점들과 싸워야 하며 다음 것으로 급히 넘어간다. 따라서 떠오르는 쟁점의 성격과 게임이 이루어지는 속도는 콜라주처럼 합해져서 정부의 '결정'과 '행위'를 낳는다. 한 참가자에 의한 선택과 사소한 게임의 결과, 중요한 게임의 결과, 그리고 혼란—이 조각들이 같은 캔버스에 붙여질 때 하나의 쟁점과 관련된 정부행위를 구성한다.

국가안보정책의 개념을 정치적 결과로 보는 것은 공적인 이미지나 학문적 정설에 모두 배치된다. 국가안보의 중대한 쟁점은 너무나 중요해서 정치적 게임에 의해 해결될 수 없다. 그것은 반드시 정치 '위에' 있어야 한다. 누군가를 "국가안보를 가지고 정치를 한다"고 비난하는 것은 가장 심각한 혐의를 두는 것이 된다. 공적인 확신이 요구하는 바를 지적인 우아함을 추구하는 학구적 취미가 강화하는 것이다. 국내정치는 혼란스럽다. 더욱이 풍미하는 교조에 따르면 정치활동은 지적인 내용을 결여하고 있다. 그러한 것은 심각히 탐구되어야 할 주제라기보다는 언론인을 위한 가십거리를 제공한다. 우연한 회상록, 역사적 해설에 들어 있는 일화, 그리고 여러 편의 자세한 사례연구와는 반대로, 대부분의 외교정책에 관한 논문은 관료정치를 회피한다. 학술논문과 정부에 참여했던 사람의 경험 사이의 간극이 어디에서도 이보다 더 벌어질 수는 없다.

1) 관료정치패러다임[78]

(1) 분석의 기본 단위: 정치적 결과로서의 정책

정부의 결정과 행위는 필수적으로 국내정치의 결과이다. 일어난 일이 문제에 대한 해결책으로 선택된 것이 아니라, 쟁점의 다른 국면을 바라보는 정부관료들 사이의 타협과 동맹, 경합, 혼란으로부터 나온 결과라는 점에서 결과라고 하는 것이다. 그리고 결과가 도출되는 행위를 가장 잘 묘사하면 흥정이 된다는 점에서 정치적이다. 비트겐슈타인의 '게임'이라는 개념의 사용을 따라, 국제문제에 있어서 국가의 행태는 정부를 구성하는 위계적 질서내에 지위를 갖고 있는 게임참가자들 사이의 복잡하고 까다로우며 동시적이고 중복적인 게임의 결과로서 인식될 수 있다.[79] 이러한 게임은

---

78) 이 패러다임은 그 간극을 메우기 시작한 소집단의 분석가에 의존한다. 필자의 일차적 자료는 뉴스테트(Richard E. Neustadt)의 저작에 묵시적으로 들어 있는 모델이다. 비록 대통령의 행위에 대한 그의 초점이 대통령은 대통령보다는 작지만 상당한 권력을 가진 많은 사람들 중에 한 명의 '초권력자'에 불과하고, 정책을 수많은 독립적인 행위자들 사이의 정치적 협상의 결과로서 일반화되는 데 이르기는 했지만 말이다. 쉴링(Warner Schilling)이 주장한 것처럼 실질적인 문제는 목표와 대안, 결과와 관련된 불확정성과 차이를 피할 수 없다는 과도한 어려움이다. 힐스만(Roger Hilsman)이 갈등과 합의를 구축하는 과정으로 묘사할 수밖에 없는 것 같다. 비록 헌팅턴(Samuel Huntington)의 '의회'의 과정에 대한 묘사가 게임을 구조화하는 위계질서에 반대되는 참가자의 평등성을 과대해서 강조할지라도 이 과정에 사용되는 기술은 종종 의회내에서 사용되는 것을 닮는다. 더욱이 헌팅턴은 외교정책이 행정부에 의해서 정해진다고 주장하는 반면에, 이 패러다임은 헌팅턴이 의회적이라고 묘사하는 행위가 바로 외교정책이 만들어지는 과정에 대한 묘사라고 주장하는 것이다.

79) 무대, 역할, 배우 등의 무대적인 은유가 게임, 위치, 게임 참가자라는 이 은유에 비하여 보통 많이 쓰인다. 그럼에도 불구하고, 정해진 스케줄에 따라 공연을 하는 배우라는 연극적 의미와 구체화된 사회적 상황에 대한 정해진 반응이라는 사회학적 의미 모두에서 '역할'의 개념이 의미하는 경직성 때문에 국가정책 결정에의 적극적인 참가자에 대한 이러한 분석에는 게임, 위치, 게임 참가자 등의 개념이 보다 유용하다. '게임'은 심각하지 않은 행위를 내포한다는 근거에서 이 용어에 대한 반대는 그 개념이 비트겐슈타인의 철학과 현대 게임이론 모두에서 가장 심각한 문제에 적용됨을 간과한 것이다. 게임이론은 전형적으로 보다 정확히 구조화된 게임을 다룬다. 그러나 인간이 의사소통을 위해 단어를 사용하는 '언어게임'에 관한 비트겐슈타인의 검토는 덜 구체화된 관료정치게임에 관한 이러한 분석과 매우 유사하다. Ludwig Wittgenstein, *Philosophical Investigation*;

무작위로 진행되는 것도 아니고 여가로 진행되는 것도 아니다. 규칙적인 통로가 게임을 구조화한다. 마감일 때문에 바쁜 게임참가자들이 쟁점에 관심을 두지 않을 수 없게 된다. 따라서 장기게임에서의 수는 특별한 말에 대해 개별적이고 불평등한 권력을 가진 사람들과 별도의 하부 게임에서 개별적인 목적을 가진 사람들 사이의 흥정이라는 점에서 설명될 수 있다.

(2) 조직의 개념
① 지위가 있는 행위자

행위자는 단일한 국가도 아니며 조직의 집합체도 아니다. 그보다는 개별적 행위자이다. 이 행위자 집단은 특별한 정부의 결정과 행동을 위한 대리기구를 구성한다. 행위자는 업무 수행중인 사람들이다.

개인은 행정부내에 중요한 지위를 차지함으로써 국가안보 정책게임의 참가자가 된다. 예를 들어, 미국정부에서 행위자는 '장(長)들'을 포함한다. 대통령, 국무장관, 국방장관, 재무장관, 중앙정보부장, 연합사령관, 그리고 1961년 이래 국가안보문제특별보좌관,[80] 각 장들이 직접 거느리는 직원인 보좌관들, 각 부서와 독립기관내의 정치적 임용직과 영구적인 정부관리자들인 '고참자들,' 보다 넓은 정부게임에서의 행위자인 '사후 게임 참가자들'(특히 의회 안팎의 '초당적 외교정책 세력') 그리고 각각 이들 집단의 대리자들이다. 의회의 다른 성원들, 언론, 이익집단, 그리고 시민이 중심부 주위에 동심원을 형성한다―이 원은 게임이 행해지도록 허용되는 한계선을 긋는다.

지위는 행위자가 할 수 있는 것과 해야만 하는 것 모두를 결정한다. 각 행위자가 다양한 게임에 개입하고 게임을 수행하는 데 있어서의 이점과 장

Thomas Schelling, "What is Game Theory?" in James Charlesworth, *Contemporary Political Analysis* 참조.

80) 대통령의 안보문제 특별보좌관을 '보좌관'보다는 '장' 직급에 포함시킨 것은 논쟁의 여지가 있는 선택이다. 사실상 그는 초보좌관이며 장에 가깝다. 그의 지위가 법적인 권한을 지니는 것은 아니다. 특별히 그는 대통령과 국방, 국무장관과의 좋은 관계에 의존한다. 그럼에도 불구하고 그는 실질적인 행동통로에 걸터앉아 있다. 우두머리 사이에 이 지위를 포함시키기로 결정한 것은 번디(Bundy) 기능이 제도화되어 가고 있다는 필자의 판단에 의해서이다.

애는 그의 지위로부터 파생된다. 어떤 과업을 수행할 의무도 지위로부터 나온다. 이 동전의 양면은 현대 국무장관에서 잘 드러난다. 첫째로 형식상, 보통은 사실상, 그는 현대의 외교정책 문제인 정치적 군사적 쟁점에 대한 정치적 판단을 함에 있어 일차적인 보고(寶庫)이다. 따라서 그는 대통령에 대한 개인적인 원로 조언자이다. 둘째로 그는 외교정책 문제에 대한 다른 원로 자문가들, 즉 국방장관, 국가안보문제 특별보좌관의 동료이다. 셋째로 그는 중대한 협상을 하는 미국의 고위 외교관이다. 넷째로 그는 의회와 국가 그리고 세계에 대해서는 행정부의 대변인 역할을 한다. 끝으로 그는 '미스터 국무성'이거나 '미스터 외무청,' '관료의 지도자, 그들의 원인에 대한 대변인, 그들의 이익 옹호자, 그들 분쟁의 재판관, 그들 업무의 감독관, 그들 직업의 대가(大家)'이다.[81] 그러나 그가 첫 번째 사람에만 해당되는 것이 아니라, 다른 모든 사람이 되어야 한다. 이 모든 의무는 일시에 그의 의무가 된다. 한 부분에서의 성과는 다른 부분에서 그에 대한 신망과 그의 권력에 영향을 미친다. 그의 부서가 다른 외교부서와 관계를 유지하기 위해 사용하는 전신교환과 같이 그가 반드시 감독을 해야 하는 일상적인 업무로부터 나오는 시각은 그가 보편적 시각을 가지고 대조적인 시각을 조정하라는 대통령의 요구와 갈등을 일으킨다. 그가 대통령 가까이 있을 필요성은 그의 부서를 위해 앞장설 수 있는 정도와 거기에 사용되는 힘을 제한한다. 그가 자신의 부서의 입장을 위해 싸우기보다는 국방장관에게 양보할 때-그가 종종 그래야 하는 것처럼-그는 자신의 관리직에 대한 충성을 쥐어짠다. 이러한 갈등에 대한 국무장관의 해결책은 그 지위에 달려 있을 뿐만 아니라 그 지위를 차지하는 행위자에 달려 있기도 하다.

왜냐하면 행위자도 역시 사람이기 때문이다. 인간의 신진대사는 다르다. 관료정치의 핵심은 인간성이다. 각 사람이 부엌에서 열을 어떻게 견뎌내는가, 각 행위자의 기본적인 작동유형, 내부 모임에서 인간성과 유형 사이의 보완성과 모순 등이 최소한의 정책배합의 입자들이다. 더욱이 개개의 사람은 어떤 쟁점에 대한 민감성, 다양한 프로그램에 대한 약속, 개인적 입장과 사회내 집단에 대한 빚 등을 담은 짐보따리에 끌려서 자신의 입장에 도달

---

81) Richard E. Neustadt, 「증언, 미 상원, 정부운영 위원회, 국가안보보좌에 관한 소위원회」, *Adminstration of National Security*, March 26, 1963, pp.82-83.

하게 된다.

② 편협적인 우선순위, 지각, 쟁점

'무엇이 쟁점인가?' 그리고 '무엇이 행해져야 하는가?' 하는 질문에 대한 답변은 어느 위치에서 질문을 고려하느냐에 따라 달라진다. 조직의 편협주의를 부추기는 요인들은 또한 이 조직의 (혹은 조직내의) 정상의 위치를 차지하고 있는 행위자에게 영향을 미치기 때문이다. 그의 조직의 구성원에게 동기를 부여하기 위해서 게임 참가자는 조직의 정향에 대해 민감해야 한다. 그 행위자가 들어갈 수 있는 게임과 그가 게임을 할 때 사용하는 장점은 이러한 압력을 강화시킨다. 따라서 지위로부터 도출되는 지각성향으로부터 많은 경우에 게임 참가자의 입장에 대해 믿을 만한 예측을 하는 것이 가능하다. 그러나 이러한 성향은 행위자가 지위에 부여하는 짐보따리를 통과하면서 걸러진다. 따라서 이러한 압력과 그 보따리에 대한 민감성은 많은 예측을 위해 필요하다.

③ 이익, 몫, 권력

게임은 결과를 결정하기 위해서 한다. 그러나 결과는 국가이익, 그가 몸담고 있는 구체적인 프로그램, 자기동료의 안녕, 그리고 자기의 개인적 이해에 대한 게임 참가자의 개념을 발전시키고 방해한다. 이렇게 중첩되는 이해는 게임에 걸린 몫을 구성한다. 각 행위자가 성공적으로 게임을 할 능력은 그의 권력에 달려 있다. 권력, 즉 정책결과에 미치는 효과적인 영향력은 적어도 포착하기 어려운 세 가지 요소가 배합된 것이다. 세 가지 요소는 (공적 권위와 의무, 제도적 지원, 지역구민, 전문성, 그리고 지위로부터 도출된) 협상편의, 협상편의를 사용하는 데 있어서의 기술과 의지, 그리고 앞의 두 가지 요소에 대한 상대방의 인지이다. 권력을 현명하게 투자하면 효율성에 있어서 좋은 평판을 갖게 된다. 권력의 투자에 실패하면 자본과 평판의 축적 모두를 고갈시킨다. 따라서 각 게임 참가자는 적당한 성공의 확률을 가지고 게임을 할 수 있는 쟁점을 선택하여야 한다. 그러나 어떤 행위자의 권력도 만족할 만한 결과를 보장하는 데 충분하지 않다. 각 행위자의 요구와 두려움은 많은 다른 행위자에게 파급된다. 인간에게 가장 복잡하고 까다롭다고 알려진 게임이 뒤따르게 된다.

④ 문제와 문제들

전략적 문제에 대한 '해결책'은 일정한 거리를 두고 냉정하게 문제에 몰두하는 분석가에 의해 도출되지는 않는다. 그보다는 마감일과 사건 자체가 게임에 있어서 쟁점을 제기하고, 쟁점이 뒤집어 쓰고 있는 표피에 영향을 미친다는 점에서 바쁜 행위자의 결정을 요구한다. 행위자들에게 있어서의 문제는 전략적 문제보다 더 협소하기도 하며 동시에 광범위하기도 하다. 각 행위자는 총체적인 전략적 문제가 아니라, 지금 내려져야 하는 결정에 초점을 맞춘다. 그러나 각 결정은 전략적인 문제뿐만 아니라 각 행위자의 조직, 평판, 개인의 승산에도 결정적인 결과를 가져 온다. 따라서 종종 행위자가 해결하고 있는 문제와 분석가가 초점을 맞추는 문제 사이의 간극은 매우 크다.

⑤ 행동경로

협상게임은 규칙적으로 진행되지 않는다. 행동경로란 쟁점의 유형과 관련하여 행위를 하게 하는 규격화된 방법이다. 이 행동경로는 주요 행위자를 미리 선발하고, 게임에 들어가는 시점을 결정하고, 각 게임에 대한 특수한 이익과 불이익을 배분함으로써 게임을 구조화한다. 가장 중요하게는 이 경로가 '누가 행동을 취할 것인지'를 결정한다. 이는 어느 부서의 고참자가 무엇이 선택되든 실제로 그것을 할 것인지 결정하는 것을 의미한다. 무기 조달에 관한 결정은 연간 예산편성 과정 안에서 내려진다. 대사관이 작업 지시를 내리면 국방성과 백악관의 일상업무체계에 따른 의논과 해결을 통해 응답을 준다. 군부집단이 지시해 줄 것을 요구하면(평상시에는 조언과 관련하여, 전쟁중에는 작전과 관련하여) 국방성, 국무성, 백악관과 의논한 군부가 답변한다. 위기 대처방안은 백악관과 국무, 국방, 정보부, 사후 행위자들 사이에서 토론된다. 주요 정치적 연설, 특히 대통령뿐만 아니라 다른 장관들이 하는 연설은 기존에 확립된 통로를 통해서 해결된다.

⑥ 정치로서의 행위

정부결정과 정부행위는 어떤 통합된 집단의 계산된 선택으로서 이루어지는 것도 아니며 지도자들의 선호를 공식적으로 집합하여 이루어지는 것도 아니다. 오히려 중요한 선택과 관련해서는 권력은 공유하고 있지만 개별적인 판단을 내림으로써 정치는 선택의 기제가 되는 것이다. 게임이 이루어지는 상황에 주목하라. 그 상황이란 이루어져야 하는 것에 대한 과도한 불확실성, 무언가가 행해져야 한다는 필요성, 무엇이 행해지든지 간에 그 일의 중대한 결과 등이다. 이러한 국면은 책임감 있는 사람이 적극적인 게임참가자가 되도록 만든다. 수백 개의 쟁점, 수많은 게임, 다중의 통로를 가진 게임의 속도 때문에 행위자는 '다른 사람의 관심을 얻고,' '그들이 사실을 직시'하도록 만들고, 그들이 '보다 광범위한 쟁점에 대해 심각하게 생각할 시간을 갖도록' 보장하기 위해 싸우지 않을 수 없게 된다. 게임의 구조로 보아, 즉 개인이 책임은 개별적으로 지면서도 권력은 공유하고 있음으로 해서, 각 행위자들이 '다른 사람은 나의 문제를 보지 않으며' '다른 사람들은 덜 편협한 시각으로부터 그 쟁점을 바라보아야만 한다'는 기분을 갖는 것이 당연해 보인다. 게임의 규칙에서 망설이는 자는 그 시점에 게임을 할 기회를 잃으며 자신의 의사에 대해 확신하지 못하는 사람은 확신하고 있는 다른 사람에 의해 압도당한다는 것이다. 이는 결국 51대 49로 바라보는 쟁점의 한쪽에 서서 게임을 하도록 압력을 가한다. 게임의 보상은 효율성이라고 한다. 이는 결과의 영향력으로서 즉각적으로 실적을 측정하여 얻어지므로 참가자들이 힘든 게임을 하도록 부추긴다. 따라서 대부분의 게임참가자들은 '정부가 옳은 일을 하도록 만들기 위해' 싸우게 된다. 사용되는 전략과 전술은 국제관계 이론가들이 공식화한 것과 매우 유사하다.

⑦ 결과의 흐름

중요한 정부의 결정이나 행위는 개인의 행위, 크고 작은 게임의 결과, 반칙들로 구성된 콜라주로서 나타난다. 한 행위자에 의해 절대로 선택될 수 없었으며 그 쟁점에 대한 단 한 번의 게임의 협상으로부터는 절대로 도출될 수 없었을 결과는 씨줄과 날줄로 짜여진다. 결과를 이해하기 위해서는 결과를 분해할 필요가 있다.

(3) 지배적인 추론 유형

만일 한 국가가 하나의 행위를 수행한다면, 그 행위는 정부내의 개인과 집단들 사이의 협상결과였다. 그 결과는 결정이나 행위에 관여한 집단이 성취한 결과, 매우 다른 지위를 가진 집단들 사이의 협상으로부터 도출된 결과물, 그리고 반칙을 포함했다. 모형 3의 설명력은 서로 다른 인식과 우선순위를 가지고 별개의 문제에 초점을 맞추는 다양한 게임참가자들의 끌고 당김을 보여 줌으로써 얻어지는데, 이것이 문제가 된 행위를 구성하는 결과를 낳는다.

(4) 일반명제

① 행위와 의도

행위는 의도를 전제하지 않는다. 한 쟁점과 관련하여 정부를 대표하는 사람들의 행동의 합은 어떤 개인이나 집단에 의해 의도된 적이 거의 없다. 그보다는 다른 의도를 가진 개별적인 사람들의 행위가 조각조각 모여서 누군가가 선택하고자 했던 것과는 매우 다른 결과를 구성한다.

② 당신의 입장은 당신이 어디에 앉아 있느냐에 달려 있다[82]

수평적으로 각 행위자에게 주어진 다양한 요구는 그의 우선순위와 인지, 쟁점을 결정한다. 예산과 조달의 결정과 같은 거대한 부류의 쟁점에 있어서 특정한 행위자의 입장은 그의 자리와 관련된 정보로부터 예측을 한다면 고도의 신뢰성이 확보될 수 있다. 악명 높은 B-36에 관한 논란에서 "A폭탄을 실은 B-36은 지상군이 수년 걸려서 하게 될 원거리목표의 파괴를 할 수 있다"는 사이밍톤(Symington) 공군참모총장의 주장에 반대하여 "어떤 이론적인 전쟁하에서도 B-36은 국가안보를 건 질이 나쁜 도박이 될 것"이라는 래드포드(Radford) 장군의 증언에 어느 누구도 놀라지 않았다.[83]

---

82) 이러한 격언은 프라이스(Don R. Price)가 처음 말했던 것으로 생각된다.

83) Paul Y. Hammond, "Super Carriers and B-36 Bombers," in Harold Stein (eds.), *American Civil Military Decisions*, Birmingham, 1963.

116

③ 수장과 고참자들

"자리가 입장을 결정한다"라는 격언은 수평적인 적용뿐만 아니라 수직적인 적용도 할 수 있다. 수직적으로 대통령, 장관, 보좌관, 고참자들에 대한 요구는 뚜렷이 구분된다.

대통령이 다룰 수 있는 외교정책 쟁점은 주로 다음에 닥치는 것을 먼저 다루어야만 하는 대통령의 빽빽한 일정 때문에 제약을 받는다. 대통령의 문제는 그의 관심을 끄는 쟁점으로 싸여진 특별한 국면을 탐색하는 것이며, 시간이 흘러 불확실한 것이 명백하게 될 때까지 여유를 갖는 것이며, 관련된 위험을 평가하는 것이다.

외교정책 장관들은 그들이 중요하다고 판단하는 다른 쟁점에 대해 대통령을 비롯하여 정부의 다른 관리들의 관심을 받을 수 있을지라도, 거의 대부분 법률상 가장 뜨거운 쟁점을 다룬다. 그들이 보장할 수 없는 것은 '대통령이 도박을 걸게 될 것'이라거나 '다른 사람도 같은 배를 타게 될 것'이라는 사실이다. 그들은 이를 위해 관련된 권력의 연합을 구축해야만 한다. 그들은 정당한 행동경로를 통해 '대통령에게 확신을 주어야'만 한다.

그러나 대부분의 문제에 있어서 고참자들이 문제의 틀을 짜고, 대안을 구체화하며, 안건을 추진한다. 고참자들은 다른 부서의 고참자들과 싸운다. 예를 들어 국방성의 국내 안보문제국과 국무성의 정치군사국 사이의 갈등을 위에서 볼 때에는 매우 미미한 행위에 불과하다. 그러나 고참자에게 있어서 중요한 문제는 어떻게 장관의 관심을 끄는가, 어떻게 쟁점을 결정되도록 하는가, 어떻게 정부가 '옳은 것을 하도록' 하는가 하는 것이다.

그렇다면 정책결정에서 아래를 내려다 보는 쟁점은 시간이 불확실성을 제거할 때까지 어떻게 나의 여유시간을 지키느냐 하는 대안들이다. 옆을 바라보는 쟁점은 어떻게 다른 사람을 나의 동맹에 끌어들이느냐 하는 언질이다. 위를 올려다 보는 쟁점은 반드시 행해져야 하는 일을 행함에 있어서 어떻게 상사에게 확신을 주느냐 하는 것이다. 긴 사다리 아래에까지 적용될 수 있는 뉴스테트(Neustadt)의 주장 중 하나를 다시 말한다면, 책임감 있는 관리자의 업무에 있어서 핵심이란 할 필요가 있는 일은 자신의 책임감에 대한 자기 자신의 평가에 따라 자신의 이익에 맞도록 하는 것임을 다른 사람이 알도록 유도하는 것이라고 한다.

(5) 구체적인 명제

① 억지

핵공격의 확률은 기본적으로 공격을 감행하는 정부의 관료정치 결과로서 공격이 나오게 될 확률에 달려 있다. 첫째로, 어떠한 행위자들이 공격을 감행할 결정을 할 수 있을까? 행위에 대한 효과적인 권력이 개인에 의해 통제되는지, 아니면 작은 게임에 의해서 혹은 중대한 게임에 의해서 통제되는가 하는 것은 결정적으로 중요하다. 둘째로, 핵억지에 관한 모형 1의 확신은 궁극적으로 정부가 자살을 시도하지는 않을 것이라는 단언으로부터 나올지 모르지만, 모형 3은 역사적 선례를 끄집어 낸다. 일본의 진주만 공습을 설계했던 야마모토 장군은 다음과 같이 정확히 평가했다. "미국과 영국에 대항한 첫 6개월에서 1년간의 전쟁 동안 나는 광폭하게 질주할 것이며 중단 없는 승리의 연속을 증명할 것이다. 전쟁이 2년이나 3년간 지속된다면, 우리가 궁극적으로 승리한다고 장담할 수 없음을 인정해야 하겠다."[84] 그러나 일본은 공격했다. 따라서 세 가지 질문이 고려될 수 있다. 첫째로, 정부의 어떤 관리가 그의 문제를 공격을 통해 해결할 수 있었는가? 어떠한 유형의 협상이 공격을 결과로서 내놓을 수 있었는가? 안정된 균형을 이루는 테러와 문제가 될 수 있는 균형 사이의 중요한 차이는 단지 첫번째 경우에는 대부분의 정부관리가 공격의 결과를 충분히 인정하고 따라서 이러한 결과가 나올 것에 대비하여 방어를 한다는 것에 있다. 둘째로, 어떠한 흐름의 결과가 공격으로 이어질 것인가? 그 흐름의 어느 점에 잠재적인 공격자의 정치가 존재하는가? 미정부의 관리들이 일본의 진주만 공격이 나오게 된 결정의 흐름에 민감했더라면, 그들은 그 공격이 상당히 가능성이 있다는 것을 깨달을 수 있었을 것이다. 셋째로, 계산착오와 혼돈은 어떻게 반칙의 결과로서 공격을 초래하는가? 예를 들어, 위기중이나 전통적인 전쟁의 발발 후에는 중요한 게임의 참가자들에게 이용 가능한 정보와 효과적인 권력에 무슨 일이 일어나는가?

84) Roberta Wohlstetter, *Pearl Harbor*, Stanford, 1962, p.350.

6. 미국의 쿠바 봉쇄: 세 번째 장면

1) 발견의 정치학

중첩되는 일련의 협상게임은 소련 미사일을 발견한 날짜와 이 발견이 행정부에게 준 충격 모두를 결정한다. 발견의 정치학에 대한 설명은 결과적으로 미국 봉쇄에 대해 상당부분 설명해 준다. 쿠바는 케네디 행정부의 정치적인 아킬레스건이었다.[85] 위기 이전의 수개월은 또한 국회의원선거 수개월 전이었고, 공화당 상원 및 하원 선거운동 위원회는 쿠바는 '1962년 캠페인의 지배적인 쟁점'이 될 것이라고 발표하였다.[86] '발전도상중인 민주적 남미로부터 카스트로를 고립시키는 보다 적극적이고 간접적인 접근법'으로 행정부가 입안한 것을 상원의원 키팅, 골드워터, 캐페하트, 더몬드 등은 '아무것도 하지 않는' 정책이라고 공격하였다.[87] 상원과 하원에서의 발언, 전국적인 선거운동 연설, 전국 뉴스 미디어가 소개하는 인터뷰와 기사 등에서 쿠바-특별히 소련의 무기원조의 증가 프로그램-은 국내 정치적 경관을 휘젓는 막대기의 역할을 했다.[88]

이러한 공격은 피를 불렀다. 신중히 생각해 본 결과 격렬한 반응을 할 필요가 있었다. 대통령은 시급한 쟁점에 응전하기로 결정하였다. 행정부는 비평가의 주장을 불식시키기 위해 고안된 강력한 선거운동을 전개하기에 이르렀다. 대부분의 모든 행정부 관리들이 참여하였지만 대통령은 이러한 공격의 최전선에 자신을 배치했다. 케네디 대통령은 8월 19일 기자회견에서 '총체적인 우리의 의무'를 보다 강조하고 '최대한의 관심을 갖고 쿠바에서 일어나는 일을 지켜볼' 것을 약속하면서 쿠바의 침략은 '무책임'한 행위였다고 공격했다.[89] 9월 4일 그는 쿠바에서 소련의 어떠한 도발적인 행위도 인정하지 않는 강력한 발언을 제기하였다.[90] 그는 9월 13일 쿠바의

---

85) Sorensen, *Kennedy*, p.670.
86) Ibid.
87) Ibid., p.670 이하.
88) *New York Times*, 1962. 8/9.
89) *New York Times*, 1962. 8. 20.
90) *New York Times*, 1962. 9. 5.

침공을 요구하는 '무책임한 발언'에 대해 분노를 터뜨렸다.[91] 미사일을 발견했던 U-2의 비행 바로 전날, 그는 캐페하트 상원의원이 출마한 인디애나에서 '누군가 다른 사람의 아들을 전쟁으로 보내기를 원하는 장교와 장군'들에 대해 반대하는 선거운동을 하였다.[92]

U-2가 소련 미사일 사진을 처음 찍고 있었던 바로 10월 14일 일요일, 맥조지 번디는 다음과 같이 주장했다.

나는 현재 아무런 증거가 없다는 것을 안다. 그리고 쿠바정부와 소련정부가 협력하여 주요 공격무기의 배치를 시도할 가능성도 현재는 없다고 생각한다.[93]

비평가의 비난에 치명타를 입히려는 이 선거운동에서 행정부는 시민이 긍정적인 슬로건을 필요로 한다는 것을 발견하였다. 그래서 케네디는 '공격'과 '방어' 무기 사이의 잠정적인 어의적 차이에 뛰어 들었다. 이러한 차이는 '미사일을 배치할 공격적인 근거'의 증거가 없다는 9월 4일 그의 연설에서 최초로 찾아볼 수 있으며 '그렇지 않다면 중대한 쟁점이 일어나게 될 것이라'[94]고 경고했다. 9월 13일 연설은 이 '방어'와 '공격' 무기의 차이에 주목하였으며 만일 소련이 쿠바에 공격무기를 반입하려고 시도한다면 확고한 행동을 취할 것이라고 발표하였다.[95] 의회의 상임위원회는 이 차이를 읽은 행정관료의 증언과 의회기록에 대한 대통령의 약속을 받아내었다.[96]

중앙정보부는 대통령이 가장 듣고 싶어하지 않는 것을 솔직히 말하는 것을 가장 주저하였다. 8월 22일 존 맥콘은 대통령과 은밀히 만나서 소련이 공격미사일을 쿠바에 도입하려고 준비중인 것 같다고 말하였다.[97] 케네

91) *New York Times*, 1962. 9. 14.
92) *New York Times*, 1962. 10. 14.
93) Abel, op. cit., p.13.
94) *New York Times*, 1962. 9. 5.
95) *New York Times*, 1962. 9. 14.
96) 상원의 외무위원회; 상원의 군사위원회; 하원의 예산위원회; 수출통제에 관한 하원의 특별조사위원회.
97) Abel, op. cit., pp.17-18. 맥콘에 따르면, "쿠바로 들어가는 물건 위에 내가 유일하게 얹을 수 있는 것은 소련인들이 공격미사일을 도입하려고 준비하고 있다

디는 이것을 강경파의 의심일 것이라고 생각했다. 라이베리아에서의 한 달 간의 밀월을 보내기 위해 맥콘이 워싱턴으로 떠났다. 페렛 대장에 대해서 안달이 난 그는 그의 부관인 카터 장군에게 전신으로 충격적인 사실을 알렸다. 그러나 맥콘이 대통령에게 그의 의구심을 알렸으나 냉랭한 반응을 받았다는 것을 안 카터는 정보부 외부로 이 전신을 배포하기를 꺼렸다.[98] 9월 9일 중국 국민당에게 '대여한' 한 대의 U-2가 중국본토 상공에서 추락하였다.[99] 긴박감을 느낀 공중정찰위원회(COMOR: The Committee on Overhead Reconnaissance)는 9월 10일 모였다.[100] U-2가 또 실종되었다는 것을 알면 세계의 여론은 U-2 비행의 취소를 요구하게 될지도 모른다. 소련이 도발적으로 행동을 한다고 주장한 사람들에게 반대하는 대통령의 선거운동은 벌써 시작되었다. 쿠바에 대한 U-2 정찰의 위험을 감소시키는 것은 대통령이 의지하고 있는 수족을 잘라내는 위험을 무릅쓰는 것이다. 그 회의는 쿠바의 서단(SAM이 작동되는 곳)에서 후퇴하여 U-2의 실종 가능성을 감소시키기 위해 U-2의 비행유형을 수정하라고 결정하였다.[101] USIB가 9월 평가를 만장일치로 인정한 것은 비슷한 민감성을 반영한다. 9월 13일 대통령은 쿠바에 소련의 공격용 미사일은 없다고 단언하였다. 그리고 공격용 미사일이 발견된다면 그의 행정부가 행동을 취할 것이라고 단언하였다. 의회위원회 앞에서 행정관료는 쿠바에 공격용 미사일이 있다는 어떠한 증거도 존재하지 않는다고 말했다. 그러나 소련이 쿠바에 공격용 미사일을 도입하고 있다고 결론을 내린 국가 정보부의 평가가 주는 암시가 미국의 최고 정보회의를 구성하는 사람들 사이에서 실종한 것은 아니었다.

쿠바의 서단으로 직접 비행하라는 10월 4일 공중정찰위원회(COMOR)의 결정은 공식적으로 그 쟁점을 제기하지 않고서 사실상 9월의 평가를 '뒤집었다.' 이 결정은 9월 10일 결정 전에는 대통령에게, 9월 19일 평가 전에는 전신으로 그리고 워싱턴에 돌아 온 후에는 개인적으로 압력을 행사

는 사실이다"라고 그가 케네디에게 말하였다고 한다. Weintal and Bartlett, op. cit., pp.60-61도 볼 것.

98) Abel, op. cit., p.23.
99) *New York Times*, 1962. 9. 10.
100) Abel, op. cit., pp.25-26, Hilsman, op. cit., p.174을 보라.
101) 국방예산부, 『청문회보고서』, 69쪽.

한 맥콘의 승리를 보여 준다. 정보부 집단의 정치가 밀접하게 보호될지라
도 이 이야기의 몇 가지 토막은 회자될 수 있다.[102] 9월 27일까지 라이트
대령과 DIA 사람들은 소련이 미사일을 산크리스토발 지역에 장착하고 있
다고 믿었다.[103] 이 지역은 9월 29일 중앙정보부가 의심지역으로 지목하
였으며 10월 3일에 최우선 지역이라고 보장하였다. 10월 4일까지 맥콘은
이 쟁점을 공식적으로 제기하는 데 필요한 증거를 가지고 있었다. 공중정
찰위원회의 구성원들은 맥콘의 주장을 들었으나 그가 요구한 어려운 결정
을 내리는 데 주저하였다. U-2의 추락 가능성이 충분했기 때문에 쿠바 서
부의 정찰이 정말로 걱정스러운 문제가 되었다.[104]

2) 쟁점의 정치

U-2 사진은 쿠바에 소련의 공격용 미사일이 있다는 명확한 증거를 제시
하였다. 이러한 공개는 복잡한 맥락에 있는 정치화된 행위자들에게 떨어졌
다. 어떤 고위직 관료가 회상하듯이 흐루시초프는 '발가벗겨서' 우리를 붙
잡아 두었다. 중심 행위자들 각각이 본 것과 자신과 행정부의 알몸을 덮기
위해서 일련의 쟁점과 답변을 만들어 내었다.

10월 16일 화요일 아침 거의 오전 9시경에 맥조지 번디는 "각하, 소련
이 쿠바에 공격용 미사일을 가지고 있다는 분명한 사진상의 증거가 여기에
있습니다"[105]라는 메세지를 가지고 대통령의 사저로 갔다. 케네디가 한
'놀라움의 표현'에 대해서는 설이 분분하다.[106] 그러나 '놀라움'은 그의 초
기 반응의 성격을 포착하지 못한다. 그보다 그것은 즉각적인 분노였다. "그
가 나한테 그럴 수는 없어"라는 고함이 가장 의미를 잘 전달하고 있다.[107]

102) 이 이야기에 대한 기본적이지만 약간 모순된 해명이 국방예산부서에서 나온
     다. 『청문회보고서』, 1-70쪽.
103) 국방예산부, 『청문회보고서』, 71쪽.
104) 10월 4일 결정과 10월 14일 비행이 있기까지 열흘 동안의 세부사항은 정지
     되어 있었음에 틀림없다.
105) Abel, op. cit., p.44.
106) Ibid., p.44.
107) Ibid., p.44 이하.

그 당시 대통령의 관심과 우선순위에 있어서 흐루시초프는 무엇보다도 가장 무기력한 행위를 선택한 것이었다. 케네디는 소련이 쿠바에 공격용 무기를 배치하지 않을 것이라고 대통령의 전권을 걸고 약속하였던 것이다. 더욱이 흐루시초프는 가장 직접적이고 개인적인 통로를 통해서 케네디가 처한 국내의 정치적 문제를 인식하고 있었으며 이 문제를 악화시키는 어떠한 일도 하지 않을 것이라고 케네디에게 보증을 했던 것이다. 서기장은 대통령에게 거짓말을 했다. 케네디의 초기 반응은 행동을 수반했다. 그 미사일은 제거되어야만 한다.[108] '아무것도 하지 않거나' '외교적 접근법을 사용하는' 대안이 대통령의 문제와 상관이 없을 수 없었다.

이 두 가지 경로―아무것도 하지 않는 것과 외교적 접근을 사용하는 것―은 두 명의 핵심 참모가 지지한 해결책이었다. 국방장관 맥나마라에게 있어서 미사일은 핵전쟁의 공포를 불러일으켰다. 그는 우선 이 쟁점을 직설적으로 전략적인 문제로 해석하였다. 이 쟁점을 이해하기 위해서는 두 가지 명백한 그러나 어려운 점을 파악하여야만 했다. 첫째로, 그 미사일은 미사일 격차를 줄인다는 피할 수 없는 사건을 보여 주었다. 이것이 단지 곧 일어났을 뿐이다. 둘째로, 그것의 결과가 사소하기 때문에 미국은 이러한 사건을 받아들일 수 있었다는 것이다. 그 결과란 "7 : 1의 미사일 우위, 1 : 1 미사일 동등성, 1 : 7의 미사일 하위 등의 세 가지의 입장은 동일하다"는 것이다. 최초의 ExCom 회의에서 한 맥나마라의 주장을 한마디로 요약하면 "하나의 미사일은 하나의 미사일"이라는 것이다.[109] 그는 "소련의 미사일에 의해 죽든, 쿠바의 미사일에 의해 죽든 그것이 무슨 차이가 있느냐"고 주장하였다.[110] 이 의미는 명백하다. 그렇게 작은 전략적 의미를 갖는 사건에 대해 핵전쟁의 가능성을 무릅쓰면서 미국이 소련과의 위기를 자초해서는 안된다는 것이다.

국가안보문제 대통령보좌관인 조지 번디가 인지한 바를 재구성하기는 어렵다. 초기에 그가 외교적 통로를 주장하였다는 데에는 의문의 여지가 없다.[111] 그러나 번디가 쿠바에 대한 책임감을 인지하고서 일을 했을까?

---

108) Sorensen, *Kennedy*, p.676; Schlesinger, op. cit., p.801.
109) Hilsman, op. cit., p.195.
110) Ibid.

아니면 대통령이 자신의 초기 반응을 잘 생각해서 다른 대안을 고려해 보
도록 하기 위해서 악역을 자처하였는가?

　대통령의 동생, 로버트 케네디는 흐루시초프가 대통령에 대해 쌓고 있는
정치적인 벽을 가장 분명하게 보았다. 그러나 그도 맥나마라와 같이 핵위
기의 전망을 보았다. 흐루시초프는 대통령이 미친 행위를 하도록 강요할
것인가? 최초의 ExCom 회의에서 그는 "도조가 진주만공격을 계획하고 있
을 때, 그가 어떻게 느꼈을까를 이제야 알겠다"고 낙서를 했다.112) 처음부
터 그는 공습을 막을 수 있는 대안을 찾았다.

　대통령의 특별보좌관이자 "대통령의 분신"인 소렌슨의 초기 반응은 대
통령과 그의 동생의 중간 정도에 있었다. 대통령같이 소렌슨도 배신의 고
통을 느꼈다. 대통령이 미사일을 결단내는 정책을 고안한 건축가였다면 소
렌슨은 고안자였다. 흐루시초프의 기만적인 행각은 강력한 역공을 불러일
으켰다. 그러나 로버트 케네디처럼 소렌슨도 충격과 분노가 재앙으로 이어
지지 않을까 두려워하였다.

　합참의장(Joint Chiefs of Staff)에게 있어서 이 쟁점은 명확했다. 그들이
준비했던 조건부 계획을 위한 작업을 할 시간이 되었다. 쿠바 I은 아주 잘
못되었다. 쿠바 II는 그렇게 되어서는 안되었다. 미사일은 그 쟁점을 다룰
상황, 즉 서반구에 있는 카스트로의 공산주의를 청소하는 일을 제공했던
것이다. 위기가 끝난 날 대통령은 "침공은 실수－우리의 무력을 잘못 사용
하게－가 될 뻔했다"라고 회고했다. 그러나 군부는 제 정신이 아니다. 그들
은 이것을 하고자 했다. 맥나마라가 거기에 있었던 것은 우리에게는 행운
이었다.113)

　맥콘은 그의 확증된 예측으로부터 인식을 갖게 되었다. 카산드라의 사건
처럼 그는 소련이 무모한 정치적 탐색 가운데 미사일을 배치했으므로 미국
은 이에 무력으로 맞서야 한다고 강력히 주장하였다. 공습의 시간이 다가
왔다.114)

---

111) Weintal and Bartlett, op. cit, p.67; Abel, op. cit, p.53.

112) Schlesinger, op. cit., p.803.

113) Ibid., p.831.

114) Abel, op. cit., p.186.

3) 선택의 정치

봉쇄가 나오게 된 과정은 가장 민감하고 까다로운 온갖 것들이 포함된 이야기이다. 이 과정의 재구성은 오직 잠정적일 뿐이다. 초기에 대통령과 그의 대부분의 참모들은 명료한 부분적 공습을 원했다. 스티븐슨에게 미사일에 관해 알렸던 위기의 첫째 날, 대통령은 오로지 두 가지 대안만을 언급했다. "내가 가정하는 대안은 공중으로 침입해서 그것을 싹쓸어 버리거나, 그것이 작동하지 않도록 만들기 위해 다른 단계를 밟는 것이다."[115] 그 주말까지 소수는 아직도 공습을 선호했다. 로버트 케네디는 "그 중 14명의 사람은 매우 심각했다. … 만일 그들 중 여섯 명이 미국의 대통령이었다면 세상이 날라갔을 것이라고 생각한다"[116]고 회상하고 있다. 공습을 막은 것은 여러 가지 요인들이 뜻밖에도 동시에 있었기 때문이다. 이들 중 어느 것이 하나 없었던들, 공습은 일어났을 것이다.

첫째로, 대학살을 예견한 맥나마라가 공습에 완강히 반대하였다. 이 쟁점을 전략적인 의미에서 파악하려는 그의 초기 시도는 케네디의 의도를 특별히 부적당하다고 막아 버렸다. 그러나 강력히 대응할 필요가 있다고 맥나마라가 일단 인식하는 한, 그와 그의 부관 길파트릭은 봉쇄를 하나의 후퇴로서 선택하였다. 국방부가 행동을 취하였고, 내각내에서는 월등하다는 평판을 받고 있으며, 대통령의 충분한 신뢰를 받고 있는 국방장관이 봉쇄의 주장을 열거하고 달리 움직이기를 거부하자, 봉쇄는 무시할 수 없는 대안이 되었다.

둘째로, 대통령과 가장 막역한 사이인 로버트 케네디가 그의 형이 '도조'가 되는 것을 원치 않는다는 것이다. 도덕적인 근거에서 공습에 반대하는 그의 주장은 대통령의 심금을 울렸다. 더욱이 그의 동생이 이러한 주장을 매우 강력하게 발언하고 나자, 대통령은 실질적으로 로버트 케네디가 비난했던 사람이 되는데 동의하지 않고서는 자신이 처음에 선호했던 행동을 선택할 수 없었다.

---

115) Ibid., p.49.

116) 스틸(Ronal Steel)에 의해 인용된 인터뷰, *New York Review of Books*, 1969. 3. 13, p.22.

대통령은 화요일 아침에 미사일에 대해 알았다. 수요일 아침, 미국이 미사일을 발견하였다는 것을 소련인에게 속이기 위해 로버트 케네디에게 그 집단의 비공식적 의장을 맡기고 대통령은 선거운동 약속을 지키러 코네티컷으로 날아갔다. 수요일 저녁 대통령이 돌아왔을 즈음, 결정적인 세 번째 조각이 사진에 첨가되어 있었다. 맥나마라는 봉쇄를 하자는 주장을 제시하였다. 로버트 케네디와 소렌슨도 맥나마라와 뜻을 같이하였다. 대통령이 가장 신뢰하며, 그와 행동유형이 가장 어울리는 강력한 동맹의 참모진이 등장했던 것이다.

넷째로, 대통령의 처음 선호를 지지했던 동맹은 대통령이 잠시 머뭇거릴 만한 이유를 제공했다. 공습을 지지했던 사람들, 부장과 맥콘, 러스크, 니체, 애치슨은 그들이 지지한 것만큼이나 반대했다. 다섯째로, 누구도 추적하지 못한 부정확한 단편적인 정보 때문에 봉쇄 지지자들은 대통령 심중에 있는 (잠정적인) 불확실성에 불을 붙일 수 있었다. 수요일 저녁 대통령이 워싱턴에 돌아왔을 때, 로버트 케네디와 소렌슨은 공항에 그를 마중나갔다. 소렌슨은 대통령에게 합의와 충돌이 있는 영역을 요약한 네 쪽의 메모를 전해 주었다. 가장 강력한 주장은 공습은 단지 부분적일 수밖에 없다는 것이었다.[117] 하룻 동안 논의와 질문을 거듭한 후에 공군은 미사일에만 제한된 부분적인 공습의 성공을 보장할 수 없다고 주장하였다.

목요일 저녁, 대통령은 백악관에서 ExCom을 소집하였다. 그는 잠정적으로 봉쇄를 선택하였으며 월요일 오전까지는 그것이 발효될 수 있도록 준비를 하라고 명령하였다.[118] 후에 그가 비록 부분적인 공습의 가능성에 대해 의문을 제기했을지라도, 이것이 가능한 대안이 아니라는 전문가의 의견을 받아들였던 것 같다[119](이러한 평가를 받아들인 것은 그가 "전문가에게 절대로 의지해서는 안된다"라는 피그만의 교훈을 그가 생각한 것보다는 덜 배웠음을 시사한다).[120] 그러나 이러한 정보는 정확하지 않다. 위기의 첫주간 누구도 이러한 평가를 탐색하지 않았다는 사실은 앞으로 연구해 볼

---

117) Sorensen, *Kennedy*, p.688.
118) Ibid., p.691.
119) Ibid., pp.691-692.
120) Schlesinger, op. cit., p.296.

만한 흥미 있는 질문을 제기한다.

따라서 대통령을 포함하는 동맹은 무언가 해야만 한다는 대통령의 초기 결정과 공습에 대한 맥나마라와 로버트 케네디, 소렌슨의 저항, 대통령과 공습 지지자 사이의 불일치, 그리고 부정확한 단편적인 정보로부터 등장했다.[121]

7. 결론

이 글은 분명히 이해하고 있는 것보다 많은 것을 쏟아 놓고 있다. 이러한 주장을 보다 발전시키고 종합하기 위해 독자는 이 글이 나온 원래의 확대된 연구를 참고하길 바란다.[122] 그러나 지면이 부족함에도 불구하고 이 주장이 함축하는 의미를 제시하지 않고, 모형과 설명을 넘어서는 활동에 대해 모형의 확장 사이의 관계에 대한 질문을 언급하지 않고서 여기서 멈추는 것은 타당하지 않을 것이다.

최소한 여기에 제시된 주장의 의도된 암묵적 의미는 네 가지이다. 첫째로, 대안의 준거틀을 구성하고 주로 다른 모형에 의존하는 다른 분석가들이 매우 다른 설명을 한다는 것을 보여 주는 것은 자신이 사용하는 그물에 대해 분석가들이 자의식을 갖도록 격려한다. 진행되는 일의 특별한 측면에 대해 분석가가 예민하도록 만드는 이 '스펙터클'의 효과, 즉 문제를 한 방식으로 구성하고, 어떤 범주하에서 문제를 검토하게 하고, 그가 특정한 종류의 증거에 주목하게 하고, 특별한 절차에 의해 의문을 풀게 하는 것들은 인식되어야 하며 탐구되어야 한다.

둘째로, 이 주장은 '예술의 상태'에 관한 문제에 대해 하나의 입장을 암시한다. 외교정책 분석의 현재의 조건에 대한 개인적이고, 비누적적이고, 때로 직관적인 상식 수준의 묘사를 받아들이는 반면, 이 논문은 이 조건을 과업의 성격의 결과로서 자포자기로 정당화하는 것과 미개척 분야에 대한

---

121) 지면관계상 이 동맹으로부터 토요일의 공식적인 정부결정에 이르는 경로와 월요일의 행위에 대한 설명은 제시되지 않았다.

122) *Bureaucracy and Policy*(근간), 1969.

선험적인 이론화를 요구하는 '새로운 개척자'의 요구와 '새로운 기술'의
미봉적 전용 모두를 거부한다.[123] 첫 번째 단계로 요구되는 것은 현재의
산물을 비인과적으로 검토하는 것이다. 이는 현존하는 설명에 대한 검토,
그러한 설명을 만들어 내는 데 사용된 개념적 모형의 정교화, 다양한 지적
과업의 논리에 대한 구체화, 제기된 문제에 관한 반추 등을 포함한다. 보다
많은 자료에 대한 체계적인 처리의 필요성을 보다 강조하는 것이 어려울지
라도, 범주와 가정에 대해 명확하고 민감하게 질문을 구성해서 많은 양의
자료를 충분히 확보하는 기초적인 문제는 대부분의 중요한 문제를 고려함
에 있어서 아직도 주요한 장애가 된다.

셋째로, 여기에 제시된 기초적이고 부분적인 패러다임은 많은 외교 군사
정책의 문제를 심각하게 재검토하기 위한 기초를 제공한다. 전형적으로 모
형 1의 언어로 다루어진 문제에 대해 모형 2와 모형 3은 설명과 예측에 있
어서 상당한 진보를 이룩할 수 있다.[124] 총체적인 모형 2와 3의 분석은 많
은 양의 정보를 필요로 한다. 그러나 정보의 기반이 심각하게 제한되어 있
는 경우일지라도 향상될 수 있다. 소련의 전략무기를 예측하는 문제를 고
려해 보자. 1950년대 중반, 모형 1 유형의 계산은 소련이 많은 수의 장거
리 폭격기를 급속도로 배치할 것이라고 예측하였다. 모형 2의 관점으로부
터 소련의 군대세력내에서 공군의 취약성과 그러한 구축이 갖는 예산의 의
미, 두 가지 때문에 분석가들은 이러한 예측을 하는 데에 제약을 받는다.
더욱이 모형 2는 주요 예산변경에 관한 군대내의 소란한 갈등을 비롯하여
폭격기의 배치에 관한 확실하고 가시적인 지표를 지적했을 것이다. 1950
년대 후반과 1960년대 초반, 모형 1의 계산으로부터 소련이 즉각적이고

123) 따라서 필자의 입장은 국제관계에 관한 최근의 '뛰어난 토론'에서 발견되는
양쪽 극단으로부터 뚜렷이 구별된다. 카플란이 공격하는 많은 '전통주의자'류가
첫 번째 입장을 채택하고 불이 공격하는 많은 '과학자'류는 두 번째 입장을 채
택하는 반면, 이 세 번째 입장은 내용상의 논쟁이 무엇인지와 관련하여 상대적
으로 중립적이다. Hedly Bull, "International Theory: The Case for a Classical
Approach," *World Politics*, April, 1966; Morton Kaplan, "The New Great
Debate: Traditionalism vs. Science in International Relations," *World Politics*,
October, 1966을 참조.
124) 많은 문제들이 현재 하버드대학의 정치연구소의 관료와 정책에 관한 연구모
임과 랜드연구소에서 모형 2와 3의 맥락에서 검토되고 있다.

대규모로 ICBM을 배치할 것이라고 예측했다. 초기의 전략적 로켓을 통제한 것은 독자적인 군대가 아니라 소지상군이었으며, 후에는 이것이 예산 분할에 있어서 거대한 이동을 필수적으로 요구하였기 때문에 모형 2는 이 숫자 또한 줄였을 것이다. 오늘날 모형 1을 고려하게 되면 많은 분석가들은 ABM을 배치하지 않도록 합의하는 것이 앞으로 소련과의 전략적 협상에서 미국의 주요 목표가 된다고 권고하게 되고 성공을 예측하게 된다. 모형 2의 유리한 입장에서 볼 때, 현재 소련의 ABM 프로그램의 존재, ABM을 통제하는 조직(중앙 공군 방위대)의 세력, ABM의 배치를 가로막고자 하는 합의가 이 조직의 실질적인 해체를 강요하게 될 것이라는 사실 등이 이러한 종류의 합의를 훨씬 불가능하게 할 것이다. 모형 3의 장면은 다음의 세 가지를 시사한다. ① 전략적 협상에 대한 소련 지도자의 인식과 우선 순위에는 커다란 차이가 있음에 틀림없다. ② 어떠한 합의도 몇몇 행위자의 권력기반에 영향을 줄 것이다. ③ 몇몇 주요 행위자의 권력의 기반에 광범위한 손상을 요구하지 않는 합의는 협상하기가 쉽고 보다 가능성이 있다는 것이 입증될 것이다.

넷째로, 패러다임에 대한 현재의 구성은 첫 발자국에 지나지 않는다. 따라서 응답되지 않은 중대한 문제를 많이 남겨둔다. 주어진 어떤 행동에서 상상력이 풍부한 분석가는 항상 정부의 선택에 대한 어떤 이유를 구성할 수 있어야 한다. 합리적 선택의 파라미터에 부가하고, 완화하고, 제약을 가함으로써 (모형 1의 변이에서와 같이) 분석가는 어떠한 행동에 대해서도 합리적 선택으로 수많은 설명을 구성할 수 있다. 그러나 왜 합리적 행위자가 어떤 행위를 선택하는가에 하는 이유에 대한 언명이 그 행위의 발생에 대한 설명을 구성하는가? 모형 1의 분석이 어떻게 사건의 결정요인에 대한 질문에 보다 체계적인 기여를 하도록 할 수 있을까? t−1을 사용한 모형 2의 t에 대한 설명은 설명이다. 세상은 연결되어 있다. 그러나 정부는 때로 상당히 동떨어져 보인다. 조직과정 모형이 어디에서 변화가 일어날 것 같은지를 제시하도록 수정될 수 있을까? 조직적 변화에 대한 관심은 왜 특별한 패러다임과 SOP가 규명될 수 있는 유형의 조직에 의해 유지되는지와 또한 관리자가 어떻게 조직의 업무를 향상시킬 수 있는지에 대한 이해를 보다 넓혀야 한다. 모형 3은 환상적인 '이야기'를 해준다. 그러나 너무나 복잡해서 엄청난 정보가 요구되며, 협상의 세부사항 중 많은 것은 넘치고 남는다. 그러한 모형을 어떻게 간단하게 만들 수 있을까? 세 모형은 분명히 배타적인 대안이 아니다. 실제로 패러다임은 각 분석틀이 무엇을 강조하고 무엇을 빼먹었는지 부분적인 강조점을 확대해서 보여 준다. 각각의 모형은 실제로 다른 중요한 요인들의 조건은 같다고 가정하고, 한 부류의 변수에만 초점을 맞춘다. 모형 1은 '시장요인,' 즉 '국제적 전략시장'에 의해 만들어진 압력과 동기에 초점을 맞춘다. 모형 2와 3은 이러한 환경에서 선택을 하는 국내 정부의 기제에 초점을 맞춘다. 그러나 이러한 관계가 보다 충분히 구체화될 수 있을까? 적절하게 종합하기 위해서는 결정과 행위의 유형화가 필요하며 그 중 몇몇은 한 모형을 사용하여 다루고, 다른 몇몇은 다른 모형을 사용하여 다루는 것이 가능하도록 만들어야 한다. 정부행위는 국제관계에서 일어나는 사건에 관련된 일군의 요인에 불과하다. 외교정책을 연구하는 대부분의 학자들은 (최소한 설명하고 예측할 때) 이러한 초점을 채택한다. 그럼에도 불구하고 장기판의 차원과 말의 성격, 게임의 규칙과 같이 국제체계이론가들이 고려하는 요인들은 말이 움직이는 환경을 구성한다. 외교정책결정의 결정요인의 작용을 완벽하게 보여 주는 주요 변수들은 규명될 수 있을까?

각각의 모형을 사용하여 예측을 함으로써 부분적이고 미봉적인 실행 모형의 통합에 대한 요점을 제시할 수 있을 뿐만 아니라 설명 이외의 행위에 이 모형이 사용되는 것을 개략적으로 보여 줄 수 있다. 전략적인 항복은 국제관계와 외교사에 있어서 중요한 문제이다. 전쟁종식은 전략에 관한 문헌에 있어서 새로이 발전되는 분야이다. 이러한 관심으로 인해 학자들은 다음과 같은 중심적 문제를 제안하게 되었다. 왜, 국가는 언제 항복하는가? 설명에 있어서 묵시적이든, 분석에 있어서 보다 명시적이든 외교사학자와 전략가들은 예측을 만들어 내기 위해 전환될 수 있는 명제에 의존한다. 따라서 타이밍을 맞추지 못하는 위험을 무릅쓰고 현재 상황(1968년 8월)은 흥미 있는 검증사례를 제시한다. 월맹은 왜, 언제 항복할 것인가?[125]

125) 여러 독자들의 권고에 따라 뒤에 나오는 것은 1968년 9월의 학회에서 발표했던 논문(Rand P-3919)을 그대로 옮긴 것이다. 토론은 메이(Ernest R. May)의 도움을 받았다.

130

한마디로 말해서, 모형 1에 따르는 분석은 단언하기를 손실이 이익을 능가할 때 국가가 항복할 것이라고 한다. "지속된 전쟁이 소득을 보상할 희망은 없이 추가적인 손실만 만들 수 있으며, 이러한 기대는 주로 우월한 쪽이 과거에 무력을 사용한 결과라는"것을 인지할 때 북베트남은 항복할 것이다."126) 미국의 행위는 북베트남의 전략적 비용을 증가시킬 수도 있으며 감소시킬 수도 있다. 북베트남에 폭격을 하는 것은 고통을 증가시키며 따라서 항복의 가능성을 높인다. 이러한 가정과 예측은 의미가 없는 것이 아니다. 다른 조건이 모두 같다면 전략적 손익계산이 마이너스가 될 때, 항복할 가능성이 높다는 사실은 맞는 말이다. 이기고 있을 때 항복하는 국가는 거의 없다. 이 전제는 국가가 항복하는 범위를 구체화해 준다. 그러나 이 광범위한 영역에서 관련된 질문은 왜 국가가 항복하는가이다.

모형 2와 3은 정부기관에 초점을 맞추는데 항복을 받아내기 위해서는 국제적 전략시장에 관한 사실이 국가기관을 통해서 반드시 걸러져야 한다. 이러한 분석가들은 손익계산이 마이너스가 되는 점에서 항복할 가능성에 대해 훨씬 덜 낙관적이다. 역사상 (즉 필자가 검토한 다섯 가지 중에서 어떤 경우도) 어떤 국가도 그 점에서 항복한 예가 없다. 항복은 그 점 이후의 어느 시점에서 일어난다. 언제냐 하는 것은 반대의 정부에 의해 영향을 받기 때문에 조직의 절차와 정부내 행위자들의 정치에 달려 있다. 더욱이 항복하는 국가에 대해 취하는 승리한 쪽의 조치의 효과에 대해 전략적 비용이 증가하는지 감소하는지를 한마디로 적합하게 말할 수 없다. 한 국가에 폭격을 함으로써 추가적인 비용을 부가하는 것은 항복의 가능성을 증가시킬지도 모른다. 그러나 폭격은 또한 이 가능성을 감소시킬 수도 있다. 한 국가에 대해 다른 국가의 행동이 미치는 영향을 평가하기 위해서는 현재 영향을 받고 있는 기관에 대해 이해할 필요가 있다. 보다 정확한 예측을 위해서 모형 2와 3은 공공연히 알려진 것보다 북베트남의 조직과 정치에 대해 훨씬 더 많은 정보를 필요로 한다. 그러나 공적인 정보가 제한되어 있을 때에도 이 모형들은 시사점을 줄 것이다.

126) Richard Snyder, *Deterrence and Defense*, Princeton, 1961, p.11. 이러한 입장에 대한 보다 일반적인 주장은 Paul Kecskemeti, *Strategic Surrender*, New York, 1964를 보라.

모형 2는 두 가지 하위 문제를 검토한다. 첫째로 졌다는 것만으로는 충분하지 않다. 정부는 전략적 손익계산이 마이너스라는 것을 알아야만 한다. 그러나 전략적 손익의 범주나 지표가 분명하지 않다. 양자에 대한 정보의 근원은 조직인데 조직의 국지적인 우선순위와 인지는 정확한 정보나 평가를 촉진하지 않는다. 군대의 업무에 대한 군대의 평가, '적의 사기'와 같은 요인에 대한 군대의 평가, 언제 '조류가 전환될 것인지' 혹은 '수세가 전환될 것인지'와 관련한 군대의 예측은 전형적으로 왜곡된다. 베트남과 같이 고도로 분산된 게릴라 작전과 같은 경우에는 이러한 문제가 악화된다. 따라서 전략적 비용이 과소평가될 것이다. 오로지 고도로 가시적인 비용만 조직의 통로를 통해 걸러지지 않고 지도자에게 직접적인 충격을 줄 수 있다. 둘째로, 조직이 대안의 세부사항을 정의하고 행동을 실행에 옮기기 때문에 항복(그리고 협상)은 초기 단계에 있어서 상당히 서투를 가능성이 높다. 어떠한 조직도 이러한 반역적인 행위를 위해 대안을 정의하고 프로그램을 만들 수 없다. 따라서 초기의 예비교섭은 승리자에게 모순된 '신호'를 보내면서 전투부대와 같은 다른 조직들의 행위와 조화를 이루지 못할 것이다.

모형 3은 전략적 비용이 이익을 능가하는 점에서 항복이 일어나지는 않을 것이지만 전쟁에 졌다고 지도자 집단이 결론을 내릴 때까지 항복이 지연되지는 않을 것이라고 시사한다. 그보다 문제는 네 가지 추가적인 전제를 사용하여 보다 잘 이해된다. 첫째로, 자신들의 경력과 전쟁이 밀접하게 관련되어 있어서 전쟁을 강력히 지지하는 사람들은 비용이 이익을 능가한다는 결론을 거의 내리지 않는다. 둘째로, 수많은 정부내 사람들은 (특히 경제기획가나 정보전문가와 같이 전쟁 이외의 문제에 민감해야 할 책임이 있는 사람들) 전쟁발발에서부터 매우 빈번히 전쟁은 쓸모 없는 노력이라고 확신한다. 셋째로, 항복은 후자집단의 효과적인 권력을 강화하기 위한 정치적인 이동의 결과로서 (그리고 중간에 왔다갔다 하는 사람들을 여기에 참가시키기 위해) 행할 가능성이 높다. 넷째로, 전쟁의 경로, 특히 승자의 행위는 패전국 정부내의 행위자의 약점과 강점에 영향을 미칠 수 있다. 따라서 북베트남은 그 지도자들이 마음을 바꿀 때 항복하는 것이 아니라 하노이가 지도자의 변화(중심 서클내에서의 효과적인 권력의 변화)를 겪을 때 항복할 것이다. 미국의 폭격(혹은 중지), 위협, 약속 혹은 남쪽에서의 행위 등이 어떻게 하노이에서의 게임에 영향을 미치는가 하는 것은 까다롭기는 하지만 그럼에도 불구하고 중요하다.

이 세 가지 모형이 북베트남 이외의 정부의 항복에도 분명히 적용될 수 있다. 그러나 그러한 연습은 독자들에게 남겨 두겠다.

정치적 구조*

케네스 월츠

앞의 2, 3, 4장에서(*Theory of International Politics*, 1979) 우리는 국제정치적 결과가 환원적으로 설명될 수 없음을 살펴보았다. 특히 제3장에서는 체계적 접근법(systemic approaches)이라고 자처하는 것들도 체계적 수준

---

* Kenneth N. Waltz, *Theory of International Politics*, Reading, Mass.: Addison-Wesley, 1979, ch.5(박건영 옮김).

▶ 월츠는 국제정치에 대한 전통적인 현실주의 접근법에 과학적 방법론을 결합하여 서술이나 처방을 넘어 설명과 예측을 제공하는 국제정치이론을 구축하고자 하였다. 아울러 그는 전통적 현실주의자들과는 달리 국제정치이론은 인간성이나 국가들의 속성에 환원되어서는 안되고 행위자들 간의 상호작용에 의해 발생한 국제체계의 구조의 제약력에 주목해야 한다고 주장했다. 다른 변수들이 중요하지 않아 생략하는 것이 아니라 그렇게 함으로써만 단위 수준의 변수들과 체계 수준의 변수들을 분리할 수 있고, 따라서 환원주의가 아닌 체계 이론을 만들어 낼 수 있다는 논리이다. 자신의 관심이 특정국가의 외교정책 분석에 있지 않고 국가행위의 일반화를 모색하는데 있다는 그의 발언은 이러한 맥락에서 의미를 가진다. 월츠 이론에서 중핵을 구성하는 구조는 체계의 배열원리, 행위자들이 수행하는 기능의 분화, 그리고 체계내 행위자간 능력분포로 파악된다. 그러나 무정부상태라는 배열원리는 변동가능성이 거의 없고, 국가들은 모두 비슷한 기능을 수행하므로, 능력분포만이 국제구조의 변동과 관련을 갖게 된다. 못지 않게 중요한 것은 국제구조가 무정부상태를 구조적 특성으로 하는 한 국제체계는 세력균형을 필연적으로 이루게 된다는 월츠의 일반화이다. 즉 무정부상태에서 이익보다 생존을 우선추구하는 국가들은 국내행위자들과는 달리, 강대국에 편승하면서 주권을 양보하기 보다는 그에 저항하는 연합세력을 형성하여 주권과 생존을 선택하므로 세력균형은 자동적으로 형성된다는 논리이다. 이러한 경제적인 설명체계는 과학적 방법론의 적용, 비가시적 실체로서의 구조의 개념 도입과 함께 월츠 이론을 다른 현실주의 이론과 차별화하는 주요 요인이 된다.

의 인자와 단위 수준의 인자를 혼동한다는 점도 지적했다. 일반-체계 모델을 따르는 이론들을 살펴봄으로써, 우리는 그 모델이 국제정치의 현실에 부합하지 않는다는 것, 그러나 오직 체계이론을 통해서만 국제정치가 제대로 이해될 수 있다는 것을 동시에 깨닫게 되었다. 이를 성공적으로 증명하기 위해서는 국제정치가 어떻게 경제적, 사회적, 그리고 여타의 국제적 영역들과 구분되는 하나의 영역으로 규정될 수 있는가를 보여 줄 수 있어야 한다. 국제-정치적 체계들과 여타의 국제체계들과의 차별성을 부각시키고, 체계 수준의 세력을 단위 수준의 세력과 구별하기 위해서는 정치적 구조가 어떻게 생성되고 그 체계의 단위들에 어떠한 영향을 미치고, 또 어떻게 영향을 받는가를 보여 주어야 한다. 국제정치를 하나의 별개의 체계로서 어떻게 생각할 수 있을까? 무엇이 서로 상호작용하는 단위들과 그 단위들의 행위 및 단위 간 상호작용이 산출한 결과 사이에 개입하고 있는가? 이러한 문제에 대한 대답을 제시하는 것이 이 글의 목적이다. 이를 위해서 우선 사회적 구조의 개념을 검토하고, 국내정치와 국제정치에 적합한 개념으로서의 구조를 정의해보자.

1.

체계는 구조와 그 안에서 서로 상호작용하는 단위들로 구성되어 있다. 구조는 체계를 전체로서 생각할 수 있게 해주는 범체계적 요소이다. 체계이론가들이 해결하지 못했던 문제의 핵심은 구조를 단위들의 속성 및 그들의 상호작용과 분리시켜 정의해 내지 못했다는 것이다. 구조의 정의는 단위들의 특성, 행태 및 그들의 상호작용과 분리되어 개념화되어야 한다. 왜 이러한 중요한 것들을 생략해야만 하는가? 이유는 간단하다. 그렇게 함으로써만 단위 수준의 변수들과 체계 수준의 변수들을 분리할 수 있기 때문이다. 문제는 관습적으로 사용되어 온 상황, 주변여건, 맥락, 환경 등과 같은 다양하고 모호한 체계적 개념들을 이론적으로 유용한 개념으로 발전시키는 일이다. 이처럼 모호하고 다양한 용어들에 명확히 고정된 의미를 부여할 수 있을 때에만 구조의 개념이 비로소 유용한 것이 될 수 있다.

　이론적으로 유용한 개념으로 구조를 정의하기 위해서 무엇을 생략할 것인가는 명백하다. 단위들의 특성을 추상한다는 것은 정치지도자, 사회경제적 제도, 국가이념 등의 문제로부터 벗어나야 함을 의미한다. 단위들 간의 관계로부터의 추상이라는 것은 국가내의 문화적, 경제적, 정치적, 군사적 상호작용으로부터의 이탈을 의미한다. 이러한 요소들을 버린다는 것은 무엇을 남겨 두어야 하는가에 대한 답이 아니다. 그럼에도 불구하고 부정적인 관점은 중요하다. 왜냐하면 이러한 단위들의 특성들 그리고 그 상호작용의 생략이 거의 지켜지지 않기 때문이다. 그러나 만일 단위들의 특성과 상호작용이 생략된다면, 남는 것은 무엇인가? 이 문제에 대한 해답은 '관계'라는 용어의 이중적 의미를 고려해 봄으로써 제시될 수 있다. 내이들(S. F. Nadel)에 의하면, 일상언어는 이론에 있어 중요한 구분을 모호하게 만든다. '관계'라는 용어는 단위들 간의 상호작용과 그것들이 서로에 대해 차지하는 위치라는 두 가지의 의미를 담고 있는 것으로 사용되고 있다.[1] 구조를 정의하기 위해서는 단위들의 상호작용을 무시한 채 그 단위들이 서로 어떠한 관계에 놓여 있는가, 즉 체계 안에서 단위들이 어떻게 배열되고 어떤 위치에 있는가에 초점을 두어야 한다. 상호작용은 단위 수준에서 일어나는 것이다. 반면 단위들이 서로 어떠한 관계에 놓여 있는가, 즉 단위들의 위치와 배열의 문제는 단위의 속성이 아니라 체계의 속성이다.

　행위자의 성격, 행위, 그들 간의 상호작용을 무시함으로써 우리는 순수하게 사회의 위치도(positional picture)를 그려 볼 수 있게 된다. 여기에서 다음과 같은 세 가지의 가설을 도출해 낼 수 있다. 첫째, 단위들의 성격, 행위, 상호작용 등이 쉽게 변할 수 있는 반면에 구조는 보다 영속적이다. 구조는 단위의 행위 및 상호작용과 분명히 구분된다. 둘째, 구조의 정의는 (어떤 영역내에서) 단위들의 배열이 비슷한 형태로 유지되는 한 서로 다른 내부적 성질을 가진 다양한 영역들에 모두 적용될 수 있다. 셋째, 이러한 이유에서 어떤 영역에 관한 '이론'은 다소의 수정을 통해 다른 영역에도 적용될 수 있다.[2]

---

1) S. F. Nadel, *The Theory of Social Structure*, Glencoe, Ill.: Free Press, 1957, pp.8- 11.
2) Nadel, op. cit., pp.104-109.

　구조는 그것을 구성하고 있는 부분들(단위들)의 배열형태에 의해서 정의된다고 하였다. 그러므로 구조적 변동은 이러한 배열에 변화가 발생하는 경우에만 일어난다. 체계는 구조와 부분들로 구성되어 있다. 구조와 그 부분들이라는 것은 실제적인 행위주체라는 개념과 연관된 것이긴 하지만 동일한 것은 아니다. 구조는 우리 눈에 보이는 것이 아니다. 인류학자인 마이어 포르테스(Meyer Fortes)는 이것을 잘 보여 주고 있다. "구조를 말할 때 우리는 문법과 문장론의 영역을 다루는 것이지 발화된 말(spoken word)에 대해 다루는 것이 아니다. 우리는 먼저 '구체적 실재'에서 벗어나 먼저 구조를 구축함으로써 사회적 사건들의 '구체적 실재' 속에서 구조를 발견할 수 있다."3) 구조는 추상적인 것이다. 때문에 그것은 체계의 물적 특성으로 정의될 수 없다. 대신에 구조의 정의는 체계내의 부분들의 배열과 그 배열원리에 의해 규정되어야 하는 것이다.

　구조적 개념은 인류학자, 경제학자, 그리고 정치체계를 정당이나 관료제와 같은 체계의 부분으로 다루는 정치학자들에게까지도 친숙한 개념이지만, 이러한 접근방법은 정체체계를 연구하는 데 있어 색다른 시각을 제시해 주고 있다. 구조를 정의함에 있어서, 인류학자들은 족장과 인디언들의 가치관과 관습에 대해 질문을 제기하지 않는다. 경제학자들은 특정 기업의 조직과 효율성, 그리고 그들 사이의 교환에 대해서 관심을 갖지 않는다. 또한 정치학자들도 다양한 공적 지위(offices)를 차지하고 있는 개인들의 특성이나 관심사에 대해서는 질문하지 않는다. 그들에게 있어서 개별 행위자들의 자질, 동기, 상호작용 등은 고려사항이 아니다. 그 이유는 그러한 문제들이 흥미롭지 않다거나 중요성이 덜 하기 때문이 아니다. 그들이 관심을 갖는 것은 부족의 구조가 부족 단위의 특성, 동기, 상호작용 등에 어떤 영향을 미치는가, 기업의 의사결정에 시장이 어떠한 영향을 미치는가, 사람들의 행위가 그들이 차지하고 있는 공적 지위에 의해 어떤 형태로 규정되는가 등의 문제인 것이다.

---

3) Meyer Fortes, "Time and Social Structure: an Ashanti Case Study," *Social Structure: Studies Presented to A. R. Radcliffe-Brown*, Oxford: Clarendon Press, 1949, p.56

2.

구조라는 개념은 서로 다르게 위치지어지고 결합된 단위들은 서로 다른 양태로 행위하고, 상호작용 속에서 서로 다른 결과를 산출해 낸다는 사실에 기초하고 있다. 나는 우선 국내정치적 구조가 어떻게 정의될 수 있는가를 보여 주고자 한다. 한 국제정치 이론서는, 내부영역에서 일어나는 행위 및 결과와 외부영역에서 일어나는 행위 및 결과에 대한 기대들 사이에 구분을 짓기 위해서 국내정치 구조가 검토되어야 한다고 제시한다. 더불어 국내정치적 구조를 살펴봄으로써 이제 포착하기 어려운 국제정치적 구조를 보다 쉽게 포착할 수 있게 해줄 것이다.

구조는 체계를 구성하는 부분들의 배열 및 질서를 정의한다. 구조는 정치기구들의 (단순한) 집합이 아니라 그것들의 배열이다. 이 배열이 어떻게 정의될 수 있는가? 한 국가의 헌법체계는 배열의 일부분만을 규정한다. 그러나 부분들 간의 상호작용에 의해 생성된 정치적 구조는 공식적인 헌법과 동일한 것이 아니다. 구조를 정의함에 있어서 제기되는 첫 번째 질문은 부분들의 배열원리가 무엇인가라는 것이다.

국내정치는 위계적으로 배열되어 있다. 그 단위들은—제도, 기구 등—서로에 대해 명령·복종의 관계에 놓여 있다. 체계의 배열원리는 우리에게 한 영역을 구성하는 부분들이 서로 어떠한 관계에 있는가에 관한 기본적인 정보를 제공해 준다. 한 국가에서 공직의 위계란 결코 완벽한 것도 아니며, 또한 명령·복종 관계에 관해서도 모호한 부분이 완전히 제거된 것도 아니다. 그럼에도 불구하고 정치적 행위자들은 자신들에게 부여된 권위의 서열에 따라 공식적으로 분화되어 있으며, 그 기능 역시 구체적으로 분화되어 있다. 여기서 '구체화'라는 것이 의미하는 것은 한 국가의 법이 다양한 기구의 서로 다른 책임영역을 완벽하게 규정하고 있다는 것이 아니라, 단지 다양한 정부내 부처들이 수행해야 하는 업무영역과 정당하게 행사할 수 있는 권력의 범위를 한정해 주는 대략적인 규정임을 뜻한다. 의회는 군대에 예산을 제공하고, 대통령은 통수권을 가진다. 의회에서 제정한 법을 행정부처가 집행하며, 사법부는 그들을 견제하는 기능을 수행한다. 이러한 역할규정과 기능분화는 어느 국가에서나 이루어져 있고, 보다 발전된 국가일수록 더욱 그러하다. 공식적으로 분화된 부분들의 기능에 대한 구체화는 구조적 정보의 두 번째 의미를 제시한다. 그러나 구조의 정의가 담고 있는 두 번째 요소는 구조에 일정한 정도의 내용을 부여하지만 이것만으로는 단위들 간의 관계를 완전히 설명할 수 없다. 예를 들어, 영국에서 수상과 의회의 역할과 기능은 미국의 그것과는 차이점을 갖는다. 공적 지위의 배열과 기능이 서로 다른 방식으로 결합되어 있으므로 거기에서 발생하는 행위와 결과는 두 나라에서 다를 수밖에 없다.

단위들의 관계설정은 체계의 배열원리나 부분들의 공식적 분화에 의해 완전히 파악되지 않는다. 어떤 단위가 차지하고 있는 위치는 그것의 상대적인 능력변화에 조응하게 된다. 단위들은 기능수행 과정을 통해 능력을 얻을 수도, 잃을 수도 있다. 의회/수상의 관계, 의회/대통령의 관계는 그들이 보유하는 상대적인 능력에 의존한다. 따라서 셋째, 구조의 정의는 구체화된 기능들이 변화하지 않는 때조차 단위들은 상대적 능력의 변화를 통해 서로 다른 위치에 서게 된다는 것을 확인한다.

이와 같이 국내정치의 구조는 첫째 배열원리, 둘째 공식적으로 분화된 각 단위들의 구체화된 기능, 셋째 단위들 사이의 능력의 분포에 의해 정의될 수 있다. 구조는 고도로 추상적인 개념이다. 그러나 구조의 정의는 모든 것으로부터 추상되어 있지는 않다. 그렇게 할 경우 모든 것으로부터 벗어나서 어떤 것도 포함시키지 않음을 의미한다. 구조의 정의를 구성하는 세 가지 요소들은 체계내 단위들의 위치와 배열을 보여 주기 위해서 요구되는 것만을 포함하며 그 밖의 모든 것은 생략되는 것이다. 전통 및 문화에 대한 관심, 정치적 행위자들의 개별적 특성, 정치적 과정의 갈등적 또는 화합적 특성, 정책의 결정 및 집행의 문제 등과 같은 부문은 관심영역에서 제외되어야 한다. 이러한 요소의 생략은 그것의 중요성을 부인하는 것과는 다른 문제이다. 다만 과정에 미치는 구조의 영향력과, 구조에 미치는 과정의 영향력을 적절히 포착하기 위해서 생략시킬 뿐이다. 이것은 구조와 과정이 명백하게 정의될 때 비로소 가능할 수 있다.

정치구조가 정치과정을 제약하는 것을 실제의 사례를 통해서 살펴볼 수 있다. 영국과 미국은 입법권과 행정권이 상이하게 구조화되어 있다. 영국에서는 이 두 권력이 융합되어 있고 미국에서는 분리되어 있다. 권력과 권위가 공적/사적 기관들에 분포되어 있는 형태의 차이는 정부지도자가 갖는 권력의 정도에 영향을 미치고 그들의 능력발휘에 있어서의 차이를 설명하는 데 도움을 준다. 한 예로, 영국의 정치적 리더십에 대해 살펴보자.4)

영국의 수상은 적어도 19세기 후반 이래로 의회는 물론 내각으로부터 상당한 자율성을 가지고 권력을 행사해 온 것으로 알려져왔다. 수상은 단독으로 임무를 수행한다. 실제로 사람들은 그렇게 생각한다. 그러나 사람들은 이처럼 강력한 권한을 가지게 된 수상이 왜 여러 가지 사안에 대해 그처럼 신속하지 못하고, 같은 사안에 반복적인 비효율성으로 대처하고 일반적으로 유약한 행동을 보이는 것에 의문을 가지게 된다. 그에 대한 대답은 역대 수상들의 개인적 특성만으로는 설명될 수 없는 문제다. 정당정치의 원리가 영국정치의 주요한 틀로 정착되기 시작했던 1860년대 시기로 돌아가 보자. 수상은 공식적으로 충분한 권력을 가지고 있었던 것으로 보인다. 그럼에도 불구하고 수상의 권력행사는 미국 대통령에 비해 상당히 제한된 것이었다. 그 제약은 영국정부의 구조, 특히 정치지도자와 정당의 관계 속에서 발견된다. 여기서 중요한 것은 지도자 충원방식과 (지도자가) 자신의 정당을 극히 조심스럽게 관리해야 한다는 사실의 결과라는 두 가지 요소다.

영국은 직·간접적으로 양당제와 그 당의 지도자들 중에서 행정수반을 선출하는 방식을 채택해왔다. 그들 두 정당으로부터 지도자가 선출되는 과정은 구체적으로 어떻게 이루어지는가? 한 명의 의원은 오랜 의회봉사경력, 행정지도자로서의 능력입증, 그리고 하원에서 중요하게 여기는 자질들을 성공적으로 발휘함으로써 자신이 소속된 정당의 지도자가 되거나 수상이 될 수 있다. 양대정당의 구성원들은 누가 최고 책임자가 될 것인가를 결정한다. 그들은 비집권기에 정당을 이끌고, 집권기에 수상이 될 사람을 선출하는 것이다. 수상이 되고자 하는 인물은 자신의 일차적 선거구 주민이라 할 수 있는 하원의 소속 정당원들의 기대에 어긋나서는 안된다. 이는 지도자로서 능력 있고 소속 정당의 노선에 입각해 안전하고 신뢰감을 주는 적임자로서의 역량을 가져야 한다는 의미이다. 의원들은 수년에 걸쳐 자신들의 기대에 어긋나지 않을 인물을 모색한다. 수상재직 연한에 제한이 없는

---

4) Kenneth N. Waltz, *Foreign Policy and Democratic Politics: The American and British Experience*, Boston: Little Brown, 1967.

영국에서는 젊은 사람에 대한 지지를 꺼리게 된다. 왜냐하면 나이가 젊을수록 최고지도자의 지위에 머물 기간이 길어질 것이고, 그것은 다른 사람들의 정치적 진로에 방해요소가 될 수 있기 때문이다.

정치제도가 정착된 대부분의 국가들처럼, 영국도 자신의 통치자를 정치적으로 도제화(徒弟化)한다. 영국적 도제제도는 미국과는 차이점을 가진다. 미국의 경우와는 달리 행정수반의 연령이 보다 높고 노선이 보다 보수적이다. 1867년 제2차 개혁법이 제정된 이래, 영국은 20명의 수상을 배출했으며 그들의 평균연령은 62세였다. 수상이 되기 전의 의회경력도 평균 28년이고, 이들은 이 기간 동안 내각내의 다양한 고위직책을 두루 거치면서 도제성을 기르게 되는 것이다. 영국에서 수상이 되는 한 가지 방법은 각료 사다리(ministerial ladder)5)에 꾸준히 오르는 것이다. 남북전쟁 이래 미국에서는 22명의 대통령이 배출됐으며 그들의 평균연령 56세6)였다. 영국과는 달리 의회를 통해 행정 고위직에 진출하는 것이 아니기 때문에 영국과 미국의 의회체계를 비교하는 것은 무의미하다. 하지만 대통령제는 보다 다양하고 폭넓은 경험-그랜트(Grant)나 아이젠하워(Eisenhower)와 같이 그 경험이 전혀 비정치적인 영역일 경우도 있듯이-을 수용한다.

영국의 충원행태는 행정부의 권력에 큰 제한을 부과하는 조건을 창출한다. 수상은 폭넓은 경륜이 있는 사람일 것이며, 그의 경륜은(세속적 지혜라고 부를 수 있다) 그의 막강한 권력을 과감히 사용치 않도록 자제시킨다. 영국 정치가 우유부단한 것이 사실이라면 그것은 이념적 획일성과 실용주의적 정치와는 거리가 멀다고 예기되는 영국의 소위 '국가성격'보다 위에서 말한 영국의 지도자 충원행태의 독특함에 의해 더 많이 설명될 수 있다.

수상 선출과정에서 그를 압박하는 요인들은 그것들이 미묘하고 이해하기 어려운 만큼이나 중요하며 또 일반적으로 간과되고 있기도 하다. 이러한 요인들은 당/의회에 대한 수상의 관계에서 비롯된다. 두 국가에서 이러한 상황은 다음과 같이 전개될 수 있다. 대통령은 나라를 이끌어 갈 수는

---

5) 이러한 관례를 부정하는 것은 아니지만 맥도널드(Ramsay MacDonald)는 예외적인 사례이다. 전쟁시기의 연정에 참여하지도 않았고 소속 정당이 집권한 적이 없었던 그는 한 번도 각료직을 맡지 않았다.

6) 모든 연령 산출은 1978년 7월을 기준으로 한다.

있으나 당을 복종시키기는 어렵다. 수상은 자신의 추종자들을 가지고 있으나 그것은 당의 노선에서 크게 벗어나지 않을 경우에 한하는데 이는 그가 나라를 이끄는 데는 부담으로 작용하게 된다. 수상에게 요구되는 필수적인 정치적 기술은 자신에 대한 도전과 반항을 사후에 응징하기보다는 이를 사전에 막는 식으로 당을 관리하는 것이다. 수상들이 가지는 대부분의 고민은 일부 몇몇 당소속 의원들의 반항이나 도전보다는 처칠(Churchill)과 맥밀란(Macmillan) 정권 말기에 일어났고, 이든(Eden)과 히드(Heath) 정권 말기에 보다 뚜렷히 발생했던 것처럼 자신에 대한 실질적이고 유효한 지지가 총선과 총선 사이에 감소되지 않을까 하는 점이다. 당이 분열되고, 수상이 다루기 힘든 당내 내분에 직면했을 때에만 당이 정부에 대해 제동을 건다고 보는 것은 옳지 못하다. 당은 결코 통일체가 아니기 때문이다. 안정적으로 유지되는 정당은 대부분 수동적으로 순종하는 것으로 보일 것이다. 그러나 그러한 관리유지 기술을 습득하기란 쉬운 일이 아니다. 효과적인 수상 또는 당지도자는 견해 차이를 피해가기 위해 다양한 방법을 사용할 뿐 아니라, 가능하다면 사전에 그러한 문제를 예측할 수 있는 능력도 가져야 한다. 양보가 이루어지는 것이다. 쟁점들에 대한 토론을 지연시키거나 전적으로 회피하기도 한다. 두 정당을 지휘관의 명령에 복종하는 훈련된 군대처럼 생각한다면, 그것은 중요한 역사를 많은 부분 무시하는 것일 뿐만 아니라, 다양한 집단들―그것이 군대, 축구팀, 정당이든―을 조화롭게 행동하도록 하는 데 투입되는 무한정한 배려와 계산을 간과하게 되는 것이다. 수상은 일반적으로 정당에 의존할 수 있지만, 그것은 정당원들이 집단적으로 설정해 놓은 한도내에서만 가능하다. 수상은 자신의 당이 줄 수 있는 것만을 요청할 수 있을 뿐이다. 그는 "노동조합은 훈육되어야 한다"라고 말할 수 없다. 또한 "노사관계가 재정립되어야 한다"라고도 말할 수 없다. 그는 "산업이 합리화되어야 한다"라고 말할 수도 없다. 그가 이러한 사실을 확신하고 있다고 해도 이러한 말을 할 수는 없다. 그는 오직 당이 자신을 중심으로 커다란 분열 없이 단결을 이루고 있다고 확신할 때에만 강력한 지도력을 행사할 수 있는 것이다. 그러나 수상이 그렇게 확신하게 될 때쯤이면 그의 지도력은 이미 강력한 것으로 볼 수 없게 된다. 힘 있는 수상이 되기 위해서는 나쁜 지도자라는 평가를 감수해야 한다. "정당은 관리되어

142

야만 한다. 그리고 그 정당을 가장 잘 관리할 수 있는 사람은 아마도 최선
의 지도자일 것이다. 입법 및 행정부로서의 부수적인 업무는 실무자의 몫
이다."[7] 이것은 거의 마술적 경지의 관리기술을 보인 정당 관리자였던, 비
즈왁스(Timothy Beeswax)에 대한 트롤롭(Anthony Trollope)의 평가이다.[8]
한 국가의 지도자의 역할과 한 정당의 관리자로서의 역할은 쉽게 서로 충
돌할 수 있다. 미국과 같은 공적 견제와 균형의 제도가 존재하지 않는 상황
에서는 정당이 마음만 먹으면 그렇게(국가지도자로서의 역할과 당의 관리
자로서의 역할이 서로 충돌하도록) 되도록 할 수도 있다. 수권정당은 그 정
당지도자의 말에 따라 행동하므로 지도자는 그의 언행을 조심해야 한다.
　정치적 도제제도와 연관된 이러한 지도력의 문제는 영국의 정치 행태를
기술하는 데 상당히 유용하다. 수상에게 있어서 권좌에 오래 머무르는 것이
목적이라면, 그는 당을 단결시키는 데 가장 역점을 두어야 한다. 왜냐하면
그를(그의 정책을) 지지하는 당내의 다수파를 계속적으로 만들어 내기는 쉽
지 않기 때문이다. 수상은 정당이 받아들일 수 있도록 행동해야만 한다. 수
상은 정치체계 속에서 자신을 전적으로 지지하는 정당을 지속적으로 유지
해야만 하고 그러기 위해서는 상당한 정도의 행동의 자율성을 포기해야 한
다. 그는 조심성 있게 행동하면서, 정책결정의 필요성이 그 결정의 당위성
에 대한 시비를 무디게 만들 때까지 상황이 전개되도록 내버려 두어야 한
다. 지도력의 특성은 체계에 내재되어 있다. 전형적인 수상은 국가지도자로
서는 나약하지만 정당 관리자로서는 전문적이어야 하며, 이러한 특성들은
그가 수상으로서의 직위를 획득하고 유지해 나가기 위해 기본적으로 갖추
어져야 하는 것이다.
　반대로, 미국 대통령의 경우를 살펴보자. 대통령의 임기는 의회의 지지

---

7) 한 세기 동안 변동이 거의 없었다고 볼 수 있다. 크로스만(Crossman)과 윌슨
(Wilson), 그리고 또 다른 이들이 캘러핸(Callaghan)에 대해 수차 가혹한 평가를
내리기는 했지만, 크로스만은 자신을 '노동당에서 가장 능수능란한 정치인'이라
고 생각했다. 그리고 이런 탁월성으로 인해 캘러핸은 윌슨으로부터 그의 뒤를
이어 수상직을 승계하는 데 도움을 얻을 수 있었다(1977, III, pp.627-628 부분
참조).

8) Anthony Trollope, *The Duke's Children*, vol.3, Philadelphia: Geddie, 1892(1880),
III, p.169, cf.I, p.216.

여부에 의존하지 않는다. 또한 대통령은 정책에 실패하더라도 계속 대통령 직에 머물 수 있고, 방해(자)의 존재는 체계의 일상적인 것으로 용인되는 부분이다. 따라서 대통령은 의회가 받아들일 수 없다고 생각되는 것조차도 요청할 수 있는 위치에 서 있는 것이다. 대통령은 의회가 받아들이지 않는 법안에 대해 그것이 국가이익과 부합하는 것이라고 자료를 들이대며 의회를 설득한다. 대통령은 자신이 요구하는 수준의 절반 정도의 결과를 얻기를 기대하고 (실제로 요구할 때는) 자신이 원하는 것 이상으로 요구할 수 있으며, 실제로 그러하다. 따라서 약속한 것과 수행된 것 사이의 격차, 대통령으로서의 요구와 그에 대한 의회의 수용 사이의 격차는 때때로 혼란을 가져오기도 한다. (영국의) 수상은 얻기를 원하는 만큼 요구한다. 그럼에도 불구하고 주요한 사회경제적 입법에는 오랜 기간이 소요된다. (미국의) 대통령은 실제로 원하지 않는 부분까지도 요구한다. 그럼에도 불구하고 개혁의 속도는 영국에 비해 그다지 느리지 않으며, 미국정부의 유연성과 반응속도 또한 영국보다 양호하다.

현상은 때때로 현혹적일 수 있다. 수상은 매우 강한 반대파가 부재하다는 사실로 강력한 지도자인 것으로 여겨진다. 그러나 권력의 융합은 수상이 당의 결속에 대한 그의 관심을 공익에 대한 배려보다 우선시하도록 부추긴다. 또한 투표자의 눈에 책임 있는 정당으로 보이게 하는 과정에서 국가의 필요에 둔감한 정부를 만들게 된다. 디즈라엘리(Disraeli)의 한 소설에 등장하는 인물이 얘기했던 것처럼 "공인이란 책임을 지는 사람이다. 그리고 책임을 지는 사람은 노예이다."[9] 명백히 책임을 진다는 것은 고도로 가시적이어야만 한다. 미국의회에서 벌어지는 쇼는 대통령에게 주어지는 대중의 관심을 어느 정도 분산시킨다. 영국의 경우 대중은 수상에게 진지하고 강렬한 자세로 시선을 집중한다. 그것이 적당한 것이든 아니든 그는 그 정치체의 건강상태에 대해 칭찬받거나 비난받게 된다. 책임성이란 분산된 것이기보다는 집중된 것이다. 책임 있는 지도자는 자신의 권력을 절약해야 한다. 정책의 실패 가능성에 대한 위험부담은 전적으로 수상 자신의 것이다.

전통적으로 강력한 대통령제에 친숙한 미국인들은 제도적으로 부과된 제한들을 생각할 뿐, 영국정부에 대해 부과되는 구조적 제약들은 중요하게

---

9) Earl of Beaconsfield Disraeli, *Endymion*, London: Longmans, Green, 1880, p.156.

여기지 않는 경향이 있다. 사실상 '지도력'이라는 말은 두 나라에서 서로 다른 정치적 의미를 가진다. 미국에서 그것은 강력한 인물이 대통령이 되는 것을 의미하고, 영국에서는 수상의 의지(意志)가 곧 법이 됨을 뜻한다. 영국에서 지도자의 의지가 법이 된다는 것이 미국적 의미에서의 강력한 지도력을 가지고 있다는 의미로 해석될 수는 없다. 모든 것은 지도자의 정체성(identity)과 그의 결정을 만들어 내는 세력에 의존한다는 것을 뜻하는 것이다. 영국적 체계는 지도자가 온건하고 타당성 있게 행동할 것을 요구한다. 이것은 단순히 정치과정을 관찰하는 것으로는 드러나지 않는다. 정치기구와 제도들이 배열·결합되는 방식을 살펴보기 위해서는 우선 정치적 구조와 과정을 연관시켜 보아야 한다. 권력은 수상에게 집중되어 있다. 그러나 비록 비공식적이긴 하나 권력의 남용에 대한 상당한 견제가 뒤따른다. 의회를 통해 행정관직의 충원이 이루어지는 영국적 도제체계, 수상에 대해 부과되는 당의 미묘한 견제, 그리고 문제에 대해 완만히 대처하고 정책변화의 필요성이 폭넓게 인식되기 전까지는 정책변화를 시도하지 않는 습관 등이 그것이다.

이러한 정치유형이 수십 년 동안 지속되었다는 것은 놀랄 만한 것이다. 세기 말 이후 영국의 수상들을 생각해 보라. 발포어(Balfour), 켐벨-배너맨(Campbell-Bannerman), 아스퀴스(Asquith), 로이드 조지(Lloyd George) 보나르 로(Bonar Law), 볼드윈(Baldwin), 맥도널드(MacDonald), 챔벌린(Chamberlain), 처칠, 애틀리(Attlee), 이든, 맥밀란, 호움(Home), 윌슨, 히드, 캘러핸 이들 중 조지와 처칠, 이 두 사람은 영국적 정치 패턴에 적응하지 못한 수상이다. 두 사람 모두 오랜 기간 하원에서 활동했으며 출세의 길을 걸어 왔다. 그들은 도제제도에 따랐으나 거기에 순응하진 못했다. 전쟁 중이 아닌 평화시기에 그들은 기껏해야 신뢰할 수 없는 사람들로 비쳐졌고, 아마도 그들이 수상의 자리에 머무르는 것을 효과적으로 방해할 수 있는 당내 파벌에게 위협적으로 보였다. 그들 두 수상은 다양한 당 내부의 집단별 이해와 신념을 균형 있게 조화시켜 낼 능력도 없었고, 적재적소의 인사를 행하지도 못한 것으로 평가받았다. 또한 비록 다른 사람의 의견이 근거를 갖지 못한 것이라도 그에 대해 적절히 예의 있게 대처하는 아량을 갖지 못한 인물로 평가받았다. 처칠에 대해 몇 마디 해보면 금방 나의 논지가 분명해질 것이다. 1900년 이래 영국의회의 의원으로서, 영국 역사상 어떤 정치가들보다 각료직을 더 많이 가졌던 사람으로서 처칠은 수상으로서의 충분한 자격조건을 구비하고 있었다. 그러나 그는 자신의 정치생활의 대부분을 외톨이로 보냈다. 정치경력의 초반기에는 보수당, 1906년에서 1920년대 까지는 자유당에 몸담았다. 1930년대에 그는 주요 국가 정책사안-처음엔 인도 관련 정책, 다음엔 유럽문제에 대한 정책 등-에 대해 당과 입장을 달리했다. 그는 자신의 당의 약점을 국가적 자산으로 전화시키기에 충분한 큰 위기를 통해서 수상의 자리에 오를 수 있었다. 예외적인 속성을 지닌 그러한 위기들은 그를 수상으로 만들어 냈지만 사실 예외는 예외일 뿐이다.

정치적 구조는 그 구조가 지속되는 한 과정과 결과에서 유사성을 산출해 낸다. 유사성은 단일성을 의미하지 않는다. 구조는 원인으로서 작용한다. 그러나 유일한 원인으로 작용하는 것은 아니다. 관찰된 결과가 국내정치구조에 의해 야기된 것인지, 아니면 오히려 정치인들의 노선변화, 다양한 비정치적 환경의 변동, 그리고 여타 요소들에 의해 야기된 것인지 어떻게 알 수 있는가? 구조적 원인들을 여타 요인들과 어떻게 분리시킬 수 있는가? 이 문제를 해결하기 위해 비교의 방법을 적용시켜 보고자 한다. 예를 들어 구조가 상이한 경우인 영국의 정치행태를 살펴보자. 영국의 노동운동의 행태와 영국 노동당의 행태를 비교해 보자. 권력이 견제와 균형을 이루는 노동운동에서 정치, 특히 노동당이 야당일 때의 정치행위는 미국의 정치적 행위와 매우 유사하다. 갈등과 노골적인 내분의 국면에서 당지도자들은 당내의 여러 부분들-의원뿐 아니라 전국집행위원회(the National Executive Committee), 노조, 지구당 등-이 지도자를 따를 수 있도록 하기 위해 타협을 유도하고, 일련의 정책노선을 결정하고, 충고와 설득을 하고, 위협하고 달래고, 정보를 주고 교육하는 등의 역할을 하게 된다.

한 국가내에서 구조가 갖는 효과는 서로 다르게 구조화된 정치체가 서로 다르게 행위함을 찾아냄으로써 파악될 수 있다. 구조가 갖는 효과는 국가 간의 문제에서도 유사한 구조를 가진 정치체내에서 일어나는 행위의 유사성으로부터 파악될 수 있다. 따라서 전후 일본의회체계에서의 수상의 행동에 관한 치히로 호소야(Chihiro Hosoya)의 이론은 영국의 경우에도 적절히 적용될 수 있다.[10] 문화적 차이를 비롯하여 여타의 차이점에도 불구하고, 유사한 구조는 유사한 효과를 발생시키는 것이다.

3.

지금까지 국내정치구조를 첫째, 그것의 조직 및 배열원리, 둘째, 단위들의 분화와 기능의 구체화, 그리고 셋째, 단위들 간의 능력의 분포라는 세 가지 요소로 정의해 보았다. 이제부터 살펴볼 문제는 이 세 가지 요소가 국제정치에 어떻게 적용될 수 있는가의 문제이다.

1) 배열의 원리

구조적 문제는 체계를 구성하는 부분들의 배열에 관한 문제이다. 국내정치체계의 부분들은 명령·복종의 관계에 놓여 있다. 어떤 부분은 명령하는 위치에, 다른 부분은 복종하는 위치에 서 있는 것이다. 국내체계들은 중앙집중적이고 위계적이다. 국제정치체계의 부분들은 조정의 관계에 놓여 있다. 형식적으로, 각각은 다른 나라에 대해 동등한 위치를 가진다. 누구도 명령하지 않고, 누구도 복종을 강요받지 않는다. 국제체계는 탈집중적이고 무정부적이다. 두 개의 구조는 각기 명확히 다른 배열원리를 가지며 사실상 서로 대조적이다. 국내정치구조들은 각각 정부의 제도와 기관을 포함하고 있다. 반면에 국제정치는 '정부 부재의 정치'로 불린다.[11] 국제적 조직들은 존재하고 있고 또 계속 증가하고 있다. 어떤 초국적 행위자는 국가의 속성과 능력을 획득함으로써 효과적으로 행위할 수 있다. 이노센트 3세 시기의 중세 교황이 한 예이다. 그렇지 않으면 초국적 행위자는 강대국의 지지 또는 묵인이 없는 한 자신의 무능력을 바로 드러내게 마련이다. 국제적

10) Chihiro Hosoya, "Characteristics of the Foreign Policy Decision-making System in Japan," *World Politics*, vol.26, 1974. 4, pp.366-369.

11) William Fox, "The Uses of International Relations Theory," *Theoretical Aspects of International Relations*, Notre Dame: University of Notre Dame Press, 1959, p.35.

으로 출현하는 권위의 요소가 무엇이건 그것은 그들 요소가 출현하는 근간을 제공하는 능력과 절대로 무관하지 않다. 권위는 능력의 특정한 표출로 재빨리 환원한다. 범체계적 권위를 가진 행위자의 부재 속에서는 명령·복종의 공식적 관계가 발전될 수 없는 것이다.

구조적 정의의 첫 번째 용어는 체계의 질서에 관한 것이다. 구조는 조직적 개념이다. 그러나 국제정치에서는 질서와 조직의 결여가 두드러진 특징으로 나타난다. 어떻게 국제정치를 일종의 배열로 생각할 수 있게 되는가? 정치의 무정부상태는 국제적으로 자주 언급되는 개념이다. 구조가 조직적 개념이라고 할 때 '구조'와 '무정부상태'는 서로 모순되는 것처럼 보인다. 국제정치가 '정부 부재상태의 정치'라면 그것의 실상은 무엇인가? 국제적 구조를 고찰할 때 우리는 비가시적이고 불편한 위치에 서게 된다.

문제는 질서유지자 없이 위계를 생각해 내는 것이며 공적 조직체가 없는 곳에서 조직체의 영향을 상상해 보는 것이다. 이 문제를 미시경제학을 비유의 예로 들어 설명하겠다. 비유를 이용한 논법은 경제학과 같이 이론이 상당히 발전된 분야의 논리체계를 정치학과 같이 그렇지 못한 분야로 이식시켜 실험할 수 있기 때문에 유용하다. 단, 논리체계의 이식이 모든 경우에 유용한 것은 아니고 두 영역이 구조적으로 유사한 경우에만 해당된다.

애덤 스미스(Adam Smith)로 대표되는 고전 경제이론은 미시이론이다. 정치학자들은 미시이론을 소규모 문제에 대한 이론이라고 여기는 경향이 있는데 이는 잘못된 것이다. 경제이론에서 '미시'라 함은 현상의 규모에 관한 것이라기보다는 이론이 구축되는 방식과 관련된 것이다. 미시경제이론은 이기적인 행동과 개별단위-사람들, 기업들-간의 상호작용으로부터 시장이 어떻게 자발적으로 형성되는가를 설명해 준다. 경제주체와 시장은 미시경제이론의 중심적 개념이다. 경제단위와 시장은 하나의 개념으로서 기술될 수 있는 현실도 아니고 구체적 실체도 아니다. 이 점은 18세기 초 이래로 사회학자인 오귀스트 콩트(Auguste Comte)에서 심리학자인 조지 카토나(George Katona)에 이르기까지 강조되어 온 것이다. 경제이론은 그 전제들이 현실과 조응되지 못한 점 때문에 비난받아 왔다.[12] 비현실적이게

---

12) Harriet Martineau, *The Positive Philosophy of Auguste Comte: Freely Translated and Condensed*, 3rd ed., vol.2, London: Kegan Paul, Trench, Trubner 1853(1893), II,

148

도 경제이론가들은 경제를 그 사회 및 정치로부터 독립적으로 작용하는 것
으로 인식한다. 또한 경제영역이 세상의 전부라고 가정한다. 그리고 그 유
명한 '경제적 인간'이란 말에서 보듯이, 경제학은 경제주체로서의 인간을
이윤의 극대화라는 단일지향을 추구하는 존재로 바라본다. 경제학에선 인
간의 한 측면에만 집중함으로써 그 이외의 삶의 다양성을 간과해 버린다.
'경제적 인간'은 존재하지 않는다. "어떻게 의사결정을 하는가"라는 질문
을 기업가들에게 던져보면 우리는 "인간이 이윤의 극대화를 지향하는 존
재"라는 전제가 기업인의 특성을 얼마나 왜곡시키고 있는가를 알 수 있다.
그러나 경제적 인간이란 전제를 비록 현실부합성이 없는 것으로 사람들은
생각하지만 이론을 구축할 때는 아주 유용한 것으로 활용할 수 있다.

　　시장은 미시경제학의 또 하나의 중요한 개념이다. 시장개념과 관련하여,
시장은 어떻게 형성되고 어떻게 작용하는가라는 두 가지의 질문이 제시될
수 있다. 탈집중적인 경제에서의 시장은 비의도적인 개별 단위들에 의해
자연발생적으로 시작된다. 시장은 개별 단위들—개인 및 기업—의 작용 속
에서 성장한다. 이 단위들이 지향하는 것은 질서를 만들어 내는 것이 아니
라 온갖 가능한 수단을 동원하여 자신들의 이익(利益)을 충족시키는 것이
다. 개별 단위는 스스로를 위해 행동할 뿐이다. 구조의 출현은 유사한 단위
들의 동시행위(coaction)를 통해 이루어지며, 그 구조는 일단 형성되면 단
위들 모두에 대해 영향을 미치고 제약을 가하게 된다. 일단 형성된 시장은
그 자체로서 힘을 발휘하게 되고, 그 힘은 시장을 구성하고 있는 개별 단위
나 몇몇 단위들의 작용으로 통제될 수 없는 것이다. 변화하는 시장조건하
에서, 시장의 창조자들은 오히려 자신들이 만들어 낸 시장의 창조물이 되
는 것이다. 애덤 스미스의 업적은 자유경쟁이 보장되는 정치경제적 조건하
에서 이기적이고 탐욕적인 행위들이 어떻게 훌륭한 사회적 결과를 생산해
낼 수 있는가를 보여 준 점이다. 자유방임적 경제가 조화를 유지하는 것은
경제주체들의 의도와 그 결과가 일치하지 않기 때문이라고 할 수 있다. 경
제주체와 그들의 행위의 목적 사이에 무엇이 개입하는가? 이기적 행위자들
이 빚어 내는 예상 밖의 결과를 설명하기 위해서는 시장 개념이 도입되어

　　　　pp.51-53; George Katona, "Rational Behavior and Economic Behavior,"
Psychological Review, vol.60, 1953. 9.

야 한다. 개별 단위는 각자의 이익을 추구한다. 수많은 단위들의 동시적 행위의 결과는 이들의 동기와 목적을 초월하는 것이다. 각각의 경제단위들은 일을 덜 하면서 자신이 생산한 상품에 대해 보다 높은 가격이 매겨지길 원한다. 이 모든 것이 함께 일어날 때, 모든 사람은 더 열심히 일해야만 하고 그들의 상품의 가격은 점차 낮아진다. 모든 기업은 이윤증가를 추구한다. 그러나 모든 기업들이 그렇게 함으로써 결과적으로 이윤율은 저하된다. 개별 행위자는 그 자신의 목적을 추구하고, 그렇게 함으로써, 자신의 의도와는 다른 결과를 낳는다. 구성원들의 탐욕을 벗어나 보다 나은 사회적 결과가 생산되는 것이다.

　시장은 경제주체와 그들이 산출한 결과 사이에 존재하는 인자(因子)이다. 시장은 경제주체의 계산, 행동 및 상호작용을 통제한다. 시장은 X라는 결과를 발생시키는 주체라는 의미에서의 A라는 주체가 아니다. 시장은 구조적 인자이다. 시장은 그것을 구성하고 있는 단위들이 특정한 행위를 취하는 것을 제한하고, 다른 행위를 취하도록 제약한다. 경제단위들의 자의적인 상호작용에 의해 만들어진 시장은 경제주체들의 행위를 그 행위의 결과에 따라 선택한다. 시장은 한편에게는 높은 이윤이라는 보상을 주는 반면 다른 한편에 대해서는 파산을 선고하기도 하는 것이다. 시장은 구체적으로 감지할 수 있는 제도나 주체가 아니기 때문에, 이런 설명들은 그 말이 이론으로부터 도출될 수 있을 때 보다 명확해질 수 있을 것이다. 그것은 가능하다. 미시경제이론은 경제가 어떻게 운영되고, 특정 효과가 어떤 이유에서 예상될 수 있는가를 설명한다. 그것은 수많은 'if-then'의 가설을 도출시키며, 그 가설들의 확인은 용이하다. 다음의 간단하면서도 중요한 가정을 예를 들어 생각해 보자. 수요가 증가하면 상품의 가격은 인상될 것이다. 가격이 상승하면 이윤도 높아질 것이다. 이윤이 높아지면 투자가 확대될 것이고 그 결과 생산은 증가할 것이다. 생산이 증가하면 상품생산자의 이윤율이 떨어질 것이다. 이러한 설명은 계속 확장될 수 있다. 그러나 그것이 나의 목적은 아니다. 내가 지적하고자 하는 것은 앞에서 언급된 예측들이 이제는 진부한 것이 됐음에도, 이론이 확립되기 이전의 경제학자들은 이에 대한 결론에 도달할 수가 없었다. 물론 이러한 모든 설명은 적절한 일반화 수준에서 의미를 갖는다. 그것들은 '다른 조건이 같다면'을 요구한다. 그것들은 이론에 의해서 예측된 조건이 인정하는 범위내에서만 적용될 수 있다. 그것들은 이상화(理想化)된 것이고, 따라서 완전한 형태로는 결코 실제 속에서 발견될 수 없다. 사회적 관습, 정치적 개입 등과 같은 많은 변수들이 이론적으로 예측된 결과에 영향을 미칠 것이다. 이러한 개입들이 고려되어야 함에도 불구하고 일반적으로 무엇이 기대되는가를 아는 것은 극히 유용하다.

경제적 시장과 마찬가지로, 국제정치체계들은 이기적 단위들의 동시행위에 의해 형성된다. 국제구조들은 한 시대의 주요한 정치단위들—즉 도시국가, 제국 또는 국민국가—의 차원에서 정의된다. 구조는 여러 국가들의 공존으로부터 출현한다. 어떤 국가도 자신과 다른 국가를 제약하게 될 구조를 의도적으로 형성시키고자 하지는 않는다. 국제정치체계는 시장과 마찬가지로 비의도적이고 자연발생적이다. 두 체계 모두에서, 구조는 구성단위들의 상호작용에 의해 형성된다. 이러한 단위들의 생존, 번영, 멸망은 전적으로 그들 자신의 노력 여하에 달려 있다. 두 체계 모두 그 단위들에 적용하는 '자조(自助)의 원리'에 의해 구성되고 유지된다. 두 영역이 구조적으로 유사하다는 것이 곧 동일성을 의미하는 것은 아니다. 경제적인 의미에서 '자조의 원리'는 정부가 설정한 제약내에서 적용된다. 시장경제는 에너지를 건설적으로 조절하는 식으로 제약받는다. 식의약품기준법, 독점금지법, 증권거래규제법, 불공정거래규제법, 광고에 있어서 부당제소금지 등이 그것이다. 국제정치는 자조의 원리가 시장에서 작동하는 한 그것과 구조적으로 매우 유사한 성격을 갖는다.

미시이론에서는 행위자들의 동기가 실제적으로 기술되기보다는 전제된다. 나는 국가의 목표가 자신의 생존에 있다고 전제한다. 이 전제는 이론을 구축하기 위해 상당히 단순화된 것이다. 이 전제의 진위 여부보다는 그것의 유용성이 더 중요하다. 이 전제의 유용성은 그것에 기초해 이론이 만들어질 수 있는가, 그리고 그 이론에서 중요한 결과가 도출될 수 있는가의 여부로 결정된다.

생존 이외의 국가의 목표는 매우 다양하다. 그 다양성의 범위는 세계정복의 야망까지도 포함할 정도로 폭넓다. 생존이란 국가가 목표를 달성하기 위한 선행요건이다. 생존동기는 모든 국가행위의 저변에 놓여 있는 충동에

대한 실제적인 설명이라기보다는 국가의 안전이 보장되지 않는 세계 속에
서 당연히 기대되는 행동의 근거라고 할 수 있다. 이 전제는 국가가 자신의
생존을 위해 항상 배타적으로 행동한다는 것을 의미하지는 않는다. 어떤
국가는 생존보다 더 가치 있다고 여기는 목표를 끊임없이 추구할 수도 있
다. 예를 들어 어떤 국가는 자신의 생존(독립)보다는 다른 나라들과의 합병
을 우선시할 수 있는 것이다. 또 이 전제는 국가안보를 추구할 때 어떤 국
가도 완벽한 지식과 지혜를 가지고 행동하는 것이 아님을 보여 준다. 어떤
체계들은 그것이 기능하기 위한 고도의 요구조건을 가진다. 대부분의 사람
들이 규칙을 지켜도 몇 사람이 운전규칙을 지키지 않으면 교통체증이 일어
날 수 있다. 필요하다면 모든 사람이 규칙에 따르도록 규제를 가해야만 한
다. 또 다른 어떤 체계들은 중간 수준의 요구조건을 가진다. 고층건물의 승
강기는 이동거리가 큰 경우에는 고속으로, 이동거리가 짧은 경우에는 저속
으로 작동하도록 설계되어 있다. 그러나 어떤 사람이 이동거리가 긴 경우
임에도 고속이동으로 생기는 현기증이 싫어서 저속이동을 선택하게 된다
해도 그 체계가 고장을 일으키지는 않을 것이다. 그 체계를 유지하려면, 대
부분―전부는 아니라 해도―의 사람들이 체계로부터 요구되는 행동을 해
야 한다. 어떤 체계들은 예를 들어 시장경제와 국제정치체계는, 보다 하위
의 요구조건을 가진다. 교통체계는 체계의 요구가 강제될 것이라는 점에
근거하여 설계된다. 승강기는 타는 사람의 일시적인 기분변화에 따를 수
있도록 설계되어 있다. 경쟁적인 상태의 경제적, 국제정치적 체계들은 다
르다. 그것을 구성하는 부분들의 상호작용이 구조를 발전시킨다. 그리고
그것이 요구하는 바에 따르는 행위는 보상을 하기도 하고 그렇지 않은 경
우 처벌을 하기도 한다. 앞에서 설명했던 영국의회체계가 가지는 제약들을
되새겨보자. 수상이 될 사람은 왜 튀어서는 안되는가? 왜 전형적인 영국 정
치지도자들과 뚜렷이 다른 방식의 행동을 취해선 안되는가? 물론 수상이
되기를 열망하는 사람 중 그런 식으로 행동하는 사람도 있다. 그들은 거의
정상에 오르지 못한다. 매우 심각한 위기상황을 제외하고는 그 체계는 다
른 사람을 수상으로 선택한다. 사람들은 자기가 하고 싶은 대로 행동할 수
있다. 그럼에도 불구하고 일정한 행위패턴은 출현하게 되고, 그것은 그 체
계의 구조적 제약으로부터 도출되는 것이다.

행위자들은 자신들을 제한하는 구조를 인식할 수 있고, 어떤 종류의 행동에 대해 보상이 주어지고 또 처벌이 따르게 되는가를 이해할 수도 있다. 그러나 때로는 그 사실을 보지 못하거나, 본다고 하더라도 여러 가지 이유 때문에 보상이 기대되거나 최소한의 처벌만이 따르는 행동유형을 취하는 데 실패할 수 있는 것이다. '구조가 선택한다'라는 말은 보편적으로 인정되는 행위패턴에 조응하여 행동하는 사람일수록 정상에 오르고 그 자리를 유지할 가능성이 크다는 것을 의미한다. 게임의 승패는 구조에 의해 결정된다.

행위에 따른 선택이 취해지는 곳에서는 강제적으로 집행되는 기준이 있을 때 그 체계가 보다 원활히 운영되겠지만, 강제적 행위기준이 필수적인 것은 아니다. 국제적으로, 국가행위의 환경 또는 국제체계의 구조는 다음과 같은 사실에 의해 규정된다. 즉 어떤 국가들은 단기간에 얻을 수 있는 목표들보다 생존을 선택하고, 그 목표를 달성하기 위해 효율적으로 행동한다. 국가들은 다른 국가들과의 상호작용을 통해 형성한 구조 때문에 자신들의 행위를 변경시켜야 할 수도 있다. 그러나 과연 어떤 방식으로, 어떤 이유에서 그렇게 행동하게 되는가? 이 문제에 대답하기 위해서는 국제구조를 보다 충분히 정의할 필요가 있다.

2) 단위들의 특성

국내정치구조의 정의에서 두 번째 용어(단위들의 특성)는 서로 분화된 단위들이 수행하는 기능을 구체화하고 있다. 위계는 부분들 간의 명령·복종 관계를 수반하고 단위들 사이의 분화를 암시하기도 한다. 국내정치구조의 정의에서 두 번째 용어는 첫 번째, 세 번째와 마찬가지로 구조의 다양한 측면의 한 원인을 설명해 주기 때문에 필요한 것이다. 그러나 국제정치체계의 구성단위인 국가들은 그것이 수행하는 기능에 따라 분명히 분화되어 있지 않다. 무정부상태는 체계내 단위들 사이의 조정관계를 수반하며, 이것은 바로 단위들 사이의 동일성을 암시하는 것이기도 하다. 무정부상태하에서 국가들이 서로 비슷한 단위들로서 유지되는 한 국제정치를 정의하는 데 있어서 '단위들의 특성'은 중요한 것이 못된다. 국제구조의 변화는 배열원리의 변화나 또는 단위들의 능력변화에 의해서만 이루어진다. 그럼에도 여기서 서로 비슷한 단위들의 특성에 대해 논의하고자 하는 이유는 국제정치구조를 발생시키는 단위들 간의 상호작용에 대한 관심 때문이다.

두 가지 질문이 제기된다. 왜 국가들이 체계의 단위로 파악되어야 하는가? 국가들의 폭넓은 다양성에도 불구하고, 어떻게 그것들을 '비슷한 단위들'이라고 부를 수 있는가? 국제정치체계를 구성하는 일차적인 단위로서 국가를 선택하는 문제는 1960년대와 70년대에 일반적으로 제기되었던 문제이다. 일단 논리적인 이해가 이루어지게 되면, 이 문제는 쉽게 해결될 수 있다. 국가중심적 관점에 의문을 제기하는 것은 두 가지 이유 때문이다. 우선, 국제적 관점에서 볼 때 국가만이 유일한 주요 행위자가 아니라는 것과, 둘째 국가의 중요성이 점차 감소하는 반면, 여타의 행위자들의 중요성이 점차로 커지고 있다는 점이다. 두 가지 이유의 부적절함에 대해 설명해 보기로 하자.

국가가 유일한 국제적 행위자는 결코 아니다. 그러나 구조는 구조내에서 활동하는 모든 행위자들 가운데 주요한 행위자들에 의해 정의되는 것이다. 체계의 구조를 정의하는 데 있어서, 그 체계를 구성하는 많은 대상들 가운데 하나 또는 몇 개의 요소만이 선택되고, 그것으로 그 체계의 구조가 정의된다. 국제정치체계를 정의하기 위해서는 우선 어떤 단위들이 그 체계의 부분으로 활동하고 있는가를 파악해야 한다. 여기서 앞에서 설명했던 경제적 비유가 다시 도움을 줄 수 있다. 시장의 구조는 상호경쟁하는 기업들의 수에 의해 정의된다. 많은 수의 대체로 동등한 기업들이 경쟁을 하게 되면 완전경쟁의 조건이 조성된다. 몇몇 소수 기업이 시장을 지배하게 되면 경쟁은 다수의 소규모 기업들의 존재와는 상관없이 과점적인 양상을 띠게 된다. 그러나 이미 알고 있는 바와 같이, 이러한 종류의 정의는 국제정치에 그대로 적용될 수 없다. 그 이유는 국가들의 상호침투, 국가의 행동에 영향을 미치는 환경에 대한 통제능력의 부재, 그리고 다국적 기업 및 여타 비국가적 행위자들이 성장한 탓이다. 이들 중 몇몇은 국가와 맞먹는 영향력을 가지고 있기도 하다. 비국가적 행위자들과 이들의 초국적 활동의 범위가 갖는 중요성은 명백한 것이다. 그러나 국제정치에 있어서 국가중심적 개념이 쓸모 없어졌다고 말할 수는 없다. 경제학자 그리고 경제학적 사고를 가진 정치학자들이 그렇게 생각해 온 것은 아이러니이다. 왜냐하면 국가중심적 개념을 해체하고자 끌어들인 모든 이유는 기업활동에 대한 설명에 적용시킬 수 있기 때문이다. 수많은 다른 기업들과 경쟁관계에 있는 기업은 시장을 통제하려는 의도를 갖지 않는다. 또한 소수의 과점기업들은 지속적으로 노력을 기울이지만 완전한 성공을 거두지는 못한다. 기업들은 상호침투하고, 합병하며 또는 인수한다. 게다가 기업들은 '비기업적' 행위자들에 의해 끊임없이 위협받고 규제를 받고 있다. 어떤 정부는 자본집중을 장려하기도 하고, 어떤 정부는 저지하기도 한다. 시장구조는 완전경쟁에서 과점경쟁으로 이동하거나 또는 반대방향으로 이동할 수 있다. 그렇지만 그 변화의 범위와 빈도가 어떻든 간에, 기업들의 상호작용에 의해 생성된 시장구조는 기업들에 의해 정의되는 것이다.

경제학자들이 기업을 통해 시장을 정의하는 것처럼, 나 역시 국가를 통해 국제정치구조를 정의하고자 한다. "하나의 경제적 단위로서의 국민국가는 이제 끝났다"라는 킨들버거(Charles P. Kindleberger)[13])의 말이 옳다면, 국제정치구조는 재정의되어야 할 것이다. 왜냐하면 국가의 경제적 능력은 국가의 여타 능력과 분리될 수 있는 것이 아니기 때문이다. 크고 작은 정치학적 문제에 빈번히 사용되어 온 이 구분은 잘못된 것이다. 국가는 군사적·정치적 목적을 위해 경제적 수단을 사용하고, 경제적 이익을 달성하기 위해 군사·정치적 수단을 사용한다. 킨들버거의 말을 조금 변화시켜 보자. 어떤 국가들은 경제적 실체로부터 분리되어 있고, 어떤 국가들은 그렇지 않을 수도 있다. 국제정치는 어쨌든 대부분 불평등에 관한 문제이기 때문에 그러한 사실이 국제정치이론에 문제를 야기하진 않는다. 주요 국가들이 주요 행위자로 활동하는 한 국제정치구조는 그들에 의해 정의되는 것이다. 물론 이러한 이론적인 설명은 실제에서 확인된다. 국가들은 비국가적 행위자와 함께 극적인 상황을 연출하기도 하고 또는 평범한 업무를 수행하기도 한다. 국가들은 장기간 동안 비국가적 행위자들의 업무에 간섭하지 않을 수 있다. 그러나 소극적으로 그들의 비공식적 규칙을 인정하거나 또는 적극적으로 그 규칙을 갈아치움으로써 비국가적 행위자들이 활동할 수 있는

---

13) Charles P. Kindleberger, *American Business Abroad*, New Haven: Yale University Press, 1969, p.207

조건을 규정한다. 위기가 닥쳤을 때 국가들은 비국가적 행위자들이 준수해야 할 규칙을 재정비한다. 우리는 국제적 대기업들의 활동을 규제하는 약한 국가의 큰 능력과 그러한 기업이 국가에 대해 보이는 관심과 우려를 의미 없다 할 수는 없다.

초국가적 활동의 특성과, 침투범위, 그리고 그들 초국가적 행위자들에 대한 국가의 통제를 보다 어렵거나 쉽게 만들어 주는 조건들에 대한 고려는 중요한 일이다. 그러나 이러한 문제들을 적절히 연구하기 위해서는 두 가지 사항이 지적되어야 한다. 첫째, 초국가적 현상에 대해 연구하는 사람들은 자신의 연구주제에 대한 독자적 이론을 개발하지 못하고 있을 뿐 아니라 일반적인 국제정치이론에도 기여를 하지 못하고 있다. 경제학자이건 정치학자이건 간에 그들은 기존의 이론에 기초하여 연구해 왔을 뿐이다. 둘째, 그들이 이론을 발전시키지 못했다는 비판은 아주 적절한 것으로써 국가의 중심적 역할을 부정하는 이론이 필요해지는 때는 비국가적 행위자들이 강대국들과 겨룰 만하거나 그것을 능가하는 지점에 도달했을 때이기 때문이다. 그러한 일이 일어날 징조는 지금 보이지 않는다.

초국가적 활동에 대한 연구는 이론의 도움을 필요로 하는 중요한 사실적 문제를 다룬다. 그러나 비국가적 행위자들의 중요성에 의해 국가중심적 관점이 부인되어야 한다고 믿는 사람에게는 도움을 줄 수가 없다. 주요 국가들이 핵심적 중요성을 보유한다는 말은 다른 행위자들이 존재하지 않는다는 의미는 아니다. '국가중심적'이란 말은 체계의 구조에 관해 중요한 것을 제시하고 있다. 초국가적 활동은 국제체계의 구조 안에서 전개되는 과정들 중 일부인 것이다. 국가중심적 관점에 종종 의문이 제기되는 것은 정치학자들의 사고 속에서 구조와 과정 사이의 구분이 명확하고 지속적으로 이루어지지 못하기 때문이다.

국가들은 단위로서 상호작용함으로써 국제정치체계의 구조를 형성한다. 그렇게 오래도록 지속될 것이다. 국가의 사망률은 매우 낮다. 즉 소멸하는 국가란 거의 없다. 많은 기업들은 소멸한다. 누가 앞으로 100년 후까지도 소멸하지 않고 남아 있겠는가? 미국, 소련, 프랑스, 이집트, 태국, 우간다? 포드(Ford), 아이비엠(IBM), 셸(Shell), 유니레버(Unilever), 매시-퍼거슨(Massy-Ferguson)? 나는 국가에 내기를 걸겠다. 아마도 우간다에 걸어도 지지는 않을 것이다. 그러나 '서로 비슷한 단위들'로서 잡다하게 뒤섞여 하나의 집합체를 형성하고 있는 150여 개 국가를 언급하는 것이 무슨 의미가 있는가? 많은 국제정치학도들은 그 설명 때문에 고민한다. 국가들을 '비슷한 단위들'이라고 부르는 것은 자율적인 정치단위라는 측면에서 국가들이 서로 비슷하다는 의미이다. 이 얘기는 모든 국가가 주권을 가진다는 뜻으로 바꿔 말할 수 있다. 그러나 주권이란 어려운 개념이다. 인류학자인 스미스(M. G. Smith)의 말처럼, "주권국가들로 구성된 체계에서 어떤 국가도 주권을 갖고 있지 못하다"라는 것을 확신한다.[14] 국가의 주권을 그들이 바라는 바대로 행동할 수 있는 능력으로 파악하는 것은 오류이다. 국가가 주권을 가졌다는 말이 원하는 대로 할 수 있다거나 또는 다른 나라의 영향으로부터 자유롭다거나, 원하는 바를 얻을 수 있다는 의미는 아니다. 주권국가는 사방으로부터 압력을 받고 그들이 원하지 않는 행동을 하도록 제약받기도 하고, 그들이 원하는 것은 거의 할 수 없는 존재인지도 모른다. 국가의 주권이란 결코 다른 나라로부터의 단절을 의미하지 않는다. 주권이 있다라는 것과 독립적이라는 것이 서로 모순적인 조건은 아니다. 주권국가들의 생존은 자유롭고 편안하게 이루어져 온 것이 아니다. 그렇다면 주권이란 무엇인가? 한 국가가 주권을 가진다는 것은 국내적·국외적 문제의 발생에 어떻게 대처할 것인가를 스스로 결정한다는 의미이다. 다른 나라로부터 원조를 구할 것인가, 그렇게 할 경우 그들이 감수해야 하는 제약을 받아들일 것인가 등을 결정한다는 말이다. 국가들은 스스로의 전략을 발전시키고, 스스로 진로를 계획하며, 그들이 원하는 것을 이루기 위해 어떻게 할 것인가를 스스로 결정한다. 따라서 주권국가들이 제약을 받는다는 말은 자유로운 개인들의 의사결정이 환경적 제약하에서 이루어진다는 말 이상으로 모순적인 것은 아니다.

모든 개별 국가는 주권을 가진 정치적 실체이다. 그럼에도 불구하고 국가들 간의 차이점들은 코스타리카에서 소련, 잠비아에서 미국에 이르기까

---

14) 스미스는 이 개념에 대해 이해가 부족한 것 같다. 그 자신이 아주 효과적으로 사용해 온 용어로 해석해 본다면, 모든 국가가 주권을 가지고 있다고 말하는 것은 국가가 다원적 사회의 일부분이라고 말하는 것이다. M. G. Smith, "A Structural Approach to Comparative Politics," in David Easton(ed.), *Varieties of Political Theories*, Englewood Cliffs, N.J.: Prentice-Hall, 1966, p.122.

지 광범위한 것이다. 국가들은 서로 비슷하다. 동시에 서로 다르다. 기업, 사과, 대학, 그리고 사람들이 각기 다른 것과 마찬가지다. 우리가 동일한 범주내에 두 개 또는 그 이상의 대상을 포함시킨다는 것은, 그것들이 모든 측면은 아니지만 몇몇 측면에서는 비슷하다는 것을 의미하는 것이다. 이 세상에서 서로 꼭 같은 두 개는 없다. 그럼에도 그것들은 경우에 따라 유용하게 서로 비교될 수도 있고 결합될 수도 있다. "사과에 오렌지를 결합시키는 것은 불가능하다"라는 말은 자사 상품과 타사 상품을 비교하지 말 것을 요구하는 세일즈맨들이 잘 사용하는 말이다. 하지만 서로 유사성이 없는 대상들을 서로 더하는 방법이 있다. 그 대상들을 구성하고 있는 범주로 표현하면 되는 것이다. 사과 세 개와 오렌지 네 개의 합은 일곱 개의 과일로 부를 수 있지 않을까? 유일한 문제는 대상의 일반적 특성에 따라 분류시킨 범주가 유용한 것인가라는 점이다. 수백 개의 물건을 하나의 범주에 포함시킬 수는 있지만 이의 유용성은 거의 없을 것이다.

국가들은 그 규모, 부(富)의 크기, 힘, 형태에 있어서 매우 다양하다. 그럼에도 불구하고 이런저런 측면의 다양성들은 서로 비슷한 단위들 사이에서 표출되는 다양성이다. 그들이 서로 비슷한 단위들이라고 얘기할 수 있는 근거는 무엇인가? 우선 국가들은 수행해야 할 과제에 있어 서로 유사하다. 다만 그것을 수행할 수 있는 능력에 있어서는 다소 차이가 있다. 따라서 문제는 능력의 차이지 기능의 차이가 아니다. 국가는 자신의 임무를 수행하거나 또는 수행하려고 노력하며, 그 임무의 대부분은 모든 국가에 공통적인 것이다. 즉 그들이 성취하고자 하는 목표는 유사한 것이다. 개별 국가의 활동은 최소한 상당 정도 다른 국가의 활동과 중첩된다. 각 국가는 의결, 집행, 사법기구를 갖추고 있고, 세금징수 및 국방에 필요한 기구들을 가지고 있다. 각 국가는 국민이 소비하는 의식주, 교통 등의 대부분을 그 자신이 가진 자원과 수단으로 공급한다. 극히 규모가 작은 약소국을 제외한 모든 국가는 국외적 업무보다는 국내적 업무를 더 많이 수행한다. 우리는 국가들의 기능적 유사성에 대해 보다 명확히 이해하게 되고 아울러 그들이 추구하는 발전노선의 유사성에도 큰 인상을 받게 된다. 부유한 국가나 가난한 국가, 역사가 오랜 국가나 신생국가에 이르기까지 거의 모든 국가는 경제적 규제, 교육, 보건, 주택, 문화, 예술 등 끝없이 많은 문제에 대해 보다 큰 책임을 부여받고 있다. 이러한 국가활동의 증가는 강력하고 뚜렷한 국제적 경향이다. 국가는 서로 유사한 기능을 수행하며, 국가 간의 차이는 근본적으로 그들의 다양한 능력에서 비롯된다. 국내정치는 특정하게 구체화된 기능을 수행하는 분화된 단위들로 구성된다. 반면에 국제정치는 서로 비슷한 기능을 수행하는 비슷한 단위들로 구성되어 있다.

3) 능력의 분포도

위계적 체계의 구성 부분들은 기능적 분화와 능력의 크기에 의해 결정되는 방식으로 서로 관련을 맺고 있다. 무정부적 체계의 구성단위들은 기능적으로 미분화되어 있다. 따라서 이러한 질서하의 단위들은 어느 국가에나 공통적으로 요구되는 임무를 수행하는 능력의 과소에 의해 일차적으로 구별된다. 이 점은 오랫동안 국제정치학도들이 주목해 온 문제이다. 실제 정치가들이나 이론가들은 한 시대의 강대국을 여타의 세력과 뚜렷이 구분해 왔다. 국내정치 연구자들은 내각제와 대통령제를 구분한다. 즉 정부체계가 그 형태에 있어서 서로 다른 것이다. 반면 국제정치 연구자들은 국제정치체계내의 강대국의 수에 따라 국제정치체계를 구분하고자 한다. 한 체계의 구조는 체계내 단위들의 능력분포의 변화와 함께 변화한다. 그리고 구조의 변화는 그 체계내 단위들이 어떻게 행동하고 또 그 상호작용이 산출할 결과는 어떤 것일까에 대한 기대를 변화시킨다. 국내정치에서는 서로 분화되어 있는 체계의 부분들이 유사한 임무를 수행할 수 있다. 미국정부에 대한 고찰을 통해 때로는 행정부가 입법기능을, 또는 입법부가 집행기능을 수행하기도 한다는 것을 알고 있다. 국제정치에서는 서로 비슷한 단위들이 서로 다른 임무를 수행하기도 한다. 그 이유 및 빈도는 단위들이 가지고 있는 능력에 따라 다르다. 이에 대한 논의는 뒤로 미루고 다시 두 가지 문제를 생각해 보자.

첫째, 능력은 단위들에 대한 정보를 제공한다. 능력의 분포로써 구조를 정의하는 것은 단위의 특성에서 벗어나서 구조를 정의하라고 했던 나의 주장과 위배되는 것처럼 보인다. 앞에서 밝혔던 것처럼, 구조는 고도로 추상적인 개념이다. 추상의 극대화는 내용의 최소화를 가능하게 하고, 그러한 내용의 최소화는 단위들 간의 관계를 설명하기 위해 필요한 것이다. 국가들은 그들이 가진 힘에 의해 서로 다르게 위치지어진다. 그럼에도 불구하고 사람들은 왜 능력만이 구조 정의의 세 번째 요소에 포함되는가에 의문을 가지게 될 수도 있다. 동시에 왜 이데올로기, 정부형태, 평화애호, 호전성 등의 여러 가지 특성들은 그 내용에 포함되지 않는가에 의문을 제기할 수도 있다.

이에 대한 대답은 다음과 같다. 권력이란 단위들의 능력을 비교함으로써 측정된다. 능력은 단위들의 특성이지만 단위들 간 능력의 분포는 단위들에 속하는 특성이 아니다. 능력의 분포는 단위의 특성이 아니라 체계개념이다. 앞서 말한 바와 같이 시장이론에 대한 비유는 적절하다. 기업과 국가는 서로 비슷한 단위들이다. 형태적으로 많은 다양성을 가지고 있는 기업들은 특정한 특성을 공유하고 있다. 즉 기업들은 정치적으로 부과되는 한계내에서 자신들의 환경에 대처하고 목적을 추구하는 방법 등을 스스로 결정하는 자기 본위의 이기적인 단위들이다. 구조의 다양성은 단위들의 특성과 기능상의 차이점에 의해서가 아니라 단위들의 능력에 따라 그들 사이에 형성되는 차이점에 의해 나타나는 것이다.

두 번째 문제는 다음과 같다. 상호작용의 관점에서 정의된 관계는 구조적 정의에서 배제되어야 하지만, 국가군의 관점에서 정의된 관계들은 체계에서 국가들이 어떻게 위치지어져 있는가에 대해 어느 정도의 시사점을 제시해 준다. 국가들이 서로에게 어떤 관계에 놓여 있는가를 보이기 위하여 그것들이 형성하는 동맹을 관찰하는 것은 올바른 방법일까? 이러한 방법은 대통령이나 수상들이 다른 정치주체들과 어떤 관계에 있는가를 살펴봄으로써 부분적이나마 국내정치구조를 정의하는 것과 비슷할 것인가? 그렇지 않다. 국제적으로나 국내적으로나, 구조적 정의는 행위주체들 간의 관계를 조직의 관점에서 보는 것이지 그 안에서 일어나는 조화·갈등의 관점으로 보는 것이 아니다. 아울러, 때에 따라 형성되고 소멸되는 동맹의 관점에서 구조적 정의를 상정할 수도 없다. 정부의 각 부분들은 때에 따라서 서로 협조하기도 하고 갈등하기도 한다. 이러한 현상은 체계 안에서 형성·소멸되는 관계들인 데 비해 구조적 변동은 한 체계에서 다른 체계로의 탈바꿈을 의미한다. 동맹과 비교해서 한 예를 들어보자. 정당의 체계는 정당의 숫자에 따라 구분하는 것이 보편적이다. 예를 들어 8개의 정당들이 2개로 줄어들었다면 다당체계가 양당체계로 변화했다고 말할 수 있다. 그러나 선거전략적 차원에서 8개의 정당들이 2개의 동맹세력으로 규합되었다면 이것은 체계의 변화가 아니다. 같은 논리로, 3개 이상의 강대국들이 2개의 동맹세력으로 나뉘어 있다 해도 어디까지나 이러한 체계는 양극체계가 아니고 다극체계로밖에 볼 수 없다. 양극체계에서는 제3번째의 강대국이 상위 2개 강대국에 도전할 수 없는 것으로 조건지어진다. 시장구조를 정의함에 있어서도 기업들의 특성에 관한 정보와 그들의 상호작용에 대한 정보는 필요하지 않다. 시장내 전체 기업 숫자의 실질적 감소는 기업들 간의 공식적인 합병에 의해서만 일어나는 것이다. 기업에 대한 정의와 그들의 상호작용에 대한 설명은 시장의 정의에 포함되지 않는다. 기업의 특성과 그들 간의 상호작용을 시장구조의 부분으로 파악하는 것은 얼마나 많은 대기업들이 존재하고 있는가를 말한다기보다는, 경제의 한 부문이 과점적인지 아닌지를 기업내 조직 및 그들 간 상호작용을 통해 설명할 수 있다고 말하는 것과 같다. 시장구조는 기업들의 숫자를 셈으로써 정의된다. 마찬가지로 국제정치구조는 국가들의 숫자를 셈으로써 정의된다. 그 셈에 있어서 차이점은 오직 그들이 가진 능력에 의해 발생한다.

국제정치구조를 정의함에 있어서 국가는 그들 고유의 전통, 관습, 목적, 갈망, 정부형태에 관계없이 다루어진다. 그 국가들이 혁명적인지 정당성이 있는 것인지, 권위주의적인지 민주적인지, 또는 이념적인지 실용주의적인지 등에 관심을 갖지 않는다. 국가가 가진 능력을 제외한 모든 국가의 속성들은 배제시켜야 한다. 구조에 관해 사고할 때 국가들의 관계, 즉 그들 사이의 우호 또는 적대, 외교관계, 동맹, 그들 간의 접촉과 교류범위 등과 같은 문제는 관심사항이 아니다. 우리가 관심을 가지는 것은 국가 간 질서의 형태와 그 질서내 능력의 분포를 살펴봄으로써 어떠한 범주의 기대가 가능한가이다. 개별 국가들의 특성과 그들 사이의 구체적인 관계는 배제되어야 한다. 개별 국가의 특성이 아닌 단위들의 위치에 의해 규정되는 전반적인 배열과 그것의 위치도만이 우리의 관심일 뿐이다.

4.

　나는 위에서 국제정치의 체계이론의 두 가지 기본적인 요소인 구조와 단위를 정의하였다. 이러한 작업을 통해 국제정치에 대한 통상적인 접근법과의 차별성을 뚜렷이 하고자 했다. 지금까지 살펴본 것처럼, 기존의 국제정치학자들 중에서 소위 체계이론을 편다는 사람들은 국제정치를 단위들의 상호작용의 결과로 상정하면서 체계수준의 변수들이 단위들에게 영향을 준다는 사실을 간과하고 있다. 다른 체계이론가들은 구조의 영향력, 즉 국제환경의 효과를 고려해야 한다고 주장하면서도 어떻게 그 영향력이 행사되는가에 대해서는 진지하게 고찰하지 않은 채 곧바로 단위들의 상호작용에 눈길을 돌린다. 대개의 기존 국제정치 이론가들은 체계적 접근법을 따르건, 따르지 않건 <그림 5-1>에서 보여 주는 방식으로 국제정치를 바라본다. 그림에서 N_1, N_2, N_3은 자신의 국외적 효과를 국내적으로 생성시키는 국가들을 가리킨다. X_1, X_2, X_3은 국외적으로 행동하고 서로 상호작용하는 국가들이다. 이 그림에서는 어떠한 체계적 힘도, 체계적 요인도 나타나지 않는다. 체계적 효과는 명백한 것이므로 그것을 보여 줄 필요가 있다.
　<그림 5-2>를 보자. 여기서 원은 국제정치체계의 구조를 나타낸다. 화살표들이 보여 주듯, 구조는 국가들 간의 상호작용과 그것들의 특성들에 영향을 준다.[15] 조직적 개념으로서의 구조가 설명하기 힘든 것이라 볼 수

<그림 5-1>

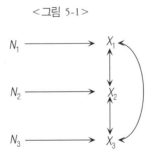

---

15) <그림 5-2>에서 핵심은 생략되지 않았지만 일부 복잡한 부분은 빠져 있다. 예를 들어, 전체 그림은 그림의 우측면에서 형성 가능한 동맹들을 포함한다.

<그림 5-2>

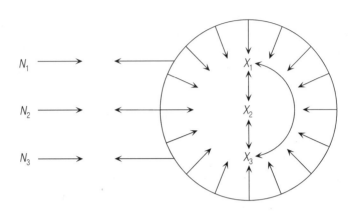

도 있지만 그것의 의미는 단순하게 설명될 수 있다. 국가들은 각기 자율성을 보유하고 있지만 서로에게 구체적인 관계 속에 놓여 있다. 그들은 일종의 질서를 형성하고 있다. 로스 애쉬비(W. Ross Ashby)[16]처럼 조직을 단순히 하나의 제약의 개념으로 생각하는 경우 우리는 '조직'이란 용어를 이러한 전(前)제도적 조건을 지칭하는 개념으로 사용할 수 있다. 국가들이 서로를 제약하고 통제하므로 국제정치는 기초적인 조직체적 관점에 의해서 파악될 수 있다. 구조는 이 조직체의 영향력이 어떻게 표출될지, 구조와 단위들이 어떻게 상호작용하면서 서로에 영향을 주는지를 설명할 수 있게 해주는 개념이다.

　이러한 정의에 입각하여 구조를 사고할 때 구조적 개념은 단위수준에서의 변동을 체계수준에서의 변동으로부터 분리시키는 문제를 해결해 준다. 우리가 서로 다른 체계에서 기대되는 서로 다른 결과에 관심을 갖는다면 우리는 체계 안의 변동과 체계 자체의 변동을 구별해야만 한다.

　요약하면 구조는 첫째, 체계를 질서짓는 원리에 따라 정의된다. 체계의 변화는 이러한 원리가 변화할 때 일어난다. 무정부적 영역에서 위계적 영역으로의 이동은 한 체계에서 다른 체계로의 이동을 의미한다.

16) W. Ross Ashby, *An Introduction to Cybernetics*, London: Chapman and Hall, 1956(1964), p.131.

둘째, 분화된 단위들이 가지는 기능의 구체화에 의해 정의된다. 위계적 체계의 변화는 기능들이 다르게 정의되고 분배되는 경우에 일어난다. 무정부적 체계의 경우엔 그 체계가 서로 비슷한 단위들로 구성되어 있다는 점 때문에 이 두 번째 정의에서 도출되는 체계변화의 기준은 의미가 없다.

셋째, 단위들 간의 능력의 분포에 의해 정의된다. 능력의 분포의 변화는 그 체계가 무정부적이건, 위계적이건 간에 체계의 변화를 의미한다.

국제갈등의 연구에 대한 기대효용이론의 기여*

부에노 디 메스키타

국제갈등의 연구는 2000년이 넘도록 과학적인 진보를 평가할 만한 징후를 갖지 못한 채 미진해져 왔다.[1] 클라우제비츠(Clausewitz), 크리시(Creasy), 리차드슨(Richardson), 그리고 모겐소(Morgenthau)뿐만 아니라 투키디데스

---

* Bueno de Mesquita, "The Contribution of Expected-Utility Theory to the Study of International Conflict," in Manus I. Midlarsky(ed.), *Handbook of War Studies*, Boston: Unwin Hyman, 1989(김재한 옮김).

초벌번역 작업에 참여한 강택구(한림대), 임재연(시카고대), 최현옥(외교안보연구원)에게 감사한다.

▶ 부에노 디 메스키타의 대표작 혹은 출세작은 *The War Trap*(1981)이다. 이 책은 그 이론적 방법론적 문제를 둘러싼 논쟁에도 불구하고 최소한 세 가지 점에서 국제정치학 연구의 신기원을 이루었다. 첫째는 경제학에서는 널리 통용되고 있던 기대효용이론을 국제정치학에 거의 최초로 적용했다는 점이다. 둘째는 기대효용이론의 적용을 통해 전쟁연구에 몇 가지 중요한 가설들을 도출함으로써 후속의 전쟁연구를 이끌어 왔다는 점이다. 셋째는 그러한 가설들을 경험적이고 계량적인 자료에 의해 검증을 하였다는 점이다. 특히 연역적인 모델설정과 경험적인 통계적 검증을 접합함으로써 보다 균형잡힌 국제정치학 연구방법을 제시하였던 것이다. 이 논문은 자신의 연구에 대한 비판에 대한 부에노 디 메스키타의 반박이다. 여기서 그는 기대효용이론의 핵심을 간단히 소개하고, 나아가 과학철학자 라카토스(Imre Lakatos)에 의해 제기된 기준을 통해 기왕의 이론과 자신의 이론을 비교평가한다. 보다 최근의 연구(Red Flag Over Hong Kong, 1995)에 나타난 것과 같이 그의 최근 관심사는 서로 다른 기대효용 구조를 가진 다수의 행위자 간의 집단적 결정으로서의 외교정책행위 혹은 국제적 사건을 모델화하고 이를 통해 개별사건을 예측하는 데 있다.

[1] 내가 로체스터(Rochester)대학에 있던 동안 동료였던 블럼(William T. Bluhm), 제이콥스(Bruce Jacobs), 라이커(William H. Riker)가 이 장(章)에 많은 참고가

(Thucydides), 카우틸야(Kautilya)와 같은 고대 학자들의 저술이나 구약(舊約)에 수록된 외교사, 군대사들은 이 분야의 연구에 훌륭한 기초가 있었음을 보여 주고, 그런 진보가 이루어질 수 있다는 희망을 준다. 국제관계학의 고전들 속에는 하나의 공통된 주제가 흐르고 있다. 그 주제란 국가지도자들이 자신과 국가를 위해 이기적으로 이익을 추구하는 것이다. 그것은 또한 시장교환에 관련된 연구주제이기도 하다. 사실 이기적인 선택을 통해 생산과 투자를 결정하게 하는 '보이지 않는 손'으로 시장의 작동원리를 묘사한 애덤 스미스의 논리는 국가들의 상호작용을 묘사할 때에도 널리 사용된다. 나는 이 글에서 국제갈등의 연구에 이러한 관점의 의견-기대효용이론-을 적용하고자 한다.

1. 기대효용이론에 대한 소개

기대효용이론은 미시경제학적인 행태에 대한 설명으로 시작되었다. 비록 논쟁점이 있기는 하지만(Tversky & Kahneman, 1981) 기대효용이론은 현대 미시경제학의 핵심을 차지한 것으로 널리 인정되고 있다. 기대효용이론의 탁월성은 이 이론의 제안자들이 개인들의 집합적 경제결정을 대단히 성공적으로 예측했다는 것과 이론의 논리적 정연성에서 비롯된다. 기대효용이론의 핵심은 다음과 같다.

1. 개별 정책결정자들은 그들의 선호도에 따라 대안들을 배열할 수 있다는 의미에서 합리적이다.
2. 선호도의 순서는 이행적이어서, A가 B보다 선호되고 B가 C보다 선호된다면, A는 C보다 선호되어야 한다.
3. 개인들은 효용이라는 개념과 함께 자신의 선호 정도를 알고 있다.

되는 의견을 준 데 대해 고마움을 표시하고 싶다. 또한 나는 커해인(Robert Keohane), 미들라스키(Manus Midlarsky), 랩(Theodore Rabb), 로트버그(Robert Rothberg), 포웰(Robert Powell)의 유익한 제안에 대해 사의를 표한다. 이것은 1988년 *Journal of Interdisciplinary History*에 출판된 기사를 확장한 것이다. 물론 일반적인 권리포기를 적용한다.

4. 개인들은 바람직한 목표를 달성하기 위한 대안적 수단을 각 결과에 관련된 효용과 그 결과를 성취할 확률로 생각한다.
5. 정책결정자들은 항상 최고의 기대효용을 가져 올 전략을 선택한다.

이와 같은 다섯 가지 조건들은 두 가지의 간단한 상황을 만들어 봄으로써 쉽게 이해될 수 있다. 정책결정자들의 선택은 성공과 실패에 대한 전망이나 효용, 또는 동기의 정도에 의해 제약을 받는다. 따라서 구조적인 요인들과 개인의 심리에 의해 선택이 결정되는 것이다.

어떤 정치학 연구자들은 기대효용이론이 정치적 결정에 관한 설명을 제공한다고 믿는다. 이런 방식으로 정치현상을 설명하려고 한 노력들은 투표(Riker & Ordeshook, 1973; Ferejohn & Fiorina, 1974), 입법결정, 그리고 선거홍보전략(Shepsle, 1972)에 관한 것이다. 국제갈등의 연구에 기대효용 논리를 적용하는 데 관심을 가진 사람들도 있었다(Bueno de Mesquita, 1981; Gilpin, 1981; Brito & Intriligator, 1985). 특히 이 점에서 주목할 만한 것은 억지(Russett, 1963; Ellsberg, 1969; Kugler, 1984; Huth & Russett, 1984; Petersen, 1986)와 전쟁종결에 관한 연구이다(Wittman, 1979; Mitchell & Nicholson, 1983). 그 밖에 나와 몇몇 동료들이 기대효용 접근법을 이용해서 갈등에 관한 일반이론을 구축하려고 노력하고 있다(Altfeld & Bueno de Mesquita, 1979; Berkowitz, 1983; Bueno de Mesquita, 1981, 1983, 1985; Kugler, 1984; Bueno de Mesquita & Lalman, 1986; Bueno de Mesquita 외, 1985; Morrow, 1985; Petersen, 1986). 물론, 이러한 노력이 얼마나 성공적일지는 미지수이다. 나는 낙관적인 논거가 있다는 것을 증명하고자 한다.

2. 기대효용 모델

갈등행태에 관한 특수한 기대효용 모델을 검토하기에 앞서, 이 시각에서 발견되는 결정의 기본 구조를 짧게 살펴보자. 확실한 것(결과 2를 O_2로 표시)과 모험적인 제비뽑기 중에서 선택을 하는 예를 들어보자. 그리고 나서 실제 역사적인 상황에 기대효용 모델을 적용해 본다. 그 다음에는 이 이론이 갈등결정을 이해하는 데 얼마나 유용한지를 알아볼 것이다.

나는 세 가지의 결과 O_1, O_2, O_3에서 O_1은 O_2보다 선호되고 O_2는 O_3보다 선호된다고 가정한다(즉 선호도의 순서는 O_1 p O_2 p O_3 이고, 'p'는 '더 선호된다'는 것을 뜻한다). 결과 1은 결과 2보다 더 높게 평가되고, 결과 2는 결과 3보다 더 높게 평가된다고 말할 수 있다. 기호를 사용해서 말해 보면, U가 효용을 표시한다고 할 때 $U(O_1) > U(O_2) > U(O_3)$라고 말할 수 있다. O_1을 성취할 확률은 P, O_3를 성취할 확률은 $1-P$라고 하자. 정책결정자는 세 가지의 선택을 할 수 있다. 첫째 O_2를 선택하는 것, 둘째 가장 바람직한 결과(O_1)를 가져 올 가능성(P)이 있는 전략을 선택하는 것, 셋째 가장 덜 바람직한 결과(O_3)를 가져 올 가능성($1-P$)이 있는 전략을 선택하는 것이다. 결과 3을 만나게 될 모험을 무릅쓰고 O_1을 추구하는 결정이 소위 제비뽑기이다. 추첨에는 둘 이상의 가능한 결과가 있는데, 각각의 결과는 얼마간의 확률을 가지고 발생할 것이고, 그 확률의 총합은 1.0이다. 즉 어떤 결과가 발생할 것이고 모든 가능한 결과가 나타나게 된다. 이것이 O_1의 확률(P)에 O_3의 확률($1-P$)을 더하면 1이 되는 이유이다. 기대효용을 극대화하려는 정책결정자가 만약 추첨에 도박을 함으로써 기대되는 수익이 결과 2를 선택함으로써 보장된 가치보다 더 클 것이라고 믿는다면, 그는 확실한 결과 O_2보다 O_1과 O_3 사이에서 모험적인 추첨을 할 것이다. O_1을 얻기 위해 모험을 거는 전략적 결정은 다음과 같은 기호로 표시될 수 있다.[2]

$$PU(O_1) + (1-P)U(O_3) > U(O_2) \tag{1}$$

똑같은 기대효용 논리에 의해서, 정책결정자는 만약

$$PU(O_1) + (1-P)U(O_3) < U(O_2) \tag{2}$$

---

2) 나는 가능한 한 단순하게 제시하기 위해 비용의 조건을 명백하게 하지 않았다. 이러한 표현들은 전략들 간에 동등하게 기대되는 비용이라는 맥락에서 생각될 수 있거나 또는 다시 단순하게, 비용을 계산의 내부적 원인에 의한 것으로 생각할 수 있다.

라면, 확실한 결과 (O_2)를 선택할 것이고, 만약

$$PU(O_1) + (1-P)U(O_3) = U(O_2) \qquad (3)$$

라면, 대안들에 대해 무관심할 것이다.

　물론, 나는 실제 정책결정자들이 기대효용 모델이 의미하는 수학적 계산을 의식적이고 명백하게 한다고 주장하지는 않는다. 오히려 사람들이 본질적으로 마치 그런 계산을 하는 것처럼 행동한다는 것이다. 이것은 수학자가 특정한 속력에 최고의 회전을 하면서 테니스장의 특정한 부분을 향하도록 친 테니스 공의 궤도를 공식으로 나타낼 수 있다고 말하는 것과 같다. 존 멕켄로(John McEnroe)는 그의 경기에 그와 같은 공식이 있다고 말하지는 않을 것이다. 그러나 그는 마치 정확도와 빈도수를 계산하는 것처럼 경기를 한다.

　공식 (1), (2), (3)에 나타나는 단순한 원칙을 가지고 어떻게 실제 결정을 이해할 수 있는가? 마라톤 전투 전날 밀티아데스(Miltiades)가 그의 동료 장군들에게 한 충고를 예로 들어 보자. 그들은 우세한 페르시아의 군대를 상대로 전투를 하느냐, 안하느냐 하는 선택에 직면해 있었다. 밀티아데스는 가능성이 매우 적은데도 불구하고 다음과 같이 싸울 것을 주장했다:

　　아테네인들이 한 국민이 된 이래로 지금과 같은 위험에 처해 본 적이 결코 없었다. 만약 아테네인들이 메디아인들(Medes)에게 무릎을 꿇는다면, 그들은 히피아스(Hippias)에게 넘겨지게 되고[이것은 그들이 싸우지 않을 때의 결과인 O_3에 해당한다], 그러면 알다시피 그들이 고통을 받게 될 것이다. 그러나 만약 아테네인들이 이 싸움에서 이기게 된다면, 아테네는 그리스에서 제일의 도시가 될 것이다[이것은 O_1에 해당한다]. 선택은 우리가 전투에 참여하느냐, 안하느냐를 결정하는 것이다. 만약 우리가 당장 전투를 일으키지 않는다면 당파적인 음모가 아테네인들을 분열시킬 것이고, 도시는 메디아인들에게 넘어갈 것이다[이것은 O_2에 상당하는데, 이는 O_3와 같은 경우이다]. 그러나, 만약 아테네인들의 국가에서 부패가 있기 전에 싸운다면, 신이 공명정대함을 베푼다는 조건하에, 전투에서 최선의 결과를 얻을 수 있다고 확신한다.[3]

---

[3] Herodotus(1954), lib.vi, sec.109. 물론 [ ] 안에 있는 내용은 해설을 위해 첨가

　여기에 기대효용 결정문제의 본질이 있다. 형식론으로부터 나오는 어떠한 특별한 통찰력을 지적하려는 것은 아니지만, 왜 아테네인들이 극복할수 없는 것처럼 보이는 가능성에 대해 싸울 것이라고 기대했는가를 설명하기 위해 위의 인용문을 기대효용으로 분석해 보자.

　밀티아데스의 입장은 전투를 함으로써 최고의 결과에 대한 희망을 가질수 있는 반면, 전투에서 패한다 하더라도 항복보다 못한 결과를 나타내지않는다는 결론으로 요약된다. 밀티아데스의 주장은 간단했다. 만약 아테네인들이 "당장 전투를 하지 않는다면 … 도시는 메디아인들에게 넘어갈 것이다." 아마도 이것이 극도로 바람직하지 않은 결과였을 것이다. 만약 아테네인들이 싸워서 졌다면, 히피아스와 메디아인들에게 다시 인도될 것이고, 그것은 똑같이 바람직하지 않은 결과이다. 그 결과의 효용을 L이라고 부르자. 물론, 아테네인들이 싸워서 이길 가망성은 희박했다. 그 결과의 효용을 W라 부르고, 그 확률을 P로 표시할 때, P는 0에서 1 사이이다. 분명히 L의효용은 W보다 작다. 밀티아데스가 묘사한 것처럼 아테네인들이 직면한 선택은 확실하게 L을 선택하거나 혹은 PW $+(1-P)$L였다. 밀티아데스는 P가 0이라고 믿지 않았다("나는, 신이 공명정대함을 베푼다는 조건하에, 우리가 전투에서 최선의 결과를 얻을 수 있다고 믿는다"). 밀티아데스는 싸움을 해서 잃을 것은 없지만, 잠재적으로 얻을 것은 있다고 주장했다. 상징적으로 이것은 PW $+(1-P)$L>L이라는 기대효용의 언명과 같다. 그러므로 추첨의 가치가 확실한 결과(메디아인들에 대한 굴복)의 가치보다 더 크기 때문에 아테네인들은 전쟁을 선택했다.

　마라톤 전투의 결정에 관한 특수한 예는 매우 간단하다. 실제로 아테네장군들의 결정을 해석하거나 이해하는 데 형식론이 새롭게 무언가를 제공해 준 것은 아니다. 그러나 그것은 기대효용이론의 기초가 되는 논리를 보여 준다. 기대효용이론이 어떻게 새로운 통찰을 이끄는가를 제시하기 위해보다 현대적인 예를 선택하고자 한다. 예를 들어 우리는 강대국들이 약소국들보다 훨씬 더 자주 전쟁에, 특히 진행중인 전쟁에 제3자로서, 참여한다는 것을 알고 있다. 광범위하게 열거되는 다른 현상들에도 적합한 이와같은 관찰결과를 설명해 보는 것이 유익할 것이다.

　되었다.

이 글 후반부에서 공식으로 보여 주듯이 진행중인 전쟁에 참가할 것인
가 하는 결정은 전쟁의 목적에 대한 각자의 선호 정도에 의해 이루어진다.
또한 개인이 인식하는 전망도 그 결과에 영향을 미침으로써 결정에 작용한
다(Altfeld & Bueno de Mesquita, 1979). 강대국들은 당연히 약한 국가들
간의 갈등에 영향을 미칠 수 있다는 높은 선험적인 기대를 가지고 있다. 예
를 들면, 미국의 지도력은 베트남 전쟁 결과에 영향을 미칠 수 있는 확률이
높다고 믿는 것처럼 보였다. 전쟁에서 성공하리라고 인식하는 확률이 증가
함에 따라 성공의 효용이 감소할 수 있지만, 여전히 전쟁에 개입하고자 하
는 기대의 결정적인 한계수준을 만족시킬 수 있다.[4] 이것은 강대국이 결과
가 그들에게 크게 중요하지 않는 전쟁에서 싸울 확률이 약소국보다 더 높
다는 것을 의미한다. 약소국들은 합리적으로 그런 전쟁에 개입할 수 없다.
그들에게 상당히 큰 이해관계가 있다고 인식하는 분쟁에서만 싸울 수밖에
없는 것이다.

미국의 니카라과에 대한 개입에 반대하는 주장-베트남 전쟁에 대한 반
대와 마찬가지로 니카라과와 같은 세계의 일부분에서 발생되는 정치적 결
과가 미국의 국익에 필수적인 것이 아니라고 하는 근거-은 아무런 주의도
끌지 못한다. 이것은 기대효용이론의 제3자 전쟁 개입에 따른 중요한 전략
적 의미를 내포하고 있다. 마찬가지로 니카라과와 같은 장소에 대한 미국
의 개입을 두려워하는 것도 역시 기대효용 접근법에 의해 정당화된다. 그
런 개입을 방지하고자 하는 사람들이 실패하는 이유는 니카라과가 미국의
안보에 치명적인 존재가 아니라는 데에만 관심을 집중시키기 때문이다. 만
약 개입반대자들이 성공하기를 바란다면, 대통령이 성공 확률을 너무 높게
인식하는 것은 아닌가 하는 점에 초점을 맞추는 것이 나을 것이다. 베트남
에서 미국은 성공률을 잘못 계산했다. 그러한 오산의 위험은 니카라과 개
입반대론자에게 중요한 교훈이 된다. 반대로 개입주의자들은 기대효용이
론으로부터 성공에 대한 기대의 근거를 면밀히 검토해야 한다는 것을 배운
다. 니카라과가 미국의 안보이익에 필수적이라는 주장은 궁극적으로 미국
이 그 전투에 개입하느냐, 안하느냐를 결정하는 데 별로 중요하지 않다. 그

---

4) 여기서 나는 제3자에게 기대하는 노력의 수준이 그 기대되는 효용에 따라 일관
되게 증가한다는 가정을 한다.

러나 그런 주장은 미국의 개입이 성공하지 못할 것이라고 주장하는 사람들에 대한 효과적인 반론이 될 수도 있다. 만약 그 이해관계가 충분히 크다면, 정책결정자들은 손해를 보는 경우일 때조차 개입을 선택할 것이다.

3. 과학적 진보의 평가기준

이 글의 나머지 부분은 기대효용 접근법이 어떻게 중심부에 새로운 관점을 제시하는가, 그리고 어떻게 정확한 예측과 정책형성의 기초를 제공할 수 있는가를 일반적으로 설명하는 데 초점을 맞출 것이다. 내가 목적하는 바는 기대효용 접근법이 일반화할 수 있는 결과에 대해 기존의 접근법들보다 더 포괄적인 설명을 제공한다는 증거를 제시하는 것이다. 동시에 기대효용 관점이 다른 많은 시각의 핵심적인 통찰력을 망라하는 통합적인 것이며, 예측과 사례연구 분석의 정확한 도구일 뿐만 아니라, 일반화하는 데도 이점을 가지고 있음을 보여 주고자 한다.

나는 여기에서 국제갈등의 연구에 대한 연역적이고 공리적인 접근법의 효력을 많이 주장할 것이다. 그러나 먼저 그러한 접근법의 중요한 한계점, 특히 갈등에 대한 수학적 모델과 덜 공식적이지만 특정한 사건에 대해 더 미묘하고 상세하게 연구할 수 있는 접근법 간의 보완성을 명백하게 해두고자 한다. 공식 모델은 사건의 풍부한 세부사항과 구조를 밝히려고 의도된 것이 아니다. 오히려 내적으로 일관되고 외적으로 유용한 일반원칙을 보여줄 수 있도록 현실세계를 단순화시킨 견해를 만들기 위해 고안되었다. 공식 모델이 연구중인 사건에 대한 풍부한 정보를 대신할 수는 없다. 그러나 그것은 더 많은 질서를 제공하고 일반화할 수 있는 능력을 강화함으로써 세부사항의 풍부함을 보완할 수 있다. 그렇게 함으로써 공식 모델은 전체 효과를 위해 세부사항을 희생하고 일반성을 위해 특수성을 희생한다. 강력한 공동작업의 성과는 전문지식과 결합될 때 나타나는데, 이 때 얻어지는 통찰력의 수준은 전문가의 판단이나 공식 모델에 의해 얻을 수 있는 것보다 더 높다. 실제로 지역전문가들과 긴밀히 협력한 몇 해 동안 나는 전문지식으로부터 정보를 얻고 전문가의 시각에서 미묘한 차이를 해석한 기대효용 분석이 모델 구성가의 해석보다 더 훌륭한 결과를 산출할 뿐만 아니라, 모델 구조의 이점이나 논리적 엄격함이 없는 지역전문가의 분석보다 타당한 결과를 산출하게 된다는 것을 깨달았다.

정책결정자의 관점이 갖는 주요 한계점은 정책의 출처를 특정 지도자라고 추정하는 어려움에서 비롯된다. 만약 우리가 국가정책을 언급하려면 선호의 집합에 관한 가정을 염두에 두어야만 한다. 정책은 종종 경쟁적인 엘리트들 간의 토론과 타협의 산물이다. 각자 합리적인 방식으로 행위하는 개인들로 이루어진 집단은 많은 사람들의 이해와 모순되는 정책을 만들어 낼 수도 있다. 이것은 만약 문제가 다차원적이거나 또는 효용곡선의 최고점이 하나 이상인 일차원적 문제일 때, 비이행적인 사회적 배열을 초래하는 주기가 가능하기 때문에 발생한다. 유명한 콩도르세 역설(Condorcet paradox)은 우리로 하여금 집단적인 합리성에 관심을 갖게 만든다. 전쟁에 직면하여 허세를 부리는 것과 같은 행위는 전략적 동기로 설명될 수도 있지만, 그것은 또한 경쟁하는 엘리트들이나 관료들 사이의 순환하는 선호의 결과일 수도 있다. 이러한 문제들은 극복할 수 없는 것이라기보다는 합리적인 선택이론을 집단적인 행위에 적용하는 데 나타나는 본질적인 한계를 보여 주는 것이다.

다른 한계점들은 기대효용이론의 원리(Tversky & Kahneman, 1981)와 정책결정자들 간 독립성의 가정에 관한 논쟁으로부터 나온다. 이 점은 현재까지 내 연구에서 아마 가장 심각한 단점으로서, 상호작용적이거나 우연한 행태에 대한 게임이론적 관계를 무시한다. 게임이론적 틀에 의존하는 국제관계 연구단체가 인상적으로 성장하고 있다(Axelrod, 1984; Brams, 1985; Morrow, 1987; Wagner, 1982; Zagare, 1987). 최근 제한된 정보를 가진 연속적인 게임에 관한 이론적 발전(Kreps & Wilson, 1982a, b)은 특히 국제관계 연구자들이 관심을 가지는 문제를 정교하게 이론적으로 조사할 수 있는 새로운 가능성을 열어 준다(Morrow, 1987). 앞으로의 내 연구는 불완전한 정보를 가진 일련의 게임이론을 많이 다룰 것이다(Bueno de Mesquita & Lalman, 1988).

어떠한 이론을 구축하는 주된 목적은 법칙과 같은 언명을 증명하는 것이다. 다른 인식론을 가진 사람들은 때때로 각자의 지적인 목표도 다르기 때문에 자신들의 노력이 갖는 상대적 유용성이나 가치를 주장할 필요성도 없다고 잘못 생각한다. 이것이 종종 국제갈등을 연구하는 학자들 간에 문제가 된다. 어떤 연구자들은 특정한 사건을 설명하고 이해하며 그 독특한 특성을 분리시키려고 한다. 다른 학자들은 사건들 간의 공통성에 대한 흥미를 느낀다. 비록 때로는 비교할 수 없게 서로가 다르다고 해도, 각각은 아주 이성적이고 중요한 문제이다. 이러한 점에서 과학이 의미하는 것과 지혜가 의미하는 것은 구별−항상 분명하지는 않지만−되어야 한다.

내가 과학으로 말하려고 하는 것은 가정들 간의 관계가 엄격한, 논리적으로 일관된 논증(법칙과 같은 언명)을 통해 일련의 사건들을 설명하는 것이다. 또한 그러한 논증이 얼마만큼 설명하는가와, 그리고 개별 사례들의 특수한 요인에 의존하지 않고 변수들 간의 반복적인 관계를 관찰한 결과가 이 논증을 얼마만큼 지지해 줄 수 있는가이다. 과학적 지식은 연구중인 현상을 개인적으로 경험하면서 받아들이지 않아도 전수될 수 있다. 과학은 일반화를 요구하고, 이 일반화는 경험적 증거에 의해 확증되어야 한다.

지혜는, 현명한 인간의 자질로서, 법칙과 같은 언명이나 변수들 간의 관계에 대한 다양한 관찰결과에 의해 지지될 필요가 없는 특수하고 특별한 지식이나 통찰력에 호소한다. 지혜는 종종 개인적인 경험에 의존한다. 그것은 경험적으로 다양한 증거의 기초에 의해 확증될 필요도 없다. 개인적 지혜는 이와 같이 거의 전수되거나 반복될 수는 없지만, 개별적인 사건에 대해서는 거의 항상 상세함과 통찰력을 가지고 있다.[5] 과학 없이도 지혜는 있을 수 있다. 과학은 거의 항상 지혜에서 나온다.

과학의 진보는 같은 현상에 대한 경쟁적인 설명들을 평가하기 위해 널리 합의된 기준을 필요로 한다. 물리적 세계에 관한 연구에서처럼 국제관계의 연구에서도 이것이 사실이다. 과학적 진보를 측정하는 대부분의 기준들이 가지는 흥미로운 특징은 그 기준들이 단일사례보다 많은 사건들로부

---

[5] 지혜는 때때로 '시대의 지혜'로 간주되기도 한다. 이러한 버크(Burk)의 견해는 지혜를 전통과 문화의 맥락에서 본다. 그러한 시각은 내가 '현명한 인간'의 의미에서 사용하는 개념과는 연관성이 적다. 이 글에서 지혜의 두 가지 의미의 차이는 '시대의 지혜'가 전해질 수 있는 성격을 함축한다는 점이다. 그러나 그러한 지혜는 과학과 달리 경험적으로 확증되거나 검증할 수 있는 명제에 의존하지 않는다는 것이 사실이다.

터 얻어진 증거를 필요로 한다는 것이다. 과학적 탐구의 성과를 평가하는 데 널리 이용되는 수단들은 모두 증거의 탁월함에서 나오는 의미에 주목한다. 이것은 통계적으로 유의도 검증을 고무하는 방법론 연구와 마찬가지로, 많은 사례사를 축적하도록 이끄는 방법론에 근거한 연구에서도 사실이다. 나는 과학적 진보를 평가하기 위해 라카토스(I. Lakatos)가 제기한 기준을 사용한다.

> 과학적인 이론 T는 또 다른 이론 T´가 다음과 같은 특징을 가지고 제안되었을 때에만 반증된다. ① T´는 T를 능가하는 경험적 내용을 갖는다. 즉 그것은 새로운 사실들, 다시 말해서 T의 관점으로는 불가능했거나 심지어 T에 의해서는 금기시되었던 사실들을 예측한다. ② T´는 이전에 T가 이룬 성공을 설명한다. 즉 T의 논박되지 않은 모든 내용이 T´의 내용에 (관찰가능한 오차의 한계 내에서) 포함된다. 그리고 ③ T´의 초과내용은 확증된다(Lakatos, 1978: 32).

나는 국제갈등의 이해에 대한 기대효용이론의 공헌을 평가하기 위해 이 기준—새로운 이론이 경쟁이론들보다 더 많이 설명한다는—을 적용한다. 국가들 간의 세력분포와 전쟁발생의 관계를 제시하는 국제관계이론들과 기대효용이론을 비교해 보자.

4. 세력, 동맹 그리고 전쟁에 관한 이론들

전쟁에 관한 두 가지의 탁월한 견해로는 세력균형이론(Gulick, 1955; Morgenthau, 1973; Waltz, 1979)과 세력우위이론(Organski, 1968; Organski & Kugler, 1980; Keohane, 1980, 1984; Gilpin, 1981; Modelski & Morgan, 1985)이 있다. 이러한 시각들은 전쟁(또는 평화) 요인이나 동맹선택의 동기에 관해 기본적으로 다른 가설들을 가지고 있다. 예를 들면, 많은 세력균형 이론가들은 다음과 같은 가설을 세운다.

1. 세력균형은 평화를 가져 오고 세력의 불균형은 전쟁을 초래하는 경향이 있다.

2. 동맹은 비이념적이고, 세력을 추구하는 장치이기 쉽다.
3. 동맹은 지속적이지 못한 경향이 있다.

반면, 세력우위 이론가들은 다음과 같이 가설을 세운다.

1. 세력균형은 전쟁을 초래하고 세력의 불균형은 평화를 가져 오는 경향
   이 있다.
2. 동맹은 세력추구 장치라기보다는 이념적인 경향이 있다.
3. 동맹은 오래 지속된다.

이러한 가정들은 대립적이고 모순적인 것처럼 보인다. 세력분포와 전쟁 간의 관계에 관한 견해들에 대해서는 상당한 논쟁이 있어 왔다. 그러나 갈등선택에 대한 기대효용이론은 모순적인 것처럼 보이는 두 명제들이 각기 옳다는 조건을 추론하기 위한 기초를 제공해 준다. 이것은 대담한 주장이다. 나는 이 주장이 과학적 진보를 평가하기 위한 라카토스의 기준에 의해서도 지지될 수 있다는 것을 증명하려고 한다.

5. 기대효용, 힘 그리고 전쟁

정책결정자들은 가상의 적에게 도전할 때와 안할 때의 기대효용을 계산한다고 가정해 보자. 위협적인 상황에 처한 정책결정자들이 목적을 추구하는 데 발휘하는 압력이 증가될 확률은 그들의 기대효용 함수에 달려 있다고 가정하자. 그들이 유리하다고 믿으면 믿을수록 목적을 추구하기 위해 폭력을 사용하는 경향이 높아질 것이다. 다른 곳에서도 지적된 것처럼 (Lalman, 1988; Bueno de Mesquita & Lalman, 1986), 국가 i와 j에 의한 전쟁확대의 확률을 나타내는 함수곡선은 <그림 1>과 같게 된다.

이제 i, j 또는 두 국가 모두 협상전략보다 전쟁전략을 선택할 확률에 따라 다양한 유형의 갈등 확률을 규정할 수 있다.

176

$$P(War) = P^i(Esc_i) \times P^j(Esc_j) \tag{4}$$

$$P(Intervention)$$
$$= \{P^i(Esc_i) \times [1-P^j(Esc_j)]\} + \{P^j(Esc_j) \times [1-P^i(Esc_i)]\} \tag{5}$$

$$P(Peace) = [1-P^i(Esc_i)] \times [1-P^j(Esc_j)] \tag{6}$$

$$P(Violence) = 1-P(Peace) = P(War) + P(Intervention) \tag{7}$$

공식 (4)에서 전쟁의 확률 [P(War)]은 i가 j에 대해 위협의 수준을 확대 시키고자 하는 확률 [P^i(Esc$_i$)]과 j가 i에 대해 위협을 확대하고자 하는 확률 [P^j(Esc$_j$)]의 결과에 해당한다. 개입의 확률(즉 폭력의 불균형한 사용에 관한 공식 5)은 한 국가가 폭력을 사용하지 않는 입장을 선택하는 반면, 다른 국가는 구두상의 위협 이상으로 확대시키는 확률에 해당한다. 다른 개념들도 유사하게 해석될 수 있다.6) <그림 1>에는 적(그리고 적의 동맹국)에게 도전하는 결과에 대한 기대가 균형을 이루는 두 점이 뚜렷하게 존재한다. <그림 1>의 A로 표시된 점에서 국가 i와 j가 모두 폭력사용을 확대할 확률이 높기 때문에 전쟁의 확률도 높다는 것을 공식 (4)를 통해 알 수 있다. B로 표시된 점에서는 전쟁의 확률이 낮다. 세력균형 이론가들은 균형이 근본적으로 다른 의미를 갖고 있는 이 두 조건을 구별하는 데 실패했다. 마찬가지로, 영역 C와 D는 한 국가가 상대방보다 갈등으로부터 기대하는 것이 훨씬 더 많은 불균형적 기대상황을 나타낸다. 영역 C에서는 전쟁의 확률이 높다. 반대로 영역 D에서는 전쟁의 확률이 낮다.

점 A와 B는 하나의 패권국이 다른 국가에 의해 추월당하는 '세력전이'의 결정적 순간을 나타낸다(Organski, 1968; Organski & Kugler, 1980, 1986). 점 A에서 j는 i를 앞지른다. 점 B에서 i는 j를 추월한다. 이와 같은 두 번의 전이는 각기 높은 전쟁 확률과 낮은 확률을 동반한다. 세력균형 시각을 지지하는 측은 점 B나 영역 C가 상징하는 상황에 경험적 관심을 두는 것으로 보인다. 세력우위 이론가들은 점 A나 영역 D의 특징적인 상황에 관심을 갖는 것 같다. 세력우위이론은 균형적인 기대가 평화를 가져 오

6) 앞에 언급된 것처럼, 분쟁을 확대하는 결정에 관한 이러한 개념들은 위험이 존재한다는 것을 가정한다. 따라서 이러한 맥락에서 평화의 가망성은 폭력에 호소하지 않고 위협적인 상황이 해결될 확률이다.

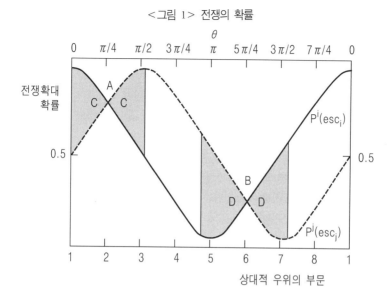

<그림 1> 전쟁의 확률

는 점 B나 영역 C의 상황을 분리시키지 않는다. 세력균형이론은 균형이 전쟁을 의미(점 A)하거나, 불균형이 평화를 의미(영역 D)하는 조건을 무시한다. 그러나 기대효용의 틀은 이러한 차이를 구별한다. 결과적으로 기대효용이론은 우세나 균형이 평화 또는 전쟁을 조장하는 상황들을 구별할 수 있는 잠재력을 가지고 있다. <그림 1>의 결정적인 견해는 상대방이 기대하는 이득의 함수에 따라 전쟁의 위험이 낮거나 또는 높아지는 상황을 구별하는 것이다. 세력을 중점적으로 연구하는 대부분의 이론가들은 양측의 기대가 똑같다면, 각자가 승리할 확률은 0.5라고 추측하는 실수를 저지른다. 그렇게 되면 주관적이고 객관적인 승리의 확률이 혼동된다(Blainey, 1973). 물론 i와 j는 동시에 자신의 승리 가능성이 높다고 생각할 수도 있으며(예를 들면, <그림 1>의 점 A) 아니면 i와 j 모두가 자신이 승리할 전망이 매우 낮다고 믿을 수도 있다(예를 들면, 점 B). 이러한 두 가지의 보기에서 균형적인 기대란 곧 i와 j의 승리 확률이 0.5라는 의미를 찾아볼 수는 없다. 기대효용의 시각은 역사적인 기록과 일치한다.

세력분포가 평화를 전망하는 데 어떻게 영향을 미치는가에 관한 논쟁이 지속되는 이유는 주로 '현실주의적' 이론의 두 가지 한계점에 있다. 세력중심적인 시각의 공통된 단점은 힘 그 자체를 이해하는 것만으로 국가들 간의 관계를 파악하기에 충분하다고 확신하는 데 있다. 한 관찰자가 빈틈없이 지적했다.

> 단순히 도구적인 개념을 핵심적인 위치에 두는 것은 위험하다. 힘은 수많은 목적(힘 그 자체를 포함하여)을 위한 수단이다. 인간이 사용하는 힘의 양과 질은 인간의 목적에 의해 결정된다. … '현실주의적' 이론은 목적에 영향을 미치거나 또는 목적을 규정하는 모든 요소들을 무시한다. 왜 정치가들이 이따금 국력을 제국주의적 정책과 같은 특정한 방식으로 사용하려고 했는지는 분명하지 않다. 국가목표와 정치가들의 동기를 설명하는 신념과 가치들은 고려되지 않거나 무시된다. … 이와 유사하게 국제적으로 공유되는 신념과 목적들도 고려되지 않고 있다(Hoffmann, 1960: 31).

기대효용이론은 힘 그 자체만을 강조하는 것이 충분치 않다고 본다. 기대효용이론은 성공과 실패의 확률을 평가하는 과정에서 세력을 고려하지만, 평가를 하는 데는 가치와 목적 역시 포함된다.

세력을 중심으로 연구하는 대부분의 이론들이 갖는 두 번째 한계점은 체제구조와 국제갈등 간의 관계 이면에 있는 실제적인 추진력을 오해한다는 데 근거한다(Bueno de Mesquita, 1978). 예를 들어 세력균형과 전쟁에 관한 이론이나 또는 양극(bipolarity)과 평화에 관한 이론들은 실제로 갈등의 구조적 결정요소에 관한 이론이 결코 아니다. 그런 이론들의 기본가정은 일반적으로 사람들이 불확실성과 모험에 대해 어떻게 반응하는가에 관한 것이다. 이러한 이론들이 그런대로 체계적인 것처럼 보이는 것은 모든 사람들이 모험이나 불확실성에 대해 똑같은 방식으로 반응한다고 가정하는 경향 때문이다(Kaplan, 1957; Waltz, 1964; Deutsch & Singer, 1964). 예를 들어, 많은 세력균형 이론가들에 따르면 성공률이 단지 50 대 50으로 여겨질 때에는 전쟁을 일으키려는 동기가 감소된다. 이것은 전쟁의 선택에 직면한 정책결정자들이 마치 일반적으로 모험회피적인 것처럼 행동한다는 언명과 유사하다. 반대로 많은 세력우위론자들은 적대적인 세력의 힘이 거의 동등할 때 전쟁이 일어난다고 믿는데, 이는 곧 정책결정자들이 일반적으로 모험수용적인 것처럼 행위한다는 것을 암시한다. 불확실성이나 모험에 획일적으로 반응한다는 가정은 매우 제한적이고, 심리적 연구나 보편적인 관찰 결과에 따른 기대와도 확실히 모순된다. 기대효용이론은 정책결정자가 모험적일 수도 있고, 모험회피적일 수도 있다는 가능성을 고려한다. 정책결정자들이 기회를 택하는 의지는 다양하다. 모험을 택하는 의지는 각 정책결정자들이 갖는 효용함수의 형태나 굴곡에 의해 묘사된다. 대부분의 세력 이론가들과는 달리 기대효용이론은 모험을 택하는 경향을 가정으로 제시하지 않는다. 모험을 취하는 경향은 다양하다. 결과적으로 기대효용 접근법은 세력분포―효용과는 관계없는―가 전쟁의 경향과 직접적인 이론적 관계가 없음을 보여 준다. 기대효용이 항상 대안적인 결과들의 확률과, 그러한 결과에 관련된 효용의 산물이라는 것을 인식한다면 이와 같은 것을 쉽게 알 수 있다.

실제로 모든 현실주의적 정치이론가들이 주장하는 것처럼, 전쟁에서 성공할 확률이 힘과 함수관계라고 가정해 보자. 기대효용이론은 합리적인 국가 지도자 i가 전쟁을 개시할 수 있는 조건을 다음과 같이 연역적으로 보여 준다.

$$P^i_s \geq 1 - [U^i_s - E^i(U_{nc}) \diagup [S_j(U^i_s - U^i_f)] \tag{8}$$

P_s는 i의 성공률을 말하고, U_s와 U_f는 각각 성공과 실패의 효용을 나타내며, $E^i(U_{nc})$는 i가 가상의 적에게 도전하지 않을 때의 기대효용이다(Bueno de Mesquita, 1985).

공식 (8)은 가상의 적에게 도전하지 않기로 결정하기까지 정책결정자가 얻고자 하는 성공의 기회가 얼마나 적은지를 나타낸다. 공식의 오른편은 분쟁의 전체 이해관계(분모)에서 잠정적인 이득(분자)의 비율이 얼마나 큰가를 나타내고 있다. 이와 같은 '법칙'은 합리적인 행위자들이 논쟁이 되는 문제를 크게 염려한다면, 주관적인(또는 실제적인) 승리의 전망이 매우 작을 때조차도 전쟁을 하기로 결정할 수 있음을 보여 준다.

성공의 확률에 상관없이(즉 상대적인 힘의 크기에 관계없이) 전쟁을 하는 것이 전쟁을 하지 않는 것보다 더 선호되거나, 반대로 전쟁을 하지 않는 것이 전쟁을 하는 것보다 더 선호되는 효용들이 존재할 수 있다(Hussein,

180

1987). 다시 말해서, 현실주의 이론가들의 반대 주장에도 불구하고, 힘 그 자체는 합리적이고 현실주의적인 지도자가 평화보다 전쟁을 선택하기 위한 필요조건도 충분조건도 아니다. 이것은 기대효용 시각에서 볼 때 자명한 일이다.

전쟁개시 가능성과 힘을 직접 연결시키는 이론이 논리적으로 부적절함에도 불구하고, 그러한 시각은 지속되고 있다. 그러나 라카토스의 의미에서 기대효용이론이 세력균형이론보다 우월하다는 것은 매우 간단한 경험적 실험으로 증명된다. 한 예로서 키신저(Kissinger)에 따르면, "역사적으로 국가의 정치적 영향력은 대개 군사력과 관계가 있어 왔다. 국가들은 도덕적 가치와 제도의 위신에 있어서 차이가 나지만, 외교적 기술이 군사력을 증대시킬 수는 있어도 결코 대체할 수는 없었다. 최종 선택에서 힘의 열세는 항상 공격을 유발했고, 그 결과로서 정책의 포기를 초래한다. … 세력균형은 … 사실상 평화의 전제조건이었다"(Kissinger, 1979). 많은 세력균형 이론가들처럼 키신저는 전쟁개시자들이 그들의 적들보다 더 강력하다고 규정한다. 기대효용이론은 이러한 제한을 두기보다 오히려 전쟁 개시자가 기대하는 이익이 그들이 기대하는 손실보다 더 크다고 본다. 공식 (8)이 제시하는 것처럼, 성공의 확률이 매우 낮을 때조차도 성공이 부여할 가치가 충분히 크다면 이것은 사실일 것이다. 싱어와 스몰(Singer & Small, 1972)이 규정한 모든 전쟁을 사용하여 나는 이러한 두 명제의 상대적인 장점을 검증해 보았다. 분석된 모든 사례에서 세력균형과 기대효용 '법칙들'이 서로 다른 결과를 초래할 수 있다는 의미에서 이 실험은 매우 중요하다. <표 1>은 두 법칙들과 경험적인 기록 사이의 상대적 적합성을 제시하고 있다.

<표 1> 1816~1974* 전쟁 개시자에 대한 세력균형이론과 기대효용이론의 비교

전쟁이 세력균형이론 또는 기대효용이론을 따르는가?	i가 세력균형의 조건을 만족시키는가?	i가 기대효용의 조건을 만족시키는가?
예	25	31
아니오	12	6

주: * 이 표는 Bueno de Mesquita(1981: 143)의 <표 5.17>과 <표 5.18>의 첫 번째 열에 근거한 것이다.

기대효용이론은 세력균형이론에 비해 우월하다는 것을 입증하고 있다. 인간의 실수와 자료의 한계를 감안한다면 어떠한 이론도 '완벽한' 법칙을 제공해 줄 수 없다. 세력균형법칙이 틀릴 수 있는 확률이 100분의 1보다 낮다고 하지만 기대효용의 강점은 이보다 더 크다. 라카토스가 제안한 대로 세력균형 가설을 확증하는 사례가 기대효용 가설 또한 확증하고, 그밖의 사례들이 기대효용의 관점에 부가적인 가치를 부여한다.

6. 기대효용, 힘, 그리고 동맹

서로 모순되는 것처럼 보이는 세력이론들의 동맹에 관한 가설 역시 기대효용이론에 포함되는 것으로 보인다. 오갠스키와 쿠글러의 논증을 고려해보자:

> 강대국과 약소국가들 간의 관계뿐만 아니라 여섯 강대국들 자체의 관계 역시 비대칭적이라고 한다면, 대개의 동맹들은 세계의 세력분포를 위협하는 변화를 방지할 수 있는 현실적인 방법이 될 수 없다. … 국가들을 갈라놓는 문제의 격차가 우리가 제시한 것만큼 크다면, 보다 가망성이 있는 동맹들도 단지 계층간 격차의 크기에만 영향을 미칠 수 있을 뿐이고, 국제체제를 지배하는 강대국들의 기본적인 서열을 바꿀 수는 없음이 분명하다(Organski & Kugler, 1980: 25).

이것은 모겐소의 논증과 날카롭게 대조되는 입장이다:

> 왕들이 자신의 이익을 증진시키기 위해 스스로 세력균형을 허용했다는 것은 사실이다. 그렇게 함으로써, 그들은 세력균형이 깨지거나 세력의 재정비가 필요하다고 생각할 때는 언제든지 편을 바꾸고, 예전의 동맹을 버리고, 새로운 동맹을 형성하는 것이 불가피했다(Morgenthau, 1973: 197).

세력우위 이론가와 세력균형 이론가들이 만든 동맹에 관한 가정들 중에서 핵심적인 차이점을 공식으로 나타낼 수 있다. C_i를 가장 강력한 국가 또

는 그 국가들로 구성된 동맹의 힘(power)이라고 하자. C_j는 i의 경쟁자인 j
의 힘이라고 하자. C_k는 제3의 국가 또는 그 국가들로 구성된 연합의 힘이
라고 하자. 가장 강력한 국가들 간의 전쟁에서는 동맹이 효과적이지 않다
고 하는 오갠스키와 쿠글러의 주장은 논리적으로 아래의 공식에 해당한다.

$$C_i - C_j > C_k \qquad \therefore C_j + C_k < C_i$$

j와 k의 연합한 힘보다 C_i가 우위에 있다고 한다면, 동맹은 힘보다는 이
데올로기나 세계관을 고려함으로써 좀더 장기적인 장치가 될 것이다. 그러
나 모겐소나 다른 세력균형 이론가들이 주장하는 것은 다음과 같다.

$$C_i - C_j \leq C_k \qquad \therefore C_j + C_k \geq C_i$$

이 공식에 따르면 이데올로기보다 오히려 힘에 대한 고려가 동맹의 형
성에 영향을 주는 중요한 요소가 된다. 이 때 동맹은 단기적이며 편의를 위
한 비이념적인 장치가 된다.

제3자가 i의 편이나 j의 편에 참여하고자 하는 선택에 대한 기대효용의
관점은 세력균형과 세력우위 이론가들의 일반화를 모두 망라하고 있다. i나
j에 참여하려는 선택, 또는 비동맹으로 남아 있으려는 선택이 기대효용을
극대화시키는 기준에 의해 결정된다고 가정해 보자. 또한 제3자 k가 i나 j를
위해 쏟는 노력의 양은 k가 자신의 선택에 대해 갖는 기대효용에 따라 계속
적이고 한결같이 증가한다고 가정해 보자. 즉 k가 전쟁중인 국가를 도움으
로써 이익을 얻을 것이라고 기대하면 할수록, k는 그 이익을 추구하기 위해
기꺼이 더 많이 관여하게 될 것이다. <그림 2>는 제3자 k가 i와 j 중에 어
느 편을 들 것인가를 선택하면서 직면하게 되는 결정문제를 묘사한다.

<그림 2>에서 묘사된 모델에 따르면 k의 선택은 k가 도왔을 때 i가 이
길 확률(P_{ik}), k가 i를 돕는다 해도 i가 질 확률($1-P_{ik}$), k가 j를 도울 때 j가
이길(i가 질) 확률(P_{jk}), k가 j를 돕는다 하더라도 j가 질(i가 이길) 확률($1-
P_{jk}$), 그리고 k가 두 가지의 가능한 결과에 부여하는 효용─또는 동기의 정
도─에 달려 있다. i의 승리에 대한 k의 효용은 $U(W_i)$와 같다고 하고, i의

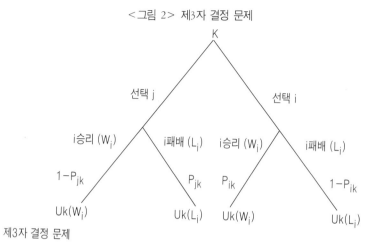

<그림 2> 제3자 결정 문제

제3자 결정 문제

패배와 j의 승리에 대한 k의 효용은 U(Lᵢ)이라고 하자. 대수학으로 표현해 보면, <그림 2>에서 묘사된 것처럼, k가 i나 j에 참여할 기대효용은 다음과 같다.

$$E(U)_k = [P_{ik}U^k(W_i) + (1 - P_{ik)}U^k(L_i)]$$
$$- [(1 - P_{jk})U^k(W_i) + P_{jk}U^k(L_i)] \qquad (9)$$

공식 (9)에서 첫 번째 대괄호 안에 있는 항은 k가 i편에 참여할 때 k가 갖는 기대를 기술한다. 두 번째 괄호 안에 있는 항은 k가 j편에 참여하는 전략을 선택할 때 k가 갖는 기대를 기술한다. 이 두 식을 빼보면 k가 선호하는 전략이 i에 참여하는 것인지, j에 참여하는 것인지, 또는 중립을 지키는 것인지를 알 수 있다. 만약 양(positive)의 결과가 나온다면, k는 j보다 i에 참여하는 것으로부터 더 많은 효용을 기대한다는 것이고, 따라서 i에 참여할 것으로 예측된다. 한편 음(negative)의 결과가 나온다면 k는 i보다 j에 참여하는 것으로부터 더 많은 효용을 기대한다는 것이므로, j에 참여할 것으로 예측되고, 만약 공식이 0과 같다면 k는 i와 j 사이에 대해 무관심하다는 것이고, 그래서 분쟁을 삼가게 된다. 공식 (9)에서 항을 인수분해하여 산출된 것을 재배열해 볼 수 있다.

$$E(U)_k = (P_{ik} + P_{jk} - 1)[U^k(W_i) - U^k(L_i)] \tag{10}$$

공식 (10)은 k가 항상 자신이 선호하는 편에 참여한다는 것을 분명하게 준다. $P_{ik}+P_{jk}-1$은 0과 같거나 0보다 더 크기 때문에 공식 (10)의 부호는 i나 j의 승리에 대해 k가 갖는 효용이나 선호의 상대적인 크기에 의해 결정 된다. k가 얼마만큼 노력하는가 하는 것은 k의 힘과 어느 한편에 대해 갖 는 K의 선호 정도에 달려 있다. 이것을 알아보기 위해, 어느 국가도 자신 이 연합하기로 한 편을 불리하게 할 목적으로 갈등에 개입하지는 않는다고 가정하자. k가 불참할 때 i가 이길 선험적인 확률은 k가 i에 참여하고 i가 이길 확률보다 작으며, 마찬가지로 j가 이길 선험적인 확률은 k가 j에 참여 함으로써 감소되지 않는다. 즉 나는 다음과 같이 규정하는데,

$$P_{ik} \geq P_{ib} \; ; \; P_{jk} \geq P_{jb} = (1 - P_{ib})$$

P_{ib}와 P_{jb}는 쌍방 간의 분쟁에서(k의 판단에 의해) i와 j가 각각 이길 확률이 다.

일단 P_{ib}와 P_{jb}(합하면 1이 되고, i와 j가 홀로 행위할 때의 확률을 나타낸 다)를 빼면(공식 10에서 $P_{ik}+P_{jk}-1$로 쓰인 것처럼), 남는 것은 i의 승리에 대한 k의 부가적 기여이다. 이것은 조작적인 가정을 덧붙임으로써 가장 쉽 게 나타내질 수 있다. $P_{ik}=(C_i+C_k)/(C_i+C_k+C_j)$라고 하자. 앞에서 처럼 C 는 아래첨자로 쓰여진 행위자의 능력이나 힘을 나타낸다. 마찬가지로 P_{jk} $=(C_j+C_k)/(C_i+C_j+C_k)$라고 하자. 그러면,

$$P_{ik} + P_{jk} - 1$$
$$= \frac{C_i+C_k}{C_i+C_j+C_k} + \frac{C_j+C_k}{C_i+C_j+C_k} - \frac{C_i+C_j+C_k}{C_i+C_j+C_k} = \frac{C_k}{C_i+C_j+C_k} \tag{11}$$

이제 앞에서 규정한 세력전이의 조건과 기대효용에 따라 각국의 노력은 한결같이 증가한다는 가정에 의해, 공식 (11)에서 C_k가 C_i와 C_j에 비해 작 다는 것을 알 수 있다. 그러므로 효용을 계속적으로 유지시킬 때, 세력균형

(C_k가 상대적으로 큰 경우로서)의 조건에 관한 $U(W_i)-U(L_i)$의 유한한 가치를 위해서는 k의 기대효용이 0에 접근해야 한다. 기대효용에 따라 각국의 노력이 일관성 있게 변화한다고 할 때, 공식 (10)과 (11)은 제3자가 전쟁을 개시하는 교전국에 비해 약할 때는 동맹이 덜 중요하고, 제3자가 전쟁을 개시하는 교전국에 비해 상대적으로 강할 때는 동맹이 더 중요하다는 것을 보여 준다. 따라서 세력균형과 세력전이 가설들은 서로 전혀 모순되지 않는다. 오히려 세력균형과 세력전이 가설들은 각기 기대효용 극대화 원리에 포함되는 행위의 특정한 사례가 된다. 이것은 그러한 각 이론들이 더 광범위하고 일반적인 이론을 제공해 주는 기대효용의 틀 안에 포함될 수 있음을 의미한다. 기대효용이론은 각기 다른 이론들이 모순적이라고 다루는 상황들을 구별하여 망라한다.

　기대효용이론은 최소한 전쟁의 발생 경향과 동맹의 유효성에 관한 가설이라는 측면에서 많은 세력균형이론과 세력우위이론들에 대해 라카토스의 기준을 만족시킨다. 기대효용이론은 두 이론에 의해 설명된 사실을 모두 설명하고, 한 이론에서는 제외된 사실까지도 설명해 준다. 이와 같이 기대효용이론은 두 이론을 초과하는 경험적인 내용을 가지고 있다. 예를 들어 진행중인 전쟁에서 어느 한편에 참여하려는 제3자의 결정에 관한 기대효용이론의 설명과, 본질적으로 똑같은 자료를 사용하였지만 더욱 세력지향적인 이론적 시각인 사이버슨과 킹(Siverson & King)의 실험결과의 경험적 차이를 고려해 보자. <표 2>는 사이버슨과 킹의 검증결과를 나타내고, <표 3>은 올트펠트와 부에노 디 메스키타의 기대효용 검증결과를 담고 있다(Altfeld & Bueno de Mesquita, 1979; Siverson & King, 1980).

<표 2> 사이버슨과 킹의 모델에 근거한 전쟁참여 예측

예측된 전쟁 참여자 실제 전쟁 참여자	안한다	한다
안한다	211	12
한다	32	35

출처: Siverson & King(1980, <표 4>).

<표 3> 올트펠트와 부에노 디 메스키타 모델에 근거한 전쟁참여 예측

실제 전쟁 참여자 \ 예측된 전쟁 참여자	안한다	한다
안한다	104	4
한다	9	27

출처: Altfeld & Bueno de Mesquita(1979, <표 2b>).

이러한 두 표를 비교해 보면 사이버슨과 킹이 오차(매번 행위양식을 예측하는 데 대한)를 33% 감소시킨 반면, 기대효용 모델은 오차를 66% 감소시킴으로써 역사적 기록에 더욱 적합하다는 것을 알 수 있다. 부가적으로, 올트펠트와 부에노 디 메스키타의 검증은 국가가 진행중인 전쟁에 참여할 것인지 안할 것인지(사이버슨과 킹의 종속변수)를 설명할 뿐만 아니라, 제3자가 어느 편에 참여할 것인지도 설명해 준다. 공식 (9)에서 나타난 것처럼 제3자의 선택은 기대효용을 극대화시키는 행위와 일치하는 것처럼 보인다. 비록 일반 자료를 가지고 한 것이라고 해도, 진행중인 전쟁에서 더 약한 측에 참여할 것이라고 예측된 18개 국가 중에서 16개 국가가 실제로 그렇게 했고, 더 강한 측에 참여하리라고 예측된 13개의 국가 중에서 10개의 국가가 실제로 그렇게 함으로써, 기대효용이론이 누가 참여할 것이고, 어느 편에 참여할 것이며, 누가 전쟁에 불참할지(전쟁에 불참하리라고 예측된 109개의 국가 중에서 104개의 국가가 그렇게 했다)를 판별하는 데 매우 강력하다는 것을 시사한다.

기대효용이론과 제3자의 동맹행태에 대해 마지막으로 주목해야 할 것으로써, 그 밖의 이론적 결과들도 공식 (10)으로부터 추론될 수 있다는 것을 말하고자 한다. 예를 들면, 공식 (10)은 다음에 대한 설명을 포함한다: ① 왜 강대국들이 약소국들보다 제3자로서 전쟁에 참여하는 경향이 더 많고, ② 왜 강대국들이 베트남 전쟁처럼 필수적 이해를 갖지 않는 전쟁에 위험을 무릅쓰고 참여하는 경향이 있는가? 그러므로 기대효용이론은 양립할 수 없는 것처럼 보이는 세력균형이론과 세력우위이론의 명제들을 조화시키는 매개역할을 하고, 경쟁이론들보다도 제3자의 동맹 결정을 더 잘 설명하며, 강대국과 약소국의 행태에 관해 경험적으로 입증되는 부가적 추론들도 제시하고 있다. 강대국의 전쟁에 관한 별개의 이론이 요구된다는 주장도 있지만(Modelski & Morgan, 1985; Organski & Kugler, 1980), 기대효용이론을 이용한 연구의 상당한 증거가 강대국의 선택이 약소국의 선택과 똑같은 방식으로 설명될 수 있으며[그러나 대안적인 견해로 Moul(1987) 참조], 강대국과 약소국은 근본적으로 효용과 확률의 조건에 대해 각자가 부여하는 가치의 크기에서 구별되는 것이다.

7. 기대효용이론의 놀라운 결과들

힘에 기초한 이론들은 전쟁과 평화의 결정을 설명하고 동맹의 형성을 설명하는 중요한 기반이었다. 억지의 문제를 둘러싸고 광범위하고 밀접하게 연관된 이론이 발전해 왔다. 기대효용이론은 그 밖의 가정을 더하지 않아도 재래전이나 핵전쟁을 억지하기 위한 노력의 성공과 실패를 설명해 주는 유용한 도구임이 증명되었다. 억지의 성공과 실패를 설명하기 위하여 많은 공식을 검증한 후스와 러셋은 그들의 가장 적합한 결과가 나의 기대효용 공식과 똑같은 예측을 할 수 있다고 주장한다. 더욱 흥미 있는 것은 후스와 러셋(Huth & Russett, 1984: 503)이 "일부 연구에서는 방어자의 선행행위가 그 다음 행위를 어떤 방법으로든 체계적으로 예측하지 못한다고 주장하지만, 아직까지 우리는 분석을 할 때 선행행위를 고려해야만 한다"라고 언급한 것이다. 선행행위가 결정적인 변수는 아니라고 주장하는 사람들을 인용한 것은 올트펠트와 부에노 디 메스키타이다. 결정의 선전이나 혹은 명성 있는 효과들은 후스와 러셋이 실험한 행위들에서 중요한 것이 아니라고 하는 역직관적인 명제는 그들의 증거에 의해 입증되었다. 그들은 경험적인 연구를 통해 "방어자가 과거 위기시에 취한 행위는 체계적인 차이점을 보이지 않는 것처럼 보인다"고 밝혔다.

그 밖의 역직관적이거나 변칙적인 것처럼 보이는 행위들은 갈등결정에 대한 기대효용의 관점과 일치한다. 예를 들어, 동맹국들은 서로 대항하여 전쟁을 하는(심각한 전쟁은 아니지만) 경향이 적에 대항한 것보다 대체로 많다는 것을 보여 준다(Bueno de Mesquita, 1981). 동맹을 가진 강한 적과 분

쟁관계에 있는 약소국은 비동맹을 유지하는 것이 잠재적으로 이익이 된다
는 것이 증명되었고, 동시에 나는 바로 그 적이 도움을 받을 동맹을 갖고 있
지 않다면, 약한 국가에게 비동맹은 부담이 될 수 있다는 것을 지적했다. 핵
확산이 전쟁위협을 감소시키는 조건은 확인된 바 있고(Bueno de Mesquita
& Riker 1982; Intriligator & Brito, 1981; Berkowitz, 1985), 또한 군비통제
가 갈등의 위험을 악화시키는 상황들도 구분되었다. 어떤 학자들은 국제조
약기구의 표준 규범을 따르는 행위나 벗어나는 행위는 기대효용이론을 이
용함으로써 예측될 수 있다는 것을 제시하기도 하였다(Berkowitz, 1983;
Altfeld & Paik, 1986). 또한 이 접근법은 단계적 행위를 예측하고(Bueno de
Mesquita, 1985; Bueno de Mesquita & Lalman, 1986; Petersen, 1986) 위협
에 직면하여 동맹을 형성하는 행위를 설명하는 데 있어서도 유용한 것으로
입증되었다(Iusi-Scarborough & Bueno de Mesquita, 1988; Altfeld, 1984;
Newman, 1985).

일련의 연구 결과들은 합목적적인 도발이 정책결정자의 오인과 관계있
다는 것을 보여 주고 있다. 오인은 전쟁의 발발에 체계적이고 예측 가능한
방식으로 효과를 미친다고 지적된다(Bueno de Mesquita, 1985; Bueno de
Mesquita & Lalman, 1986). 이러한 결과들은 잘못된 인식이 합리적인 행
위가 아니라고 간주하는 주장에 이의를 제기한다(Jervis, 1976). 그대신 나
와 롤만(Lalman)은 실제 전쟁의 발발 경향은 높은데도 정책결정자는 전쟁
의 가망성이 낮은 것으로 잘못 인식한 채 전투를 개시하게 되는 상황을 제
시했다. 그리고 우리는 실제적인 전쟁의 경향이 낮을 때 국가들이 스스로
생각한 정책을 펼치는 조건은 매우 위험하다는 것도 밝혔다. 이와 같은 이
유를 알아 보기 위해 공식 (4)를 다시 언급해 보자.

$$P(War) = P^i(Esc_i) \times P^j(Esc_j)$$

i가 인식하는 전쟁의 확률과 j가 인식하는 전쟁의 확률을 다음과 같이 규
정해 보자.

$$P^i(War) = P^i(Esc_i) \times P^i(Esc_j) \tag{12a}$$

$$P^j(War) = P^j(Esc_i) \times P^j(Esc_j) \tag{12b}$$

공식 (4)에 의하면 전쟁의 확률이란 i가 분쟁을 확대시킬 확률과, 똑같은 분쟁을 j가 확대시킬 확률이 작용한 것이다. 공식 (12a)에 의하면 i가 인식하는 전쟁의 확률은 i가 갈등을 확대할 확률과, j가 분쟁을 확대할 확률에 대한 i의 평가가 작용하는 것이라고 규정된다. j의 인식도 유사하게 추론된다. 이제 i는 관련된 두 확률이 각각 0.6과 0.9라고 믿는 반면, j는 관련된 확률이 각각 0.8과 0.6이라고 믿는다고 가정해 보자. 그렇다면 i는 전쟁의 확률이 0.54라고 인식하는 반면, j는 0.48이라고 믿으면서, 각자는 상대방을 더 호전적이라고 간주한다. 전쟁의 실제적인 확률은 그들이 생각하는 것보다 더 낮은 0.36이다. i가 확률을 각각 0.9와 0.6으로 생각하고, j는 0.6과 0.9라고 생각했다고 가정하자. 각자는 전쟁의 기회를 0.54로 기대하지만, 이 경우의 실제적인 경향은 훨씬 더 높은 0.81이다. 마지막으로 i가 전쟁의 확률을 각각 0.6과 0.7로 인식하고, j가 이 확률을 각각 0.9와 0.8로 인식한다고 가정하자. 이 경우에 i는 그 상황의 전쟁 확률이 0.42와 같다고 인식하고, j는 0.72라고 인식한다. 실제로 전쟁의 확률은 그 사이에 있는 0.48이다.

이러한 예들은 기대효용 공식이 합리적 선택의 틀내의 인식적 차이를 구체화시키고, 패배할 시도를 설명할 수 있다는 것을 보여 주고 있다. 이러한 예들은 크리시의 중요한 관찰에 형식적 구조를 부여하도록 도와준다. "따라서 우리는 수단이 현명했는가를 결과에 의해 너무 배타적으로 판단해서는 안된다. 우리는 정치가나 장군이 그의 계획을 결정한 시기에 처해 있던 상황과 가망성이 어떠했는가를 판단하는 보다 타당한 기준을 적용해야 한다는 것을 배운다"(Creasy, 1815: 서문).

8. 정책예측, 불안정 그리고 기대효용이론

사회과학이론의 실험에서 어려운 것은 미래의 사건을 예측하는 능력에 관한 것이다. 사후(事後)에 사실을 '설명하는 것'이 이론검증을 위한 경험적 기초이기는 하지만, 사건이 발생하기 전에 예측하는 것은 '자료에 맞춰서 이론이 만들어졌다'는 의혹을 없애 준다. 국제갈등에 대한 기대효용 접근법의 예측적인 능력은 검증하기가 어렵다. 그 이유는 많은 변수나, 특히 효용조건에 맞는 고정적인 자료가 존재하지 않기 때문이다. 그러므로 이론의 검증은 효용에 관한 대리지표나 효용을 직접적으로 관찰할 필요가 없는 이론적 함축에 의존해야 한다.[7] 나는 기대효용이론의 예측력을 검증하기 위해 위의 두 가지 방법을 모두 사용하여, 최근 국제분쟁의 맥락과 국내갈등이나 정책형성의 더 넓은 맥락에서 실험해 보았다. 나는 이제 정책결정을 예측하기 위한 도구로서 기대효용이론의 가치에 대해 살펴보고자 한다.

정책형성과 정책결정을 둘러싼 논쟁의 정도를 예측하기 위해 기대효용 접근법을 적용하는 데 있어서 중요한 문제점은 확률이나 효용에 접근하기 위해 쉽게 사용할 기존 자료가 없다는 것이다. 기대효용 모델은 예측을 위한 도구로서 집단들 간의 경쟁(국내 영역과 국가 간의)에 초점을 맞춘다. 특히 기대효용 모델은 다음과 같은 것을 요구한다.

1. 관련된 각 집단의 상대적인 힘(정치적, 경제적, 군사적인 또는 그 밖의)의 규명
2. 누군가 대답하고자 하는 문제를 표시해 주는 특정 정책이슈의 열거 (예를 들면, 홍콩의 주권이 중국에 반환된 후 홍콩의 시민자유에는 무슨 일이 발생할 것인가, 멕시코 정부는 부채에 관해 채권자와 무엇을 협상할 것인가 또는 필리핀의 새로운 정부는 얼마나 안정적일까?)
3. 문제의 이슈에 대해 각 집단이 선호하는 정책결과
4. 논쟁중인 정책에 각 집단이 부여하는 중요도

우리는 여기서 특정한 상황이나 장소에 관한 추상적 이론과, 상세한 전문지식의 최대 강점을 결합시킬 기회를 가진다. 예측을 위한 자료는 지역

---

7) 예를 들면, 동맹들이 적보다 더 많이 싸우는 경향이 있다는 명제는 누가 누구와 동맹을 맺고 다양한 동맹의 결합이 서로 얼마나 자주 싸우는가를 인식함으로써 직접적으로 검증할 수 있다. 그러한 검증은 효용이나 확률의 직접적인 측정을 요구하지 않는다.

전문가들과 밀접히 의논하여 발전되었다. 그들은 모델이 요구하는 집단, 이슈 그리고 다른 변수들을 규정한다(각 집단이 각 이슈에 대해 갖는 정책 선호 또는 기대하는 결과, 각 집단이 통제하는 결정에 영향을 끼치는 상대적인 힘, 그리고 각 집단이 각 이슈에 부여하는 중요도).

전문가들은 정치적 상황의 결과나 논쟁에 관해 개인적 판단을 내릴 필요가 없다. 델파이 기법과는 달리, 기대효용 모델은 이러한 질문들에 대답하는 데 익숙하다. 또한 기대효용 모델은 모험을 걸고자 하는 각 집단의 의지를 평가하고, 각 집단 간에 어떠한 갈등적 관계가 나타나는지를 규명하는 데도 유리하다. 기대효용 모델은 미리 규정된 자료만을 이용함으로써 각 집단이 스스로 할 수 있다고 인식하는 것과 상대방이 할 수 있거나 또는 할 것이라고 인식하는 것을 추론할 수 있다. 실제로 기대효용 모델 분석가들은 상황에 대한 그들의 인식을 평가하면서, 마치 그들이 각 집단의 지도자들인 것처럼 세상을 본다. 이러한 목표를 달성하기 위한 방법론은 다른 곳에서(Bueno de Mesquita, Newman, Rabushka, 1985) 자세히 설명되기 때문에 여기서는 다루지 않을 것이다. 여기서 핵심적인 것은 기대효용 모델이 전문가들이 제공하는 것 이상의 상당한 정보를 제공한다는 것이다. 실제로 모델에 기초한 예측은 투입정보를 제공해 준 전문가들의 예측과 종종 차이가 난다. 전문가와 모델의 예측이 다를 때, 기대효용 모델의 예측이 정책결정의 특수성이라는 조건과 그런 결정을 둘러싼 상황의 묘사라는 측면에서 더 정확하다고 증명된 바 있다.

예측도구로서 기대효용 모델은 매우 융통성 있고 신뢰할 수 있는 것으로 증명되었다. 기대효용 모델을 성공적으로 적용한 예로는 다음과 같은 다양한 사건들이 있다.

1. 기대효용모델은 브레즈네프(Leonid Brezhnev)의 계승자인 안드로포프(Yuri Andropov)의 부상을 예측했다. 안드로포프가 정치국으로 올라가기 전 아직 KGB에 있는 동안에 예측되었고 다른 대부분의 분석가들이 그를 심각한 도전자로 간주하기 훨씬 이전에 예측되었다(Bueno de Mesquita, 1982).
2. 이탈리아의 적자정책을 예측했고, 그에 따른 1982년 이탈리아 스파

돌리니(Spadolini) 정부의 붕괴를 예측했다. 판파니(Fanfani)가 스파돌리니를 계승할 것이고, 그 정부는 궁극적으로 이탈리아 공산당이 내핍계획을 더욱 크게 지지하는 방향으로 정책을 변화시킴으로써 위협받을 것이고, 크락시(Craxi)의 부상을 초래할 것이라고 예측했다. 이와 같은 예측분석이 완성된 몇 달 후에 스파돌리니 정부는 붕괴되었다. 판파니가 그의 뒤를 이었고 공산주의자들이 경제정책을 변화시키자마자 크락시가 정권을 잡았다. 정부가 당시 60조 리라와 100조 리라 사이에서 적자프로그램을 채택할 수 있었음에도 불구하고, 1983년 이탈리아 의회의 적자정책에 대한 기대효용 모델의 예측은 실제 정책의 99.2% 이내에 속하는 것이었다(Beck & Bueno de Mesquita, 1985).

3. 1981년 엘살바도르의 성공적인 선거가 예측되었고 그 후에 대해서도 다시 예측되었다. 좌파가 첫째로 선거의 실시를 방해할 것이라는 추측이 미국 언론에 만연되어 있었음에도 불구하고, 기대효용 모델은 두아르테(Duarte) 정부가 1981년 도비손(d'Aubisson)이 이끄는 연합의 손으로 넘겨지리라고 예측했고, 그렇게 되었다.

4. 라프산자니(Rafsanjani) 정부에서 이란-이라크 전쟁을 군사적으로 해결하기를 장려하던 강경노선이 경제제재와 덜 호전적인 방법에 의한 분쟁해결을 지지하는 자세로 변화될 것이라고 1984년 초기에 예측했다(Bueno de Mesquita, 1984). 같은 논문에서는 이란이 자국 상인들(Bazaaris)의 압력에 대응하여 보다 개방된 자유시장 정책을 지향하는 움직임이 점차 증가하리라고 예측했다. 1984년 여름에 ≪월스트리트 저널(*The Wall Street Journal*)≫은 라프산자니가 전쟁에 대해 평화주의적인 입장으로 변화됨으로써 모두를 놀라게 했다고 썼다. 그리고 1984년 8월에 ≪워싱턴 포스트(*Washington Post*)≫는 "혁명지도자 호메이니(Ayatollah Ruhollah Khomeini)는 이란의 시장 상인들이나 국가가 외국무역을 통제해야만 하는지에 대한 정치적이고 이념적인 논쟁에서 이란의 시장 상인들 측에 대해 단호하게 반대했다"고 보도했다. "여기서 서구의 외교관들은 그의 개입이 이란을 심한 국가독점에서 벗어나도록 이끌고 자유 기업정신을 고무하는 것이며 이슬람 혁명의 미래 경로를 결정하게 될 발전이라고 기술했다"(*Washington Post*, August 30, 1984, A38).

5. 자유시장 개혁문제에 대한 중국 공산당의 이념적 파벌인 진운과 등소평간의 논쟁을 예측했다. 정치적 사건을 예측하는 데 있어 나와 내 동료는 "근대화론자들이 등소평의 정책을 수행하기 위한 자신들의 능력을 심각하게 잘못 인식했다. … 근대화론자들은 이념론자들의 요구에 저항할 수 있다고 믿는다. … 그러나 이념론자들은 근대화론자들에게 성공적으로 대항할 수 있다고 믿는다. … 그런 인식으로 인해 근대화론자들 중 등소평 계승자들은 값비싼 실수를 하게 될 것이다. … 따라서 등소평 계승자들은 궁극적으로 국내적 압력에 의해 더욱 조정된 경제체제를 추구하는 사람들과 타협하도록 강요받을 것이다. …"라고 썼다(Bueno de Mesquita et al., 1985: 149-150). 간단히 말해서 우리의 분석은 중국에서 이념론자들과 등소평 파벌 간에 시장개혁에 대한 심각한 논쟁이 있을 것으로 기대했다. 또한 이념론자들보다 근대화론자들에게 더 유리한 절충적인 해결을 기대했다. 이러한 예측들이 놀라운 것은 이와 같은 공개된 논쟁이 중국처럼 엄격히 통제된 사회에서는 물론, 거의 드문 것이었다는 사실에 의해 부각된다. 그러나 1985년 9월 24일자 ≪인터내셔널 헤럴드 트리뷴(International Herald Tribune)≫은 일면에 다음과 같이 보도했다.

중국의 공산당은 월요일에 중국공산당전국대표자대회를 끝마치면서 국가의 탁월한 지도자이고 개혁기질의 베테랑인 등소평과 당 서열에서 더 교조주의적인 인물들 간에 긴장을 야기한 정책의 차이에 관해 이례적인 공표를 했다. 그 대회는 등소평이 1986~1990의 5개년 계획에서 자신의 문호개방 경제정책을 확립하기 위해 소집되었다. … 그것은 맑스주의적인 보수주의자 진운이 … 경제에서 시장의 힘에 활동의 여지를 주는 … 등소평의 입장에 도전하는 퉁명스러운 연설을 함으로써 불협화음의 분위기로 끝났다. 등소평이 근처 의자에 앉자, 진운은 사회적 무질서의 가능성을 경고한 모택동을 인용했다. … 그는 "우리는 공산주의국가"임을 대표자들에게 격렬하게 상기시켰고 "생산을 결정하기 위해 수요와 공급을 맹목적으로 허용하는" 시장조정이 아니라, 중앙의 계획이 경제의 지주로 남아 있어야 한다고 말했다.

이러한 예측의 예들은 다음과 같은 기대효용 모델의 능력을 강조해 준다. ① 순수하게 국내적인 상황, 국제적인 상황, 또는 혼합된 상황에서 민주적인 정권과 권위적인 정권의 정책형성과 정치적 갈등을 정확하게 예측하고, ② 정책결정을 위한 사회주의와 자본주의의 환경을 다루고, ③ 실제로 모든 유형의 문화적, 정치적, 경제적 그리고 사회적 환경에서의 정책결정에 대처한다. 이와 같은 것이 국제정치(국내정치를 포함해서) 갈등을 이해하기 위한 패러다임으로서 기대효용이론을 탐구하여 얻게 되는 잠재적 이익에 대한 증거이다.

9. 결론

지식의 탐구는 정확한 기술, 설명, 예측에 대한 추구이다. 과학의 기본적인 특성은 어떤 설명이 참으로 옳은지를 우리가 알 수 없다는 것이다. 다만 우리는 그것이 다른 대안적인 설명들보다 우리에게 보다 설득력이 있는지 어떤지를 알 수 있을 뿐이다. 똑같은 방식으로, 우리는 어떠한 사건도 완전히 묘사되지 않는다고 확신할 수 있다. 실제는 무한히 복잡하다. 사건이나 상황을 묘사하는 데 있어서 어느 사실이 필수적이고 어느 것이 주변적인가는 지식의 문제가 아니라, 판단의 문제이다. 그래서 과학의 임무는 경쟁 상대보다 탁월한 것처럼 보이는 묘사, 설명, 예측을 고안하는 것이다. 이러한 라카토스의 기준이 내가 국제갈등을 이해하기 위한 기대효용 접근법에 적용하려고 했던 것이다.

분별력 있는 사람도 어떠한 설명에 대해 동의하지 않을 수 있다. 설명은 개인적인 기호에 주로 의지한다. 결국 우리는 세계에 관해 '옳은' 가정이 무엇인지를 판별할 방법이 없다. 일련의 가정들을 즉시 거부하는 사람들은 그 가정에서 유래하는 어떠한 설명도 필연적으로 틀린 것처럼 볼 것이다. 그러나 경쟁하는 설명들과 그 증거 사이에는 일관성이 있다는 합의가 가능해야 한다. 대안적인 이론의 예측 능력은 확실히 기호의 문제가 아니다. 그것은 경험적 기록의 문제이다. 관례적인 견해의 증거를 적용한 것이 내가 주장한 기대효용 접근법의 강점을 강하게 지지해 준다. 국제관계 연구에서 주류를 이루는 것 중 많은 것이 기대효용이론의 견해에 포함된다는 것이 제시되었다. 전에는 양립할 수 없는 것처럼 보였던 시각들이 기대효용 조건들에서는 특수한 사례로 보인다. 변칙처럼 보였던 사건들이 기대효용 시각에서 보면 보다 세속적인 사건들과 일관된 것처럼 보인다. 높은 비율(약 90%)의 정책예측과 전략 시나리오(많은 역직관적인 것을 포함해서)가 증명되었다. 과학적 진보에 대한 라카토스의 기준이 만족된 것처럼 보인다.

과학의 특성은 오늘의 이론적 승리가 내일의 실수가 된다는 것이다. 천동설의 천문학이 뉴턴의 견해를 지지하는 증거의 중요성 앞에 무너졌다. 그리고 뉴턴의 천문학은 마찬가지로 아인슈타인의 상대성이라는 더 큰 힘 앞에서 무너졌다. 오늘날 빛보다 더 빨리 움직이는 아원자 미립자의 발견은 아인슈타인 물리학에 대해 연구자들이 의문을 제기하게끔 한다. 우리는 미래에 발생할 것에 관해 단지 추측만 할 수 있다. 국제관계에서 세력균형은 주요 이론으로서 군림했다. 아마 조만간 학계는 아직까지 그것이 세력을 떨친다고 결론지을 것이다. 그들은 기대효용이론이 그것을 대체했다고 결론지을지도 모른다. 어쩌면 어떤 다른 이론이 그것을 대체했다고 결론지을 수도 있다. 지금 내가 단지 주장할 수 있는 바는 국제갈등에 관한 정책결정의 기대효용 시각을 지지하는 증거가 너무 강해서 그것이 기각될 수 없다는 것이다. 우리는 과학이 회의주의를 강제한다는 사실을 의식하지 않을 수 없다. 그래서 나는 성 아우구스틴의 견해에 따라 결론을 맺는다.

나중에 밝혀질 진리가 어떤 것이라 해도 우리가 혐오하지 않으려면, 우리 자신의 실수에 대한 애정 때문에 경솔하게 어떠한 과학적 문제에 대해 하나의 평가를 신봉해서는 안된다.

□ 참고문헌

Altfeld, M. 1984, "The Decision to Ally: A Theory and Test," *Western Political Quarterly* 37.

Altfeld, M. & B. Bueno de Mesquita. 1979, "Choosing Sides in War," *International Studies Quarterly* 23.

Altfeld, M. & W. Paik. 1986, "Realignment in ITOs: A Closer Look," *International Studies Quarterly* 30.

Axelrod, R. 1984, *The Evolution of Cooperation*, New York: Basic Books.

Beck, D. & B. Bueno de Mesquita. 1985, "Forecasting Policy Decisions: An Expected Utility Approach," in S. Andriole(ed.), *Corporate Crisis Management*, New York: Petrocelli.

Berkowitz, B. 1983, "Realignment in International Treaty Organizations," *International Studies Quarterly* 27.

_____. 1985, "Proliferation, Deterrence, and the Likelihood of Nuclear War," *Journal of Conflict Resolution* 29.

Blainey, G. 1973, *The Causes of War*, New York: Free Press.

Brams, S. 1985, *Superpower Games: Applying Game Theory to Superpower Conflict*, New Haven, C.T.: Yale University Press.

Brito, D. L. & M. D. Intriligator. 1985, "Conflict, War and Redistribution," *American Political Science Review* 79.

Bueno de Mesquita, B. 1978, "Systemic Polarization and the Occurrence and Duration of War," *Journal of Conflict Resolution* 22.

_____. 1981, *The War Trap*, New Haven, C.T.: Yale University Press.

_____. 1982, "Conflict Forecasting Project: Iran and Soviet Union Analysis," Report to the Defense Advance Research Projects Agency, Washington, DC.

_____. 1983, "The Costs of War: A Rational Expectations Approach," *American Political Science Review* 77.

_____. 1984, "Forecasting Policy Decisions: An Expected Utility Approach to Post-Khomeini Iran," *PS* 27.

_____. 1985, "The War Trap Revisited," *American Political Science Review* 80.

Bueno de Mesquita, B. & D. Lalman. 1986, "Reason and War," *American Political Science Review* 80.

_____. 1988, "Arms Races and the Opportunity for Peace," *Synthese* 76.

Bueno de Mesquita, B., D. Newman & A. Rabushka. 1985, *Forecasting Political Events: The Future of Hong Kong*, New Haven, C.T.: Yale University Press.

Bueno de Mesquita, B. & W. Riker. 1982, "Assessing the Merits of Selective Nuclear Proliferation," *Journal of Conflict Resolution* 26.

Creasy, E. 1851, *The Fifteen Decisive Battles of the World: From Marathon to Waterloo*, New York: Harper.

Deutsch, K. W. & J. D. Singer. 1964, "Multipolar Power Systems and International Stability," *World Politics* 16.

Ellsberg, D. 1969, "The Crude Analysis of Strategic Choices," in J. Mueller (ed.), *Approaches to Measurement in International Relation: A Non-Evangelical Survey*, New York: Appleton-Century-Crofts.

Ferejohn, J. & M. Fiorina. 1974, "The Paradox of Not Voting: A Decision

Theoretic Analysis," *American Political Science Review* LXVIII.

Gilpin, R. 1981, *War and Change in World Politics*, New York: Cambridge University Press.

Gukick, E. V. 1955, *Europe's Classical Balance of Power*, New York: W. W. Norton.

Herodotus. 1954, *Histories of Herodotus*, London: Penguin Book.

Hoffmann, S. 1960, *Contemporary Theory in International Relations*, Englewood Cliffs, N.J.: Prentice-Hall.

Hussein, S. 1987, "Modeling War and Peace," *American Political Science Review* 81.

Huth, P. & B. Russett. 1984, "What Makes Deterrence Work?: Cases from 1990 to 1980," *World Politics* 36.

Intriligator, M. D. & D. L. Brito. 1981, "Nuclear Proliferation and the Probability of War," *Public Choice* 37.

Iusi-Scarborough, G. & B. Bueno de Mesquita. 1988, "Threat and Alignment Behavior," *International Interactions* LIV.

Jervis, R. 1976, *Perception and Misperception in International Politics*, Princeton, N.J.: Princeton University Press.

Kaplan, M. 1957, *System and Process in International Politics*, New York: Wiley.

Keohane, R. O. 1980, "The Theory of Hegemonic Stability and Changes in International Economic Regimes, 1967~1977," in O. Holsti, R. Siverson & A. George(eds.), *Change in the International System*, Boulder, C.O.: Westview Press.

_____. 1984, *After Hegemony: Cooperation and Discord in the World Political Economy*, Princeton, N.J.: Princeton University Press.

Kissinger, H. 1979, *The White House Years*, Boston: Little, Brown.

Kreps, D. & R. Wilson. 1982a, "Reputation and Imperfect Information," *Journal of Economic Theory* 27.

_____. 1982b, "Sequential Equilibria," *Econometrica* 50.

Kugler, J. 1984, "Terror without Deterrence: Reassessing the Role of Nuclear Weapons," *Journal of Conflict Resolution* 28.

Lakatos, I. 1978, *The Methodology of Scientific Research Programs*, vol.1. London: Cambridge University Press.

Lalman, D. 1988, "Conflict Resolution and Peace," *American Journal of Political Science*(forthcoming).

Michell, C. R. & M. Nicholson. 1983, "Rational Model and the Ending of War," *Journal of Conflict Resolution* 27.

Modelski, G. & P. Morgan. 1985, "Understanding Global War," *Journal of*

198

Conflict Resolution 29.

Morgenthau, H. J. 1973, *Politics among Nations: The Struggle for Power and Peace*, 5th ed. New York: Knopf.

Morrow, J. 1985, "A Continuous Outcome Expected Utility Theory of War," *Journal of Conflict Resolution* 29.

_____. 1987, "A Limited Information Model of Crisis Bargaining," Paper presented at the annual meeting of the International Studies Association.

Moul, W. 1987, "A Catch to the War Trap," *International Interactions* 13.

Newman, D. 1985, "Security and Alliances: A Theoretical Study of Alliance Formation," Unpublished Manuscript.

Organski, A. F. K. 1958/1968, *World Politics*, New York: Knopf.

Organski, A. F. K. & J. Kugler. 1980, *The War Ledger*, Chicago: University of Chicago Press.

_____. 1986, "Hegemony and War," Paper presented at the annual meeting of the International Studies Association, Anaheim, C.A., March 26-29.

Peterson, W. 1986, "Deterrence and Compellence: A Critical Assessment of Conventional Wisdom," *International Studies Quarterly* 25.

Riker, W. H. & P. Ordeshook. 1973, *An Introduction to Positive Political Theory*, Englewood Cliffs, N.J.: Prentice-Hall.

Russett, B. 1963, "The Calculus of Deterrence," *Journal of Conflict Resolution* 7.

Shepsle, K. 1972, "The Strategy of Ambiguity: Uncertainty and Electoral Competition," *American Political Science Review* 17.

Singer, J. D. & M. Small. 1972, *The Wages of War, 1816~1965: A Statistical Handbook*, New York: Wiley.

Siverson, R. & J. King. 1980, "Attributes of National Alliance Membership and War Participation, 1815~1965," *American Journal of Political Science* 24.

Tversky, A. & D. Kahneman. 1981, "The Framing of Decisions and the Psychology of Choice," *Science* 211.

Wagner, R. H. 1982, "The Theory of Games and the Problems of International Cooperation," *American Political Science Review* 26.

Waltz, K. N. 1964, "The Stability of a Bi-polar World," *Daedalus* XCIII.

_____. 1979, *Theory of International Politics*, Reading, P.A.: Addison-Wesley.

The Washington Post. 1984, "Khomeini Backs Bazaar on Control of Trade," August 30, A38.

Wittman, D. 1979, "How a War Ends: A Rational Model Approach," *Journal of Conflict Resolution* 23.

Zagare, F. 1987, *The Dynamics of Deterrence*, Chicago: University of Chicago Press.

세력전이: 회고와 전망*

야식 쿠글러·오갠스키

1. 서론

세력전이이론은 1958년에 소개되었고(Organski, 1958), 그로부터 30년 이라는 시간은 이 새로운 개념이 지니는 과학적 가치와 지속력에 대한 첫 평가를 내리기에 적합한 기간인 것 같다. 그러한 평가를 함에 있어서 라카 토스(I. Lakatos)의 기준을 이용할 수 있다.

* Jacek Kugler & A. F. K. Organski, "The Power Transition: A Retrospective and Prospective Evaluation," in Manus I. Midlarsky(ed.), *Handbook of War Studies*, Boston: Unwin Hyman, 1989(김재한 옮김).
초벌번역 작업에 참여한 강택구(한림대), 임재연(시카고대), 최현옥(외교안보연 구원)에게 감사한다.

▶ 오갠스키는 1958년 국제정치사상 큰 전쟁들을 강대국 간의 세력변경에 따른 결 과로 보는 소위 '세력전이'이론을 발표하였다. 힘을 전쟁의 주요 요소로 보는 점 에서 현실주의 국제정치학의 전통에 서 있으나 그는 기본적으로 국제정치 질서 를 분권적으로 보지 않고 위계적으로 개념화한다. 위계피라미드의 최상층에 존 재하는 지배국가 혹은 패권국가는 자국의 이익에 따라 국제질서를 조직한다. 위 계의 그 아래에 위치하는 국가, 특히 힘이 성장하고 있는 국가는 기존의 질서에 대해 불만을 가지고 이를 변경하려고 한다. 동시에 지배국가는 도전하는 국가를 경계하고 경우에 따라 힘으로 이를 억압하려고 한다. 이들 간의 상호적 동학으 로 말미암아 체계 차원에서의 대전쟁이 일어나고 따라서 강대국 간의 힘의 전이 가 일어날 때 국제체계는 불안정하게 되고 전쟁이 일어나기 쉽다는 이론이다. 오갠스키의 이 이론의 그의 제자 쿠글러에 의해 경험적으로 검증되었다. 이 글 에서 오갠스키와 쿠글러는 이 이론의 논리적 구조와 경험적 증빙을 체계적으로 정리하고 있다.

　　과학적인 이론 T는 또 다른 이론 T´가 다음과 같은 특징을 가지고 제안되었을 때에만 반증된다. ① T´는 T를 능가하는 경험적 내용을 갖는다. 즉 그것은 새로운 사실들, 다시 말해서 T의 관점으로는 불가능했거나 심지어 T에 의해서는 금기시되었던 사실들을 예측한다. ② T´는 이전에 T가 이룬 성공을 설명한다. 즉 T의 논박되지 않은 모든 내용이 T´의 내용에(관찰 가능한 오차의 한계 내에서) 포함된다. 그리고 ③ T´의 초과내용은 확증된다(Lakatos, 1978: 32).

　　이와 같은 평가를 내릴 때 두 가지의 질문이 제기되어야 한다. 새로운 구성, 모델, 개념이나 이론이 기존의 것보다 더 강력하고 더 엄격한 설명을 제공했는가? 문제를 보는 방식이 다른 방식들보다 더 타당하다는 것이 입증되었는가? 이러한 질문 외에 다음과 같은 질문들을 덧붙일 수 있다. 새로운 사고가 다른 개념들의 창조나 새로운 작업의 수행에 영향을 끼쳤는가? 그러한 확장이 성공적인가? 우리는 오랜 기간의 평가에서 살아 남은 일련의 개념들이 몹시 편견적인 표본이라는 것을 유념해야 한다. 훌륭한 개념들은 아주 소수이고 그 중 많은 것들이 고유의 장점 이외의 이유들로 인해 무시되기도 한다. 이와 같은 평가는 불가피하게 그 이론의 가치가 보장될 만큼 두드러지게 운 좋은 소수를 위한 것이다. 그러나 모든 것이 단지 행운의 문제만은 아니다.

　　분명히 중요한 개념은 새로운 지평을 열어 줄 것이다. 그것은 어떠한 새로운 자료가 조사되어야 하고, 어디에서 그런 자료가 발견되며, 어떻게 조사하는 것이 최선인가를 제시해 줄 것이다. 중요한 연구는 그러한 공헌들 중 한 가지를 수행하고, 뛰어난 연구는 둘을, 그리고 개척적인 연구는 세 가지 모두를 수행해 낸다. 우리는 개척적인 연구를 유도하는 과학적 개념들도 오랜 시간의 평가에서는 거든히 살아 남을 수 없다는 것을 알고 있다 그러나 최고의 연구는 특정한 학문분야의 이론 발전에 있어서 영구적인 활동범위를 가질 것이다. 그러한 기준에 의해서 국제정치 분야에 대한 세력전이이론의 영향을 평가해 볼 것이다.

2. 세력전이

세력전이 모델은 기존의 인식과는 크게 다른 방식으로 국제체제를 기술했다. 세력전이이론은 세계정치를 보는 현실주의의 세 가지 기본가정을 거부했다.

첫째, 국제체계는 규칙이 거의 없는 세계, 즉 부분적 혹은 전적인 무정부 상태의 세계로서 인식되어 왔다. 그러나 세력전이이론은 국제질서가 결코 무정부적이지 않고 국내 정치체제와 유사한 위계적 방식으로 조직된 것이라고 본다. 행위자들은 국제질서에서 자신이 차지하는 위치를 받아들이고 국가들 간 세력분포의 차이에 기초한 영향력을 인정한다. 세력전이이론은 이렇게 기본적으로 다른 가정들 때문에 이전의 현실주의 모델들과 구분된다.

둘째, 세력전이는 국내 정치체제와 국제 정치체제를 지배하는 규칙이 기본적으로 유사하다고 인식했다. 강제적인 국제법 규약이 없음에도 불구하고, 국내무대와 국제무대를 지배하는 규칙에 커다란 차이는 없었다. 국내체제의 정치집단과 마찬가지로, 국가들 역시 국제질서내의 희소자원을 위해 끊임없이 경쟁해 왔다.

셋째, 세력전이이론은 갈등 또는 협조로부터 생길 수 있는 잠재적 순이익에 의해 국가 간의 경쟁이 유발되는 것으로 보았다. 국가의 목적은 세력균형이론이 주장하는 것처럼(Morgenthau, 1948) 세력을 극대화하기 위한 것이 아니라 오히려 순이익을 극대화하는 것이었다. 갈등으로부터 얻는 순이익이 현재의 이익보다 작다고 당사자들이 동의할 때 평화스러운 경쟁은 지속되었다. 그 반대의 경우에는 갈등이 발생했다(Claude, 1962; Organski, 1958; 현실주의에 대한 최근의 검토를 위해서는 Keohane, 1986 참조).

이와 같은 몇 가지 기본 가정으로 무장된 세력전이이론은 국제질서의 작용에 관해 현실주의 시각과는 크게 다른 견해를 제시했다.

1) 위계, 세력 그리고 현상유지

국제질서의 위계성에 관한 세력전이이론의 관점을 알아봄으로써 세력전이 모델을 탐구하고자 한다. 위계적 피라미드의 가장 상층부는 국제질서에

서 가장 강력한 국가인 지배국이다. 오늘날의 지배국은 미국이고, 그 전임
자는 영국이었다(Kugler & Organski, 1989; Gilpin, 1981; Keohane, 1980).
지배국 아래에는 강대국들이 있다. 그 명칭이 함축하는 것처럼 강대국들은
그 당시에는 지배국의 세력에 일 대(對) 일로 대결할 수 없었지만 장차 그
럴 수 있는 잠재력을 가진 매우 강력한 국가들이다. 그들 중에서 국제질서
에 대한 궁극적인 도전국이 나올 것이다. 강대국 그룹 아래에는 중위국가
들이, 더 아래에는 약소국가들이 있고, 맨 밑에는 오늘날 거의 사라진 식민
지들이 있다. <그림 1>에 이러한 관점이 잘 나타나 있다.

세력전이이론은 국제질서의 작용방식을 구체화하는 결정적인 변수는 세
력이라고 강조함으로써, 국제정치에 관한 현실주의 시각과 강한 연관성을
가지고 있다. 그러나 세력전이가 권력극대화 모델은 아니다. 국제질서에서
재화의 배분방식에 대한 만족도는 국제질서가 얼마나 무리없이 작동하는
가를 결정하는 두 번째 중요한 요소이다. 세력뿐만 아니라 만족의 수준 역
시 갈등과 평화의 중요한 결정요소이다. 국제질서를 지지하는 강대국들은
지배국의 동맹국들이고, 체제가 얼마나 순조롭게 진행되는가를 결정하는

<그림 1> 국제질서에서 세력의 위계적 분포

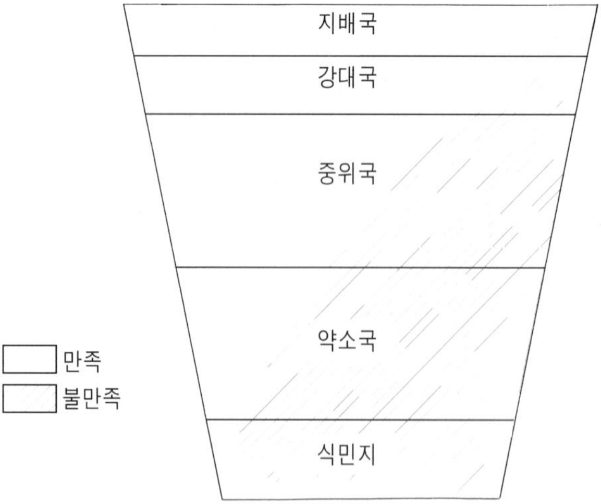

출처: Organski(1968).

데 일조한다. 사실상 국제질서의 평화는 국제질서를 지배하는 규칙과 이익의 분배에 만족하는 강대국들이 지배국을 지지함으로써 보장된다. 이러한 이유 때문에 세력전이는 동맹을 단기간에 쉽게 변화될 수 없는 국제질서를 지지하기 위해 생성된 안정적이고 신뢰할 수 있는 도구라고 생각한다(동맹에 관한 대안적인 가정을 위해서는 Morgenthau, 1948 참조).

물론 모든 국가들이 국제질서가 작용하는 방식과 지배국가의 지도력에 만족하는 것은 아니다. 일부 국가의 엘리트들은 자신과 그들의 사회가 국제질서로부터 마땅히 받아야 할 것을 받지 못한다고 믿기 때문에 불만스러워 한다. 그런 국가들의 수가 많을지도 모른다. 그러나 불만족스러운 국가들이 약할 때는 그들이(단독으로든, 연합으로든) 지배국가와 국제질서를 지지하는 연합을 위협할 수 없다. 도전이 발생하여 주요 갈등을 초래한 경우-불만족스러운 국가 역시 지배국가를 간신히 따라잡을 수 있는 강대국일 때-는 극히 드물다.

도전국들은 현존하는 국제질서가 확립된 후에 세력을 키워 온 불만족스러운 강대국들이다. 그 국가들의 엘리트들은 국제질서의 주된 이익이 이미 배분되어 있는 상황에 직면한다. 여기서 갈등의 조건들이 나타나는 것이다. 도전국들이 국제질서에서 새로운 지위, 즉 부상하고 있는 그들의 세력에 합당하다고 보는 위상을 확립하고자 할 때 평화는 위협받는다.

<그림 1>에서 나타난 것처럼 평화로운 국제질서를 위한 조건은 이 현상유지에 불만족스러운 두 번째 층의 한 국가나 그런 국가들의 연합보다 지배국의 세력이 우세한 상황이다. 이러한 이유로 인해, 국제체제는 지배국가가 우세한 시기에 평화롭고 안정적이다. 그러나 국제질서가 순조롭게 계속되도록 보장받으려면 지배국가가 대부분의 강대국들의 지지를 받는 것이 중요하다. 대체로 대부분의 강대국들은 국제질서를 지배하는 방식에 '만족한다.' 예를 들면 오늘날 미국이 이끄는 국제질서의 지지자들에는 독일, 일본, 영국, 프랑스, 이탈리아가 포함된다. 소련과 중국은 잠재적인 도전국들이지만, 서로 직접적인 경쟁관계에 있고, 양국 모두 미국보다 훨씬 약하다(Kugler & Organski, 1989). 인도는 아직 강대국들에게 도전할 수 없는 약소국이다. 단지 일본과 유럽국가들만이 명백히 미국을 지지한다고 해도, 국제질서에 찬성하는 자원-핵무기의 부족 때문에-이 크게 우세하

다(Kugler & Organski, 1989). 따라서 세력전이는 현상유지를 지지하는 이러한 힘의 우위 때문에 1945년 이래로 그러했고 앞으로도 그럴 것처럼 국제질서가 안정적이라고 주장한다.

<그림 1>은 잠재적인 경쟁국가들이 상대적으로 힘이 대등한 기간 동안에만 불안정한 경향이 있음을 나타낸다. 불만족스러운 강대국의 세력이 지배국의 세력보다 더 빨리 성장하여 거의 대등한 상태가 될 때 불안정은 증가하고 갈등의 소지 역시 증가한다. 지배국의 지도자들은 세력의 격차가 사라지면서 다음과 같은 두려움을 느낀다. 도전국이 ① 지배국가를 능가할 것이다. ② 점차 국제질서에서 종속적인 지위를 기꺼이 받아들이려고 하지 않을 것이다. ③ 국제질서의 규칙과 지도력에 도전할 것이다. 그리고 사실상 도전국가는 이렇게 할 경향이 매우 크다. 따라서 세력전이의 주장에 따르면, 불만족스러운 당사자가 현상유지의 지속보다 갈등이 성공적으로 해결됨으로써 더 큰 이익과 특혜를 얻을 것으로 기대한다면, 마침내 국제질서에서 지배에 대한 경쟁이 일어나게 된다. 동시에 지배국가는 변화하는 세력관계의 현실을 인식하면서 그러한 변화에 저항할 준비를 한다. 세계전쟁은 이와 같이 상대적으로 드문 조건으로 인해 발발하는 것이다(Organski, 1968: 364-367).

이러한 명제를 경험적으로 검증하기 전에 세력전이와 현실주의의 입장을 비교해 보는 것이 바람직할 것이다.

3. 세력전이의 새로운 명제

세력전이이론이 얼마나 근본적인 전환점을 제시하는가를 이해하기 위해서는 국제질서에 대한 세력전이의 견해와 세력균형이론을 비교해 보는 것이 유익할 것이다. 세력전이이론이 처음 제기되었을 때 세력분배와 갈등·안정 사이의 상관성을 찾는 대체모델로는 집단안보가 있었다. 그러나 집단안보는 설명적이기보다는 훨씬 더 처방적이었기 때문에 기반을 잃었다(Carr, 1945; Claude, 1962; Organski & Kugler, 1980). 다른 한편, 세력균형은 매우 제한된 경험적 조사에도 불구하고 국제질서에서 국제적 갈등과 안정이 출현하는 방식에 관해 현재까지 가장 널리 인정되는 설명력을 유지하고 있다(Morgenthau, 1948; Kissinger, 1964; Waltz, 1979; Siverson & Sullivan, 1983; Keohane, 1986).

명칭이 함축하는 것처럼 세력균형은 세력의 균등분배가 평화를 가져 오고, 불균형이 전쟁의 필요조건을 발생시킨다고 제안했다. 국가들은 상대국보다 더 강할 때 공격을 한다. 세력균형이론이 이런 결론에 도달한 이유는 무정부적인 국제질서에서 모든 국가들은 절대권력을 증가시키기를 바라며, 이것이 달성될 수 있는 주된 방법은 다른 국가들을 이기고 정복된 국가에게 자신이 선호하는 결과를 강제하는 데 있었다. 그러므로 불안정은 한쪽이 세력우위를 얻었을 때 발생한다.

동맹의 기능은 강대국들의 경쟁적인 연합들 사이에서 세력의 평형을 유지하고, 더 약한 국가들에게는 성역(聖域)을 제공하는 것이다. 세력이 균등한 조건하에서 강대국은 다른 강대국들이나 그들의 약한 동맹국을 공격할수가 없고, 낮은 절대비용으로 전쟁을 통해 주요한 특권을 획득하려는 기대를 할 수도 없다. 세력균형이 평화를 보장한 것은 국가들이 현상유지에 만족해서가 아니라(아무도 만족하지 않는다), 오히려 세력이 동등한 조건하에서의 전쟁은 그 절대비용이 매우 높음을 의미하기 때문이다. 요컨대 세력균형이론은 국제질서를 일컬어 무정부적이고 본질적으로 경쟁적인 체제, 즉 개별 국가들이 세력의 극대화를 추구하지만 적들(상대방)도 똑같이 강하기 때문에 공격을 억제하는 체제라고 지적했다.

세력균형이론의 시각은 세력전이 모델과 기본적인 방식에서 다르다. 세력균형은 국가들의 힘이 연합을 통해 충분히 조작될 수 있는 것이라고 본다. 사실, 세력균형 시각으로 보면 국가들의 힘은 거의 변화하지 않고, 만약 그런 변화가 일어난다면, 동맹을 재구축함으로써 쉽게 보상받을 수 있다. 한 국가는 자신의 군사력을 증가시킴으로써 세력을 약간 확장할 수는 있지만, 한 정부가 국제질서에서 나머지 국가들에게 자국이 선호하는 것을 강제할 수 있는 능력을 기본적으로 그리고 극적으로 변화시킬 수는 없다(Knorr, 1956). 동맹은 세력변화의 주요 근원이 되기 때문에 국제질서에서 갈등을 이해하는 열쇠가 된다. 이러한 관점은 국제정치의 주요 가치인 평화와 안보를 보장할 수 있는 메커니즘으로서 외교관과 외교에 강조점을 두게 된다(Morgenthau, 1948; Kissinger, 1979). 국내적 성장이 국제질서에 커다란 영향을 미칠 수 없다는 견해는 오늘날의 세계보다는 산업시대 이전의 시기에 훨씬 더 어울린다. 산업화 이전에는 국가의 엘리트들이 다른 국가들과 동맹을 맺는 것 외에 그들의 세력을 향상시킬 수 있는 방법이 거의 없었다.

반면에 세력전이이론의 시각에서 보면 국제 세력구조의 변화는, 모든 중요한 측면에서, 국내발전 과정의 결과였다. 따라서 세력관계에 관한 토론의 중요한 자료는 1차 생산으로부터 2·3차 생산으로의 전환, 높은 출생률과 사망률, 정치체제의 자원동원 능력 증가, 대중의 사회적 동원에서의 차이 등이었다. 국제질서의 유지는 행위자들의 세력이 상대적으로 고정적이고 동맹들의 변화는 치명적인 것으로 여겨지는 세계적 체스게임이 아니라, 시간이 지남에 따라 나타나는 국가들 간의 차별적 성장률이 생성하는 역동적인 변화에 대한 적응으로 여겨졌다. 이와 같이 국제질서에 관한 다른 개념들로 인해, 앞으로 살펴볼 것처럼, 평화를 유지하기 위한 처방 역시 근본적으로 다르다는 것은 놀라운 일이 아니다.

세력균형과 세력전이 모델은 국가가 추구하는 목표에 대한 가정에 관해서도 또한 차이를 보인다. 세력균형은 국가의 중심목표가 세력을 극대화하는 것이고 모든 국가들이 자국의 의지를 다른 국가들에게 강제하기 위해 힘의 우위를 이용한다고 가정한다. 우리가 검토해 본 것처럼 세력전이는 국제질서를 가져 오는 세력의 위계가 존재한다고 인식했고, 지배국가의 세력우위와 만족하는 국가들의 국제질서에 대한 지지에서 평화가 비롯되는 것으로 보았다. 우리가 논의해 온 차이점들이 국제체제의 안정과 갈등을 위해 필요한 세력분배를 평가하는 단순한 차이점이라고 생각할 수도 있다. 그러나 그 차이점들은 그렇게 난순한 것이 아니다. 세력분배와 주요 전쟁원인 간의 관계에 대한 논쟁은 절대이익 혹은 순이익을 극대화하려는 국가 엘리트들의 의지에 관한 세력균형과 세력전이이론 사이의 심오한 차이를 반영한 것에 불과하다. 이러한 기본적 차이가 갖는 논리적 함축은 억지이론을 평가할 때 보다 심도 있게 논의될 것이다. 그러나 계속 논의를 진행시키기 전에 개념정리가 필요하다.

1) 세력전이와 추월유형

이 검토는 세력전이이론에서 전이의 개념이 갖는 이중적 역할에 관해 일반적으로 잘못 인식된 것을 지적할 수 있는 기회를 준다. 전이는 항상 도전자가 지배국을 따라잡고 능가하는 추월과정을 언급하기 위해 쓰인다. 이 모델이 처음 제안되었을 때 '전이(transition)'의 개념은 국가가 후진국에서 선진국의 지위로 변화할 때 나타나는 국내적 변화를 의미하는 것이었다. 오갠스키(Organski, 1958)는 전이의 과정이 세 단계로 구성된다고 가정했다. 어떤 후진국이 잠재적인 권력의 단계에 있다. 그 정부가 현대화로부터 획득할 수 있는 모든 힘은 미래에 존재한다. 국가가 발전하기 시작하면서 경제적 변화는 정부의 침투와 착취에 노출되어 있는 인적 자원과 물적 자원의 양을 크게 증가시키는 심각한 사회적 변화와 인구변화를 수반한다. 이러한 것들이 어떤 국가가 권력전이의 단계를 거칠 때 경험하는 주요 권력변화의 요소들이다. 국가가 완전히 발전했을 때 권력성숙의 단계에 도달하고 전체적인 권력성장의 속력은 서서히 떨어진다.

1단계로부터 발전하는 국가들은 발전이 시작되지 않은 국가들을 앞지른다. 새로운 국가들이 발전하면서 일찍이 발전했던 국가들을 따라 잡는다. 권력성숙기에 있는 선진국들이 전이를 겪는 국가들에 의해 잡히는 이유는 성숙한 선진국들이 발전을 통해 획득한 잠재적인 권력을 이미 소모해 버렸기 때문이다. 만약 후발국가가 먼저 발전한 국가들보다 훨씬 더 빠른 속도로 성장한다면, 불가피하게 일찍이 발전했던 국가들을 추월할 것이다. 국제질서에서 한 강대국이 다른 강대국에게 추월당하는 일부 경우를 초래한 것은 단계적인 국내적 전이이고, 그것은 주요 갈등의 요인이 된다. 따라서 국제적 수준에서의 추월과정은 국내적 전이의 외형이다. 이러한 개념은 특히 정치경제에 새로운 강조점을 두는 이른바 패권안정이론(hegemonic stability theory)에 중요한 자취를 남겼다. 예를 들면, 길핀(Gilpin, 1981)은 거대한 국가들이 초기에는 세력을 증가시키지만 일단 성숙한 패권국(hegemon)이 되면 쇠퇴하게 된다고 본다. 커해인(Keohane, 1984)은 올슨(Olson)의 공공선(collective goods) 개념을 사용하여 패권국은 국제질서를 유지하는 데 수반되는 부담으로 인해 쇠퇴하게 된다고 주장한다. 경쟁하는 국가들 간의 힘의 변화를 설명하는 이러한 새로운 시도에서 매우 특징적인 방법들이 사용된 것처럼 보이지만, 사실 이 모델들은 세력전이 모델의 핵심 개념들을 약간 다르게 명명한 것에 불과하다. '지배국'은 '패권국'의 명백한 선구자이고, '국제질서'는 '국제레짐'에 선행하는 것이며, 아마도 가장 중요하게, 두 이론은 모두 힘의 평형을 주요 갈등의 조건으로 보고 있다 (Organski & Kugler, 1980). 이러한 관점에서 세력분배와 갈등에 관해 지난 20년간 축적되어 온 경험적 기록을 살펴보는 것이 적절할 것이다.

4. 경험적 평가

1) 갈등의 시작

세력전이와 세력균형 간의 기본적이고 검증 가능한 차이점은 국제질서의 지배에 대한 갈등을 예측하는 것과 관련된다. 세력균형은 그 영향력에도 불구하고 매우 제한된 수의 경험적 연구를 했고, 소수의 예외를 제외하고는 조사의 대부분이 부정적이고 모순적인 결과를 산출했다(Ferris, 1973; Midlarsky, 1981, 1983; Singer et al., 1972; Siverson & Sullivan, 1983; Bueno de Mesquita, 1981).

오갠스키와 쿠글러(Organski & Kugler, 1980)의 경험적 조사는 세력전이의 관점이 훨씬 더 타당한 경향이 있음을 보여 준다(Thompson, 1983a, Houweling & Siccama, 1988). <표 1>을 보면 지난 150여 년 동안 한 쌍

<표 1> 강대국들, 세력분배, 주요 전쟁(1860~1980)*

주요 전쟁 \ 상대적인 세력분배	우세	동등, 전이 없음	동등, 전이 있음
없음	4(100%)	6(100%)	5(50%)
있음	0(0%)	0(0%)	5(50%)

주: * N=20, tau C=0.50, significance=0.01
출처: Organski & Kugler(1980: 42-53, 표 1.7)

의 소집단을 구성하는 강대국들 간의 관계에 대한 분석은 이러한 추론이 권위 있음을 보여 준다.

<표 1>에서는 두 가지의 기본적인 논지를 발견할 수 있다. 지배국가의 우세가 강대국들 간의 평화를 보장하는 반면, 세력균형은 갈등 또는 평화를 초래할 수 있다. 주요 전쟁의 필요조건은 도전국이 지배국을 추월하여 힘이 동등해지는 드문 경우에서만 나타난다. 이렇게 범위가 좁아진 부분집합에서 전쟁의 가능성은 50%이다. 우리가 아는 한 어떠한 이론도 사례 수를 그렇게 작은 규모로 축소시키지 않았고, 어떤 이론도 설명적 요건에 그렇게 엄격하지는 않다(대안을 위해서는 Bueno de Mesquita, 1981 참조).

주요 경쟁자들 간에 세력이 대등한 경우 전쟁은 2/3 가량 줄어든다는 점을 기억할 만하다. 그러나 지배국이 우세했던 지난 100년 동안 주요 전쟁은 한 번도 일어나지 않았다. 우세는 국제질서를 위해 가장 안정적인 조건을 제공하는 것처럼 보인다.

<표 1>에서 우리는 명백한 결점을 발견할 수 있다. 첫째로, 이러한 숫자를 계산해 내기에는 주요 전쟁의 수가 너무 적다는 것이다. 그러나 사용된 모집단이 1870∼1980년 동안의 것이기 때문에 그러한 문제는 나폴레옹 전쟁 시기의 나머지 역사적 자료들이 추가됨으로써 해결될 수 있을 뿐이다. 더욱 중요하게, 세력전이이론은 도전국이 지배국을 추월하는 보기 드문 경우가 나타난다고 해도 잠재적인 도전국이 만족하지 않을 때에만 전쟁이 발생한다고 본다. 그러나 지금까지의 이론 검증에서는 현상유지의 만족도에 대한 명백한 척도를 다룬 적이 없었다. 보불전쟁, 제1차 세계대전, 제2차 세계대전 이전에 불만족스러운 국가는 독일이었다고 생각하기는 쉽다. 그러나 미국이 1870년대에 영국을 추월했을 때 현상유지를 지지했는가? 러시아가 제1차 세계대전 이전 영국과 대결할 당시의 국제질서에 만족했는가? 현상유지에 대한 만족을 조작적으로 정의할 수 있다면 주요 전쟁의 원인을 충분히 설명할 수 있을지 모른다. 그러나 이것이 충분하지 않을 수도 있다. 억지(나중에 검토할)의 맥락에서 세력전이이론의 확대와 최근의 기대효용에 관한 연구는 세력전이 모델을 충분히 구체화시키기 위해서는 불만에 대한 개념과 더불어 모험이라는 별개의 개념이 요구된다는 것을 제시하기 때문이다(Kugler & Zagare, 1987a; Bueno de Mesquita & Lalman, 1986).

210

세력균형과 세력전이의 함축적 의미를 경험적으로 비교하기 전에 우리는 왜 두 모델들 사이에 그렇게 큰 해석상의 차이가 있다고 생각하는지를 따져보고자 한다.

2) 세력균형과 세력전이 간의 논쟁에 관한 가설적 근원

세력균형을 지지하는 학자들과 세력전이에 찬성하는 학자들이 어떻게 그토록 다르게 국제질서를 볼 수 있는가 하는 의문은 우리를 당혹하게 만든다. 왜 그런 차이점이 나타나는가를 단지 추측해 볼 수 있을 뿐이다. 우리가 개진할 '원인들'은 각 모델이 정교화된 시점과 관련이 있다. 세력균형 모델과 세력전이 모델의 각기 다른 시각들의 핵심은 두 모델들이 창조된 시점에서 발견될 수 있다. 비록 세력균형이론은 이탈리아 도시국가들의 정치로 거슬러 올라가는 고대의 개념이라지만, 19세기 말 영국 외무성에 의해 부흥되었고 현대화되었다. 마찬가지로 세력추월(power-overtaking) 개념의 기초(상당한 상상력과 함께)도 투키디데스(Thucydides, 1959)의 연구로 추적될 수 있는 한편, 오갠스키가 1950년대에 그 모델을 현대판으로 제안했다. 지난 100년간 강대국들의 생산성(세력의 대용물로 사용된)을 나타낸 <표 2>가 다른 시각들의 원인을 설명하는 데 사용될 수 있다.

19세기 말 세력균형이 일어나기 시작했을 때 두 가지의 사실을 발견할 수 있었다. 대부분의 유럽 강대국들의 세력은 서로 비슷한 것처럼 보였다. 더구나 이 국가들은 느리게 성장했고 한 국가가 다른 국가를 추월하는 속도도 매우 느렸다. 요컨대 19세기 말 세력구조를 보면 세력분배는 거의 평형을 이룬 것 같고 각 국가가 보이는 성장곡선의 경사는 거의 평행하고 편평하다. 다른 한편, 프랑스와 영국은 독일의 성장에 의해 추월당하는 것을 매우 우려했다. 왜냐하면 독일이 1870년대에 프랑스를 추월했고 1900년대에 영국을 앞질렀기 때문이다. 따라서 세력균형의 처방―즉 더 강한 국가가 침략자라는―이 옳은 것처럼 보였다.

한편 세력전이 모델이 처음 공식화되었던 1950년대에는 미국의 지배가 분명했고 소련, 일본 및 모든 다른 유럽국가들과의 격차 또한 매우 컸다. 국제질서의 위계적 성격은 명백해 보였다. 더구나 영국과 프랑스의 서서히

<표 2> 강대국들 간의 국민총생산 비율 분포(1870~1980)

연도	미국	일본	독일	영국	러시아/소련	프랑스
1870	19.6	6.7	16.8	19.3	19.8	17.8
1880	26.1	5.4	16.3	17.5	19.1	15.6
1890	28.2	5.0	15.7	19.3	17.7	14.1
1900	30.6	5.3	16.4	17.8	17.1	12.8
1913*	36.0	5.5	17.0	14.3	16.9	10.3
1925*	42.5	8.0	12.2	12.6	15.1	9.6
1938*	36.3	9.2	15.0	11.7	20.8	7.0
1950	50.0	5.0	7.1	10.6	20.1	7.2
1960	42.5	7.8	9.2	8.6	24.8	7.1
1970	40.7	11.3	11.6	6.3	21.5	8.6
1980	36.6	16.8	11.2	5.4	21.8	8.2

주: * 이 표시가 달린 연도들은 양차 대전 기간 동원의 직접적 영향과 대공황으로 인한 이상
한 세계적 왜곡을 가능한 한 피하기 위해 사용되었다.
출처: 1870~1960년을 위한 자료는 앵거스 매디슨(Angus Madison)의 다양한 연구에 기초한
다. 1970~1980년의 자료는 세계은행의 세계표(World Tables)와 National Foreign
Assessment Center, *Handbook of Economic Statistics*, 1979에서 추출하였음. 표 조정에 대
한 상세한 내용은 Organski & Kugler(1989) 참조.

진행되는 쇠퇴 역시 분명해졌다. 분명히 지배국가로서 미국의 출현은 몇십
년간의 빠르고 지속적인 성장에서 기인했다. 마찬가지로 체제의 잠재적인
도전자로서 소련의 지위는 집단화, 산업화, 도시화에 수반하는 급속한 성
장기였던 1930년대의 10년에 근거한 것이었다. 이러한 발전을 놓고 볼 때
1950년대의 국제질서는-한국전을 제외하고-평화스럽고 안정적이며, 분
명히 미국의 지배와 연관이 있다는 데에 이의가 있을 수 없다.

그러므로 국제질서에 관한 세력균형과 세력전이이론의 다른 관점들은
각 이론이 발표된 시기에 학자들이 관찰했던 실제 상황에 의해 설명될 수
있다. 그러나 경험적 기록은 각 명제의 전체적인 타당성과 일반성을 평가
하는 데 사용될 수 있다. 지금부터 세력전이 모델의 성장과 그것이 다른 유
사모델에 미친 영향을 평가할 수 있는 경험적 기록들을 살펴보자.

5. 세력전이의 함축 탐구

1) 전쟁의 시기

오갠스키(1968)는 도전국가가 지배국가와 세력이 대등해질 때 전쟁이 발생한다고 최초로 주장했다. 강력한 두 경쟁국가들 간의 긴장은 지배국가보다 더 빠르게 성장하는 불만족 도전국이 지배세력을 따라잡고 추월하려고 위협할 때 고조된다. 행위자 각자가 그들 간의 격차가 사라지고 있음을 인식함에 따라 도전국가가 조급해지고 강대국만큼 강력해지기 전에 공격을 개시함으로써 갈등은 야기된다. 이러한 평가는 도전국이 패배한 양차 세계대전의 결과에 의해, 부분적으로 영향을 받았을 수도 있다. 그러한 결과는 독일이 제1·2차 세계대전에서 배운 것처럼 도전국이 지배국과 동등해지기 전에 공격을 개시했기 때문에 패배할 수밖에 없었다는 뜻으로 이해될 수 있다.

<그림 2> 전쟁개시와 관련 있는 지배국가와 도전국가 간의 세력 비율

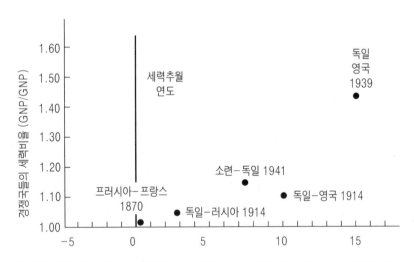

주: 앞에 적혀 있는 것이 도전국가들이고 나중의 것이 지배국가들이다. 1.00의 비율일 때 경쟁국가들의 세력이 같다.
출처: Organski & Kugler(1980: 59, 그림 1.2).

그러나 오갠스키와 쿠글러(1980)는 이러한 관점에서 초기의 세력전이 모델이 옳지 않다는 것을 주장했다. 그들의 연구에 따르면 도전국이 지배국의 세력을 초월하기 전에 공격한 것이 아니라 그 후에 공격했음을 알 수 있다. 1870년 이래 모든 주요 전쟁 직전의 증거가 <그림 2>에 명백하게 나타나 있다.

이러한 연구결과는 전이논쟁의 주요 관심사였는데, 그 이유는 전쟁개시 시기를 세력추월에 관련시켰기 때문이 아니라, 만족, 세력, 갈등 간의 관계에 있어서 초창기에 주장한 것과는 차이점을 함축하고 있기 때문이다. 처음 기대했던 것과 다르게 각 사례의 갈등은 힘이 동등해지는 시점 이전이 아니라 그 후에 시작되었다는 데 주목하자. 이러한 의외의 결과는 세력전이이론의 역동성을 재서술하지 않고도 최소한 두 가지 방식으로 설명될 수 있다.

첫째, 초기의 개념과 매우 일치하는 설명에 의하면 이러한 모순은 국력을 정확하게 측정하지 못한 데서 비롯된다. 톰슨(Thompson, 1983a)은 싱어 등(Singer et al., 1972)이 개발한 국력측정 방법을 사용하여 국력을 계산함으로써 초기의 개념들과 같은 결과를 내었다. 톰슨의 연구는 힘의 평형이 전쟁과 관련 있다는 것을 확인했으나, 오갠스키가 원래 주장한 것처럼 주요 갈등은 추월하기 이전에 시작되었다는 것을 보여 준다. 사실 톰슨은 국력의 척도가 군사적 구성요소와 산업적 구성요소의 성과에 적합하게 조정될 때 원래 이론에서 기대한 갈등의 시기와 일치하게 된다고 주장한다. 오갠스키와 쿠글러(1980)는—나중에 우리가 제시할 것처럼—국력을 계산하는 데 전체 산출의 단수지수를 사용했고, 다음에 그들의 연구가 보여 주는 것처럼, 그 결과는 주된 경쟁국가들 간의 실제 관계를 왜곡할 소지가 있다. 국력의 척도에 대한 그들의 연구는 정부 능력의 척도를 국력공식에 대입함으로써 주요 전쟁의 결과를 정확하게 계산할 수 있음을 보여 준다(Kugler & Domke, 1987). 그러나 그러한 방법으로는 톰슨의 결론을 확인할 수 없다. 오히려 국력의 새로운 척도는 도전국이 주요 갈등을 개시하기 이전에 이미 지배국보다 더 강하다는 것을 보다 더 명백하게 보여줄 뿐이다. 지금 이 문제를 결론짓기에는 아직 경험적 증거가 충분하지 않다. 그러나 왜 더 강력한 국가가 전쟁에서 패배하는지를 설명할 수 있는 초기의 세력전이이론과도 모순되지 않는 두 번째의 설명이 있다.

세력전이는 동맹이 상대적으로 안정적이고 그 능력도 알려져 있었다고 가정한다. 그러나 세력전이 모델의 초기 주장에서 전쟁결과에 대한 동맹의 효과가 과소평가되었다. 국제질서의 작용에 만족하는 동맹국들은 지배국을 지지할 것이라는 점을 상기하자. 오갠스키와 쿠글러(1980)는 자세히 보면 주요 전쟁이 발발한 경우 주요 동맹국들은 그들의 동맹을 떠나지 않는다는 것을 보여 준다. 이러한 연구 결과는 동맹의 성과에 대한 포괄적인 평가에 의해 일반화되었다(Bueno de Mesquita, 1981; Siverson & King, 1980). 우리가 검토해 본 대로 지배국가의 동맹국들은 국제질서에서 강대국들이다. 추월이 있은 직후 그들의 연합세력은 지금은 다소 약세이지만 여전히 지배국의 지위를 가진 국가를 위협하는 도전국의 한계이익을 충분히 극복할 수 있다. 따라서 오갠스키와 쿠글러(1980)가 주장한 것처럼, 지배국이 주요 갈등에서 일반적으로 성공하는 이유는 동맹의 성과에서 찾을 수 있다. 추월 직후에는 도전국에 비해 지배국이 한계열세임에도 불구하고, 갈등이 시작되면 국제질서의 조직에 만족하는 강대국들이 도전국과 도전국의 덜 강력한 동맹을 이길 수 있도록 지배국을 돕기 때문에 궁극적인 결과는 지배국 쪽으로 기울게 된다(Organski & Kugler, 1980: 53-61).

세력전이는 동맹이론을 빌어옴으로써 추월 후 전쟁결과를 설명할 수 있게 된다. 그러나 처음에 기대했던 것처럼 도전국은 왜 전이의 시점 전에 갈등을 개시하지 못하는가를 설명할 수는 없다. 처음의 기대와 경험적 결과 사이의 모순으로 인해 연구가들은 세력전이의 내적 일관성을 핵억지의 맥락에서 고찰하게 되었다. 이 연구로부터 갈등의 시기에 대한 세 번째의, 아마도 더욱 체계적인 설명이 나오게 되었다. 이같은 시도는 세력전이의 초기 명제를 확장시켜서 핵억지에 연결시킨 것이기 때문에 독립된 부문으로 논하고자 한다.

2) 세력전이와 억지

갈등의 시기에 관한 자세한 내용을 살펴보기 전에 핵무기의 출현이 국제질서에서 힘의 개념을 변화시켰다는 것을 강조하는 것이 중요하다. 핵무기가 갈등의 비용을 증가시켰으므로 이제 더이상 전쟁은 정책의 연속을 유지하는 수단이라고 간단하게 여겨지지 않는다는 브로디(Bernard Brodie)의 최초의 평가(Brodie, 1946)에 이의를 제기할 사람은 거의 없을 것이다. 또한 브로디는 이같은 막대한 비용이 전쟁을 이길 수도 없고 고려해 볼 수도 없는 것으로 만들었다고 주장했다. 이러한 새로운 조건과 함께 그는 핵무기가 공격자를 위협하는 도구로 전환될 수 있다는 개념을 제시하였고, 그리하여 핵억지의 개념이 탄생하게 되었다.

핵무기 생산기술이 발전하고 주요 경쟁국들 사이에 핵무기의 상대적 균형이 이루어짐에 따라 힘의 극대화가 실행 가능한 가정으로 재부상하였고, 주요 행위자들 간의 세력균형이 평화를 가져 오게 되었다. 세력균형이 예전에 그러했듯이 오늘날 억지이론은, 상호확증파괴(MAD)가 예증하는 것처럼, 핵경쟁국들이 핵전쟁의 절대비용을 '받아들일 수 없는' 것으로 여길 정도로 높기 때문에 갈등의 개시를 단념하게 될 때 국제적 안정이 보장된다고 지적한다(Jervis, 1979; Hardin et al., 1985; Intriligator & Brito, 1987). MAD 옹호자들은 일방이 실질적인 우위를 점하게 되면 핵파멸로 상대방을 위협함으로써 자국이 원하는 바를 강제할 수 있기 때문에 핵의 우위가 전쟁을 초래할 것이라고 주장한다. 약간 역설적으로, 현재의 MAD 옹호자들은 전략방어계획(SDI)이 핵우위를 다시 초래할 것이라는 이유로 반대했는데 그것은 브로디가 주장한 바로 그 조건이다.

고전적인 억지이론과는 대조적으로 세력전이론자는 전쟁과 평화의 계산이 핵무기의 출현으로 크게 변화한 것은 아니라고 주장한다. 전쟁의 절대비용이 분명히 배가되었다는 것은 당연시되지만, 도전국이 지배국을 추월할 때의 한계이익이나 손실도 여전히 전쟁개시를 위한 필요조건이 된다. 핵시대라고 해서 가정을 조정할 필요는 없다. 1945~60년의 기간 동안 일방적인 핵우위를 차지한 미국은 국제질서의 모든 혜택을 향유하고 있었기 때문에 잠재적인 도전국-소련-을 파괴할 동기를 가지지 않았다. 그러나 이러한 안정성은 핵평형이 이루어지고 소련에 의한 추월이 가능하게 되면서 변화되고 점차 희박해졌다. 따라서 이러한 관점으로 볼 때 공포의 균형(balance of terror)은 매우 미약하고 불안정한 것이다(Organski, 1968; Organski & Kugler, 1980; Kugler, 1984; Kugler & Zagare, 1987a, b;

Zagare, 1987).

　세력전이이론의 이론적 전개는 논리적으로 핵갈등이 발생될 수 있는 조건을 제시하려고 구성된 것이다. 국제질서에 대한 만족도는 각 국가들이 현상유지에 부여하는 가치를 반영하는 것임을 상기해 보자. 국제질서를 주로 설계한 지배국은 만족스러워 할 것이나, 도전국은 불만족스러워 할 것이 틀림없다. 우리는 경쟁적인 구도에서 힘의 상호작용을 평가하기 전에 현상유지에 관한 가정의 중요성을 주목해야 한다. 제이거(Zagare, 1987: 151)는 국가 간 세력관계에 상관없이, 국제질서의 현상유지에 만족해 하는 두 국가들은 서로에게 도전할 동기를 가지지 않고, 따라서 서로 억지할 필요도 없음을 보여 준다. 이것은 두 행위자 i와 j가 기존의 현상유지를 지지하거나 또는 도전할 수 있는 상황에서의 억지를 설명하기 위해 자주 이용되는 경쟁적인 게임을 그린 <표 3>의 일반화된 설명에 의해 간단히 증명된다.

<표 3> 평화를 위한 충분조건

i에 제공되는 대안 ＼ j에 제공되는 대안	도전하지 않는다	도전한다
도전하지 않는다	현상유지(a_1, b_1)	j 승리(a_1, b_2)
도전한다	i 승리(a_2, b_1)	전쟁(a_2, b_2)

　다른 모든 대안에 그 밖의 어떤 가치가 부여된다 하더라도, 두 행위자가 현상유지에 도전하여 얻을 수 있는 결과보다 현상유지를 선호한다면, 현상유지는 결코 도전받지 않을 것이다. 간단히 말해서 i와 j가 만족하고 도전보다 현상유지를 약간 선호할 때 전쟁의 가망성은 없다. 결과적으로 이같은 두 개의 결과는 협조를 보장하기 위해 억지를 필요로 하지 않는다(Zagare, 1987; Keohane, 1984). 그러나 적어도 한쪽이 현상유지에 도전하는 것을 선호한다면 억지가 요구된다. 그러한 가치들을 다양하게 결합해 보는 연구의 결과, 복잡하면서 흥미로운 억지의 대안들이 많이 제시되었다(Kugler & Zagare, 1987b; Zagare, 1987). 그러므로 세력전이의 기본 가정

과 일치하게, 현상유지에 대한 불만족이 갈등의 필수적인 전제조건이라는 것을 이제 다른 연구가들이 보여 준 것이다.

최소한 일방이 국제질서를 불만족스러워 하는 상황에서, 어떠한 형태의 세력분포가 갈등을 야기할 수 있는가를 검토해 보자. 쿠글러와 제이거 (Kugler & Zagare, 1987b)는 안정적인 억지를 설명하기 위해 <그림 3> 에서 세력추월 구조를 제시한다. 세력전이와 억지이론은—세력균형 모델 과는 달리—세력우위의 조건하에서는(단계 1과 5)전쟁이 발발하지 않는다 고 주장한다. 약한 국가는 막대한 희생 없이 양보를 획득할 수 없고, 더 강 한 측은 현상유지를 변화시킬 동기를 갖지 않는다. 세력전이는 보다 더 상 세하게 주장한다. 지배국가가 만족하고 우세할 때(단계 1) i는 잠재적인 도 전국들로부터 그 밖의 양보를 받아 낼 동기를 갖지 않으므로 전쟁은 일어 나지 않는다.

그러나 도전국이 우세해지면(단계 5) 그 도전국은 이전의 지배국이 더이 상 거부할 수 없는 양보를 끌어낼 것이다.

세력전이는 단계 2, 3, 4에서 세력균형이나 억지이론과 기본적으로 달라 진다. 세력전이는, 갈등의 조건은 대부분의 전이기간 동안 출현하고, 도전 국이 성장함에 따라 증가된다고 지적한다. 오갠스키(1958)가 처음 기대했 던 바와 다르게, 우리는 힘이 동등해지기 직전의 기간에서(단계 1) 안정적 인 일방적 억지의 조건을 발견할 수 있다. 도전국 j가 지배국 i의 요구에 저 항할 수 있다는 것은 이같은 힘의 수준에서 갈등의 충분조건이 충족된다는 것을 의미한다. 그러나 지배국 i는 현상유지에 전념하기 때문에 j에 도전할 동기를 거의 갖지 않는다. 결국 지배적인 국제질서는 지배국에 의해 통치 되고 지배국의 이익을 위해 고안되는 것이다. 동시에 j가 도전하려는 동기 는 미약한데 그것은 j가 아직 i보다 열세이고 대결이 일어난다면 양보를 얻 어내리라고 기대할 수 없기 때문이다. 이러한 연역은 도전국이 추월 이전 에 주요 전쟁을 개시한 것이 아니라 지배국보다 더 강해질 때까지 기다렸 다는 경험적 기록과도 일치한다(Organski & Kugler, 1980). 더구나 이러한 논리는 히로시마와 나가사키가 초토화된 이래 핵전쟁이 없었다는 데 대해 서도 명백한 설명을 제공해 준다.

<그림 3> 세력전이와 억지의 역동성

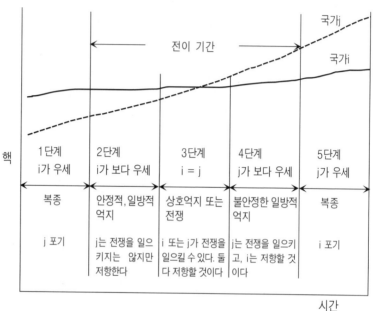

세력전이 모델은 전쟁과 평화를 위한 조건이 동시에 나타나는 다음의 두 단계(<그림 3>의 단계 3, 4)에서 핵위협의 안정성이 쇠퇴한다고 본다. 전쟁의 비용이 매우 높은 경우 힘의 평형이 평화를 보장한다고 주장하는 고전적 억지 모델이나 세력균형 모델과는 달리, 세력전이이론은 이것이 억지가 가장 불확실하게 되는 조건이라고 본다. 힘의 평형이 이루어질 때(단계 3) j는 확실한 위협을 행사할 수 있고, 만약 그 위협이 일축된다면 전쟁을 수행할 정도로 충분히 강력하다. 따라서 양측이 승리하여 순이익을 획득할 기회를 똑같이 가지고 있고, 불만족스러운 국가는 계속되는 타협으로 인한 순손실을 염려하기 때문에 전쟁은 확실히 발생할 수 있다. 이 주장에 반대되는 주장도 있다. 힘의 평형이 안정을 위한 조건이 될 수도 있다. 세력균형 모델이 기대하는 바와 일치하는 것으로, 잠재적인 도전국 j가 모험을 걸 의지가 없고, 핵무기가 관련된 갈등에서는 아무것도 얻을 것이 없다고 판단한 경우에는 힘의 평형이 평화의 조건이 된다(Kugler & Zagare,

1987a, b).

마지막으로, 그리고 이 주장에 밀접한 관계가 있는 것으로, 도전국 j가 이전의 지배국 i를 능가한 후에는(단계 4) 주요 전쟁의 조건들이 나타난다. 지배국이 지배적인 질서에 만족하기 때문에 안정적이었던 힘의 평형 이전의 기간(단계 2)과는 달리, 평형 이후의 기간은 현재 약간 우세한 j가 여전히 현상유지에 불만을 느끼는 한편 이제는 갈등을 통해 한계이익을 얻을 수 있다고 기대하기 때문에 잠재적으로 불안정하다. 그러한 조건하에서 j의 좌절은 조만간 도전으로 표현될 것이다. 그렇게 되면 쇠퇴하고 있지만 아직도 지배국가인 i는 저항할 것이다. 결국 전쟁이 발발할 수 있다.

그렇다면 과연 핵시대의 안정을 위해 세력전이 모델이 함축하는 바는 무엇인가? 이 연구는 세력전이 모델이 핵무기가 확산됨에 따라 그 기본 가정을 변화시키거나 이론을 재구성하지 않고도 억지를 포함할 수 있음을 보여 준다. 라카토스의 일반성 개념을 고려해 볼 때 국제정치에 대한 세력전이의 개념은 뚜렷한 강점을 지닌 것처럼 보인다.

그러나 이 모델이 실질적으로 함축하는 바는 소박하다. 세력전이 시각에 따르면 핵평형이 달성되고 도전국이 지배국을 추월하려고 위협할 때 '미사일 격차(missile gap)'나 '미래의 취약성(a future window of vulnerability)'과 같은 인식은 억지를 불안정하게 할 수 있다고 한다. 세력전이가 제시한 것처럼 이것은 오직 경쟁하는 핵국가들의 엘리트들이 핵전쟁의 절대비용 때문에 도전에서 오는 순이익과 순손실에만 관심을 집중시키고 행동을 자제하지 않을 때에만 가능하다. 예를 들면 우리는 케네디가 왜 쿠바에 핵무기를 배치하려고 한 소련의 행동을 수용할 수 없는 급진적 조치라고 간주하고, 이 경미한 변화를 막기 위해 대량 핵전쟁의 모험을 불사하려고 했는가를 세력전이 시각으로 알 수 있다. 많은 새로운 전략 연구들에 의해 힘의 평형이 결국 안정을 보장하지 못할 가능성이 제기된다는 데 주목해야 한다. 예를 들면 고전적인 억지이론의 발전에 도움이 되는 연구를 했던 헌팅턴은 자국의 목적을 달성하기 위해 기꺼이 큰 모험을 무릅쓰고자 하는 상대방과 대응할 때 핵 평형에만 의존하는 것은 현명하지 않다고 주장한다(Huntington, 1982). 사실 전술 핵무기가 배치됨에 따라 핵전쟁을 일으켜서 '승리할' 확률이 다시 나타났다(Gray, 1979). 상호확증 파괴정책하에서 지속적인 균형을 지지하는 사람들의 바람에도 불구하고(Jervis, 1979; Mc-Namara, 1984), 핵전쟁은 '상상할 수도 없고,' 정책목표를 달성하기 위한 수단이 될 수도 없다는 주장은 평형과 함께 더이상 보편적인 것으로 받아들여지지 않는다. 이것이 바로 힘의 평형이 달성될 때 일어날 수도 있는 것이라고 세력전이이론이 지적한 것이다.

이해할 수 있듯이 국제정치에 관한 이 두 시각은 핵분야에서 전혀 다른 정책명제를 낳았다. 가장 명백한 차이는 핵확산의 영향에 있다. 억지와 세력균형은 모두 핵무기의 확산이 국제질서의 안정성을 높일 것이라는 추론을 가능하게 한다. 사실 월츠(Waltz, 1981), 인트릴리게이터와 브리토(Intriligator & Brito, 1981), 부에노 디 메스키타와 라이커(Bueno de Mesquita & Riker, 1982), 그리고 훨씬 일찍이 카플란(Kaplan, 1958)은, 세력균형 구조로부터, 폭발하기 쉬운 분쟁에서조차 핵확산이 국제적 안정을 증가시킬 수 있다는 개념을 독자적으로 발전시켰다. 각 분석자들은 핵무기 분산에 관해 조금씩 다른 방법을 제안하지만, 세력균형 조건하에서는 증가하는 전쟁의 절대비용이 전쟁의 확률을 감소시킨다는 단순한 전제로부터 핵무기의 확산이 안정성을 높이고 평화를 보장한다고 추론하는 데는 동의하고 있다.

세력전이 개념틀은 정반대되는 결론을 내놓는다. 핵갈등에 수반되는 높은 비용은 위험을 감소시키지 않는데 왜냐하면 비용은 도전이 초래할 이익과 손실의 한계계산이기 때문이다. 핵의 평형이 확증된 안정을 가져 오지는 않는다. 오히려 확산이 초래한 핵의 평형이 불안정의 잠재성을 높인다. 사실 확산은 지역적 핵평형이나 세계적 핵평형을 성취할 수 있는 국가들의 수를 늘리고, 이로 인해서 핵전쟁의 모험을 고려해 볼 기회를 갖는 행위자들의 수를 확대시키며, 전쟁의 모험을 기꺼이 할 수 있는 경쟁국가들 간의 추월 기회를 증가시킴으로써 세계적 안정과 지역적 안정의 토대를 붕괴시킨다. 대부분의 공포의 균형론자들이 핵 평형하의 안정적인 핵억지를 주장하면서도 핵확산에는 격렬히 반대하기 때문에 이 점에 있어서는 모순적이다(Jervis, 1979; Hardin et al., 1985).

세력전이이론의 발전과 재구성은 이 이론이 어떻게 핵시대에 접어들어서도 초기의 명제와 모순되지 않는 한편 경험적, 공식적으로도 국제안정의 기록에 일치하는 중요한 이론적 확장을 이룩하였는가를 보여 준다. 비교정치 분야로의 확대 역시 이 이론의 생명력을 인정해 준다.

3) 힘과 정치적 능력

국가발전에 관한 세력전이의 관심이 일반적인 견해와는 근본적으로 다른 국력의 개념을 이끌어 냈다. 국력은 군사력이나(Claude, 1962) 전쟁목적을 위해 미개발의 자원을 동원하는 것으로(Knorr, 1956), 또는 전쟁 의지의 다면적 개념 속에서(Aron, 1967) 단지 부분적으로 파악되었다. 세력전이 모델은 국력이 사회경제적, 정치적 자원의 개발에서 유래한다고 주장했다. 발전과정의 핵심에는 세 가지의 상호관련된 변화가 있다. 산업화로 인한 경제적 생산성의 증가, 인구의 변천으로 인한 경제활동인구의 증가, 국민이 생산한 자원을 동원하는 엘리트들의 능력 증대. 발전과 국력 간의 상관성을 연구함으로써 국제정치학 분야의 자료와 방법론들이 상호관련성을 가지게 되었다.

세력전이는 최초로 국력을 측정할 수 있는 매우 간단한 지수를 제시했고, 이를 위해 상호작용하는 모델을 만들었다(Organski, 1958). 마땅한 정치적 능력의 척도가 없으므로 오갠스키는 이러한 단점에 주목하여 경제적, 인구적 구조의 변화로, 최소한 매우 대략적으로나마, 충분히 국력의 개념을 측정할 수 있다고 보았다. 따라서 국력은 단순하게 다음과 같이 계산할 수 있다.

$$국력 = 1인당\ 경제적\ 생산성 \times 인구$$

국민총생산(GNP)은 국가생산성의 인구통계학적 측면과 경제적 측면을 합한 것이기 때문에 선택된 척도였다. 경험적 연구에서 이렇게 엄격하고 확고한 척도는 싱어 등(Singer et al., 1972)에 의해 개발된 훨씬 복잡한 국력의 지표만큼 성과를 거두었다. 싱어의 자료에는 인구, 산업, 군사적 구성요소를 포함하고 있다. 사실 선진국들 간의 동시적인 전이가 두 접근법에 의해 확인되었다(Thompson, 1983a; Organski & Kugler, 1980). 여기서 세력전이 개념은 두 번째 대혁신을 이끌었다. 만약 국력이 인구, 경제, 정치적 영역에서의 발전 수준에 따른 결과라고 한다면, 그러한 관계의 모델을 만들고 정치체제의 능력을 측정하는 것이 결정적으로 중요하다. 그러나 정치능력의 개념과 척도는 파악하기가 쉽지 않다. 국제정치학의 기본적인 정치적 문제는 다음과 같이 표현된다. 어떠한 정치체제가 자신의 목적을 위해 자원을 이용하는 능력에 있어서 다른 정치체제보다 더 생산적이고 효율적인가? 그렇다면 문제는 엘리트들이 자신의 관할하에 있는 인적 자원과 물적 자원을 동원하는 능력을 어떻게 측정할 것인가이다.

세입자료를 이용해서 정치적 성과의 수준을 어림잡아 보려는 첫 번째 시도가 상대적 정치능력(RPC: Relative Political Capability)이다. 아르단트(Ardante)가 언급했듯이, "재정체계는 경제 하부구조를 정치구조로 '변화시키는 것'이다"(Organski & Kugler, 1980: 74). 그렇다면 정치능력을 알아보기 위해서는 체제내의 자원을 동원하는 정치체제의 능력을 평가해야만 한다. 그러한 평가를 위한 절차는 다른 곳에서 충분히 소개되었고, 많은 분석자들이 세계적, 지역적, 그리고 심지어 국내 정치능력까지 다루기 위해 RPC를 이용하는 이 일반적인 개념에 특수성을 첨가해 왔다(Organski & Kugler, 1980; Kugler & Domke, 1987; Kugler, 1987; Snider, 1988; Rouyer, 1987). 간단하게 말해서 RPC는 정부가 거둬들일 것으로 기대되는 세입(그 경제적 성과와 기본 자원이 주어질 때)과 정부가 자신의 목표를 추구하기 위해 추출할 수 있는 세입 사이의 차이를 측정한 비율이다. 이제 국력은 다음과 같이 재구성될 수 있다.

$$국력 \ = \ (1인당\ 경제생산 \ \times \ 인구) \ \times \ 상대적\ 정치능력$$

정치능력은 국력의 고유한 기초를 축소시키거나 확대시키는 데 사용될 수 있다. 물론 국력에 대한 이 새로운 척도의 타당성은 검증될 수 있다. 검증은 선진국과 개발 도상국들 간의 전쟁결과-한국, 베트남, 중동 전쟁을 포함하여-를 '사후에 설명'할 수 있는지, 그리고 제1·2차 세계대전과 같은 갈등에서 선진국가들 간의 전쟁결과에 대한 설명도 동시에 향상시킬 수 있는지를 결정하도록 마련되었다. 새로운 척도는 두 상황 모두에서 성공적이라고 증명되었다(Organski & Kugler, 1980; Kugler & Domke, 1987). 그러한 연구의 중요성은 마침내 전쟁의 결과를 고도로 정확하게 설명하는 국력의 엄격한 척도가 개발되었고 그 타당성이 입증되었다는 것이다.

4) 정치적 능력: 인구통계학적 검증

정치적 능력의 척도에 대한 연구는 정치적 인구통계학에도 직접적인 이득을 낳았다. 정치행태 변화의 탐구를 위해 인구변수를 사용하는 것은 오랫동안 정치분석의 주요소였지만 그 역방향의 효과를 측정하여 파악하기는 힘들다고 증명되어 왔다. 예를 들면 정치체제의 성장이 인구의 출생과 사망에 어떤 영향을 미치는가를 설명할 수 없었다. 물론 많은 분석자들은 정부규모가 증대되고 국가권위가 강화됨에 따라 내전은 줄어들어 사망률은 크게 감소되었다고 생각했다. 과거에 내전은 경제를 황폐화시키고 건강관리의 부족과 질병으로 많은 죽음을 초래하였다. 또한 국가가 성장하고 정부가 결혼, 여성교육, 이혼, 재산권, 교육, 고용, 피임, 유산의 허용 등을 통제함으로써 불임 역시 감소했다.

국가의 성장이 출생과 사망에 미치는 효과를 검증하기 위해 정치능력의 척도는 정치비용의 척도로 전환되었다. 정치비용의 척도와 정치체제의 성장과정을 연결시키는 이론은 다른 곳에서 서술되므로(Organski et al., 1984) 여기서는 짧은 요약이 적절할 것이다. 정치 자원을 추출하는 정부능력의 성장은 엘리트들이 사회에서 그들이 할 수 있는 한 많은 자원을 획득하기 위해 시도한 결과이다. 더 많은 자원이 국민들로부터 추출되지 않는 주요 원인은 지배 엘리트가 추가 자원의 추출에 드는 정치비용을 지불할 수 없기 때문이다.

출생과 사망에 대한 정치능력의 영향을 분석한 결과는 국가발전 과정을 이해하는 데 큰 의미를 갖고 있다. 한동안 국가의 성장은 사회, 정치, 경제, 인구, 국가 사회를 구성하는 신념 구조의 변화에 따른 결과로 생각되었다. 이같은 성장유형의 핵심은 한 부문에서 행태의 기본적인 변화가 다른 부문들의 변화를 초래했다는 사실에서 발견된다. 예를 들면 인구의 영역에서 톰슨(Thompson, 1929)과 노트스타인(Notestein, 1945)은 경제발전의 기본적인 변화가 출생과 사망의 변화를 초래했다고 주장했다. 경제적 발전이 없는 가운데 개발도상국이 발전하는 데 필요한 저축을 충분히 할 수 있을 정도로 출생률이 하락할 수 있다는 것은 불가능하게 여겨졌다. 그러나 정치능력을 이용한 분석은 이러한 견해가 기본적으로 잘못되어 있다고 지적한다. 정치적으로 유능한 국가들은 출생률과 사망률을 동시에 감소시켰다 (Organski et al., 1984). 중국의 경우가 생생하게 보여 주듯이 경제적으로 저발전된 국가(그러나 고도로 효율적인 정치체제를 가진)는 스페인과 같은 유럽국가들의 수준으로 출생률을 낮출 수 있었다. 이렇게 낮아진 출생률은 그 국가의 정치적 성장이 의도하지 않은 결과의 일부분이었고, 어떠한 인구통제 프로그램이 시행되기도 전에 훌륭하게 시작되었다(Organski et al., 1984). 보다 최근의 연구는 정부주도의 출생통제 프로그램이 언제 큰 효과를 거둘 수 있는지를 보여 준다. 간디(Indira Gandhi)가 시도한 주요 출생통제가 인도에서 어이없이 끝났지만 루여(Rouyer, 1987)는 상대적인 성공이 그러한 계획을 시도했던 인도의 각 지방정부가 가진 정치능력의 수준에 직접적으로 관계되었다는 것을 보여 준다.

정치변화의 힘으로 출생률을 하락시킬 수 있고 그것이 경제발전을 위해 필요한 저축을 하게 해준다는 인식은(물론, 비록 그러한 저축이 반드시 생산적인 투자로 이어져야 하지만) 많은 저개발 국가들의 경제적 발전에 대해 매우 다른 예측을 제안한다. 만약 그러한 국가들이 중국이나 베트남처럼 정치능력을 발전시킬 수 있다면 경제성장을 향상시킬 수 있다. 그러므로 그러한 국내구조의 정치변화에 따른 세력분포가 미래의 세계를 크게 변화시킬 가능성은 높다.

정치능력의 소개는 1960년대와 1970년대 정치발전의 제목하에 상당한 관심을 모았던 영역들의 비교정치학에도 역시 영향을 미쳤다. 그러한 노력은 기억할 만한 연구를 산출했지만 그 이후 소멸했다. 이같은 실패원인 중의 하나는 정치체제의 능력과 생산성을 제대로 평가하지 못한 데 있다. 능력의 척도는 직접적인 국가 간 비교를 할 수 있는 도구이고 정치발전 분야가 다시 정치학 연구의 중심에 있어야 함을 제시한다.

6. 결론

세력전이의 가치를 평가하기 위해 라카토스의 기준으로 돌아가 보자. 세력전이는 많은 새로운 가정을 제시하고, 국제질서내의 갈등과 평화의 원인에 관한 비표준적인 가설들을 만들어 냈다. 세력전이는 주요 경쟁국가들간 세력의 균등분배가 주요 국제갈등을 초래하는 필요조건이고, 비대칭적 세력분포가 평화를 확보한다고 주장했다. 이러한 명제는 이전의 현실주의 전통이 기대한 바와는 근본적으로 다르고, 기존의 증거에 의해 지금까지 지지되어 왔다.

라카토스의 일반성 기준으로 돌아가 보면, 세력전이의 확장은 경험적 기록과 일치하게 핵세계를 기술하고, 억지에 관한 일반적 논의를 발전시키기 위해 가정을 추가하거나 수정할 필요가 없다. 세력균형과 억지에 대한 다양한 세력균형의 확장은 핵자원 분배의 변화에 맞게 가정을 변화시켜야만 이러한 목표를 이룰 수 있다. 더구나 억지의 안정성, 핵확산의 가치, 방어체제의 유용성에 관한 논쟁(현재 현실주의 전통의 많은 균형론자들을 분열시키는)이 세력전이 시각에 의해 이해될 수 있고 실무자들의 행태와 직접 관련지어 설명할 수도 있다.

또한 세력전이는 전쟁과 평화를 이해하기 위해 국제적 상호작용보다 국내 발전과정에 관심을 돌림으로써 세계정치의 연구에 영향을 미쳤다. 이렇게 새로운 시각은 발전을 중점적으로 연구하는 패권전통론자들에게도 명백히 영향을 미쳤다. 더구나 세력전이는 국력을 군사력과는 별개의 개념으로 강조함으로써 현재의 국력측정 방식에 지속적인 영향을 남겼다. 아마도 세력전이가 미친 학문 간 최대의 영향은 정치능력에 대한 척도 개발이라고 할 수 있다. 본래는 국력을 보다 효율적으로 측정하기 위해 고안된 그러한 척도가 지금은 국가의 행태에 대한 체계적인 분석에서 그 생명력을 얻었다. 우리가 그러한 척도에서 기대하는 바는 국가발전 과정을 보다 충분히 이해할 수 있고―처음으로―정부의 형태에 상관없이 정부들의 정치능력을 직접적으로 비교할 수 있으리라는 것이다.

세력전이가 한 분야의 주요 개념으로 살아 남으려면 이와 같은 기록이 확보되어야 한다. 이 이론의 핵심개념들을 새로운 이름하에 재구성하고 이

226

론의 중요한 관점들을 다른 개념하에 포함시킨다면, 이 이론의 중심개념이 다른 개념에 함몰되는 결과를 초래할 것이다. 물론 이것이 성공의 척도가 될 수도 있다. 그러나 최후에 어떤 호칭이 사용되든 간에, 이 평가를 마치면서 라카토스 기준의 핵심적인 측면(새로움, 일반성, 경험적 지지)에서 보면, 세력전이는 우리의 지식에 역점을 두고 그 지식을 증가시켰기 때문에 매우 운이 좋은 것 같다. 아마 어떠한 이론으로부터도 더 큰 보답을 받을 수는 없을 것이다.

☐ 참고문헌

Aron, R. 1967, *Peace and War*, N.Y.: Praeger.

Brodie, B.(ed.). 1946, *The Absolute Weapon*, N.Y.: Harcourt Brace.

Bueno de Mesquita, B. 1981, *The War Trap*, New Haven, C.T.: Yale University Press.

Bueno de Mesquita, B. & D. Lalman. 1986, "Reason and War," *American Political Science Review* 80.

Bueno de Mesquita, B. & W. Riker. 1982, "Assessing the Merits of Selective Nuclear Proliferation," *Journal of Conflict Resolution* 26.

Carr, E. H. 1945, *Nationalism and After*, N.Y.: Macmillan.

Claude, I. L., JR. 1962, *Power and International Relations*, N.Y.: Random House.

Ferris, W. 1973, *The Power Capabilities of Nation-States*, Lexington, M.A.: Lexington Books.

Gray, C. 1979, "Nuclear Strategy: A Case for a Theory of Victory," *International Security* 4.

Gilpin, R. 1981, *War and Change in World Politics*, N.Y.: Cambridge University Press.

Hardin, R., J. Mearsheimer, G. Dworkin & R. Goodin. 1985, *Nuclear Deterrence: Ethics and Strategy*, Chicago: University of Chicago Press.

Houweling, H. & J. G. Siccama. 1988, "Power Transition as a Cause of War," *Journal of Conflict Resolution* 32.

Huntington, S. P. 1982, *The Strategy Imperative*, Cambridge, M.A.: Ballinger.

Intriligator, M. D. & D. L. Brito. 1981, "Nuclear Proliferation and the Probability of War," *Public Choice* 37.

_____. 1987, "The Stability of Mutual Deterrence," in J. Kugler & F. Zagare (eds.), *Exploring the Stability of Deterrence*, Boulder, C.O.: Lynne Rienner.

Jervis, R. 1979a, *The Illogic of American Nuclear Strategy*, Ithaca, N.Y.: Cornell University Press.

_____. 1979b, "Deterrence Theory Revisited," *World Politics* 31.

Kaplan, M. 1958, "The Calculus of Nuclear Deterrence," *World Politics* 11.

Keohane, R. O. 1980, "The Theory of Hegemonic Stability and Changes in International Economic Regimes, 1967~1977," in O. Holsti, R. Siverson & A. George(eds.), *Change in the International System*, Boulder, C.O.: Westview Press.

_____. 1984, *After Hegemony: Cooperation and Discord in the World Political Economy*, Princeton, N.J.: Princeton University Press.

_____(ed.). 1986, *Neorealism and Its Critics*, N.Y.: Columbia University Press.

Kissinger, H. 1964, *A World Restored*, Boston: Houghton Miffin.

_____. 1979, *The White House Years*, Boston: Little, Brown.

Knorr, K. 1956, *The War Potential of Nations*, Princeton, N.J.: Princeton University Press.

Kugler, J. 1984, "Terror without Deterrence: Reassessing the Role of Nuclear Weapons," *Journal of Conflict Resolution* 28.

_____. 1987, "Anticipation Political Instability with Measures of Political Capacity," Paper presented at the annual meeting of the American Political Science Association, Chicago, September.

Kugler, J. & W. Domke. 1987, "Comparing the Strength of Nations," *Comparative Political Studies* 19.

Kugler, J. & A. F. K. Organski. 1989, "The End of Hegemony?" *International Interactions* 15.

Kugler, J. & F. Zagare(eds). 1987a, "Exploring the Stability of Deterrence," Boulder, C.O.: Lynne Rienner.

_____. 1987b, "The Longterm Stability of Deterrence," Mimeograph, Available from the Authors.

Lakatos, I. 1978, *The Methodology of Scientific Research Programs*, vol.1, London: Cambridge University Press.

Mcnamara, R. 1984, "The Military Role of Nuclear Weapons: Perceptions and Misperceptions," *CISA Working Paper*, no.45, Los Angeles, Center for International and Strategic Affairs.

Midlarsky, M. I. 1981, "Equilibria in the Nineteenth-Century Balance-of-Power System," *American Journal of Political Science* 25.

Morgenthau, H. J. 1948, *Politics among Nations*, N.Y.: Knopf.

Notestein, F. 1945, "Population-the Long View," in T. Schulz(ed.), *Food for the World*, Chicago: University of Chicago Press.

Organski, A. F. K. 1958/1968, *World Politics*, N.Y.: Knopf.

Organski, A. F. K. & J. Kugler. 1980, *The War Ledger*, Chicago: University of Chicago Press.

Organski, A. F. K., J. Kugler, T. Johnson & Y. Cohen. 1984, *Births, Deaths, and Taxes*, Chicago: Chicago University Press.

Rouyer, A. 1987, "Political Capacity and the Decline of Fertility in India," *American Political Science Review* 81.

Singer, J. D., S. Bremer & J. Stuckey. 1972, *Capability Distribution, Uncertainty, and Major Power War, 1820 ~1965*, Beverly Hills, C.A.: Sage.

Siverson, R. & M. Sullivan. 1983, "The Distribution of Power and the Onset of War," *Journal of Conflict Resolution* 27.

Snyder, L. 1988, "Political Strength, Economic Structure and the Debt Servicing Potential of Developing Countries," *Comparative Political Studies* 20.

Thompson, W. 1929, "Population," *American Journal of Sociology* 34.

Thompson, W. R. 1983a, "Succession Crises in the Global Political System: A Test of the Transition Model," in A. L. Bergesen(ed.), *Crises in the World System*, Beverly Hills, C.A.: Sage.

Thucydides. 1959, *History of the Peloponnesian War*, T. Hobbes(trans.), Ann. Arbor, Mi: University of Michigan Press.

Waltz, K. N. 1979, *Theory of International Politics*, Reading, P.A.: Addison-Wesley.

_____. 1981, "The Sprade of Nuclear Weapons: More May Be Better," *Adophi Paper Number 171*, The International Institute for Strategic Studies.

Zagare, F. 1987, *The Dynamics of Deterrence*, Chicago: University of Chicago Press.

장주기와 세계전쟁*

조지 모델스키·윌리엄 톰슨

장주기 접근법은 세계정치의 연구에 시간의 차원을 제시한다. 그것은 특히 지도력, 동맹, 세계적인 전쟁에 관련된 일정하고 뚜렷한 반복을 강조한다. 또한 그것은 진화의 경향에 관해서도 문제를 제기한다.

이 접근법은 그 자체가 주요 전쟁에 관한 이론이 아니라, 근대 세계체제에서 발발한 다섯 번의 세계전쟁들에 특별한 관심이 있어서 선택된 것이다. 이탈리아와 인도양 전쟁(1494~1516), 스페인-네덜란드 전쟁(1580~1609),

---

* George Modelski & William R. Thompson, "Long Cycies and Global War." in Manus I. Midlarsky(ed.), *Handbook of War Studies*, Boston: Unwin Hyman, 1989(김재한 옮김).
초벌번역 작업에 참여한 강택구(한림대), 임재연(시카고대), 최현옥(외교안보연구원)에게 감사한다.

▶ 경제학에서 '경기주기설'은 이미 널리 알려져 있다. 일군의 국제정치학자들은 과거의 긴 역사를 볼 때 국제체계에서 전쟁의 빈도와 강도 또한 장기적인 주기(cycle)를 그린다는 점을 발견하였다. 그러한 주기를 설명할 수 있는가? 또는 세계역사상 존재하는 다른 어떤 주기와 전쟁의 주기가 상응하는 관계에 있는가? 국제체계의 역사상 달리 존재하는 장주기의 하나는 패권주기이다. 즉 현실주의 국제정치학의 핵심요소인 강대국 간의 힘의 분포상태가 장기적인 주기를 그린다는 것으로 길판(R. Gilpin) 등이 대표적이 학자이다. 그리고 힘의 분포상태와 전쟁과의 상관관계에 관한 연구도 많이 있다. 또 이 책의 다른 장에서 다루고 있는 세력전이이론도 이와 무관하지 않다. 또 경기주기와 전쟁주기 간의 상관관계를 찾으려는 연구들도 있다. 경제적 호황이 시장과 자원을 둘러싼 국가 간의 경쟁을 강화시킴으로써 결국 전쟁의 주기와 관련이 있다는 것이다. 골드스틴(J. Goldstein) 등 MIT 출신들의 연구가 주를 이룬다. 톰슨과 모델스키의 논문은 이와 같은 장주기(長週期, long cycles)이론을 정리하고 평가하는 작업을 한다.

대동맹 전쟁(1688~1713), 프랑스 혁명과 나폴레옹 전쟁(1792~1815), 제
1·2차 세계대전(1914~1945). 장주기 접근법은 이러한 전쟁들을 경험적으
로 분석하고 세계정치의 광범위한 맥락에서 이러한 전쟁들을 어떻게 평가
할 것인가 하는 이론적 문제들을 제기하려고 한다.

장주기 접근법은 전쟁의 연구에 다음과 같은 세 가지의 특징적인 기여
를 한다.

1. 전쟁의 여러 등급 중에서 특별히 '대전쟁(big war)'에 관심을 집중한
다. 이에 비해 표준적인 방법론에서는 '일반적인 전쟁(war in general)'을
분석의 기본 단위로 삼는다.

2. 경험적 참고문헌, 자료, 사건에 관해서는 1494년을 기점으로 시작하
는 근대 세계체제의 모든 기록에 의거한다. 반면에 전통적인 방법은 1816
년을 시작으로 하여 그 시기 이후의 전쟁들을 '일반적인 전쟁' 모집단의
표본 자료로 이용한다.

3. 장주기 접근법의 정책적 관심사는 인류의 종말을 초래할 다음의 세계
전쟁을 방지하고 회피할 수단을 찾는 것이다. 전통적인 방법은 일반적인
측면에서 전쟁방지를 논하는 것이다.

이 글에서는 다음과 같은 문제들에 대한 해답을 구하고자 한다.

1. 장주기가 무엇이며, 그것과 세계전쟁이 어떻게 관련되는가?
2. 장주기 접근법은 '대전쟁' 문제를 제기하는 다른 이론들과 어떻게 비
   교되는가?
3. 우리는 지금까지 세계전쟁에 관해 무엇을 알고 있는가?
4. 세계전쟁에 관해 알아야 할 것은 무엇이 있는가?

1. 장주기란?

세계 정치체제의 행태는 시기적으로 유형이 정해져 있는데, 약 1세기 정

도의 기간 동안 세계체제가 특징적인 네 국면을 거치기 때문이다. 한 주기에는 네 국면이 있고, 근대 세계체제의 역사에서 그러한 몇 개의 주기가 완성되었다.[1]

장주기의 각 단계는 특징적인 행위유형을 이루고 있다.[2] '대결정(Macro-decision, 세계전쟁)'의 단계는 심각하고 격렬한 폭력이 특징이지만, 그것은 또한 지도력의 문제도 결정한다. '이행(Implementation, 세계국가)'의 단계에서는 세계의 지도자로서 행위하는 한 국가가 새로운 주요 프로그램을 수행한다. '안건설정(Agenda setting, 비정통화)'의 단계에서는 지도력의 정통성에 관해 의문이 제기되고, 새로운 문제가 세계적 안건으로 등장한다. '연합(Coalitioning, 분산화)'의 단계에서는 지도력이 쇠퇴한다. 이 시기는 도전자들과 새로운 연합의 전성기이다.

1) 주기표

장주기의 네 단계 모델이 이 분석의 기본인데, 그러면 그것이 지난 500년간 세계정치의 기록과 일치하는가? 장주기 표를 제시함으로써 이러한 질문에 대답하고, 1494년 이후 사건들의 유형이 이 모델의 예측과 실질적으로 일치하는지 아닌지를 결정할 수 있게 된다. <표 1>에서 보는 것처럼(Modelski, 1987a, 1987b), 그것은 놀랍도록 적절하게 일치한다.

특히 이 표에는 장주기에서 '대전쟁'이 차지하는 중심적인 역할이 나타난다. <표 1>의 대결정(세계전쟁)란에서 근대 최대 규모의 유명한 전쟁들을 볼 수 있다. 이러한 전쟁들은 매 장주기의 중요한 박자가 되며, 그 누구도 19세기를 여는 혁명적인 갈등이나 20세기의 세계전쟁과 같은 대전란의

---

1) 우리는 세계정치(global politics) 용어를 사용하는데, 그것이 '국제정치(international politics)'보다 더 근사하게 느껴지기 때문이 아니라, 세계체제의 정치를 지역적, 국가적, 지방적 수준의 정치와 구별할 수 있고, 따라서 더 날카로운 분석에 도움을 줄 수 있기 때문이다.

2) 각 단계들에 붙인 명칭은 사용된 분석적 시각을 반영한다. <표 1>에서 보여주는 것처럼, 여기서 우리는 진화론적 학문 모델의 명칭을 채택하고, 고유한 '체제의' 시각에 상당하는 용어를 괄호 안에 둔다(세계전쟁, 세계국가, 비정통화, 비집중화).

232

상황에 대해서는 이의를 제기하지 않는다.

이러한 전쟁들에 의해 '형성된' 세계 강대국들의 이름도 특별히 놀라운 것이 아니다. 대다수는 잘 알려진 것들이다—아마 포르투갈을 제외하면(그러나 시대사를 연구한 학자들은 인도양 전쟁에서의 승리로 인해 포르투갈의 해군력이 1516~1540년에 절정이었다는 것을 알 것이다).

마지막으로, 도전자들의 이름 역시 익히 알려진 것들이다. 스페인과 프랑스는 일찍이 세계전쟁의 중심이었고, 독일은 마지막 전쟁에서 그랬다. 소련은 1945년 이후에 도전자의 입장이었기 때문에 <표 1>에서는 괄호 안에 있다. 그 다음 대결정에서 소련의 역할은 여전히 기능을 한다.

<표 1> 세계정치의 장주기에 관한 주기표

주기	국면			
	안건설정 (세계적 문제)	연합 (중심동맹)	대결정 (세계전쟁)	완성 (세계국가, 도전국가)*
1	1430 발견	1460 부르고뉴 연합	1494 이탈리아와 인도양 전쟁	1516 포르투갈, 스페인
2	1540 통합	1560 국제 칼뱅주의	1580 네덜란드-스페인 전쟁	1609 네덜란드, 프랑스
3	1640 정치조직	1660 영-네덜란드 동맹	1688 대동맹 전쟁	1714 영국 I, 프랑스
4	1740 산업혁명	1763	1792 프랑스혁명과 나폴레옹 전쟁	1815 영국 II, 독일
1	1850 지식혁명	1873 영-미 특별관계	1914 제1·2차 세계대전	1945 미국(소련)
2	1973 통합	2000 민주주의 공동체	2030	

주: * 세계국가는 고딕체로 표시.
출처: Modelski(1987c)에 기초.

<표 1>은 장주기가 존재한다는 주장을 처음으로 지지하는 것으로서, 그것은 '역사적으로 보이는' 표(<표 1>과 같은 것. 실제로는 그렇지 않다고 하더라도)를 의심하는 세계정치 학자들에게 조차 시기별 유형의 증거를 제시하고 있기 때문이다. <표 1>은 5세기 이상의 시대에 걸쳐 세계정치의 발전을 상당히 정확하게 요약할 뿐만 아니라, 주기적 반복의 개념을 처음으로 그럴 듯하게 보여 주고, 질적 타당성을 미리 밝혀준다.

2) 장주기 접근법의 주요 특징

장주기이론의 가장 특징적인 측면 중의 하나는 세계 정치체제를 강조한다는 것이다. 세계정치에 관한 대부분의 역사적 해석은 서구 유럽의 지역적-영토적인 문제에 강하게 머물러 있다. 대신에 장주기이론은 장기간의 교류와 그러한 교류의 특수한 정책문제(질서, 안보, 안정)를 포함하는 대륙 간-초대양적 범위에 강조점을 둔다. 비록 관례적으로 세계정치의 '세계화(globalization)'를 19세기 말경으로 이해한다고 하더라도, 장주기이론은 세계적 층이 일찍이 15세기 말에 나타나기 시작했다고 강조한다. 세계국가(world power)라고 불리는 체제지도자의 상대적 효율성에 따라 세계적 층과 문제들의 운영이 변동한다는 중심적 견해가 이 이론을 결정한다. 세계전쟁의 계승투쟁을 통해 생겨난 세계국가는 최고의 지위에서 세계를 지배하게 되지만, 경제적 혁신과 해군력에서 그 통솔력이 쇠퇴하면서 지배의 양과질 역시 저하하게 된다. 궁극적으로 또 다른 계승투쟁이 일어나게 된다.

세계 정치체제에 대한 강조는 일반적으로 세계제패 능력을 해군력으로 해석하는 강한 이론적 경향에 영향을 주었다. 모델스키와 톰슨(1988)이 더 자세하게 논의한 것처럼, 해군력은 많은 이유 때문에 중요하다. 세계전쟁 동안 승리한 세계국가와 그 동맹의 해군이 바다를 지배한다. 도전자의 함대는 상대적으로 덜 효율적이다. 도전자의 공격력은 제한된다. 수륙양용의 침투와 육지의 적군에게까지 도달하는 해상수송 물자를 가장 걱정해야 하는 것은 도전자들이다. 또한 우세한 해군력에 의해 지원되는 세계적인 경제봉쇄에 가장 곤란을 느끼는 경향이 있는 것도 대부분 도전자들이다. 그러므로 세계전쟁에 승리하기 위해서는(다른 속성들 중에서) 우세한 해군력을 가져야만 한다.

세계전쟁에서 승리한 후에도 해군력은 계속해서 중요하다. 해군력은 전후 새로운 질서를 구축하고, 항해로를 규정하며, 세계국가와 그 동맹과 종속국에 대한 잠재적 공격을 억지하는 데 주요한 군사적 도구가 된다. 20세기에 공군력이 발전된 후에도 해군력, 특히 공군력과 해군력을 합병한 함대는 대륙 간 규모로 힘을 투입하는 국가의 능력에서 지속적으로 매우 중요한 요소로 나타난다. 해군력은 전쟁시나 평화시의 세계정치에 적극적으로 참여하기 위해 필수적인 속성이다.

세계 정치체제, 세계국가, 해군력에 대한 이와 같은 강조는 세계국가의
역할이 어떻게 해석되는가에 영향을 미친다. 패권적 우세와 제국의 통치
이미지에 반하여, 세계국가는 '오직' 해군력이라는 측면과 종종 더욱 질적
으로, 경제체제의 역동성이라는 측면-한동안 세계체제를 선도하는 경제
-에서만 우세하게 출발한다. 이러한 능력의 집중은 확실히 세력을 키워
주지만, 매우 현실적인 한계내에서만이다. 세계국가는 중심적인 제국이 가
지는 명령이나 통제와 같은 유형이나 수준을 가질 수는 없다.

계승하는 세계국가의 영향력에도 현저한 일시적 한계가 있다. 마지막 세
계전쟁 후 30년내에 세계국가의 상대적 쇠퇴가 명백해진다. 오래된 도전자
들은 대담해지고, 새로운 도전자들이 떠오르기 시작한다. 세계적 문제의
운영은 앞에서 언급된(<표 1> 참조) 4단계 궤도(즉 세계전쟁, 세계국가,
비정통화, 분산화)에 따라 점차 어렵게 된다. 세계전쟁 후의 질서는 일시적
인 경향이 있기 때문에 세계 정치체제에는 지도력의 장주기가 있다. 그러
나 세계의 층에 질서를 창조하려는 충동은 규칙적으로 반복된다.[3]

장주기이론의 또 다른 요소들도 탐구할 만한 가치가 있다. 예를 들면 중
요한 지도력 장주기의 네 단계와 장기적인 콘드라티에프 곡선의 얽힘이 하
나의 중요한 요소이다(Modelski, 1981, 1982). 그러나 이와 같은 주제는 중
요한 반면, 다양한 접근방법이 체제전쟁(systemic war)을 어떻게 다르게 논
하는가 하는 이 글의 초점에서 벗어날 수도 있다.

우리의 비교목적을 찾아낼 수 있는 대안적인 접근법 중에서 광범위하게
성장하는 분야가 있다. 가장 큰 차이점은, 모든 실질적인 목적을 위해서,
전쟁을 하는 두 국가 간의 차이를 무시하는 합리적 정책결정 접근법
(Blainey, 1973; Bueno de Mesquita, 1981)에서 찾아질 수 있다. 또한 우리
는 전쟁과 평화에서 주기성을 탐구하려는 경험적 전통도 살펴볼 수 있다.
그러나 체제전쟁을 설명할 가치가 있는 것으로 보는 분석가들을 비교함으

---

3) 레비(Levy, 1985)는 체제전쟁을 규정할 때 전쟁의 결과를 제한하지 않은 채로
   두어야 하고, 대신에 전사자와 참여의 정도를 개념적으로 강조해야 한다고 주장
   한다. 톰슨과 라슬러(Thompson & Rasler, 1988)는 이러한 주장에 반박하고 있
   다.

로써 나오는 부정적인 차이점들 때문에 이러한 비교의 가치는 제한되는 경향이 있다.[4]

① 체제전쟁의 형태를 하나의 독특한 범주로 인식하고, ② 그러한 전쟁이 반복되는 이유를 설명하고자 하는 다른 접근법들 중에서 비교해 볼 특징이 훨씬 많이 발견될 수 있다. 그렇지만 지면관계상 우리는 가장 대표적이라고 생각되는 세 개의 접근법을 선택했다: 토인비(Toynbee)의 고전적 현실주의 해석(1954), 길핀(Gilpin)의 신현실주의 시각(1981, 1986), 월러스타인(Wallerstein)의 네오맑스주의적 세계경제 개념화(1974, 1980, 1984, 1986). 이 접근법들을 선택함으로써 다른 것들-도란(Doran)의 세력주기 모델(Doran & Parsons, 1980), 오갠스키의 전이모델(Organski, 1968; Organski & Kugler, 1980), 미들라스키의 위계적인 균형모델(Midlarsky, 1986)뿐 아니라 배리넨(Värynen, 1983)과 골드스타인(Goldstein, 1985)이 예증한 보다 혼합적인 접근법들-은 경시되는 것처럼 보인다. 그러나 그것은 우리의 목적에 합치하는 표본추출 방법이 아니다.

3) 토인비의 전쟁과 평화주기

일반전에 관한 토인비의 시각은 세계정치에 대한 두 갈등적인 경향, 즉 세력균형과 주기적인 자기분할로 요약될 수 있다. 그에 따르면, 둘 이상의 국가들로 이루어진 체제에서는 세력균형과정의 끊임없는 조정을 통해서 상대적인 힘의 변화를 조절하려는 경향이 있다. 상대적인 지위가 향상된 국가들은 그들의 새로 얻어진 능력증대를 이용하려고 시도하고, 다른 강대국들은 외교(가능하다면)와 연합전(필요하다면)을 통해 불균형적인 팽창시도를 저지시키는 데 어려움을 안게 된다. 세력균형을 유지시키려는 외교적 노력이 종종 팽창시도를 막는 일에 부적합하기 때문에, 전쟁이 국가들 사이의 정치적 균형을 유지시키는 데 유력한 도구가 된다.

그럼에도 불구하고, 모든 전쟁이 똑같이 처리되지는 않는다. 토인비는 아래와 같이 지적하고 있다(Toynbee, 1954: 251).

---

4) 이런 차이점들은 어디에서나 볼 수 있다(Thompson, 1988).

잇달아 반복되는 주기에서 되풀이 되는 일련의 동일한 사건들 가운데 가장 뚜렷한 구두점은 모든 경쟁국들 중 선두를 차지하는 한 강대국이 모든 국가들의 반대 연합을 야기할 정도로 세계지배를 위한 굉장한 시도를 하는 대전쟁이 발발하는 것이다.

따라서, 전쟁이 있고 나서 일반전이 있는 것이다. 일반전이란 초기에 확립된 균형이 '현재의 사실과 요구에 원활하게 작동하지 않게 됨으로써' 점차적으로 일어나게 되어 모든 국가가 개입하는 사건이다. 현실과 체제의 운영원칙 사이의 격차가 커짐에 따라 긴장의 수준도 상승한다. 궁극적으로 전투지역에 직접 접근함으로써 중심적인 지위를 점하는 대륙세력의 한 국가가 세계지배를 시도한다. 그 위협은 체제내의 다른 강대국들로 하여금 세력균형을 유지하느냐, 폐지하느냐 하는 결정을 내리도록 하기에 충분하다.

그러나 토인비의 일반전에는 함정이 있다. 모든 국가들이 일반전에 휘말려든다고 해도 그 전쟁들이 완전히 결정적이지는 않다는 사실이 밝혀진다. 그것은 침략자의 팽창시도가 좌절되어 왔다는 부정적인 의미에서는 결정적이라고 할 수 있다. 그러나 일반전 이후에는 사회적인 힘이 모두 소모되므로 새롭게 나타나는 변화에 맞게 국제관계의 새로운 구조를 만들 여력이 남아 있지 않다. 관심을 가져야 하는 국제질서에 관한 문제들은 옆으로 밀려나고, 대신 '일시적으로 수습된 평화'가 찾아온다.

일시적으로 수습된 평화는 몇 년간으로 족하다. 결국 일반전 후 해결되지 않았던 문제들이 더 심한 갈등과 새로운 전쟁을 초래한다. 보충전(supplementary wars)은 보통 일반전보다 덜 파괴적이고 더 건설적이다. 미해결 상태로 있었던 문제들이 해결된다. 다시 한 번 변화로 인해 국제관계의 구조가 원활하지 못하게 될 때까지, 최소한 얼마 동안은, 보다 진정한 평화의 시기가 찾아 오게 된다.

토인비의 관점에서 보면 이러한 과정은 <표 2>에서 요약된 것처럼 근대사에서 다섯 번 되풀이되었다. 1494년 유럽통치에 대한 발로와-합스부르크(Valois-Habsburg)의 불화가 시작되면서, 체제내의 강대국 수는 초기 둘(발로와 프랑스와 합스부르크 제국)에서 1550년대에 셋(합스부르크제국에서 스페인-오스트리아 분립)으로 점차 늘어났다. 첫 번째 일반주기에 나타난 네덜란드와 스웨덴은 다음 주기에서 영국과 프러시아에 의해 대체된다. 약화된 스페인은 두 번째 주기에서 탈락한다. 강력해진 러시아가 등장한다. 세 번째 주기의 끝 무렵에 이탈리아, 미국, 일본이 등장해서 강대국의 수는 여덟 개국이 되고, 네 번째 주기에서 극적으로는 둘로 감소된다.

<표 2> 토인비의 근대 서양사의 전쟁과 평화 주기

단계	서곡 (1494~1568)	첫번째 일반주기 (1568~1672)	두번째 일반주기 (1672~1792)	세번째 일반주기 (1792~1914)	네번째 일반주기 (1914~)
전초전			1667~1668		1911~1912
일반전	1494~1525	1568~1609	1672~1713	1792~1815	1914~1918
휴식	1525~1536	1609~1618	1713~1733	1815~1848	1918~1939
보충전	1536~1559	1618~1648	1733~1763	1848~1871	1939~1945
일반적 평화	1559~1568	1648~1672	1763~1792	1871~1914	

출처: Toynbee(1954: 255).

4) 길핀과 패권전쟁

패권전쟁(hegemonic war)을 설명하는 길핀의 접근법의 근간을 이루는 중요한 가정은 다음과 같다.

국가들은 변화의 한계비용이 한계이익과 같거나 더 커질 때까지 영토적, 정치적, 경제적인 팽창을 통하여 국제체제를 변화시키려고 노력할 것이다(Gilpin, 1981: 10).

경제적, 기술적, 군사적 능력이 불균등하게 분포된다고 할 때, 이러한 영역에서 상대적인 우위에 있는 국가들은 변화와 팽창을 추구하기에 유리한 상황임(다시 말하면, 이득이 비용을 초과하는)을 인식하고 이에 대응하는 경향이 많다. 강력한 행위자들인 이같은 유리한 엘리트들 중 한 국가가 상대적 체제를 지배할 위치에 오르게 된다.

지배국가 또는 패권국가는 체제의 질서와 안정을 제공한다. 기술적으로 가장 진보된 경제국가인 패권국가는 순조롭게 작용하는 체제로부터 가장

238

많은 이익을 얻는다. 결과적으로 패권국가는 경제거래의 규칙을 제공하고 재산권을 보호함으로써 체제를 지배한다. 그러나 영원히 그렇게 할 수는 없다. 훨씬 더 복잡한 과정을 단순하게 말하면, 지배에는 새로운 증가비용이 필요하다. 패권의 비용이 증가함에 따라 패권국가의 잉여금은 감소하고, 경상비용을 지불할 능력 또한 감소한다. 경제적, 기술적, 군사적 이익의 확산 역시 패권국가의 상대적 지위를 침식시키는 작용을 한다.

개념적으로, 한 사회정치적 체제는 우세한 세력분포를 반영한다. 상대적으로 더 강력한 위치에 있는 행위자들은 확립된 관계구조를 통해 자신의 이익을 보호하고 촉진하려는 경향이 있다. 특권배분, 영토분할, 위계적 서열에서 입증된 것처럼, 한 체제의 구조는 항상 최초의 세력분포를 반영한다.

<표 3>에 적혀 있는 패권전쟁들은 쇠퇴하는 지배국과 떠오르는 도전국 간에 누가 체제를 지배하고 어떻게 지배될 것인가를 결정하는 경쟁이다. 전쟁의 결정적인 승리는 어느 쪽의 상대적 능력이 우세한가를 보다 사실적으로 보여 줄 수 있다. 그러한 경우 지배국의 위신은 매우 높아지고 체제통치자로서 정통성이 확립된다. 승리가 더 결정적일수록 전쟁 후의 위계성은 일정 기간 동안 명백해지는 경향이 크다. 패권국가의 위신과 정통성 역시 전쟁의 명백한 결과에 의해 이익을 얻을 것이다. <표 3>에 나타난 것처럼 투쟁을 통해 패권국이 나타나는 경우에도 전쟁 후 평화와 안정의 시기는 찾아올 수 있다.

<표 3> 길핀의 근대 패권전쟁

패권전쟁	기간	설명
30년 전쟁	1618~1648	합스부르크의 패권시도 좌절
루이 14세 전쟁	1667~1713	프랑스의 패권시도 좌절
프랑스혁명/나폴레옹 전쟁	1792~1814	프랑스의 패권시도 실패, 영국이 패권국으로 부상
제1차 세계대전	1914~1918	독일의 첫 번째 도전 실패
제2차 세계대전	1939~1945	독일의 두 번째 도전 실패, 미국이 패권국으로 부상

출처: 길핀의 논의에 기초(Gilpin, 1981: 200).

5) 월러스타인과 세계전쟁

앞의 토인비와 길핀의 경우처럼, 월러스타인의 관점은 세계전쟁에 대한 그의 이론적 입장을 요약하는 데 어느 정도 관계가 있다고 간주되는 많은 주장들을 포함하고 있다. 월러스타인은 가장 적절해 보이는 구성요소들을 강조하면서, 1450년과 1600~1650년의 시기를 서구 유럽의 봉건제 붕괴, 정치적 다중심의 자본주의 세계경제 출현, 지중해의 경제적 중요성의 쇠퇴와 이에 반하는 북서 유럽의 발전을 수반하는 전이의 시기로 본다. 북서유럽은 세계경제의 중심, 즉 생산성이 가장 효율적인 지역이었기 때문에 더욱 중요해졌다.

중심부에서는 때때로 한 국가가 농업-산업 생산성에서 주도권을 쥘 것이다. 이 영역에서의 우월성은 상업과 재정부분의 지배 또한 초래하는 경향이 있다. 한 중심 국가가 동시에 세 부문에서 우세할 때 세계경제의 패권을 성취했다고 말할 수 있다. 단 세 국가만-1600년대의 네덜란드, 1800년대의 영국, 1900년대 중반의 미국-이 그러한 독특하고 상대적으로 수명이 짧은 지위를 얻었다.

패권국가의 흥망은 세계경제의 팽창과 위축 국면과 관련 있는 것으로 보인다.[5] 팽창기에는 자본축적과정이 궁극적으로 봉쇄된다. 공급이 수요를 초과하고 위축과 불경기 단계가 시작된다. 위축단계를 극복하기 위해서는 새로운 시장, 새로운 생산물, 국가간 체제의 재구성을 포함하는 다양한 요소들이 필요하다.

이러한 팽창과 위축의 시기는 <표 4>에서 볼 수 있는 패권의 성장과 쇠퇴의 네 단계 모델에 연결된다. '패권성숙(hegemonic maturity)'은 완전한 패권, 경제팽창 그리고 제한된 갈등의 단계이다. '패권성숙'에 앞서 패

---

5) 비슷한 장기간의 경제변동들이 토인비의 전쟁과 평화 주기와, 지도력 장주기에 의해 발전된 개념틀 속에서 설명적인 역할을 한다는 것에 주목할 필요가 있다. 그러나 그러한 경제변동이 세계경제 논쟁에서처럼 전쟁에 대한 중심이론적인 주장을 이해하는 데 아주 결정적인 것은 아니다. 한편, 길핀(Gilpin, 1987)은 콘드라티에프와 같은 변동에 대한 어떤 설명역할도 제외시킨다. 골드스타인(Goldstein, 1985)과 로즈크랜스(Rosecrance, 1987)는 흥미 있는 독자에게 이 분야의 연구에 대해 또 다른 관점을 소개해 준다.

240

권상승의 두 단계가 있다. 또 다른 팽창기인 '패권상승(ascending hegem-ony)'은 중심부내의 지배권에 대한 다양한 경쟁자들 간의 첨예한 갈등의 시기이다. '패권승리(hegemonic victory)' 시기에는 그 다음의 패권국가가 쇠퇴하는 이전의 지배국가를 추월한다. 마지막 단계의 '패권쇠퇴(declining hegemony)'는 성숙의 시기 뒤에 오는데, 이 시기에는 위축, 패권국가와 미래의 계승국가 간의 갈등, 주변부에 독점지대를 설치하려는 시도가 특징적으로 나타난다.

최근에 월러스타인은 <표 4>에서 보이는 것처럼, 세계전쟁이 네덜란드의 패권성숙 단계와 영국과 미국의 패권승리 단계와 때를 같이하여 발생했음을 밝혀 냈다(Wallerstein, 1984).6)

<표 4> 월러스타인의 세계전쟁과 패권국면*

패권단계	알파주기	베타주기	감마주기
패권상승 (Ascending hegemony)	1575~1590		1897~1913/20
패권승리 (Hegemonic victory)	1590~1620	~1815	1913/20~1945
세계전쟁 (World wars)	1618~1648	1792~1815	1914~1945
패권성숙 (Hegemonic maturity)	1620~1672	1815~1873	1945~1967
패권국가 (Hegemonic state)	네덜란드	영국	미국
패권쇠퇴 (Declining hegemony)	1672~1700	1873~1897	1967~

주: * 1984년 자료에 나타난 패권 성숙시기에 관한 최근의 정보와 모순되는 1979년의 단계 자료를 수정했다. 1850~73부터 1815~73까지 변화하는 영국의 패권보유에 대한 설명이 떠오르는 패권단계와 패권 승리단계에서 분명하지 않다.
출처: 주기적 리듬과 추세에 관한 연구 모임(Research Working Group on Cyclical Rhythms and Secular Trends, 1979: 499)의 자료와 월러스타인(Wallerstein, 1984: 37-46)에 기초.

6) 체제전쟁의 역할에 관한 초기의 세계경제적 주장은 체이스-던(Chase-Dunn, 1981)에서 발견될 수 있다. 톰슨(Thompson, 1983c, 1983d)과 체이스-던과 소콜로프스키(Chase-Dunn & Sokolovsky, 1983)는 이 주제에 대해 세계경제/장주기 교환을 주장한다.

세 번의 세계전쟁은 주요 도전국들의 지상군과 해·공군 사이의 패권계 승투쟁이라고 할 수 있다. 거의 30년간 주로 지상전을 벌이고 체제의 주요 군사국의 대부분이 참여한 세계전쟁은 다음과 같은 기능을 했다. 첫째, 계 승투쟁은 해군력과 공군력이 우세한 도전자에게 유리하게 결정된다. 둘째, 전쟁을 통해 성취된 경제적 이득이 중심국가의 우월한 지위를 발전시키는 촉진제가 된다. 마지막으로 패권국가의 지위는 전쟁종결 후 국가 간 체제 를 재구성함으로써 한층 더 강화된다.

6) 체제전쟁에 대한 네 시각의 비교

앞에서 체제전쟁의 발생을 설명하는 여러 가지 방법들 중 일부를 검토 한 결과 중복되는 영역과 차이가 나는 중요한 영역이 있음을 알게 되었다. 각 시각은 체제전쟁이 담당하는 역할을 제시하고 있지만, 제각기 의미의 진정한 차이점을 나타내기 위해 다른 용어들을 사용하고 있다. 한 시각에 서 말하는 일반전이 다른 시각의 패권전쟁, 세계전쟁, 세계적 전쟁과 똑같 은 현상이라고 할 수는 없다. 모두가 어떤 유형의 세력균형 메커니즘이 작 용하고 있다는 것은 인정하지만 정확하게 똑같은 메커니즘을 생각하는 것 은 아니다. 토인비의 일반전은 패권에 대한 시도를 다루고 있지 않다. 길핀 의 패권전쟁은 1648년과 1792년 사이에만 이러한 기능을 했다. 1792년 이후 세 번의 전쟁 중 두 전쟁에서만 새로운 패권국가가 출현했다. 월러스 타인의 세계전쟁은 항상 패권국가의 출현을 조장한다. 개념정의에 의하면 세계적 전쟁(global wars)은 대륙국가가 계승하려는 시도를 좌절시키고, 해 양국가가 지배하는 새로운 시기를 맞이한다.

1792년 이후의 검토에는 그룹 간에 거의 완전한 합의가 있다. 모호한 문 제는 제1차 세계대전의 종결과 제2차 세계대전 발발 전의 '썩 평화롭지 못 한' 20년 기간을 어떻게 다룰 것인가 하는 것이다. 또 한 가지는 상승하는 영국이 쇠퇴하는 프랑스를 패배시켰는지 혹은 그 반대였는가 하는 것이다. 네 시각 중에서 셋은 어떤 유형의 체제전쟁이 1600년대 말과 1700년대 초 에 발발했다는 데 의견을 같이하고 있다. 네덜란드, 영국, 프랑스의 삼국이 투쟁하기 이전의 시기에 대해서는 각기 다른 시각을 가지고 있다. 길핀과 월러스타인의 체제전쟁 연구는 30년 전쟁(1618~1648)에서부터 시작한다.
토인비는 이 똑같은 전쟁을 1608~1609년에 끝난 초기 전쟁에 대한 에필
로그로 간주했다. 이에 비해서, 장주기 이론가들은 이렇게 지루하고 잔인
한 전쟁들을 주로 전세계적 문제가 아닌 것을 위해 싸운 지역전으로 본다.
30년 전쟁을 체제전쟁의 시작으로 본다면, 그보다 빠른 것들, 즉 이탈리아/
인도 전쟁과 네덜란드 독립전쟁은 전적으로 배제되어야 한다. 마지막으로,
네 시각들은 미래에 무엇이 발생할 것인가에 대해서도 매우 다른 관점을
가지고 있다. 그들 중 어느 것도 결정적인 것은 없으며, 미래에 체제전쟁이
불가피하게 일어날 것이라고 주장하지도 않는다. 그러나 토인비는 세력균
형체제가 절대적인 쇠퇴의 지점에 접근했다고 생각했다. 미래의 일반전은
체제를 파괴하거나 단일 제국을 초래하고 나서 경쟁적인 자신의 내부 전쟁
주기를 가질 것으로 보았다. 이에 비해서, 길펀은 현재의 양극적 균형을 둘
러싼 조건이 영속될 수 있는 한, 새로운 패권전쟁은 일어나지 않을 것이라
고 생각한다. 다른 한편, 월러스타인은 그러한 현상유지의 영속은 불가능
할 뿐만 아니라, 바람직하지도 않다고 생각한다. 일본, 서구 유럽, 중국이
획득하는 잉여축적이 계속될 것이고, 세계체제는 더욱 다극화되고 패권계
승투쟁이 재발할 가능성은 커질 것이다. 자본주의 축적체제가 소멸되거나
완전히 붕괴될 때만 또 다른 세계전쟁의 필요성이 근절될 것이다.

　　장주기의 시각은, 부분적으로, 또 다른 세계전쟁이 체제를 파괴할 경향
이 있다는 점에서 토인비와 일치한다. 길펀의 낙관주의와는 달리, 확산의
과정이 매우 느리다고 해도 변화를 봉쇄하고 계속되는 힘의 확산을 막는다
는 것은 불가능해 보인다. 멀지 않은 미래에 다극의 형태가 나타날 것으로
보인다. 세계제패의 능력이 계속 분산화되면서 세계전쟁의 경향은 증가된
다. 그것을 막을 방법은 세계경제체제의 기본적인 성질을 변화시키는 데
있는 것이 아니다. 우선적으로 변화되어야 하는 것은 세계정책과 지도력
계승문제를 해결하기 위한 원시적인 전투재판 접근법(전투에서 이긴 쪽을
정당하다고 인정함)이다.

2. 국제관계의 장주기이론과 연구문제

세계정치를 이해하기 위한 새로운 이론적 틀에 대한 평가는 현존하는 연구문제의 해결책을 제시하기 위한 틀을 이용함으로써 이루어질 수 있다. 당면한 문제는 어떤 연구 난제가 항상 해결되었다는 데 모든 사람이 동의하는지, 안하는지의 여부가 아니다. 결국 분석적 문제를 검토하는 새로운 방법에 저항을 하는 것은 바로 인간이다. 이 중대한 시점에 생각해 볼 수 있는 더 적절한 문제는 경험적 문제를 다른 관점에서 살펴봄으로써 새롭고 그럴 듯한 답변이 나올 수 있는가 하는 것이다. 이러한 문제해결의 차원에서, 장주기이론은 일반적으로 풍부한 틀을 제공하고, 특히 세계전쟁의 출현과 영향에 관한 주요 과정들을 명료화 하는 데 상당한 진전을 이룩했다는 것을 지적하고자 한다.

1) 전쟁과 평화의 기본주기 문제

장주기이론이 해결책을 제시해야 할 가장 근본적인 연구문제는 과연 전쟁-평화 주기가 존재하는가 하는 것이다.[7] 과거 50여 년 동안 이 문제를 해결하려는 시도가 많이 있었고(Sorokin, 1937; Wright, 1942, 1965; Moyal, 1949; Richardson, 1960a; Denton & Phillips, 1968; Singer & Small, 1972; Singer & Cusack, 1981; Small & Singer, 1982; Levy, 1983; Goldstein, 1985), 이러한 노력의 대부분은 평범한 일련의 갈등 자료들에서 통계적 규칙성을 발견하는 것이었다. 그 결과는 식별할 수 있는 규칙성이 존재하지 않는다는 것에서부터, 20년에서 200년에 이르는 다양한 주기가 인식된다는 것에 이르기까지 매우 다르게 나타난다. 결과의 미세한 차이점은 기본자료가 다르고 조사된 시기가 다르다는 것으로 어느 정도까지는 추적될 수 있다. 그러나 주기가 크게 다르고 이 분야의 경험적 발전이 결여된 더욱 근본적인 원인은 연구조사에 극도로 제한이 없다는 데 있다.

갈등이나 전쟁에서 엄격한 주기를 기대하는 강한 논거가 있다면, 귀납적

---

7) 이 문제는 '존재' 문제로 불려질 수도 있는데 그것은 '존재한다(there exists...)' 와 같은 형태의 '존재법칙(existence theorem)'을 제안하기 때문이다.

인 모델링 접근법으로 논거들을 찾아낼 수 있을 것이다. 그러나 주기에 관한 이론적인 논의들은, 예를 들어 앞서 논의된 토인비의 주장(1954)처럼, 특정한 형태로 변동하는 전투, 전쟁, 투쟁의 수를 알아맞히는 방식으로 구성되어 있지 않다. 반대로, 일정한 체제적 기능을 하는 전쟁이나, 전쟁의 재발형태에 관해 종종 논할 뿐이다. 그러한 전쟁들이 세력균형을 유지시키고, 지도력-계승투쟁을 결정하거나, 새로운 경제성장을 촉진시키기 위해 체제를 재조직할 수도 있다. 그러나 그것은 단순한 전쟁이 아니라, 심지어 가장 치명적인 전쟁도 아니며, 또는 유일하게 치명적인 전쟁도 아니다. 이론적 조작이나 특수화를 위해서는 일반적인 갈등을 측정하는 과정에 불가피하게 나타나는 찌꺼기나 잡음을 걸러낼 필요가 있다.

아직까지 전쟁을 역할이나 기능에 따라 구별하는 주장들이 근대체제의 역사에서 가장 중요한 분수령이 되는 전쟁들에 대해 합의를 이루지 못한 것이 사실이다. 최소한 지금까지, 장주기 분석의 독특한 점은 미래에 세계전쟁 상태를 초래할 전쟁들이 경험적으로 타당하게 입증되었다는 것이다.

각각의 세계전쟁이 전후 세계적 힘의 재집중과 어느 정도 관계가 있는가를 알아보려면 근대 세계국가들의 해군 주력함 개발에 관한 500년간의 해군력 집중 자료를 시계열 기법(time-series techniques)으로 분석하면 된다(Modelski & Thompson, 1988). 또한 다른 틀에 의해서 제안된 전쟁후보들이 재집중화의 효과를 가지고 있는가를 검토하는 것도 가능하다.

톰슨과 라슬러(Thompson & Rasler, 1988)는 각 세계전쟁이 세계체제 수준의 능력집중 정도를 통계학적으로 유의하게 증가시킨다는 것을 증명하였다. <그림 1>은 세계국가(즉 지도력의 지위에 있는 국가)가 보유하는 군함의 비율을 보여 줌으로써 이같은 연구결과를 설명한다. <표 1>에는 '세계국가'에 매우 가깝게 일치하는 다섯 개의 해군력 집중화점이 반복적으로 나타나고, 비정통화와 분산화의 국면에 해당하는 네 개의 뚜렷한 골도 볼 수 있다. 다른 전쟁들—30년 전쟁(1618~1648), 프랑스-네덜란드 전쟁(1672~1678), 오스트리아 계승전쟁(1739~1748), 7년 전쟁(1755~1763)—은 이러한 재집중화 실험에 실패했다. 이러한 전쟁들 중에서 어느 것도 세계적 수준의 중요한 힘의 집중과 연관된 것은 없다.

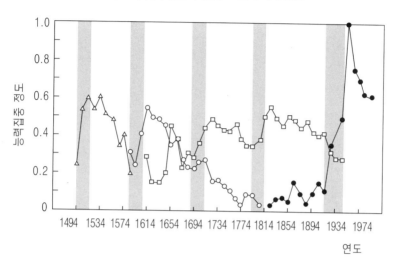

<그림 1> 세계국가의 주요 전함 보유 비율에 나타나는 세계체제
수준의 힘의 집중에 관한 10년 주기의 관찰

주: △ 포르투갈, ○ 네덜란드, □ 영국, ● 미국, 세계전쟁 시기는 빗금친 부분이다.

따라서, 전쟁과 평화 주기의 존재 가능성에 관한 문제를 해결하기 위해
서는 먼저 어떤 유형의 전쟁이 재발할 것인가를 설명할 필요가 있다. 세계
전쟁은 계승투쟁을 결정하고 세계 정치체제의 새로운 지도자를 탄생시키
고, 세계적 범위의 능력이 상대적으로 크게 집중된 새로운 국면을 재촉하
는 전쟁이다. 이러한 측면에서 볼 때 어떤 전쟁이 재집중과 관련이 있고,
어떤 전쟁이 그렇지 않은가 하는 것은 간단한 경험적 문제가 된다. 장주기
이론의 세계전쟁은 독특하게 전자의 범주에 속하는 것으로 입증되었다.

2) 양극성-안정성 문제

양극성-안정성 문제의 요점은 양극체제 대(對) 다극체제의 장점과 단점
을 대비시키는 것으로 알려져 있다(Deutsch & Singer, 1964; Waltz, 1964,
1979). 다극체제는 더 복잡한 무대로 여겨진다. 강대국의 수가 많아질수록
한 적에게 집중하기가 더 어려워질 것이다. 또한 세력이 확산되어 분포되
면 수평적인 분열이 나타나기 쉽다. 그러므로 체제의 존재를 위협하는 불

안정한 갈등을 초래하는 전쟁은 양극체제에서보다 다극체제에서 발생할 가능성이 더 적다.

양극체제의 지지자들은 덜 복잡하고 좀더 확고하며, 주요 행위자가 둘인 체제의 이점을 강조한다. 정책결정자의 불확실성은 다극체제에서보다 양극체제에서 더 낮을 것이다. 주된 적이 분명하고, 적의 이익을 조정하기 위해 무엇을 해야 하는지가 분명하지 않은 다극체제의 경우처럼 모호하지 않을 것이다. 또한 양극체제의 확실성은 행위자의 자기억제를 향상시킬 수 있다. 반대로, 다극체제의 상대적인 불확실성은 빈번한 경쟁과 갈등을 초래한다.

극의 수와 불확실성의 결과에 대한 논쟁은 구조적 역사의 중요한 국면들을 간과하고 있다. 단지 양극성과 다극성만을 강조함으로써 중요한 세 번째 구조적 대안인 단일극을 빠뜨렸다. 양극이나 다극과 비교하여 단일극은 경험적 기록뿐만 아니라 안정성의 이점도 가지고 있다는 점이 매우 인상적이다. 세계국가들 간의 전쟁은, 세계제패의 능력이라는 측면에서, 흔히 추측되는 것보다 단일극의 기간 동안 가장 적게 발생한 경향이 있다 (Thompson, 1986).

전후 단일극 개념을 소개함으로써 양극구조의 또 다른 특징을 강조할 수 있다. 양극체제는 영원히 지속되지 않는다는 것이다. 장주기 시각에 의하면, 전쟁 후 단일극은 반복해서 양극과 다극에 의해 교체되어 왔다. 그러나 이렇듯 다른 구조적 범주들 역시 일시적인 것이다. 양극과 다극은 둘 다 세계전쟁을 초래했고 때맞춰 단일극의 국면으로 돌아왔다는 점을 주목할 만하다. 사실상, 다극이 세계전쟁을 위한 가장 보편적인 구조적 환경을 제공해 왔지만, 진정한 기준을 반영하는 것은 구조적인 변화와 변천이다. 이와 같이 구조적 변화와 변천 역시 체제불안정의 궁극적 근원인 것이다.

3) 우위-평형 문제

양극성에 대한 논쟁과 관련하여 세력집중과 갈등수준 간의 관계를 둘러싼 의견의 불일치가 존재한다. 정책결정자의 불확실성을 다시 강조하는 것이 논쟁을 고찰하는 한 방법이다. 비집중화가 불확실성의 수준을 증가시킨다. 그러나 양극성 논쟁에서 살펴본 것처럼, 분석가들은 불확실성의 크기에 따라 갈등과 전쟁의 확률이 증가하는지의 여부에 대해서도 의견이 일치하지 않는다. 그러나 이런 논쟁에 관한 경험적 조사(Singer et al., 1972)는 양측 주장 모두가 틀리지 않다고 결론지었다. 그들의 19세기 자료는 힘의 집중과 지속적인 전쟁이 상호 양의 상관관계가 있다는 결론을 강하게 지지한다. 그러나 20세기 동안에는 똑같은 관계에 약한 음의 상관관계가 나타났다.

힘의 집중과 갈등의 관계가 왜 시간에 따라서 변화되어 나타나는가? 힘의 집중이 쇠퇴할 때 불안정이 증가한다는 장주기의 주장과 19세기에 대한 연구결과가 모순되는가?[8] 해답은 그 문제에 어떻게 접근하는가에 달려 있다. 톰슨(1983b)은 싱어(Singer et al., 1972)의 연구결과가 행위자(강대국), 조사되는 기간(1820~1964), 측정된 능력(동등하게 가중된 6개의 인구, 군사, 산업지표들), 그리고 전쟁이 측정되는 방법(모든 국가들을 기준으로 한 참여국가 수-기간)에 적합한 일련의 가정들에 달려 있다고 했다.

장주기 시각은 이러한 조사계획 결정에 수정을 유도한다. 검토되는 기간이 최소한 나폴레옹 전쟁 종결까지 4년이 소급되어야 한다. 오스트리아와 이탈리아같이 일부 중요하지 않은 강대국들은 세력집중 계산에서 제외될 수 있다. 해군력은 도시인구나 군대규모와 같은 다른 능력지수와는 다르게 분포된다. 모든 국가들을 기준으로 하여 전쟁참여 국가-기간에 강조점을 두면 한국전쟁이 제1차 세계대전보다 더욱 심각했다는 결론을 초래하기 때문에, 세계국가가 전쟁에 참여하는 기간에 초점을 맞출 필요가 있다. 일단 이러한 분석적인 변화가 도입되면, 검증결과는 근본적으로 달라진다. 1816~1964년 기간이 구분되는 방법(또는 여부)에 상관없이, 힘의 집중과 진행중인 전쟁 간의 관계는 일관되게 부정적이고, 따라서 그 결과는 우위와 장주기의 주장을 입증해 준다.

---

8) 불안정과 비집중화 간의 관계에 대한 비직선적인 논증을 위해서는 모델스키와 톰슨(Modelski & Thompson 1987) 참조.

4) 전이와 계승문제

오갠스키(Organski, 1968)는 강력하고 불만족스러운 도전자와 대비되는
한 체제내의 강력하고 만족스러운 행위자들이 가지는 상대적인 지위의 불
균형 수준에 전쟁과 평화의 구조적 조건들을 연계시키는 흥미 있는 모델을
제안했다. 우위론에 찬성하면서, 오갠스키는 도전국의 힘이 체제를 지배하
는 국가의 지위에 근접하기 시작할 때 전쟁의 발생률이 증가하게 된다고
주장한다. 그렇다고 해도 도전국은 계산을 잘못하고 성급하게 공격하려 함
으로써 자신의 운명을 결정짓게 된다. 오갠스키와 쿠글러(Organski &
Kugler, 1980)는 이 명제를 검증했다. 그러나 그들은 대략적인 평형이 가
장 위험한 조건일 뿐만 아니라, 도전국들이 조만간 승리할 것이라고 주장
했다. 1980년의 연구는 1860년 이후 기간에 대해 이러한 주장들을 경험적
으로 검증함으로써 대략적인 평형의 재해석에 찬성하는 결과를 낳았다. 그
럼에도 불구하고, 그 검증은 많은 논쟁적인 분석가정 때문에 해석하기가
어렵고, 1870~1871년 프랑스-독일의 '전이'와 1904~1905년 러시아-일
본의 '전이'를 제1·2차 세계대전에 관한 전이와 동일시한 반면, 미국은
1945년 이후까지 분석대상에서 제외되어 있다.

전이모델을 거의 500년간 세계국가들의 해군력 지위 변동에 적용하면
(Thompson, 1983a) 오갠스키와 쿠글러의 분석과는 다른 결과를 도출할 수
있다. 세계전쟁의 발발 직전에 도전국의 지위가 상승하고 세계국가의 상대
적 지위가 쇠퇴하는 것은 이상하지 않다(항상 그렇지는 않지만). 그러나 이
것이 불만족스러운 2위 국가가 쇠퇴해 가는 지배국가를 공격하는 경향이
있음을 의미하는 것은 아니다. 1792년 직전의 부분적인 예외를 제외하면,
세계전쟁의 상황은 상승하는 한 대륙국가가 두 해양국가와 대결하는 경향
이 있다는 의미에서 기본적으로 삼각관계가 되기 쉽다. 17세기 이래로 두
해상국가들 중 하나는 체제의 쇠퇴하는 세계국가이고, 다른 해양국가는 그
것의 궁극적인 계승자이다.

이러한 맥락에서 쇠퇴하는 세계국가의 지위만을 고려한다면 도전자의
공격은 성급한 것처럼 보일 수도 있고 그렇지 않을 수도 있다. 그러나 도전
자의 지위를 상대 해양국가들 모두와 비교할 경우, 그것은 명백히 성급한

것처럼 보인다. 확실히 경쟁이 해군력에 의해서만 결정되는 것이 아니지만, 해군력의 불균형은 양국의 연합에 유리한 결정적 결과를 설명하는 데 도움을 준다.

그 결과는 또한 초기의 전이모델이 무슨 일이 일어났는가를 과도하게 단순시켰다고 지적한다. 불만족스러운 도전국이 체제지도자를 대신할 준비가 될 때까지 그 시기를 기다린다기보다는 오히려 대륙의 도전국이 그들의 궁극적인 해양 상대나 지배국의 존재를 올바로 평가하지 않은 채 지역적 지배를 시도하는 것이다. 선두 해양국가가 도전자의 지역적 성공이 진짜 세계적 도전을 개시할 수 있는 경쟁적 근거를 제공할 수 있다고 인식한 후에야 지역전쟁은 세계전쟁이 된다. 이러한 측면에서, 세계 정치체제의 구조적 위기를 일으키는 것은 세계적 층의 전이에 대한 미래의 두 단계 위협이다. 해양국가들은 지역적인 위협이 세계적 현실이 되지 않도록 보장하기 위해 전쟁(전쟁을 그 과정중에 '세계화시키면서')을 한다.

5) 전쟁의 국내적 영향 문제

전쟁이 그것을 치루는 사회에 다양한 영향을 미친다는 것은 특별히 논쟁적인 주장이 아니다(예를 들면 Stein & Russett, 1980). 그러나 분석가들은 어떠한 특정 전쟁이 어느 특수한 국가들에게 어떤 유형의 영향을 미치는가에 대해서는 동의하지 않고 있다. 1960년대와 70년대 미국의 인도차이나 전쟁 개입으로 인해 미국과 세계경제에 현저한 인플레 경향이 나타났는가? 풋나기 미국의 자동차 산업이 제1차 세계대전(제2차 세계대전)과 관련된 수요증가로 인해 어느 정도 이익을 얻었는가? 독일의 공중폭격과 그것이 사회적 단결에 미친 효과는 전쟁 후 영국 복지체제가 확대되는 길을 열어 주었는가? 프랑스혁명과 나폴레옹 전쟁이 18세기 말, 19세기 초 영국의 산업혁명 출현에 얼마나 중요한 의미를 갖는가? 또는 좀더 일반적으로, 국가들은 전쟁을 준비하고 참여하는 데 그 실체와 제도적 형태를 어느 정도까지 이용할 수 있는가? 전쟁의 경제적인 영향이 홍수나 폭풍과 같은 다른 자연재앙과 마찬가지로 참으로 우연적이고, 무작위적이며, 일시적인가?

이렇듯 특별하면서도 일반적인 많은 문제들이 가까운 미래에 완전하게 해결될 것 같지는 않다. 다루어야 할 분야가 너무 많기 때문이다. 그러나 장주기이론은 세계전쟁이 세계 정치체제의 주요 행위자들에게 미치는 반복적인 영향을 밝힘으로써 이 분야의 연구에 기여해 왔다. 국제적인 지위에 대한 국가들 간의 경쟁, 다양한 비유럽세계로의 접근, 국내외 보복으로부터의 보호가 유럽국가들을 첫째로 만든 중요한 이유이다. 효율적인 국가조직이 세계정치를 잘 운영하기 위한 충분조건은 아니더라도, 필요조건이 되었다. 그것은 또한 세계적 전쟁의 승리를 위해서도 결정적이다.

반대로 세계전쟁은 지출, 세금, 공공 부채의 측면에서 국가의 활동규모를 팽창시키는 데 반복적인 추진력의 기능을 했다(Rasler & Thompson, 1983, 1985a, 1989). 부분적으로는 이제 세계전쟁이 매우 격렬한 사건이고, 이해관계도 매우 높기 때문에, 국가 간에 피를 흘리는 다른 형태의 충돌에 비해, 세계전쟁이 체제의 가장 강력한 행위자들의 '국가형성(state making)'에 가장 크게 영향을 미칠 수 있다는 점이 강조되어야 한다. 결과적으로 강력한 국가형성은 수직선상의 진보의 문제가 아니라, 세계전쟁의 연속적인 영향에 의해 결정되는 더욱 돌발적이고, 단계적 수준의 형태이다.

국내 정치체제 외에 경제 역시 심각하게 영향을 받는다. 예를 들면, 세계전쟁은 세계국가가 주도하는 경제부문의 성장과(Thompson, 1988), 산업혁신과 역동적인 성장을 선도하는 그 국가의 입지를 도와준다. 비록 세계전쟁이 군사적인 패배자와 승리자의 지위에 있어 영구적인 경제적 패배자를 만들어 왔다고 할지라도, 세계전쟁이 경제성장의 전체 속도에 미친 영향은 충분히 예측 가능한 선상에서 — 승리자에게는 긍정적으로, 패배자에게는 부정적으로 — 일시적인 것으로 보인다(Rasler & Thompson, 1985b). 또한 세계전쟁은 국내경제와 세계경제에서 극적인 통화팽창 압력의 효과를 나타냈다. 세계전쟁은 이런 식으로 장기적인 콘드라티에프 가격변동의 결정적인 구성요소라고 알려져 왔다(Modelski, 1981, 1982; Thompson & Zuk, 1982).

이러한 연구결과 모두가 새로운 것은 아니다. 많은 연구자들은 전쟁이 국가형성과 경제성장에 결정적이라고 주장해 왔다. 장주기 분석이 경험적으로 증명할 수 있는 것은 흔히 본질적으로 내부적인 것으로 간주되는 정치적, 경제적 현상과 국가의 외부적인 행동을 연계시키는 것이고, 이 과정

에 결정적인 것은 일반적인 전쟁이 아니라, 유형화된 일련의 세계전쟁이라
는 것이다.

3. 계속되는 의문점

지금까지 우리는 이 접근법의 특징을 살펴보았고, 세계정치 연구의 주요
한 문제들을 해결할 수 있는 방법들을 알아보았다. 이 마지막 부분에서는
미래에 우리가 관심을 쏟을 만한 다른 문제들을 살펴보자.

첫째, 우리는 일반적으로 세계전쟁의 연구와 관련하여 몇 가지 의문을
제기할 수 있다. 그리고 나서 토론을 정리하기 위해 남아 있는 연구문제를
살펴볼 것이다. '전쟁의 원인' 문제를 간단히 고찰하면서 시작한다.

1) 전쟁의 원인 문제

전통적으로 전쟁의 문제에 대한 연구는 인과론의 문제를 중심으로 한다.
전쟁은 그 원인에 의해 설명되고, 전쟁의 방지는 결국 그 원인을 다루는 것
이다. 그러므로 퀸시 라이트(Quincy Wright)의 『전쟁 연구(*Study of War*)』
(1942)에 고전적으로 발표된 것처럼, 많은 문헌들이 원인들을 다루고 있다
(정치적, 경제적, 기타).

세계정치의 변동이나 주기개념과 개별적 선택이 이루어져야 하는 이 과
정의 장기적인 구조를 지배하는 파동개념을 심각하게 다루는 학자들은 전
쟁의 원인 문제를 대단하게 생각하지 않는다.

만약 세계전쟁이 실제로 세계정치 과정의 기본적인 파동에 필수요소라
고 한다면, 세계전쟁의 발발이 놀라운 사실은 아니다. 만약 세계전쟁이 장
주기의 특정한 구성요소라고 한다면 전쟁은 필연적으로 일어나야 한다. 그
러한 전쟁발발의 정확한 상황이 분명하게 밝혀져야 할 필요가 있다. 계기
가 되는 메커니즘이 이해되어야만 하고, 경제, 사회, 문화적 조건들이 조사
되어야 한다. 불균등한(즉 분화된) 성장이 주목될 것이고, 그것이 도전자의
부상과 주요 대결의 잠재력과 관련이 있는 것으로 보일 것이다. 여기서 세

대전환이 고려될 필요성이 나타나는 것이다.

그러나 만약 세계전쟁을 기본적으로 대결정(즉 준선거 과정으로서 세계 체제가 새로운 운영집단과 새로운 기본정책의 프로그램을 선택하는 단계) 이라고 볼 수 있다면, 그 발생은 놀라운 사실이 아니다. 선거나 정당정치를 연구하는 사람들은 "무엇이 선거의 원인이 되는가"라고 질문하지 않는데, 왜냐하면 그것은 분명히 그들의 주된 관심사가 아니기 때문이다. 잘 기능 하는 정치체제에서 반복되는 선거는 사회-과학적 설명을 필요로 하지 않는 다. 미국과 같은 체제에서 대부분의 경우 선거시기는 정해진 정치일정 속 에 관례화된 부분이다. 영국과 같은 또 다른 체제에서는 수상이 선거일정 을 선택할 수 있는 재량권을 조금 가지고 있다. 마찬가지로 우리의 주장에 서도 세계전쟁은 정치일정의 일부분이다. 만약 세계전쟁을 대결정의 형태 로 간주한다면, 전쟁원인에 대한 문제는 훨씬 줄어들 것이다.

실제로는 그 문제의 재구성이 요구된다. 가장 기본적인 의미에서 세계전 쟁의 '원인'은 그 대안이 없다는 데 있다. 그러한 시각에서 볼 때, 과거의 세계전쟁은 세계적인 정책결정에 대한 대체 메커니즘이 없기 때문에 야기 되어 왔다. 지금까지 그러한 메커니즘은 생각할 수도 없었고, 그 자체로는 유용하지도 않았다.

2) 세계전쟁에 관한 비교연구

만약 우리가 전쟁의 원인 문제가 무익하거나 또는 장주기 개념으로 해 결되었다고 여기고 간과해 버린다면, 연구의 본질은 세계전쟁에 관한 비교 연구에서부터 시작된다.

밀(John S. Mill)은 과학에서 비교방법의 본질은 유사성과 차이점에 대한 연구라고 보았다. 우리는 연구를 통해 근대 세계체제 중 다섯 번의 세계전 쟁 모집단을 택하여 그들이 공통적으로 갖는 속성들이 무엇이고, 그것들이 어떻게 다르며, 왜 그런가를 묻는다. 우리는 세계전쟁들 간의 유사성과 차 이점을 탐구한다.

세계전쟁은 두 가지의 이유로 유사한데, 그것은 다른 모든 전쟁과는 구 분되면서, 그들의 필수적인 속성 중에서 구조적인 유사성을 가지고 있기 때문이다. 세계전쟁은 발발하는 형태에 있어서도 매우 복잡한 양상을 보이기 때문에 자기네들끼리도 서로 다르다.

4. 세계전쟁의 특징

우리의 견해로는 다음과 같은 이유들로 인하여 세계전쟁이 특징적이다 (즉 세계전쟁은 다른 모든 전쟁과 다르다).

1. 세계전쟁은 특히 적의에 찬 세계적 갈등의 한 형태이다.
2. 세계전쟁은 뚜렷한 체제 속에서 발생한다. 세계체제(the global system)
3. 세계전쟁은 세계 정치체제 행태의 대결정 국면을 이룬다.

첫째로, 세계전쟁은 세계적 갈등의 한 형태이다. 사실 그것은 가장 우세하고도 오래 걸리는 형태이다. 그러나 세계전쟁이 그 유일한 형태는 아니다. 예를 들면, 1945년 이래 냉전시대에는 세계적 갈등이 덜 발생했다. 세계적 갈등은 장주기의 네 단계 모두에서 발견될 수 있지만, 세계전쟁의 단계에서 가장 예리한 특징을 나타낸다.

갈등의 강도는 보통 관련국의 사상자 수-또는 생명의 희생-로 측정한다. 세계전쟁이 막대한 생명손실의 원인이라는 사실이 여기서 잘 입증된다. 1494년과 1945년 사이의 국가 간 전쟁으로 인한 전체 사망자 수와 같은 시기 세계전쟁으로 인한 사망자 수를 비교한 평가에 의하면, 다섯 번에 걸친 세계전쟁의 희생자 수가 전체의 80%에 달한다는 인상적인 결과가 나온다(Modelski & Morgan, 1985: 498). 다시 말해서, 100여 개의 전쟁 중에서 아마 단지 몇 개가 대다수 생명손실의 원인일 것이다.

그러한 평가는 지난 수세기의 갈등에서 생명의 손실을 정확히 알 수 없으므로 분명히 부정확한 것이다(이 숫자는 궁극적으로 알 수가 없다). 이 문제에 대해서는 확실히 더 많은 연구가 요청된다. 좀더 기본적으로 우리가 필요로 하는 것은 근대정치의 전체 기간 동안의 세계적인 갈등을 서술해 줄 수 있는 자료이다. 이를 위해 우리는 ① 지역적, 국내적 갈등으로부터 세계적인 갈등을 조작적으로 구별해야 하고, ② 강도의 수준에 따라 세계적 갈등들을 효과적으로 구별해야 한다. 그러한 시리즈는 '세계적 갈등 차원'이 세계전쟁 시기에는 매우 높은 설명력을 가지나, 장주기의 나머지 다른 국면에서는 설명력이 없다고 생각하는 우리의 의혹을 확인시켜 주어야 한다.

우리는 방금 세계전쟁과 지역전쟁을 구별할 필요성을 언급했는데, 또 다른 특징의 기준을 살펴보자. 장주기 연구는 지역적 혹은 국가적 수준의 사건들을 직접적으로 설명하지 않는다. 특히, 처음 네 주기에 나타나는 과정의 많은 내용들이 세계체제의 활동적인 지대, 말하자면 본부를 이루는 서구유럽 지역을 중심으로 할지라도, 장주기 연구는 역사 교과서에서 관습적으로 묘사된 것처럼 유럽국가 간의 정치를 기술하지는 않는다.

그러나 그것이 이 지역의 세계정치와 지역정치(일반적으로) 및 세계전쟁과 지역전쟁을 구별할 수 없다는 것을 뜻하지는 않는다. 예를 들면, 대략 1510년경 포르투갈의 해양진출 시도는 명백히 세계적 수준을 차지하지만, 이탈리아를 둘러싸고 지루하게 계속된 프랑스-스페인 전쟁은 거의 지역지배를 위한 갈등이며, 기본적으로 지역적 중요성을 갖는 갈등으로 이해되어야 한다. 오늘날까지 중앙유럽의 의식 속에 그렇게 강한 인상을 남긴 30년 전쟁(1618~1648)은 기껏해야 유럽의 지역적인 돌발에 불과했다. 그것은 외부세력이 강하게 개입한 독일 내전으로 불려지는 것이 더 적절하다. 1980년대의 이란-이라크 전쟁은 지역전쟁의 전형적인 사례이다.

물론 그 당시 서구유럽에서 어떤 일이 발생했건 간에, 그러한 사건들이 전체 세계체제에 대해 하나의 본보기로서 어느 정도의 중요성을 가졌음은 분명하다. 분석의 목적을 위한 것이기는 하지만 우리는 이러한 구별을 할 필요가 있고, 세계전쟁과 지역전쟁 사이의 구별은 매우 기본적인 것이다. 물론 부분적으로 그러한 구분을 하는 능력은 세계체제의 국가기능이다. 세계체제가 겪는 과정 중의 하나는 분화이다. 1494년을 기점으로 하여 세계체제의 출현을 논하는 것은 단지 포르투갈의 해양활동과 스페인의 대서양 횡단 시도뿐만 아니라, 그 해에 이러한 시도의 특성이 공식적인 합의에 의해 처음으로 인정되었기 때문이다. 토르데시야(Tordesillas) 조약 초기 몇 년 동안에는 포르투갈-스페인의 세계체제가 강화되었다가 공격을 받기 시작했고, 결국에는 네덜란드와 영국에 의해 대체되었다. 이들은 차례로 체제를 강화시켰고, 20세기까지 세계적 상호작용이 세계조직의 주요부분을 형성하게 될 정도였다. 세계체제의 비중이 커지면 커질수록, 그 안에서 일어나는 갈등과 그 밖의 갈등을 구별할 수 있는 특성이 더 분명해진다.

그것이 바로 우리가 1500년경의 시기가 중요하다고 역설하는 이유인 것이다. 그 시기는 수직적인 분화과정을 통해 더 복잡한 국제관계의 조직이 시작되는 시점이었다. 또한 뚜렷하게 세계체제를 만들어 냈을 뿐만 아니라 지역적, 국가적, 지방적인 수준에서 정치와 경제의 새로운 조직형태를 탄생시키기도 했다.

그러한 분화는 발견의 시대와 동시에 극적으로 시작되었지만, 완성의 단계에 도달한 것으로 간주될 필요는 없다. 우리가 구분한 상호작용의 네 단계는 아직까지 완전히 조직되지 않았고, 따라서 명백한 분석을 위해 우리가 기대하는 것처럼 확실히 구별되지는 않는다. 그러나 네 겹의 구조는 근대기의 탄생 순간에도 발견될 수 있다. 만약 우리가 방심하지 않고 그것을 추구한다면, 우리의 개념에 의해서 연구가 더욱 쉬워지고 분석이 더욱 예리해지며, 무엇보다도 세계전쟁과 지역전쟁의 기본적인 차이를 구분할 수 있게 될 것이다. 세계전쟁은 세계체제의 조직을 결정한다. 지역전쟁은 지역적 조직에 관계된다.

서구 유럽의 장주기들은 주기 중에서 처음 네 개에만 적용된다. 1830년대 토크빌(Tocquevill)을 포함한 19세기의 예리한 관찰자들이 기대했듯이 1945년 이래 세계체제의 활동중심이 서구유럽으로부터 북미로 옮겨졌다. 따라서 적어도 일부 관점에서는 다섯 번째의 주기가 그 앞의 네 개와 다르고, 세계정치의 새로운 시대를 연다고 할 수 있다. 세계적 갈등의 특징은 그러한 변화에 의해서도 또한 영향을 받아 왔다.

마지막으로 세계전쟁은 세계체제를 위한 대결정의 형태로 간주될 수 있기 때문에 특징적이다. 우리는 장주기의 네 겹의 구조가 그 주요 특징 중의 하나라고 지적하면서 설명을 시작하였고, 이제는 그러한 단계구조를 이 논의에 도움이 되도록 사용하고자 한다.

장주기 시각에서 검토된 세계정치에 관한 기본적인 사실은 그것이 주기적일 뿐만 아니라 강하게 진화적인 성격을 나타낸다는 것이다. 세계전쟁이 명확하게 규칙적인 형태로 근대세계에서 되풀이 되어 왔다는 것은 이미 뚜렷한 사실이다. 더욱이 각각의 세계전쟁은 앞선 것보다 더 크고 복잡하며, 체제 자체도 역시 성장해 왔다. 그 변화는 선형적이지 않으며 세계전쟁이 중요한 분기점으로 작용하는 계단식 형태였다.

진화론적 연구모델은 그런 식으로 진화하는 체제에 대한 설명을 제공한다. 그 설명에 따르면 팽창하는 사회체제는 각 단계들의 규칙적인 진행을 경험할 필요가 있고, 그 규칙적인 진행은 체제의 기능적 요구와 진화과정의 논리에 의해 지배된다. 파슨주의적(Parsonian) 거시사회학에서는 네 가지의 기능적 요구가 각기 그런 과정의 한 단계에 대해 반응하고, 진화론은 그런 체제가 돌연변이 과정과 도태 메커니즘의 작용을 모두 경험할 필요가 있다고 제기하는 것으로 이해될 수 있다. 위의 두 과정은 장주기의 단계 구조 속에서 발견될 수 있다(Modelski, 1987c).

이러한 시각에서 볼 때, 장주기의 세계전쟁 단계는 그 체제가 세계체제의 미래를 위해 적당한 지도자와 프로그램을 '선택'하는 집단적인 결정기간으로 이해될 수 있다. 과거의 세계전쟁들은 이같은 지도자를 선택했고 실용적인 선택을 실현했다.

5. 세계전쟁의 동형이질

몇 가지의 증거를 예비검토해 보면 다섯 번의 세계전쟁이 매우 동형이질적이라는 것을 알 수 있다. 실제로 다섯 번의 세계전쟁이 하나의 기본적인 주제를 되풀이해 왔다는 가설이 나올 수 있다. 하나의 대전쟁이 수차례에 걸쳐 발발했다(Modelski, 1984, 1986). 그러한 동형이질의 한 사례를 짧게 검토해 보자.

세계전쟁의 승자와 패자문제

세계전쟁 연구의 가장 흥미 있는 문제는 승자와 패자 문제이다. 이러한 대전투에서 승리한 연합과 패배한 측이 <표 5>에 간단하게 나타나 있다. 일반적으로, 승자는 해양연합의 구성원들이었고, 패자는 대륙국가들이었다. 영국은 항상 승리팀의 구성원이었고, 포르투갈, 네덜란드, 미국도 마찬가지라고 말할 수 있다. 다시 말해서, 똑같은 편, 심지어 똑같은 국가들이 과거 다섯 번의 세계전쟁에서 모두 승리했고, 대륙의 도전자들은 불가피하게 패했다는 주장도 무리가 아닌데, 그것은 가설적인 여섯 번째의 세계전쟁을 고려하는 사람들이 실로 유념해야 할 점이다.

<표 5> 세계전쟁의 승자와 패자

세계전쟁	승리한 연합(요약)	도전자
1	포르투갈, 영국, 부르고뉴, 스페인	프랑스
2	네덜란드, 영국, 프랑스	스페인
3	영국, 네덜란드	프랑스
4	영국, 러시아	프랑스
5	미국, 영국, 러시아/소련	독일

출처: Modelski(1984, 1986).

이것은 인상적이고도 놀라운 발견이고, 현재 널리 유행하는 무정부의 개념을 초월하는 세계체제내의 기구의 수준을 나타내 주고 있다. 많은 연구자들은 마치 전쟁이 무작위적인 선택의 과정에 존재하는 사례에 불과하고, 대결의 연속에서 누가 이기고 지는가는 운명이나 자연에 의해 결정되는 것처럼 인식한다. 그러나 만약 이것이 사실이라면, 지배국가들이 이기고 지는 확률이 반반이라고 기대할 수는 없는가? 대조적으로, 다섯 번의 세계전쟁은 참여자, 기간, 지역, 결과에서 당황할 정도의 유사성을 보여 준다. 그러나 이러한 사실들은 규칙성과 반복성의 개념을 회피하는 사람들에게만 당혹스럽게 느껴질 뿐이다.

이러한 규칙성, 즉 해양국 승리의 지속성을 어떻게 설명할 것인가? 세계체제의 지배국가들은 진화론적 의미에서 주요한 세계문제의 해결가로서 특권을 누려 왔고, 그러한 이유 때문에 우세했다고 주장하는 생각이 있다. 세계국가들이 자신의 주기에서조차 완전히 자유로운 노선을 결코 가진 적이 없다는 관찰을 통해 보충적인 설명을 해볼 수 있다. 세계국가의 주도권은, 세계전쟁 말기에 명백하게, 곧 도전이나 강한 경쟁자를 맞게 된다(보통 지역적인 맥락에서). 예를 들면, 1860년 후 유럽에서 영국의 역할은 독일의 부상에 의해 결정적으로 축소된다. 1600년대에 네덜란드의 역할은 리

258

쉐류(Richelieu)와 루이 14세 통치하의 프랑스 세력에 의해 가려진다. 다시 말해서 해양국 승리의 지속적인 경향을 감소시킬 수 있는 세계국가와 도전국 간의 내적인 동요가 장주기화하는 것이다. 그러나 그 문제는 더 많은 분석을 필요로 하는데, 특히 그것이 미래를 추정하기 때문이다. 이것은 세계정치의 주요한 문제들 중의 하나이다.

동형이질에 관한 또 다른 흥미 있는 예는 세계전쟁에 러시아가 참여하는 문제이다. 러시아는 다섯 번의 세계전쟁 중 최소한 세 개에서 특징적이고 중요하면서 구조적으로 유사한 역할을 수행했다. 러시아는 세 번 모두에서(<표 5> 참조, 루이 14세 전쟁에서는 간접적으로) 승리한 연합의 일원이었을 뿐만 아니라, ① 대륙의 도전에 의해 초기의 패배를 겪었고(대동맹 전쟁의 사례에서 프랑스의 동맹국인 스웨덴에 의해), ② 도전국과 일시적으로 화해했고, ③ 본토에서 광범한 침입을 겪었고, ④ 극적인 재조직 과정을 거쳐서, ⑤ 궁극적으로 크게 향상된 국제적 지위에 올랐다─마지막 두 전쟁에서는 승리측의 중심 구성원이었다(Juday, 1985).

이러한 유형은 한층 더 확장될 수 있다. 러시아는 스페인-네딜란드 전쟁의 시기(1580~1609)에 세계전쟁 제휴에 관련된 외국의 간섭이 모스크바에까지 미치는 국내적 혼란기를 겪었다. 로마노프 왕가는 세 번의 세계전쟁 후 외부의 압력에 대응하다가 전복될 운명의 새로운 본토 왕조로(1613) 등장했다.

러시아는 유럽과 경계를 이룬 광활한 영토로 인해 유럽이 세계체제의 중심무대였던 시기에 발생한 모든 세계전쟁에 개입할 수밖에 없었을 것이다. 그러나 활동적인 지대가 더이상 유럽이 아닌 세계체제에서 소련이 주요 도전자로 떠오른 이상, 이와 같은 역할을 미래에도 똑같이 설정할 수 있는가?

6. 세계전쟁들 간의 차이점

지금까지 우리는 다섯 번의 세계전쟁들의 유사점을 강조했지만, 그들의 차이점 역시 뚜렷하다. 모든 세계전쟁이 어떤 측면에서 필연적으로 독특하다는 것은 말할 나위도 없지만, 더 자세히 고찰해 보면 이 사건들 간의 차이점 또한 체계적이라는 사실을 알 수 있다. 우리는 연속적인 각각의 세계전쟁이 규모가 더 커지고(예를 들면, 군대의 규모와 연합에 참여한 국가의 측면에서) 생명과 자원의 희생이 더 늘어났다는 사실을 알 수 있다. 또한 각 전쟁은 이전의 전쟁보다 더 복잡해지고 광범위해졌다.

전쟁의 규모가 한 예이다. 이탈리아와 인도양 전쟁의 주된 육지전과 해전에는 기껏해야 5만 명이 참여했다. 루이 14세 전쟁은 10만 명을 초과했고, 양차 세계전쟁은 1백만 명 이상이 관련되었다. 사망자와 관련해서도 이와 같은 진행이 나타난다. 또 다른 예로는 외교적 과정이 있다. 1500년에 주재대사들은 대개 이탈리아 외부로 알려지지 않았고, 외교절차 역시 꽤 초보적이었다. 20세기에 외교는 대단히 정교한 체제이고, 외교를 통한 해결이 더 복잡하지만 강한 힘을 갖게 된다.

전쟁의 규모와 복잡성의 성장은, 앞서 언급한 것처럼, 진화론적 과정을 보여 준다. 체제의 나머지와 마찬가지로, 세계전쟁은 정치적, 사회적, 문화적인 진화의 주체였다. 세계전쟁은 최소한 세계체제의 나머지와 보조를 맞추어 성장했고 확장되었다. 그러한 경향이 옳은 것인가에 대한 의문이 다시 한 번 제기된다.

1) 세계전쟁의 대안에 관한 문제

세계전쟁 연구자들이 직면하는 주요 문제는 대안에 관한 것이다. 대안의 문제 자체가 전쟁을 연구하는 학자들에게 익숙하지 않은 것은 아니다. 윌리엄 제임스(William James)는 제2차 세계대전 발발 직전에 크게 주목받은 글에서 대안의 문제를 제기했지만, 그가 이것을 공식화한 방법이 즉각적인 효과를 거두지는 못한 것으로 보인다. 장주기 연구는 '모든 전쟁의' 대용물을 발견하는 문제가 너무 산만하고 광범위하기 때문에 실용적이지 않다고 주장한다. 대신에 우리는 보다 좁은 문제, 즉 다음에 일어날 세계전쟁에 대한 대안을 발견하는 문제에 강조점을 둘 필요가 있다. 다시 말해서, 우리는 단지 하나의 전쟁에 초점을 맞추어야 한다.

우리는 이미 장주기이론이 또 다른 세계전쟁을 불가피한 것으로 보지는 않는다고 지적했다. 장주기이론의 어떤 부분도 극단적인 폭력수단에 의한 또 다른 세계적 갈등의 필요성을 주장하고 있지 않다. 그러나 다음과 같은 두 가지를 주장한다. ① 때때로 진화론적 학문과정은 대결정을 요구하고, ② 이 대결정은 폭력적일 수도 있고, 비폭력적일 수도 있다. 어떻게 하면 세계체제의 대결정이 폭력적인 형태에서 비폭력적인 형태로 전이가 될 수 있을 것인가?

이 분석의 전제는 세계전쟁의 '정상상태(normality)'이다. 장주기에 관한 최근의 논평에서 홀스티(Holsti, 1985: 682-684)는 "체제의 대전쟁들은 국제체제의 파괴를 원했던" 국가들에 의해 초래되었기 때문에 "국제체제의 정상적인 작동의 결과가 아니다"라고 주장한다. 체제가 정상적으로 작동할 때, "패권전쟁은 일어나지 않고, 적어도 패권전쟁이 발발할 빈도는 매우 낮다"고 주장한다. 따라서 "현대 국가체제는 불가피하게 패권전쟁을 발생시키는 체계가 아니다."

홀스티의 논증은 과거와 미래에 관한 두 개의 부분으로 이루어진다. 과거에 관해서, 대전쟁은 근대체제가 정상적으로 작용한 결과가 아니었다는 것이 설득력 있게 주장될 수 있는가? 체제의 생존을 유지하고, 보존하고, 보장하기 위해 벌였던 전쟁들이 비정상적이라고 불릴 수 있는가? 그렇지 않은 것처럼 보인다. 자기유지 기능은 모든 체제의 필수 요소이다. 또한 과거의 주요 갈등들을 탈선의 한 형태로 대강 처리하는 것은 잘못이며, 특히 대전쟁의 재발은 체제의 대결정에 도달해야 하는 근원적인 필요성을 시사하기 때문이다.

미래에 관한 한 우리는 대전쟁의 필연성이 없다는 데 동의한다. 장주기 연구의 어떠한 부분도 여섯 번째 세계전쟁이 불가피하다고 요구하거나 또는 암시하고 있지 않다. 그러나 우리는 체제가 그런 전쟁을 초래할 '빈도는 거의 없다'는 주장에서 위안을 얻지는 못한다. 우리는 대결정 메커니즘의 폭력적 요소에 대한 대용물이 개발되지 않는 한, 그런 전쟁이 발생하는 경향은 지속될 것이라고 주장한다.

체제의 결정 메커니즘 중에서 상대적으로 가장 비폭력적인 예는 선거과정이다. 세계전쟁은 그런 과정의 특징을 강하게 나타낸다. 세계전쟁은 세계체제의 미래를 위해 경쟁적인 강령을 수행하고자 한 분파들(연합) 간의

경쟁이었고, 세계 지도력의 공백을 위한 투쟁이었으며, 그러한 지위의 점
유자가 정당하게 선택되는 것으로 끝났다. 다른 한편, 세계전쟁과 마찬가
지로 선거 역시 부분적으로 힘에 대한 재판이고, 승리를 거두는 쪽은 다수
파(즉 더 강한 당)이다. 국내의 선거유세 기간이나 투표과정에서 폭동이나
공권력의 개입이 나타나기도 한다. 그러나 선거에서는 비록 그 결과가 실
제적이라고 해도, 주로 상징적 수준에서 경쟁이 이루어진다. 그러나 세계
전쟁에서는 전투원들이 가장 파괴적인 것까지 포함하는 모든 폭력수단이
쓰일 수 있다고 믿고 있다. 그러므로 세계적인 대결정 과정에서 전투의 폭
력적 형태는 상징적인 형태로 전환될 필요가 있다고 할 수 있다. 모델스키
가 그런 공식화에서 나타나는 문제들을 논하기는 했으나(Modelski, 1987a)
세계체제에서 실행할 수 있는 대안적인 대결정 메커니즘을 발견하는-발
명하고 설치하기 위한-기본적인 문제는 아직 남아 있다.

2) 핵억지 문제

최근에 국제정치를 연구하는 학자들은 제2차 세계대전이 종결된 후 현
재까지 40여 년이 경과했다는 사실에 대해 자축하고 있다. 그들은 그런 전
반적인 평화의 시기를 최근의 국제적 경험에서 이례적인 것으로 간주하고,
주요 정치지도자들처럼 그것을 이른바 핵억지 조건에서 기인하는 것으로
보았다. 예를 들면, 벨(Coral Bell, 1985: 37)은 1945년 이후 세계적 경험으
로부터 '중심'국가들 간의 적대행위를 피하기 위한 비결을 다음과 같이 추
출했다.

'상호억지 상황 속의 신중한 위기관리'
헌팅턴(Huntington, 1986: 9)은 "핵전쟁을 방지하는 데 성공한 이 40
년"을 "우리의 몇 안되는 성공담 중의 하나"로 평가하면서 축하한다. 그는
어떻게 하면 전쟁을 막을 수 있는지 "우리가 그 방법을 알고 있다"고 믿는
다.
이러한 견해들은 신중하게 관리되는 핵병기고의 단순한 존재가 전반적
인 평화를 유지시켜 왔고, 그런 병기고의 유지가 세계적 수준의 평화를 지

속시키기 위한 필요조건이라는 확신을 반영하고 있다. 핵억지가 세계 핵전쟁에 대한 대용물이라고 증명된 바가 있는가?

장주기의 시각으로 보면 그러한 판단은 최소한 앞으로 50년 동안은 증명될 수가 없다. 근대 세계체제의 경험에서 볼 때, 세계전쟁은 약 80년의 간격으로 발생했고, 따라서 지난 40여 년간 전반적인 평화(비록 지역이나 국가 수준에서의 평화는 아니라 해도)의 추세가 놀라운 사실은 아니다. 아직까지 평화에 대한 핵억지의 역할은 불분명하다.

1945년 이후 억지가 강대국들로부터 신중함을 유도해 냈는가, 또는 강대국들이 신중한 시기로 인해 억지가 작용하고 있는 것처럼 보였는가? 장주기 시각에서 볼 때, 억지를 시도하는 최적기는 장주기의 세계전쟁 후 단계인데, 그것은 강대국 전쟁이 거의 발생하지 않는 시기이기 때문이다. 그러므로 핵억지가 최소한 제3차 세계대전을 방지했다는 주장의 아이러니는, 그 결함이 무엇이든지 간에, 장주기의 가장 순조로운 단계를 거친 결과보다도 억지의 성과가 더 작다는 것이다. 사실 억지의 존재나 작동 여부에 대한 확실한 증거를 발견하기는 쉽지 않다(Modelski & Morgan, 1985: 410).

세계전쟁의 확률은 앞으로 40년 동안 점차 높아질 것이라고 보는 생각이 더 적절하다. 만약 세계전쟁이 발생한다면, 핵억지가 계속해서 작용할 것인가? 핵억지가 계속해서 신뢰감을 줄 것인가? 그러한 점에 대해서는 의심의 여지가 많다. 억지는 결정 메커니즘이라기보다는 오히려 결정을 늦추는 수단이다. 그것은 교착상태의 구조이고, 장기적으로 진화론적 학문과정과 모순되는 막다른 세계체제이다. 문제는 바로 이것이다. 어떻게 핵억지가 세계적 대결정의 필요성과 조화될 수 있을 것인가?

3) 어떻게 세계전쟁을 미리 인식하는가?

세계전쟁을 연구하는 학자들은 반드시 과거의 사건들을 다룬다. 그리고 사후적으로 그 전쟁이 '세계전쟁'이라고 인식하는 것은 그렇게 어렵지 않다. 그러나 미래에 관해 생각하고자 하는 사람들은 이런 문제에 직면하게 된다. 세계전쟁이 다가올 때, 우리는 어떻게 그것을 인식할 수 있는가? 그런 전쟁이 다가오고 있는지, 온다면 어느 방향으로 어떻게 오는지를 더 명확하게 결정한다는 것이 도대체 가능한가, 또는 확전의 가능성 때문에 모든 갈등을 지켜보면서 항상 경계상태에 있어야만 하는가?

세계전쟁을 예측하는 문제는 모든 세계국가의 전략적 계획에서 핵심적인 요소임이 명백하다. 왜냐하면 군대의 준비정도, 각오와 동원의 강도는 부분적으로 그런 전쟁의 위험을 인식하여 작용하기 때문이다. 예를 들면 1932년에 영국은 '향후 10년내에' 주요 전쟁이 있다고 가정하고 전쟁계획을 수립했다. 그 가정은 실제로 7년 후에 발생했기 때문에 거의 정확했다고 볼 수 있다. 1950~51년에 미국의 전략계획자는 5년내에 세계전쟁이 발발할 것이라고 예측했다(Prados, 1986). 이 예측은 틀렸다. 미국의 전쟁계획은 상당히 짧은 경고에도 최소한 하나의 주요 전쟁을 치뤄낼 준비를 하고 있어야 하는데, 그것은 계획된 기간 안에 일어날지도 모를 비상사태에 대한 제한된, 그리고 상당히 확실한, 가능성을 가정한다.

다음 번 세계전쟁을 예측하는 방법이 분명히 발달한 것은 아니지만, 장주기이론에서 얻은 통찰력으로부터 도움을 받을 수 있다고 생각한다. 우리의 접근법은 다음과 같은 것들을 제시한다.

1. 장주기가 '오래되거나' 진전되면 될수록(마지막 세계전쟁이 종결된 후 경과된 기간이 길면 길수록) 또 다른 세계전쟁의 발발 가능성은 더 커지고, 연합단계의 마지막(비집중화)에 그 가능성이 가장 높아진다.

2. 세계체제의 중심적인 영역(서구 유럽과 일본을 포함해서)의 안정을 위협하는 갈등이 다음 번 세계전쟁을 야기할 경향이 높다.

3. 다음 세계전쟁의 가능성은 세계적 정책결정에 대한 대리 메커니즘을 확립하려는 과정이나 수단의 효과에 의해 감소할 것이다.

이러한 것들은 모두 과거 40년 동안 고도의 전쟁 준비를 해온 군사적 태도가 비생산적이었음을 지적한다. 이러한 제안의 가치는 향후 40년 안에 대안이 나오느냐의 여부에 달려 있다.

264

4) 칸트학파의 가설

국제관계를 연구하는 사람들은 1795년에 출판된 칸트(Immanuel Kant)의 유명한 『영구적 평화(*Perpetual Peace*)』를 위한, 다소 대략적인, 주장에 오랫동안 친숙해져 있다. 정치적 불안정과 혁명의 소란이 이어지는 세계전쟁 중에 집필한 계몽주의 철학자 칸트는 다음과 같은 가설을 제시한다.

세계체제에는 영구적인 평화의 조건을 만들고자 하는 자생적 사회과정이 존재한다.

칸트는 이 가설을 구체화하기 위해 장기적으로 그러한 조건을 실현시킬 수 있는 세 가지의 메커니즘을 제안했다. ① 공화정의 형성, ② 자유로운 국가 연합(즉 세계제국이 없다), ③ 상업의 성장.

장주기의 연구자들은 이 메커니즘들이 꽤 친숙하게 느껴질 것이다. 장주기의 지배국가들은 절대적인 통치자가 없었고, 외관상 자유주의 정부체제를 유지했다는 의미에서 공화정이었다. 이 국가들은 전쟁이 없고 평화로운 민주국가 공동체를 형성했다. 반대로 그들의 도전국들은 절대주의적이고 권위주의적이었고, 대체로 제국적 통치형태를 목표로 했다. 세계국가들은 국가의 독립을 지지하는 경향이 있고, 국제조직의 다양한 형태를 진전시켰으며, 그 목표를 보장하기 위해 전쟁을 했다. 최근 세계국가들은 상업적 팽창에 도움이 되는 장치를 강화했다. 이 장치들은 경제혁신의 원동력이었고, 결과적으로 세계무역의 원동력이었다(Modelski, 1987b). 장주기가 칸트주의적 과정인가?

그 주장은 아직까지 확실하지 않다. 칸트주의적 가설이 반증될 수 있는 것인가 하는 것은 연구해 볼 만한 문제이다(그리고 그렇다면 어떻게?). 칸트가 구체화시킨 메커니즘(공화정과 기타)이 그 과정을 설명하기에 충분할 정도로 일반적인가? 그것들이 유일한 메커니즘인가? 또는 다른 것들이 있는가? 어떻게 칸트주의적 과정이 세계체제의 진화에 적합한가? 장주기가 실제로 칸트주의적 과정인가?

이와 같은 것들은 장주기와 세계전쟁 연구자들이 더 자세하게 설명해야

할 기본적인 문제들이며 우리를 평화연구의 불모지로 안내하는 흥미로운 문제들이다.[9]

□ 참고문헌

Bell, C. 1985, "Managing to Survive," *The National Interes*t 1.

Blainey, G. 1973, *The Causes of War*, New York: Free Press.

Bueno de Mmesquita, B. 1981, *The War Trap*, New Haven, CT: Yale University Press.

Chase-Dunn, C. K. 1981, "Interstate System and Capitalist World Economy: One Logic or Two?" *International Studies Quarterly* 25.

Chase-Dunn, C. K. & J. Sokolovsky. 1983, "Interstate Systems, World-Empires and the Capitalist World-Economy: A Response to Thompson," *International Studies Quarterly* 27.

Denton, F. H. & W. Phillips. 1968, "Some Patterns in the History of Violence," *Journal of Conflict Resolution* 12.

Deutsch, K. W. & J. D. Singer. 1964, "Multipolar Power Systems and International Stability," *World Politics* 16.

Doran, C. F. & W. Parson. 1980, "War and the Cycle of Relative Power," *American Political Science Review* 74.

Gilpin, R. 1981, *War and Change in World Politics*, New York: Cambridge

---

9) 세계전쟁에 관한 그 밖의 자료에 흥미 있는 독자들은 다음의 저작들을 참고하도록 조언한다. 모델스키의 논문들(1984, 1986, 1987c)은 장주기와 세계전쟁에 대한 기본적인 설명을 제공한다. 모델스키와 톰슨(Modelski & Thompson, 1987, 1988)은 세계전쟁과 세계질서, 세계전쟁과 해군력 사이의 관계에 대한 경험적 분석을 제공한다. 모델스키와 모델스키(Modelski & Modelski, 1988)는 세계전쟁과 그로 인한 평화정착을 강조하면서 세계지도력 행사에 초점을 둔다. 톰슨(Thompson, 1988)은 세계전쟁에 대한 장주기, 구조적 현실주의, 그리고 세계경제 접근법을 비교한다. 라슬러와 톰슨은 강대국들 형성에 세계전쟁이 미친 영향을 증명한다(Rasler & Thompson, 1989). 세계전쟁에 관련된 나머지 더 특수한 주제들은 모델스키와 모건(Modelski & Morgan, 1985), 주데이(Juday, 1985), 피어슨(Peason, 1987), 그리고 케글리와 레이몬드(Kegley & Raymond, 1987)에서 연구되고 있다. 현재 조지 모델스키(George Modelski)는 "근대 세계체제에서의 세계전쟁"(가제) 계획에도 참여하고 있는데, 그것은 장주기의 다섯 개 세계전쟁의 서술과 분석에 대한 명확함에 초점을 맞추고 있다.

University Press.

_____. 1987, *The Political Economy of International Relations*, Princeton, N.J.: Princeton University Press.

Goldstein, I. 1985, "Kondratieff Waves as War Cycles," *International Studies Quarterly* 29.

Holsti, K. J. 1985, "The Necrologists of International Relations," *Canadian Journal of Political Science* 18.

Huntington, S. P. 1986, "Playing to Win," *The National Interest* 2.

Juday, T. 1985, "From Defeat to Victory: The Pattern of Russian/Soviet Participation in Three Global War," Paper delivered at the annual meeting of the Pacific Northwest Political Science Association, Vancouver, Canada, October.

Kegley, C. W. & G. A. Raymond. 1987, "The Long Cycle of Global War," *Journal of Modern History* 55.

Levy, J. S. 1983, "World System Analysis: A Great Power Framework," in W. Thomson(ed.), *Contending Approaches to World Systems Analysis*, Beverly Hills, C.A.: Sage.

_____. 1985, "Polarity of the System and International Stability: An Empirical Analysis," in A. N. Sabrosky(ed.), *Polarity and War: The Changing Structure of International Conflict*, Boulder, C.O.: Westview Press.

Midlarsky, M. I. 1986, "A Hierarchical Equilibrium Theory of Systemic War," *International Studies Quarterly* 30.

Modelski, G. 1981, "Long Cycles, Kondratieffs, and Alternating Innovations: Implications for US Foreign Policy," in C. W. Kegley, Jr. & P. J. McGowan(eds.), *The Political Economy of Foreign Policy Behavior*, Beverly Hills, C.A.: Sage.

_____. 1982, "Long Cycles and the Strategy of United States International Political Economy," in W. Avery and D. P. Rapkin(eds.), *America in a Changing World Political Economy*, New York: Longmans.

_____. 1984, "Global War and World Leadership Selection," Paper delivered at the Second World Peace Science Congress, Rotterdam, the Netherlands, June.

_____. 1986, "Long Cycles, Macrodecisions, and Global Wars," Paper delivered at the Conference on the Origins and Prevention of Major War, Durham, NH, October.

_____. 1987a, "A Global Politics Scenario for the Year 2016," in G. Modelski(ed.), *Exploring Long Cycles*, Boulder, C.O.: Lynne Rienner.

_____. 1987b, "Is World Politics a Learning Process?" Paper delivered at the annual meeting of the American Political Science Association, Chicago, September.

_____. 1987c, *Long Cycles in World Politics*, Seattle: University of Washington Press.

Modelski, G. & S. Modelski(eds.). 1988, *Documenting Global Leadership*, Seattle: University of Washington Press.

Modelski, G. & P. Morgan. 1985, "Understanding Global War," *Journal of Conflict Resolution* 29.

Modelski, G. & W. R. Thompson. 1987, "Testing Cobweb Model of the Long Cycle," in G. Modelski(ed.), *Exploring Long Cycles*, Boulder, C.O.: Lynne Rienner.

_____. 1988, *Seapower and Global Politics, 1494 ~1993*, Seattle: University of Washington Press.

Moyal, J. E. 1949, "The Distribution of War in Time," *Journal of Royal Statistical Society* 115.

Organski, A. F. K. 1958/1968, *World Politics*, New York: Knopf.

Organski, A. F. K. & J. Kugler. 1980, *The War Ledger,* Chicago: University of Chicago Press.

Peason, D. 1987, "Financing Global Wars," Paper delivered at the annual meeting of the International Studies Association, Washington, D.C.

Prados, J. 1986, *The Soviet Estimate: US Intelligence Analysis and Soviet Strategic Forces*, Princeton, N.J.: Princeton University Press.

Rasler, K. A & W. R. Thompson. 1983, "Global Wars, Public Debts, and the Long Cycle," *World Politics* 35.

_____. 1985a, "War Making and State Making: Governmental Expenditures, Tax Revenues, and Global World," *American Political Science Review* 79.

_____. 1985b. "Global War and Major Power Economic Growth," *American Journal of Political Science* 29.

_____. 1989, *War and State Making: The Shaping of the Global Power*, Boston: Unwin Hyman(forthcoming).

Richardson, L. F. 1960a, "Arms and Insecurity," Pittsburgh: Boxwood Press.

Rosecrance, R. 1987, "Long Cycle Theory and International Relations," *International Organization* 41.

Singer, J. D. & Cusack. 1981, "Periodicity, Inexorability, and Steersmanship in International War," in R. Merritt & B. Russett(eds.), *From National Development to Global Community*, London: Allen & Unwin.

Singer, J. D. & M. Small. 1972, *The Wages of War, 1816~1965: A Statistical Handbook*, New York: Wiley.

Siverson, R. & J. King. 1980, "Attributes of National Alliance Membership and War Participation, 1815~1965," *American Journal of Political Science* 24.

Small, M. & J. D. Singer. 1982, *Resort to Arms*, Beverly Hills, C.A.: Sage.

Sorokin, P. A. 1937, *Social and Cultural Dynamics: Fluctuation of Social Relationships, War and Revolution*, vol.III, New York: American Book Company.

Stein, A. A. & B. Russett. 1980, "Evaluating War: Outcomes and Consequence," in T. R. Gurr(ed.), *Hand book of Political Conflict: Theory and Research*, New York: Free Press.

Thompson, W. R. 1983a, "Succession Crises in the Global Political System: A Test of the Transition Model," in A. L. Bergesen(ed.), *Crises in the World System*, Beverly Hills, C.A.: Sage.

_____(ed.). 1983b, *Contending Approaches to World Systems Analysis*, Beverly Hills, C.A.: Sage.

_____. 1983c, "Uneven Economic Growth, Systemic Challenges, and Global War," *International Studies Quarterly* 27.

_____. 1983d, "Interstate Wars, Global Wars and the Cool Hand Luke Syndrome: A Reply to Chase-Dunn and Sokolovsky," *International Studies Quarterly* 27.

_____. 1986, "Polarity, the Long Cycle, and the Global Power Warfare," *Journal of Conflict Resolution* 30.

_____. 1988, *On Global War: Historical-Structural Approaches to World Politics*, Columbia, S.C.: University of South Carolina Press.

Thompson, W. R. & K. A. Rasler. 1988, "War and Systemic Capability Reconcentration," *Journal of Conflict Resolution* 32.

Thompson, W. R. & G. Zuk. 1982, "War, Inflation, and the Kondratieff Long Wave," *Journal of Conflict Resolution* 26.

Toynbee, A. J. 1954, *A Study of History*, vol.9, London: Oxford University Press.

Värynen, R. 1983, "Economic Cycles, Power Transition, Political Management and War between the Major Power," *International Studies Quarterly* 27.

Wallerstein, I. 1974, *The Modern World System: Capitalist Agriculture and the Origins of the European Economy in the Sixteenth Century*, New York: Academic Press.

_____. 1980, *The Modern World System: Mercantilism and the Consolidation of the European World Economy, 1600~1750*, New York: Academic Press.

_____. 1984, *The Politics of The World-Economy*, Cambridge: Cambridge University Press.

_____. 1986, "Japan and the Future Trajectory of the World-System: Lesson from History?" Unpublished paper, Fernand Braudel Center, State University of New York, Binghamton, N.Y.

Waltz, K. N. 1964, "The Stability of a Bi-polar World," *Daedalus* XCIII 3.

_____. 1979, *Theory of International Politics*, Reading, P.A.: Addison-Wesley.

Wright, Q. 1942, *A Sstudy of War*, Chicago: University of Chicago Press.

_____. 1965, *A Study of War*, 2nd ed. Chicago: University of Chicago Press.

패권전쟁이론*

로버트 길핀

1. 서론

스파르타와 아테네 사이에 일어났던 대전쟁(大戰爭)에 대한 역사의 서문에서, 투키디데스(Thucydides)는 "나는 미래의 해석에 도움을 얻으려고 과거에 대한 정확한 지식을 갈망하는 탐구자들을 상대로 이 책을 썼다. 미래란 과거를 그대로 반영하지 않을지는 몰라도 과거와 닮기 마련이기 때문이다. … 요컨대 나는 이 책을 순간적인 찬사를 가져다 주는 에세이로서가 아니라 모든 시대의 재산(a possession for all time)이 되도록 썼다"라고 밝혔

---

* Robert Gilpin, "The Theory of Hegemonic War," in Robert I. Rotberg and Theodore K. Rabb(eds.), *The Origin and Prevention of Major Wars*, Cambridge: Cambridge University Press, 1989, ch.2(김태현 옮김).

▶ 길핀은 그의 *War and Change in World Politics*(1981)에서 패권의 부침과정과 국제체계의 변동을 체계적으로 이론화하였다. 그리고 하나의 패권국가가 쇠퇴하고 새로운 패권국가가 등장하는 과정에서 어떻게 체계 전체의 주도권을 다투는 패권전쟁이 일어날 수 있는가를 유려한 문체로 보여 준다. 이 글은 그와 같은 패권전쟁의 한 예로서 스파르타와 아테네 간의 펠로폰네스 전쟁을 다룬다. 부침하는 패권국가들은 단순히 그들의 힘으로만 정의되는 것은 아니다. 그들은 상충하는 정치·경제적 체제를 갖추고 국제체계의 지배원칙을 그들의 체제에 따라 정의하려고 한다. 따라서 패권전쟁의 특징은 투키디데스가 펠로폰네스 전쟁의 '진정한 이유가 아테네의 힘의 성장과 그것이 스파르타인들의 마음에 불러일으킨 경종'이라고 하면서 상기시킨 상호불신의 국제정치 동학보다는, 민주정체와 상업을 위주로 한 아테네와 전제정체와 농업을 위주로 한 스파르타의 이념적 대결에 있다. 이러한 점에서 미소 간의 냉전은 차가운 패권전쟁이었다.

다.[1] 투키디데스는 자신이 관찰했던 행태나 현상들이 인류역사를 통해 되풀이될 것으로 전제하면서 오늘날 우리가 국제관계(international relations)라고 부르는 현상의 근본적이고도 변하지 않는 본질을 밝히려 한 것이다.

오늘날의 사회과학 용어로 말하자면 투키디데스는 자신이 국제관계 동학의 일반법칙을 찾아냈다고 믿었다. 물론 과학적 법칙과 방법론에 있어서 투키디데스와 오늘날 국제관계를 연구하는 사람들의 견해는 다르겠지만 중요한 것은 투키디데스가 국제관계의 동학이 국가 간의 힘의 불균등 성장에 기인한다는 생각을 최초로 제시하였다는 점이다. 국가 간의 힘의 불균등 성장이 국제관계의 동력을 이룬다는 이 근본적인 생각을 패권전쟁이론이라고 부른다.

이 글에서 필자는 투키디데스의 패권전쟁이론이 국제관계 연구를 체계화하는 데 있어서 중요한 아이디어들 중의 하나라고 주장한다. 이하에서 필자는 투키디데스의 패권전쟁이론과 그 이론의 현대적 변형에 대해 검토하고 평가한다. 그러기 위해서는 투키디데스의 생각을 보다 체계적으로 정리하고 기본 가정을 명백히 하며, 분석방법을 이해할 필요가 있다. 이어서 이 논문은 투키디데스의 국제관계관이 과연 그가 의도한 대로 "모든 시대의 재산"임이 입증되었는지를 논의한다. 그의 개념이 근대적인 전쟁을 설명하는 데 있어서도 유용한가? 그의 이론이 후일의 학자들에 의해 조금이라도 수정되었는가? 그렇다면 어떻게 변해 왔는가? 그의 이론이 오늘날 핵시대에는 어떤 의의를 지니는가?

2. 투키디데스의 패권전쟁이론

투키디데스의 패권전쟁이론의 핵심은 국제정치체계 차원에서의 근본적인 변화가 패권전쟁의 기본적인 요인이라는 데 있다. 체계의 구조, 혹은 그 체계내에 존재하는 국가들 사이의 힘의 배분은 안정적일 수도 혹은 불안정적일 수도 있다. 안정된 체계는 체계의 변화가 체계내 주도 국가들의 사활

[1] Thucydides, *The Peloponnesian War*, trans. by John H. Finley, Jr., New York, 1951, pp.14-15.

272

적 이익에 위협이 되지 않고, 따라서 그들 사이에 전쟁을 초래하지 않는 체계를 말한다. 이처럼 안정된 체계에는 명백한 힘의 위계질서와 도전받지 않는 패권국이 존재한다. 불안정한 체계는 그 체계 내부에서의 경제, 기술 그리고 다른 변화들이 국제적 위계질서를 해치면서 패권국의 지위를 손상시키는 체계이다. 이런 상황에서는 까다로운 사태와 외교적 위기가 발생하면 체계내 국가들 사이에 패권전쟁을 촉발시킬 수 있다. 그리고 그 전쟁의 결과 새로운 국제구조가 등장한다.

이상의 간략한 요약 속에 패권전쟁이론의 세 가지 명제가 숨어 있다. 첫째, 패권전쟁은 다른 범주의 전쟁들과는 구별된다. 즉 패권전쟁은 정치적, 전략적, 경제적인 면에서의 폭넓은 변화에서 기인한다. 둘째, 개별 국가들 사이의 관계는 하나의 체계로 인식될 수 있다. 국가들의 행위는 대부분 그들의 전략적 상호작용에 의해 결정된다. 셋째, 패권전쟁은 국제정치체계의 구조를 위협하고 변형시킨다. 그 전쟁에 참여한 국가들의 의지나 의식과는 무관하게 전쟁으로 인해 체계내 국가들 사이의 관계와 권력의 위계질서가 위태롭게 된다. 패권전쟁에 대한 투키디데스의 관념과 이에 따른 이론의 전개는 모두 이 세 가지 명제에서 나오는 것이다.

이와 같은 전쟁에 대한 구조적 이론(a structural theory)은 단계적 확전 이론(an escalation theory of war)과 좋은 대조를 이룬다. 후자의 이론에 따르면 월츠(Kenneth N. Waltz)가 그의 명저 『인간, 국가, 전쟁』에서 주장했던 것처럼 전쟁이란 그것을 막는 것이 없기 때문이라는 단순한 사실에 기인한다.[2] 국제체계의 무정부적 상태에서 국가지도자들은 결정을 내리고 다른 국가의 결정에 응수한다. 이러한 작용-반작용 과정을 통해 국가지도자들은 일부러 전쟁을 도발하거나, 사태의 진전에 대한 통제력을 잃어 결국은 스스로를 전쟁으로 몰아넣게 되는 상황으로 몰릴 수도 있다. 요컨대 일련의 행동이 꼬리를 물고 일어나 결국 외교정책들이 상호작용한 결과로 전쟁이 발발한다는 것이다.

대부분의 전쟁은 이와 같은 단계적 확전과정의 결과이다. 전쟁과 국제체계의 구조적 특징 사이에는 인과관계가 없다. 차라리 전쟁은 월츠가 말한

2) Kenneth N. Waltz, *Man, the State, and War: A Theoretical Analysis*, New York, 1959.

자력구제체계 속에서의 국제관계의 특징인 불신과 불확실성에 기인하는
것이다.3) 따라서 투키디데스의 역사가 나오는 고대사는 끊임없는 싸움에
대한 이야기이다. 그러나 투키디데스는 펠로폰네소스 전쟁(the Peloponne-
sian war, BC 431~404)은 다르고, 따라서 특별한 주목을 요한다고 말한
다. 그리스에 있어서 힘의 엄청난 축적과 그것이 체계구조에 대해 지니는
의미 때문이다. 이 커다란 전쟁, 그리고 그것의 숨은 원인이 그가 쓴 역사
의 요점이었다.

물론 이 두 가지 전쟁이론이 반드시 서로 모순되는 것은 아니다. 각기
서로 다른 전쟁을 설명하는 데 유용하게 쓰일 수 있기 때문이다. 그리고 투
키디데스의 관심을 끌었던 것은 특정한 유형의 전쟁, 즉 그가 대전이라고
불렀고 이 글에서는 패권전쟁이라고 부르는, 국제체계의 전반적인 구조가
문제되는 전쟁이었다. 그러한 전쟁의 발발 당시의 국제체계의 구조는 전쟁
이 일어나기 위한 필요조건이긴 하지만 충분조건은 아니다. 그리고 패권
전쟁의 이론과 아래에서 검토될 국제적 변화는 국제체계의 독특한 구조 속
에서 일어나서 그 구조를 변형시키는 그러한 전쟁을 말한다.

1) 패권전쟁이론의 가정

대전쟁 혹은 패권전쟁의 기본 메커니즘을 발견했다는 투키디데스의 생
각에는 인간 본성에 대한 그의 개념이 깔려 있다. 그는 인간 본성은 변하지
않으므로 그가 쓴 역사에서 열거된 사건들은 미래에도 반복될 것이라고 믿
었다. 인간은 세 가지 기본적인 감정-이익, 명예 그리고 무엇보다도 두려
움-에 의해서 이끌려지기 때문에 마찬가지의 감정을 가진 다른 이들이 이
를 중단시키려고 할 때까지 그들은 항상 그들의 부와 힘을 늘리려고 노력
한다. 정치적 지식의 진보는 이러한 과정을 이해하는 데는 도움이 될지 몰
라도 그 과정 자체를 통제하거나 멈출 수는 없다. 심지어 지식과 기술의 진
보나 경제적 발전도 인간행동, 혹은 국제관계의 근본적인 본질을 변화시키
지는 않았다. 오히려 인간의 권력, 부, 기술의 증진은 사회적 집단들 사이

3) Kenneth N. Waltz, *Theory of International Politics*, Reading, Mass.: Addison-Wesley, 1979.

274

의 갈등을 심화시키고 전쟁의 규모를 증대시킬 뿐이었다. 이상주의자 플라톤과는 대조적으로 현실주의자인 투키디데스는 이성이 인간을 변화시키지는 않을 것이고 오히려 이성은 감정의 노예로 남아 있을 것이라고 믿었다. 그리하여 통제할 수 없는 감정은 그의 역사에서 목격했던 것과 같은 대전쟁을 되풀이해서 야기시킬 것이라는 것이다.

2) 방법론

국제관계의 근본적인 동학을 발견했다는 투키디데스의 주장과 믿음, 그리고 국제적 변경에 있어서의 패권전쟁의 역할을 이해하기 위해서는 과학과 설명에 대한 그의 입장을 이해하는 것이 필수적이다. 오늘날 국제관계와 사회과학을 연구하는 사람들은 이론물리학을 그들의 분석과 설명의 모델로 내세우는 경향이 있다. 즉 그들은 현상을 인과관계와 독립, 종속변수를 연결하는 모델이라는 측면에서 분석한다. 현대물리학에서, 의미 있는 명제들은 적어도 원칙적으로는 반증이 가능해야 한다. 즉 그 명제들로부터 예측을 도출하여 그것이 잘못된 것임을 보일 수 있어야 한다는 것이다.

이와는 대조적으로 투키디데스는 그의 분석과 설명의 모델로서 그리스의 위대한 의사 히포크라테스(Hippocrates)의 방법을 택하였다.[4] 히포크라테스학파가 주장한 바에 의하면 병이란 초자연적 영향의 표명이 아니라 자연적인 힘들이 작용한 결과이다. 병의 증상과 진행과정에 대한 냉철한 관찰을 통해 병의 본질을 이해할 수 있게 된다는 것이다. 그러므로 병의 특성을 인식하고 발병에서부터 피할 수 없는 위기의 기간을 거쳐 회복이나 죽음에 이르는 병의 마지막 결과에 이르기까지의 진전과정을 기록함으로써 병을 설명했다. 이러한 설명방법에 있어 중요한 것은 근대의학에 의해 행해진 근본적 원인의 추구보다는 오히려 병의 증후군과 증상들이 나타나는 진전과정이었다.

이와 마찬가지로 투키디데스는 예후적 목적(prognostic purpose)을 수행하기 위해 역사를 썼다. 즉 대전쟁들은 특징적인 징후들이 되풀이되어 나

4) W. Robert Connor, *Thucydides*, Princeton, N.J.: Princeton University Press, 1984, p.27.

타나는 현상이었다는 것을 인식하고자 한 것이다. 대전쟁 혹은 패권전쟁은 병과 마찬가지로 뚜렷한 증상들과 필연적인 진전과정을 나타낸다. 최초의 단계는 체계내 국가들 사이에 존재하는 위계질서에 의해 특징지어지는 상대적으로 안정된 국제체계이다. 시간이 흐르면서 종속상태에 있던 국가들의 권력이 불균등하게 성장하기 시작하고, 그렇게 부상하는 국가들이 그 체계에 있는 주도국 혹은 패권국과 마찰을 일으키게 된다. 이들 양국과 각각의 동맹국들 사이에서 빚어지는 이와 같은 투쟁은 체계구조의 양극화를 가져 오고, 불가피한 위기의 과정을 거쳐 궁극에는 패권전쟁에 이르게 된다. 그리하여 마침내 한편에 유리하게 전쟁이 끝나게 되고 그 체계내에서 새로이 출현한 권력의 배분상태를 반영하는 새로운 국제체계가 나타난다.

투키디데스의 모델에 함축되어 있는 정치적 변화에 대한 변증법적인 개념은 동시대의 소피스트 사상가들로부터 빌어 온 것이었다. 이러한 분석의 방법은 하나의 정(正, thesis), 그것의 모순 혹은 반(反, antithesis) 그리고 합(合, synthesis)의 형태로서의 해답을 상정했다. 그의 역사에서 이러한 변증법적 접근방법은 다음과 같이 인식될 수 있다.

① 정(正)은 자신의 정치, 경제 그리고 전략적 이해의 관점에서 국제체계를 조직하는 패권국을 말하며, 투키디데스의 경우 스파르타이다.

② 그 체계내에서의 반(反) 혹은 모순은 도전하는 국가, 즉 아테네의 증가하고 있는 힘이다. 이 국가의 팽창과 국제체계를 변경하고자 하는 노력은 패권국과의 갈등을 빚게 된다.

③ 합(合)은 패권국과 부상하고 있는 도전국 사이의 피할 수 없는 충돌에서 결과된 새로운 국제체계이다.

마찬가지로 투키디데스는 스파르타와 같은 패권국가와 아테네와 같은 도전국가들이 역사를 통해서 나타날 것이고, 패권의 주기(hegemonic cycle)는 스스로 반복할 것이라 내다보았다.

3) 체계변화의 개념

이러한 분석과 투키디데스 사상의 독창성의 근저에는 고대 그리스가 스파르타와 아테네라는 강대국으로 구성된 하나의 체계를 이루고 있다고 하는 그의 새로운 생각이 깔려 있다. 그는 국가 간의 권력의 분포상태가 체계의 구조를 이룬다고 믿음으로써 그는 후일 현실주의 국제관계이론의 기반을 제공하였다. 즉 이들 국가 간의 힘의 위계구조가 체계를 정의하고 유지하며, 국가들의 상대적 위신, 영향권, 그리고 그들 간의 정치적 관계를 규정한다는 것이다. 따라서 체계에 질서와 안정성을 부여하는 것은 힘의 위계구조와 관련된 여러 요소들이다.

따라서, 국제정치에서 변화란 체계내에서 국가들 간의 위계구조 자체와 이 위계구조에 바탕을 둔 관계의 패턴에서의 변화를 의미한다. 물론 사소한 변화도 있을 수 있고 약소국들이 체계의 안정성을 해치지 않으면서 위계적 상승과 하락을 거듭할 수 있지만 결정적인 것은 강대국들의 지위이다. 따라서 그는 갈등을 촉진하여 필자가 달리 이름한 바 체계 차원의 변화(a systemic change)를 가져 온 것은 체계내에서 두 번째로 막강한 국가, 즉 아테네의 힘의 성장이었다고 보았다. 여기서 체계적 변화란 국제정치체계의 위계구조, 혹은 그것의 지배권에서의 변화를 의미한다.[5]

외형상의 것을 넘어 국제관계의 실체를 추구하면서 투키디데스는 펠로폰네스 전쟁, 그리고 체계 차원의 변화의 진정한 원인을 체계내에서 지배국가들 사이의 힘의 불균등 성장이라는 현상 속에서 찾았다고 믿었다. 제1장에서 그는 "내가 생각하기에 진정한 원인은 지금까지 공식적으로는 무시되어 왔던 것이다. 아테네의 힘의 성장과 그것이 스파르타에게 야기했던 불안이 전쟁을 불가피한 것으로 만들었다"라고 결론지었다.[6] 그는 이와 같은 방식으로 미래에 있어서도 하나의 국가체계(state system)내에서의 국가들 사이에 불균등한 힘의 성장이 현상(現狀, status quo)을 손상시키고, 쇠퇴하고 있는 국가와 부상하고 있는 국가 사이에서 패권전쟁을 가져 올 것

5) Robert Gilpin, *War and Change in World Politics*, New York: Columbia University Press, 1981, p.40.
6) Thucydides, op. cit., p.15.

이라 추론했다.

투키디데스에 의하면, 요컨대 대전쟁 혹은 패권전쟁도 질병처럼 식별 가능하고 되풀이되는 진행 코스를 따른다는 것이다. 첫 번째 단계는 하나의 패권국가가 존재하는 국가들의 위계질서에 의해 특징지어지는 상대적으로 안정된 국제체계이다. 시간이 흐르면서 위계질서의 하위에 있던 한 국가의 권력이 불균형적으로, 즉 위계구조내에서의 그 국가의 위치에 맞지 않게 성장하기 시작한다. 이에 따라 그 국가는 패권국과 갈등을 일으키게 된다. 최고의 지위를 위한 이들 경쟁자 사이의 투쟁과 그들이 끌어 모은 동맹체계는 체계의 양극화를 가져 온다. 게임이론의 용어를 빌리자면, 그 체계는 한쪽의 이익이 필연적으로 다른 쪽의 손실이 되는 영합적(零合的, zero-sum) 상황이 된다. 양극화 현상이 일어나면서 그 체계는 점점 불안정하게 되어 하나의 조그만 사건이라도 위기를 촉발시키고 대규모의 갈등을 촉진시킬 수 있다. 그러한 갈등이 어떻게 해소되는가에 따라 체계의 새로운 패권국과 힘의 위계구조를 결정하게 될 것이다.

4) 패권전쟁의 원인

이상과 같은 모델에 따라 투키디데스는 스파르타와 아테네 사이의 전쟁의 역사를 왜 이 전쟁이 발발하자마자 그는 이 전쟁이 대전이 될 것이며 따라서 특별한 주목을 요한다고 믿었는가에 대한 기술로부터 시작한다. 펠로폰네스 전쟁의 초기 단계와 그리스의 기타 무수한 전쟁을 대비하면서 그는 서장에서 오래 전부터 전쟁에 이르기까지 그리스의 전례 없는 힘의 성장을 분석하기 시작한다. 앞에서 본 바와 같이 그의 인과론은 근대과학의 그것과는 다르지만 고대 그리스의 힘의 분포상태의 변경을 가져 온 제반 요소에 대한 그의 분석은 놀랄 만큼 근대적이다.

아테네 힘의 부상과 아테네 제국의 팽창을 설명하는 첫 번째 요소는 지리 및 인구와 관련된 것들이다. 토양의 척박함으로 인해(아테네를 둘러싸고 있는 지역) 아티카는 다른 사람들의 질시의 대상이 아니었고 따라서 분쟁으로부터의 해방을 누렸다. 그 결과 아티카를 제외한 "여타 그리스 지역의 전쟁과 내분의 피해자들은 아테네에서 안전한 피난처를 구했고," 귀화함으로써 인구를 팽창시켰다.[7] 아티카는 그 늘어나는 인구를 감당할 수 없게 되었고, 따라서 아테네는 식민을 그리스의 다른 지역들로 보내기 시작했다. 아테네는 팽창하는 인구를 부양하기 위해 상업으로 전환했으며 곡물과의 교환을 위해 공산품을 수출하는 고대 그리스의 공장이 되었다. 이로써 아테네는 인구압박과 경제적 필요에 따른 제국주의 노선을 걷기 시작했던 것이다.

아테네의 팽창에 영향을 준 두 번째 요소는 경제적, 기술적인 것으로 그리스인들, 특히 아테네인들의 뛰어난 항해술과 해군력이다. 이는 그리스 도시국가들 사이에서의 상업의 확장과 동지중해에 있어서 그리스의 패권수립을 용이하게 해주었다. 트로이가 패망한 이후 그리스 사람들이 상업과 부의 획득에 주력함으로써 '성장에 선행되어야 하는 평온'을 누렸다고 투키디데스는 말한다. 아테네와 다른 해양 도시국가들이 '세입과 지배영역'에 있어서 많은 증가가 있었다 할지라도 페르시아와의 전쟁 이전에는 그리스에서 힘의 커다란 집중은 존재하지 않았었다. "하나의 강대국을 둘러싼 종속적 위치에 있는 도시들의 연합도 없었고 연합원정을 위한 동등한 세력을 지닌 국가들 사이의 자발적인 결합도 없었다. 그 곳에서 존재했던 전투는 단지 경쟁적인 인접국들 사이에서 발생한 국지전에 불과하였다."[8] 그러나 해군력의 기술적 혁신, 요새축성 기술의 그리스로의 도입, 그리고 상업에 따른 재정능력의 증가는 군사, 경제력의 전례 없는 집중을 가능케 했다. 이러한 전개는 군사력의 근본을 변화시켜 실질적인 동맹형성에 필요한 여러 조건을 창출하였고 세력균형상의 근본적인 변화와 함께 거대한 해상제국들의 탄생을 가져 왔다. 이와 같은 새로운 환경 속에서 국가들은 더욱 밀접하게 상호작용하여 상호의존적인 국제 경제정치체계가 모습을 갖추었다. 이러한 군사적, 기술적 그리고 경제적 변화들은 아테네 권력성장에 유리하게 작용하였다.

전쟁을 초래한 마지막 요인은 정치적인 것으로 페르시아와의 전쟁 막바지의 아테네 제국의 부상이었다. 그 전쟁과 그 전쟁의 여파는 아테네 세력의 성장을 촉진시킨 동시에, 당시의 지배적인 패권국으로 페르시아와의 전

---

7) Ibid.
8) Ibid., p.9, 11.

쟁에서 그리스 세계의 리더였던 스파르타로 하여금 고립의 상태로 되돌아
가도록 했다. 아테네에서는 부유한 상인계층의 부상으로 인해 전통적인 통
치형태-세습 군주제-가 전복되었고 부상하고 있는 진취적인 상인계층을
대표하는 새로운 지배 엘리트들이 대두하게 되었다. 그들이 상업과 제국의
팽창에 커다란 이해관계를 가지고 있었음은 당연하다. 상업과 제국을 통해
아테네의 힘이 성장하고 있던 반면에, 스파르타는 뒤떨어지면서 점차 아테
네의 팽창하는 세력에 의해서 포위되었다.

이러한 상황의 진전 결과, 그리스 사람들은 대전이 다가옴을 감지하게
되었고 이에 따라 각자가 편들 상대를 고르기 시작했다. 결국 국제체계는
양대 진영으로 나누어졌다. "한 블록의 정점에는 아테네가 있었고 다른 블
록의 꼭대기에는 스파르타가 있었다. 전자는 해양력에 있어서 후자는 군사
력에 있어서 그리스에서 최고였다."[9] 상업 위주이고, 민주적이며 동시에
팽창주의적이었던 아테네는 보다 보수적인 스파르타인들의 경계심을 불러
일으키기 시작했다. 이처럼 갈수록 점차 양극화되고 불안정하게 된 세계에
서 에피담누스(Epidamnus)에서 시작해서 메가라 포고령(Megara Decree)과
스파르타의 최후통첩으로 절정에 이르렀던 일련의 외교적 충돌은 경쟁관
계의 동맹들을 전쟁으로 몰아넣기에 이르렀다. 보다 역동적이고 팽창주의
적인 아테네가 국제적 세력균형을 뒤엎고 스파르타의 패권국 지위를 대신
하는 것을 막기 위해 스파르타는 결국 아테네로 하여금 전쟁을 선포하지
않을 수 없게 만든 최후통첩을 보냈던 것이다.

한마디로 말해서 일련의 중대한 환경적 변화와 아테네와 스파르타 사회
의 대조적인 성격이 맞물려서 전쟁을 촉발시켰던 것이다. 물론 전쟁의 배
경을 이루었던 것은 다양한 지리, 경제 그리고 기술적 요인이었지만 양 적
대국의 외교정책을 결정했던 주된 요인은 그들 국내 정치체계의 상이한 성
격이었다. 아테네는 민주주의였다. 아테네의 사람들은 활기차고 대담무쌍
하며 상업적인 성향을 지녔다. 그 해양력과 재원, 그리고 제국은 팽창하고
있었다. 그리스의 전통적 패권국인 스파르타는 노예국가였다. 외교정책은
보수적이었고 단지 그 국내적 현상을 유지한다는 좁은 이해관계에만 관심
을 기울였다. 상업이나 해외제국이라는 것에 대해서는 별 관심이 없었으므

---

9) Ibid., p.12.

로 경쟁국에 비해 점차 상대적으로 쇠퇴해 갔다. 투키디데스의 판단에 따르면, 미래에도 아테네와 스파르타와 비슷한 상황들이 일어나게 될 것이며 이러한 운명적인 과정은 영원히 그 자체를 되풀이할 것이라는 것이다.

3. 투키디데스 모델의 공헌

투키디데스의 역사와 그것이 밝힌 패턴은 모든 시대에 있어 국제관계를 연구하는 사람들의 큰 관심을 끌어 왔다. 현실주의자로부터 이상주의자, 맑시스트에 이르기까지 모든 정치적 주장을 내세우는 사람들은 그와의 어떤 관련성을 주장해 왔다. 중차대한 고비 때마다 학자와 정치가들은 민주적인 아테네와 비민주적인 스파르타 사이의 전쟁에 대한 투키디데스의 설명에 비추어 자기시대를 생각해 보았다. 미국의 남북전쟁, 제1차 세계대전 그리고 미국과 소련의 냉전도 모두 그러한 측면에서 생각되어 왔다. 이와 유사하게 맥킨더(Sir Halford J. Mackinder)와 기타 다른 정치지리학자들은 세계 역사를 (스파르타, 로마 그리고 영국과 같은) 대륙세력과 (아테네, 카르타고 그리고 독일과 같은) 해양세력 사이에 되풀이되는 전쟁으로 해석해 왔고 약 100년마다 하나의 대전쟁 혹은 패권전쟁이 발생, 세계정세를 변경시켰다고 보았다. 라이트(Quincy Wright)와 토인비(Arnold Toynbee)의 전면전쟁에 대한 저작들도 이와 비슷한 맥락에서 이해된다. 맑시스트의 자본주의국가 간의 전쟁에 대한 이론은 투키디데스의 일반이론의 하위이론으로서 간주될 수 있다. 보다 최근에 상당수의 사회과학자들이 패권전쟁이라는 개념을 부활시켰다. 오갠스키(A. F. K. Organski)의 '힘의 전이이론(power transition theory),' 모델스키(George Modelski)의 '장주기와 세계전쟁이론(theory of long cycles and global war)' 그리고 국제적 변화에 대한 필자의 책은 국제관계 역학에 대한 투키디데스의 근본적인 통찰력을 발전시킨 예들이다.[10] 이처럼 다양한 투키디데스의 기본 모델의 변형과 전개

---

10) Halford J. Mackinder, "The Geographical Pivot of History," in Anthony J. Pearce(ed.), *Democratic Ideals and Reality*, New York, 1962, pp.1-2; Quincy Wright, *A Study of War*, Chicago, 1942; Arnold J. Toynbee, *A Study of History*,

는 많은 흥미로운 논쟁점들을 제기하고 있지만 여기서 논의하기에는 수적으로 너무 많고 복잡하다. 그 대신 이 글에서는 투키디데스 이론의 공헌, 그것의 근대사에의 적용 가능성, 그리고 국제관계에 대한 그것의 지속적인 적절성을 강조한다.

투키디데스 이론의 근본적 기여는 패권전쟁이라는 개념 자체와 국제관계의 역학에 대해 패권전쟁이 지니는 중요성에 대한 것이다. 패권전쟁이라는 표현은 아마 아롱(Raymond Aron)이 최초로 사용한 것 같다. 그는 투키디데스가 대전쟁이라고 부른 것을 탁월하게 정의한 바 있기 때문이다. 제1차 세계대전을 하나의 패권전쟁으로 기술하면서 아롱은 그러한 전쟁은 "그 일차적 원인이나 명시된 목적보다는 그 전쟁의 범위와 관련된 사안의 중대성에 의해서 특징지어진다. 그것은 주권국가들 간의 관계로 구성된 체계 내부에 존재하는 모든 정치단위에 영향을 미친다. 더 나은 용어가 없는 만큼 일단 그것을 패권전쟁(war of hegemony)이라고 부르기로 한다. 여기서 패권이란 의도적인 것은 아니더라도 관련 국가 혹은 그룹들 중 적어도 하나의 승리에 따르는 불가피한 결과를 의미한다"라고 썼다. 따라서 아롱에 의하면 패권전쟁의 결과는 국제관계체계의 구조 변형이다.[11]

보다 엄밀하게 말해서 패권전쟁은 그 규모, 걸려 있는 목적, 그리고 그러한 목적들을 이루기 위해서 사용된 수단이라는 세 가지 측면에서 다른 전쟁과 구별된다. 하나의 패권전쟁은 일반적으로 체계내에 있는 거의 모든 국가들과 관련된다. 즉 그것은 하나의 세계전쟁이다. 또 아롱이 지적한 바와 같이 싸우는 국가들의 직접적이고 의도적인 동기야 무엇이든 전쟁에 걸려 있는 근본적인 문제는 국제체계의 구조와 리더십이다. 또한 아테네와 스파르타의 행위가 보여 주었듯이, 승리자가 자신의 이미지에 따라 피정복

London, 1961, III, IV; Vladimir I. Lenin, *Imperialism: The Highest Stage of Capitalism*, New York, 1939. 예로서 A. F. K. Organski, *World Politics*, 2nd ed., New York, 1968; Organski and Jacek Kugler, *The War Ledger*, Chicago, 1980; George Modelski(ed.), *Exploring Long Cycles*, Boulder, 1987; Gilpin, *War and Change* 참조.

11) Raymond Aron, "War and Industrial Society," in Leon Bramson and George W. Goethals(eds.), *War-Studies from Psychology, Sociology, Anthropology*, New York, 1964, p.359.

282

국가를 개조하기 때문에 전쟁의 결과는 사회들의 내적 구성에 큰 영향을 미친다. 그러므로 패권전쟁은 동시에 정치적, 경제적, 그리고 이데올로기적 투쟁을 동시에 포함하고 있다. 전쟁의 범위, 결정되어야 하는 문제들의 중요성 때문에 사용되는 수단도 대개 무제한적이다. 클라우제비츠(Karl von Clausewitz)의 용어로 표현하자면 그러한 전쟁들은 제한된 정책목표의 추구라기보다는 오히려 전적으로 사회 간의 갈등이나 충돌인 것이다.

그러므로 펠로폰네소스 전쟁에 있어서 전 그리스가 그리스 세계의 경제적, 정치적 미래를 결정하는 치명적인 투쟁에 참여했던 것이다. 두 개의 동맹이 처음에 내걸었던 목적은 제한된 것이었을지라도 전쟁의 핵심은 새로 출현하는 국제체계의 구조와 리더십에 있었지, 단지 특정한 도시국가의 운명은 아니었다. 이데올로기적 분쟁, 즉 국내사회의 조직에 대한 서로 상치하는 견해 또한 그 전쟁의 핵심이었다. 민주적 아테네와 귀족정치제인 스파르타는 자신들의 정치적 가치와 사회경제적 체계에 따라 다른 사회를 재편하고자 했다. 멜로스의 함락과 살상과정에 대한 투키디데스의 묘사에서 잘 나타나듯이 그들이 목표에 도달하기 위해 사용한 수단에는 어떤 제한도 없었다. 그 전쟁은 전쟁 수행자들이 이전에는 알지 못했던 힘들을 방출했다. 전쟁의 전개과정은 전혀 예측하지 못했던 곳으로 흘렀다. 아테네 사람들이 스파르타 사람들에게 전쟁에 반대하는 권고를 통해 경고했듯이 "전쟁을 시작하기에 앞서 전쟁에 있어서 우발적 요소들이 미치는 엄청난 영향을 생각하라."[12] 뿐만 아니라 전쟁으로 양쪽이 모두 탈진한 결과로 마케도니아 제국주의의 행로가 열리게 될 줄은 어느 쪽도 예측하지 못했다.

패권이론의 중심 아이디어는 기존의 국제체계의 핵심요소들과 체계내 국가들 사이의 힘의 분포상태의 변화는 양립이 불가능하다는 것이다. 위신의 위계구조, 영토의 분할, 그리고 국제경제 등과 같은 체계의 요소들은 그 체계내 주요 국가들 간에 변하고 있는 힘의 분포상태와 갈수록 양립하기 어렵게 되었다. 체계의 상부구조와 배후의 힘의 분포상태 사이의 균형이 깨어진 결과가 종국에는 패권전쟁이 되는 갈등의 발발과 심화인 것이다.

이 이론이 반드시 전쟁의 책임이 쇠퇴하는 국가에 있는가 아니면 부상하는 국가에 있는가를 따지자는 것은 아니다. 실제로 특정 전쟁에 있어서

12) Thucydides, op. cit., p.45.

누가 그 전쟁을 개시하였는가를 확인하는 것은 종종 불가능하고, 당사국들도 대개 동의하지 않는다. 언제 전쟁이 실제로 시작되었는가? 어떤 행동들이 그 전쟁을 촉발시켰는가? 누가 먼저 적대적 행위를 하였는가? 예를 들어 펠로폰네소스 전쟁의 경우에도 역사가들은 전쟁을 개시한 것이 아테네인지 혹은 스파르타인지에 대해서 의견을 달리한다. 대다수의 역사가들은 아테네가 내린 메가라 포고령이 전쟁을 촉발시킨 원인이었다고 보나 그 포고령은 스파르타와 그 동맹국들에 의해서 이미 시작된 전쟁에 대한 첫 번째 응수였을 뿐이라고 주장할 수 있기 때문이다.

이 이론은 또한 전쟁의 명확한 결과를 문제삼는 것도 아니다. 쇠퇴하고 있는 국가와 새로 부상하고 있는 국가 모두가 전쟁으로 피폐해져서 궁극적으로 제3국이 승리자가 될 수도 있다. 실제로 혜택을 주로 입은 자는 전쟁에 직접 개입되지 않은 부상하고 있는 주변국인 경우가 종종 있다. 펠로폰네소스 전쟁의 경우 전쟁으로 말미암아 마케도니아 제국주의가 그리스에 대해 승리할 수 있었다. 간단히 말해서, 이 이론은 전쟁의 결과를 예측하지는 않는다. 대신 이 이론은 국제적인 힘의 분포상태와 보다 큰 경제, 기술적인 환경에 있어서 심대한 변화가 진행중인 경우 그 체계는 조만간 근본적인 변화를 겪게 된다고 주장한다. 또한 그 역사적 변화가 반드시 어떤 의미에서 진보를 의미하는 것도 아니다. 펠로폰네소스 전쟁의 경우처럼 전쟁의 결과로 인류의 가장 영광스런 문명의 하나가 약화되고 궁극적으로 종말을 고하게 될 수도 있기 때문이다.

패권전쟁 발발의 배후에는 힘과 사회 질서의 기초가 근본적인 변혁을 겪고 있다는 생각이다. 할레비(Eli Halévy)가 제1차 세계대전의 원인을 분석하면서 염두에 두었던 것도 정치적 변화에 관한 이와 같은 개념이었다. 그는 "세계역사에 있어, 그리고 특히 근대유럽에 있어서 모든 대변동이 전쟁인 동시에 혁명이었던 이유는 분명하다. 30년 전쟁은 독일내에서 경쟁적인 신교도와 구교도 사이에 일어났던 혁명적 위기요, 갈등인 동시에, 신성로마제국, 스웨덴 그리고 프랑스 사이의 국제전쟁이었다"라고 썼다.[13] 마찬가지로 그는 프랑스혁명 전쟁과 나폴레옹 전쟁, 그리고 제1차 세계대전

13) Eli Halévy, *The Era of Tyrannies*, trans. by R. G. Webb, Garden City, N.Y., 1965, p.212.

도 전체 유럽의 사회적, 정치적 질서의 격변으로 볼 수 있다고 하였다.

패권전쟁의 배후를 이루는 정치적 관계, 경제적 조직, 군사적 기술에 있어서의 심대한 변화와 전쟁에 따른 국내적 격변은 국제적 현상과 국내적 현상을 동시에 손상시킨다. 이와 같이 힘과 사회적 관계의 밑바탕에서의 변화는 힘의 본질과 그 소유자의 변화를 가져 온다. 이에 따라 국내와 국제 수준 모두에서 새로운 정치, 사회질서의 기반을 찾게 되는 것이다.

펠로폰네소스 전쟁은 패권전쟁이 세계사의 역사적인 전환점과 관련이 있다는 이와 같은 생각의 좋은 예를 이룬다. 경제력과 군사력의 본질에 있어서, 그리고 나아가 권력의 소유자에 있어서의 근본적 변화는 기원전 5세기 전반을 통하여 그리스에서 진행되고 있었다. 그리고 이 경제, 기술적 환경의 변화는 두 주요 경쟁국의 운명에 상이한 의미를 지녔다. 펠로폰네소스 전쟁은 새로운 세계의 탄생을 위한 산파역할을 했다. 체계변혁을 가져오는 다른 전쟁과 마찬가지로 이 대전쟁은 그리스의 경제, 군사 정세와 정치적 조직에 중대한 장기적 변화를 안고 있었던 것이다.

페르시아 전쟁 이전과 그동안에 그리스 세계에서의 힘과 부는 농업과 육군에 기초했다. 이 점에서 스파르타가 그리스 도시국가들 사이에서 탁월한 위치에 있었다. 스파르타의 정치적 지위는 안전한 경제적 토대를 지니고 있었고 군사력은 도전을 불허했다. 해양력의 중요성이 증대하고 전쟁이 끝나면서 상업이 부상함에 따라 그러한 힘의 기반을 바꾸어 놓았다. 게다가 축성기술이 그리스로 도입되고 아테네 주위에 성벽을 세움으로써 스파르타의 군사적 이점은 크게 상실되었다. 이와 같은 새로운 환경 속에서, 해양력과, 상업 그리고 재정이 점차 국력의 중요 요소가 되었다. 그리하여 과거에는 힘의 본질이 스파르타에게 유리했던 반면에 변화된 환경은 아테네와 기타 부상하는 상업국가, 해양국가들에게 유리하게 작용했다.

이 새로운 군사적, 경제적 환경으로부터 이익을 본 것은 스파르타가 아닌 아테네였다. 국내적으로 아테네는 해양력과 상업의 중요성이 증대함에 따른 이점을 누릴 수 있도록 정치, 사회적 변화들을 경험했다. 이전 농업과 육군력이 지배하던 당시에 확고했던 토지소유 귀족제는 해군력과 제국적 확장의 발전에 이해관계를 지니고 있었던 상업 엘리트들에 의해 전복되었고 대치되었다. 국제경제적으로 화폐사용이 갈수록 증가하면서 아테네는 막강한 해군을 무장하여 그 지배영역을 확장할 수 있는 재정적 자원을 보유하였다. 그 대가는 스파르타가 치렀다.

이와는 대조적으로, 스파르타는 주로 국내 경제적, 정치적 이유들로 인해 새로운 경제, 기술, 환경에 적응하기 위한 국내적 조정을 할 수가 없었고 하려고도 들지 않았다. 단지 스파르타가 육지로 둘러싸여 있었기 때문만은 아니었다. 사회의 지배적인 이해관계가 노예노동에 근거한 농업체계의 유지에 있었기 때문이었다. 스파르타인들의 가장 큰 관심은 노예들의 반란을 예방하는 것이었다. 그들은 노예(Helot)들의 반란을 유도할지도 모를 외부의 영향을 우려했다. 그러한 반란이 페르시아 전쟁의 말기에 스파르타로 하여금 이전의 고립상태로 되돌아가도록 만들었다. 스파르타가 결국 아테네에 도전하게 되었던 것은 또 다른 반란에 대한 두려움 때문이었던 것 같다. 메가라 포고령에 대해 스파르타가 분노했던 이유는 메가라가 아테네의 지배로 돌아갈 경우 펠로폰네소스가 아테네의 영향권에 속하게 되어 아테네가 노예의 반란을 원조할 수 있는 길을 열어 주기 때문이었다. 따라서 아테네의 팽창주의가 스파르타의 사활적 이익을 위협했을 때 스파르타는 전쟁이 불가피하다고 결정했고 아테네에 최후통첩을 보냈던 것이다.[14]

새로운 경제적, 기술적 환경과 변화한 힘의 본질에 대한 아테네와 스파르타의 적응능력의 차이는 결국 전쟁으로 귀결되었다. 해양력이 발달함에 따라, 또 선박을 구입하고 선원을 고용하는 데 필요한 재원을 획득하기 위해서는 국내사회의 근본적인 재조정이 필요했다. 아테네인들은 새로운 부와 힘의 기회를 이용하기 위한 자기개혁에 성공한 반면 스파르타인들은 국내적 이해관계와 노예반란에 대한 두려움 때문에 자유화를 시도하려고 하지도 않았거니와 할 수도 없었다. 그 결과가 투키디데스가 전쟁의 진정한 원인이라고 간주했던 경쟁국들 사이의 힘의 불균등 성장이었다.

결정적인 순간은 스파르타가 시간이 그들에게는 불리하게, 그리고 아테네에게는 유리하게 움직이고 있다고 믿기 시작했을 때 왔다. 세력균형에 대한 스파르타의 인식에 있어서 전환점 또는 중요한 변화가 발생한 것이다. 오늘날의 일부 역사가들이 주장하는 것처럼 아테네의 힘은 전쟁이 발

---

14) G. E. M. de Ste. Croix, *The Origins of the Peloponnesian War*, London, 1972.

발했을 때 절정에 도달해 있었고 이미 그 때 쇠퇴하기 시작했을지도 모른
다. 그러나 당시 상황의 현실이 중요한 것은 아니다. 스파르타는 아테네가
점점 강해져 가고 있다고 믿었다는 사실이 중요하다. 스파르타가 결정해야
할 것은 전쟁을 할 것이냐 말 것이냐가 아니라 언제 전쟁을 시작할 것이냐
하는 것이었다. 스파르타가 여전히 우세할 때 싸우는 것이 더 나은가, 아니
면 그 우세가 역전될지도 모르는 미래에 싸우는 것이 더 나을 것인가? 하
워드(Michael Howard)가 저술했듯이 역사상 다른 패권전쟁의 경우에도 쇠
퇴하고 있는 국가의 이와 같은 인식과 두려움이 있었다.15)

페르시아 전쟁에 뒤이은 그리스 국제체계의 안정은 스파르타의 패권에
유리한 경제적, 기술적 환경에 기반한 것이었다. 농업과 육군이 국력에 덜
중요하게 되고 상업과 해군력이 더욱 중요하게 되었을 때 스파르타는 이에
적응할 수 없었다. 이에 따라 부와 힘의 중심지가 아테네로 옮겨졌다. 아테
네가 비록 페리클레스가 세운 신중한 전략에 주의를 게을리하여 전쟁에서
졌을지라도 그리스에서 패권전쟁은 사회, 경제, 기술의 여러 면에서의 근
본적인 혁명에 기인한 것이라는 핵심은 변하지 않았다. 이와 같은 전쟁들
은 단순히 경쟁국가 사이의 대결만은 아니다. 하나의 역사적 시대에서 다
음 시대로 옮겨가는 정치적 분수령이다.

역사상의 많은 대전쟁을 설명하고 이해하는 데 유용한 통찰력을 제공함
에도 불구하고, 패권전쟁이론은 한계점을 지니고 있는 불완전한 이론이다.
이 이론은 행위에 영향을 미치는 인식의 문제를 쉽게 다루지 못하며 누가
패권전쟁을 일으킬지를 예측하지도 못한다. 그리고 언제 패권전쟁이 일어
날지, 어떤 결과가 발생할 것인지도 예측하지 못한다. 생물학적 진화론의
경우처럼 패권전쟁이론은 이미 일어난 일의 이해와 설명을 도와준다. 그러
나 이 이론은 검증될 수 있는, 따라서 반증 가능성이라는 엄격한 과학의 기
준에 부합하는 예측을 할 수 있는 것도 아니다. 패권전쟁이론은 기껏해야
인지심리학과 기대효용이론과 같은 다른 이론들에 대한 보조적인 역할을
할 뿐이며 그들 이론과 통합되어야 한다. 그러나 이 이론은 국제관계 분야
에서 다른 어떤 일반이론보다도 오랫동안 역사의 검증을 견디어 냈고, 여
전히 세계정치 동학을 이해하기 위한 중요한 개념적인 도구로 남아 있다.

---

15) Michael Howard, *The Causes of War*, Cambridge, Mass., 1983, p.16.

4. 근대 국제체계의 패권전쟁

근대세계에서는 세 번의 패권전쟁이 계속해서 국제체계를 변형시켜 왔
다. 이들 대투쟁은 둘 혹은 그 이상의 강대국 간의 패권경쟁이라는 의미뿐
만 아니라 경제적 관계, 기술적 능력 그리고 정치적 조직에 있어 중요한 변
화들을 대표한 것이었다. 이러한 전쟁은 심대한 역사적 변화와, 새로운 환
경과 기존의 구조 사이의 기본적인 불일치에서 발생하였다. 이들 세 전쟁
은 모두 그 체계내의 거의 모든 국가들에 관련된 세계전쟁이었고, 돌이켜
볼 때, 인류역사에 있어 중요한 전환점을 이루어 왔다고 생각할 수 있다.
이러한 장기간에 걸친 격렬한 전쟁들은 국내사회와 국제관계 모두에서 근
본적인 상황을 변화시켰다.16)

근대 패권전쟁의 첫 번째 경우가 30년 전쟁(1619~1648)이었다. 이 전
쟁은 여러 차례에 걸쳐 스웨덴, 프랑스, 스페인, 폴란드 등 여러 다른 국가
들이 관련된 일련의 개별적인 전쟁으로 간주될 수도 있을 것이다. 그러나
요는 당시 유럽의 모든 강대국들이 관련되었다는 점이다. 거트만(Myron
Gutmann)이 지적한 것처럼 이 전쟁의 기원은 16세기의 역사와 밀접한 관
련이 있다.17) 당시 국내사회의 경제적, 종교적 조직과 동시에 유럽국가체
계의 조직문제가 전쟁의 요점이었던 것이다. 유럽이 합스부르크 제국에 의
해 조직되고 지배되어야 할 것인가 아니면 독립적인 다수 민족국가들에
의해 조직되고 지배되어야 하는가? 경제활동의 지배적인 조직양식으로서
봉건주의를 택할 것인가 아니면 상업자본주의를 택할 것인가? 주된 종교
로 개신교가 될 것인가 아니면 가톨릭이 될 것인가? 이러한 정치적, 경제
적, 이데올로기적 이슈를 둘러싼 갈등으로 말미암아 서유럽은 오래 전 몽
고의 침입 이래 겪어 보지 못한 엄청난 물질적 파괴와 인명손실을 겪어야
만 했다.

이 전쟁이 그토록 격렬하고 지속적이었던 배경에는 힘의 본질에 있어서

---

16) 이들 전쟁의 경과와 배경에 관한 간략한 소개는 R. Ernest Dupuy and Trevor
   N. Dupuy, *The Encyclopedia of Military History form 3500 BC to the Present*, New
   York, 1984; 2nd rev. ed., pp.522-546, 730-769, 913-990 참조.
17) Myron P. Gutmann, "The Origins of the Thirty Years' War," *Journal of
   Interdisciplinary History*, vol.XVIII, 1988, pp.749-770.

의 근원적인 변화가 있었다. 비록 국력의 기반은 여전히 영토의 지배에 있었지만 시술과 조직이 군사, 정치적인 면에서 점점 더 중요하게 되어 가고 있었다. 고대로부터 17세기에 이르기까지 군사기술, 전술 그리고 조직은 거의 변하지 않았다. 창과 그리스의 방진(方陣), 그리고 중무장한 기병대가 계속해서 전쟁의 특징을 이루었다. 그러나 17세기 말에 이르러 기동력을 지닌 포병대, 선형(線形)을 이룬 직업보병대와 해군력의 혁신이 전쟁 전술을 지배하기 시작했다. 군사혁명(Military Revolution)이라 불린 이와 같은 발전과 함께 근대 관료국가가 나타났다. 이러한 발전은 군주들이 국가자원을 동원하고 효율적으로 이용할 수 있는 능력을 크게 증진시켰다. 이러한 군사적, 정치적 혁신들과 함께 군사력의 사용이 외교정책에 있어 하나의 도구가 되었다. 전쟁은 더이상 고대와 중세세계에서 전쟁의 특징이었던 '사회 간의 무제한적인 충돌'이 아니었다.[18]

30년 전쟁은 국내, 국제정치적 상황을 변화시켰다. 세계제국이 되고자 했던 합스부르크의 시도는 좌절되었고 국민국가(nation-state)가 근대세계 정치조직의 지배적 형태가 되었다. 베스트팔렌 조약(1648)에서 국가주권과 불간섭의 원칙이 국제관계를 지배하는 규범으로 정립되었다. 이러한 정치적 혁신은 국내사회에서 종교의 순위를 둘러싼 이데올로기 투쟁을 종식시켰다. 다음 한 세기 반 동안 외교정책은 국가이익과 세력균형이라는 개념에 근거해서 이루어졌다. 그 결과 유럽에서 전쟁의 규모가 제한되는 경향이 나타났다. 상업혁명이 봉건주의에 대해 승리를 거두었고 다원적 유럽 국가체계가 세계시장체계의 팽창에 필요한 틀을 제공했다.[19] 우세한 군과 조직을 갖춘 일부 서유럽국가들이 해외에 제국을 건설했고 세계의 다른 문명들을 정복했다.

1790년대에 두 번째의 대전쟁 혹은 일련의 전쟁들이 다시 한 번 국제정세를 완전히 바꾸어 새로운 역사적 시대로 이끌었다. 전형적인 세력균형체계라는 틀 안에서 작용하고 있던 프랑스와 영국은 거의 한 세기 동안 패권

---

18) Howard, op. cit., p.16; Michael Roberts, *The Military Revolution, 1560~1660*, Belfast, 1956; George Clark, *War and Society in the Seventeenth Century*, Cambridge, 1958.

19) Jean Baechler, *The Origins of Capitalism*, trans. by Barry Cooper, Oxford, 1975, pp.73-86.

을 두고 유럽내에서 그리고 해외에서 일련의 제한된 전쟁을 해왔다. 실리
(Gunther Seeley)가 '100년 전쟁'이라고 이름한 이 전쟁은 프랑스혁명과
나폴레옹 보나파르트 전쟁(1792~1815)이라는 대전쟁 또는 패권전쟁에서
절정을 이루었다.[20) 다른 패권전쟁에서와 마찬가지로 정치, 경제 그리고
이데올로기의 근본적인 문제들이 동시에 나타났다. 유럽 정치체계의 패권
국이 프랑스인가 영국인가, 세계경제를 조직원리로서 중상주의를 택할 것
인가 혹은 시장원리를 택할 것인가, 그리고 국내사회 기초로서 혁명적인
공화제 혹은 보다 보수적인 정치형태를 택할 것인가? 전쟁의 불길은 전 국
제정치체계로 번졌고 그 결과 전례 없는 폭력과 함께 경제, 정치의 새 시대
를 열었다.

18세기 후반 이래 1810년에 이르는 기간 동안 경제적, 기술적, 그리고
기타 발전에 따라 힘의 본질이 바뀌었고 제한전쟁 위주였던 이전 체계의
상대적 안정성이 깨졌다. 영국은 해양력의 새로운 전술과 기술을 터득했다.
대륙에서는 나폴레옹의 군사적 천재성으로 새로운 무기와, 전술 그리고 교
리가 통합되고 화약에 의해서 야기된 혁명이 절정에 이르렀다. 그러나 가
장 중요한 혁신은 역시 조직적, 정치적 그리고 사회학적인 것이었다. 대중
동원과 국민개병제의 개념에 따라 프랑스는 대규모의 군대를 투입하여 적
을 압도할 수 있었다. 민족주의 기치 아래 국민전쟁의 시대가 도래했다. 군
사조직의 새로운 방법이 유럽에서 전쟁의 본질을 완전히 바꾸어 버렸다.[21)

신세계와 중동지역에까지 확대된 20년간의 세계대전 끝에 영국과 그 동
맹국들이 프랑스를 패배시켰고 비엔나조약(1815)에 의해 새로운 국제 질
서가 수립되었다. 유럽대륙에서 균형이 형성되어 19세기 중반 독일이 통일
될 때까지 지속되었다. 영국의 이익과 해군력이 시장과 자유방임(laissez
faire)의 원리가 세계경제 문제를 지배하도록 뒷받침을 이루었다. 수십 년
이 지나면서 팍스 브리태니커(Pax Britannica)의 배후에는 새로운 힘들이
나타나서 세력을 얻기 시작했다. 한 세기 동안의 상대적인 평화 끝에 찾아

20) John R. Seeley, *The Expansion of England; Two Courses of Lectures*, Boston,
1905, pp.28-29.
21) Gunther G. Rothenberg, "The Oringins, Causes, and Extension of the Wars
of the French Revolution and Napoleon," *Journal of Interdisciplinary History*,
vol.XVIII, 1988, pp.771-793 참조.

온 경제, 정치, 기술적 환경에서의 이러한 변화들은 근대세계의 세 번째 패권전쟁에서 폭발하게 되었다.

다른 많은 대전쟁이 그랬듯이 제1차 세계대전도 그것의 궁극적인 규모와 결과는 당시의 정치가들의 상상을 초월하였지만 겉으로 보기에는 매우 사소한 문제에서 비롯되었다. 몇 주일이 채 안되어 유럽열강과 복잡한 동맹국들 간에 일어난 몇 개의 갈등이 모여 무시무시한 차원의 세계적 투쟁으로 돌변하였다. 즉 영국과 독일의 해군력 경쟁, 알사스-로렌을 둘러싼 프랑스과 독일 사이의 갈등, 그리고 발칸제국에서 독일·오스트리아 대 러시아의 경쟁이 거의 모든 유럽국가들을 투쟁으로 끌어 들여 유럽, 그리고 궁극적으로는 세계 정치체계의 구조와 리더십을 놓고 다투게 되었다.

이 전쟁의 범위와 격렬함, 지속기간 등은 강화되고 있던 여러 가지 요소들이 정점을 이룬 결과인 동시에 국력의 새로운 형태를 반영한 것이었다. 나폴레옹하의 프랑스가 민족주의라는 새로운 종교를 처음으로 분출시켰다. 상대적으로 평화가 지속되었던 수십 년간 민족주의사상의 전파는 유럽사회의 전통적 조직, 안정된 정치구조를 해쳤으며 민족들 사이의 대립을 야기시켰다. 산업혁명이 영국으로부터 유럽대륙으로 퍼져 나갔다. 전쟁은 산업화되었고 민족주의라는 열정과 융합되었다. 급속한 정치적 변화와 사회변동은 혁명을 초래하며 많은 국가에서 국내 현상에 도전하는 급진운동을 야기했다.[22] 이렇듯 산업화되고 민족주의 전쟁이라는 새로운 상황에서 정치지도자들은 일반 대중에 대한 통제력을 상실하게 되었고 전쟁은 복수 사회 간의 무제한적인 충돌이라는 근대 이전의 시기로 되돌아갔다. 각 민족은 사람과 기계로 무장한 채 부딪쳤고 그 결과 유럽을 회복하기 어려운 정도의 대량 살상과 사회적 혼란상태로 몰아갔다. 결국 서로 기진맥진해진 상태에서 미국이라는 비유럽 국가의 개입에 의해서만 총력전의 파괴를 종결지을 수 있었다.

이 전쟁으로 인한 엄청난 파괴의 결과 유럽에 의한 세계정치의 지배가 종말을 고했고 전쟁에 대한 새로운 태도가 초래되었다. 전쟁의 민주화와 산업화는 정상적이고 합법적인 외교정책의 도구로서의 군사력의 정당성을

---

22) Robert E. Osgood and Robert W. Tucker, *Force, Order, and Justice*, Baltimore, 1967, pp.3-192; Halévy, op. cit., pp.209-247.

손상시켰다. 베르사이유 조약(1919)에서 정치가들은 전쟁을 비합법적인 것으로 규정했고 집단안보라는 혁명적인 개념이 국제연맹 규약에 도입되었다. 처음으로 국가들이 자기방어를 제외한 전쟁에 개입하는 것이 법적으로 금지되었고 침략자가 어느 국가가 될지라도 그 침략에 대한 처벌에 공동으로 참여할 것이 요구되었다. 유럽 외교사상 다른 주요 평화회의 및 조약과는 대조적으로, 이러한 해결방법은 세력균형의 새로운 현실을 반영하는 데 실패했고, 그 결과 새롭고 안정된 유럽 정치질서의 수립에도 실패하였다.[23] 이 실패가 유럽 정치질서의 붕괴와 함께 1914년에 시작된 패권전쟁의 연속이라고 봐야 할 제2차 세계대전의 토대가 되었다.

전후 국제질서는 미소 양극체제와 상호억지라는 개념에 근거해 왔다. 평화가 유지되었고, 초강대국 사이의 갈등을 해결하는 수단으로서의 전쟁은 핵전쟁의 위협과 상호절멸의 가능성으로 인해 억제되었다. 이 체계 또한 어느 날 역사적인 발전으로 손상되고 대량파괴 무기로 싸우는 패권전쟁으로 완전히 파괴될 것인가 하는 것이 오늘날 우리시대의 근본 문제이다.

5. 핵혁명과 패권전쟁

패권전쟁이론이 과거를 이해하는 데 유용하다 할지라도 그 이론이 오늘날의 세계에 어떠한 적절성을 지니고 있는지를 따져 볼 필요가 있다. 전쟁의 핵무기 혁명이 패권전쟁이론을 대체하였는가? 혹은 초월하였는가? 핵전쟁을 하는 국가는 스스로의 파멸 또한 피할 수 없다는 점에서 핵시대에 대전쟁 혹은 패권전쟁의 가능성에 대해 생각한다는 것 자체가 타당한 일인가? "외교정책의 하나의 수단으로서의 폭력과 외교정책 목표 사이의 합리적인 관계는 이제 전면적인 핵전쟁의 가능성으로 파괴되었다"라고 한 모겐소(Hans Morgenthau)의 말은 전쟁의 본질에 있어서의 이 근본적인 변화와 그것의 정치적 의미를 염두에 둔 것이었다.[24]

---

23) Howard, op. cit., p.163.
24) Hans J. Morgenthau, "Western Values and Total War," in Sidney Hook Howard, H. Stuart Hughes and Charles P. Snow, *Commentary*, vol.XXXII,

전쟁의 본질에 있어서 혁명적인 변화가 일어났다는 것을 부정할 수는
없다. 실제로 핵무기는 대전쟁에 따른 파괴와 결과를 크게 변화시켰다. 두
핵강대국 사이의 전쟁이 제한되고 전면전으로의 확전이 예방될 수 있는지
에 대해서는 의문의 여지가 매우 많다. 또한 이들 중 어느 한쪽이 그러한
대전의 엄청난 피해로부터 벗어나거나 어떤 의미에서 그 전쟁의 결과를 받
아들일 수 있을지도 역시 의문이다.[25] 핵시대에 있어서 핵무기를 보유하는
제일의 목표는 적국에 의한 핵무기의 사용을 억지하여 패권전쟁의 발발을
막는 데 있는 것이다.

그러나 전쟁의 본질에 있어서의 이와 같은 변화가 중요하기는 하지만
국제관계의 본질마저 바꾸었다고는 보기 어렵다. 불행히도 국제관계의 근
본적 특징들은 변하지 않았다. 핵혁명이 바꾼 것이 있다면 그 특징이 오히
려 심화되었다는 점이다. 국제정치는 여전히 자력구제체계이다. 오늘날 국
제관계의 무정부적 상태에서 존재하는 불신, 불확실성, 그리고 불안으로
인하여 국가들은 스스로 무장을 갖추고 전례 없는 종류의 전쟁에 대비하고
있다.

핵무기가 국제관계의 본질을 바꿈으로써 패권전쟁의 발발을 불가능하게
하였다고 말할 수 있기 위해서는 인간의식 그 자체가 변해야 한다. 우선 인
류는 다른 모든 가치와 목표들을 평화의 보존에 기꺼이 종속시켜야 할 것이
다. 상호적 생존을 확보하기 위해서는 국제관계의 무정부적 성격을 거부
하고 홉스(Thomas Hobbes)의 리바이어던(Leviathan)에 복종해야 할 것이
다. 그러나 어떤 국가도 이런 선택을 할 것 같지는 않다. 지금까지 존재하
였던 어떤 무기와도 다른 핵무기의 세계에서 핵무기가 국가목표의 우선 순
위를 바꾸었다고 믿고 행동하는 국가는 아무도 없는 것이다.

심지어 핵시대의 대전쟁 혹은 패권전쟁의 가능성을 배제할 수도 없다.
패권전쟁이론은 정치가들이 자신의 의지에 따라 패권전쟁을 한다고 주장
하지는 않는다. 역사상 대전쟁의 발발과 그 전개과정이 예측된 적이 거의
없기 때문이다. 투키디데스가 전쟁에 있어서의 우연(偶然)의 역할에 대한
논의에서 밝혔듯이, 일단 시작되기만 하면 전쟁은 당사국들이 전혀 예측하

1961, p.280.
25) Robert Jervis, *The Illogic of American Nuclear Strategy*, Ithaca, 1984, pp.19-46.

지 못한 힘을 풀어 놓는다. 핵시대에 있어서도 초강대국들, 혹은 그들의 동맹국들 사이의 사소한 갈등이 그들이 조만간 통제할 수 없는 방향으로 전개되어 나가지 않을 것이라고 장담할 수 없다. 한마디로 말해서, 핵전쟁이 인류에게 유례 없는 파멸을 초래한다는 사실이 세계의 핵보유 국가들로 하여금 그러한 전쟁을 준비하지 못하도록 막지는 못했다는 것이다. 아마도 핵무기에 의해 그런 전쟁을 준비할 가능성은 더욱 높아졌을 것이다.

핵무기가 지금까지 이룩한 일이 있다면 그것은 총력전의 회피가, 외교정책 목표의 최우선 순위가 국가지도자들의 핵심 관심사가 된 것이다. 이 목표는 중요한 것이기는 하나, 과거에 인간사회가 전쟁의 목표로 삼았었던 다른 가치나 이익을 대체한 것이 아니라 새로운 하나의 가치로 추가되었을 뿐이다. 핵보유국들은 보다 전통적인 국가이익을 보호하는 동시에 핵전쟁을 회피하려고 노력할 따름이다. 그 결과로 최소한 초강대국 사이에는 새로운 국제질서의 기반이 마련되었다. 근대 초기의 세력균형체계나 19세기의 팍스 브리태니커, 혹은 불운했던 국제연맹의 집단안보체계와는 대조적으로 핵시대의 질서는 상호억지라는 토대 위에 세워졌다.

이와 같은 핵질서의 장기적 안정은 매우 중요하다. 그리고 시간이 흐름에 따라 그 질서에 대해 위협이 대두될 수 있다는 가능성도 무시할 수 없다. 양 초강대국은 상대방이 획기적인 기술의 발전을 이룩하여 그것을 이용할지도 모른다고 서로 두려워한다. 전략방위구상(SDI: Strategic Defence Initiative)으로 제기된 희망과, 그리고 두려움을 달리 어떻게 설명할 수 있겠는가? 게다가 핵무기가 점점 더 많은 국가로 확산됨에 따라 이 무기가 절망적인 국가나 테러집단의 손에 들어갈지도 모른다는 우려가 증가하고 있다. 핵무기에 의한 질서는 의식적인 정책의 함수이지, 혹자가 말하듯이 실존적 조건은 아닌 것이다.

역사적으로 국가는 의식적으로 전쟁을 결정했으나 의도적으로 패권전쟁을 시작했던 적은 거의 없다. 국가지도자들은 국가목표를 달성하려고 노력하면서 합리적 혹은 손익계산에 따른 결정을 하려고 한다. 그리고 그 중 어느 누가 역사상 겪었던 대전쟁들의 궁극적 이득이 그것의 궁극적인 손실을 보상할 수 있다고 믿을 것 같지는 않다. 그러나 전쟁은 일단 시작되면 그것이 아무리 제한적인 것이었다 하더라도 개전 초기에는 알지 못했던 막강한 힘들을 쏟아 낸다. 고대 그리스를 파괴했던 펠로폰네소스 전쟁의 결과를 그 당시 강대국들은 예측하지 못하였다. 유럽의 세계제패를 종식시켰던 제1차 세계대전의 결과 또한 당시 유럽의 정치가들은 예측하지 못하였다. 이 두 전쟁 공히 아직 승산이 있을 때 전쟁을 하는 외에는 대안이 없다는 생각에서 시작되었다. 이 두 전쟁 공히 결과는 원했거나 기대했던 것과는 달랐다.

핵무기의 등장이 이와 같은 근본적인 조건을 변경시키지는 않았다. 상대적인 우세가 시간이 감에 따라 역전될 것을 두려워하는 어떤 국가에 의해 전쟁은 여전히 가능하다. 우발적 사고로 인해 전례 없는 대참사가 발생할 가능성도 여전히 존재한다. 어느 날 어떤 국가―예컨대 압도적 열세에 빠진 이스라엘이나 공포에 빠진 남아프리카 공화국, 혹은 쇠퇴하는 한 초강대국―가 절망에 빠진 나머지 기선을 제압하기 위해 핵공갈을 할 가능성을 배제할 수 없다. 전쟁에서도 그렇지만 그러한 대결상황에서 우발적 사고 하나가 당사국이 전혀 예측하지 못한 강력하고도 통제할 수 없는 힘을 풀어놓을 수 있다. 핵무기의 등장으로 전쟁의 잠재적 폭력성과 파괴력은 바뀌었지만 불행하게도 인간 본성도 따라서 바뀌었다는 증거는 없는 것이다.

6. 결론

우리는 핵무기에 의한 인류의 절멸에 대한 두려움이 정치가들의 자제를 가져 왔기를 희망할 수는 있다. 혹은 실제로 그들이 상호억지에 기반한 핵질서의 유지에 최우선 순위를 부여해야 한다는 사실을 이해하고 있을지도 모른다. 그러나 그러한 기대에 앞서 우리는 인간의 결점으로 가득 찬 오랜 역사, 인류가 평화를 오랫동안 유지할 수 없었던 오랜 역사를 잊어서는 안 된다. 오직 시간만이 패권전쟁이론이 핵시대에도 타당한지를 밝혀 줄 것이다. 그러는 한편으로 핵전쟁을 피해야 한다는 것은 절대적인 명제가 되었다.

전쟁과 오인*

로버트 저비스

1. 서론

부분적으로는 그 유형이 많기 때문이기도 하지만, 전쟁에는 많은 원인이 있다. 또 부분적으로는 오인(誤認, misperception)의 종류가 많기 때문이기도 하지만, 오인이 미치는 효과도 매우 다양하다. 따라서 전쟁에 대해 오인이 어떠한 영향을 미치는가에 관해 명확한 결론을 내리는 것은 불가능하다.[1] 그러나 몇 가지 개념적, 방법론적 문제를 제기할 수는 있다. 그리고 특히 몇 가지 유형의 오인에 주목하여 이들이 어떻게 제3차 세계대전을 유

---

* Robert Jervis, "War and Misperception," in Robert I. Rotberg and Theodore K. Rabb(eds.), *The Origins and Prevention of Major Wars*, Cambridge: Cambridge University Press, 1989, ch.6(김태현 옮김).

▶ 이 논문이 기반하고 있는 국제정치학의 '인지심리학(Cognitive Psychology)'적 접근은 저비스의 *Perception and Misperception in International Politics*(1976)에서 본격적으로 제기되었다. 기왕의 국제정치학의 심리학적 접근은 정책결정자의 퍼스낼리티 분석에 치중하여 일반론으로서의 한계가 있었다. 인지심리학은 사람들의 인식(perception)과정에 초점을 두고 그러한 과정은 모든 이에게 공통으로 적용된다는 점을 보여 줌으로써 일반이론으로서의 체계를 갖추었다. 특히 이 글에서 저비스는 사람들의 정보처리 과정에서 일어날 수 있는 오인을 체계적으로 정리하고 그러한 오인이 단일행위자의 차원에서, 혹은 다른 행위자와의 관계의 동학(動學)에서 어떻게 전쟁을 야기할 수 있는가를 보여 준다.

1) 오인에 기인한 전쟁의 유형에 대한 탁월한 연구로는 George H. Quester, "Six Causes of War," *Jerusalem Journal of International Relations*, vol.VI, 1982, pp.1-23 참조.

발할 수 있는지에 대해 따져보는 것도 가능한 일이다. 이 글에서 필자는 오인이라는 용어를 넓은 의미로 사용한다. 이에는 부정확한 추론, 결과에 대한 계산착오, 정책에 대한 상대방의 반응에 대한 판단착오 등이 포함된다.

전쟁이 쌍방이 서로 정확하게 알고 있을 때에도 일어나지 말란 법은 없지만, 오인 또한 자주 큰 역할을 하게 된다. 특히 다른 국가의 의도에 관한 판단, 혹은 판단착오는 중요하다. 과거 적의(敵意)를 과대평가함으로써, 혹은 과소평가함으로써 일어난 전쟁들이 있었다. 오늘날 대소정책을 둘러싼 많은 논쟁도 미국의 강경한 정책, 혹은 온건한 정책에 소련이 어떻게 대응할 것인가를 놓고 일어나고 있다. 그러나 정치가들이 미소 간의 전쟁이 엄청난 파멸을 몰고 올 것이라는 것을 알고 있기 때문에 과거에 전쟁을 유발한 것과 같은 판단상의 착오가 오늘날도 같은 효과가 있다고 믿기는 어렵다. 그러나 인식의 동학으로 인해 정책결정자는 따로 매우 위험한 정책을 안전한 것으로 믿게 될 수 있으며 혹은 갈등이 극에 이르렀을 때 전쟁이 불가피하여 선제공격만이 파괴를 줄이는 유일한 방법이라고 믿게 될 수도 있는 것이다.

2. 오인의 영역

이 논문은 주로 잠재적 적국의 의도에 대한 오인을 논의하지만 다른 것에 대한 오인도 가능하다. 물론 능력에 대한 오인도 가능하다. 블레이니(Geoffrey Blainey)가 강조하듯이, 실제로 지나친 군사적 낙관론이 전쟁의 발발과 관련이 있는 경우가 많다.[2] 군사적 낙관론은 정치적, 외교적 비관론과 결부될 때 특히 위험하다. 즉 전쟁을 하면 바로 이길 수 있는 반면 외

2) 국제정치학에서의 '의도'의 개념에 대한 논쟁에 대해서는 Jervis, *Perception and Misperception in International Politics*, Princeton, N.J.: Princeton University Press, 1976, pp.48-57 참조. 이 개념의 의의에 대한 보다 일반적인 논쟁은 Gertude E. M. Anscombe, *Intention*, Ithaca, N.Y.: Cornell University Press, 1969; Earnest May, "Conclusions: Capabilities and Proclivities," *Knowing One's Enemies*, Princeton, N.J.: Princeton University Press, 1984, p.503 등을 참조할 것. Geoffery Blainey, *The Causes of War*, New York, 1973.

교적으로 유리하게 타결될 공산이 낮고 군사적 상황이 악화될 것 같다고 느끼는 국가가 특히 선제공격을 할 개연성이 높은 것이다. 더욱이 이들 상황판단은 논리적으로는 별개의 것이지만 심리적으로는 서로 연결된다. 현재의 외교적 전망과 장기적인 군사전망에 대한 비관론은 정치가로 하여금 당장의 군사적 승리의 가능성을 과장하게끔 하는 경향이 있기 때문이다. 그렇게 함으로써 견디기 어려운 딜레마 속에서도 해결책이 있다고 자위하는 것이다.

자주 언급되는 것은 아니지만 결과에 대한 기대도 틀릴 수가 있다. 예를 들어, 미국이 베트남 참전의 동기로 공식적으로 내세운 것은 베트남의 구출이라는 직접적인 목적이 아니라 패배에 따른 결과에 대한 우려였다. 즉 동남아 지역에서의 공산주의의 영향력의 커다란 증대를 가져올 소위 '도미노 효과'와 미국이 세계 도처에서 국익을 수호할 의지가 결여되어 있다는 인식이 생길지도 모른다는 것에 대한 우려였던 것이다. 지금와서 생각해 보면 그러한 우려는 기우에 불과하였다. 그러나 이 경우가 유별난 것은 아니다. 국가는 상황이 호전되기보다는 악화된다고 믿을 때, 즉 비교적 작은 손실이나 이득이라도 그것이 악순환, 혹은 순순환을 이루어 증폭된다고 믿을 때 전쟁을 하는 경향이 있기 때문이다. 사실 그러한 믿음은 대개 잘못된 것이다. 비록 국가가 때로—특히 약소하여 힘의 강성에 따른 위협에 대처할 방법이 없는 국가의 경우—강성하는 국가의 편에 서는 일도 하지만 세력균형에의 욕구 또한 강력하다는 사실을 강대국들이 과소평가하는 경우가 많다. 국가지도자들이 숙명론적인 거의 없다. 패권국가가 등장하면 대개 저항한다.[3] 냉전의 놀라운 특징의 하나는 미국이나 소련이 매우 뼈아프고 위험한 후퇴라고 생각한 경우에도 실제로 거의 잃은 것은 없었다는 사실이다.

때로 한 국가의 성향—즉 그 동기나 목적—에 대한 오인과 그 국가가 직면한 현실에 대한 오인을 구별할 필요가 있다. 어느 것도 잘못된 예측을 낳

3) Arnold Wolfers, *Discord and Collaboration*, Baltimore: Johns Hopkins University, 1962, pp.122-124; Kenneth Waltz, *Theory of International Politics*, Reading, Mass.: Addison-Wesley, 1979; Stephen Walt, "Alliance Formation and the Balance of World Power," *International Security*, vol.IX, 1985, pp.3-43; Walt, *The Origins of Alliances*, Ithaca, N.Y.: Cornell University Press, 1987 참조.

을 수 있지만, 그 사실이 밝혀진 후에도 둘 중 무엇으로 인한 잘못인지를 판단하는 것은 어렵다. 그러나 예상에 빗나간 행위가 또한 원치 않았던 것일 때 정책결정자들은 대개 그 착오가 다른 국가가 직면한 상황에 대한 오해가 아닌 그 동기에 대한 오해에 기인한 것이라고 생각한다.[4] 학자들도 마찬가지로 대개 상황의 판단착오보다는 의도의 판단착오에 초점을 둔다. 우리도 일단 이 패턴을 따른다. 그러나 다른 국가의 행위에 대한 설명과 예측이 틀렸을 때, 이는 그 국가의 성향에 대한 오인보다는 상황에 대한 오인에 의해 종종 유발된다는 명제를 따져보는 것이 매우 유용하다는 점도 아울러 밝혀 둔다.

3. 오인이 개입되지 않은 전쟁

논리적으로 따져서 모든 전쟁이 적어도 하나의 중대한 오인과 관련된다는 명제가 옳은지의 여부를 놓고 종종 논란이 있었다. 모든 전쟁에 패자가 있다면, 그 패전국이 전쟁을 결정했을 때 중대한 계산착오를 했다고 추론이 가능하기 때문이다. 그러나 경험적 연구에 의해 전쟁의 결정이 오인 투성이라고 밝혀졌더라도, 이 명제는 논리적으로 틀린 것이다.

국가는 비록 패배가 확실한 경우에도 합리적으로 전쟁을 할 수 있다. 첫째는 싸운다는 것 그 자체에 가치를 부여하는 경우이다. 그 자체가 하나의 궁극적인 목표이든 혹은 인간과 사회의 향상을 위한 하나의 수단이든. 둘째는 만일 막강한 상대가 영토를 요구하여 그냥 내주든지 아니면 전쟁을 해서 잃든지 양자택일을 해야 하는 경우이다. 이 경우 국가는 명예, 국내정치, 혹은 국제적 평판을 염두에 두고 전쟁을 택할 수 있다. 앞에서 잠시 언급한 극단적 형태의 사회진화론처럼 오늘날 사람들의 귀에는 이상하게 들릴지 몰라도 '명예'를 위해 싸운다는 것의 의미는 자명하다. 그러나 국내정치적 이유로 전쟁이 일어난 경우는 근대에도 최소한 몇몇은 있었고 앞으로

4) 이에 대한 훌륭한 검토로는 Edward Jones, "How Do Pepple Perceive the Causes of Behavior?" *American Scientist*, vol.LXIV, 1976, pp.300-305 참조. 국제정치에서 관련된 현상의 분석을 위해서는 Jervis, op. cit, pp.343-354 참조.

도 여전히 유효한 요인이 될 것이다. [러일 전쟁 직전 러시아 내무상이었던 뻬야체슬라프 플레브(Vyacheslav Plehve)가 그랬던 것처럼] 국론통일을 위해 국가지도자가 "짧게 끝난 승전"을 할 수 있다는 것은 이제 상식이다. 그러나 짧게 끝난 패전도 같은 기능을 한다고 믿을 수도 있는 것이다.

예가 드물긴 하지만, 정치가들은 국제적 고려 때문에 패배가 예상되는 전쟁을 할 수 있다. 그 목적은 제3국에게 강력한 인상을 심어 주기 위한 것이다. 특히 전쟁에 지면 바로 그 국가의 약세를 보이는 것이기 때문에 그런 결정은 어리석어 보인다. 그러나 군사력이 빈약함을 보여 주는 것보다 더 중요한 것은 결단성(혹은 무모함)을 과시하는 것이다. 그 국가와 분쟁이 있는 다른 국가들은, 그 국가는 힘이 약해도 싸우려고 한다고 추론할 것이고 그러한 추론은 그 국가의 협상력을 높여 줄 것이기 때문이다.[5]

전쟁의 결과를 확실히 알고 있는 경우는 거의 없다. 따라서 전쟁의 승패는 확률의 문제이다. 이렇게 볼 때 오인이 없어도 전쟁이 가능하다는 것은 더욱 명백해진다. 승리할 확률이 낮더라도 승리의 대가가 크고, 반면 패배의 결과와 전쟁을 피하기 위해 해야 하는 양보 사이에 큰 차이가 없으면 전쟁을 하기로 하는 결정은 합리적일 수 있기 때문이다.

승리의 가능성이 낮은 경우에 순전히 혹시나 하는 마음으로 전쟁을 하더라도 전쟁을 하지 않을 경우에 입을 끔찍한 손해 때문에 전쟁을 한다고 호도를 하는 경향이 있다. 심리적인 것과 정치적인 것 두 가지 이유가 있다. 심리적으로 볼 때, 이득이 주는 기쁨보다 손해가 주는 아픔은 더욱 크게 느껴지는 법이다. 국내, 국제정치적 효과도 이와 유사하다. 정부가 그

---

5) 이 논리는 경제학자들이 말하는 '연쇄점의 역설(Chain Store Paradox)'과 유사하다. 그것은 국가가 갈등에서 궁극적으로는 이길 수 있더라도 다만 비용이 즉각적인 이익을 초과하는 경우에 적용된다. 그럼에도 불구하고 굳이 싸우는 이유는 또 다른 잠재적 도전자에게 인상을 남기려는 것이다. 할인가격으로 도전하는 소규모 상점들에 대한 대형 체인점 혹은 연쇄점의 행위와 닮은 점이 있다. 연쇄점은 더 큰 할인가격으로 대응하여, 금전적인 손해를 입더라도 그 분야에서 경쟁자를 몰아내는 데는 성공한다. 그와 같은 조치의 이유는 다른 도전자의 사기를 위축시키기 위한 것이지만, 연쇄점은 매 경우에 금전적 손해를 본다는 것, 그리고 이 전술이 효과적이기 위해서는 다른 이들이 이와 같은 전술이 계속될 것이라고 믿어야만 한다는 점에서 이것은 역설이다. Reinhard Selten, "The Chain Store Paradox," *Theory and Decision*, vol.IX, 1978, pp.127-159 참조.

나라의 영향력 증대를 게을리 한다고 여론과 야당이 비판하는 경우는 별로
없다. 그러나 기존의 가치를 희생할 때 여론과 야당은 쉽게 들고 일어난다.
국제정치적 효과를 따져 보아도 마찬가지의 결론에 도달한다. 국가지도자
들은 도미노 효과가 그 나라에게 유리한 경우보다는 불리한 경우에 보다
민감하다는 것이다. 그들은 자기 나라가 득세하면 다른 나라가 가만 있지
않을 것이라는 것을 안다. 반면, 자기 나라가 일단 영향력을 잃으면 그 때
문에 더욱 힘을 상실하게 된다고 믿기 때문이다.

   현상을 더이상 참을 수 없다고 생각하거나, 혹은 현상을 유지하기 위해
서는 전쟁을 하는 수밖에 없다고 생각하는 경우에 국가는 힘의 균형이 불
리하더라도 행동하지 않을 수 없는 경우가 종종 있다. 따라서 전쟁을 개시
한 나라가 때로 패배한다는 것은 놀랄 일도 아니고, 그것이 오인의 증거를
이루는 것도 아니다. 예를 들어, 1914년에 오스트리아와 독일이 공격을 감
행했던 주된 이유는 현상이 불안정한데다 사태가 그들에게 불리하게 진행
된다고 믿었기 때문이다. 세이건(Scott D. Sagan)이 보여 주듯이, 일본도
1941년에 유사한 계산을 하였다.6) 일본이 비록 미국이 제한전쟁을 싸우려
는—그리고 패배하려는—생각이 있다고 잘못 읽음으로써 승리의 가능성을
과대평가했지만, 승리에 대한 기대가 공격의 결정에 필요조건은 아니었다.
그들의 가치에 따르면, 중국의 지배를 포기하는 것—전쟁을 피하려면 그럴
수밖에 없었을—은 국가의 생존을 희생하는 것과 동일했다. 더욱이 승리를
하면 그들은 일등국가의 위치로 올라서고 국내적 가치도 보존될 것이었다.
1904년에 일본이 러시아를 공격했을 당시의 상황도 유사한 것이었다. 당
시 "천황이 가장 신임하는 보좌관들은 전쟁의 결과에 대해 확신하지 못했
다. … 육군은 일본이 전쟁에 이길 확률이 반반이라고 계산했다. 해군은 병
력의 반을 잃을 것이며 그 나머지 반으로 적의 해군을 섬멸할 수 있기를
희망했다."7) 전쟁은 일본의 군사적 입장의 악화와 주변국들에 대한 영향력
확대의 가능성이라는 점에서 정당화되었다.

6) Scott D. Sagan, "The Origins of the Pacific War," *Journal of Interdisciplinary History*, vol.XVIII, 1988, pp.893-922.
7) Shumpei Okamoto, *The Japanese Oligarchy and the Russo-Japanese War*, New York, 1970, p.101.

4. 방법론의 문제

오인이 전쟁에 미치는 영향을 알아보는 가장 확실한 방법은 비교를 하는 것이다. 즉 정확한 인식과 부정확한 인식의 효과를 서로 대조하는 방법이다. 그러나 그러기 위해서는 몇 가지 방법론적인 장애가 있다. 첫째는 인식을 그 결과로서 판단해야 하는지 혹은 과정에서 판단해야 하는지의 문제이다. 즉 그것을 나중에 사실로 드러난 것과 비교해야 하는지 아니면 정책결정자들의 추론이 그 당시의 정보에 비추어 얼마나 합리적이었는가를 따져야 하는 문제이다. 이 두 가지 기준은 의존하는 증거도 서로 다르고 그로부터 도출되는 결론도 다른 경우가 많다.[8] 사람들은 때로 그릇된 논리로 옳은 답을 찾기도 하고 반대로 뛰어난 분석의 결과로 나중에 알고 보니 그릇되었던 결론에 도달하기도 한다. 히틀러(Adolf Hitler)가 집권한 직후 영국 외무성의 상임차관이었던 로버트 밴시타르트(Robert Vansittart)는 독일이 현상을 전복하기 위해 가급적 빨리 군사력을 증강할 것이라고 결론지었다. 대체로 그의 의견에 반대하는 군인들을 비판하면서 그는 다음과 같이 말하였다. "예언이란 대개 통찰력의 문제이다. 내가 보기에 각 군은 충분한 통찰력을 지닌 것 같지 않다. 반면 그들은 내가 너무 많은 정보를 가지고 있다고 생각하겠지만. 요는 내가 독일 사람들을 더 잘 알고 있다는 사실이다."[9] 히틀러에 대한 그의 인상은 매우 정확했다. 그러나 그가 내린 결론이 뛰어난 추론의 결과인지 아니면 의견을 달리하는 사람들보다 많은 정보를 갖고 있었기 때문인지는 확실하지 않다.

방법론상의 두 번째 문제는 역사가와 정치학자들이 평시 국제관계의 분석보다는 갈등의 연구에 보다 매력을 느끼고 있다는 점이다. 그 결과 조화로운 관계가 어느 정도 정확한 인식에 기인한 것인지 아는 바가 별로 없다. 그러나 필자는 그것이 정확한 인식의 결과라기보다는 일상화되고 고도로

---

8) 겉보기에 매우 합리적인 듯한 과정도 직관에 의존한 것에 비해 오히려 정확하지 못한 인식을 낳을 수 있다. Kenneth Hammond, "A Theoretically Based Review of Theory and Research in Judgement and Decision Making," 미간행 논문, Boulder, 1986 참조.

9) Donald Watt, "British Intelligence and the Coming of the Second World War in Europe," in May(ed.), *Knowing One's Enemies*, p.268에서 재인용.

제약된 상호작용의 유형의 결과라고 생각한다.

세 번째 문제는 인식의 정확성 여부를 결정하는 것과 관련된 것으로 두 가지 부수적 문제로 나뉠 수 있다. 첫째는−국가는 고사하고−정책결정자의 진정한 인식이 무엇인가를 안다는 것 자체가 어려운 경우가 많다는 점이다. 특정인의 견해를 추측함에 있어 우리는 대개 혼란되고 상반된 증거를 모아 짜집기를 해야 한다. 동시에 그가 남들이 그렇다고 생각하길 바라고 한 것과 진정으로 그가 원하는 것을 구별해야만 한다. 실로 사람은 애초에는 뚜렷한 인식이 없다가 나중에 그가 이미 한 행동에 맞추어 인식을 발전시켜 나가는 경우가 있다.[10] 둘째는 인식을 '현실'과 비교하는 것이 오히려 더 큰 어려움을 동반한다는 점이다. 진정한 군사력 균형은 전쟁만이 판단할 수 있는 문제이다. 국가의 의도를 판단한다는 것은 행위가 일어난 이후 모든 관련 자료가 공개되어도 불가능할 수 있다.

국가지도자들의 판단이 정확한 것인가를 결정하는 것은 그 판단이 개연적 성격을 지녔기에 더욱 어렵다. 그들은 때로 주어진 이미지가 맞을 확률이 가장 높은 것이고 주어진 결과가 가장 일어날 확률이 높은 것이라고 믿는다. 그러나 그러한 판단이 옳은가의 여부를 판단하려면 다수의 사례가 있어야만 한다. 예컨대 누가 어떤 일이 일어날 확률이 9할이라고 할 때 첫번째 시도에서 그 일이 일어나지 않았다고 하더라도 그가 틀렸다고는 할 수 없는 것이다. 따라서 어떤 정책결정자가 특정한 국가가 아마 침략적일 것이라고 생각하고 나중에 그렇지 않다는 것이 밝혀지더라도 그의 개연적·확률적 판단이 확실히 틀린 것이었다고 할 수는 없는 것이다.[11]

---

10) Daryl Bem, "Self-Perception Theory," in Leonard Berkowitz(ed.), *Advances in Experimental Social Psychology*, New York, 1972, vol.VI, pp.1-62. 이를 외교정책에 적용한 사례는 Deborah Larson, *The Origins of Containment*, Princeton, N.J.: Princeton University Press, 1985 참조.

11) 정치에서는 상황이 반복되는 일이 드물 뿐 아니라 확률적 판단의 의미가 전적으로 명확하지 않다. 즉 개연적으로 말한다고 해도 그것이 단지 그가 중요한 사실 혹은 중요한 인과관계에 대한 이해가 부족하다고 느끼는 정도를 보여 주는 것에 지나지 않는 것은 아닌가? 혹은 정치는 본질적으로 불확실하다는 생각, 또 동일한 상황이 모든 점에서 반복된다고 하더라도 경우에 따라서 행위는 달라질 수 있다는 생각을 반영하는 것은 아닌가?

5. 오인과 제1·2차 세계대전의 기원

앞에서 논의한 문제점들과 비교해 보면 특정 사건에 있어서의 신념이나 인식이 미친 영향을 추적하는 것이 비교적 쉬운 것처럼 여겨질지도 모른다. 금세기에 일어난 주요 전쟁에서 있었던 오인의 목록은 그럴 듯해 보일지 몰라도 실제로는 그렇지 않다. 제1차 세계대전이 일어나기 전에 모든 참전국들은 그 전쟁이 곧 끝날 것이라고 생각했다. 또한 그들은 그 결과에 대해서도 대체로 낙관적이었으나 여기에는 반론이 있다[예컨대 잘 알려진 바와 같이 그레이(Edward Grey)와 홀베그(Theobald von Bethmann Holl-weg)는 비관적으로 전망했다. 그러나 그들의 말이 그들의 판단을 정확히 반영한 것인지는 확실치가 않다. 게다가 방법론상의 문제는 있지만, 당시 내부 비망록을 계량적으로 분석한 연구도 비관론을 보여 주고 있다].12)

메이(Ernest May)는 이 기간 동안 적대국들의 의도에 대한 분석이 능력의 분석보다 정확했다고 주장하지만, 의도의 분석조차 의문의 여지가 있다.13) 1914년 7월에 내린 판단의 일부는 틀린 것으로 판명되었다. 예를 들면, 독일은 영국이 중립으로 남을 것이라고 기대하였고, 프랑스, 심지어 러시아까지도 참전하지 않았으면 하고 희망하였다. 더욱이 당시의 외교관행에 깔려 있던 여러 가지 가정도 틀린 것이었다. 독일측에게 있어 가장 중요한 것은 특정 국가의 적으로서의 이미지가 아니라 앞으로 벌어질 사태가 "세계 강국이 되든지 쇠퇴하든지"를 결정할 것이라는 기본적인 믿음이었다. 삼국협상의 가맹국, 특히 영국에게 있어 핵심적 문제는 크로우(Eyre Crowe)의 비망록과 이에 대한 샌더슨(Thomas Sanderson)의 반박문에서 잘 나타나듯이 독일의 의도가 무엇인가 하는 것이었다. 우리는 그 후 영국의 정책을 이끌었던 이 문제에 대한 해답이 정답이었는지에 대해서 확신이 없다.14)

12) Ole Holsti, Robert North & Richard Brody, "Perception and Action in the 1914 Crisis," in J. David Singer(ed.), *Quantitative International Politics*, New York: Praeger, 1968, pp.123-158.
13) May, op. cit., p.504. 메이의 주장에 대한 보다 상세한 논의로는 Jervis, "Intelligence and Foreign Policy," *International Security*, vol. XI, 1986/87, pp.141-161 참조.
14) 이와 같은 논쟁의 배후에는 언제 인식이 오인인가를 결정하기 어렵다는 이유

제2차 세계대전의 발발과정에서 있었던 오인의 목록도 인상적이다. 제1차 세계대전 당시만큼 심한 것은 아니었지만 능력에 대한 판단은 여전히 착오였다.[15] 프랑스의 몰락을 가져 온 전격전(電擊戰, blitzkrieg)을 기대했던 사람은 거의 없다. 전략적 폭격의 힘은 엄청나게 과대평가되었다. 영국은 개전 초기 독일 경제가 과대팽창 상태라고 판단, 그 취약성을 과장하였다. 의도 판단의 정확성은 더욱 떨어졌다. 유화론자들은 히틀러를 전적으로 잘못 읽었다. 반유화론자들도 전쟁이 아니고는 그를 막을 수 없다는 것을 알지 못했다. 히틀러도 적국의 의지를 과소평가했다. 1939년 여름에 그는 영국의 참전 여부를 의심했고, 1940년 봄에는 영국이 강화를 할 것이라고 기대했다.[16]

또한 지적할 것은 이상의 두 사례 모두에서 참전국들은 중립국의 행위에 대해 충분한 주의를 기울이지 않았고 또 잘못된 판단을 하였다는 점이다. 대체로 제1차 세계대전은 미국의 참전에 의해, 그리고 제2차 세계대전은 소련과 미국의 참전에 의해 결정되었던 것이다.[17] 그러나 이 두 사례만으로 국가는 중립국의 역할을 낙관적으로 평가하는 경향이 있다는 일반론을 도출할 수는 없다. 비관적 판단을 한 국가는 평화를 선택한다는 명제도 마찬가지로 참일 수 있고, 우리는 이들의 타당성을 단정할 아무런 방법이 없다.

가 있다. 실로 우리의 과제가 제3차 세계대전을 방지하는 것일 때, 우리가 제1차 세계대전을 어떻게 하면 막을 수 있었을까에 대한 대답조차 내리지 못하고 있다는 사실은 가슴아픈 일이다.

15) May(ed), op. cit., pp.237-301, pp.504-519 참조.

16) 돌이켜 보면 그의 기대는 실제로 그렇게 어리석은 것은 아니었을지도 모른다. 프랑스가 함락되는 동안, 영국 내각은 독일과의 협상을 할 것인가의 여부를 놓고 논쟁하느라 이틀이나 허비했던 것이다. Philip M. H. Bell, *A Certain Eventuality*, Farnborugh, eng., 1974, pp.31-54; Martin Gilbert, *Winston Churchill, VI: Finest Hour, 1939~1941*, London, 1983, pp.402-425 참조. 영국이 당시 처했던 상황에서 평화를 모색하는 것도 합당한 일이었을 수도 있다. David Reynolds, "Churchill and the Britist 'Decision' to Fight on in 1940: Right Policy, Wrong Reason," in Richard Langhorne(ed.), *Diplomacy and Intelligence during the Second World War*, Cambridge, 1985, pp.147-167 참조.

17) 처음부터 전투에 참전하지 않은 국가의 역할을 강조하는 글은 Blainey, op. cit., pp.57-67, pp.228-242; Bruce Bueno de Mesquita, *The War Trap*, New Haven: Yale University Press, 1981 참조.

6. 오인이 중요한가?

그렇지만 이러한 오인이 그 전쟁들을 일으켰는가? 만일 오인이 교정되었다면 이들 중 하나라도 일어나지 않았을까? 이러한 질문에 대한 대답을 시도할 때 명심할 것은 이들 질문은 가설적인 것이기 때문에 결정적인 해답은 나오지 않는다는 점이다. 스타인(Arthur Stein)이 지적한 바와 같이 오인이라고 모두가 중요한 의미를 갖는 것은 아닌 것이다.[18]

만일 영국과 프랑스가 히틀러를 제대로 이해했더라면 세력균형이 아직 그들에게 유리했을 때 먼저 싸워 보다 신속하고 손쉽게 승리를 달성할 수 있었을 것이다(반면 전후세계의 관리는 보다 어려웠을 것인데, 특히 독일인들을 포함, 다른 국가가 히틀러를 좋게 생각하고 있었다면 더욱 그러했을 것이다). 만일 히틀러가 그의 적들을 제대로 이해했더라면 상황은 더욱 위험했을 것이다. 그는 보다 유리한 조건에서 싸울 수 있는 전술들을 개발했을 것이기 때문이다. 그러나 어찌되었든 전쟁은 여전히 불가피했을 것이다. 쌍방은 모두 평화를 유지하기 위해 필요한 양보를 하느니 차라리 전쟁을 선호했었기 때문이다.[19]

1914년의 경우는 이처럼 분명하지 않다. 그 해 7월의 의도에 대한 오인은 흥미롭기는 하나 결정적인 것은 아니었던 것 같다. 독일측의 경우는 아마 모든 삼국협상 가맹국을 대상으로 싸우게 될 것을 미리 알았더라도 전쟁을 했을 것이다. 독일에 대한 영국의 판단착오는−만일 판단착오가 있었다면−보다 큰 의미를 지니겠지만 이 또한 가상사실적(假想事實, counter-factual) 문제인 만큼 대답은 쉽지 않다. 비록 독일이 패권을 추구하지 않았다 하더라도 막강한 힘, 내부적 불안, 편집증 등이 어울려 독일은 여전히 위협적인 존재였다. 독일에 대한 이미지가 달랐다면 그에 따른 영국의 정

---

18) Arthur Stein, "When Misperception Matters," *World Politics*, vol.XXXIV, 1982, pp.505-526.

19) 재미있게도, 히틀러에 대한 견해 중 그가 억지될 수도 있었음을 보여 주는 유일한 것이 테일러(A. J. P. Taylor)의 견해이다. 그는 히틀러를 기회주의자로, 단지 서방지도자들의 본의 아닌 묵인에 의해 팽창주의의 길을 걸은 것으로 그리고 있는 것이다. Alan J. P. Yaylor, *The Origins of the Second World War*, New York, 1961.

책은 독일인들을 회유하는 데 성공할 수 있었을지도 모른다. 그러나 어찌 되었든 영국은 독일이 유럽에서 또 다른 전쟁에서 승리하는 것을 내버려 둘 수 없었을 것이다. 독일이 추구하는 목표가 무엇이었든.

능력에 대한 판단은 형편없이 잘못된 것이었다. 그러나 방어력을 제대로 알고 있었다고 하더라도 7월 위기의 결과를 바꾸지는 못했을 것이다. 누구든 선제공격을 하는 것이 크게 유리하다는 생각에서 비롯된 '위기상황의 불안정성(crisis instability)'으로 말미암아 일단 위기가 격화되면 전쟁을 피하기가 어려웠지만, 그것이 전쟁발발의 필요조건이거나 충분조건은 아니었을 것이다. 시간이 그들 편에 있지 않아 신속한 승리의 가능성이 조만간 멀어질 것이라는 독일의 생각은 부분적으로는 공격력에 대한 잘못된 생각과 연계된 것이었지만, 전적으로 그 때문만은 아니었다. 따라서 선제공격의 압박이 없었더라도 예방전쟁은 여전히 일어날 수 있었다.

만일 참전국들이 최초의 공세로 전쟁이 끝나지 않을 것이라는 사실, 또 전쟁의 고통을 장장 4년 동안이나 겪어야 할 것이라는 사실을 미리 알았더라면 자제할 수도 있었을 것이다. 전쟁의 결과를 사전에 알았더라도 독일 황제(Kaiser), 오스트리아의 황제(Emperor), 러시아의 황제(Czar) 등은 여전히 공감을 치고 제한전쟁의 길로 나아갔겠지만 전면적인 총력전을 치르느니 양보를 택했을지 모른다. 영국과 프랑스의 경우도 마찬가지였을 것이다. 그리고 만일 그들이 전쟁의 장기적 결과를 알았더라면 그랬을 가능성은 상당히 높아진다. 따라서 최소한 한 가지 의미에서 제1차 세계대전은 오인에 의해 초래된 것이었다.

7. 갈등의 모델

적에 대한 오인은 대체로 두 가지 종류로 서로 상반되는 것이다. 그리고 각자는 갈등의 원인에 관한 중요한 논쟁과 연결된다. 하나는 침략국들이 현상유지 국가들의 전쟁의지를 과소평가함으로서 전쟁이 일어나는 경우이다(제2차 세계대전 모델). 다른 하나는 쌍방의 의견차이가 실제로는 해소될 수 있음에도 불구하고 서로의 적대감을 과장함으로써 전쟁이 일어나는 경우이다[나선(螺旋) 모델(spiral model) 혹은 제1차 세계대전 모델]. 이 모델들은 그 표면적 유사성에 따라 이름을 붙였을 따름이다. 앞에서 지적했듯이 제2차 세계대전은 이러한 인식상의 착오가 없었어도 발발했을 것이고 1914년 이전에는 의도에 대한 평가가 대체로 정확했으며, 설사 그렇지 않았다 해도 갈등의 발발에 필수적인 것은 아니었을 것이기 때문이다. 그럼에도 불구하고 이 모델들은 두 가지 중요한 동학을 요약하는 데 유용하다.

제2차 세계대전 모델은 대체로 억지이론(deterrence theory)을 밑바탕에 두고 있다. 여기서 예상되는 주된 위험은 침략국가가 현상유지 국가의 의지를 과소평가하는 경우이다. 이러한 오인은 현상유지 국가의 본의 아닌 실수로 일어날 수 있다. 예를 들면 침략국의 적의를 과소평가함으로써 약세의 증거로 보일 수 있는 타협안을 제안하는 경우가 그것이다. 이와 대조적으로 나선모델의 경우, 주된 위험은 쌍방이 서로 상대가 자국의 사활적 이익에 위협이 된다고 잘못 판단하여, 전쟁을 막기 위한 수단으로 주로 협박에 의존하고, 합의와 회유는 무시함으로써 본의 아니게 애초의 잘못된 생각을 오히려 부추기게 되는 경우이다.

필자가 달리 논의한 바 있거니와, 이 두 모델의 주창자들 간의 뜨거운 논쟁은 서로 대립하는 두 이론 간의 논쟁일 뿐만 아니라 국가의 의도 그 자체에 대한 논쟁이다.[20] 따라서 의견차이의 핵심은 국가의 동기와 목표가 무엇인지, 또 팽창을 위해 어느 정도의 비용과 위험을 감수할 용의가 있는가, 그리고 협박과 회유에 어떻게 대응할 것인가 등을 판단하는 문제가 얼마나 중요하며, 또 어려운가와 관련되어 있다. 다른 국가의 의도를 판단하는 문제가 얼마나 어려운가 하면 국가는 만일 그것이 학계에서 제안된 것이라면, 학자들이 얼마나 국제정치의 현실과 동떨어져 있는가를 보여 주는 그러한 방법에 의존할 정도이다. 심지어 국가는 적국에게 대놓고 무엇을 원하는지 묻기도 할 정도이다. 영국은 히틀러에게 그런 질문을 자주 하였고, 미국도 제2차 세계대전 직후 조셉 스탈린(Joseph Stalin)에게도 하였다. 따라서 국가지도자들이 적국 내부의 논의과정을 들을 수 있다면 오인에서 해방될 수 있을 것이다. 예를 들어 1887~1988년 '동방의 위기'를 분석한 글에서 시튼-왓슨(Robert Seton-Watson)은 디스라엘(Benjamin Disraeli) 내

20) Jervis, *Perception and Misperception*, pp.58-113.

각이 러시아의 야욕을 크게 과장하였다고 주장하면서 다음과 같이 지적하였다. "그 당시 영국 내각에서 가장 러시아를 두려워 한 사람이라도 (러시아 황제가 런던주재 러시아 대사에게 보낸 전문을) 읽을 수 있었더라면 안심하였을 것이라는 것을 부인하기가 어렵다."21) 그러나 물론 그런 접근이 가능했다면 속임수에 이용되었을 것이고, 따라서 그 정보는 믿을 수가 없을 것이다.

분명한 사실은 국가는 적의 침략성을 과소, 혹은 과대평가할 수 있으며, 이 두 가지 착오 중 어느 것도 전쟁을 유발할 수 있다는 점이다. 이 두 가지 착오와 그에 따른 위험과 관련하여, 이 논문의 핵심주제와 직접적인 관련이 없지만 그냥 넘어가기엔 너무나 중요한 문제가 하나 있다. 다른 국가의 의도에 관한 불확실성이 불가피한 것이라면 국가는 설사 잘못된 가정에 따른 것이라 하더라도 최악의 결과를 피할 수 있는 정책을 택해야 한다는 점이다. 국가는 억지정책을 추구함에 있어 양국 간의 정치적 차이가 실제로는 타협할 수 있는 것이라면 적대감이 서로 맞물려 악화되는 나선과정을 초래하지 않는 방법을 택해야 한다. 또 회유를 하더라도 실제로는 침략적인 상대방이 간이 커져 공격을 감행할지도 모를 위험은 배제하여야 한다. 그러한 정책은 한편으로는 단호함과 협박, 그리고 필요시 전쟁을 불사할 것이라는 확고한 의지와, 다른 한편으로는 회유, 약속, 그리고 상대의 입장을 고려해 줄 것이라는 믿을 만한 의지를 겸비해야 한다. 그러나 이 과업은 매우 어려울 뿐만 아니라, 정책결정자와 학자를 막론하고 제대로 이해하지도 못하고 있다.22)

---

21) Robert W. Seton-Watson, *Disraeli, Gladstone, and the Eastern Question*, New York, 1972, p.127, 192. 재미있는 것은 제2차 세계대전 도중과 이후 소련이 미국의 생각을 잘 알 수 있었던 고위급 스파이를 가지고 있었다는 점이다. 최근에 소련은 모스크바 주재 미국대사관의 침투에 성공하는 개가를 올리기도 했다. 그 결과가 전적으로 해로운 것만은 아니었을 것이다. 만일 소련이 미국의 동기가 방어적임을 보여 주는 확실한 증거를 가지게 되었다면 쌍방이 모두 득을 보았을 것이기 때문이다.

22) 이 문제에 대한 보다 깊은 논의는 Jervis, *Perception and Misperception*, pp. 109-113; Jervis, "Deterrence Theory Revisited," *World Politics*, vol.XXXI, 1979, pp.289-324; Richard Ned Lebow, "The Deterrence Deadlock: Is There a Way Out?" in Jervis, Lebow & Janice Stein, *Psychology and Deterrence*, Baltimore,

나선적인 상승과정이 존재한다는 사실 자체가 나선모델의 적용 가능성을 입증하는 것은 아니다. 고조되는 긴장과 적대감, 폭력 등은 보다 깊은 곳에서의 갈등을 반영하는 것이지 그 갈등의 원인은 아니기 때문이다. 예로서 1930년대에 조금씩 쌓여서 1941년 미국의 대일석유수출금지와 4개월 후의 일본의 진주만 공격으로 절정에 달한 미일 간의 분쟁을 들 수 있다. 오인은 흔한 일이지만 나선모델을 이용하여 이러한 사건을 설명할 수는 없다. 협박과 행동이 교환되면서 확대되어 가는 것은 쌍방의 목적이 서로 상치하기 때문이지 상치하는 목적을 만들어 내는 것은 아니기 때문이다. 일본은 중국의 지배를 포기하느니 차라리 패전을 택해야 하는 입장이었고, 미국은 일본이 그 목적을 달성하게 내버려 두느니 차라리 전쟁을 택해야 하는 입장이었던 것이다.

블레이니도 7년 전쟁의 기원에 대한 히고넷(Patrice Loius-René Higonnet)의 견해를 반박하면서 이와 유사한 주장을 전개한다. 히고넷은 "아무도 이 전쟁을 원하지 않았다. 분쟁을 해결하려고 노력하는 과정에서 영국과 프랑스 정부가 본의 아니게 원래 사소했던 원인을 보다 큰 갈등으로 확대시키지 않았더라면 전쟁은 결코 일어나지 않았을 것이다"라고 주장한다.[23] 영국과 프랑스가 서로의 행위에 대해 대처하고 (또한 능가하려고) 노력하는 과정에서 적대감은 커져만 갔다. 그들은 점차 상대방의 동기에 의혹을 품게 되었고 애초 생각했던 것보다 사안이 크고 중대하다고 믿게 되었다. 이처럼 행동과 위협의 인식이 악순환을 그리면서 양국은 스스로를 보호하기 위해서는 대규모의 전쟁이 불가피하다고 여기게 되었다는 것이다. 이에 대한 블레이니의 반론은 간단하다. 그 전쟁은 처음부터 '북미대륙의 지배권'을 놓고 다툰 것이었다. 초기에 폭력의 수준이 낮았던 이유는 각

1985, pp.180-202; Alexander George, David Hall & William Simons, *Coercive Kipolmacy*, Boston, 1971, pp.100-103, pp.238-244; George and Richard Smoke, *Deterrence in American Foreign Policy*, New York, 1974, pp.588-613; Glenn Snyder & Paul Diesing, *Conflict among Nations*, Princeton, 1977, pp.489-493 등 참조.

23) Patrice Louis-Pene Higonnet, "The Origins of the Sevin Years' War," *Journal of Modern History*, vol.XL, 1968, pp.57-58. 이 점에 대해서는 또한 Smoke, *War*, Cambrige, Mass., 1977, pp.195-236를 참조할 것.

자가 상대방의 개전의지를 과소평가함으로써 신속하고 값싼 승리가 가능하다고 믿었기 때문이었다.24) 이들 간의 차이를 해소하려면 세밀한 연구와 많은 가설들을 검토해 보아야만 할 것이다. 그러나 명심해야 할 것은 적대감의 상호적인 확대가 있었다고 해서 당사자들이 자국의 사활적 이익에 대한 상대방의 위협을 과대평가하게 되었기 때문만은 아니라는 것이다.

게다가 설사 애초의 이해의 마찰이 전쟁을 할 정도는 아니었고 다만 갈등의 과정에서 전쟁에의 충동이 야기되었다고 하더라도 오인은 여전히 결정적인 요소가 아닐 수 있다. 국가들이 특정 사안을 놓고 다툰다는 사실 그 자체가 사안의 중대성을 높이는 것은 영향력과 평판의 문제가 개입되기 때문이다. 국가의 위신과 자원—피까지는 아니더라도—을 소모한 후에 후퇴를 한다는 것은 초기에 후퇴하는 것보다 심리적으로 더 뼈아픈 일이다. 그리고 그 국내적, 국제적 반향 또한 크게 될 공산이 높다.25) 이와 같이 새롭게 나타나는 딜레마는 1953년 미국이 한국전에서 휴전에 이르기 위해 미국이 다양한 형태로 군사적 압력을 가할 경우 예상되는 소련과 중국의 반응에 대한 미국 정보기관의 보고서에서 잘 나타난다.

만일 유엔군/미국의 군사행동이 실제로 시작되기 전에 공산주의자들이 휴전을 하기 위해 필요한 양보를 하든지, 아니면 유엔군/미군의 군사작전에 의해 만주와 소련의 국경의 안전이 위태롭게 되거나, 혹은 만주의 산업시설이 파괴되거나, 중국공산당 군대가 괴멸되는 등의 사태가 발생하는 위험을 감수해야 하는 양자택일을 해야 한다는 사실을 깨닫게 된다면 공산주의자들은 아마 휴전에 동의할 것이다. 그러나 실제로 그러한 행동을 하기 전에 그들로 하여금 선택을 하도록 압력을 가한다는 것은 극도로 어려운 일이다. 더욱이 유엔군/미군에 의한 행동이 일단 시작되면 공산세력의 힘과 위신이라는 문제가 개입되어 휴전에의 동의와 전쟁의 계속이라는 양자택일을 하기가 무척 어렵게 될 것이다.26)

24) Blainey, op. cit., pp.133-134.
25) 이 경우에 작동하는 심리적 메커니즘의 하나가 소위 '인지적 불협화(cognitive dissonance)'이다. 특정 목표를 달성하기 위한 노력을 정당화하기 위해 사람들은 그 목표가 지닌 가치를 과장한다는 것이다.
26) Departmant of State, *Foreign Relations of the United States, 1952~1954. XV: Korea*, Washington, D.C., 1984, Part I, p.888.

8. 적의(敵意)의 평가

종합하자면 국가는 상대방의 적의를 과소평가하기보다는 과대평가하기
가 더 쉬운 듯하다. 국가는 자국의 입장의 정당함과 상대방의 적의를 과장
하는 경향이 있다. 그리고 자국의 입장의 정당성에 대한 믿음이 상대방의
적의에 대한 과대평가를 낳는다. 국가지도자들은 그들 자신과 자신의 결정
을 좋게 생각하려고 하면서 종종 상대방의 입장에 대한 생각은 하지 못하
며, 따라서 그들의 행동이 상대방에게는 위협으로 비칠 수 있다는 것은 크
게 축소하여 생각한다.

자신의 의도가 평화적일 때, 국가지도자들은 상대방이 자신의 동기를 이
해하여 이쪽에서 자위조치로서 취한 행동에 대해 위협감을 느끼지 않을 것
이라고 생각한다. 국방차관보를 지낸 리처드 펄(Richard Perle)은 한 때 미
국이 소련의 의도에 확신을 가지지 못한다면 군비를 증강해야 한다고 말한
적이 있다. 소련이 침략적이라면 군비증강은 당연히 필요한 조치이고, 그렇
지 않다고 하더라도 단지 돈의 낭비에 지나지 않을 것이기 때문이라는 것이
다. 마찬가지로 미군이 압록강으로 진격을 할 때 애치슨(Dean Acheson) 미
국 국무장관은 미국이 중국을 위협하자고 하는 것이 아니라는 것을 중국이
잘 알고 있기 때문에 중국군이 자위를 위해 개입할 위험은 없다고 말하였
다. 영국이 1930년대에 독일의 적대적 태도가 주로 포위의 두려움에서 비
롯된 것이라고 믿은 것이나, 1973년 전쟁에 앞서 이스라엘이 이집트가 공
격받는 것을 두려워하고 있다고 생각한 것과 같은 예외는 드물다[27](영국과
이스라엘의 이와 같은 인식은 부분적으로는 과거의 전쟁에서 얻은 교훈에

---

27) Daniel Yergin, "Scoop' Jackson Goes for Broke," *Atlantic Monthly*, vol.
CXXIII, 1974, p.82. 당시 헨리 잭슨(Henry Jackson) 상원의원의 측근이었던 펄
은 여기서 잭슨 의원의 견해를 설명하고 있으나 이는 그 자신의 입장에도 적용될
수 있을 것 같다. 애치슨의 견해는 John Spanier, *The Truman-Macarthur Contro-
versy and the Korea War*, New York, 1965, p.97; Allen Whiting, *China Crosses
the Yalu*, Stanford, 1968, p.151에 나온다(유사한 예가 Jervis, *Perception and Mis-
perception*, pp.67-76에서 논의되었다). 1973년 이스라엘 사례의 분석은 Janice
Stein, "Calculation, Miscalculstion and Conventional Deterrence II. The View
from Jerusalem," in Jervis, Lebow and Stein, op. cit., pp.60-88 참조. 또한
Richard Betts, *Suprise Attack*, Washington, D.C., 1982 참조.

312

서 비롯된 것이었다).

이러한 편향(偏向, bias)은 소급하여 작동하기도 한다. 국가가 상대방의
행위가 일어난 이후에 그것을 해석하는 경우이다. 따라서 압록강으로 진격
할 때 중국이 경계할 하등이 이유가 없다고 믿었던 미국의 지도자들은 중
국의 한국전쟁 개입을 설명하는 것은 미국에 대한 중국의 숨은 적대감밖에
없다고 생각했다. 1950년에는 중국의 입장을 분명히 알고 있었음에도 불
구하고 인도는 1962년에 중국이 인도를 공격하자 그것이 도발에 의한 것
이 아니라고 보았고, 따라서 중국과의 더이상의 협력은 불가능하다고 결론
지었다. 이와 유사하게, 모든 서방사람들은 심지어 소련에 동정적인 사람
들까지 소련의 아프가니스탄 침공이 서방의 강력한 반발을 살 것이라고 알
고 있었지만, 소련의 지도자들은 이를 이해하지 못하였고 오히려 서방의
대응은 "어떠한 상황에서도 같은 반응을 보일 적대적인 계획의 일부"라고
보았던 것이다.28)

이 문제는 또 하나의, 보다 잘 알려진 편향에 의해 더욱 복잡해진다. 즉
국가는 객관적인 제3자가 보았더라면 최소한 부분적으로는 협력적인 요소
가 있는 행위에서도 위협적인 동기를 추론하는 경향이 있다는 것이다.
1950년대 중반 흐루시초프(Nikita Khrushchev)가 군비를 감축했을 때의
덜레스(John Foster Dulles)의 견해가 그 일례이며, 소련의 군비감축 제안
을 보는 로널드 레이건(Ronald Reagan) 대통령의 견해가 다른 하나의 예이
다.29)

이상의 두 가지 편향은 때로 동시에 작동하여, 그 결과 양측은 자신은 협
력적인 반면 상대방이 적대적으로 대응하고 있다고 믿게 된다. 예로서 1973
년 브레즈네프(Leonid Brezhnev)가 닉슨(Richard Nixon) 대통령을 방문하여

28) Raymond Garthoff, *Detente and Confrontation*, Washington, D.C., 1985, p. 1076.
29) 올리 홀스티의 고전적 논문(Ole Holsti, "Cognitive Dynamics and Images of the Enemy: Dules and Russia," in David Finlay, Holsti, and Richard Fragen, *Enemies in Politics*, Chicago, 1967, pp.25-96) 참조. 마이클 설리반은 그의 저서 (Michael Sullivan, *International Relations: Theories and Evidence*, Englewood Cliffs, N.J., 1976, pp.45-46)에서 덜레스가 생각한 것과 미국의 실제 행위와의 관계에 의문을 제기한다.

중동지역의 협상은 수락할 수 없는 것이라고 주장했을 때, 그리고 후에 그로미코(Andrei Gromyko)가 "(중동에서) 전쟁의 불꽃은 어느 때든지 표면으로 터질 수 있다"고 말했을 때, 그들은 평화에 대한 위협이 있는 경우에 서로 협의할 것을 규정한 기본원칙 합의(the Basic Principles Agreement)에 따른 의무를 수행하고 있다고 생각했을 것이다. 그러나 미국은 소련이 봄에는 위협을 하고 가을에는 경고를 하지 않음으로써 데탕트의 정신을 어겼다고 생각했다.30)

사람들은 극적인 사건에 주로 주목하기 때문에 적대성을 과장하여 인식하는 경향이 있다. 위협적인 행동은 위기나 외국영토의 점령, 신무기의 배치와 같은 경우로 나타나기 때문에 종종 높은 가시도(可視度)를 지닌다. 반면 협력적인 행동은 극적이지 못하고 아예 사건으로 취급되지 않기도 하기 때문에 대개 주목을 덜 받게 된다. 따라서 라슨(Deborah Larson)은 미국의 정치가들이 1955년의 오스트리아 중립조약(Austrian State Treaty)에 서명한 소련의 의도로부터 추론하기에 얼마나 게을렀는가를 지적하고 있다.31) 마찬가지로, 제2차 세계대전 이후 소련이 핀란드에서 군대를 철수했을 때도 거의 주목을 받지 못했다. 또한 과거 몇 년 동안 소련이 전략무기를 증강하고 있지 않다는 사실을 언급하는 정치가나 분석가는 찾아보기 힘들다.

9. 오인과 제3차 세계대전의 기원

상대방의 호전성을 과대평가해서든 혹은 과소평가해서든 오인은 제3차 세계대전의 원인이 될 수 있다. 만일 소련이 고도로 공격적이라면-혹은

---

30) 그로미코의 말은 Galia Golan, *Yom Kippur and After*, London, 1977, p.68에서 인용하였다. 1973년 전쟁을 어떻게 보는가는 데탕트에 관한 사람들의 견해를 잘 보여 준다. 예컨대 Harry Gelman, *The Brezhner Politburo and the Decline of Detente*, Ithaca, 1984, pp.135-139, 152-156; Garthoff, op. cit.; George, *Managing US-Soviet Rivalry*, Boulder, 1983, pp.139-154에 나오는 논의를 서로 비교해 보라.

31) Deborah W. Larson, "Crisis Prevention and the Austrian State Treaty," *International Organization*, vol.XXXI, 1987, pp.27-60.

소련의 주관적 안보욕구가 서방을 불안하게 만듦으로써만 충족될 수 있는 것이라면-전쟁은 소련이 미국의 의지를 과소평가할 때 일어날 수 있다. 만일 소련의 동기가 회유로써 달랠 수 있는 두려움에서 유래된 것이라면 전쟁은 위협감에서 나온 긴장과 근거 없는 두려움이 맞물려 진행된 나선형의 확대과정에 기인하여 일어날 수 있다. 그러나 오인이 어떻게 갈등을 유발하는가를 따져 보는 것은 쉬울지 모르지만 오늘날의 기술수준에서 쌍방이 모두 전쟁의 대가가 얼마나 큰가를 잘 알고 있을 때 그러한 갈등이 어떻게 핵전쟁으로 이르게 될지를 따져 보는 것은 쉽지 않다. 이 문제를 분석하기 위해 우리는 오인에 초점을 두어 치킨 게임(game of chicken)의 동학을 검토하고 위기의 안정성과 선제공격의 심리적 측면을 논의한다.

1) 오인, 약속, 그리고 변경

치킨 게임과 같은 상황, 즉 굴복을 포함한 어떠한 결과도 전쟁보다는 나은 상황에서 전쟁은 쌍방이 최소한의 의미에서 합리적이고 스스로의 행위를 통제하는 한 전쟁은 발생하지 않는다.[32] 쌍방은 서로 겁주고 으르렁거리기도 하겠지만 어느 쪽에서도 전면전을 개시하는 것은 말이 되지 않는다. 각자는 모두 단호한 태도를 취하여 상대방의 양보를 이끌어 내려고 하겠지만 명백한 것은 상대가 양보할 것이므로 이 쪽이 단호하게 나가도 안전하다는 잘못된 생각은 매우 위험하다는 것이다.

그러나 쌍방이 모두 스스로를 통제할 수 있는 한, 전쟁은 일방이 혹은 쌍방이 오인에 따라 행동하도록 미리 결정된 경우에만 일어난다. 즉 각자가 행동의 자유를 유지하는 한 국가는 최종 순간에 후퇴할 수 있기 때문에 전쟁은 피할 수 있다. 그러나 공약(公約, commitment)은 이와 같은 신축성을 제한한다. 그리고 그것이 바로 공약의 목적이기도 하다. 통상적인 교섭

---

32) 실제로 정치가들은 대결상황에서는 설사 그들이 원치 않더라도 대규모의 분쟁이 야기될 수 있다는 사실을 잘 알고 있다. 그래서 그들은 셸링이 말한 바와 같이 '운에 맡기는 협박'을 두려워하기도 하고 이용하기도 한다. Thomas Schelling, *Strategy of Conflict*, Cambridge, Mass.: Harvard University Press, 1960, pp.187-203. 오늘날의 상황에서 정책결정자가 핵무기를 발사할 수 있는 권한을 지역지휘관에게 맡기면 위기상황에서 통제권을 유지하기가 매우 어려워진다.

의 논리에 따르면 일방이 스스로 강경한 입장을 취하도록 사전에 결정, 즉 공약되어 있다고 설득할 수 있다면 타방은 양보 이외에는 선택의 여지가 없다.[33] 여기서 문제는 전쟁을 회피하기 위해 이와 같은 방법을 취하는 것은 오히려 전쟁이 일어날 소지를 높여 준다는 데 있다.

사전공약이 – 결국은 어떠한 메시지도 마찬가지지만 – 그 의도대로 인식되는가(혹은 아예 인식이 되지 않는가)의 여부는 그것이 얼마나 분명하고 설득력이 있는가에 달려 있을 뿐만 아니라 그것이 수신자의 인지적 성향과 얼마나 잘 부합하는가에도 달려 있다. 수신자의 국제정치와 다른 국가들에 대한 생각과 부합하지 않는 메시지는 송신자의 의도대로 인식될 확률이 낮다. 예를 들면, 미서 전쟁(美西戰爭, 1898) 직전 미국의 윌리엄 맥킨리(William McKinley) 대통령은 스페인에 대해 쿠바 문제에서 대폭적인 양보를 하지 않으면 미국의 군사적 개입을 초래할 것이라는 강력한 경고를 보냈다. 그러나 스페인이 주로 걱정한 것은 미국의 대스페인 선전포고가 아니라 쿠바 반군에 대한 원조였기 때문에 대통령의 연설을 그에 맞추어 해석하였다. 따라서 그들은 맥킨리가 상대적으로 중요하지 않다고 여긴 부분에 보다 주목하는 대신 그가 핵심이라고 여긴 부분은 대수롭지 않게 넘어갔던 것이다.[34]

뿐만 아니라 사전공약의 메시지를 보내는 국가는 그것이 으레 전달되었다고 가정하는 경향이 있다. 따라서 미국이 소련의 쿠바 미사일 설치에 의해 기습을 당했다고 생각하는 이유의 하나는 소련이 그와 같은 행동이 용인되지 않을 것이라는 사실을 알고 있었다고 가정하기 때문이다. 그러나 정치가들은 보통사람들과 마찬가지로 본인에게는 명백한 의도도 다른 사람에게는 모호할 수 있다는 사실을 이해하지 못하는 경우가 종종 있다. 그

33) Ibid., pp.119-161.
34) Earnest May, *Imperial Democracy*, New York, 1961, p.161. 이 문제에 대한 자세한 논의는 Jervis, *Perception and Misperception*, pp.203-216; Jervis, "Deterrence Theory Revisited," pp.305-310 참조. 핵무기의 제한적 사용이라는 맥락에서 이 문제를 논의한 문헌은 Schelling, "The Role of War Games and Exercises," in Ashton Carter, John Steinbruner & Charles Zraket(eds.), *Nuclear Operations and Command and Control*, Washington, D.C.: Brookings Institution, 1987, pp.426-444 참조.

리고 메시지가 그 원래 의도대로 수신되고 이해되었다고 생각하면, 상대방에 대한 모호한 정보를 가지고 마치 상대가 이 쪽의 사전 공약을 이해하고 있다는 사실을 보여 주는 것으로 착각하게 되어 문제는 더욱 악화된다.

2) 심리적 공약과 오인

오인이 전쟁을 야기하게 되는 것은 일국의 공약 정책이 타국에 미치는 영향에 대한 잘못된 믿음뿐만 아니라 공약이 자국에 미치는 영향을 통해서도 일어날 수 있다. 공약이라는 용어의 원래 의미가 전술적이라기보다는 심리적이라는 것을 잊어서는 안된다. 특정 정책을 공약한 경우 당사자는 이제 외교 교섭상의 평판이 걸려 있게 될 뿐 아니라 그 정책의 도덕적 정당성과 정치적 합리성을 믿게 된다. 예를 들면 한 조각 영토로 인해 대규모의 국제분쟁이 야기될지도 모를 결정을 내리는 과정에서 그 영토는 애초에 생각한 이상의 가치를 갖고 있는 것으로 생각된다. 게다가 다른 엘리트나 일반 대중의 관심을 불러일으켜 결국 공약을 한 후에 후퇴를 하는 것은 정치가들에게 매우 뼈아픈 타격으로 간주된다. 그들 생각에만 그런 것이 아니라 실제로 국내 정치권력에 큰 타격을 준다.

공약은 또한 오인의 원인이 되기도 한다. 정책결정자가 특정 정책이 필요하다고 믿게 되면 다른 행위자가 무엇을 할 것인가에 대한 정보를 왜곡시켜서라도 그 정책이 성공할 것이라고 믿게 되는 경우가 많다. 즉 자신이 하는 협박이 신빙성이 있고 또 효과적이어서 적으로 하여금 궁극적으로는 협력하지 않을 수 없게 하고, 따라서 자신의 목적을 달성할 수 있을 것이라는 믿음이 점차 강해지는 것이다. 하나를 얻기 위해 다른 하나를 희생해야 하는 상황은 매우 고통스럽다. 어떤 정치가도 전쟁을 회피하기 위해서 다른 중요한 외교정책 목표를 희생해야 한다는 사실, 혹은 그의 외교정책 목표를 달성하기 위해서는 피를 흘려야 한다는 사실을 인정하고 싶어하지 않는다. 물론 그는 타방이 전쟁을 불사할 것이라고 애초에 생각했다면 그런 상황을 초래할 결정은 하지 않았을 것이다. 그러나 공약은 대개 상대방이 어떻게 반응할 것인가에 대한 신중하고 객관적인 분석이 없이 점진적으로 전개되어 나간다. 이렇게 전개되다 보면 정책결정자는 한순간 자신이 상대방 국가의 반발을 야기하는, 별로 정당성이 없는 정책을 지지하고 있음을 깨닫게 되는 것이다. 그 결과로 전쟁이 일어날 수도 있다. 이 경우 국가는 '겁쟁이' 상황에 처해서 논리적으로 생각하는 것보다 무모하게 행동하기 때문이다.[35]

3) 궁극적인 자기실현적 예언

공약의 과정이 정치가를 함정에 빠뜨릴 수 있다고 하더라도 일방, 혹은 쌍방이 그것이 조만간 불가피해질 것이라는 결론에 도달하지 않는 한 제3차 세계대전이 어떻게 일어날 수 있는지를 그려 보는 것은 여전히 어렵다. 쌍방이 전면적인 핵전쟁이 무제한적인 손상을 초래할 것이라고 믿는 한 전쟁보다는 평화를 선택할 것이기 때문이다. 그러나 어느 일방이 평화의 유지가 더이상 불가능하다고 믿게 되면 문제는 더이상 전쟁과 평화 사이의 선택이 아니라 선제공격을 할 것인가 선제공격을 당할 것인가 사이의 선택이 된다. 이 경우에도 선제공격을 하는 것이 당하는 것보다 낫다고 판단할 경우에만 공격을 택할 것이다. 전략무기는 상대의 공격으로부터 비교적 안전하기 때문에 최근까지 학자들은 선제공격의 이점이 별로 없다고 생각해

---

35) 감정에 의해 야기된 '유발적 편향'의 한 유형인 이와 같은 인식과정에 대해서는 많은 문헌이 있다. 가장 뛰어난 입문서는 Irving Janis and Leon Mann, *Decision Making*, New York, 1977을 참조할 것. 이것을 국제정치에 응용한 문헌은 Richard Cottam, *Foreign Policy Motivation*, Pittsburgh: Univ. of Pittsburgh Press, 1977; Lebow, *Between Peace and War*, Baltimore: Johns Hopkins University Press, 1981; Jervis, "Foreign Policy Decision-Making: Recent Developments," *Political Psychology*, vol.II, 1980, pp.86-101; Jervis, Lebow and Stein, op. cit. 참조. 이와 관련된 초기의 저작으로 Holsti, North, and Brody, "Perception and Action," pp.123-158; Snyder, *Deterrence and Defense*, Princeton, N.J.: Princeton University Press, 1961, pp.26-27 참조. 이에 대한 반론으로는 Sagan, "Origins of the Pacific War," pp.893-922; John Orme, "Deterrence Failures: A Second Look," *International Security*, vol.XI, 1987, pp.96-124. 양자택일을 회피하려는 경향에 대해서는 Jervis, *Perception and Misperception* 참조. 퀘스터(George Quester, "Crisis and the Unexpected," *Journal of Interdisciplinary History*, vol.XVIII, 1988, pp.701-719)는 공약이 상대방의 후퇴를 유도하는 전략적 가치가 있다고 주장한다. 옳은 주장이나 그러한 행위는 상대가 상황을 정확히 판단하지 못하는 경우에 여전히 전쟁을 가져 올 수 있다.

318

왔다. 그러나 그들은 이제 소위 C³, 즉 지휘(command), 통제(control), 통신 (communication)체계의 취약성 때문에 정책결정자들이 선제공격을 하는 것이 당하는 것보다 조금은, 혹은 훨씬 더 낫다고 생각할지도 모른다는 사실을 깨닫게 되었다.36) 이 경우 선제공격이 보다 유리하고 이에 따라 소위 '위기상황의 불안정성(crisis instability)'이 초래된다.

위기상황의 불안정에 대한 논의는 이 글의 범위를 넘는 것이기 때문에 오인과 관련해서만 논의하기로 한다.37) 우선 인식은 그 자체의 모습으로 현실화된다. 전쟁의 불가피성에 대한 결정은 객관적인 것이 아니라 상대의 미래행위에 대한 일방의 인식에 의해 결정되며, 그러한 인식 또한 타방이 이쪽을 어떻게 인식하고 있는가에 대한 판단에 의해 영향을 받는다. 평화를 유지하기 위해서 국가는 이쪽이 전쟁을 시작하지 않을 것이라고 설득해서만은 안된다. 이쪽이 타방이 전쟁을 일으키지 않을 것이라 믿는다는 사실 또한 설득시켜야 하는 것이다. 그리고 이와 같은 상호작용은 군사력의 사용까지는 아니더라도, 적어도 군사적 동원이 이미 취해진 유례 없이 심각한 위기상황에서 일어난다.

그러한 상황에서 국가들이 어떻게 문제를 생각하고 타방의 행위를 판단하며 적국을 안심시키는 동시에 적국의 안심을 확인하는지에 대해 우리가

36) 제3차 세계대전이 발발할 수 있는 상황에 대한 논의는 Warner Schilling et al., *American Arms and a Chaning Europe*, New York: 1973, pp.172-174; George, "Problems of Crisis Management and Crisis Avoidance in US-Soviet Relations," 미간행 논문, Oslo, 1985 참조. C³에 관한 논의는 Desmond Ball, *Can Nuclear War Be Controlled?* London, 1981; Baul Bracken, *The Command and Control of Nuclear Forces*, New Haven, 1983; Bruce Blair, *Strategic Command and Control*, Washington, D.C., 1985; Carter, Steinbruner & Zraket(eds.), *Nuclear Operations* 참조. 그리고 이에 따른 위험에 대한 분석은 Graham Allison, Albert Carnesale & Joseph Nye(eds.), *Hawks, Doves, and Owls*, New York, 1985 참조. '기습에 대한 상호적 두려움'에 관한 최초의 논의는 Schelling, *Strategy of Conflict*, pp.207-229에 있다.
37) 여기에 관한 몇 가지 논쟁에 대한 보다 자세한 논의는 Jervis, *The Illogic of American Nuclear Strategy*, Ithaca, N.Y.: Cornell University Press, 1984; Lebow, *Nuclear Crisis Management*, Ithaca, N.Y.: Cornell University Press, 1987; Jervis, "Psychological Aspects of Crisis Instability," *The Implications of the Nuclear Revolution*(근간); Jervis, *The Symbolic Nature of Nuclear Politics*, Urbana, 1987 참조.

알고 있는 것은 별로 많지 않다. 그러나 그러한 분석이 어떻게 일어나든 그 자체는 단순히 현실을 묘사하는 것이 아니라 현실 그 자체가 된다. 전쟁이 불가피한가 아닌가의 질문은 당사자들이 그것을 어떻게 생각하는가와 분리되어 생각될 수 없다.

만일 전쟁이 일어난다면 선제공격의 이점을 객관적으로 증명하는 것이 될 것이다. 그러나 여기서도 어떻게 생각하는가가 중요한 역할을 한다. 일국의 군사교리, 그리고 적국의 군사교리에 대해 어떻게 생각하고 있는가가 선제공격을 할 것인가 말 것인가의 여부에 큰 영향을 주기 때문이다. 우선, 쌍방이 무제한 전쟁이 될 것이라고 믿는 한, 혹은 제한전쟁이더라도 공격이 도시에 집중될 것이라고 생각하는 한 선제공격에의 유혹은 낮을 것이다. 반면 쌍방이 상대방이 군사적 우위를 점하지 못하도록 하는 것이 중요하다고 생각하면 선제공격에의 유혹은 커질 것이다. 상대의 무기체계와 C^3 체계에 대한 공격은 상대의 제2차 가격능력을 파괴하지는 못하더라도 최소한 상대의 전쟁수행 능력에 심각한 타격을 입힐 수 있기 때문이다.

여기서 그리고 선제공격의 이점을 판단하는 여러 가지 기준에 있어서 엄청난 불확실성이 지배한다. 게다가 그러한 불확실성은 평화적으로 해소될 수 있는 것이 아니다. 따라서 국가지도자들의 인식이란 결국 추측과 직관에 의존할 수밖에 없는 것이다. 그와 같은 상황에서는 많은 요소들이 선제공격의 이점을 과장할 수 있다.[38] 예를 들면 다음과 같다. 군조직들은 대개 주도권을 놓치지 않으려고 한다. 정치가들은 상대방에게 공을 넘기는 것이 도움이 된다고 생각지 않는다. 전쟁이 불가피하다고 판단하게 되면 정책결정자들은 선제공격이 손상을 막는 데 도움이 된다고 결론지음으로써 심리적 고통을 극소화하려고 한다.

전쟁이 일어날 개연성이 높더라도 반드시 불가피한 것은 아니라고 판단하게 되면 선제공격은 엄청난 도박이다. 이 글의 모두(冒頭)에서 이야기 했

38) Jack Snyder, *The Ideology of the Offensive*, Ithaca, N.Y.: Cornell University Press, 1984; Barry Posen, *The Sources of Military Doctrine*, Ithaca, N.Y.: Cornell University Press, 1984; Sagan, "1914 Revisited: Allies, Offense, and Instability," *International Security*, vol.XI, 1986, pp.151-176; *International Security*, vol.XI, 1986/87, pp.187-198에 "The Origins of Offense and the Consequences of Counter fource"라는 제목으로 실린 세이건과 잭 스나이더의 논쟁 참조.

듯이 도박은 합리적일 수도 있다. 그러나 중요한 것은 도박이 반드시 합리적이 아니더라도 심리적 요인들로 인해 도박을 할 수도 있다는 사실이다. 사람들은 이득에 대해서는 위험을 기피하지만 손실에 대해서는 위험을 감수하는 경향이 있다.[39] 예컨대 100% 확률로 10달러를 벌 수 있는 경우와 20%의 확률로 55달러를 벌 수 있는 경우 중 택일을 할 경우 대부분의 사람들은 앞의 경우를 택한다. 그러나 100%의 확률로 10달러를 잃게 될 경우와 20% 확률로 55달러를 잃을 경우의 선택이라면 사람들은 도박을 하여 후자의 경우를 택한다는 것이다. 즉 사람들은 한 푼도 잃지 않으려고 더 큰 손실을 가져올 수 있는 도박을 한다는 것이다. 그러한 행위는 사람들이 합리적으로 판단할 경우 무시해도 좋은 '숨은 비용'에 민감하며 잃은 것을 벌충하기 위해 그만두어야 할 경우에도 손해를 계속 보는 경향이 있다는 것과 일맥상통하는 이야기다.

이와 같은 선택의 심리는 위기의 안정성과 관련하여 몇 가지 함의를 지닌다. 첫째, 현재 상황이 항상 준거점(準據點)이 되기 때문에 사람들은 최근의 손실을 벌충하기 위해 필요 이상의 도박을 한다는 것이다. 비록 손실이 전체 자산 규모에 비하여 사소하다고 하더라도 본인은 이를 바로 직전 상황과 비교하여 평가하고, 원래의 현상을 회복하기 위해 오히려 더 큰 손실을 감수하려고 한다. 따라서 위기상황에서 정책결정자는 중요한, 그러나 제한된 규모의 손실을 본 경우 이 패배를 만회하기 위해 전쟁을 감수할지도 모른다는 추론이 나오는 것이다. 합리적인 사람이라면 차라리 직전의 손실을 수용하고 더이상의 손실을 회피할 상황에서도 현상을 준거점으로 사용함으로써 국가지도자들은 보다 높은 위험마저도 감수하게 된다는 것이다. 만일 쌍방이 모두 각자가 손해를 보고 있다고 생각하면 위험은 더욱 커지는데 그러한 일은 서로가 입장이 다르고 출발점도 다른 만큼 쉽게 일

39) 이 논의는 Daniel Kahneman and Amos Tversky, "Prospect Theory: An Analysis of Decision Under Risk," *Econometrica*, vol.LVII, 1979, pp.263-291; Tversky and Kahnemann, "The Framing of Decisions and the Psychology of Choice," *Science*, vol.CCXI, 1981, pp.453-458; Kahnemann and Tversky, "Choices, Values, and Frames," *American Psychologist*, vol.XXXIX, 1984, pp.341-350; Tversky and Kahneman, "Rational Choice and the Framing of Decisions," *Journal of Business*, vol.LIX, 1986, pp.251-278에서 빌어온 것이다.

어날 수 있다. 실제로 소련이 현상이 계속해서 자국에 유리하게 변경되고 있다고 믿을 경우, 미국은 현상이 유지되고 있다고 믿는 경우에도 소련은 큰 위험을 감수할 수 있는 것이다. 뿐만 아니라 기정사실화를 통해 이득을 추구하는 전략도 위험하다.40) 손해를 본 국가가 재빨리 새로운 상황을 수용하고 그에 적응하지 않는다면 그 국가는 손해를 만회하기 위해 고도의 위험을 감수하려고 할 것이기 때문이다. 반면 상대가 '합리적'으로 행동할 것으로 기대한 다른 국가는 그와 같은 반발을 이해하지 못하여 갈등이 증폭될 명백한 가능성이 있다.

선택의 심리적 과정이 가지는 또 다른 의미는 국가지도자가 스스로 선제공격을 하지 않으면 전쟁이-그리고 그에 따른 엄청난 피해가-거의 불가피하고, 또 선제공격을 할 경우 손실을 회피할 가능성이 약간이나마 있다고 믿게 되면 통상적인 기대효용이론에 따를 경우, 자제하는 것이 마땅한 경우에서 선제공격을 결정할 수 있다는 점이다. 즉 자국이 공격을 받을 경우 입게 될 손실이 확실하면 그로서는 손실을 회피할 수 있는 어떠한 방법도 택하지 않을 도리가 없는 것이다. 이와 비슷하면서도 보다 개연성이 높은 경우는 중요한 제3세계 국가에서 자국에 불리한 쿠데타의 발생이라든지 분쟁지역에서의 적국의 제한적인 무력의 사용과 같이 그 심각성이 상대적으로 떨어지는 위기의 경우에 발생하는 심리적 동학이다. 그러한 상황에 국가는 묵인을 할 경우 확실히 입게 될 손실을 피하기 위해 불합리한 정도로 높은 확전과 파괴의 위험을 감수해야 하는 행동을 취한다는 것이다.41) 상황을 역전시키기 위해 강력한 행동을 취하지 않을 경우 입게 될 악화의 측면만 의식한 나머지 정책결정자는 보다 큰 위험을 감수하려고 하여 위기를 더욱 위험하게 이끌어갈 수도 있는 것이다.

정책상의 대응은 또한 결정이 어떠한 틀 속에서 이루어지는가에 따라 달라질 수 있다. 비록 손실을 기피하고자 하는 강한 동기로 인해 정책결정자가 앞에서 든 예에서와 같이 대안이 제시될 때 선제공격을 택할 수 있지만 같은 동기에서 양보할 수도 있다. 예를 들면 그가 선제공격을 하는 것이

---

40) George and Smoke, op. cit., pp.536-540 참조.
41) 퀘스터(Quester, "Crises and the Unexpected," pp.703-706)가 말했듯이 국가는 흥정을 유리하게 하기 위해 비합리적인 것처럼 보이는 행동을 취할 수도 있다.

선제공격을 당하고 반격을 하는 경우보다는 낫다고 하더라도 그 결과 보복이 확실한 반면 선제공격을 하지 않는 경우에는 전쟁을 피할 수 있는 여지가 (아무리 작더라도) 조금이라도 있으면 상대가 공격할 경우 입게 될 더 큰 손실을 입을 위험을 감수하고 자제하는 길을 택할 수 있는 것이다. 그러나 정책결정자가 만일 준거의 기준을 현상이 아닌 전쟁에서 입게 될 손실로 잡을 경우에 같은 대안을 놓고도 선택을 달라질 수 있다. 왜냐하면 그 경우 정책을 생각하는 기준이 몇 명을 잃느냐가 아니라 몇 명을 살리느냐로 바뀌어 이 경우는 몇 명이라도 확실히 살리는 길을 택하지, 몇 명 더 살리기 위해 하나도 못살릴지도 모르는 도박은 하지 않을 것이기 때문이다. 이렇게 볼 때 하나의 명백한 위험은 선제공격이 상대의 전략군사력을 현저히 약화시킴으로써 몇 명이라도 살린다는 기준을 충족하는 반면 자제하는 길을 택할 경우는 통상적인 효용극대화이론에서 말하는 것처럼 매력적으로 보이지 않게 된다는 것이다.

그러나 그림이 반드시 어두운 것만은 아니다. 첫째, 이처럼 암울한 상황은 극도로 드물고 아마 결코 일어나지 않을 것이다. 쿠바 미사일 위기가 아마도 전쟁에 가장 가까이 간 경우인데 이 경우에도 케네디(John F. Kennedy) 대통령은 전쟁이 일어날 확률은 50%가 넘지 않는다고 보았고 그가 말한 전쟁도 무력분쟁이었지 핵전쟁은 아니었다. 결국 미국의 관리들은, 그리고 아마 소련도 마찬가지로 전쟁이 불가피하다고 믿은 것과는 거리가 멀었다는 것이다.

둘째, 사람들이 가치간의 양자택일을 회피하는 경향이 평화의 유지에 도움이 된다는 점이다. 제3차 세계대전을 시작하느냐 아니면 상대가 먼저 공격할지도 모르는 위험을 감수하느냐 하는 선택은 엄청나게 고통스러운 것이다. 따라서 정책결정자들은 후자의 위험을 축소함으로써 이를 피하고자 할 것이다. 물론 정책결정자가 그와 같은 어려운 결정을 해야 하는 상황을 애써 부인하고자 한다고 해서 그가 어떻게 행동을 할 것인가까지를 보여주는 것은 아니다. 그러나 결국 그가 택하는 가치는 보다 두드러진 것, 그리고 다른 핵심가치와의 갈등의 가능성이 대두되기도 전에 미리 선택한 가치라는 것은 모종의 증거가 말해 준다. 따라서 정책결정자들이 전쟁회피의 필요성을 끊임없이 강조하고 전쟁이 불가피할 경우 선제공격의 필요에 대

해서는 거의 언급하지 않는다는 사실 자체가 그들이 자제하는 데 도움이
된다.

마지막으로, 위기의 불안정이 지닌 위험을 과장하는 것은 심각한 대결상
황을 필요 이상으로 위험하게 만들겠지만 동시에 국가로 하여금 전쟁의 위
기 자체를 회피하게 하는 유용한 역할도 한다. 정책결정자들이 위기를 통
제하고 조정할 수 있는 것이라고 믿으면 그들은 위기를 불러일으킴에 망설
임이 덜 할 것이다. 따라서 오인이란 유용한 면도 있다. 두려움, 심지어 근
거없는 두려움이라도 세계를 약간은 보다 평화롭게 만들 수 있는 것이다.

10. 결론

앞에서 언급한 방법론적인 문제로 말미암아 전쟁과 오인의 관계에 대해
확실한 일반화는 불가능하다. 그러나 잠정적으로 몇 가지 명제를 제시하기
로 한다. 첫째, 비록 오인이 없는 상태에서도 전쟁이 일어날 수 있지만 실
제로는 거의 모든 전쟁에서 오인이 관련되어 있다. 능력과 의도에 관한 국
가지도자들의 믿음이 대개 형편없이 틀린 것이라고 해서 그들이 어리석다
는 뜻은 아니다. 기술적, 조직적 능력에 대한 평가가 어렵다는 사실, 그리
고 다른 이들의 의도를 추론하는 것에 따르는 많은 장애요소, 사람들의 제
한된 정보처리능력, 그리고 과도하게 고통스러운 선택을 회피하고자 하는
욕구 등을 고려하면 착오는 차라리 불가피한 것이다.

둘째, 오인이 흔한 것이라고 하여 그 내용까지 자세히 알 수 있는 것은
아니다. 국가지도자들은 상대의 능력과 적대감을 과대평가할 수도 있고 과
소평가할 수도 있다. 한 국가가 적의 힘은 과소평가하면서 동시에 적대감
은 과대평가하는 경우에 전쟁이 일어날 가능성은 특히 높다. 그러나 많은
경우에, 능력의 평가는 정책의 산물이지 정책의 기반을 이루지 않는다. 특
정 정책에의 사전공약은 평가의 결과로서 나오기도 하지만 평가 자체에 영
향을 주기도 한다. 상대방의 적대감도 과대평가되기도 하고 과소평가되기
도 한다. 예외가 많기는 하지만 과대평가의 경우가 과소평가의 경우보다
흔한 것 같다. 마찬가지로 다른 국가의 지도자들이 자신과 같다고 잘못 생

각하는 경우보다 적의 마음을 읽지 못하는 경우가 더욱 흔하다. 다시 말해, 적국의 지도자가 처한 압력에는 이쪽에서 가한 것도 있음에도 불구하고 그들은 적국의 지도자가 처한 제약조건과 압력에 충분한 주의를 기울이지 않는 경향이 있다는 것이다.

셋째, 정치학자들에게는 너무나도 유명한 국제체계에 관한 다양한 분석들도 대부분의 전쟁의 발발에 대해 완전한 설명을 제공하지 못할 것 같다. 국가지도자들이 본 세계 속으로 들어가서 역사적 사실을 설명하는 데 익숙한 역사학자들에게는 이러한 사실이 놀라운 것이 아니다. 그러나 필자는 그와 같은 역사적 사실의 재구성도 사람들이 정보를 어떻게 인식하는가에 관한 여러 일반론들을 도출하기도 하고 또한 이용할 수도 있다고 주장하고자 한다. 인식의 일부는 자의적이고 특이한 것이지만 대개는 그렇지 않다. 정책결정자들도 보통 사람들과 마찬가지로 그들이 평소에 생각하는 것, 그들이 역사에서 배운 것, 그리고 어려운 선택을 피할 수 있기를 바라는 마음에서 행동한다.

이와 같은 일반론들이 정확하다고 하더라도 특정한 사례가 바로 예외일 수 있다. 제3차 세계대전이 일어난다면 그것은 지금까지 지배적이었던 패턴을 따르지 않을 수도 있다. 그러나 쌍방이 공히 기대하듯이 그처럼 엄청난 파괴력을 감안할 때 그러한 엄청난 일이 오인이 없이 어떻게 일어날 수 있는가를 상상하는 것은 쉽지 않다. 만일 미국이나 소련의 어느 일방이 혹은 쌍방이 모두 전쟁이 불가피하고 선제공격이 상대방의 선제공격을 당하는 것보다 낫다고 믿게 되면 특히 위험할 것이다. 이들 요소를 과대평가하게 할 수 있는 심리적 과정이 다수 존재하기 때문에 국가지도자들은 어떻게 해서 흔히 볼 수 있는 인식과정으로 인해 틀릴 뿐 아니라, 극도로 위험한 결론에 도달할 수 있는지를 깨달아야 한다. 이것이 특히 중요한 일이다.

국내정치와 전쟁*

잭 레비

일반 전쟁의 원인에 관한 정치학의 이론적 연구와 특정 전쟁의 기원에 대한 역사학자들의 사례연구를 모두 이해하기 위해서는 국내정치적 요인의 중요성에 대한 두 학문의 입장의 차이점에 유념할 필요가 있다. 역사학자들이 국내정치적 변수에 상당한 관심을 집중하는 반면, 대부분의 정치학자들은 그 중요성을 무시한다. 전쟁의 원인에 관한 어떠한 대표적 이론들에도 국내정치적 변수들이 포함되어 있지 않다. 대신에 몇몇 고립된 가설들이나 일반적으로 무이론적이고 비축적적인 경험적 연구들에서만 나타난다. 이러한 차이는 심각한 것이며 전쟁을 연구하는 정치학자들과 역사학자들이 서로에게 배운 것이 거의 없음을 시사한다. 정치학자들이 국내적 요

* Jack Levy, "Domestic Politics and War," *The Origin and Prevention of Major Wars*, Cambridge: Cambridge University Press, 1989(김재한 옮김).
  초벌번역 작업에 참여한 강택구(한림대), 임재연(시카고대), 최현욱(외교안보연구원)에게 감사한다.

▶ 레비는 전쟁연구에서 특히 국내정치적 요인의 중요성을 강조해 온 대표적인 학자이다. 번역된 이 논문에서도 레비의 이러한 주장을 전형적으로 읽을 수 있을 것이다. 그는 전쟁원인에 관한 연구가 역사학에서는 주로 국내적 요인의 분석에, 그리고 정치학에서는 국외적 요인의 분석에 치중해 왔음을 지적하고, 이들 간의 교류와 통합의 필요성을 주장한다. 따라서 그는 정치학자로서 전쟁연구에 있어 그간 국내정치적 요인들을 지속적으로 분석해 왔다. 국가의 성격, 정치체제의 유형, 사회경제적 구조, 민족주의, 여론 등의 요인들이 전쟁발발에 어떠한 인과관계를 갖는지를 밝힘으로써, 전쟁연구에 있어 국제체계적 수준에서의 연구 혹은 개인 수준에서의 연구성과들과 더불어 국내정치 수준에서의 전쟁이론을 개발해 왔다.

인의 역할을 보다 더 중요하게 인식한다면 그 이론적 설명력이 증가할 것이고, 개별 전쟁의 역사적 분석을 위해 보다 유용한 개념적 틀을 제공하게 될 것이다.

이 글은 국내정치와 전쟁에 대한 이론적 연구들을 검토함으로써 그러한 차이를 좁히는 데 첫 발을 내딛고자 한다. 국가의 속성과 전쟁행태 간의 관계, 민주적 정권과 비민주적 정권의 전쟁참여 경향, 경제구조의 영향에 관한 맑스주의이론과 자유주의이론, 민족주의와 여론의 영향, 속죄양 가설(scape-goat hypothesis) 등을 검토할 것이다. 먼저, 정치학자들과 역사학자들이 전쟁의 국내적 근원을 다루는 데 있어 나타나는 차이점을 살펴보고자 한다.

1. 정치학과 역사학에서의 국내정치와 전쟁

전쟁에 관한 대부분의 정치학 연구는 전통적으로 '현실주의' 패러다임을 따랐고 국제갈등의 주요 결정요소로서 국제체제의 구조와 국가들 간의 전략적 상호작용에 초점을 맞추어 왔다. 지난 15년 동안 전쟁으로 이끄는 과정, 특히 위기결정 과정에 대한 연구에서 관료정치적 변수와 심리적 변수의 역할에 대한 관심이 증가해 왔다. 비록 제국주의와 전쟁에 대한 경제적 이론들이 맑스-레닌주의자들에 의해 발전되었다고 하더라도, 일반적으로 정치학자들은 전쟁을 초래하는 과정에 미치는 경제적 변수의 직접적인 영향을 무시해 왔다. 최근 경제적 요인의 역할에 대한 관심이 높아졌지만, 주로 경제변화가 성장률에 미치는 효과와 그로 인한 국제군사력 분포의 변화에 관한 연구가 진행되었다.

국내정치와 기타 사회단위의 전쟁원인은 중요하게 다루어지지 않았다. 특정 변수가 전쟁의 발생에 미치는 영향에 관해서는 수많은 가설들이 있지만, 이러한 가설들이 더욱 포괄적인 이론들로 통합되는 경우는 드물다. 다른 분석 수준의 변수들과는 달리, 칸트류의 학자들을 제외하면 국내정치적 요인이 전쟁의 가장 중요한 원인이라고 주장하는 사람을 발견하기란 쉽지 않다. 여러 분석 수준에서 설명변수들을 포함하여 전쟁이론을 구축하려는 최근의 두드러진 시도들―초크리와 노스(Choucri & North), 스나이더와 디·

징(Snyder & Diesing), 부에노 디 메스키타(Bueno de Mesquita)의 이론 등-에서조차 국내정치적 변수들의 중요성이 대체로 무시된다.[1] 이러한 경향은 외교정책 결정과정에 대한 일반적인 이론연구에서도 비슷하게 나타난다. 앨리슨(Allison)의 패러다임은 외부적인 요인들을 강조하는 '합리적 모델'과 정부정치와 과정에 대한 두 가지 모델을 포함하고 있다. 스타인브루너(Steinbrunner)와 저비스(Jervis)가 인지적 모델을 추가했지만, 그 누구도 국내정치에 기초된 모델을 확립하지는 못했다. 이러한 유형은 전쟁 원인에 대한 여러 문헌조사에서도 나타난다. 내부집단/외부집단 가설(in-group/out-group hypothesis)의 간단한 언급과 맑스-레닌주의 이론들의 논의를 제외하면 사회적 분석 수준에서의 전쟁 근원들은 기본적으로 무시되었다.[2]

전쟁원인이론의 확립을 시도하는 정치학자들이 이와 같이 사회적 변수들을 소홀히 하는 것은 개별 전쟁의 원인을 연구하는 역사학자들의 최근 경향과 크게 대비된다. 외교정책의 우선성(Primat der Aussenpolitik)과 외교관계가 국내구조와 과정에 미치는 영향을 다루는 랑케(Ranke)식의 개념이 한동안 대륙의 역사편찬의 지배적인 접근방법이었으나 이제는 더이상 우세하지 않다. 전통적으로 외교사학자들은 공식적인 외교자료를 연구함으로써 경쟁국가들 간의 전략적 상호작용을 찾아왔으나, 오늘날에는 외교

1) Nazli Choucri and Robert North, *Nations in Conflict*, San Francisco, 1975; Glenn H. Snyder and Paul Diesing, *Conflict Among Nations*, Princeton, 1977; Bruce Bueno de Mesquita, *The War Trap*, New Haven, 1981. 하나의 중요한 예외로서 르보우(Lebow)는 억지가 실패한 현상을 분석했다. 그는 적의 억지 위협이 신빙성이 있고 적절한 군사력에 의해 뒷받침될 때조차 정치엘리트들이 그들의 국내정치적 이해관계 때문에 그 위협에 대항하고 호전적인 행동을 개시하게 된다고 주장한다. Richard Ned Leow, *Between Peace and War*, Baltimore, 1981 참조.
2) Graham T. Allison, *The Essence of Decision*, Boston, 1971; John Steinbrunner, *The Cybernetic Theory of Decision*, Princeton, 1974; Robert Jervis, *Perception and Misperception in International Politics*, Princeton, 1976. 전쟁원인 연구의 일반적인 문헌조사를 위해서는 Bernard Brodies, *War and Politics*, New York, 1973; Dina A. Zinnes, "Why War? Evidence on the Outbreak of International Conflict," in Ted Robert Gurr(ed.), *Handbook of Political Conflict*, New York, 1980, pp. 331-360; Bueno de Mesquita, "Theories of International Conflict: An Analysis and An Appraisal," in Ted Robert Gurr(ed.), op. cit., pp.361-398 참조.

정책에서 국내의 사회·경제·정치적 변수들이 갖는 역할이 중요하게 다루
어지고 있다. 이를 두고 일부 역사학자들은 추가 너무 멀리 가버렸다고 주
장해 왔다. 예를 들면 크레이그(Craig)는 정치외교사를 무시하는 경향뿐만
아니라 국내정치의 우선성(Primat der Innenpolitik)을 주장하는 역사학자
들의 외교정책연구 경향도 한탄했다.[3]

외교정책의 국내적 결정요소들을 점차 강조하는 이러한 경향은 제1차
세계대전의 역사편찬에서 뚜렷이 나타나는데, 이는 커어(Kehr)와 메이어
(Mayer), 특히 피셔(Fischer)의 연구에 의해 영향을 받은 것이다. 피셔의 사
회경제적 변수의 중요성에 관한 방법론적 강조는 독일의 전쟁책임에 대한
그의 실재적인 강조만큼 중요하다. 카이저(Kaiser)는 "1897년 후의 독일
외교정책은 국내의 사회주의와 민주주의의 위협에 대한 반응으로 이해되
어야 한다는 데에 널리 합의가 이루어졌다"라고 결론지었다. 전쟁의 국내
적 원인에 대한 이러한 강조는 독일에 국한되지 않는다. 졸(Joll)의 주장에
따르면 오스트리아-헝가리의 외교정책은 '전적으로 국내문제의 산물'이었
고, 프랑스와 러시아에서는 국내정책과 외교정책 중 어느 한쪽이 우세하다
고 볼 수 없을 정도로 얽혀 있었다. 어떤 학자들은 19세기 말 영국의 사회
제국주의의 국내적 요인을 강조했고, 다른 학자들은 영국이 1914년 7월
이전에 프랑스와 제휴하지 못한 결정적 실패요인은 내각과 의회정치에서
비롯되었다고 주장했다.[4]

---

3) Gordon A. Craig, "Political and Diplomatic History," in Felix Gilbert and
Stephen R. Graubard(eds.), *Historical Studies Today*, New York, 1971, pp.356-
371. 역사연구에서의 이러한 최근 경향에 대한 보다 일반적인 조사를 위해서는
Georg G. Iggers, *New Directions in European Historiography*, Middletown, Conn.,
1984; rev. ed. 참조.
4) Eckart Kehr, *Der Primat der Innenpolitik*, ed. by Hans-Ulrich Wehler, Berlin,
1965; Arno J. Mayer, "Internal Causes and Purposes of War in Europe, 1870
~1956: A Research Assignment," *Journal of Modern History*, XLI, 1969, pp.
291-303; Fritz Fischer, *War of Illusions*, New York, 1975; David E. Kaiser,
"Germany and the Origins of the First World War," *Journal of Modern History*,
LV, 1983, p.443. 전쟁에 기여한 다른 국가들의 국내정치의 역할에 관해서는
James Joll, *The Origins of the First World War*, New York, 1984, pp.92-122;
Michael R. Gordon, "Domestic Conflict and the Origins of the First World
War: The British and German Cases," *Journal of Modern History*, XLVI, 1974,

전쟁을 초래하는 과정에서 국내적 요인의 중요성은 이 글에서 언급되는 다른 역사적 사례들에서도 또한 명백하다. 거트만(Gutmann)이 언급한 것처럼 30년 전쟁에 대한 거의 모든 연구들은 그 기원을 종교와 황제권력에 대한 신성로마제국의 내전으로 추적한다. 이와 유사하게 유럽 전역을 휩쓴 프랑스 혁명전쟁은 혁명과 그것을 유지시킨 원동력이 된 프랑스의 사회, 경제, 정치적 세력들과 밀접하게 연관되었다. 챈들러(Chandler)가 주장한 것처럼 프랑스의 정당정치는 많은 당파들이 서로 다른 이유들로 인해 전쟁을 지지했다는 점에서 특히 중요했다. 국가사회주의 운동(National Socialist Movement)의 부상과 히틀러(Hitler)의 권력집권에 공헌한 사회경제 세력은 독일의 팽창주의 정책과 제2차 세계대전의 원인 중 핵심요인이었다. 일부 학자들은 영국의 유화정책을 형성한 국내정치적 제약요소들이 억지의 토대를 붕괴시킴으로써 제2차 세계대전의 발발에 기여했다고 주장했다.5)

비록 전쟁원인에 관한 대부분의 대표적 정치학이론들이 국내정치 변수의 중요성을 경시하고 있지만, 국내정치와 전쟁을 연계시키는 개별 가설들을 발견할 수는 있다. 이런 가설들이 더 큰 이론체계로 통합되지는 않았으나, 여기서 그 일부를 검토하는 것이 유용할 것이다.

2. 국가속성과 전쟁

국가 간의 전쟁이 흔한 현상이기는 해도, 각 국가들의 전쟁참여 빈도수는 똑같지 않으며, 그것은 국가들의 속성이 전쟁의 원인이 되는 중요한 변

---

pp.191-226; Samuel R. Williamson, Jr., "The Origins of World War I," *Journal of Interdisciplinary History*, XVIII, 1988, pp.795-818; Joseph A. Schumpeter, *Imperialism and Social Classes*, Oxford, 1951; Bernard Semmel, *Imperialism and Social Reform*, Cambridge, Mass., 1960 참조.

5) Myron P. Gutmann, "The Origins of the Thirty Years War," *Journal of Interdisciplinary History*, XVIII, 1988, pp.749-770; David G. Chandler, "The Origins of the Napoleonic Wars," unpub. ms., 1986; T. C. W. Blanning, *The Origins of the French Revolutionary Wars*, New York, 1986. 독일 팽창과 영국 유화정책의 국내적 원인에 관한 연구를 검토하기 위해서는 Jeffrey L. Hughes, "The Origins of World War II in Europe: British Deterrence Failure and German Expansionism," *Journal of Interdisciplinary History*, XVIII, 1988, pp.851-891.

수를 구성할 수도 있음을 말한다. 특정한 정치문화, 이념, 종교들이 다른 것들보다 더 호전적이라고 때때로 주장되기도 하지만, 계량적이고 경험적인 연구들은 대부분 이런 명제를 지지하지 않는다. 리차드슨(Richardson), 럼멜(Rummel), 하스(Haas) 그리고 그 밖의 학자들은 국가속성과 외교적 갈등 행태 간에 본질적으로 아무런 관계가 없음을 발견했다.6)

따라서 그러한 학자들은 전쟁을 설명할 때 개별 국가들의 특성이 아니라, 국가들 간의 '차이점'을 강조한다. 하나의 공통된 견해는 국가의 종교, 언어, 그리고 다른 특성들에 있어서의 차이가 전쟁에 기여하는 반면, 그러한 차원에서의 유사성은 평화를 촉진한다는 것이다. 네프(Nef)는 '관습과 신념의 공통된 세계'가 '국제평화를 위한 진정한 기초'라고 주장한다. 국가 간의 행위와 결과를 결정하는 데 있어 세력분포의 역할을 강조하는 일부 세력균형 이론가들 역시 보편적인 지적, 도덕적 틀이 평화와 안정을 위한 전제조건이라고 한다. 이러한 가설들을 경험적으로 검증해 보려는 시도가 있어 왔다. 비록 많은 결과들이 모순적이기는 하지만, 수많은 증거들이 사회적 차이와 전쟁발생 간에 약하지만 양의 관계가 있음을 보여 준다.7)

---

6) 국가들 간 전쟁행태의 차이에 관해서는 Quincy Wright, *A Study of War,* 2nd ed., Chicago, 1965, Tables 31-42; J. David Singer & Melvin Small, *The Wages of War, 1815~1965,* New York, 1972, pp.257-287. 강대국 전쟁행태의 불균형한 발생에 대해서는 Levy, *War in the Modern Great Power System, 1495~1975,* Lexington, Ky., 1983 참조. Lewis F. Richardson, *Statistics of Deadly Quarrels,* Chicago, 1960, pp.168-183, 211-246; Rudolph Rummel, "National Attributes and Foreign Conflict Behavior," in Singer(ed.), *Quantitative International Politics,* New York, 1968, pp.187-214; Michael Haas, "Societal Approaches to the Study of War," *Journal of Peace Research,* IV, 1965, pp.307-323; Raymond Tanter, "Dimensions of Conflict Behavior within and between Nations, 1958~1960," *Journal of Conflict Resolution,* X, 1966, pp.41-64; Wright, *War,* pp.828-829. 그러나 이러한 연구들로부터 일반화를 추구하기는 어려운데, 그들 중 많은 것이 럼멜의 것과 비슷하고 시기가 1955~1960년에 국한되기 때문이다.

7) 공통된 문화적 또는 도덕적 틀의 중요성에 대해서는 John Nef, *War and Human Progress,* Cambridge, Mass., 1950, pp.257-258; Hans J. Morgenthau, *Politics Among Nations,* New York, 1967, 4th ed., pp.208-215; Edward Vose Gulick, *Europe's Classical Balance of Power,* New York, 1955, pp.19-24. 이러한 문제에 대한 계량적이고 경험적인 연구로는 Wright, *War,* pp.1240-1260; Haas, "Communication Factors in Decision Making," *Peace Research Society(Inter-*

그러나 그 연구결과가 함축하는 것은 분명하지 않다. 왜냐하면 이러한 연구들을 뒷받침하는 세련된 이론적 틀이 없어서 경험적으로 관찰된 관계에 대해 의미 있는 해석을 할 수 없기 때문이다. 이러한 경험적 관계가 타당하게 나타나는 조건들과 국가의 유형들을 자세하게 밝힐 필요가 있다. 또한 이러한 요인들이 전쟁결정으로 되는 인과율 메커니즘에 더 많은 이론적 관심을 기울일 필요가 있다. 예를 들면, 이러한 차이점들은 전쟁을 통해 얻을 이득에 대한 기대를 쌍방에게 가져다 줌으로써 전쟁이 발발하게 하는가? 아니면 그러한 차이점들은 상대방의 의도나 능력을 잘못 판단하게 함으로써 전쟁이 발발하게 하는가?

3. 민주주의와 전쟁

초기의 연구들이 정권유형과 전쟁행태 간의 일관된 관계를 발견하지는 못했지만, 최근에 민주주의는 본래 평화스럽고 비민주적 정권은 더 호전적이라는 칸트식의 명제에 대해 새롭게 관심이 모아졌다. 칸트의 기본적인 주장은 공화정(헌법, 대의정부, 권력분립에 의해 특징지어지는)에서는 시민이 통치하고, 따라서 "전쟁의 모든 폐해를 겪을 결정을 해야 하는 시민들은 그런 악의 게임을 시작하는 것을 몹시 주저하게 된다"는 것이다. 비민주적인 국가의 정책결정자들은 전쟁으로 인해 직접적으로 고통받지 않고 견제와 균형의 체제나 선거책임 등에 의해 구속받지 않으므로 심지어 '가장 사소한 이유만으로도' 전쟁에 개입하는 경향이 크다.[8]

---

national) Papers*, XII, 1960, pp.65-86; Richardson, *Deadly Quarrels*, pp.211-246; Rummel, "Dimensions of Dyadic War, 1820~1952," *Journal of Conflict Resolution*, XI, 1967, pp.176-183; Francis A. Beer, *Peace Against War*, San Francisco, 1981, p.169. 비어는 정치, 언어, 종교적인 차이가 대외갈등 변화의 약 20%를 설명한다고 평가한다.

8) Immanuel Kant, "Eternal Peace," in Carl J. Frederich(ed.), *The Philosophy of Kant*, New York, 1949, pp.430-476; Kenneth N. Waltz, *Man, the State, and War*, New York, 1954, pp.80-123; "Kant, Liberalism, and War," *American Political Science Review*, LVI, 1962, pp.331-340; Michael W. Doyle, "Kant, Liberal Legacies, and Foreign Affairs: Part I," *Philosophy and Public Affairs*, XII,

332

  기본적인 칸트적 주장을 수용하는 많은 이들도 일단 전쟁이 일어나면 민주국가도 십자군 정신을 받아들여 특히 파괴적인 전쟁을 종종 한다는 것을 인정한다. 민주주의 정체는 이해의 갈등을 도덕적 성전으로 변형시키고, 완전한 승리와 무조건 항복을 요구하고, 국제질서에 대한 그들의 도덕관에 따라 '자유주의적 개입주의(liberal interventionism)'를 지향한다. 따라서 처칠(Churchill)은 1901년에 "민주주의는 내각식 왕정보다 더 보복적이다. 인민들의 전쟁이 왕들의 전쟁보다 더 끔찍하다"라고 단언했다. 리프만 (Lippmann)은 여론이 정부로 하여금 "아무런 대책 없이 질질 끌거나 아니면 너무 과격하게 오랫동안 대응하게 하거나, 평화시에는 지나치게 평화주의적이며 전시에는 너무 호전적이게 하고, 협상시에서는 너무 중립적이거나 유화적이게 하며, 아니면 지나치게 일시적이도록" 만든다고 주장하면서 민주주의와 외교정책의 역설을 강조했다.9)

  비록 전쟁과의 연계가 항상 명백하지는 않지만, 전쟁에 개입하려는 경향에 영향을 미칠 수 있는 민주주의국가 정책결정의 또 다른 특징이 있다. 민주적인 정책결정과정은 외교정책의 수행측면에서 결함이 있다고 자주 지적된다. 널리 알려진 것으로 토크빌(de Tocquevill)은 "대외정치는 민주주의의 독특한 어떤 특성을 거의 요구하지 않는다. 반대로 민주주의가 결여하고 있는 거의 모든 특성이 완벽하게 쓰이기를 요구한다"고 결론내린다. 모겐소(Morgenthau)는 민주정부가 정책에 대한 대중적 승인을 확보하는 것이 중요하다고 강조하지만, "외교정책에 대한 대중적 지지를 확보할 수 있는 조건이 외교정책을 성공적으로 추진할 수 있는 조건과 필연적으로 동일하지는 않다"라고 지적한다. 이와 유사하게 케넌(Kennan)도 외교정책의 효율적인 수행이라는 관점에서 볼 때 대중과 의회의 관여는 민주주의 '선천적 결함'이라고 주장한다. 특히 민주주의의 특성이 아닌 결속성, 계획의 장기성과 지속성, 기동성, 신속성, 비밀주의 등이 적대적인 세계에서 외교정책의 효율적인 수행을 위해 필요한 요소들이라고 언급되고 있다. 그러나

    1983, pp.205-235.
  9) Winston Churchill, "Speech in the House of Commons, May 13, 1901," in Martin Gilbert(ed.), *Churchill*, Englewood Cliffs, 1967, pp.21-22; Walter Lippmann, *The Public Philosophy*, Boston, 1955, p.20.

월츠(Waltz)는 권위주의국가들이 국제안보문제에서 결정적인 이점을 가진다는 주장에 반박하고, 외교정책에 대한 국내정치의 영향이 민주주의국가에서보다 권위주의국가에서 훨씬 더 클 것이라고 말한다.[10]

비록 자유민주주의 정권들이 외국과의 전쟁을 '개시하는' 경향이 적다는 것이 사실이라 할지라도, 그러한 국가들이 국제전쟁에 '개입하는' 경향이 적다는 것을 자동적으로 의미하지는 않는다.[11] 일정한 조건하에서는 전쟁을 회피하거나, 위협이나 폭력의 사용을 자제하는 것이 오히려 억지의 토대를 붕괴시킴으로써 전쟁을 유발할 수도 있다. 따라서 라이트(Wright)를 비롯한 많은 학자들은 민주정체가 외교정책의 수단으로서 위협과 폭력을 성공적으로 사용하는 데 잘 적응하지 못하며, 세력균형으로 평화를 유지하는 데에도 종종 실패한다고 본다. 많은 세력균형 이론가들은 국제체제의 안정성, 즉 큰 전쟁의 낮은 발발률은 부분적으로 국내적 구속 없이 현실정치를 추구하는 정책결정자들의 자유로움에 달려 있다고 주장한다. 민주주의의 여론은 이념적으로 적대적인 국가들과의 동맹형성, 체제내 군사력의 적절한 균형유지를 위해 필요한 동맹의 갑작스러운 변경, 또는 더욱 일반적으로, 억지를 위해 필요한 군사적 행동을 방해한다. 공개적인 외교정책 과정에 대한 대중적인 요구는 현실주의자들이 주장하듯 때로는 적과의 미묘한 협상을 위해 필요한 비밀주의 또한 배제한다. 예를 들면, 1914년 이전에 영국이 프랑스에 대해 결정적인 수행을 했더라면 독일의 호전적인 정책을 충분히 억지시키고, 따라서 대륙전쟁을 회피할 수 있었을 것이지만, 영국의 여론은 그런 실행을 불가능하게 했다. 또한 안정의 토대를 붕괴시킨 1864년과 1875년 사이의 유럽 세력균형 변동이 일어나는 동안 영국이 외교적, 군사적으로 수동적이었던 주요 원인은 국내의 여론 때문이었다고 주장된다.[12]

10) Alexis de Tocqueville, *Democracy in America*, New York, 1975, I, pp.234-235; Morgenthau, *Politics*, p.241; George Kennan, *The Cloud of Danger*, Boston, 1977, pp.3-4; Waltz, *Foreign Policy and Democratic Politics*, Boston, 1967, pp. 308-311.
11) 누가 전쟁을 먼저 시작했느냐에 대해 구별이 되지 않는 경우를 위해 본인은 전쟁 개입 또는 참전의 개념들을 사용한다.
12) 국내정치와 세력균형에 관해서는 Wright, *War*, pp.842-848; Inis L. Claude,

334

민주적인 정권과 비민주적인 정권이 전쟁을 개시하는 상대적인 경향에
관한 논쟁은 이론적 수준에서뿐만 아니라 경험적 수준에서도 행해졌다. 대
부분의 분석들은 전쟁참여의 비례 빈도수나 그 전쟁들의 심각성이라는 측
면에서 민주적 국가들과 비민주적 국가들 간에 차이가 없었다는 스몰과 싱
어(Small & Singer)의 1976년 연구결과를 확인했다. 민주주의국가들이 비
민주주의국가들보다 전쟁을 개시하는 경향이 약하지만, 그 증거는 결정적
이지 않다. 이 논쟁은 자유주의국가들이 더 평화적이라고 주장하는 럼멜의
연구에 의해 다시 불붙었지만, 그의 결론은 경험적 지표들에 편차가 있고
대부분의 분석대상이 시간적으로 지나치게 편협하고 대표성이 없다는 이
유로 비판받았다.13)

민주적 국가들이 비민주적 국가들만큼 많은 전쟁에 연루되었다는 증거
는 결정적이다. 그러나 민주적 국가들의 군사행태는 비민주적 국가들의 것
과 분명하게 구분되는 한 측면이 있다. 자유주의 또는 민주적 국가들은 서
로 싸우지 않는다. 이러한 관찰은 1972년 밥스트(Babst)에 의해 처음으로
중시되었고 일찍이 조사되었던 일련의 연구들에서도 재확인되었다. 지난 2
세기 동안 민주국가들 간의 전쟁 횟수는 민주주의가 정확히 어떻게 규정되
는가에 따라 무(無)에서부터 소수에 이르는 정도이지만, 이러한 숫자는 엄

Jr., *Power and International Relations*, New York, 1962, pp.40-93; Morgenthau,
Politics, pp.141-144 참조. 1914년 이전 영국의 여론과 불개입에 대해서는
Mayer, "Internal Causes," pp.298-299; Gordon, "Domestic Conflict," pp.195-
198. 프러시아가 부상하는 동안 영국의 수동성에 대해서는 Paul Kennedy, *The
Realities behind Diplomacy*, London, 1981, pp.74-139; R. W. Seton-Watson,
Britain in Europe, 1789~1914, Cambridge, 1955, pp.466-504 참조.
13) Small and Singer, "The War-Proneness of Democratic Regimes, 1816~1965,"
Jerusalem Journal of International Relations, I, 1976, pp.50-69; Rummel, "The
Relationship between National Attributes and Foreign Policy Behavior," in
Singer, *International Politics*, pp.187-214; Rummel, "Libertarianism and Inter-
national Violence," *Journal of Conflict Resolution*, XXVII, 1983, pp.27-71. 전쟁
개시의 문제에 대해 스몰과 싱어(Small & Singer, "War-Proneness," pp.64-66)
는 민주주의국가와 비민주주의국가의 차이를 발견하지 못한 반면, 챈(Chan)은
민주주의국가들이 전쟁을 덜 개시하는 경향을 발견했지만 이 또한 통계적으로
유의한 것은 아니었다. Steve Chan, "Mirror, Mirror on the Wall... Are the
Freer Countries More Pacific?" *Journal of Conflict Resolution*, XXVIII, 1984,
pp.617-648. 럼멜에 대한 비판을 위해서는 챈의 글 참조.

격하고 체계적인 경험적 연구에 의해 산출된 연구결과와 크게 다르지 않
다. 더구나 거의 모든 강대국들이 개입한 대전쟁에서 민주주의국가들은 결
코 서로 싸운 적이 없다. 민주정체들 간의 이와 같은 전쟁의 부재는 국제관
계의 경험적 법칙처럼 되고 있다.[14]

비록 민주정체들 간의 전쟁 부재에 관해 그럴듯한 설명이 많이 제기되
었다 해도, 아직까지 엄격하게 체계적으로 검증된 것은 없다. 그러나 한 가
지 타당한 결론을 내릴 수 있는데, 그것은 국가들을 그 내적인 특성에 기초
해서 구별하지 않는 순전히 구조적인 해석으로는 민주적 국가들과 비민주
적 국가들에서 관찰된 행태 차이를 설명하지 못한다는 것이다. 아마도 해
답은 국가들의 내부적인 변수에 있을 것이다.[15]

4. 경제구조

국제갈등에 대한 모든 사회적 단위의 접근들 중 가장 포괄적인 것은 맑
스-레닌주의 이론으로서, 이는 경제구조를 핵심적인 독립변수로 삼는다.
기본적인 주장은 자본주의사회에서 부의 불균등한 분배가 과잉생산, 불충
분한 국내 투자기회, 그리고 일반적으로 침체된 경제를 야기한다는 것이다.
이러한 효과는 대외적으로 팽창주의와 제국주의 정책, 시장·투자기회·원
자재에 접근하기 위한 자본주의 기업들 간의 경쟁, 궁극적으로는 자본주의
국가들 간의 전쟁을 야기시킨다. 또한 자본주의 경제체제는 잉여자본을 흡

---

14) 비록 이러한 연구에서 민주주의 정치체제나 자유주의 정치체제의 개념정의에
    편차가 있다고 하더라도, 대부분의 정의는 Small & Singer, "War-Proneness,"
    p.55의 것에 비교할 수 있다. '부르주아 민주주의'는 다음을 포함한다. ① 정기
    적인 선거와 야당의 자유로운 참여, ② 성인인구의 최소 10%의 투표 가능, ③
    행정부를 통제하거나 아니면 적어도 대등한 의회. 나는 이 글에서 자유주의정권
    과 민주주의정권을 구별하지 않는다. Dean Babst, "A Force for Peace," *Industrial
    Research*, April 1972, pp.55-58. 가능한 예외에 대해서는 Small & Singer, "War-
    Proneness," p.19; Rummel, "Libertarianism," p.42; Doyle, "Liberal Legacies,
    I," pp.209-217 참조.
15) 이러한 현상에 대한 대안적인 설명으로는 Small & Singer, "War-Proneness,"
    p.67; Doyle, "Kant, Liberal Legacies, and Foreign Affairs, Part II," *Philosophy
    and Public Affairs*, XII, 1983, pp.323-353 참조.

수하기 위한 대체시장으로서 전쟁경제와 높은 수준의 군사비 지출을 초래
하는데 그것은 군비경쟁, 국제적 긴장, 갈등의 악순환을 통해 전쟁을 야기
할 수 있다. 자본주의국가들은 자신들의 지위저하를 방지하려는 절박한 시
도에서 사회주의국가들에 대항하는 전쟁을 개시할 수도 있다.16)

맑스-레닌주의 제국주의이론의 이론적 통일성과 역사적 타당성에 대해
서는 수많은 비판이 있다. 여기서는 약간의 지적만으로도 충분할 것이다.
첫째, 자본주의와 제국주의 간의 연관성을 인정한다고 해도, 제국주의와
전쟁(특히 국가 간 전쟁) 사이의 이론적 연관성이 명백히 증명된 적은 없
다. 특히 식민지의 국경이 아직 정해지지 않은 시대의 제국주의 팽창은 강
대국 간의 경쟁을 체제의 중심부로부터, 그들의 중요한 국익이 덜 경쟁적
이고 적절한 타협안이 나올 수 있는 주변부로 전환시킴으로써 대전쟁의 발
발률을 감소시킨다는 것 또한 그럴 듯하다. 카우츠키(Kautsky)는 제국주의
경쟁이 주변부에 대한 연대 착취를 위해 자본주의국가들이 협조하는 '초제
국주의(ultra-imperialism)'를 초래할 것이라고 주장했다. 둘째, 경험적인 수
준에서 만약 자유민주주의 정치체제와 자본주의 경제체제 사이에 강한 연
관성이 있다고 가정한다면, 맑스-레닌주의 이론은 자유민주주의와 전쟁 관
계에 관한 경험적 관찰과 직접적으로 모순되는 두 가지의 예측을 낳을 수
있다. 자유자본주의국가들 간에 일어나리라고 예측된 전쟁은 쉽게 일어나
지 않았고, 자본주의국가들이 전쟁을 일으키거나 개입하는 경향이 다른 국
가들보다 더 높지 않았다.17)

---

16) Vladimir Ilyich Lenin, *Imperialism*, New York, 1939; John A. Hobson, *Imperialism*, London, 1954.

17) 맑스-레닌주의이론의 경험적 부정확성에 관한 이러한 특수한 주장은 자유민주
주의 정치체제가 역사적으로 자본주의 경제체제에 부합한 경향이 있다는 주장에
의지한다. 맑스-레닌주의이론에 대한 비판을 위해서는 Lionel Robbins, *The Economic Causes of War*, London, 1939, pp.19-59; Waltz, *Theory of International Politics*, Reading, Mass., 1979, pp.18-37 참조. 안전판 가설(safety valve hypothesis)
에 대해서는 Morgenthau, *Politics*, pp.340-343; T. Clifton Morgan and Levy, "The Structure of the International System and the Relationship between the Frequency and Seriousness of War," in Margaret P. Karns(ed.), *Persistent Patterns and Emergent Structures in a Waning Century*, New York, 1986, pp.75-98. Karl Kautsky, "Ultra-imperialism," *New Left Review*, LIX, 1970, pp.41-46 참조.

자유주의이론 역시 국제전쟁을 크게 경제관계구조의 측면에서 설명하지만, 맑스-레닌주의와는 반대되는 결론에 도달한다. 맨체스터(Manchester) 자유주의자들은 자유무역이 경제적 효율성과 번영을 증진시키고, 이는 동시에 평화를 촉진시킨다고 강력히 주장했다. 무역제한과 같은 시장메커니즘의 작동에 대한 간섭은 이익을 감소시키고 갈등을 증가시킨다. 베블렌(Veblen), 슘페터(Shumpeter), 그리고 다른 학자들은 산업정신과 군사정신의 근본적인 대립을 강조했다. 그들은 제국주의와 전쟁이 산업자본주의에 의해 생성된 부를 단지 낭비했을 뿐이며, 대중이나 부르주아의 이익에도 모순된다고 주장했다. 자유주의국가들은 타국들로 하여금 기존의 경제적 유대를 붕괴시킬 수 있는 적대적인 정책을 회피하게 하는 물질적 동기를 가지고 있다. 더구나 자유주의국가들 간의 관계에서 제기되는 생산, 분배, 가격, 그리고 무역과 재정 등의 어려운 문제들은 비인격적인 시장의 힘을 통해 해결되어 이러한 문제들에 대한 국가 간의 갈등은 최소화된다. 그러나 중앙집권화된 경제체제들 간의 경제관계는 시장에 의해서보다는 오히려 국력에 의해 결정되는 경향이 있고, 이러한 경제적 갈등의 정치화는 국가 간의 관계에 긴장을 더해 준다.[18]

5. 민족주의와 여론

칸트와 벤덤을 비롯한 대부분의 자유주의자들에 따르면, 여론은 본래 평화적이며, 전쟁은 정치지도자들이 전쟁을 원하지 않는 대중에게 강제하기

---

18) 자유주의 전쟁이론에 대한 연구로는 Geoffrey Blainey, *The Causes of War*, New York, 1973, pp.18-32; Edmund Silberner, *The Problem of War in Nineteenth Century Economic Thought*, trans. by Alexander H. Krappe, Princeton, 1946; Barry Buzan, "Economic Structure and International Security: The Limits of the Liberal Case," *International Organization*, XXXVIII, 1984, pp.597-624. 산업주의, 자본주의, 민주주의, 평화 사이의 관계에 대해서는 Thorstein Veblen, *Imperial Germany and the Industrial Revolution*, Ann Arbor, 1966; Schumpeter, *Imperialism*; Raymond Aron, *War and Industrial Society*, London, 1958 참조. 중앙집권화된 경제국가들 간의 국제경제관계의 정치화에 대해서는 Raymond Aron, *War*; Benjamin J. Cohen, *The Question of Imperialism*, New York, 1973 참조.

때문에 발생한다고 널리 알려져 있다. 그러나 정확히 반대되는 수많은 예들도 존재하는 것 같다. 정치엘리트들에게 전쟁을 하도록 압력을 넣거나, 더 강경노선의 정책을 채택하도록 강제하는 강경파 대중이 그 좋은 예이다. 1812년 전쟁에서 미국, 스페인-미국 전쟁에서 미국과 스페인, 크리미아 전쟁의 영국과 프랑스도 그 예 속에 포함될 수 있다. 예를 들어 스페인-미국 전쟁에 관해 쓴 메이(May)는 윌리엄 맥킨리(William Mckinley) 대통령이 국내정치 때문에 "그가 믿지 않은 대의명분을 위해 원하지 않는 전쟁으로 국가를 주저없이 이끌었다"고 본다.19)

민주주의국가들이건 비민주적 국가들이건 전쟁에 대한 국민들의 지지도는 그 전쟁이 장기화되고 희생이 늘어나면서 급격히 감소해 버리지만, 전쟁 초기에는 대단히 열광적이다. 미국정치에서 대통령에 대한 대중적 지지는 폭력 사용 직후에 반드시 증가하는데 그러한 군사적 행동의 현명함이나 성공에는 개의치 않는다. 이러한 현상은 국기, 대통령, 정당 주변에 집합하는 대중의 경향에 의해서, 궁극적으로는 근대 민족주의 현상에 의해서 설명되어 왔다.20)

민족주의는 민족에 대한 공통된 이해의 인식, 최고 가치로서 국익의 개념, 국가복지에 대한 전념 등을 낳았다. 이것은 민족신화를 통해 민족의 전지전능을 다루거나 민족적 도덕성을 초국가적 윤리와 일치시킴으로써 강화된다. 엘리트들은 그러한 신념과 교리를 국익에 대한 자신들의 견해나 정치적 이익을 향상시키는 데 사용할 수 있지만, 일단 이러한 신념과 교리

---

19) Jeremy Bentham, *The Works of Jeremy Bentham*, John Bowring(ed.), Edinburgh, 1843, II-IV. 여론, 정당정치, 1812년 전쟁의 기원에 대해서는 Roger Brown, *The Republic in Peril*, New York, 1964 참조. 스페인-미국 전쟁에 대해서는 Richard Hofstadter, *The Age of Reform*, New York, 1955; Ernest May, *Imperial Democracy*, New York, 1961 참조. 영국과 크리미아 전쟁에 대해서는 Olive Anderson, *A Liberal State at War*, London, 1967 참조.

20) 대통령의 행동에 대한 미국 대중의 지지는 John E. Mueller, *War, Presidents and Public Opinion*, New York, 1973에 의해 분석된다. 국기동원 가설(rally-around-the-flag hypotheses)에 대한 최근의 경험적 연구를 위해서는 Richard Stoll, "The Guns of November," *Journal of Conflict Resolution*, XXVII, 1984, pp.231-246; Charles W. Ostrom, Jr., and Brian L. Job, "The President and the Political Use of Force," *American Political Science Review*, LXXX, 1986, pp.541-566 참조.

가 생성되면, 그 스스로의 생명력을 갖게 된다. 심지어 전쟁까지 포함하는 독단적인 국가정책은 개인들로 하여금 압제적인 환경에 대한 권력욕이나 지배욕을 느끼게끔 하고, 국가를 통해 정체감과 성취감을 추구하는 일부 개인들의 경향을 강화함으로써 심리적으로 작용할 수 있다. 따라서 프루동 (Proudhon)은 전쟁이 종교의 지위를 획득했다고 썼다. "대중들에게 현실적인 구세주는 알렉산더(Alexander), 시이저(Caesar), 샤르망(Charlemagne), 나폴레옹(Napoleon)이다." 그러므로 민족주의는 권력의 한계를 인식하고 다른 국가들과의 관계에서 더욱 신중하게 행동하기를 선호하는 정치가들을 속박하는 강경한 여론을 생성한다. 모겐소의 말처럼 "구외교의 미덕이었던 타협이 신외교에서는 대역죄가 된다." 따라서 정치가들은 때때로 대외 강경파 대중에 의해 전쟁의 모험이 그 이득을 훨씬 능가하는 호전적인 정책을 추구하고 모두에게 최선의 이익이 되는 타협을 포기하도록 압력받는다.21)

여론이 항상 호전적인 것은 아니다. 정책결정자들이 더 강경한 정책을 취하지 못하도록 여론이 억제하는 예도 수없이 많다. 여론이 일반적으로 더 호전적인지 또는 평화적인지를 아는 것도 유용하지만, 더욱 중요한 문제들이 남아 있다. 하나는 여론이 호전적인 정책을 선호하는 조건과 타협적인 정책을 선호하는 조건에 관한 것이다. 다른 하나는 대중이 지지하는 특별한 종류의 군사행동(예를 들면, 점진적이고 제한적인 행동에 반대되는 신속하고 대량적인 폭력의 사용)에 관련된다. 더욱 기본적인 질문은 대중의 선호도가 전쟁과 평화에 관련된 국가결정에 어느 정도 영향을 끼치는가 하는 것이다. 이것들은 특히 우리가 일반화하고자 하는 정치체제와 역사적 상황의 다양성으로 인해 복잡한 문제들이다. 더구나 정치엘리트들은 여론에 의해 구속될 뿐만 아니라, 자신들의 목적을 위해 여론을 능동적으로 조작할 수도 있다. 정치엘리트들과 대중 간의 이러한 상호적 관계의 본질이 충분하게 이해되지는 않고 있다. 여론과 전쟁에 관한 이론이 없는 원인 중의 하나는 확실히 여론과 외교정책 결정 간의 관계가 복잡한 데서 비롯되는 것이다.

---

21) John Breuilly, *Nationalism and the State*, Chicago, 1985; Erich Fromm, *Escape from Freedom*, New York, 1941; Pierre-Joseph Proudhon, *La Guerre et la paix*, Paris, 1861; Nef, *War*, p.405에서 인용; Morgenthau, *Politics*, pp.532-550.

6. 속죄양 가설

다양한 상황에서 국가의 권력과 위신을 높이는 것처럼 보이는 강압적인 정책을 지지하는 국민들의 경향은 특정한 조건하에서, 정책결정자들로 하여금 국내적인 지지를 증가시키고 유지하는 수단으로서 호전적인 외교정책과 때로는 전쟁을 수행하도록 이끌 수 있다. 이러한 오래된 관념은 종종 전쟁의 속죄양 또는 전환이론(diversionary theory of war)으로 불리는데, 정치엘리트들은 국내의 사회, 경제, 정치적 문제들로부터 대중의 관심을 전환시키기 위해 외국과의 전쟁을 이용할 수 있다.[22]

이론적으로 속죄양이론은 사회학의 내부집단/외부집단 가설(in-group/out-group hypothesis)에 기초한다. 이 주제에 대한 최초의 체계적 연구에서 짐멜(Simmel)은 외부집단과의 갈등이 내부집단의 응집력과 정치적 중앙집권화를 증가시킨다고 주장하고 이를 국제관계에 적용하여 일반화했다. "때로는 외국과의 전쟁이 국내적 반대에 전전긍긍하던 국가가 이 반대를 극복하거나 결정적으로 와해시키는 마지막 기회가 된다." 코우저(Coser)는 짐멜의 명제들 중 많은 것을 수정했다. 그는 최소한의 내부 결속력이 이미 존재하고 있을 때, 그리고 외부 위협이 집단의 일부가 아닌 집단 전체에 대한 것이라고 일반적으로 인식될 때에만 내부집단의 결속이 증가될 것이라고 주장한다. 그렇지 않다면, 외적 갈등은 결속보다 오히려 내적 갈등과 분열을 초래할 것이다. 코우저가 내부집단/외부집단 가설에 관해 가장 널리 인용되는 권위자임에도 불구하고, 이런 중요한 조건이 항상 인정되는 것은 아니다.[23]

내부집단/외부집단 가설에 관한 경험적 연구가 심리학자, 인류학자, 사

22) 여기서 논의되지 않은 다른 이론적 문제는 근대국가의 발전과정에서 국내정치와 대외전쟁 간의 상징적 관계에 관한 것이다. Charles Tilly, "War Making and State Making as Organized Crime," in Peter B. Evans, Dietrich Rueschemeyer, & Theda Skocpol(eds.), *Bringing the State Back in*, Cambridge, 1985, pp.169-191; Tilly(ed.), *The Formation of National States in Western Europe*, Princeton, 1975.
23) George Simmel, *Conflict*, Kurt H. Wolff(trans.), Glencoe, III, 1955, p.93; Lewis Coser, *The Functions of Social Conflict*, Glencoe, III, 1956.

회학자, 정치학자들에 의해 수없이 행해졌다. 이 연구들은 다른 곳에서 충분히 검토되었기 때문에 여기서는 정치학 연구에 관한 간단한 요약이면 충분할 것이다. 국가들의 국내적 갈등행태와 대외적 갈등행태에 대한 다양한 지표들의 단순 상관관계를 알아보는 수많은 계량적 연구들은 일반적으로 그 둘 사이에 아무런 관계가 존재하지 않는다는 점에 동의하고 있다. 그러나 다른 변수들(정권유형과 같은)을 통제한 일부 연구들은 국내 갈등과 외부 갈등 사이에 약하지만 양의 상관관계가 있음을 발견했다.[24]

일부 비교사 연구들은 많은 사례들을 이용한 상관관계 연구와는 반대로 국내 불안정과 국외 전쟁 사이에서 훨씬 더 강한 관계가 있음을 발견했다. 로즈크랜스(Rosecrance)는 1740년부터 1960년에 이르는 유럽체제에서 국제적 안정과 평화의 주요 결정요소가 국내안정과 그에 따른 엘리트들의 안전이었던 반면, 국내불안과 엘리트들의 불안은 전쟁과 관련되었다고 결론 짓는다. 일부 계량적 상관관계 연구와는 반대로 로즈크랜스는 이 관계가 정치구조나 정권의 이념과는 관계없이 유지된다고 주장한다. 더구나 해외에서의 외교적 또는 군사적 승리를 통해 국내문제들을 해결하려는 정치지도자들의 동기가 개별 전쟁들의 주요 원인이었음을 제시하는 수많은 역사적 사례연구들도 있다.[25]

1914년 독일과 다른 국가들의 호전적인 정책이 민주주의와 사회주의 세력에 대항하여 불안정한 국내상황을 지속시키려는 희망에서 나왔다고 보는 커어, 메이어, 그리고 다른 학자들의 주장은 이미 언급되었고, 또 다른 사례들도 많이 있다. 미숀(George Michon)은 1792년 프랑스의 정책에 속죄양 해석을 적용한다. "전쟁은 오로지 사회문제로부터의 전환수단으로서 기능하도록 되어 있다. (전쟁은) 정부에 독재적인 권력을 주고 정부가 증오

---

24) Rummel, "The Dimensions of Conflict Behavior within and between Nations," *General Systems Yearbook*, VIII, 1963, pp.1-50; Tanter, "Dimensions of Conflict," Jonathan Wilkenfeld(ed.), *Conflict Behavior and Linkage Politics*, New York, 1973, pp.148-190. 이러한 연구의 더 자세한 검토를 위해서는 Arthur A. Stein, "Conflict and Cohesion," *Journal of Conflict Resolution*, XX, 1976, pp.143-172; Michael Stohl, "The Nexus of Civil and International Conflict," in Gurr(ed.), *Handbook*; Zinners, "Why War?" pp.341-344 참조.

25) Richard Rosecrance, *Action and Reaction in World Politics*, Boston, 1963.

342

하는 적들을 제거하게 해준다. 전쟁은 이러한 집단을 위한 국내정치의 대
책략이었다." 러·일전쟁의 기원을 러시아 내무부 장관에 의해 조작된 동기
에 두는 학자들이 많다. "이 국가가 필요로 하는 것은 혁명의 조류를 저지
할 수 있는 단기간의 승리전이다." 히틀러 역시 그의 정치적 위치를 공고
히 하기 위해 호전적인 외교정책을 이용했으며(비록 이것이 전쟁의 주요
원인은 아니었다고 해도), 1982년 아르헨티나 내각이 영국령 포클랜드
(Malvinas)를 침공한 것도 비슷한 동기에서 유래한 것으로 알려져 있다. 그
러므로 속죄양 가설에 관한 계량적인 경험적 연구는 많은 역사적 연구와
모순되며, 그 가운데 어느 것이 옳은지 불분명하다.26)

　비록 국내갈등과 대외갈등 간의 관계에 대한 계량적 연구들이 수많은
방법론적 문제들로 인해 공격받고는 있으나, 개념적 문제점들이 훨씬 더
심각하다.27) 이러한 연구들은 이론과 관련이 없었으며, 대신에 연구방법과
(럼멜 이후) 이용 가능한 자료에 의해 너무 좌우되어 왔다. 그들은 실재 결
과를 가져 오는 인과적 과정은 무시하고 국내 갈등과 외적 갈등 사이에 경
험적 연관성이 존재하는가 하는 점에만 역점을 두었다. 이와 같이 단순 상
관관계적 방법론은 국내 갈등이 외적인 갈등을 초래하는 과정과 외적인 갈
등이 국내 갈등을 초래하는 과정을 구별하는 데 실패했다.28)

---

26) 1914년 사례에 대해서는 각주 4)를 참조할 것. 미쉰은 Blanning, *French Revolutionary Wars*, 71에 인용되어 있다. William L. Langer, "The Origin of the Russo-Japanese War," *Explorations in Crises*, Cambridge, Mass., 1969, pp.3-45; Max Hastings and Simon Jenkins, *The Battle for the Falklands*, New York, 1983.
27) 이러한 계량적 연구들의 연구설계에서 나타나는 심각한 결점은 그들 중 대부분이 연구대상으로 하는 1955~1960년 기간에 관한 것이다. 이 기간은 시간적으로 너무 단기적일 뿐만 아니라 또한 상대적으로 평화스러운 기간이라 '보편적인' 국제정치행태를 대표하지 않기 때문에 그 연구결과의 일반화를 제한한다. 탁월한 방법론적 비판을 위해서는 Joseph M. Scolnick, Jr., "An Appraisal of Studies of the Linkages between Domestic and International Conflict," *Comparative Political Studies*, VI, 1974, pp.485-509 참조.
28) 외국과의 전쟁은 핵심 엘리트들과 대중이 저항하는 특정한 조건하에서 정부가 전쟁 노력을 지원하기 위해 사회에서 더 많은 자원을 추출하는 결과를 종종 낳는다. 또한 전쟁은 정부의 압제적인 능력을 약화시킬 수 있고 반항하는 국내의 적들을 고무시킬 수도 있다. Tilly, "Reflections on the History of European State-making," *Formation*, p.74 참조.

이러한 과정의 출발은 더욱 세분화시킬 수 있다. A국가내에서의 갈등은 속죄양 가설에서 제기하는 것처럼, A의 지도자들이 전환의 목적을 위해 힘을 대외적으로 사용하도록 만든다. 아니면 A국가내에서의 갈등이 B국가로 하여금 A국의 혼란으로 생성된 일시적인 군사적 이점을 이용하게 하거나, 또는 A국의 권력투쟁 결과에 영향력을 행사하기 위해 개입하도록 자극할 수 있다. 이 과정 둘 다 작동할 수 있다. A국내에서의 갈등은 B국가가 공격할 기회를 제공할 수도 있고, 역으로 A의 정치지도자가 자신의 국내정치적 목적을 위해 이용할 수 있는 실제적인 외부위협을 제공하기도 한다. 이와 같은 외부위협은 1792년 프랑스, 1918년 러시아, 1980년 이란의 사례가 지적하는 것처럼 혁명정권에게 특히 유용하게 쓰일 수 있다.[29]

내부집단/외부집단 가설에 관한 경험적 연구의 또 다른 약점은 명제가 성립되는 조건들을 제시하는 데 실패한 것이다. 사례들 전체에 대한 상관관계 분석은 최소한의 과학적 통제를 받은 것이고 더욱 제한된 상황에서 나타나는 더 강한 연관성을 감출 수도 있다. 비록 많은 경험적 연구들이 코우저를 언급하고 있지만, 보통 그런 연구들은 기존의 국내갈등 수준이 너무 높다면, 외국과의 갈등이 국내 갈등을 감소시키기보다는 오히려 증가시킬 것이라는 코우저의 조건을 무시하고 있다. 만약 그 조건이 맞다면, 가설이 검증되기 전에 관계가 역전되는 시점이 지정되어야 한다. 외부적 제약요소 또한 중요하다. 외교적 패배가 보통(항상은 아니지만) 국내정치적 분열을 격화시키므로 한 국가의 상대적인 힘의 크기가 속죄양 만들기에 영향을 미치는 중요한 요소가 될 수도 있다. 군사력에서의 변화율 또한 영향력을 갖는다. 국내적 분열뿐만 아니라 군사력의 쇠퇴에 직면한 정책결정자들은 그들의 국내외 문제를 동시에 해결할 수 있는 전쟁에 특히 모험을 걸려고 하고, 따라서 속죄양과 예방전의 상호작용에 의해 전쟁으로 치닫게 된다. 피셔와 다른 학자들은 이것이 독일로 하여금 1914년 전쟁을 개시하게 만든 두 가지의 주요 동기였다고 주장한다. 르보우의 연구는 이러한 현상

---

29) Blainey, *Causes of war*, pp.68-86는 국내적 취약성을 이용한 외부의 공격이 전환적 행동보다 역사적으로 더 보편적이라고 주장하지만, 이같은 주장은 해결되지 않은 경험적 문제이다. 혁명정권이 외부로부터 시작한 공격에 대해 자신의 정치적 권력을 공고히 하는 방향으로 대응하는 가능성은 나이(Joseph Nye)에 의해 강조되었다.

이 더 일반적일 수 있다는 사실을 보여 준다. 실제로 국내적 갈등—그리고 그것을 초래하는 사회적, 경제적 문제—이 때때로 국가 쇠퇴의 중요한 원인이 되기도 한다.[30)]

이와 같은 이유들로 인해 내부집단/외부집단 갈등에 대한 국제관계 연구는 적절한 이론화에 근거하지 않은 경험적 연구가 무익하다는 사실을 보여 주는 고전적인 예가 된다. 스톨(Stohl)이 주장하는 것처럼 계속되는 '이론적 기초의 부족은 증거의 축적에 역행했고' 대신에 '고립된 단편적인 정보만'을 생성했다. 그의 견해에 따르면 국내적인 갈등과 외국과의 갈등 간의 관계에 대한 정치학자들의 많은 연구가 비이론적 성격을 갖는 이유는 다른 학문분야의 연구업적에 크게 관심을 두지 않는다는 데 있다. 그러한 연구자들은 그 조건을 고려하지 않은 채 코우저의 기본 가설을 수용했고, 내부집단과 외부집단 갈등 간의 관계에 영향을 미치는 일부 다른 조건들에 관한 심리학, 인류학, 사회학의 연구도 활용하지 않았다. 이러한 문제에 대한 역사적 연구는 속죄양 만들기의 중요성을 증명해 주는 개별 사례들의 분석을 위해서뿐 아니라, 이런 관계를 일반화하려는 보다 이론지향적인 노력을 위해서도 역시 유용하다.[31)]

전쟁의 국내적 원인에 대한 메이어의 연구는 일반적인 정치학 연구보다 더 풍부한 이론적 발전을 속죄양 가설에 제공해 주는 역사학적 분석의 좋은 예이다.[32)] 코우저와 메이어가 주장하는 것처럼 외국과의 전쟁이 국내의 결속에 미치는 영향은 기존 내부단결의 수준과 전쟁의 결과에 달려 있다. 승리가 전쟁을 주장하고 지휘했던 사람들의 국내정치적인 지위를 강화하는 반면, 패배는 그들의 권력을 감소시키고 반대편의 권력을 증가시킨다. 메이어가 지적한 것처럼 정책결정자들은 이러한 위험을 인식하고, 만약 국

---

30) Fischer, *War*, p.398; Lebow, *Between Peace and War*; Levy, "Declining Power and the Preventive Motivation for War," *World Politics*, XL, 1987, pp.82-107.

31) Stohl, "Civil and International Conflict," pp.326-329. 속죄양 가설의 광범위한 분석을 위해서는 Levy, "The Diversionary Theory of War," in Manus I. Midlarsky(ed.), *Handbook of War Studies*(근간) 참조.

32) 국내 갈등과 외부 갈등 간의 관계에 대한 정치학 연구에서 메이어의 연구가 거의 인용되지 않는다는 것이 나타난다. 예외적인 것으로 Michael G. Fry & Arthur N. Gilbert, "A Historian and Linkage Politics," *International Studies Quarterly*, XXVI, 1982, pp.425-444가 있다.

내적 긴장이 매우 심각하거나 패배의 위험이 너무 크다면 국외로의 전환행
위를 단념한다. 그는 전쟁에 대한 동기를 부여하든지 아니면 저하시키든지
관계없이 국내정치는 국내외적인 평화의 시대보다 혁명 전후의 시기와 내
부적으로 불안정한 조건하에서 외교정책에 가장 큰 영향을 미친다고 가설
화한다. 국내적 위기는 보수주의자들에게 공격심을 불러일으키고, 그들은
외부의 적에 대항하는 힘의 전환적 사용을 통해 특권적인 정치·사회·경제
적 지위를 유지시키려고 노력하게 된다. 메이어는 프랑스혁명을 필두로 많
은 사례들에 그의 개념틀을 적용하고 국내적 위기와 대외적 전쟁의 주요
원인은 '거대하고 끔찍한 폭동에 대한 교정적이고 모험적인 저항이라기보
다 오히려 과도하게 인식된 혁명의 위험에 대한 과민반응'이었다고 결론
맺는다.[33]

힘을 외부로 사용함으로써 권력지배를 유지하는 비교적 동질적 상층계
급이 존재한다고 보는 메이어의 가정은 지나친 것일 수도 있다. 엘리트 내
부의 권력경쟁에서 하나의 정파가 자신의 이익을 증진하고자 외국과 대결
을 추구한다고 보는 다원적인 정치모델이 더 그럴 듯하다. 르보우가 그런
가설을 제시한다. 그는 러·일 전쟁 전 조선에서 러시아의 영향력을 확대하
려는 시도는 재무부 장관 위트(Sergei Witte)의 정치적 영향력을 잠식시키
기 위해 베조브라조프(Bezobrazov) 파벌이 세심하게 노력한 결과였다고 주
장한다. 아니면 여러 정파들이 각각 전쟁이나 호전적인 정책으로 자신의
관료적 국내 정치적 목적을 이룰 수 있다고 믿었을 것이다. 혁명기의 프랑
스가 그 좋은 예로서 거의 모든 주요 정파들(극단적인 급진주의자들을 제
외하고)이 서로 다른 이유들 때문에 전쟁을 추구했다.[34]

---

33) Mayer, "Internal Causes of War"; "Internal Crises and War since 1870," in
Charles L. Bertrand(ed.), *Revolutionary Situations in Europe, 1917~1922: Ger-
many, Italy, Austria-Hungary*, Montréal, 1977; Mayer, "Domestic Causes of the
First World War," in Leonard Krieger and Fritz Stern(eds.), *The Responsibility of
Power*, New York, 1967, pp.286-300. 메이어의 결론은 국내적 결속이 낮은 조
건하에서는 정치엘리트들이 외부로의 전환적 행동으로 인한 위험을 인식하여 그
러한 행동을 억지하게 된다는 그의 주장과 충분히 일치하지 않는 것처럼 보인다.
34) Lebow, "Deterrence Deadlock: Is There a Way Out?" in Jervis, Lebow &
Stein(eds.), *Psychology and Deterrence*, pp.180-202. 프랑스의 사례에 대해서는
Blanning, *French Revolutionary Wars* 참조.

제국주의나 전쟁을 위한 결정이 한 정치파벌만의 주도적 선호도가 아니라 국내의 연합구축 과정에서 나타나는 수도 있다. 스나이더는 엘리트내의 분열, 외부로의 팽창에 대해 강력한 이익을 느끼지 못하는 집단들, 국내적인 조화와 제국적 추구를 하게 하는 결탁과 타협의 과정 등을 강조하는 이론을 구축했다. 1800년대 말 독일의 철과 호밀의 연합이 한 예이고, 같은 기간 사회제국주의를 지지한 영국의 자유주의자와 보수주의자들의 연합이 또 다른 예이다.[35]

이 글의 주요 주제는 전쟁을 초래하는 과정에서 국내정치적 변수들이 갖는 상대적 중요성에 대한 역사학자와 정치학자들 간의 평가 차이이다. 국내적 갈등행태와 외국과의 갈등행태 간의 관계에 대한 정치학의 연구는 이러한 불일치의 현저한 예이다. 계량적인 경험적 연구는 그러한 관계가 없다고 하는 반면 개별 전쟁들에 대한 역사학자들의 사례연구와 정치학자들의 역사적 연구 또는 정치학의 이론적 연구는 그 관계가 있다고 주장한다. 계량적 연구의 방법론적 한계와 관련된 이러한 차이들은 국내 갈등행태와 국외 갈등행태 간의 관계가 정치학의 계량적인 경험적 연구에서 제시된 것보다 더 실재적이라는 잠정적 결론에 이르게 한다.

그러한 관계를 위한 증거가 부족한 것은 경험적 연구를 인도할 잘 발달된 이론적 틀이 없다는 것으로 주로 설명될 수 있다. 이러한 이론적 빈곤의 원인은 지나치게 편협한 학문영역들과, 정치학자들이 다른 학문분야에 잠재되어 있는 풍부한 이론적 통찰의 근거를 이용하지 못했다는 데에 있다. 비록 정치학자들이 자신의 이론적 일반화를 검증하기 위해서 역사적 연구의 잠재적 유용성을 종종 인정하기는 해도, 이론적 명제의 근원으로서의 유용성에 대해서는 과소평가한다. 속죄양 가설에 관한 연구는 "자료분석에서 하는 것만큼 이론구축에 엄밀성을 추구하지 않는 경우가 너무 흔하다"는 부에노 디 메스키타 주장의 좋은 예이지만, 그것은 또한 이론개발 작업에 중요한 이론적 통찰의 다양한 근원을 설명해 주기도 한다.[36]

---

35) Jack Snyder, *Myths of Empire: Domestic Politics and Strategic Ideology*, unpub. ms.
36) Bueno de Mesquita, "Theories," p.396.

II
자유주의

정치적 공동체와 북대서양 지역*

칼 도이취 외

1. 연구문제

우리는 인간이 언젠가 전쟁을 사라지게 할 수 있는 방법을 찾아내는 데 기여하기 위하여 이 연구를 시작하였다.

우리는 시작부터 문제의 복잡성을 인지하였다. '평화'를 '정의'나 '자유' 와 같은 중요한 가치에 명료하게 연결시키는 것이 쉽지는 않다. 전쟁 대신 에 우리가 받아들일 수 있는 대안에 관한 공통적인 합의는 거의 이루기가 어렵다. '전쟁'과 '평화'와 같은 용어를 사용하는 데에는 상당히 모호한 면 이 있다. 그러나 지금 전쟁은 너무 위험스러워서 인간은 그것을 제거해야 만 한다는 가정에서부터 이 연구를 시작할 수 있을 것이다. 물론 이러한 시

---

* Karl W. Deutsch, Sidney A. Burrell, Robert A. Kann, Maurice Lee, Jr., Martin Lichterman, Raymond E. Lindgren, Francis L. Loewenheim, Richard and W. Van Wagenen, *Political Community and the North Atlantic Area*, Princeton: Princeton University Press, 1957, ch.1(조기숙 옮김).

▶ 미국의 저명한 정치학자 중의 한 사람인 칼 도이취는 자신의 저서 *The Nerves of Government*를 통해 커뮤니케이션의 흐름과 통제를 중심으로 정치현상을 설명 하는 커뮤니케이션이론을 제시하였다. 이 책에서 도이취와 다른 저자들은 이 모 델을 국제체제의 분석 수준에 적용하여 국가 간의 커뮤니케이션의 확대와 그를 통한 지역통합의 가능성을 논하고 있다. 북대서양 지역을 중심으로 하는 이 연 구는 안보공동체 형성의 전제조건, 통합의 과정, 당시의 북대서양 지역의 현실, 그리고 이러한 접근의 정책적 함의의 문제 등을 다루고 있는데 이 연구는 당시 의 통합이론의 전개에 있어서의 공헌은 물론이고 현재의 다양한 형태의 공동체 논의에 있어서도 중요한 시사점을 제공하고 있다고 하겠다.

도가 실패할지도 모른다. 그러나 생존하려는 문명 속에서 국제적인 조직에 관한 연구의 중심문제는 바로 이것이다. 인간이 전쟁을 없애기 위하여 사회적 제도를 구성하여 함께 활동하는 것을 어떻게 배울 수 있을까?

이는 오늘날 수많은 최고의 지성을 사로잡고 있는 질문, 즉 우리는 어떻게 '다음 번 전쟁'에서의 패배를 막거나 회피할 수 있을까? 하는 질문과 비교한다면 한편으로는 작은 질문이고 다른 한편으로는 큰 질문이다. 한편으로 사회적 제도에 관한 질문은 전쟁의 패배와 관련된 질문과 비교하면 물론 작은 질문이 된다. 왜냐하면 우리가 단기적인 전쟁의 위기 속에서 살아남지 못한다면 장기적인 문제를 해결할 가능성도 없기 때문이다. 반면에 제도에 관한 질문은 20세기의 동서양국의 대립뿐만 아니라 정치적 단위 사이의 관계의 기저에 흐르는 총체적인 문제에 항상 관심을 갖기 때문에 보다 큰 질문이라고 할 수 있다. 그러므로 1940년과 1950년 사이에 직접적으로 동서의 투쟁에 관하여 쓰인 많은 글들에 부언하려는 것이 우리의 목적은 아니다. 그보다 우리는 장기적이거나 영구적인 평화의 조건이나 과정을 조망할 새로운 시각을 추구하고 있다. 이는 동서문제만큼 어렵지는 않지만 절대로 단순하지는 않은 현대의 문제에 우리가 발견한 바를 적용하는 것이다. 그 문제란 '북대서양 지역에서의 평화'에 관한 것이다.

인간은 어려운 정치문제가 발생할 때마다 역사에서 그 해결의 실마리를 찾는다. 모든 답변을 역사에서 찾을 수 없다는 것을 알면서도 그렇게 하는 것이다. 물론 역사는 '반복'되지 않기 때문에 모든 정치문제는 나름대로 독특하다. 그러나 종종 회고적인 자세를 통해서 현재 고려되고 있는 상황과 특히 비슷한 상황을 과거에서 발견할 것이다. 문제는 대략의 유사점과 시사적인 유추를 보통은 사용한다 하여도 역사적인 사실과 현재의 문제 사이에 필연적으로 같은 것과 필연적으로 다른 것을 결정할 수 있을 만큼 사료(史料)를 발견할 수는 없다는 것이다.

대부분의 사람들은 전쟁과 역사를 함께 논의할 때 두 가지 극단적인 입장 중의 하나를 택하는 경향이 있다. 한 부류의 사람들은 역사는 끊임없는 전쟁의 기록을 보여 주기 때문에 미래에도 별 차이가 없을 것이라고 말한다. 다른 부류의 사람들은 역사는 인간이 스스로 조직하는 공동체의 규모가 지속적으로 증가하고 있음을 보여 주며 따라서 이 추세는 세계가 단일

한 공동체에서 평화롭게 살게 될 때까지 지속될 것이라고 말한다. 양자는
다 일면 진실을 포함하고 있지만, 이러한 결론 중 어느 것도 액면 그대로
믿기는 어렵다.

역사에 대한 이러한 극단적인 해석 사이에는 다른 여지가 얼마든지 존
재한다. 그러나 우리는 과거 세계의 어떤 지역에서 '영원히' 전쟁을 추방했
던 방법에 대한 충분한 연구가 있었는지 모르고 있다. 역사가들, 특히 외교
사가들은 장·단기간 동안 어떻게 전쟁을 피할 수 있었는지를 설명하는 데
있어서 충분한 근거를 논의한 바 있다. 그러나 그들은 어떤 집단이 어떻게
그리고 왜 영원히 전쟁을 종식시켰는지에 대해서는 자세히 설명하지 못하
였다. 국제전쟁이 아직 여기에 머물러 있다고 믿는 사람이 맞는지도 모른
다. 그러나 현실적인 목적상, 광범위한 영역에서 전쟁이 영원히 사라지고
없다는 것을 지적할 수는 있을 것이다. 우리가 만일 결과를 확신할 수 있다
면 어떻게 이러한 조건이 조성되었는지, 그리고 어떻게 이 조건이 훨씬 광
범위한 세계의 영역에까지 확대될 수 있었는지를 연구하는 데에 수백만의
인력과 자금을 소비하는 것이 가치 있다고 느끼게 될 것이다. 이제까지 그
러한 노력이 이루어진 적도 없었으며, 이를 연구하기 위한 기술이 완벽하
게 개발되지도 못하였다. 따라서 연구과정에서 우리는 스스로 기술을 개발
해야만 했다. 이 글은 한계가 있기는 하지만 어느 정도 새로운 장을 여는
연구의 결과이다.

우리는 여기에서 정치적 공동체를 다루고 있다. 정치적 공동체란 정치적
의사소통의 과정과 어느 정도의 강제력을 행사할 수 있는 기제, 어느 정도
자발적인 복종의 습관 등을 갖춘 사회적 집단을 의미한다. 정치적 공동체
라고 해서 그것이 포괄하는 영역내에서는 반드시 전쟁을 방지할 수 있는
것은 아니다. 미국도 남북전쟁 당시에 그렇게 할 수 없었던 것이다. 그러나
몇몇 정치적 공동체는 그 영역내에서 전쟁과 전쟁에의 기대를 없애는 데
성공한다. 이러한 공동체들은 집중적으로 연구할 필요가 있다.

그래서 우리는 몇몇 역사적 사례 중에서 '안보공동체'의 형성에 초점을
맞추었다. 안보공동체의 개념은 여러 개념들과 서로 맞물려 원을 그리고
있다. 따라서 우리가 발견한 것을 충분히 이해하기 위해서는 필요한 개념
들의 주요한 관계를 소개하여야 하며 그러기 위해서는 연결고리를 끊어야

할 것이다.

1) 안보 공동체는 '통합'된 사람들의 집단이다

통합은 '장'기간 동안 한 영토내의 사람들이, '평화적 변화'에 대해 신뢰할 만한 기대를 하는 것을 충분히 보장할 정도로 강력하고 만연된 제도와 실천을 달성하는 것과 한 영토내에서 '공동체의식'에 도달하는 것을 의미한다.

공동체 의식은 집단내의 일부 개인들이 적어도 한 가지 점에 대해서 합의를 이룬 신념을 의미한다. 이는 '평화적 변화'의 과정을 통해서 공통의 사회적 문제가 해결되어야만 하며 또 해결될 수 있다는 것에 대한 합의를 의미한다.

평화적 변화란 대규모의 무력에 의존하지 않고서 제도화된 절차에 의해 정상적으로 사회적 문제를 해결하는 것을 의미한다.

따라서 안보공동체란 공동체의 구성원들이 서로 무력으로 싸우지 않을 것이며 그들의 분쟁을 다른 방법으로 타결할 것이라는 보장이 진정으로 존재하는 곳이라고 하겠다. 만일 전세계가 안보공동체로서 통합된다면 전쟁은 자동적으로 없어질 것이다. 그러나 '통합'이라는 용어에 대한 혼동이 야기되는 경향이 있다.

사용상, '통합'이라는 용어가 반드시 국민이나 정부의 단위를 단순히 한데 합치는 것을 의미하지는 않는다. 안보공동체는 합병형과 다원형의 두 가지로 나누어진다.

합병이란 과거에 독립적인 둘 이상의 단위를 하나의 커다란 단위로 공식적인 병합을 하는 것을 의미한다. 합병 후에는 어떤 형태이든 공동의 정부가 탄생된다. 이 공동의 정부는 단일체제일 수도 있고 연방제일 수도 있다. 오늘날 미국은 합병형의 한 예이다. 이는 과거에 여러 개의 독자적인 단위가 공식적으로 병합됨으로써 하나의 정부단위가 된 것이다. 여기에는 하나의 최고 의사결정체가 존재한다.

반면에 다원적인 안보공동체는 각 정부의 법적인 독립성을 유지한다. 미국과 캐나다의 영토가 합쳐진 것이 다원적 유형의 한 예이다. 두 개의 분리된 정부단위는 병합되지 않고서 안보공동체를 구성한다. 여기에는 두 개의 최고 의사결정체가 존재한다. 통합이 없이 병합이 일어나는 곳에서는 물론 안보공동체가 존재하지 않는다.

우리의 연구는 지속적인 평화의 문제를 다루기 때문에 모든 정치적 공동체는 그것이 병합형이든 다원형이든 상관없이 안보공동체가 되는 한, 궁극적으로는 성공이라고 말할 수 있다. 다시 말해서 통합은 이루었지만 궁극적으로 분리되거나 내전으로 끝났다면 이는 성공하지 못한 것이다.

아마도 우리는 여기에서 국제적인 수준의 두 가지 유형의 통합은 어떤 유형이든지 비록 매우 느슨한 것이라 할지라도 조직을 필요로 한다는 점을 지적해야 하겠다. 우리는 친구 사이에는 법이 필요치 않으며 적 사이에는 법이 필요하다는 옛말을 신뢰하지 않는다. 통합을 실천할 수 있는 영역은 그 중간쯤에 놓여 있기 때문이다.

통합은 시간의 문제가 아니라 사실의 문제이다. 양측 사람들이 전쟁을 두려워하지 않으며 그것에 대한 대비도 없다면, 통합의 단계에 도달하는 데 시간이 얼마나 걸리는가 하는 것은 별로 문제가 되지 않는다. 그러나 일단 통합에 도달하면, 그것이 오래 지속될수록 통합의 공고화에 기여하게 될 것이다.

통합과 합병은 겹쳐지는데 완벽하게 겹치는 것은 아니다. 이는 통합이 없는 합병이 있을 수 있고, 합병 없는 통합이 가능하다는 것을 의미한다. 이 글에서 '통합이나 합병'이라는 용어를 사용할 때, 우리는 통합과 통합이 부족한 합병 사이의 양자택일을 표현하기 위하여 간략한 형태를 채택하고 있는 것이다. 과거에 통일운동의 지지자들이 시기에 따라서 이것을 선호했다 저것을 선호했다 하여, 통일운동이 두 가지 목표를 지향했었기 때문에 이렇게 분류한 것이다. 이러한 애매모호함을 장점으로 이용하기 위해서 그러한 운동의 지도자들은 종종 '연합'과 같은 광범위한 상징을 사용하였다. 연합은 두 가지 가능성을 포괄하며 사람에 따라 서로 다른 것을 의미하도록 만들 수도 있기 때문이다.

우리의 기본적인 전제 중의 하나는 우리가 안보공동체의 형성과정에서 무엇을 배울 수 있든지 간에 이는 이를 계획하는 사람뿐만 아니라 현존하는 국제조직에도 간접적인 방법으로 도움을 주어야 한다는 점이다. 국내적이든, 국제적이든, 통합의 방법이 제도를 결속시키는 공동체의식을 성취하는 것이라면, 증대된 공동체의식은 초국가적이든 국제적이든 이미 움직이고 있는 제도를 강화시키는 데 도움을 줄 것이다. 이러한 제도가 공공의지를 실행하는 기구일 때 우리는 '누가 경찰을 단속하는가?' 하는 고대로 부터 시작된 고통스러운 질문에 부딪히게 된다. 즉 자유롭게 이루어진 합의가 확실하게 실행되고 평화적으로 변화될 것이라고 확신할 수 있는가? 우리가 이를 실행할 수 있을 때까지 분쟁이 아니라 분쟁의 당사자를 해산하는 작업을 수행하기 위하여 전쟁이 야기될 수도 있다.

국제적인 결정에 도달하기 위한 정치적 기제가 이미 존재하고 있으며 이러한 결정은 일단 결정된 다음에 항상 실행되는 것은 아니라는 사실을 모든 사람이 알고 있다. 마찬가지로 무력을 사용하지 않고 국제적 분쟁을 타결하는 데 사용될 수 있는 사법적 기제 또한 존재한다. 그러나 국가를 강제적으로 법정에 세울 수도 없으며 법정의 판결을 지키도록 강요할 수도 없다. 물론 강대국이 약소국을 상대하는 경우에 비자발적인 강제와 순응이 한동안은 이루어질 수 있는 것도 사실이다. 그러나 수많은 사람들이 지속적으로 수용하지 않는 한, 순응은 비효과적이거나 한시적이 될 수밖에 없다.

순응의 상황은 무언가에 대한 일반적인 합의를 전제한다. 아마도 그 '무엇'은 준수되어야 하는 일의 본질이 되어야 할 것이다. 아니면 단지 순응을 실행하는 기구의 정당성이 되든지, 그도 아니면 사용된 절차의 정당함이라도 되어야 하는 것이다. 공공의지의 실행을 위한 사회적 제도와 관련된 이 합의의 조건을 인간이 일단 확보하고 나서, 이 조건을 안정시키면, 그 제도는 확실하게 뒷받침될 것 같다. 즉 경찰은 효과적으로 단속되는 것이다. 이런 류의 제도는 아마 가장 중요할 것이다. 이는 공동체를 위하여 조직된 힘을 대표한다. 우리의 용어를 사용한다면, 공동체의식은 높은 정도까지, 아마도 통합이라고 간주되기에 충분할 정도로 높이 성취되었을 것이다.

우리의 목적은 다양한 상황에서 다양한 시기에 어떻게 그러한 조건에 도달할 수 있었는지에 대해 가능한 한 많이 배우는 것이다. 이 연구를 통해서 어떻게 현재의 세계에서 그러한 조건에 보다 가까이 다가갈 수 있는지를 알고자 한다.

2. 연구지역

북대서양 지역은 종종 '공동체'라고 불리지만 실제로 그렇지 않을 수도 있으며 또 이것은 반드시 안보공동체도 아니다.

미국은 민주국가들의 회의를 소집하여 북대서양연합의 형성을 고려해 보도록 지원해야 한다는 제안이 있었다. 이는 예측컨대 합병된 안보공동체일 것이다. NATO가 최소한 다원적인 안보공동체가 될 때까지는 현존하는 국제조직인 NATO의 정렬을 재정비해야 한다는 주장은 상당한 지지를 받는다. 실제로 북대서양 지역은 하부지역의 통합을 포함하고 있으며, 그 중에 몇은 이미 발전역량이 있기도 하고 없기도 한 제도를 부분적으로 구비하고 있다. 그러나 지면사정상, 이들 하부지역은 아주 간략하게만 다루기로 하겠다.

우리가 북대서양 지역에 연구의 초점을 맞추는 이유는 그것이 자유세계의 중심세력을 모두 포함하고 있기 때문이다. 이는 서유럽 통합에 대한 선도적인 대안일 뿐만 아니라 서유럽을 포함하고 있는 것이다.

여기에서 첫 번째 문제는 '북대서양 지역'이 의미하는 바를 결정하는 것이다. 세 가지 주요한 방안이 등장한다. 현재 소련에 의해 지배되는 국가를 포함하는 것은 얼마 동안은 정치적으로 비현실적일 것이다. 그러한 국가들은 자유로운 기구가 아니며 동독을 제외하고 나머지 지역은 북대서양 지역의 통합 가능성과 관련하여 대체로 고려되지 않는다.

하나의 대안은 북대서양이나 북해 혹은 그 지역 해안의 후배지에 위치하고 있는 모든 국가들을 포함하는 것이다.

또 하나의 대안은 '북대서양 지역'을 'NATO 참가자격'과 일치시키는 것이다. 이는 지리적으로 북대서양과 거리가 먼 그리스와 터키를 포함시키고 오스트리아, 핀란드, 아일랜드, 스페인, 스웨덴, 스위스를 제외시킨다. 더욱이 이렇게 국가를 선택하게 되면 우리는 현존하는 하나의 국제조직만을 고려할 수밖에 없게 된다.

세 번째 대안은 북대서양 지역을 무엇이라고 생각하든지 간에 그 곳에 위치한 민주주의국가에만 한정시키는 것이다. 그러나 이 선택은 통합의 조건이 민주주의라고 답변하는 성향을 보임으로써 질문을 속단하는 경향이 있다. 이는 또한 그 지역의 비민주적인 두 국가 중의 하나(포르투갈)가 NATO는 물론이고 몇몇 유럽의 국제조직에도 활발히 참여하였다는 사실을 간과하고 있다. 무엇보다도 우리는 국제조직의 문제를 연구하고 있기 때문에, 지리적인 위치 말고 어떤 이유에 의해서도 국제조직에 활발히 참여하고 있는 국가를 처음부터 배제하는 것이 정당하지는 않을 것이다.

첫 번째 대안이 우리에게는 최선으로 보인다. 이는 단순하기도 하고 익숙하기 때문이다. 지리는 포함 여부를 결정하는 데 있어서 바람직한 조건이다. 바람직하지 않은 방법은 서방과 이념적이고 정치적으로 양립할 수 없는 세력권에 있는 국가인지의 여부를 판단기준으로 사용하는 것이다. 이는 소련의 지배를 받는 국가를 제외하고는 유럽에 영토가 인접한 이웃국가들과 함께 대서양이나 북해에 국경이 접하고 있는 모든 국가를 포함시킨다는 것을 의미한다. 미국과 캐나다, 그리고 보통 서부유럽과 남부유럽이라고 간주되는 국가들이 이 지역을 구성한다. 다음의 19개 국가들은 이 정의에 부합된다. 오스트리아, 벨기에, 캐나다, 덴마크, 핀란드, 프랑스, 서독, 아이슬란드, 아일랜드, 이탈리아, 룩셈부르크, 네덜란드, 노르웨이, 포르투갈, 스페인, 스웨덴, 스위스, 영국, 미국 등이다. 이 국가들이 안보공동체를 형성할 수 있을지의 여부와 어떤 방법에 의해서 할 수 있는지를 연구하는 것이 최우선 목표이다.

3. 연구방법: 과거의 경험을 현재의 필요에 적용하는 방법

역사적 사례가 통합에 관한 현재의 문제에 대해 우리에게 주는 교훈은 유추해 보면 알 수 있다. 이는 과거의 경험으로 현재의 행위를 지도하고자 할 때, 대부분의 사람들이 사용하는 것이다. 그러나 경험을 현명하게 사용하기 위해서 완전한 유사성에 의존할 필요는 없다. 과거의 경험은 결정적인 것이 아니라 시사적인 것이다. 그것은 일반적인 방향을 가르쳐 줄 뿐, 구체적인 목적지를 향해서 지시하는 것은 아니다.

어떤 보장하에서 우리는 하나의 역사적인 시기에 관한 지식을 다른 시기의 상황에 적용할 수 있는가? 어떠한 장치가 가능한지, 어느 것이 가능성이 있는지, 어떤 것이 다른 것보다 더 가능성이 있는지를 발견하기 위해 우리는 과거의 경험을 사용하고 있다. 우리는 가능성만을 다루는 것이 아니라, 확률의 우선순위도 다루고 있다. 실제로 평화적인 정치공동체를 위한 최소한의 조건을 찾고 있는 것이다. 우리는 통합에 필요치 않은 것을 알고자 한다. 말하자면 현재의 조건에 대한 가상적인 목록으로부터 과거에 성공적인 통합의 과정에서 일어날 필요가 없었던 조건들을 축출할 수 있을 것이다.

사회과학내에서 특히 정치학에서 순수히 분석적이고 연역적인 방법을 사용하여 추상적인 용어로 통합의 문제를 해결할 수 있어야 했다. 그러나 우리가 역사적인 자료를 매우 심각하게 고려하지 않는 한, 그러한 분석적인 기제는 모두 너무 협소하고, 얄팍하고, 비현실적이 될 위험에 빠져 있다고 느낀다. 역사 속에 발생한 사건의 기록은 연역이나 분석의 단일한 기제보다 풍부하고 깊이가 있다. 따라서 우리는 위험을 무릅쓰고 연역과 분석은 사용하지 않기로 하겠다.

그러나 어떠한 역사적 발견이든지 현재의 세계에 적용하는 어려움은 시작부터 사료편찬을 괴롭혀 왔던 것과 같은 종류의 어려움을 갖는다. 시간 격차는 아마도 이 중에서 가장 심각한 어려움일 것이다. 한 세기에서의 조건이 어떤 결과를 가져 왔다고 해서 다른 세기에서 대략 유사한 조건이 비슷한 결과를 만들어 낼 것이라고 가정할 수는 없는 것이다. 물론 누구도 그 조건들이 대략 비슷하다고 확신할 수도 없다. 대부분 우리가 사용하는 사례는 산업혁명 이후 극치에 다달았지만 모든 국가가 그랬던 것은 아니다. 그리고 다양한 사례 중에서 가장 중요한 발전은 몇 세대 이전에 발생했던 것이다.

흥미로운 숙고를 계속해야만 하는 질문 중의 하나는 변화가 지금보다는 이전의 시기에 보다 천천히 발생했는가이다. 엄청나게 거대한 이동과 통신 전달의 속도를 고려할 때에는 언뜻 '그렇다'라는 답이 맞을 것 같다. 그러나 사람에게 소식이 보다 빨리 전해진다는 것이 그 사람이 이전보다 빨리 읽고 이해할 수 있다는 것을 의미하지는 않는다. 교통의 가속화가 인간의 학습과정의 가속화와 비교될 만큼 동일한 것은 아니다. 인간의 기억과 집중능력은 급격히 변화하지 않았다. 한 시간은 정치가의 바쁜 일정 속에서도 아직 한 시간이며, 한 세대는 정치에 있어서 아직도 한 세대이다. 많은 사람들에게 있어서 대리경험이 엄청나게 확대되어 왔지만 한 인간이 직접 적으로 경험하고 기억할 수 있는 것은 다른 세기에서와 마찬가지로 한 세기에 있어서 거의 같다. 끝으로 실제의 여행과 의사전달의 속도는 정책결정자의 내면에 있는 실제 상황의 영상만큼 그렇게 중요하지는 않을지도 모른다. 만일 한 장소가 가깝거나 먼 것 같다면 현실정치의 목적상 그것은 가까운 것이며 먼 것이다.

인간의 학습속도에 있어서 상대적으로 작은 변화가 있었다는 한도를 정하고 난 뒤에, 여러 개의 역사적 사례에서 수많은 사람들이 짧은 기간 동안 정치관을 바꾸었고 새로운 정치적 충성을 획득하였다는 것을 발견하였다.

우리가 통합이라는 문제의 관점에서 볼 때, 포괄되어야 할 관련 지역이 우리가 연구한 역사적 사례의 지역보다 훨씬 더 넓다는 것을 고려한다면 이동이나 통신전달에서의 차이는 아마 상쇄될 것이다. 아니 충분히 상쇄되고도 남을 것이다. 여행을 예로 들어 1956년까지 북대서양 지역은 1700년도의 영국의 웨일스와 스코틀랜드나 1855년의 이탈리아의 크기로 줄어 들었다고 말할 수 있기 전에, 많은 지역을 운행하는 다양한 교통수단에 의해 동등한 교통비용이 드는 것과 같이 많은 것을 보여 주는 일련의 지도를 준비해야만 할 것이다. 그러나 어찌되었든 그러한 비교가 중심에서 많이 벗어나는 것 같지는 않다.

우리의 발견에서 어느 정도의 불확실성이 일어나야만 하는지와는 별도로 그것이 우리연구의 주제를 고갈시키지는 않는다는 것을 기억할 가치가 있다. 우리의 모든 발견이 전적으로 확실하고 모두 어떤 특별한 경우에 적용되었다고 할지라도 그것이 성공을 보장하지는 않을 것이다. 우리가 어떤 조건을 '필수적'이라고 부를 수 있을 때, 그 조건이 없이는 성공이 극도로 불가능해 보인다는 것을 의미한다. 필수적이라 할지라도 우리에게는 그 조건들이 불충분해 보인다. 그 모든 조건들이 존재한다고 하여도 우리가 간과했던 다른 조건들이 필요할지의 여부에 대해서는 모르기 때문이다.

도움이 되지만 필수적이지는 않다고 생각되는 조건들에도 이러한 생각이 마찬가지로 적용된다. 우리는 통합이 이들 조건이 없어도 일어난다는 것과 미래에도 이러한 방식으로 다시 일어난다는 것을 발견하였다. 이런 조건들은 우리가 찾아낸 것보다 많을 수 있다. 즉 조건 하나하나는 다른 조건에 의해 대치될 수 있다 하더라도, 여러 개가 함께 합쳐지면 그 자체로서 성공의 필수조건이 되는 앙상블이나 정족수를 구성할지 못할지의 여부는 모르는 것이다. 이 흥미로운 질문은 차후의 연구를 기다려야 할 것이다.

　결국 우리는 대부분의 경우 과학적인 것과는 거리가 먼 유추, 이따금의 직관, 그리고 판단에 의존해야 할 것이다. "사건은 유추에 의해 영향받지 않는다. 그것은 상황의 조합에 의해 결정된다"는 말은 사실이다. 그러나 사건의 분석은 분명히 유추에 의해 영향을 받는다. 보다 나은 실마리가 없는 상황에서 유추를 던져 버리는 것은 쓸데없는 일이다.

　고유성과 비교 가능성의 문제는 항상 역사가들을 괴롭혀 왔다. 학자에게 있어서 가장 어려운 과제는 다수의 개별적 사실들 속에서 하나의 유형을 찾아내거나 유형에 꿰어 맞추는 것이다. 역사가가 통달할 수 있는 것 이상의 사실이 항상 존재한다. 역사가는 범주로서 그것을 배열하거나 그가 만든 분류법에 따라 일반화함으로써 그 사실들을 다룰 수 있을 뿐이다. 그러나 역사가는 하나의 역사적 사건이 정확히 다른 것과 같지는 않다는 것을 알고 있다. 하나의 차이점이 수많은 닮은 점에 비해 보다 중요할 수도 있다는 것을 그는 알고 있는 것이다.

　역사를 연구하는 사람은 가능한 한 '보편인'에 가까워져야 하는 반면, 다른 사회과학에서 그가 성취하고자 하는 이해의 폭에 접근할 수 있기 위해서는 몇십 년이 필요할 것이다. 학문적인 분야로서 국제조직은 주로 정치학자들의 영역에 속한다. 소수의 정치학자만이 역사 이외의 사회과학 훈련을 받았기 때문에 역사가에 덧붙여서 이런 류의 사회과학자들이 우리의 연구에는 필수불가결하다고 느낀다. 사회과학자는 각 사례마다 역사가들이 해석하는 것처럼 사료를 비교하고 그가 일반화할 수 있는 통일성을 발견하도록 보조자를 지도하는 것을 전문으로 할 것이다. 아마도 가장 중요하게는 사회과학자가 적용개념과 가설을 제공해야 할 것이다.

　그러한 조화가 필요하다는 것은 한 선도적인 사학자가 매우 잘 정리하고 있다. "역사가는 사회를 이해하려고 노력하는 학문에 두 배로 유용하게 된다. 역사가는 단순히 사료를 사회과학자에게 납품하는 사람이 아니다. 그는 과거에 관한 사회과학적 개념의 타당성을 점검한다. 역사가는 예외를 알고 있기 때문에 사회과학자들이 가장 선호하는 개념을 거부한다. 이러한 역사가를 참아 내지 못하는 사회과학자는 건강한 과학은 그들이 만든 법칙에 대한 도전을 참아 내고 성공적인 도전을 부정하고 수정하는 능력에 달려 있다는 것을 잘 기억하는 것이 좋을 것이다. 그리고 다른 한편으로, 역사가는 만일 연구되고 있는 개념을 인정하지 않는 한, 그것에 대해 적당한 도전을 하는 것조차 불가능하다는 것을 유념해야 할 것이다. 예를 들어서 역사가는 신학이나 물리학을 알지 못하고서 신학이나 물리학의 역사에 대해 저술해서는 안된다는 것을 당연히 여겨 왔다. 그러나 역사가는 시장과 사업, 가격 혹은 인성과 사회적 행위, 혹은 인종적·문화적 특성에 대해서 그 분야의 관련된 사회과학적 발견을 알지 못하거나 그것에 대해 종종 혼란스러운 갈등에 빠져 있으면서 선택을 하지도 않고 너무 자주 써댔던 것이다." 분석적인 개념을 사용하면 역사적인 탐구를 추구하는 데 얻는 것이 많을 것이다. 또한 역사적 탐구의 결과를 사용하면 오늘날의 문제와 관련하여 개념을 수정하는 데에서도 도움을 받을 것이다. "적당한 이론의 사용 없이 역사적 연구는 충분한 잠재력을 확보할 수 없다."

4. 사례

역사적 사례들은 기껏해야 몇몇 측면에 관해서만 비교될 수 있으며 실질적으로 전체적인 비교를 하는 것이 불가능하기 때문에 모든 비교는 중요한 정보를 지니는 많은 세부사항을 희생시킨다. 그러나 오직 부분적으로만 비교할 수 있는 사례로부터 제한된 비교를 하는 것이 인간사고의 본질이다. 일생을 통해서 우리는 모두 과거의 선택적인 기억을 현재의 결정과 미래에 대한 기대에 적용시킨다. 만일 시간을 존중하는 이 작업을 연구과제로 발전시키고 이를 '사례연구방법'이라고 부른다면, 우리가 사용하는 기술과 우리가 만드는 가정, 우리가 배제하는 사료 등을 보다 명백히 하고자 희망할 수 있을 것이다. 어쨌든 인간이 역사적 경험으로부터 배울 수 없다고 믿는 사람에게는 현재의 연구가 관심이 없을 것이다.

이는 사례연구방법의 특별한 문제를 야기시킨다. 대략적으로 우리는 36

개의 역사적 사례를 발견했는데, 이 사례들은 통합의 문제를 염두에 두고 있을 때 탐구할 가치가 있는 특성들을 지니고 있다. 다른 학자들은 몇 개를 더하거나 뺄 수도 있다. 그러나 세계에는 110개 국가밖에 존재하지 않으며, 그 중 많은 나라들이 현재 연방이나 분리의 주요 문제에 개입되어 있지 않기 때문에 사례의 크기는 크게 변하지 않을 것이다.

이 중 11개의 사례는 서유럽과 중앙유럽에 속해 있다. 오스트리아와 헝가리, 그리고 이 국가들의 후예들, 영국의 웨일스, 덴마크와 아이슬란드, 핀란드(스웨덴과의 연합과 러시아와의 연합), (랭독과 버건디의 일부를 포함하는) 프랑스, 독일, 이베리아 반도, 이탈리아, 베네룩스 국가들, 노르웨이와 스웨덴, 스위스 등이다. 6개의 사례는 서반구에 속해 있다. 캐나다, 미국, 브라질, 콜롬비아와 현재 이 나라의 후예(즉 콜롬비아, 에콰도르, 파나마와 베네주엘라), 중미연방, 전 스페인 국가들(아르헨티나, 파라과이, 우루과이)이다. 5개의 다른 사례는 동유럽에 있다. 폴란드(리투아니아, 우크라이나와의 연합), 러시아, 루마니아(몰다비아, 왈라키아, 트란실바니아), 유고슬라비아, 오토만제국의 일부가 여기에 속한다. 8개의 사례는 아시아에 있다. 인도, 파키스탄, 중국, 버마, 인도네시아, 베트남, 말레이시아연방, 아랍반도의 정치적 분열(특별히 팔레스타인의 해체) 등이다. 영연방내에서 3개의 사례를 추가로 발견한다. 호주, 남아프리카공화국, 신중앙아프리카연방이 그것이다. 36개의 사례 중에서 20개는 서유럽이나 서반구 혹은 영연방에 위치하는 서구문화를 가진 국가들이다.

집중적인 연구를 위해 한정된 수의 사례를 선택함에 있어서 우리는 서유럽과 북대서양 문명지역에 집중하였다. 우리가 포함시켰다면 좋았을 다른 사례들이 분명히 존재한다. 시간과 재원, 사료의 이용 가능성, 혹은 현대의 문제와 명백하게 비교될 수 있는지 등을 고려하여 아시아와 아프리카 본토(남부 사하라), 동유럽 대부분의 국가들은 물론이고 몇몇 초창기의 사례는 배제하였다.

사례의 선택에 있어서 지리적이거나 문화적인 지역보다 통합의 성공과 실패의 경험을 모두 보여 주는 사례를 훨씬 더 중요하게 고려하였다. 첫째로, 우리는 스스로 '개방된' 사례와 대조되는 '폐쇄된' 사례로 제한해야 했다. 즉 후자의 결과가 결정적으로 짜여진 반면에, 전자는 결과가 결정되어

있지 않다는 점에서 그러하다. 가령, 미국은 통합되어 있으며, 반대로 유고
슬라비아는 그럴 수도 있고 그렇지 않을 수도 있다고 확신한다. 둘째로, 두
종류의 사례가 포함되었다고 확신하지 않을 수 없다. 즉 안보공동체가 성
공적으로 확립된 국가와 한동안 안보공동체가 확립되었지만 장기적으로는
해체되었던 국가들이 포함된 것이다. 셋째로, 우리는 합병형과 다원형이라
는 두 종류의 안보공동체를 포함하지 않을 수 없었다.

　　우리는 열 개의 사례를 선택하였는데 그 중 여덟 개를 집중적으로 연구
하였다. ① 1789년 미식민지가 미국에 합병된 것, 내란중의 파기, 그 후의
재연합, ② 영국과 스코틀랜드 사이에 점진적으로 발전된 연합과 1707년
에 있은 합병, ③ 1921년의 (얼스터를 포함하는) 아일랜드와 영국 사이의
연합파기, ④ 1871년 독일의 통일에서 정점에 달한 중세 이후의 독일 통합
을 위한 투쟁, ⑤ 1859에서 1860년 사이의 이탈리아의 통일에서 정점에
달한 18세기 말 이래의 이탈리아 통합문제, ⑥ 합스부르크 왕조의 오랜 지
속과 1918년의 궁극적 해체, ⑦ 1814년의 노르웨이와 스웨덴의 연합과
1905년의 분리, ⑧ 1848년에 완성된 스위스의 점진적 통합 등이다. 덜 자
세한 연구를 한 두 개의 다른 경우는 ⑨ 1485년 이후의 영국과 웨일스의
연합, ⑩ 중세 영국의 형성 그 자체 등이다.

　　수집된 사례는 최소한 필요한 각 유형 중의 하나를 제공한다. 이 사례들
은 또한 서유럽과 북대서양 지역의 중요한 문화적 전통과 제도적 유형의
대부분을 적당히 잘 대표하고 있다. 통합의 기원은 매우 다른 시기로 거슬
러 올라갈지라도 실제의 날짜와는 상관없이 대부분의 사례는 비교할 수 있
는 단계를 거쳤다. 사례들은 공통점을 충분히 가지고 있어서 각 경우로부
터 발견을 다른 것으로부터의 발견과 충분히 비교할 수 있다. 그리고 모든
사례로부터의 발견이 함께 고려됨으로써 정치적 통합에 관한 오늘날의 문
제와 그것을 이루기 위한 계획에 새로운 시각을 조망할 수 있기를 바란다.

　　물론 모든 사례선택은 표본추출이 잘못될 가능성을 가지고 있으며 특히
사례의 수가 작을 때에는 가능성이 더 크다는 것을 알고 있다. 만일 몇몇
사례가 추가적으로 연구되면 결과가 우리의 발견에 부합하지 않을 가능성
이 있다. 따라서 우리는 그것을 확률이라는 점에서 언급하였다는 것을 다
시 한 번 지적해야 하겠다. 일련의 상황이 다른 것보다 훨씬 더 빈번히 발

생한다는 것을 발견하였을 때, 그것들은 어떤 조건하에서는 다시 일어날 가능성이 많다고 추론하는 경향이 있다. 특히 다른 고려가 이러한 판단을 지지하는 것 같으면 더 그러했다. 만일 서구문화에 있어서 추가의 사례로부터 모순된 발견이 나타나게 된다면 이 추론의 확률을 감소시킬 것이다. 그러나 그 결과를 모두 무효로 만들기 위해서는 보통 한 개 이상의 사례가 더 요구된다.

이러한 사례들에 대해서 우리는 어떤 종류의 질문을 했는가? 아직 정리된 이론이 검증되지 않았기 때문에 서술적인 형태의 많은 상식적인 질문을 하는 것으로 시작하겠다. 물론 이러한 질문이 덜 명백하고 아마도 보다 시사적인 종류의 다른 질문을 유도한다는 것을 알고 있다. 차후에 통합에 접근한 다양한 단위들의 상대적인 크기, 권력의 소재, 경제 수준 등을 분명히 알고 있어야 한다. 또한 그 단위들의 사회 정치적 제도와 그들이 서로 갖는 접촉의 종류에 대해서 알고 있어야 한다. 그러나 우리가 사실로 깊이 들어감에 따라 단위내에서와 단위 상호 간의 사회적 의사소통의 다양한 측면에 보다 많은 관심을 쏟기 시작하였다. 그리고는 대부분의 경우 우리가 애초에 계획했던 것보다 훨씬 옛날로 거슬러 올라가지 않으면 안되었다. 다양한 사례가 시간의 길이에서 차이를 보였음에도 불구하고 모든 경우에 있어서 가능한 한 공통의 개요를 따르려고 노력했다.

병합의 과정을 연구함에 있어서 수세기를 포괄하고 있는 몇몇 사례는 분할할 수밖에 없었다. 우리는 그것을 두 세대 혹은 최대 세 세대를 포괄하는 보다 단기적인 상황으로 축소시킴으로써, 특별한 정책을 비교할 수 있을 만큼 사례들이 충분히 관계가 있도록 하였다. 결과적으로 16개의 단기적 상황은 종종 유용하게 나타났다. 시작 날짜에 의해서 결정된 이러한 상황들은 다음과 같은 것들이다. 1066년 이후의 영국에서 통일의 증진, 1215년 이후 영국통합의 가일층 증진, 1485년 이후의 영국과 웨일스의 통일, 1603년 이후의 영국과 스코틀랜드의 통일, 1801년의 영국과 아일랜드의 연합, 1795년 이후 북아일랜드(얼스터)와 대영제국의 밀접한 동일화, 1765년 이후의 미식민지의 통일, 1291년의 최초의 스위스 3개주의 연합, 1351년 이후 이 연합에 도시 취리히와 본의 가입, 1519년 이후 동맹과 시민권 부여를 통한 제네바의 스위스 정치공동체 가입, 1859~60년 이탈리아의 통일, 1866~71년 독일의 통일, 1526년 이후 오스트리아, 보헤미아, 헝가리 사이의 왕조연합, 1620년 이후 오스트리아와 보헤미아 사이의 보다 밀접한 합병, 1686년 이후 오스트리아와 헝가리 사이의 증대된 합병(터키의 부다 정복), 1814년 이후 노르웨이와 스웨덴의 왕조연합 등이다.

이 중 다섯 개의 상황은 궁극적으로 합병이 실패하였다. 영국과 아일랜드, 노르웨이와 스웨덴, 오스트리아를 포함하는 세 가지 경우가 그것이다. 다른 11개의 합병은 성공적으로 남았는데 이는 통합이 되었다. 그리고 때로 '성공적'인 상황과 '비성공적'인 상황의 분류를 사용하였는데 이는 각 부류내의 상황이 공통적으로 가지고 있는 것이 있다면 그 중 어떤 특징이 그러한지를 질문하기 위함이다.

모든 역사적 사례에서 '민족주의라는 동인'을 정치적 연합이나 뒤따른 분리—혹은 통합이나 해체—의 이유로서 가정하는 데에 사용하는 것을 피하려고 하였다. 분명히 민족주의적이거나 전민족주의적 감정—영토, 집단, 혹은 국가에 대한 충성의 감정—이 우리가 연구한 모든 사례에 있어서 역할을 수행하였다. 그러나 보다 거대한 공동체에서는 이러한 감정 그 자체가 통합이나 분열을 만든 정치 역사적 과정의 원인이 아니라 결과였다. 이러한 과정을 만들어 낸 그러한 감정과 기억은 그 감정을 애초에 만들어 내었던 발전의 결과를 수정하였다. 그러나 애국심이나 민족주의적 감정은 항상 그 기원에 대한 설명을 필요로 한다. 따라서 미국혁명 전날 북미의 식민지 개척자들은 스스로를 애국적인 영국의 신민이라고 생각하였다. 다른 이들은 스스로를 미국인이라고 불렀다. 여전히 다른 사람들은 버지니아나 매사추세츠와 같은 그들의 식민지에 충성심을 가지고 있었던 것이다. 그들은 이를 그들의 '조국'이라고 간주하였다. 이 중에 하나의 감정이 만연하게 되면 결국에 다른 감정들은 몰아낸다. 그리고 매 경우 실제의 결과와는 상관없이 후에 우리는 그 결과를 설명하기 위해—영국, 미국, 혹은 버지니아—의 '민족주의라는 동인'을 언급할 수 있었다. 그러나 우리는 그렇게 하지 않았다. 모든 가능한 결과를 설명할 것 같은 개념이 실제로 아무것도 설명하지 못하기 때문이다. 이것이 민족주의의 발전에 대해 우리가 상당한 관심을 가지고 있음에도 불구하고, 어떤 특별한 경우에 통합의 성공이나 실패를 설명하기 위한 도구로서 민족주의의 개념을 사용하지 않았던 이유이다. 그렇게 하는 것은 순환논리와 마찬가지이다. 따라서 우리가 할 수 있는 한, 보다 기본적인 수준에서 우리의 분석을 수행하도록 노력해야만 했다.

5. 동서의 격차

북대서양 지역에 초점을 맞춤으로써 우리는 다른 지역의 정치적 공동체뿐만 아니라, 세계적인 정치적 공동체의 문제를 다음으로 미루어 놓았다.

몇몇 독자들은 무엇보다도 중요한 동서간격의 문제를 간과하였다고 느낄 것이다. 그래서 전쟁의 중심적인 문제를 비켜 갔다고 느낄 것이다. 왜냐하면 이 간극은 오늘날 가장 위험한 국제적 알력의 명백한 근원이기 때문이다. 이에 대해서는 두 가지 답변이 가능하다. 하나는 비록 북대서양 '공동체'라고 종종 불리기는 하지만 북대서양 지역이 이미 통합되었다는 보장이 없다는 것이다. 가령, 많은 사려깊은 사람들은 프랑스와 서독이 서로 영원히 평화를 유지할 것이라고는 절대로 믿지 않는다. 이것이 우리가 안심하고 인용할 수 있는 유일한 예라고 할지라도 이는 전지역에, 실제로 전 세계에 영향을 미친다. 북대서양 지역에서 어떤 두 국가 사이의 어떠한 전쟁 가능성이라도 감소시키는 것은 동서분열의 위험을 줄이는 것이다.

우리의 절차에 대해 제기될 수 있는 반대에 대한 다른 답변은 우리는 조건과 과정을 연구하고 있다는 것이다. 우리는 높은 일반화의 수준에 충분히 도달하고자 노력하고 있다. 그래서 발견들이 동서 사이의 격차를 포함하여 광범위한 상황에 적용될 수 있기를 바란다. 공존은 수십 년간의 일로서 우리가 기대할 수 있는 최대의 문제가 될 수 있다. 그러나 다원적인 안보공동체가 도래할 수 있기 위해서 필요한 조건이 무엇인지를 아는 것 또한 유용하다고 믿는다. 이 결과를 얻기 위해서 그 조건내에서 어떤 과정이 발생해야만 할지에 대해서 아는 것도 도움이 될 것이다.

우리는 다른 책에서 다른 범위에 적용하기 위해 보다 깊이 있고 자세한 연구를 계획하고 있는데 이는 국제조직의 선도적인 문제를 보다 많이 포괄하고 있다. 다음과 같은 질문에 대해서 많은 답변을 하고자 한다. 지역적 통합은 보다 넓은 지역의 통합을 차후에 가로막거나 고양시키는 경향이 있는 정도, 질서를 유지하는 제도가 구축될 수 있기 전에 어떤 문제에 대한 강력한 합의가 존재해야만 하는지의 여부, 만일 그러한 제도가 어느 정도 일찍 세워질 수 있다면 질서를 유지시키는 제도가 스스로 필요한 합의를 많이 만들어 내는지의 여부, 국제조직에 관한 '극소주의자'와 '극대주의자' 중 어느 견해가 역사적 경험에 의해 뒷받침을 받는지의 여부 등의 질문이다. 이는 안보공동체가 평화적 변화의 필요성이라는 오로지 한 가지 점에 대한 합의에 기초해서 조직될 수 있는지 아니면 다른 많은 것들에 대해서도 합의가 이루어져야만 하는지에 대한 질문이다.

그러나 지면관계상, 우리의 발견은 북대서양 지역에만 초점을 맞추게 될 수밖에 없을 것이다. 그러면 일반적인 역사적 발견을 요약하기로 하겠다.

1) 합병형 안보공동체 설립의 필수조건

합병형 안보공동체, 즉 통합이 성공하기 위해서는 많은 조건들이 필수적으로 보인다. 물론 이 조건 중의 어느 하나도 단독으로 통합의 성공에 충분하지 않으며 모든 조건이 합쳐진다 해도 충분한 것은 아니다. 몇몇 추가적인 필수조건을 우리가 간과했을 가능성이 충분히 존재하기 때문이다. 그럼에도 불구하고 우리가 밝힐 수 있는 한, 합병형 안보공동체의 필수조건이 충족되는 모든 국가와 영토에서는 최소한 성공적인 통합으로 이어지는 것 같다.

우리는 합병형 안보공동체의 아홉 가지 필수조건을 발견하였다. ① 주요 가치에 대한 상호 양립 가능성, ② 독특한 삶의 양식, ③ 보다 강력한 경제적 유대와 이득에 대한 기대, ④ 최소한 몇몇 참여단위의 정치행정적 역량에 대한 기대, ⑤ 최소한 몇몇 참여단위의 일부에서의 우월한 경제적 성장, ⑥ 영토 사이에서는 지리적으로, 그리고 다른 사회적 계층 사이에서는 사회학적으로 단절되지 않은 사회적 의사소통의 연계, ⑦ 정치적 엘리트의 확대, ⑧ 최소한 정치적으로 관련된 계층 사이에서의 사람의 유동성, ⑨ 의사소통과 거래의 범위에 있어서 다중성.

그리고 세 가지 다른 조건이 필수적일 수도 있음을 발견하였다. ⑩ 의사소통과 거래의 흐름의 보상(compensation), ⑪ 적당한 기간내에, 집단역할의 상호교환, ⑫ 상당한 정도의 행위의 상호 예측 가능성.

합병의 가능성을 지닌 많은 영역 중에서, 이 모든 필수조건은 주요 정치적 합병운동이 시작되기도 전에 이미 만연해 있던 배경조건 가운데에서 찾아볼 수 있었다. 합병의 성공적인 사례 중에서 이 배경조건 가운데 대부분은 실제로 존재했으며, 최소한 많은 부분이 합병이 시작되는 시기에 존재했다. 우리가 발견한 가운데 이 부분은 합병의 성공과 실패에 있어서 배경조건이 중요하다. 그런 반면에 합병의 시작 후에 뒤따른 과정에서 이들 중많은 조건 혹은 모든 조건을 완성하기 위해서 많은 일이 이루어질 수 있었다는 사실 또한 발견하였다.

2) 분열을 조장하는 배경조건

우리가 연구한 합병된 정치적 공동체가 분열된 모든 사례에서 여러 가지 조건이 발견되었다. 이 조건들이 나타날 때마다 분열을 조장하는 것으로 보인다. 그러나 이 조건들이 그 자체만으로 분열을 일으키는 데 충분한것은 아니다. 분열이 일어나지는 않았지만 통합에 유리한 다른 요인들이특별한 힘을 발휘하는 곳에서도 물론 이 조건들을 발견하였다. 합병형 안보공동체의 설립과 유지는 호의적인 조건과 해가 되는 조건의 균형에 의존하는 것으로 밝혀졌다. 앞에서 제시한 아홉 가지 조건이 없는 한, 합병이성립되거나 지속되지 못하지만, 그러한 조건들이 존재한다 하여도 분열을조장하는 조건은 합병형 안보공동체를 훼방하거나 실패하게 하거나 최소한 위기에 빠뜨릴 수 있다.

통합은 정부에 대한 정치적 부담과 통합을 유지하는 역량 혹은 다원형안보공동체내에서 통합을 유지하는 역량 사이의 균형에 의존하는 과정이라고 묘사하였다. 이 일반적인 견해에 따르면 분열을 조장하는 조건은 합병된 정부에 가해진 증대된 부담과 이러한 부담에 대처하는 정부의 역량이라는 두 부류로 나누어질 수 있을 것이다. 첫 번째 부류에 속하는 조건 중가장 눈에 띄는 것은 과중한 군비부담이라고 할 수 있다. 다음은 과거에 정치적으로 소극적이었던 국민, 지역, 사회계층 사이에서의 상당히 증대된정치적 참여를 들 수 있다. 정치적 참여가 그렇게 증대되었다는 것은 사회적 계층과 지역의 요구와 희망과 압력이 추가되었음을 의미한다. 또한 과거의 정책결정체내에서 종종 이러한 요구에 적시에 적절히 반응하지 못하였음을 의미한다. 정치참여의 증가와 관련된 또 하나의 분열조건은 증대된 인종과 언어의 분화이다. 이미 존재하고 있었던 그러한 분화를 정치적으로 보다 의식하게 되었다는 것이다.

다른 부류의 분열조건은 적재적시의 행위와 반응을 해야 하는 정부와 엘리트의 역량을 감소시킴으로써 합병형의 안보공동체를 약화시키거나 파멸시키는 경향이 있다. 우리의 사례 중에서 발견된 한 가지 조건은 이웃지역과 비교하여 우호적이지 않은 경제적 조건을 가져 온 지속적인 경제적 쇠퇴 혹은 경기침체로 보인다. 이 부류에 속하는 다른 분열의 조건은 기성 정치 엘리트의 폐쇄성이었다. 이는 인종적으로 혹은 문화적으로 혹은 주변 지역의 저항엘리트들을 점점 더 좌절시키는 경향이 있다. 앞의 것과 관련된 다른 분열의 조건은 이웃지역에서는 이미 채택되었기 때문에 국민들이 기대하게 된 사회, 경제, 정치적 개혁이 과도하게 늦어지게 될 때 조성된다. 다른 분열의 요인은 이전에 강력하거나 특권을 누렸던 국가, 집단, 혹은 지역이 변화된 조건에 의해 지배력을 상실함에 따라 심리적으로나 정치적으로 적응하는 데 실패한 결과로 나타난다.

3) 다원형 안보공동체의 특징

다원형 안보공동체의 문제와 관련하여, 합병형 안보공동체의 성공에 유리한 조건은 다원형의 유지에도 유리하며, 합병형에 해가 되는 조건이나 과정은 다원형에도 방해가 된다는 것이다. 그러나 다원형 안보공동체는 합병된 정부의 성공이 요구하는 조건보다 훨씬 좋지 않은 조건하에서도 성공했다. 다원형 공동체는 때로 합병형 정치공동체를 파멸시켰던 비우호적이고 분열적인 과정에서도 살아 남았다.

합병형 안보공동체의 성공에 필수적인 것으로 보였던, 적어도 잠재적으로 그렇게 보였던 12개의 조건 가운데 오직 두 개 혹은 세 개만이 다원형의 안보공동체에도 매우 중요한 것으로 발견되었다. 이 중 첫 번째는 정치적 결정과 관련하여 주요 가치의 양립 가능성이다. 두 번째 조건은 재빨리

적절하게 그리고 폭력을 사용하지 않고 서로의 요구나, 소식, 행위에 반응하는 참여정부나 정치적 단위의 역량이었다. 다원형 안보공동체의 경우에 있어서 정치적 대응을 하기 위한 역량을 갖추기 위해서 각 참가국은 수없이 많은 확고한 정치적 습관, 기능적인 정치적 제도, 호의적인 상호 의사소통과 조언 등이 요구된다. 효율성을 위해서 그러한 습관과 제도는 다른 성원국가나 단위로부터 단지 소식을 받는 것을 보장할 뿐만 아니라, 이해하도록 하여야 하며, 결정과정에서 중요하게 고려되도록 보장하여야 한다. 다원형 안보공동체를 위한 세 번째 필수조건은 행위의 상호 예측 가능성이다. 이는 앞의 것들과 밀접히 관련되어 있는 것으로 보인다. 그러나 다원형 안보공동체의 성원국가는 오로지 한정된 범위의 주제에 관해서만 함께 결정을 내릴 수 있으며, 훨씬 광범위한 문제는 각각의 국경내에서 자치적으로 결정을 내리도록 유지된다. 결과적으로 합병형 공동체의 성공적인 운용에 행위의 상호 예측 가능성이 필수적인 것과 비교한다면 다원형 안보공동체의 성원에게는 예측 가능성의 범위와 정도를 고려할 때 그렇게 필수적이지는 않다. 다원형 안보공동체를 위한 이 세 가지 조건과 비교하여 나머지 아홉 가지 조건은 덜 중요한 것 같다.

결과적으로 합병형 안보공동체의 수립과 유지에 배경조건들은 매우 중요하며 잠재적으로 제한적인 중요성을 갖는다. 더욱이 부분적으로 비우호적인 배경상황을 극복하기 위해서는 다원형 안보공동체가 상당한 잠재력을 가지고 있음을 우리의 결과가 보여 주고 있다.

무정부적 사회: 세계정치에서의 질서 개념*

헤들리 불

세계정치에서의 질서연구는 그것이 무엇인가 하는 질문에서부터 시작해야 한다. 나는 일반적으로 사회적 삶에 있어서 질서라고 부르는 것을 통해 내가 무엇을 의미하는가를 지적하고, 국가의 체제에 있어 그리고 세계정치에 있어 그것이 무엇을 뜻하는가를 고려해 보고자 한다.

1. 사회적 삶에 있어서의 질서

여러 사물들이 함께 모여 질서를 보여 준다고 말하는 것은 가장 단순하고 일반적인 의미로는 그들이 어떤 유형에 따라 다른 것들과 연관되어 있으며 그들의 관계는 순전히 우연한 것이 아니라 판별할 수 있는 일정한 법

* Hedley Bull, *The Anarchical Society: A Study of Order in World Politics*, Columbia University Press, 1977, ch.1(신욱희 옮김).

▶ 이 글은 영국의 대표적인 국제정치학자로 꼽히는 헤들리 불의 주저서의 첫 장을 번역한 것이다. 불은 이 책에서 제시된 국제사회의 개념을 중심으로 이후 미국식의 현실주의와 자유주의 사이에서 독특한 균형을 제시하는 영국적 국제정치이론 체계를 발전시켰다. 불은 매닝과 와이트(Manning & Wight)에서 시작하여 불 자신과 와트슨(Watson)을 거쳐 현재 부잔(Buzan)으로 이어지고 있는 소위 '영국학파(The English School)'의 핵심적인 인물이라 하겠다. 이와 같은 불의 저작은 미국 일변도의 이론체계와 개념에 주로 익숙해져 있는 우리들에게 중요한 비교적 시각을 제공해 주고 있다. 불은 이 글에서 사회적 삶에 있어서 질서란 무엇인가를 먼저 정의하고 그를 위한 기본적, 우선적, 보편적인 목표들을 이

칙을 갖고 있다고 말하는 것이다. 따라서 책꽂이에 있는 한 줄의 책은 마루에 있는 한 무더기의 책과는 달리 질서를 보여 주고 있는 것이다.

하지만 우리가 사회적 삶에 있어 무질서와 상반되는 것으로서 질서를 이야기할 때 우리는 사회적 현상 간의 모든 유형이나 조직적인 배열이 아니라 어떤 특정한 종류의 유형을 염두에 두고 있다. 왜냐하면 무력적인 갈등의 상황에 있는 사람이나 집단들의 행태에서도 하나의 분명한 유형이 존재하지만 그것은 우리가 무질서하다고 특징짓는 상황이기 때문이다. 전쟁이나 위기의 상황에서 주권국가들은 일정하고 조직적인 방식으로 행동할지 모른다. 홉스(Hobbes)의 자연상태의 설명에서 묘사된 것과 같은 공포와 불안의 환경에서의 인간들도 어떤 반복적인 유형에 따라 행동할 수도 있으며, 실지로 홉스 자신도 그렇게 한다고 말했다. 그러나 이들은 사회적 삶에 있어서 질서의 사례들이 아닌 무질서의 사례들인 것이다.

사회적 삶에 있어 인간이 추구하는 질서는 인간 개인이나 집단의 관계에서의 아무 유형이나 규칙성을 의미하는 것이 아니라 특정한 결과를 가져오는 하나의 유형, 즉 사회적 삶이 어떤 목적이나 가치를 촉진하는 방식으로 되는 것을 뜻한다. 이와 같은 목적적, 또는 기능적인 의미로는 다수의 책들이 일렬로 되어 있을 때가 아니라 저자나 주제별로 배열되어 있어 목적이나 선택의 기능에 부합될 때 질서를 보여 주는 것이다. 이러한 질서의 목적적인 개념이 어거스틴(Augustine)이 질서를 '각각의 부분이 가장 적절한 장소에 있는 바람직한 조합'이라고 정의했을 때 염두에 두고 있던 것이었다.[1] 이것은 앞으로 우리가 보게 되듯이 여러 가지 문제점을 내포하는 정의이다. 하지만 이것은 질서를 단지 아무 유형이 아니라 특정한 종류의 유형으로 제시하고 있고, 또한 목적이나 가치에 강조점을 두고 있기 때문에 유용한 출발점을 제공한다.

어거스틴의 정의는 일단 무엇을 위해 바람직하거나 적절한가 하는 질문을 야기시킨다. 이러한 목적적인 의미의 질서는 당연하게 상대적인 개념이

야기한다. 그리고 국가, 국가의 체제, 국가의 사회 개념을 설명한 후, 위의 질서의 논의를 국제질서에 적용시킨다. 궁극적으로 그는 보다 상위의 질서인 세계질서를 상정하고 국제질서와의 차이를 제시하면서 이러한 변화의 가능성을 탐색하고 있다.

1) Augustine, *The City of God*, bk.XIX, Everyman's Library, 1950, p.249.

된다. 하나의 목적(특정한 저자의 책들을 찾기 위한)에 맞는 (책들의) 배열
은 또 다른 목적(특정한 주제의 책을 찾는)과의 관계에 있어서는 무질서할
수도 있는 것이다. 이러한 이유로 하나의 특정한 사회적 조합이 질서를 창
출하는가 그렇지 않은가에 대해서 이견이 발생하며 서로 갈등관계에 있는
사회적, 정치적 체제가 모두 질서를 만들어 낼 수 있게 된다. 구체제와 혁
명 후의 프랑스, 또는 오늘날의 서구세계와 사회주의국가들은 각각 서로
다른 가치와 목적의 집합에 바람직하거나 적절한 '상이한 부분의 조합'을
창출하는 것이다.

　이와 같은 어거스틴 식의 질서는 주어진 목표와의 관계에서만 존재하지
만 이런 목표들 중의 어떤 것들은 어느 정도는 그것의 달성이 이런 또는
저런 종류의 사회적 삶의 조건이 아니라 사회적 삶 자체의 조건이 되는 기
초적이고 근본적인 것으로 나타난다. 그들이 추구하는 다른 목표가 무엇이
건 간에 모든 사회는 그러한 목표를 인지하고 있고 그것을 촉진하는 조합
을 구체화시킨다. 첫 번째는 모든 사회는 삶이 죽음이나 육체적 손상을 가
져 오는 폭력으로부터 어느 정도 안전할 것을 목표로 한다. 두 번째로 모든
사회는 약속이 일단 정해지면 지켜지고 합의가 일단 이루어지면 수행되는
것을 보장하려 한다. 세 번째로 모든 사회는 사물의 소유가 어느 정도로 안
정적이 되고 계속적이거나 무제한적인 도전의 대상이 되지 않도록 하는 목
표를 추구한다.[2] 나는 사회적 삶에 있어서의 질서로 이와 같은 사회적 삶
의 기본적이고 근본적이고 보편적인 목표에 부합되는 인간행위의 유형을
지칭한다.

　이 정의는 이 연구에서 뒤따르는 모든 부분에 중심적이기 때문에 이를
좀더 논의하고 명확히 할 필요가 있다. 때로는 생명, 진실 그리고 재산의
가치라고 불리는 이와 같은 세 가지의 모든 사회적 삶의 기본적 가치가 전
사회에 공통적인 목표의 완벽한 명단을 나타낸다거나 또는 '질서'라는 개
념이 이들과의 관계에 있어서만 내용이 주어질 수 있다는 것은 아니다. 하
지만 그것들은 이러한 기본적인 목표의 어떤 명단에도 포함되는 것이며 기

---

2) 이런 분석의 많은 원천이 있지만 특히 하트(H. L. A. Hart)의 '자연법 원칙에서
　의 바람직한 핵심'을 구성하는 '간단한 공리'의 설명을 보라. Hart, *The Concept
　of Law*, Oxford: Claredon Press, 1961.

초적인 목표의 이념을 상징하는 것이다.

이 세 가지 목표는 모두 기본적인 것이라 볼 수 있다. 무력으로부터의 안전, 약속에 대한 준수, 소유의 안정이 없는 개인의 집합이나 집단들을 우리는 사회라고 지칭할 수 없는 것이다. 이 목표들은 또한 그 자신을 위해 한 사회가 설정하는 다른 어떤 목표도 어느 정도로는 그들의 실현보다 앞설 수 없다는 점에서 우선적이라 하겠다. 사람들이 타인으로부터의 죽음이나 부상의 위협에 대한 어느 정도의 안전을 향유하지 않는다면 다른 것들을 성취하기 위해 그들의 정력이나 관심을 몰두할 수 없게 된다. 만약에 협의되는 사항이 이행될 것이라는 일반적인 가정이 있을 수 없다면 어떤 영역에서도 약속이 인간의 협력을 증진시킬 것이라고 기대될 수 없을 것이다. 그리고 개인이나 집단에 의한 사물의 소유가 일정한 정도로 안정적이지 않아서(여기서 소유권이 개인의 것인지 집단적인 것인지 아니면 양자의 혼합의 형태인지 하는 것은 중요하지 않다) 인간은 인간 본성대로이지만 인간이 소유하고 싶어하는 것은 단지 제한적인 양밖에는 없게 된다면 어떤 종류의 안정된 사회적 관계도 상상하기 힘들 것이다. 물론 흄(Hume)과 다른 이들이 주장한 것처럼 소유를 안정시키기 위해 사회가 느끼는 필요는 조건적이다. 만약 사물의 소유를 바라는 인간들이 전적으로 이기적이라면 재산이나 소유권에 의한 소유의 안정화는 불가능할지도 모르며 마찬가지로 인간들이 그들의 욕구에 있어 전적으로 이타적이라면 그러한 안정화는 불필요할 것이다. 이와 비슷하게 사람들이 소유하기를 원하는 물건이 절대적으로 부족하다면 재산의 규칙을 유효하게 만드는 것은 불가능할 것이며 만약에 그런 물건이 지나치게 풍족하다면 소유의 규칙은 불필요하게 된다. 그러나 주어진 인간의 제한된 이타심과 사람들이 원하는 재화의 제한된 존재의 현실하에는 사물의 소유를 안정키려는 시도가 사회적 삶의 우선적인 목표가 되는 것이다. 이 세 가지 목표는 모든 실제적인 사회가 이들을 고려하고 있다는 점에서 또한 보편적이다.

좀더 부연해서 설명한다면 사회적 삶에 있어서의 질서를 인간행위의 하나의 유형으로, 위와 같은 기본적이고 우선적인 목적을 유지하는 '각각의 부분들의 조합'으로 정의하는 데 있어 나는 이러한 목표가 다른 것에 대해 우월성을 가져야 한다고 주장하거나 내 주장의 현 시점에서 그들이 가치가 있거나 바람직하다고 보증하려는 것은 결코 아니다. 나는 이러한 목표들이 어느 정도로 성취되지 않는다면 우리가 사회의 존재나 사회적 삶을 이야기 할 수 없을 것이며, 다른 목표들의 달성은 이 기본적 목표의 달성을 일정 정도로는 전제하고 있으며, 사실상 모든 사회가 이러한 목표를 추진하고 있다고 주장하려는 것이다. 하지만 이것은 이와 같은 목표와 다른 것들 간의 갈등이 발생했을 때 사회가 그 목표들에 정말로 우선권을 부여한다거나 항상 그래야만 한다고 말하는 것은 아니다. 사실상 전쟁이나 혁명의 시기와 같은 때에 사람들은 빈번히, 그리고 때때로 정당하다고 주장하면서 폭력에 의존하고 약속을 무시하며 다른 가치들을 추구하면서 소유의 규칙을 무시하곤 한다. 서론에서 주장된 것처럼 질서란 인간의 행위가 형성되는 관계에 있어 유일한 가치인 것은 아니며, 다른 가치들에 대해 우월한 것으로 우리가 가정해야만 하는 것은 아니다.

여기에서 사회적 삶의 기본적이고 우선적인 목표들이 다른 목표들보다 우선권을 갖고 있고 또는 그래야만 한다고 주장되거나 이러한 목표들이 필수적이어야 한다고 역설되는 것은 아니다. 특히 나는 이와 같은 또는 이외의 다른 기본적이고 우선적이고 보편적인 사회적 삶의 목표들은 모든 사람들에게 필수적이며, 그들을 지탱하는 행위의 규칙들의 구속력은 모든 사람들에게 자명한 것이라는 자연법적 원칙 주창자의 입장을 채택하고 싶지는 않다. 내가 여기서 택하고 있는 입장이 각기 다른 시기의 특색에 있어 사회적 존재의 기본적이고 우선적인 조건들을 다루려 하고 있는 자연법이론의 '실증적 등가물'의 부분이 되고 있다고 말할 수 있다. 사실상 자연법적 전통은 현재의 연구에서 다루어지고 있는 문제들에 대해 가장 풍부한 이론적 통찰력의 원천의 하나로 남아 있다. 그러나 자연법 사고 자체의 중심 주장들을 부활시키는 것이 내 의도의 부분은 아닌 것이다.

사회적 삶에 있어서의 질서와 내가 정의한 바와 같은 규칙들, 즉 행위의 보편적인 강제적 원칙들과의 관계에 대해 좀더 명확한 지적이 덧붙여져야 한다. 사회적 질서란 종종 행위의 규칙에 대한 복종의 견지에서 정의되거나 때로는 좀더 분명하게 법률에 대한 준수로서 정의된다. 사실상 사회적 삶에 있어 질서란 반드시 법률은 아니더라도 행위의 규칙에 대한 인간의 순응과 매우 밀접하게 연관되어 있다. 대부분의 사회에서 폭력에 대한 안전, 약속의 존중, 그리고 소유의 안정성이라는 기본적 목표에 순응하는 행위의 유형을 창출하는 것은 살인과 폭행을 금지하는 규칙, 약속의 파기를 막는 규칙, 그리고 재산에 대한 규칙의 존재인 것이다. 하지만 나는 의식적으로 규칙의 개념을 배제하는 사회적 삶에서의 질서의 정의를 발견하려고 노력해 왔다. 이것은 내가 원칙적으로 규칙이 없이 존재하는 사회적 삶에서의 질서를 믿으며 규칙을 질서 자체의 정의의 하나의 부분으로보다는 인간사회에서 광범위하고 거의 모든 곳에 존재하는 질서를 창출하는 수단으로 취급하는 것이 가장 바람직하다고 믿기 때문이다.

나는 또 여기에서 정의된 대로의 사회적 삶에 있어서의 질서와 다른 종류의 사회적 법칙–규칙, 즉 보편적인 행위의 강제원칙이 아니라 과학적 법칙, 즉 한 계층의 사회적 사건과 다른 것들과의 인과적 연결을 주장하는 일반적 주장–사이의 관계에 대해서도 설명해야 한다. 사회적 삶에 있어서의 질서란 이따금 그러한 과학적인 법칙에 대한 사회에서의 행위의 순응과 관계되어 있다고 말해진다. 좀더 명확하게는 질서 있는 행위란 예측 가능한, 말하자면 현재나 과거의 사례와 더불어 미래의 사례에도 적용될 수 있는 법칙에 따르는 행위인 것이다. 다시 말해 여기에서 정의된 의미의 질서와 미래의 행위를 예측하는 기반을 제공하는 과학적 법칙에 대한 행위의 순응 간에는 사실상 밀접한 관련성이 존재한다. 사회적 공존의 기본적이고 우선적인 목표가 지속적으로 지켜지는 상황의 결과 중의 하나는 행위의 규칙적인 유형이 알려져 일반적인 법칙으로 형성되어 미래의 행위에 대한 기대의 기반을 제공하는 것이다. 더 나아가서 만약 우리가 왜 사람들이 질서에 가치를 부여하는가를 묻는다면(사람들은 대개 그러하며 이것은 보수적 시각뿐 아니라 마찬가지로 혁명적인 시각의 한 부분이라는 것이 내 주장이다), 적어도 대답의 일부는 그들이 기본적이고 우선적인 공존의 목표에 대한 순응의 결과로 오는 인간행위의 더욱 큰 예측 가능성에 가치를 두기 때문이다. 그러나 사회적 삶에 있어서의 질서를 과학적 법칙과 예측 가능성의 견지에서 정의하는 것은 사회적 질서의 가능한 결과와 그것을 가치 있는 것으로 간주하는 이유를 질서 그 자체와 혼동하는 것이다. 여기서 사용되는 개념상으로의 무질서한 행위도 과학적 법칙에 따를 수 있고 미래에 대한 예측의 기반을 제공할 수 있다. 전쟁이나 시민분쟁, 그리고 혁명의 반복되는 형태에 대한 이론적 저작들 모두는 무질서한 사회적 행위에서의 과학적 법칙에 대한 순응을 찾는 가능성을 입증하는 것이다.

2. 국제질서

나는 국가들의 사회, 즉 국제사회의 기본적이고 우선적인 목표를 지탱하는 행위의 유형을 국제질서라 지칭한다. 국제질서의 개념에 대한 상세한 설명에 들어가기 전에 나는 내가 국가, 국가의 체제, 그리고 국가의 사회, 즉 국제사회라는 것으로 무엇을 의미하는가를 지적함으로써 먼저 구도를 잡으려 한다.

국제관계의 출발점은 각각이 정부를 갖고 있고 지구의 일정 지역과 세계 인류의 일부분과의 관계에 대해 주권을 주장하는 독립적인 정치공동체, 즉 국가의 존재이다. 국가들은 한편으로 이러한 영토와 국민에 대해 그 안에서의 어떤 다른 권위보다 우월한 내부적 주권이란 것을 주장하며, 다른 한편으로 그들은 외부의 권위들보다 우월한 것은 아니나 독립성을 가짐을 주장하는 외부적 주권이라 불리는 것을 주장한다. 내부적이고 외부적인 국가의 주권은 규범적인 수준과 실질적인 수준에서 모두 존재한다. 한편으로 국가들은 그 영토와 국민내에서의 권위의 우월성의 권리를 주장하며 그 외부의 권위들과의 독립성을 주장한다. 하지만 다른 한편으로 그들은 실질적으로 다양한 정도로 그러한 우월성과 독립성을 행사하는 것이다. 주권의 권리를 단지 언명만 하면서(또는 그러한 권리를 가졌다고 다른 행위자들에 의해 판단되면서) 실질적으로 그 권리를 주장하지 못하는 독립적인 정치공동체는 적절하게 호칭되는 식의 국가는 아니다.

이러한 의미의 독립적인 정치공동체는 근대 민족국가와 더불어 고대 그리스나 르네상스 시대의 이탈리아와 같은 도시국가를 포함한다. 그것들은 프랑스혁명 이전의 근대 유럽에서 많이 존재하였던 왕조적 정당성의 원칙에 기반한 정부를 가진 국가도 포함하며 혁명 이후에 많이 등장한 민중적이거나 민족적인 정당성의 원칙에 의존하는 정부를 갖는 국가도 포함한다. 그들은 단일 민족국가와 더불어 19세기의 유럽제국과 같은 다국적 국가도 포함한다. 그들은 그 영토가 단일한 지리적 단위인 국가와 함께 서구의 대양 제국국가와 같이 그 영토가 흩어져 있는 국가도 포함하고 있다.

그러나 역사 속에서 실존하였지만 그러한 의미의 국가는 아니었던 다양한 종류의 독립적인 정치공동체들이 있다. 예를 들자면 암흑기의 독일 국민들은 독립적인 정치공동체였는데 그들의 지배자는 국민들로부터의 우월성은 주장하였지만 특정한 영토에 기반한 것은 아니었다. 중세의 서구 기독교권의 왕정들과 공국들도 국가는 아니다. 그들은 그들의 국민과 영토내의 권리에 있어 우월하지 않았기 때문에 내부적 주권을 보유하지 못했고 그들은 교황으로부터, 또 어떤 경우에는 신성로마 황제로부터 독립적이지 못했기 때문에 외부적 주권을 보유한 것도 아니었다. 유럽 침략 이전의 아프리카나 오스트레일리아, 오세아니아의 부분들에서도 정부와 같은 제도는 없었지만 족보나 혈연의 연결로 묶여 있는 독립적인 정치공동체가 존재하였다. 만약 우리가 '국제관계'라는 단어로 (우리가 대개 하는 대로) 민족 간의 관계가 아니라 엄격한 의미로 국가 간의 관계를 뜻한다면 그러한 단위체들은 그 범주의 밖에 있게 된다. 이와 같은 독립적인 공동체들의 관계는 좀더 광의의 권력체 간의 이론에 포함될지도 모르나 엄밀한 의미에서의 '국제관계'의 영역 외부에 위치하게 되는 것이다.[3]

국가들의 체제(즉 국제체제)는 둘 이상의 국가들이 서로 충분한 접촉을 갖고 서로의 결정에 충분한 영향을 행사하며 그들을 - 적어도 어느 정도로는 - 하나의 전체의 부분으로 행위하도록 만들 때 형성된다. 물론 둘 이상의 국가들은 이러한 의미의 국제체제를 형성하지 않고 존재할 수도 있다. 예를 들자면 콜럼버스(Columbus)의 항해 이전의 미대륙에 존재했던 독립적인 정치공동체들은 유럽에 있었던 공동체들과 체제를 형성하지 않았으며, 전국시대(기원전 481~221년)의 중국에 존재했던 독립적 정치공동체들은 그 시기에 그리스나 지중해에 있었던 공동체들과 국제체제를 이룬 것이 아니었다.

하지만 국가가 다른 국가와 정기적인 접촉을 하고 이에 더하여 한 국가

---

3) 국제관계를 권력체 간의 관계 중의 특별한 사례로 간주하려는 시도를 위해서는 Arthur Lee Burns, *Of Powers and their Politics: A Critique of Theoretical Approaches*, Englewood Cliffs, N.J.: Prentice Hall, 1968을 보라.

의 계산에 있어 다른 국가의 행위를 고려 요인에 넣을 정도의 상호작용이 있다면 우리는 그들이 체제를 형성하고 있다고 부를 수 있다. 국가들 간의 상호작용은 두 국가가 이웃이거나 동일한 목표에 대한 경쟁자이거나 같은 일을 하는 협조자일 때처럼 그것이 직접적이기도 하고 각 국가 간의 협상의 결과가 제3국에 영향을 미치거나 단지 그것들의 반향이 체제 전체에 미칠 때처럼 간접적일 수도 있다. 네팔과 볼리비아는 이웃도 아니고 경쟁자도 아니며 (아마 UN의 회원국이라는 것을 제외하고는) 같은 일을 하는 협조자도 아니다. 그러나 그들은 둘 모두가 다 참여하는 국가들 간의 연결 고리를 통하여 서로에게 영향을 미친다. 국제체제가 정의되는 국가 간의 상호작용은 협력의 형태를 띨 수도 있고 갈등의 형태를 가질 수도 있으며 심지어는 다른 쪽의 목표에 대한 중립성이나 무관심의 형태를 택할 수도 있다. 그 상호작용은 오늘날 그러하듯이 정치적, 전략적, 경제적, 사회적인 행위의 전영역에서 실재할 수도 있고 그 중 하나나 둘에서 그러할 수도 있다. 레이몽 아롱(Raymond Aron)의 국제체제의 정의가 암시하듯이 문제가 되는 독립적인 정치공동체는 '서로서로와 정기적인 관계를 지속하며,' '하나의 일반화된 전쟁에 모두가 연루될 가능성이' 충분한 것이다.[4]

마틴 와이트(Martin Wight)는 다른 종류의 국가체제를 분류하면서 그가 지칭하는 '국제적 국가체제'와 '종주국체제'를 구별하였다.[5] 전자는 그 개념이 여기에서 정의되는 의미로서의 주권적인 국가들로 구성된 체제이고, 후자는 한 국가가 다른 국가들에 대해 최고성이나 우월성을 주장하고 유지하는 체제이다. 로마제국과 그 주변의 야만적인 이웃 간의 관계는 종주국체제의 개념을 예증해 주며, 비잔틴 제국과 주변의 소국들, 압바시드 왕조와 그를 둘러싼 약소 세력들, 또는 중국제국과 그 조공국들 간의 관계도 그러하다. 와이트가 '국제적 국가체제'라고 부르는 것들 중에서도 어떤 한 시기에는 압도적이거나 패권적인 세력이 존재하게끔 된다고 여겨져 왔다. 예를 들자면 고대 그리스의 도시 국가체제나 후기 그리스의 왕국체제(Helle-

---

4) Raymond Aron, *Peace and War: A Theory of International Relations*, London: Weidenfeld & Nicolson, 1966, p.94.

5) Martin Wight, *Systems of States*, Leicester University Press and London School of Economics(forthcoming), 1장을 보라.

nistic Kingdom)에서는 어떤 국가가 패권국이 되는가에 대한 끊임없는 경쟁이 있었던 것이다. 중국과 그 가신국들과 같은 '종주국 국가체제'와 일정 시기에 한 국가 또는 다른 국가가 패권적 세력을 행사하는 '국제적 국가체제'를 구별짓는 것은 후자에서는 패권이 한 나라로부터 다른 나라로 넘어가며 지속적인 분쟁의 대상이 되는 반면에 전자에서는 한 세력이 영속적이며 실제적인 목적으로는 도전 불가능한 패권을 행사하고 있다는 점이다.

여기에서 전개되고 있는 접근의 견지에서는 단지 와이트가 '국제적 국가체제'라고 부르고 있는 것만이 국가체제에 해당한다. 중국과 그 가신국들처럼 '종주국 국가체제'를 형성하고 있는 독립적인 정치단위체들 간에는 단지 한 국가, 즉 종주국 자신만이 주권을 보유하고 있는 것이며, 따라서 둘 또는 그 이상의 주권국가가 있어야 한다는 국가체제의 기본 존재조건이 결여되어 있는 것이다.

와이트에 의한 두 번째의 구분은 '일차적 국가체제'와 '이차적 국가체제'의 구분이다.[6] 전자는 국가들로 이루어지지만 후자는 국가들의 체제—간혹은 종주국체제—로 구성된다. 그는 이차적 국가체제의 예로 중세의 동방 기독교권과 서방 기독교권, 그리고 압바시드 왕조 간의 관계와 알마나(Armana) 시대의 이집트와 힛티스(Hittes), 그리고 바빌론의 관계를 들었다. 이와 같은 것은 만약 (오늘날에는 전혀 지도상에 없는) 그 세계 전체의 정치적 구조에 대한 일반적인 분석이 시도된다면 도움이 되는 구분이 될 것이며 여기에서와 같이 우리가 관심을 국가의 체제에만 엄격하게 고정한다면 별로 도움을 주지 못할 것이다. 만약 '이차적 국가체제'를 구성하고 있는 체제 각각이 복수의 국가를 포함하고 그 국가들 사이에서 접촉과 상호작용이 존재한다면 그러한 국가들은 전반적으로 '일차적 국가체제'를 형성한다. 한편으로 관심의 대상이 되는 체제가 국가를 포함하지 않는다면—서구 기독교권이 그러했듯이—그와 같은 체제들 사이의 관계는 세계정치의 이론에 흥미를 주기는 하겠지만 그것이 국가의 체제는 아닌 것이다. 현 접근의 견지에서 우리는 단지 '일차적 국가체제'만을 취급할 필요가 있다.

'국제체제'라는 용어는 주로 모턴 카플란(Morton A. Kaplan)의 저작의 결과로 인해 요즈음의 국제관계의 연구자들 사이에서 유행이 되고 있다.[7]

---

6) Ibid.

380

카플란의 용어 사용은 여기에서 사용된 것과 다르지 않다. 하지만 카플란
의 작업을 구별짓는 것은 특히 국제체제를 특정한 종류의 '행위의 체제'로
서 취급하면서 국제적 행위를 설명하고 예측하기 위한 체제 개념 사용의
시도라 할 것이다.8) 여기에서는 그러한 유형은 의도되지 않으며 그 개념은
단지 특정한 종류의 국제적 배열을 파악하기 위해 사용된 것이다.

그렇지만 이 '국가의 체제'라는 용어는 현재의 형태를 갖기 이전에 오랜
역사를 가진 것이고 약간은 다른 의미를 형상화하고 있었다는 점이 인지되
어야 한다. 그것은 푸펜도르프(Pufendorf)의 논문집 *De systematibus civitatum*
이 1675년 출간되면서부터 시작되었다.9) 하지만 푸펜도르프는 유럽 국가
체제 전체를 지칭한 것이 아니라 베스트팔렌 평화조약 이후의 독일처럼 각
각 주권적이나 동시에 하나의 형태를 이루도록 연결되어 있는 그 체제 안
의 특정한 국가집단을 지칭한 것이었다. 루소(Rousseau)나 네텔블라트
(Nettelbladt)와 같은 18세기 저술가들에 의해서는 '체제'라는 용어가 유럽
국가들 전체를 나타내는 것으로 쓰였지만 그 용어에 현재와 같은 의미를
부여한 책임은 겐쯔(Gentz)나 앤씰론(Ancillon), 히렌(A. H. L. Heeren)과
같은 나폴레옹 시기의 저술가들에게 있다. 프랑스의 권력성장이 국가체제
를 파괴하고 그것을 보편적 제국으로 전환시킬 위험에 처했을 때 이 저술
가들은 체제의 존재에 관심을 기울이고 왜 그것이 보존할 가치가 있는가를
보여 주려 했다. 그들은 단순한 국가체제의 분석가만이 아니라 또한 그것
의 변호인이요 주창자였던 것이다. 그들의 저작 중 가장 중요한 것은 1809
년에 처음 출판된 히렌의 『유럽 국가체제와 식민지의 역사(*Handbuch der
Geschichte des Europaischen Staatensystems und seiner Kolonien*)』이다. '국가체제'
라는 용어는 1834년에 나온 이 책의 번역판에서 처음 등장하였으며, 번역
자는 이 용어가 '엄격하게 영국적은 아님'을 명시하고 있다.10)

---

7) Morton A. Kaplan, *Systems and Process in International Politics*, New York: Wiley, 1957을 보라.
8) 카플란은 행위의 체제를 '그 환경과 구별되도록 관련짓고 있어 기술 가능한 행위의 규칙성이 변수들 서로 간의 내부적 관계를 특징짓고 개별적 변수의 집합과 외부적 변수의 연합과의 외부적 관계를 특징짓는 변수들의 집합'이라고 정의한다. Ibid., p.4.
9) 나는 이 점을 Wight, op. cit.에서 따왔다.

히렌에게 있어 국가체제란 여기에서 정의된 것처럼 단순하게 일정한 정도의 접촉과 상호작용을 갖는 국가들의 배열인 것만은 아니었다. 그것은 카플란이 '행위의 체제'를 정의하기 위해 사용했던 서로 간에 인과적인 변수의 특정한 집합보다 더 많은 것을 포괄하는 것이었다.11) 히렌에 의한 국가체제란 '그들의 행위양식, 종교 그리고 사회발전의 정도에서 서로를 모방하며 이익의 상호성에 의해 서로 결합되어 있는 몇몇 인접국가들의 연합'이었다.12) 다시 말해서 그는 국가체제를 공통적인 이익과 가치를 보유하고 공통적인 문화나 문명에 의존하는 것으로 간주했다. 더 나아가서 히렌은 국가체제의 허약성, 즉 그리스의 도시국가체제가 마케도니아에 의해 파괴되었고 나중에는 알렉산더의 제국을 계승했던 그리스의 국가체제(the system of Hellenistic states)가 로마에 의해 이어서 파괴되었던 것처럼 체제의 구성국들이 체제를 유지하기 위해 행동하거나 그것이 파괴되도록 용인할 수 있는 자유를 인지하였다. 실지로 히렌은 그의 책의 1판과 2판의 서문에서 나폴레옹이 사실상 유럽국가체제를 파괴하였고 그가 그것의 비문을 쓴다고 생각하였다. 그와 같은 국가체제의 관념은 이 연구에서 국제체제라고 불리는 것과는 기본적으로 차이가 있으며 내가 여기서 국제사회라고 부르는 것에 가깝다.

국가들의 사회(즉 국제사회)는 공통적인 이해와 가치를 인식하고 있는 한 집단의 국가들이 그들 자신이 서로 간의 관계에 있어 공통적인 규칙의 집합에 의해 묶여져 있고, 공통적인 제도의 기능하에서 공존한다고 인지하여 사회를 이룰 때 존재하게 된다. 만약 오늘날의 국가들이 하나의 국제사회를 형성한다면 이것은 국가들이 일정한 공통적인 이익과 아마 약간의 공통적 가치를 인식하고 그들이 서로의 독립의 주장을 존중해 주어야 하고 그들이 맺는 협약을 준수해야 하고 서로에게 무력을 행사하는 데 있어 일정한 제약의 대상이 되어야 하는 것처럼 서로 간의 관계에서 일정한 규칙의 제약을 받고 있는 것으로 스스로를 간주하고 있기 때문이다. 그들은 동시

---

10) A. H. L. Heeren, *A Manual of the History of the Political System of Europe and its Colonies*, Gottingen, 1809, Oxford: Talboys, 1834, vol.I. p.v를 보라.

11) 각주 8)을 보라.

12) Heeren, op. cit., pp.vii-viii.

에 국제법의 절차나 외교의 기관, 일반적인 국제기구, 그리고 전쟁의 관습과 협정의 형태와 같은 제도의 작동에 있어서 서로 협조한다.

이러한 점에서 볼 때 국제사회는 국제체제를 전제로 하지만 국제사회가 아닌 국제체제가 존재할 수도 있다. 다시 말하자면 둘 이상의 국가들이 공통적인 이해나 가치를 갖거나 공통의 규칙의 대상임을 인지하거나 공동의 제도의 운용에 협력하지 않으면서도 서로서로의 계산에 중요한 요인이 되게끔 하는 방식으로 상호 접촉을 할 수 있는 것이다. 예를 들자면 터키, 중국, 일본, 한국 그리고 시암(Siam)은 그들이 유럽이 우위를 가지는 국제사회의 일부가 되기 이전에 유럽이 우위를 가진 국제체제의 일부였다. 말하자면 그들과 유럽세력들이 공통의 이해와 가치를 인지하고 서로를 공통적인 규칙의 집합 대상인 것으로 간주하고 공동의 제도의 운용에 있어 협조하기 이전에 그 국가들은 유럽국가들과 전쟁과 교역에서 서로 접촉하고 의미 있는 상호작용을 했던 것이다. 터키는 16세기 그 등장 이후로 전쟁과 동맹의 일원으로 참가하면서 유럽 우위의 국제체제의 부분을 형성했다. 그렇지만 이 관계의 처음 3세기 동안 유럽세력들과 터키가 서로 어떠한 공통적인 이해나 가치를 갖는다는 점은 모두에게서 부인되었으며, 양쪽 모두에게는 서로가 제약을 받는 협약이나 유럽국가들이 운용에 협력을 하며 그들을 연합시켰던 것과 같은 공동의 제도는 존재하지 않는다고 주장되었다. 터키는 크림 전쟁을 종결한 1856년의 파리조약 이전에는 국제사회의 일원으로 유럽국가들에게 승인되지 못했으며 아마 1923년의 로잔느조약 때까지는 국제사회 내부에서 완전한 평등을 얻지 못하였다.

마찬가지로 페르시아와 카르타고는 고대 그리스 도시국가들과 함께 하나의 국제체제의 부분을 이루고 있었지만 그리스 국제사회의 일부는 아니었다. 다시 말해서 페르시아는(카르타고는 좀더 적은 정도로) 그리스 도시국가들과 상호작용을 했고 그에 대항해 그리스 도시국가들을 결합시키는 외부적 위협으로서, 또는 그들 사이의 갈등에 개입할 수 있는 하나의 세력으로서 전략적 문제에 있어 항상 필수적 요인이 되어 왔다. 하지만 페르시아는 그리스인들에게 야만 세력으로 인식되었으며 그것은 그리스 언어로 표현된 그리스인의 공통적인 가치, 범그리스적 방식이나 델피신전에 대한 신탁 등을 공유하지 않았다. 페르시아는 그리스의 도시국가들로 하여금 서로 간의 갈등을 제한하도록 요구하는 규칙의 대상도 아니었고 그리스 국가들 사이의 제도적 협력이 발생하는 'amphictyonae'나 'proxenoi'(일종의 도시국가 연합)의 외교적 제도의 참가자도 아니었다.

16세기부터 19세기 말까지의 유럽과 비유럽국가들의 조우의 사례들처럼 국가들이 단일한 국제체제의 참가자이지만 단일한 국제사회의 일원은 아닐 때에도 교역에 관한 것뿐 아니라 전쟁과 평화 그리고 동맹에 관한 상호소통과 공사나 사절의 교환, 그리고 협약이 있을 수 있다. 그러나 이러한 상호작용이 그 자체로 국제사회가 존재한다는 것을 예증하는 것은 아니다. 국가들 간의 상호교류에 실체와 영속성을 부여하는 공통적 이익이나 가치가 없고, 상호작용이 어떻게 진행되어야 하는가를 규정하는 규칙이 존재한다는 인식도 없고, 그 사활에 국가들이 중요성을 부여하는 제도에서의 협력에 관련된 집단적 시도가 없어도 상호소통은 일어날 수 있고 공사가 교환되고 협약이 맺어질 수도 있다. 코르테스(Cortes)와 피자로(Pizarro)가 아즈텍과 잉카의 왕들과 교섭을 하고 조지(George) 3세가 메카트니(Macartney) 공을 북경에 보내거나 빅토리아(Victoria) 여왕의 대표가 마오리 족 족장이나 소코토(Sokoto)와 부간다(Buganda)의 군주와 협약을 맺을 때 이는 쌍방이 유사한 권리와 의무의 구성원인 국제사회의 공유된 개념의 구도 밖에 있는 것이다.

확실하게 국제사회를 이루고 있는 국제체제와 확실히 사회가 아닌 체제 사이에 공통적인 이해의 인식이 잠정적이거나 불안전하고, 인지되어 있는 공통적 규칙이 애매하거나 잘못 형성되어 있고, 그들이 규칙이라는 이름의 가치가 있는 것인가에 대한 의문이 있고, 외교적 기구나 전쟁의 제한과 같은 공동의 제도가 암묵적이거나 미비한 사례들이 있는 것처럼 위와 같은 국제사회의 특징적인 요소들이 하나의 국제체제에 존재하는가를 결정하는 것이 항상 쉬운 것은 아니다. 만약 우리가 현재의 국제사회에 '언제부터 그것이 시작되었는가?' 또는 '그것의 지리적 제한은 무엇인가?'하는 질문을 던진다면 우리는 곧 경계를 추적하는 어려운 문제들에 연루되는 것이다.

그러나 어떤 국제체제들은 명확히 국제사회이기도 했다. 주요한 예들은 고대 그리스 도시국가체제, 알렉산더의 제국 분할과 로마의 정복 사이의 그리스 왕국들에 의해 형성된 국제체제, 춘추전국 시대의 중국 국제체제,

고대 인도의 국가체제, 유럽에서 시작되어 현재 세계적으로 전파된 근대 국가체제 등이다.

　이와 같은 역사적인 국제사회의 공통적인 특징은 그들이 모두 공통적인 문화나 문명에, 아니면 적어도 공통의 언어, 공통의 인식론과 세계관, 공통의 종교, 공통의 도덕적 원리, 공통의 미학적 또는 예술적 전통과 같은 한 문명의 요소에 기반하고 있었다는 것이다. 이와 같은 공통적인 문명의 요소가 국제사회에 내재되어 있을 때 그것들은 두 가지 방식으로 그 운용을 원활하게 한다고 추정하는 것이 타당하다. 한편으로 그들은 한 나라와 다른 나라 간의 좀더 쉬운 상호소통과 밀접한 인지와 이해를 가능하게 함으로써 공통적인 규칙의 정의와 공통적인 제도의 발생을 원활하게 한다. 다른 한편으로는 그들은 공통의 이해를 강화시킴으로써 국가들이 공통의 가치의 인식을 갖고 공통의 규칙과 제도를 받아들이도록 한다. 이것은 우리가 이 연구의 뒷부분에서 20세기의 세계적인 국제사회는 16세기나 17세기의 기독교 국제사회나 17, 18세기의 유럽 국제사회와는 달리 그러한 공통적인 문화나 문명을 갖고 있지 않다는 점을 고려할 때 다시 돌아볼 질문이다.

　이제 국가, 국가의 체제, 그리고 국가의 사회 개념을 상술하였으니 우리는 이 글이 시작된 주장, 즉 국제질서란 국가들의 사회의 기본적이고 우선적이고 보편적인 목표를 유지하는 국제행위의 유형이나 배열을 의미한다는 점으로 다시 돌아갈 수 있다. 그렇다면 이러한 목표들은 무엇인가?

　그 첫 번째로 국가의 체제와 사회 자체의 보존의 목표가 있다. 그들 사이의 구분이 무엇이든 간에 근대국가들은 그들이 세계정치에서의 주된 행위자이고 그 안에서의 권리와 의무의 우선적인 소유자라는 믿음으로 서로 연결되어 왔다. 국가의 사회는 그것이 실제적으로 그리고 권리의 측면에서 보편적인 정치조직의 우세한 형태로 존속하리라는 것을 보증하려고 애써 왔다. 국가들의 사회의 지속적인 존재에 대한 위협은 때때로 국가의 체제와 사회를 전복시키고 그것을 하나의 보편적 제국으로 전환시킬 수 있는 능력이 있어 보였던 합스부르크의 독일, 루이 14세의 프랑스, 나폴레옹 치하의 프랑스, 히틀러의 독일, 그리고 아마 1945년 이후의 미국과 같은 특정한 우월한 국가로부터 나왔다. 그 도전은 또한 국가가 갖고 있는 세계정치에서의 주된 행위자나 그 안에서의 권리와 의무의 우선적 소유자로서의 위치를 박탈하려 위협하는 국가 이외의 행위자들부터도 행해졌다. 16세기와 17세기의 교황권과 신성로마제국이나 20세기의 UN(특히 1960~61년의 콩고 위기시의 무력적 행위자로서의 UN의 역할을 생각하면 될 것이다)과 같은 '상위-국가적' 행위자들은 그와 같은 위협을 나타내 준다. 한 특정한 국가 내부에서 세계정치적 작용을 하는 '하위-국가적' 행위자들과 국가들의 경계를 넘어서는 집단인 '초-국가적' 행위자들도 세계정치에서의 국가의 특권적인 위치와 그들이 향유하는 권리를 위협할 수 있다. 근대 국제사회의 역사에 있어 종교개혁이나 프랑스혁명, 그리고 러시아혁명에 의해 야기된 인간적 연대의 발현은 그 주된 예이다.

두 번째로는 개별 국가들의 독립성, 즉 외부적 주권을 유지시키는 목적이 있다. 어떤 특정한 국가의 견지에서는 그것이 국가의 사회에 참여함으로써 주요하게 얻고자 하는 것은 자신의 외부적 권위의 독립성, 특히 그 국민과 영토에 대한 최고의 법률적 권한에 대한 인정이다. 이 대가로 한 국가가 치뤄야 하는 주된 비용은 다른 나라들의 유사한 독립성과 주권의 인정이다.

국제사회는 사실상 특정 국가들의 독립성의 보전을 국가들의 사회 그 자체의 보전에 대해 하위적인 목표로 취급해 왔다. 이 점은 자신들을 국제사회의 관리인으로 간주하고 있는 강대국들에 의한 국제사회 형성에서의 역할에서 반영된다. 따라서 국제사회는 1648년의 베스트팔렌 평화로부터 1815년의 비엔나회의에 이르기까지 유럽에서의 국가 수의 지속적인 감소를 초래했던 '보상'이나 '세력균형'과 같은 원칙하에서의 강대국에 의한 약소국의 분할과 흡수의 거대한 과정에서처럼 개별 국가들의 독립이 말소되는 것을 종종 허용하였다. 마찬가지의 방식으로 적어도 자신들을 국제사회의 수호자로 여기고 있는 강대국의 견지에서는 국제사회는 영향력의 영역에 대한 협의나 완충국 또는 중립화된 국가를 만드는 협약 등의 도구를 통해 약소국의 주권이나 독립의 제한을 용인하거나 조장하는 경우 특정국의 독립성을 전반적인 체제의 보존보다 하위에 놓는 것이다.

세 번째로는 평화의 목표가 있다. 이것은 평화주의자나 평화이론가들의 꿈이었고 실질적인 역사적 경험과 상반되는 것과 같은 보편적이고 영구적인 평화의 달성의 목표를 의미하는 것이 아니며, 국가의 사회가 진지한 방법으로 추구해 왔다고 말해질 수 있는 목표가 아니다. 오히려 이것이 뜻하는 것은 단지 특수한 경우에, 그리고 일반적으로 받아들여지는 원칙에 따라서만 깨어지는 국가들의 관계의 정상적인 조건으로서의 국제사회 구성국들 간의 전쟁 부재의 의미에서의 평화의 보존이다.

이러한 의미의 평화는 그것을 위해서는 전쟁의 수행도 정당하다고 널리 주장되는 국가체제 그 자체의 보존의 목표에 대해 하위적인 것으로 국제사회에 의해 인식된다. 그리고 또한 자위와 다른 권리의 보호를 위해서 전쟁의 수행을 주장해 온 주권과 독립성의 보호에도 하위적인 것이다. 이와 같은 다른 목표에 대한 평화의 하위적 위치는 UN 헌장에 나타난 '평화와 안보'라는 구절에 반영되고 있다. 국제정치에서의 안보란 그것이 실재하는 객관적인 것이건 느끼거나 경험되는 주관적인 것이건 간에 안전에 다름 아니다. 국가들이 확고하고 안전하게 만들려 하는 것은 단지 평화가 아니라 그들의 독립과 그 독립이 요구하는 국가의 사회 자체의 지속적인 존재인 것이며, 우리가 언급한 것처럼 이러한 목적을 위해서 국가는 전쟁이나 전쟁의 위협에 의존할 준비가 되어 있다. 헌장에서의 두 단어의 병렬은 안보의 필요가 평화의 필요와 상충될 수도 있으며 이러한 경우 후자가 반드시 우선하는 것은 아니라는 것을 말해 준다.

네 번째로 국가의 사회의 기초적이고 우선적인 목표 중에는 이 장의 초반에서 이야기 된 모든 사회의 공통적인 목표, 즉 죽음이나 부상을 초래하는 무력의 제한, 약속의 이행, 재산의 규칙에 의한 소유의 안정 등이 있다는 점이 명기되어야 한다.

무력 제한의 목표는 국제사회에서 많은 방식으로 나타난다. 국가들은 국제사회에서 그들의 무력의 독점을 유지하면서 다른 집단이 그를 사용할 권리를 저지하는 것에 협력한다. 국가들은 또한 무력을 사용할 자신의 권리에 대한 제한을 받아들인다. 그들은 최소한도 상대방의 공사나 사절을 해치지는 않는데 이것은 그것이 상호소통을 불가능하게 만들어 버리기 때문이다. 이를 넘어서서 그들은 전쟁이 단지 '정당한' 이유에 의해서만 행해져야 하며, 그 이유의 정당함이 공통적인 규칙의 견지에서 주장될 수 있어야 한다는 점을 받아들인다. 그들은 또한 항상 전쟁이 일정한 제한, 즉 '전쟁의 중재(temperamenta belli)' 안에서 수행되어야 한다고 요구하는 규칙의 준수를 주장하여 왔다.

약속 이행의 목표는 '조약은 준수되어야 한다(pacta sunt servanda)'의 원칙 안에 나타나 있다. 개인들 사이에서처럼 국가들 사이에서도 협력은 단지 동의의 기반 위에서 일어나며 사회적 삶에 있어서 협약은 일단 그것이 맺어지면 이행된다는 가정하에서 그 기능을 충족시킬 수 있다. 국제사회는 조약의 파기를 가져 오는 변화에 관한 압력에 대해 자신을 적응시키고 동시에 '그 상태의 유지(rebus sic stantibus)'의 원리를 통해 그 원칙 자체를 보존한다.

국제사회에서의 소유의 안정성의 목표는 국가에 의한 상대국의 재산에 대한 인정에 의해서만이 아니라 좀더 본질적으로는 그 안에서 국가들이 상대방의 법률적 권한의 영역을 받아들이고 있는 주권의 상호적인 인정의 계약에 의해 반영된다. 실제로 국가의 주권이념은 역사적으로 특정한 영토와 신민이 지배자의 소유물이나 재산이라는 관념에서 나온 것이다.

위와 같은 것들이 근대의 국제사회나 다른 국제사회들의 기초적이고 우선적인 목표에 속하는 것이다. 여기서 이러한 명단이 완벽하다거나 다른 방식으로 구성될 수 없다고 제안되는 것은 아니며, 이 글의 어떠한 부분도 이러한 목표들이 행위의 타당한 기반이나 국제관계에서 올바른 행위를 법제화하는 것으로 받아들여져야 한다는 내용은 아니다. 주장의 현 단계에서는 또한 우리가 국제질서의 '동학'이 아니라 우리가 '정학'이라고 부르는 것에만 관심을 갖고 있으며, 국제질서가 변화의 대상이 되는 역사적 제도 속에서 어떻게 생겨났는가를 추적하는 것이 아니라 국제질서의 관념에 포함되는 것들을 상술해 나가는 것에 관심을 갖고 있다는 점이 언급되어야 한다.

3. 세계질서

세계질서란 인류 전체의 사회적 삶의 기초적이고 우선적인 목표를 유지하는 인간행위의 유형이나 배열들을 의미한다. 국제질서란 국가들 간의 질서이다. 하지만 국가는 단지 인간의 집단일 뿐이며 인간은 국가를 형성하지 않는 방식으로도 집단화될 수 있다. 나아가서 인간이 국가로 집단을 이루면서도 또 다른 방법으로 집단화될 수 있는 것이다. 국가들 간의 질서에 대해 우리가 제기하는 질문의 이면에는 좀더 지속적인 중요성을 갖는 인류의 위대한 사회에 대한 심오한 질문이 존재한다.

19세기 이전의 인류의 역사에는 세계 전체에 걸쳐 있는 단일한 정치체제는 없었다. 교회법이나 자연법의 주창자들에 의해 암시되었던 인류 전체의 위대한 사회는 신의 눈이나 자연법 원리의 견지에서의 관념적인 사회였으며, 실질적인 정치체제는 어느 것도 이에 상응하지 않았다. 19세기 중반 이전의 세계질서란 세계의 특정한 부분에 질서를 부여했던 다양한 정치체제들의 합에 지나지 않았던 것이다.

그러나 19세기 후반과 20세기 초 이래로 사상 초유로 순수하게 전지구적인 단일한 정치체제가 등장하게 되었다. 지구적 규모의 질서는 더이상 국지적인 규모의 질서를 생산하는 다양한 정치체제의 합이 아니라 또한 소위 세계정치체제의 결과물이 된 것이다. 말하자면 1900년의 세계는 아직도 유럽과 미주 국가들과 그들의 식민지, 오토만 제국과 중국, 일본 제국, 사하라에서 중앙아시아까지 독립적으로 존재하였던 칸과 술탄의 영토, 유럽의 영향을 그 때까지 받지 않았던 원시 아프리카와 남양주의 정치체제들의 내부에 제공되었던 질서들의 집합이었지만 그것은 또한 그들 모두를 연결하고 전세계에 걸쳐 작동하는 하나의 정치체제의 결과였던 것이다.

첫 번째의 지구적 정치체제는 지구적인 국가의 체제의 형태를 띠었다. 세계의 모든 대륙의 정치체제 사이에서 일정한 정도의 상호작용이 등장하고 그것이 우리가 하나의 세계정치체제를 이야기 하는 것을 충분히 가능하도록 만들었던 주된 책임은 유럽 국가체제의 세계적인 팽창과 지구적 차원의 국가체제로의 변모이다. 15세기 포르투갈의 탐험 항해로 시작하여 19세기 아프리카의 분할로 끝난 이 과정의 첫 단계에서 유럽국가들은 세계의 다른 부분에 팽창하거나 그를 병합·지배하였다. 미국혁명으로 시작하여 현시기의 아프리카, 아시아의 반식민지 혁명으로 끝난 첫 번째와 시기적으로 약간 중복되는 그 두 번째 단계에서는 그렇게 병합되거나 지배되었던 세계의 지역들이 유럽의 통제로부터 떨어져 나와 국제사회의 구성국으로의 자신의 위치를 차지하였다. 세계의 다양한 부분의 상호연결이 단순히 국가의 작업만은 아니었으며 사적인 개인과 집단들도 탐험가, 교역자, 이민자, 선교자 그리고 용병들로서 자신의 역할을 수행하였고 국가체제의 팽창은 더 광범위한 사회적, 경제적 교환의 부분이었던 것이 사실이다. 하지만 이러한 발전이 가져 온 정치적 구조는 단순히 지구적인 체제와 국가의 사회였던 것이다.

그러나 현재 존재하는 세계정치체제가 국가의 체제의 형태를 갖고 있거나, 아니면 이 형태를 중점적으로 택하고 있지만(우리는 뒤에 가서 국가의 체제가 일부분에 불과한 하나의 세계정치체제가 등장하고 있다고 주장할 것이다), 세계질서는 원칙적으로 다른 형태의 보편적 정치조직에 의해서도 달성될 수 있으며, 당면한 문제는 세계질서가 이렇게 다른 형태에 의해 더 바람직하게 유지되지 않을까 하는 것이다. 다른 형태의 보편적 정치조직들은 과거에 지구적인 규모보다 작은 모습으로 존재하여 왔다. 실지로 인류의 오랜 역사에 있어 국가체제의 형태는 규칙이라기보다는 예외에 해당하는 것이었다. 더 나아가서 새로운 형태의 보편적 정치조직은 미래에 과거에 존재했던 것과는 다른 식으로 만들어질 수도 있다고 생각해 보는 것도 타당하다.

여기서 우리는 이 연구에서 세계질서는 국제질서와는 다른 것을 수반한다는 점만을 강조할 필요가 있다. 인류 전체의 질서란 국가 간의 질서보다 좀더 광범위하고 좀더 근본적이고 원초적인 것이며 또한 내가 강조하기로는 국가 간의 질서보다 도덕적으로 우월한 것이다.

세계질서란 국가 간의 질서뿐만이 아니라 특정한 국가들 내부의 국내적이고 지방적인 질서도 다루어야 하며 국가체제가 단지 그 일부인 더 넓은 세계정치체제를 다루어야만 그를 설명할 수 있기 때문에 더 광범위한 것이다.

세계질서는 인류 전체의 위대한 사회의 궁극적인 단위가 국가(또는 민족, 부족, 제국, 계급 또는 정당)가 아니며 영속적이며 그들의 구별이 이런 것 또는 저런 것으로 나누어질 수 없다는 의미에서 불가분인 인간이라는 이유에서 좀더 근본적이고 원초적이다. 현재는 국제관계의 시기이지만 세계질서의 문제는 지구의 어떠한 정치적, 사회적인 구조에 있어서도 제기될 수 있는 것이다.

마지막으로 세계질서는 국제질서에 비해 도덕적으로 우위에 있다. 이러한 견해를 취하는 것은 세계질서의 가치와 인간의 가치의 위계질서에 있어서 그 위치의 문제를 발의하고자 함이다. 하지만 이 시점에서 만약 세계정치에 있어서 질서에 대해 어떤 가치가 부가된다면 그것은 국가의 사회 내부의 질서가 아니라 우리가 우선적인 가치로 다루어야만 하는 인류 전체내의 질서인 것이라는 점을 말할 필요가 있다. 만약 국제질서가 진정 가치를 지니고 있다면 그것은 단지 그것이 인류사회 전체에 있어서의 질서의 목표에 도구적이기 때문에 그럴 수 있다는 것이다.

현실주의와 복합상호의존*

로버트 커해인·조셉 나이**

우리가 세계정치에 대해 어떠한 가정을 갖느냐에 따라서 우리가 보는 대상이나 사건을 설명하기 위한 이론화는 심대한 영향을 받게 된다. 우리는 전후 국제정치이론들을 주도해 온 정치 현실주의자들의 가정이 상호의존의 정치를 분석하는 데 종종 부적절하다고 생각한다. 세계정치에 대한 현실주의 가정들은 극단적인 조건 혹은 이념형을 규정하고 있는 것으로 볼 수 있다. 우리는 전혀 다른 조건을 상상할 수도 있다. 여기서 우리는 현실주의와는 반대되는 다른 이념형을 구성하고자 한다. 우리는 그것을 복합상

---

  * Robert O. Keohane and Joseph S. Nye, "Realism and Complex Interdependence," *Power and Interdependence: World Politics in Transition*, Boston: Little, Brown and Company, 1977, ch.2(이호철 옮김).
 ** 커해인과 나이는 'international politics'와 구별해서 'world politics'라는 용어를 사용한다. 역자는 이를 구별하기 위해서 전자는 국제정치로, 후자는 세계정치로 번역한다.

▶ 이 논문은 국제정치경제 연구에서 자유주의 시각의 대표작으로 간주되는 커해인과 나이의 『권력과 상호의존』(1977)의 제2장을 번역한 것이다. 이 장은 특히 그들이 제시하는 '복합상호의존' 모델을 잘 설명하고 있다. 복합상호의존 모델은 전통적인 현실주의 모델에 대한 하나의 대안으로서 제시되고 있다. 저자들은 복합상호의존 모델이 국가와 권력에 대한 전통적인 현실주의 가정을 완화하거나 수정함으로써 상호의존으로 특징지어지는 현대의 국제관계를 더 잘 설명할 수 있다고 주장한다. 그러나 다른 한편, 저자들은 복합상호의존 모델이 현실주의 모델을 대체하고자 하는 것은 아니라는 점을 강조한다. 오히려 세계정치의 차원과 문제영역에 따라서 복합상호의존 모델과 현실주의 모델이 선별적으로 적용될 수 있다는 차별화된 접근을 제시한다. 저자들의 이러한 논의는 이후 특히 커해인에 의해서 신자유주의 시각으로 발전되어 간다.

호의존(complex interdependence)이라 부르고자 한다. 우리는 현실주의와 복합상호의존의 차이를 지적한 후, 현실주의보다 복합상호의존이 때로는 현실에 더 가깝다는 것을 주장하고자 한다. 그럴 경우, 국제레짐의 변화에 관한 전통적인 설명은 의문시되지 않을 수 없고, 새로운 설명 모델을 찾아야 할 것이다.

정치현실주의자들에 있어 국제정치는 다른 모든 정치와 마찬가지로 권력투쟁—그러나 국내정치와는 달리 조직화된 폭력에 의해 지배되는 투쟁—이다. 전후 가장 영향력 있는 교과서에 따르면, "국제정치에 참여하고 있는 국가들은 끊임없이 전쟁형태로서의 조직화된 폭력을 준비하거나, 거기에 적극적으로 개입되어 있거나, 혹은 그것으로부터 회복하는 일에 몰두하고 있음을 모든 역사는 보여 주고 있다"고 한다.[1] 현실주의 시각은 크게 세 가지 가정으로 구성되어 있다. 첫째, 응집된 단위체로서의 국가는 세계정치에서 주행위자이다. 이것은 이중적 가정인데, 국가는 주도적 행위자이며, 국가는 응집된 단위체로서 행동한다는 것이다. 둘째, 현실주의자들은 힘(force)을 사용 가능하고 효과적인 정책수단으로 가정한다. 다른 수단들도 물론 사용될 수 있으나, 힘의 사용이나 힘에 의한 협박이야말로 권력을 행사하는 가장 효과적인 수단이라는 것이다. 셋째, 부분적으로 두 번째 가정의 연장에서, 현실주의자들은 세계정치에서 문제영역(issues)의 서열—군사안보 문제가 최우선시되는—을 가정한다. 즉 군사안보의 '상위정치(high politics)'가 경제 및 사회문제의 '하위정치(low politics)'에 우선한다는 것이다.

이러한 현실주의 가정은 세계정치에 관한 하나의 이념형을 그리고 있을 뿐이다. 현실주의 가정에 따르면, 정치는 언제든 힘의 행사가 가능한 국가 간 실제적 혹은 잠재적 갈등으로 특징지어지는 세계를 상상하게 된다. 모든 국가는 실질적 혹은 인지된 위협으로부터 그 영토와 이익을 수호하려 한다. 국가 간 정치통합은 그 실현 가능성이 아주 적고, 실현된다 하더라도 가장 강력한 국가들의 국가이익에 부합되는 한에서만 지속될 뿐이다. 초국가행위자(transnational actors)는 존재하지 않거나 혹은 정치적으로 중요하지 않다. 오직 능란한 힘의 행사나 힘에 의한 협박만이 국가의 존속을 가능

---

1) Stanley Hoffmann, "Notes on the Elusiveness of Modern Power," *International Journal* 30, Spring 1975, p.184.

하게 하고, 잘 작동하는 세력균형체제하에서처럼 국가경영자들이 그들의 이익을 성공적으로 조정하는 한에서만 그 체제는 안정적이다.

각각의 현실주의 가정은 비판될 수 있다. 만약 우리가 현실주의 가정들 모두를 동시에 비판한다면, 우리는 전혀 다른 세계, 즉 국가 아닌 다른 행위자들이 세계정치에 직접 참여하고, 문제영역 간의 분명한 서열이 존재하지 않고, 힘이 효과적인 정책수단이 되지 않는 세계를 상상하게 된다. 우리가 복합상호의존의 특징들이라 부르는 이러한 조건하에서의 세계정치는 현실주의 조건하에서의 세계정치와는 전혀 다른 모습을 띠게 된다.

다음 절에서는 이러한 차이들을 부각시켜 보고자 한다. 그러나 우리는 복합상호의존이 세계정치 현실을 충실히 반영한다고 주장하지는 않는다. 오히려 복합상호의존이나 현실주의 시각은 모두 이념형들이다. 대부분의 상황은 이들 양극단 사이의 어느 곳에 위치할 것이다. 가끔 현실주의 가정들이 정확하거나 혹은 대체로 정확할 수도 있다. 그러나 보다 자주 복합상호의존이 현실을 더 잘 반영할 수도 있다. 특정 상황이나 문제에 어떤 설명모델을 적용할 것인지 결정하기 전에, 우리는 현실주의 혹은 복합상호의존이 그 상황에 부합하는 정도를 이해할 필요가 있다.

1. 복합상호의존의 특징

복합상호의존은 세 가지 주요 특징을 갖고 있다.

1. **다중채널**(multiple channels)은 각 사회를 연결한다. 이는 공식적인 외교관계뿐만 아니라 정부 엘리트 간 비공식적 연결, 비정부 엘리트 간 (직접 대면과 텔레커뮤니케이션을 통한) 비공식적 연결, 그리고 (다국적은행이나 다국적기업과 같은) 초국가적 기구 등을 포함한다. 이러한 채널들은 국가 간(interstate), 초정부 간(transgovernmental), 그리고 초국가 간(transnational) 관계로 요약될 수 있다. 국가 간 관계는 현실주의자들이 가정하는 정상적 채널이다. **초정부 간** 관계는 국가가 단위체로서 응집된 행위를 한다는 현실주의 가정을 완화할 때 적용된다. **초국가 간** 관계는 국가가 유일한 단

위체라는 가정을 완화할 때 적용된다.

2. 국제관계의 의제는 분명하고 일관된 서열로 정렬되지 않는 다양한 문제영역으로 구성된다. 이러한 문제영역 간 서열의 부재(absence of hierarchy among issues)란 다른 무엇보다도 군사안보가 항상 주요 의제는 아니라는 것을 의미한다. 우리가 통상 국내정치로 간주하는 영역으로부터도 많은 문제들이 제기되고, 내무와 외무의 구별도 모호해진다. 이러한 문제들은 (외무부서에서뿐만 아니라) 정부의 다른 여러 부서에서 여러 수준에 걸쳐 다뤄진다. 이러한 문제들에 관해서 부적절한 정책조정은 상당한 비용을 초래한다. 상이한 문제는 정부내에서 그리고 정부 간에 상이한 연합을 형성하고, 상이한 정도의 갈등을 수반한다. 정치란 국경선에서 멈추지는 않는다.

3. 복합상호의존이 지배적일 경우, 정부는 지역내의 다른 정부에 대해서 혹은 특정의 문제영역에 관해서 군사력을 사용하지 않는다. 그러나 역외의 정부나 다른 문제영역에 대해서는 군사력이 중요할 수도 있다. 예를 들어 동맹국들 간에 경제문제의 갈등을 해결하는 데 군사력을 사용한다는 것은 부적절할 것이다. 그러나 그 동맹의 경쟁적 블록과의 정치적 군사적 관계에서는 군사력이 매우 중요할 수도 있다. 전자의 관계에서는 복합상호의존의 이러한 조건이 충족되지만, 후자의 관계에서는 복합상호의존의 조건이 충족되지 않는다.

전통적 국제정치이론은 이러한 세 가지 가정의 정확성을 묵시적으로 혹은 명시적으로 부정한다. 전통주의자들은 또한 복합상호의존 이념형에 근거한 비판의 적실성을 부인하고자 한다. 그러나 우리는 이러한 세 조건이 경제적, 생태학적 상호의존과 같은 특정의 지구적 문제에 잘 적용되고, 특정 국가들 간의 전반적 관계를 잘 반영한다고 믿는다. 우리들의 목적 중 하나는 이러한 주장을 증명하는 것이다. 여기에서 우리는 전통적 가정에 대한 이러한 비판들에 대해 독자들이 좀더 진지한 확신을 갖도록 노력하고자 한다.

1) 다중채널

주요 공항을 방문해 보면 선진국들 간에 형성되어 있는 접촉의 다중채널을 금방 확인하게 된다. 그것을 증명할 엄청난 양의 문헌도 있다.[2] 각국 으로부터의 관리들은 회의에서, 전화로, 그리고 서면으로 직접 접촉한다. 마찬가지로 비정부 엘리트들도 정상적 업무과정에서, 삼자위원회(Trilateral Commission)와 같은 기구를 통하여, 그리고 민간단체에서 지원하는 회의 등에서 자주 회합한다.

더구나 다국적기업이나 다국적은행은 국내 및 국가 간 관계 모두에 영향을 미친다. 민간기업에 대한 제한, 혹은 정부-비지니스 간 결속의 정도는 사회마다 상당히 다르다. 그러나 정부에 의해서 전적으로 통제되지 않는 크고 역동적인 조직체들의 참여는 이제 국내관계뿐만 아니라 외교관계에서도 정상적인 일부분이 되었다.

이러한 행위자들은 단지 자신의 이익을 추구하는 행위의 차원에서 때문만 아니라, 여러 국가들에 있어 정부정책들 상호 간에 민감성을 더욱 높여주는 전파벨트로서 행위하기 때문에 이러한 행위자들은 중요하다. 정부의 국내 역할범위가 더욱 광범해지고, 기업, 은행, 노동조합(낮은 정도이지만) 등이 국경을 초월하는 결정을 내리게 됨에 따라서 각국의 국내정책들은 더욱더 서로 부딪치게 된다. 초국가적 통신은 이러한 결과를 강화한다. 따라서 외국의 경제정책은 과거보다 더욱 국내 경제행위에 영향을 미치게 되고, 그 결과 내무정책과 외교정책 간의 경계가 불분명하게 되며, 외교정책에 관련되는 문제영역을 확장시킨다. 환경규제 및 기술통제 영역은 특히 이러한 추세를 강화하고 있다.

2) 문제영역 간 서열의 부재

외교의제-즉 정부의 외교정책과 관련되는 문제영역들-는 더욱 확대되었고 다양해졌다. 더이상 모든 문제들이 군사안보에 종속될 수 없다. 1975년 국무장관 키신저는 이러한 상황을 다음과 같이 기술했다.

---

2) "A New National Partnership," 1975년 1월 24일, 로스앤젤레스에서 국무장관 키신저(Henry A. Kissinger)가 행한 연설. News release, Department of State, Bureau of Public Affairs, Office of Media Services, p.1.

396

전통적 의제를 잘 처리하는 것만으로는 충분하지 않다. 전대미문의 새로운 의제들이 나타나고 있다. 에너지, 자원, 환경, 인구, 우주 및 해양의 사용 등의 문제들은 이제 전통적 외교의제였던 군사안보, 이데올로기 그리고 영토분쟁 등의 문제들과 동등한 중요성을 갖게 되었다.[3]

키신저가 언급하고 있는 의제들은, 더욱 확장될 수 있겠지만, 이전에는 순전히 국내문제로 간주되던 정부정책들이 이제는 서로 부딪치게 되었음을 보여 준다. OECD, GATT, IMF, EC 등이 추진하고 있는 광범한 자문 기구들의 설치는 선진 다원주의국가들에서 국내정책과 외교정책이 긴밀하게 연계되어 있음을 반영하는 것이다. 미국정부의 9개 주요 부처(농무, 상무, 국방, 보건·교육·복지, 내무, 법무, 노동, 국무, 재무)와 그 외의 기관들에서 볼 수 있는 내부의 조직은 그들의 광범한 국제적 관련성을 반영하고 있다. 그 결과로 나타나는 다중적이고 중복적인 문제들은 정부조직에 엄청난 부담을 가하고 있다.[4]

다중적 문제들이 의제로 채택되고, 그 중 많은 문제들이 국내집단들의 이익을 위협하지만, 국가 전체의 이익을 분명하게 위협하지는 않을 때, 응집적이고 일관성 있는 외교정책을 결정한다는 것은 더욱 힘들어진다. 1975년에 에너지가 외교정책 문제였을 때, 가솔린과 자동차에 대한 세금인상과 같은 구체적 처방은 자동차 노동자들과 자동차 업체들이 다같이 반대하고 나섰다. 한 논평가가 지적하듯이, "거의 매번 의회가 국민의 생활에 영향을 미칠 수 있는 국가정책을 입안할 때, 문제가 분명 있고 그것을 해결하기 위한 최선의 방안이라는 합의가 수년에 걸쳐서 조금씩 형성된 이후에야, 의회는 행동을 취했다."[5] 다원주의 민주국가에서 국제정치로 인해서 국내정

3) Henry A. Kissinger, "A New National Partnership," *Department of State Bulletin*, February 17, 1975, p.199.
4) '외교정책 수행을 위한 정부의 조직위원회(The Commission on the Organization of the Government for the Conduct of Foreign Policy)'(일명 Murphy Commission)의 보고서(Washington, D.C.: US Government Printing Office, 1975)와 그 보고서를 위해 수행된 연구논문들을 참조. Raymond Hopkins, "The International Role of 'Domestic' Bureaucracy," *International Organization* 30, no.3, Summer 1976 참조.
5) *New York Times*, May 22, 1975.

책들을 조정하지 않을 수 없을 경우, 정책결정에 있어 지연, 특별보호, 비일관성 및 비응집성의 가능성은 상존한다.

3) 군사력의 부차적 역할

정치학자들은 국제정치에 있어 군사력의 역할을 전통적으로 강조해 왔다. 힘(force)은 권력의 여러 수단들에서 우선시된다. 즉 일국이 수단을 선택하는 데 아무런 제약이 없다면(양차 세계대전에서만 근접했던 가설적 상황), 압도적 군사력을 보유한 국가가 주도적일 것이다. 만약 모든 국가들에 있어 안보딜레마가 극히 첨예하다면, 경제 및 다른 자원으로 뒷받침되는 군사력은 분명 지배적인 권력의 원천일 것이다. 생존은 모든 국가들의 주요 목적이고, 최악의 경우 힘은 생존을 보장하기 위해 궁극적으로 필요하다. 따라서 군사력은 항상 국력의 중심요소이다.

그러나 특히 산업화된 다원주의국가들에서는 안전의 폭에 대한 인식이 넓어졌다. 공격에 대한 공포가 전반적으로 낮아졌고, 서로 간의 공격에 대한 공포는 거의 존재하지 않는다. 프랑스는 드골 대통령이 옹호했던 전방위전략(tous azimuts strategy)-심지어 그 당시에도 매우 심각하게 받아들여지지는 않았다-을 폐기했다. 캐나다의 미국에 대한 마지막 전쟁계획은 반세기 전에 폐기되었다. 영국과 독일은 더이상 서로 간에 위협적이라고 느끼지 않는다. 이들 국가들 간에는 상호 영향력의 긴밀한 관계가 존재하지만, 정책수단으로서 힘은 적절하지 않거나 중요하지 않다.

더구나 힘은 점점 더 중요해지는 다른 목적들-경제적, 생태적 복지와 같은-을 달성하는 데 종종 적절한 수단이 되지 못한다. 물론 극적인 갈등이나 혁명적 변화가 발생해서 경제적 문제에 대해서 혹은 선진 산업국가들 간에 군사력의 사용이나 위협이 불가능하지 않을 수도 있다. 그럴 경우 현실주의 가정은 다시 한 번 사태의 파악에 믿을 만한 지침이 될 것이다. 그러나 대부분의 상황에서, 군사력의 사용이나 위협에 따른 결과는 불확실하고 비용을 수반한다.[6]

---

6) 이에 관한 뛰어난 논의를 위해서는 다음 참조. Klaus Knorr, *The Power of Nations: The Political Economy of International Relations*, New York: Basic Books,

398

심지어 특정 국가들의 그룹내에서 힘의 직접적인 사용이 금지된다고 하더라도, 군사력은 여전히 정치적으로 사용될 수 있다. 각각의 초강대국은 상대국이 자국 혹은 자국의 동맹국들에 대한 공격을 억지하기 위해서 힘의 위협을 지속적으로 사용한다. 따라서 초강대국의 억지력은 동맹국들에 대해 간접적인 보호역할을 하기 때문에 다른 문제들에 대한 동맹국들과의 협상에 사용될 수 있다. 이러한 협상수단은 특히 미국에 중요하다. 미국의 동맹국들은 소련의 잠재적 위협을 우려하고 있고, 또한 소련이 동유럽 동맹국들에 행사하고 있는 영향력 수단들에 비교할 때 미국의 동맹국들에 대한 영향력 수단은 제한되어 있기 때문이다. 따라서 미국은 미국의 보호에 대한 유럽국가들(특히 독일)의 기대를 이용해 왔고, 유럽내 병역수준의 문제를 무역 및 통화협상과 연계했다. 따라서 억지력의 제일의 결과는 소극적인 것—상대 초강대국의 효과적인 공격력을 차단하는 것—이지만, 이는 또한 정치적 영향력을 얻는 것처럼 적극적으로 사용될 수도 있다.

따라서 복합상호의존에 근접하는 국가들 간 관계에서도 다음의 두 가지 중요한 단서는 유효하다. ① 급격한 사회적, 정치적 변화로 인하여 힘이 다시 중요하고 직접적인 정책수단이 될 수 있다. ② 심지어 엘리트들의 이해가 상호보완적일 경우에도, 상대국을 보호하기 위해 군사력을 사용하는 국가는 상대국에 대하여 심각한 정치적 영향력을 행사할 수 있다.

동서관계뿐만 아니라, 남북관계 혹은 제3세계 국가관계에서도 힘은 가끔 중요하다. 소련의 군사력은 소련이 동유럽을 정치적으로뿐만 아니라 경제적으로도 지배하는 데 기여한다. 미국의 군사적 개입이라는 명시적 혹은 암시적 위협은 카리브 해 지역, 특히 1954년 과테말라와 1965년 도미니카공화국에서 혁명적 변화를 억제하는 데 기여했다. 1975년 1월 국무장관 키신저는 석유수출국기구(OPEC) 회원국들에 "선진 산업국가들에 대한 실질적 위협이 있다면" 미국은 무력을 사용할 수도 있다는 비밀경고를 발했다.[7]

그러나 심지어 이와 같은 갈등적 상황에서도 1945년 이전의 100년간에 비교해서 무력의 행사는 그 가능성이 훨씬 적어졌다. 핵무기의 파괴력은 핵

1975.
7) *Business Week*, January 13, 1975.

보유국에 대한 어떠한 공격도 위험하게 만든다. 핵무기는 대부분 억지수단
으로 사용되고 있다. 약소국에 대한 핵위협도 가끔 효과적일 수 있지만, 핵
위협은 적대국 간 관계도 동등하게 혹은 그 이상으로 안정시킬 수 있다. 사
회적으로 동원된 인구를 통제하는 데 재래식 무력의 유용성이 제한적이라
는 것은 아프리카 식민주의의 급속한 쇠퇴뿐만 아니라 베트남에서 미국의
실패에 의해서도 입증되었다. 나아가 다양한 관계를 맺고 있는 독립국가에
대해 특정 문제로 인해 무력을 사용한다는 것은 다른 문제에서의 상호유익
한 관계까지도 단절시킬 것이다. 달리 표현하면, 무력의 사용은 비안보 목
적들에 고비용의 결과를 종종 초래한다. 그리고 마지막으로 서구민주주의
국가들에서 지속적인 군사적 갈등에 대한 국민들의 반대는 매우 높다.[8]

이러한 제약들은 물론 국가에 따라서 다르게, 그리고 일국가내에서도 상
황에 따라서 다르게 작용한다. 핵확산의 위험성은 모든 국가들에 영향을
미친다. 그러나 미국, 유럽 혹은 일본과 비교할 때 국내여론이 갖는 제약성
은 공산국가 혹은 권위주의적 지역강대국에서 훨씬 덜하다. 심지어 권위주
의국가도 힘의 사용이 비효율적이고 다른 관계들을 불안정하게 할 경우 힘
의 사용을 주저할 것이다. 사회적으로 동원된 인구를 외국군대로써 통제하
기가 힘들어지고 또한 무기의 기술이 변함에 따라서 어떤 국가들 혹은 비
국가집단들은 테러리즘(terrorism)을 효과적 보복의 두려움 없이 정치적 무
기로서 사용할 가능성이 높아진다.

변화하는 힘의 역할이 동일하지 않은 결과를 가져 온다고 해서 그러한
변화가 덜 중요하지는 않다. 오히려 힘의 역할에서의 변화는 사태를 더욱
복잡하게 만든다. 이러한 복합성은 문제영역 간 힘의 사용 가능성에서의
차이로 인해서 더욱 복잡해진다. 어떤 문제영역이 이해나 감정을 거의 야
기하지 않는다면 힘의 사용을 생각할 필요도 없다. 그러나 그 문제가 생사
의 문제로 변한다면-어떤 이는 오일(oil)이 그렇게 되었다고 생각한다-힘
의 사용 혹은 위협은 다시 결정적이 될 것이다. 그 경우는 현실주의 가정이

8) Stanley Hoffmann, "The Acceptability of Military Force"; Laurence Martin,
"The Utility of Military Force," *Force in Modern Societies: Its Place in International
Politics*, Adelphi Paper, International Institute for Strategic Studies, 1973;
Knorr, op. cit.

보다 적절할 것이다.

따라서 각각의 상황에 따라서 현실주의 혹은 복합상호의존의 적용 가능성을 결정하는 것이 중요하다. 이러한 결정 없이 연구를 진행한다는 것은 혼란을 더할 뿐이다. 세계정치의 현실주의적 기술에 대한 대안을 찾는 데 있어 우리의 목적은 (일부 근대화론자들이 하듯이) 하나의 과단순화(過單純化)로써 다른 하나의 과단순화를 대체하고자 하는 것이 아니라, 세계정치의 차원(dimensions)과 영역(areas)을 구별하는 차별화된 접근을 모색해 보려는 것이다.

2. 복합상호의존의 정치과정

복합상호의존의 세 가지 주요한 특징은 차별적인 자체의 정치과정을 유발한다. 권력자원(power resources)은 정치과정을 통하여 결과에 대한 통제로서의 권력으로 전환된다. 이미 지적하였듯이 이 전환과정에서는 어떤 것이 빠지기도 하고 더해지기도 한다. 복합상호의존의 조건하에서는 전환과정이 현실주의 조건하에서와는 다를 것이고, 따라서 결과에 대한 우리의 예측도 조정될 필요가 있다.

현실주의 세계에서는 군사안보가 국가의 지배적 목표일 것이다. 군사안보는 심지어 군사력이나 영토의 방위와 직접 관련되지 않는 문제들까지 영향을 미칠 것이다. 비군사적 문제들은 군사적 문제들에 종속될 뿐만 아니라 정치-군사적 의의와 관련하여 연구될 것이다. 예를 들어 국제수지 문제는 순수한 재정적 차원에서뿐만 아니라, 세계권력 전반에 관한 의미라는 측면에서 고려될 것이다. 맥조지 번디(McGeorge Bundy)가 1964년 베트남전을 수행할 필요가 있다면 달러의 평가절하를 심각히 고려해야 한다고 주장했을 때, 그는 이러한 현실주의적 기대에 따르고 있는 것이었다.[9] 재무장관 헨리 파울러(Henry Fowler)가 1971년 미국이 서구 방위를 주도하기 위해서는 40억 달러 내지 60억 달러의 무역흑자가 필요하다고 주장했을

---

9) Henry Brandon, *The Retreat of American Power*, New York: Doubleday, 1974, p.218.

때도 어느 정도 현실주의 기대를 따르고 있는 것이었다.10)

그러나 복합상호의존의 세계에서는, 특히 하위 관리들이 국가가 추구해야 할 목표의 다양성을 강조하기도 한다. 문제영역 간 분명한 서열이 없는 상태에서 목표는 문제에 따라서 변하기도 하고, 목표들이 밀접하게 연관되지 않기도 한다. 각각의 기관은 그 자신의 관심사를 따를 것이다. 여러 기관들이 그들 전체에 영향을 미치는 문제에 관해서 타협을 끌어내기도 하겠지만, 일관성 있는 정책유형을 지속하기는 힘들다. 더구나 초국가 행위자들이 다양한 문제영역에 대하여 상이한 목표를 제기한다.

1) 연계전략

그러므로 복합상호의존하에서 목표는 문제영역에 따라서 변할 것이다. 그러나 권력분포나 전형적인 정치과정도 마찬가지로 변한다. 전통적 분석은 국제체계에 초점을 맞추고 다양한 문제영역들에서 유사한 정치과정을 상정한다. 군사적, 경제적 강대국은 특정 문제들에 대한 그들의 정책을 타 국가들의 다른 문제들에 대한 정책에 연계시킴으로써 다양한 기구들 그리고 다양한 문제영역에서 지배력을 장악한다. 전통적 모델에서, 강대국들은 그들이 취약한 문제영역에서 주도권을 획득하기 위해 그들의 전반적 지배력을 사용함으로써 전반적인 군사적, 경제적 권력구조와 특정 문제영역에서의 결과의 유형 간에 일치를 확보한다. 그래서 세계정치는 봉합 없이 매끈하게 짜여진 융단으로 간주된다.

복합상호의존하에서는 그러한 일치가 일어날 가능성은 낮다. 군사력이 평가절하되기 때문에 군사적 강대국은 그들이 취약한 문제의 결과를 통제하는 데 그들의 전반적 지배력을 사용하기가 힘들다는 것을 알게 된다. 예를 들어 무역, 해운, 석유 등 영역에서 권력자원의 분포는 매우 다르기 때문에, 결과의 유형 및 특징적인 정치과정은 문제영역마다 다를 것이다. 만약 힘을 쉽게 사용할 수 있고, 군사안보가 최고의 외교정책 목표라면, 영역

10) *International Implications of the New Economic Policy*, US Congress, House of Representatives, Committee on Foreign Affairs, Subcommittee on Foreign Economic Policy, Hearings, September 16, 1971.

에 따른 힘의 상이성은 크게 문제되지 않을 것이다. 이러한 문제영역들과 군사문제 간의 연계는 강대국에 의한 일관된 지배를 가능하게 할 것이다. 그러나 군사력이 주로 부동적일 경우, 강대국은 그러한 연계가 덜 효과적이라는 것을 알게 된다. 그들은 여전히 그러한 연계를 시도할지도 모르지만, 문제영역 간 위계질서가 없는 상황에서 그러한 연계가 성공하기란 힘들다.

지배적 국가들은 전체적인 경제력을 사용해서 다른 문제들의 결과에 영향력을 행사함으로써 거의 동일한 결과를 확보할 수도 있다. 경제적 목표가 당면문제라면 성공할 수도 있다. 돈은 어쨌든 대체 가능성(fungible)이 있다. 그러나 경제적 목표는 정치적 의미를 띠고 있고, 강대국에 의한 경제적 연계는 그들의 이익이 다른 이익과 교환되는 것을 반대하는 국내, 초국적, 초정부적 행위자들에 의해서 제한된다. 더구나 영역에 따라서 국제행위자들이 다르고, 협상 또한 별개의 국제기구에서 진행된다. 따라서 예를 들면, 군사적 혹은 경제적 강대국이 통화정책에서의 양보를 해양정책에서의 상응하는 양보와 연계시킨다는 것은 어렵다. 반면에 약소국은 그들의 국내 이해관계가 덜 복합적이기 때문에 무관한 문제들을 연계하는 데 강대국처럼 제약을 받지는 않는다. 약소국은 무관한 문제들을 연계시킴으로써 강대국으로부터 양보나 별도의 지불금을 끌어내는 수단으로 이용한다. 그리고 강대국의 경우 그 연계의 도구―군사력―가 너무나 많은 비용을 수반하기 때문에 사용하기가 힘든 데 반해서, 약소국이 사용하는 연계의 도구―국제기구―는 이용 가능하며 또한 비용이 많이 들지 않는다.

따라서 힘의 효용성이 감소하고, 문제영역들이 그 중요성에 있어 보다 동등해짐에 따라서, 각 문제영역에서의 힘의 분포가 보다 중요하게 된다. 연계가 전반적으로 덜 효과적이 된다면, 정치적 협상의 결과도 문제영역에 따라서 다양한 변이를 보일 것이다.

복합상호의존이 보이는 문제영역 간 차별성은 문제들 간의 연계가 보다 어려워지며 국제위계질서를 강화하기보다는 오히려 약화시킨다는 것을 의미한다. 국가들은 연계전략이냐, 아니냐 하는 전략적 선택에 직면하게 된다. 문제들이 별개로 아니면 하나의 패키지로 고려되어야 하느냐? 만약 연계를 설정하기로 한다면, 어떤 문제들이 연계될 것이며, 연계된 문제 중 어느 것에 대해서 양보를 해야 하는가? 연계전략이 역기능을 나타내지 않도록 하면서 어디까지 밀어붙여야 하는가? 예를 들면, 공식적 합의를 추진해야 하느냐, 아니면 정치적으로 덜 민감하기는 하지만 비공식적 양해에 머물러야 하는가? 복합상호의존하에서 세계정치란 솔기 없는 매끈한 융단은 아니기 때문에, 연계전략에서처럼 어떻게 조각들을 봉합하느냐에 따라서 전체적인 융단의 모양이 결정될 것이다.

힘의 역할이 미약해짐에 따라서, 국가들은 권력을 창출하기 위해서 다른 수단들에 더욱 의존하게 될 것이다. 이미 논의했던 이유들에 근거해서, 덜 취약한 국가들은 권력의 원천으로서 특정 문제영역에 있어서의 비대칭적 상호의존을 사용하고자 할 것이다. 그들은 또한 국제기구, 초국적 행위자들 및 초국적 교류 등을 사용하고자 할 것이다. 국가들은 경제적 상호의존을 자국 국민들의 복지에 대한 영향의 관점에서뿐만 아니라, 권력의 관점에서 접근할 것이다. 물론 복지에 대한 고려는 권력의 극대화라는 목적을 제약할 수밖에 없을 것이다. 대부분의 경제적, 생태적 상호의존은 공동이득 혹은 공동손실의 가능성을 내포하고 있다. 잠정이득과 손실에 대해 상호인식하고, 또한 지나치게 엄격하게 이득의 분배를 다툰다면 오히려 서로의 위치를 더욱 악화시킬 수 있다는 위험성을 인식한다면, 비대칭적 상호의존을 사용하는 것은 억제될 수 있을 것이다.

2) 의제설정

문제영역 간 분명한 서열의 부재라는 복합상호의존의 두 번째 가정에 따르면, 의제형성과 의제통제의 정치가 더욱 중요하게 된다. 전통적 분석은 정치가로 하여금 정치·군사적 문제에 집중하도록 하고, 의제설정의 보다 광범한 정치에는 거의 주의를 기울이게 하지 않는다. 의제는 실질적 혹은 예상된 세력균형의 변화, 그리고 국가안보에 대한 인지된 위협에 의해서 설정될 것으로 가정한다. 다른 문제들은 안보와 군사력에 영향을 미칠 때만 중요하게 된다. 이러한 경우들에 있어서, 의제는 전반적인 세력균형의 고려에 의해서만 강하게 영향을 받는다.

그러나 오늘날, 특정의 비군사적 문제들은 어느 시점에서 국가 간 관계에서 강조되기도 한다. 한편 동등한 중요성을 갖고 있는 다른 문제들은 무시되거나 혹은 기술적 수준에서 조용히 처리된다. 국제통화정치, 상품의 교역조건, 석유, 식량, 다국적기업 등은 모두 지난 10년 동안 중요했다. 그러나 이들 전부가 그 동안의 국가 간 의제에서 중요했던 것은 아니다.

국제정치의 전통적 분석가들은 의제형성의 문제, 즉 특정 문제들이 어떻게 고위관리들의 지속적 주의를 받게 되는가 하는 문제에는 거의 주의를 기울이지 않았다. 군사 및 안보문제에 집착함으로써 외교정책의 결정적 문제들은 타국가들의 행동 혹은 위협에 의해서 부과되는 것으로 보았다. 이것은 곧 경제문제와 같은 하위정치에 대립되는 상위정치였다. 그러나 세계정치에서 행위자 및 문제영역의 복합성이 증대하고, 힘의 효용성이 감소하며, 국내정책과 외교정책 간의 구별이 모호해짐에 따라서, 즉 복합상호의존의 조건이 더욱 충족됨에 따라서, 의제설정의 정치는 더욱 미묘해지고 차별화된다.

복합상호의존하에서 의제는 경제성장과 반응의 상호의존(senstivity interdependence)에 의해서 생성되는 국제 및 국내 문제들에 의해서 영향을 받을 수 있다. 불만스러운 국내의 집단들은 문제들을 정치화할 것이고 또한 국내문제로 간주되었던 문제들을 국가 간 의제로 전환하고자 할 것이다. 일련의 문제영역들에 있어서 권력자원 분포의 변화 또한 의제에 영향을 미칠 것이다. 1970년대 초반 초국적기업 및 소비국들에 대해 증대된 힘을 바탕으로 석유생산국들은 정책의제들을 급격하게 변화시켰다. 더구나 하나의 문제영역에서의 의제는 권력자원이 변하고 있는 다른 문제영역으로부터의 연계에 의해서도 변할 수 있다. 예를 들어, OPEC의 가격인상 및 1973~74년간의 석유금수조치 이후 남북교역이라는 보다 광범한 의제는 변화했다. 심지어 국가들 간 능력은 변하지 않는다고 하더라도, 초국적 행위자들의 중요성이 변함으로써 의제가 영향을 받을 수도 있다. 1970년대 초반 다국적기업의 공론화, 그리고 지난 20년간 다국적기업의 급속한 성장으로 인하여 다국적기업의 규제문제가 UN 및 관련 국가들 의제의 우선순위를 차지했다.

정치화(politicization)—의제에서의 우선순위를 높이는 특정 문제의 공론화 및 논쟁의 유발—는 우리가 지금까지 보았듯이 여러 가지 근거에 의해서 이루어진다. 그 힘이 증대하고 있는 정부는 특정 문제들을 다른 문제들과 연계시킴으로써 정치화한다. 국제레짐이 그 기능을 상실하거나 중요한 문제를 해결하지 못할 때 불만족한 국가가 변화를 요구함으로써 정치화가 촉진될 수 있다. 그러나 정치화는 밑으로부터 추진될 수도 있다. 국내집단들이 크게 불만족하여 새로운 문제를 제기하거나 혹은 고위 차원에서의 국가 간 협상에 개입할 수도 있다. 1974년 미국의 국무장관이 미소 교역협정을 데탕트의 진전과 묵시적으로 연계시키고자 했을 때, 의회를 통하여 교역협정을 소련의 이주정책에 연계시키고자 했던 미국의 국내집단들에 의해서 좌절되었다.

문제가 제기되는 기술적 특징 및 제도적 장치에 의해서 정치화의 유형은 크게 영향을 받는다. 미국에서 의회의 관심은 정치화의 효과적인 수단이다. 일반적으로 초국적 경제기구나 관료들의 초정부 간 연결망은 정치화를 피하고자 할 것이다. 국내에 기반한 집단(노동조합과 같은)과 국내지향적인 관료기구들은 정치화(특히 의회의 관심)를 초국적 유동성을 갖고 있는 그들의 경쟁자들에 대항해서 이용하려 할 것이다. 국제 차원에서, 국가들 및 행위자들은 '협의체들을 쇼핑할 것이고,' 의제를 확대하거나 축소함으로써 그들의 장점을 극대화할 국제기구에 문제를 제기하고자 경쟁할 것이다.

3) 초국가 및 초정부 관계

사회 간 접촉의 다중채널이라는 복합상호의존의 세 번째 조건은 국내 및 국제정치 간 구별을 더욱 모호하게 한다. 정치적 연합의 파트너가 전통적 분석에서 가정하듯이 국가 간 경계에 의해서 반드시 제한되는 것은 아니다. 상황이 복합상호의존에 더욱 근접할수록 정치협상의 결과는 초국적 관계에 의해서 더욱 영향을 받을 것으로 볼 수 있다. 다국적기업은 독립적 행위자로서 그리고 정부에 의해 조종되는 도구로서 중요할 것이다. 국내집단들의 태도와 입장은 그들과 해외의 그들의 상대방과의 조직적이건 아니건 커뮤니케이션에 의해 영향을 받을 것이다.

따라서 접촉의 다중채널이 존재한다는 것은 정치가들이 상호의존을 치밀하게 계산하고 일관된 연계전략을 따르는 능력이 국내정치에서 통상 볼 수 있는 한계 이상으로 제약된다는 것을 의미한다. 정치가들은 상호의존 전략들의 전체적 결과뿐만 아니라 차별적 결과를; 그리고 정치화 및 의제 통제에 미칠 수 있는 함의를 고려해야 한다. 사회들 간 거래—안보거래보 다는 경제적, 사회적 거래가 더욱—는 집단들에 차별적으로 영향을 미친다. 증대된 초국가적 결속으로 인한 기회와 비용은 특정 집단에 더욱 클 것이 다. 예를 들면, 섬유나 신발산업에 종사하는 미국 노동자들은 다른 분야의 노동자들보다 그 기회와 비용이 더 클 것이다. 특정 기구나 집단은 교류망 으로부터의 이익을 증대시키기 위해 타사회의 행위자들 혹은 타정부와 직 접 교류할 수도 있다. 그러므로 특정 행위자들은 그 망의 다른 분야에서의 변화에 덜 민감할 뿐만 아니라 덜 취약할 수도 있고, 이것은 정치행동의 유 형에도 영향을 미칠 것이다.

복합상호의존에서 볼 수 있는 접촉의 다중채널은 비정부 행위자들에 국 한되지 않는다. 유사한 임무를 수행하는 정부관료들 간의 접촉을 통하여 그들은 시각을 수정하기도 하고, 특정 정책문제에 대해 초정부 간 연합을 형성하기도 한다. 정부기구들은 성공의 가능성을 높이기 위하여 타정부의 행위자들을 그들의 지원세력으로서 의사결정과정에 참여시키기도 한다. 미국과 같은 강력한 국가의 기구들은 터키나 칠레와 같은 약소국가에 침투 하기 위해 그러한 연합을 사용하곤 했다. 그러한 연합은 또한 타정부가 미 국 관료기구에 침투하기 위해 사용되기도 했다.[11] 초정부 간 정치학은 미 국-캐나다 관계에서 흔히 볼 수 있고, 종종 캐나다의 이익에 유리하도록 작 용한다.

초정부 간 정책망이 존재한다는 사실은 국제정치의 기본명제의 하나인 국가는 그들 자신의 이익을 위해서 행동한다는 명제에 다른 해석을 가능하 게 한다. 복합상호의존하에서 이러한 전통적 지혜는 두 가지 중요한 문제 를 회피하고 있다. 즉 어느 자신이며, 어떤 이익인가? 특정 정부기관은 국 가이익의 이름하에 그 자신의 이익을 추구할 수도 있다. 그리고 반복적인

---

11) 보다 구체적인 논의를 위해서는 Robert O. Keohane and Joseph S. Nye, Jr., "Transgovernmental Relations and International Relations," *World Politics* 27, no.1, October 1974, pp.39-62 참조.

교류를 통하여 그들의 이익에 대한 공식적 인식이 변할 수도 있다. 미국 무역정책의 정치학에 관한 신중한 한 연구가 지적하고 있듯이, 정책결정을 위한 다양한 이익들의 압력에만 집중하게 되면 하나의 연속적 과정이라는 지나친 기계론적 견해에 봉착하게 되며, 자기 이익을 서서히 변화시키는 커뮤니케이션의 중요한 역할을 간과하게 된다.[12]

국가이익의 모호성은 정부의 최고 정치지도자들에게 심각한 문제들을 제기한다. 관료기구들이 외교부서를 통하지 않고 국경을 넘어 그들 간에 직접 접촉함으로써 중앙통제가 보다 어렵게 된다. 외국정부들과 협상할 때 국가가 통일성을 견지하고 있는지, 혹은 외국인과 협상할 때 국가구성원들이 국가이익을 유사하게 해석하는지 확신하기가 힘들게 된다. 국가는 다면적이거나 심지어 분열적인 것으로 판명될 수도 있다. 국가이익은 다른 문제, 다른 시점, 그리고 다른 정부기관에 따라서 상이하게 규정될 것이다. (프랑스처럼 중앙집권화된 정치적 전통으로 인하여) 응집력을 보다 잘 유지할 수 있는 국가는 특정 문제영역에서 일견 더 많은 자원을 보유하고 있으나 분권화된 국가보다 불균등 상호의존(uneven interdependence)을 보다 잘 통제할 수 있을 것이다.

4) 국제기구의 역할

마지막으로, 다중채널의 존재로 인하여 세계정치에서 국제기구는 보다 차별적이고 중요한 역할을 수행할 것으로 예측할 수 있다. 모겐소(Hans J. Morgenthau) 전통의 현실주의자들은 국가는 자기 이익에 따라서 '권력과 평화'를 위해 투쟁하는 세계를 그리고 있다. 안보문제가 절대적이고 전쟁은 위협적이다. 그러한 세계에서 국가이익의 일치란 어렵기 때문에 국제제도는 부수적인 역할을 할 뿐이다. 그렇다면 국제기구는 분명 세계정치에 주변적이다. 그러나 다양한 문제들이 불완전하게 연계되어 있고, 초국적으로 그리고 초정부적으로 연합이 형성되는 세계에서는, 정치적 협상에 있어 국제제도의 잠재적 역할이 엄청나게 증대된다. 특히 국제제도는 국제적 의

---

12) Raymond Bauer, Ithiel de Sola Pool and Lewis Dexter, *American Business and Foreign Policy*, New York: Atherton, 1963, chap.35, 특히 pp.472-475.

제를 설정하는 데 유용하고, 약소국들에 의한 연합형성의 촉매제로서 그리고 정치적 발의와 연계의 장으로서 기능한다.

정부는 국제기구들의 활동에 대처하기 위해 그 자체를 조직화해야 한다. 국제기구는 우선적 문제를 규정하고 유사한 문제들의 범주를 결정함으로써, 정부가 우선순위를 결정하고 정부내 부처간 위원회 혹은 기타 조치들의 성격을 결정하도록 도와준다. 1972년 스톡홀름 환경회의는 여러 정부들내 환경담당기관들의 위상을 강화시켰다. 1974년 세계식량회의는 식량부족 예방에 관한 미국정부 주요 기관들의 주의에 초점을 맞추었다. 1975년 9월 신국제경제질서(NIEO) 제안을 위한 UN 특별회의는 제3세계 정책에 관한 정부내 논쟁을 유발했다. IMF와 GATT는, 그에 비교할 만한 국제기구가 없는 민간직접투자 부문이 아닌, 통화 및 무역에 관한 정부의 행동에 초점을 맞춰 왔다.

국제기구는 관리들을 회합시킴으로써 세계정치에서 잠재적 연합을 유발한다. 국제기구는 대부분 서로 간에 공관을 갖추지 못한 저발전국가들의 대표들을 한자리에 불러 모으는 중요한 역할을 해왔다. 빈곤국들 간에 형성된 제3세계 연대전략은 대부분 UN의 후원하에 열린 일련의 국제회의를 통하여 이뤄졌다.13) 국제기구는 또한 달리 접촉하기가 힘든 정부기관들의 잠재적 혹은 묵시적 연합을 직접적인 커뮤니케이션이 가능한 명시적 초정부 간 연합으로 발전시키기도 한다. 어떤 경우는 국제기구의 사무국들이 정부들, 혹은 정부기관들, 그리고 유사한 이해관계를 갖고 있는 비정부기구들과 연합을 형성함으로써 이러한 과정을 신중하게 촉진시키기도 한다.14)

국제기구는 흔히 약소국에 유리한 제도이다. UN의 일국일표 원칙은 약소국들의 연합에 유리하게 작용한다. 사무총장들은 종종 제3세계의 요구에 민감하다. 더구나 지난 몇 년간 발전되어 온 대부분 국제기구들의 실질적 원칙들은 국가 간 평등뿐만 아니라 사회적, 경제적 평등을 강조한다. 선

13) Branislav Gosovic and John Gerard Ruggie, "On the Creation of a New International Economic Order: Issue Linkage and the Seventh Special Session of the UN General Assembly," *International Organization* 30, no.2, Spring 1976, pp.309-346.

14) Robert W. Cox. "The Executive Head," *International Organization* 23, no.2, Spring 1969, pp.205-230.

진국들의 유보에도 불구하고 채택된 제3세계의 입장을 대변하는 과거의 결의가 다른 요구를 정당화하기 위해서 사용되기도 한다. 이러한 결의는 거의 구속력이 없지만, 어느 정도까지는 제도의 규범으로 인해서 반대한다는 것이 지나치게 이기주의적인 것으로 간주되고, 따라서 관철하기가 힘들게 된다.

국제기구는 또한 약소국들이 연계전략을 추진할 수 있도록 한다. NIEO 토의과정에서 제3세계 국가들은 유류의 가격과 물량확보 문제를 그들이 전통적으로 목표를 달성하기 힘들었던 문제들과 연계시키고자 했다. 약소국들은 또한 UN이 후원한 일련의 해양법회의에서도 연계전략을 추진했다.

그러므로 복합상호의존은 세계정치에 대해 현실주의와는 다른 정치유형을 산출해 낸다(<표 1>은 이러한 차이를 요약하고 있다). 따라서 복합상호의존의 상황에서 전통적 이론들이 국제레짐의 변화를 설명할 수 없다는 것은 당연하다. 그러나 현실주의적 조건에 가까운 상황에서는 전통적 이론들이 적절할 것이다.

<표 1> 현실주의 및 복합상호의존 조건하에서의 정치과정

	현실주의	복합상호의존
행위자의 목표	군사안보가 지배적 목표	국가의 목표는 문제영역에 따라 변한다. 초정부간 정치는 목표의 규정을 어렵게 한다. 초국적 행위자들은 그들 자신의 목표를 추구한다
국가정책의 수단	경제적 수단을 비롯한 기타 수단들이 사용되기도 하지만 군사력이 가장 효과적이다	문제영역에 구체적인 권력자원이 가장 적절하다. 상호의존의 통제, 국제기구, 초국적 행위자 등이 주요 수단들이다
의제설정	세력균형의 변동 가능성, 안보위협이 상위정치의 의제를 결정하고 또한 다른 의제들에도 강력한 영향을 미친다	의제는 문제영역내의 권력자원 분포에서의 변화에 영향을 받는다. 국제레짐의 지위, 초국적행위자들의 중요성의 변화, 다른 문제로부터의 연계 및 증대하는 반응성 상호의존의 결과로서의 정치화
문제의 연계	연계는 문제영역들 간 결과의 차이를 축소하고 국제위계질서를 강화한다	힘은 비효과적이기 때문에 강대국에 의한 연계는 힘들게 된다. 국제기구를 통한 약소국들의 연계는 위계질서를 강화하기보다는 약화시킨다
국제기구의 역할	그 역할은 국가권력 및 군사력의 중요성에 의해서 제한적이고 부차적이다	기구는 의제를 설정하고, 연합형성을 유도하며, 약소국에 의한 정치행동의 장으로 기능한다. 특정 문제에 대해 국제기구를 선택하고 투표를 동원할 수 있는 능력은 중요한 정치적 자원이다

무정부 상태하에서의 협력 달성: 전략과 제도*

로버트 액슬로드·로버트 커해인

   국제정치에서 협력을 달성하기란 어려운 일이다. 규칙들을 강제할 어떠한 공동의 정부도 존재하지 않으며, 국내사회의 기준에서 보았을 때 국제기구들은 허약하기 짝이 없다. 속임수와 기만이 난무한다. 그렇지만 이 심포지엄에서 발표된 논문들이 보여 주듯이, 때때로 협력이 이루어진다. 국제정치란 일관된 전쟁상태는 아닌 것이다. 즉 사안과 시기에 따라 협력이 이루어지기도 한다.

   무정부 상태하에서의 협력을 증진시키는 요인들에 관한 결론도출을 시도하기에 앞서 이들 주제어들에 대한 개념 정의를 상기해 보자. 협력(cooperation)은 조화(harmony)와 동일한 의미로 사용되지 않는다. 조화는 이해

* Robert Axelrod and Robert O. Keohane, "Achieving Cooperation Under Anarchy: Strategies and Institution," in Kenneth A. Oye(ed.), *Cooperation Under Anarchy*, Princeton: Princeton University Press, 1986(김우상 옮김).
초벌번역을 도와준 정기웅(한국외국어대)에게 감사한다.

▶ 이 글은 액슬로드와 커해인이 1985년에 세계 최고 권위 학술지 중 하나인 *World Politics*에 기고한 것으로, 무정부 상태하에서도 국가들 간의 상호관계를 통해 협력을 이끌어낼 수 있음을 강조한다. 액슬로드는 게임이론, 특히 수인의 딜레마에 관해 많은 연구를 한 학자이며, 관련된 주장들은 *The Evolution of Cooperation*에서 찾아볼 수 있다. 이 글에서는 특정 게임의 보상구조, 미래의 투영, 행위자의 수동 게임구조와 관계되는 변인들이 국가 간의 협력의 수준에 영향을 미친다는 자신의 지론을 피력하고 있다. 커해인은 국제체제 속에서 국가 간의 협력을 증진시키기 위해서 국제레짐 또는 국제제도와 같은 국제적으로 통용되는 원칙, 규범 등의 중요성을 강조하는 대표적인 학자로서, 액슬로드와 함께 구체적으로 국제적 틀의 어떠한 모습들이 국가 간의 협력의 증진에 영향을 미치는지를 연구하고 있다.

관계의 완벽한 일치가 요구되지만, 협력은 상반되고 보충적인 이해관계들이 뒤섞여 있는 상황하에서만 발생할 수 있다. 그와 같은 상황들 속에서, 행동단위체들이 자신들의 행위를 다른 이들의 실제 선호 또는 기대 선호에 맞게 조정할 때 협력은 발생하는 것이다. 이와 같은 개념 정의에 따르면, 협력이 도덕적 관점에서 반드시 선한 것은 아니다.

무정부 상태라는 것 또한 명확히 정의될 필요가 있다. 본고에서 사용되고 있는 것처럼, 국제정치에서 공동의 정부의 부재상태를 의미할 뿐, 국제사회가 존재하고 있다는 것을 부정하는 것은 아니다. 비록 그 국제사회라는 것이 조각조각 깨어져 있는 것이라고 할지라도 말이다. 명백히 많은 국제적 관계들이 시간의 경과에도 불구하고 지속되고 있으며, 행위에 관한 안정적인 기대를 불러일으킨다. '국제정치란 무정부적이다'라고 말하는 것이 국제정치에 있어서의 조직의 완전한 결여를 의미하는 것은 아니다. 몇몇 문제영역에서는 주목할 만한 관계를 형성하고 있지 않다고 할지라도, 그 밖의 문제영역들에 있어서는 행동단위체들 간의 관계가 조심스럽게 구축될 수도 있다. 그와 마찬가지로, 어떤 문제들은 그 범위, 규범과 원칙들에 대한 논란의 여지가 있는 반면에 그 밖의 문제들은 제도(institutions)의 운용을 통해 밀접히 연관될 수도 있다. 공동 정부의 부재상태로 규정되는 무정부 상태는 그대로 존재한다. 그렇지만 그 속에서 상호작용이 구축되는 정도와 방법 등은 다양하다.

군사·안보 문제들이 정치·경제 문제들보다 무정부 상태적 특성들을 더 많이 드러내 보인다고 흔히 지적되어 왔다. 예로서 립슨(Charles Lipson)은 최근에 정치·경제적 관계들이 군사·안보적인 관계들보다 전형적으로 더욱 제도화되어 있다는 것을 고찰한 바 있다.[1] 하지만 이러한 고찰이 이들 두 쌍의 문제들을 분석하기 위해서는 두 가지 별개의 분석틀이 필요하다는 것을 의미하는 것은 아니다. 사실, 이번 심포지엄의 주된 목적 중의 하나는 하나의 분석틀만 가지고도 양쪽 모두를 설명할 수 있다는 것을 보여 주는 것이다.

이 심포지엄에서의 사례연구들은 서론에서 논의된 세 개의 차원들, 즉

---

1) Charles Lipson, "International Cooperation in Economic and Security Affairs," *World Politics* 37, October 1984, pp.1-23.

이해관계의 상호성, 미래의 투영, 행위자(player)의 수가 군사안보관계와
정치경제적 관계에서 협력을 위한 시도의 성공과 실패를 이해하는 데 도움
을 준다는 것을 보여 준다. 본 논문의 1절에서는 이들 사례연구들에서 발
견한 것들 중 일부를 종합하여, 이들 세 가지 요소들이 국제정치에 어떠한
영향을 미치는지를 밝히는 데 도움이 되도록 한다. 1절에서는 몇 가지 기
본적인 분석점들을 명확히 하기 위해 문제들을 개별 게임 혹은 연속 게임
으로서 고립시켜 다루고 있다. 여기서 우리는 게임이론가들의 방법을 따르
기로 한다. 게임이론가들은 흥미 있는 결론들에 도달하기 위하여 무관한
자료들과 자신들의 모델들을 뒤섞는 것을 피하려고 노력해 왔다. 만약 문
제가 두 대의 비행기 간의 공중전과 같은 조그마한 사건에 관한 것이라면,
거기에 대한 우리의 분석은 상황에 대한 지식(예를 들어, 전쟁의 목적)에
의존하지 않을 수도 있을 것이다. 만일 문제가 관련국들에게 매우 중요한,
예를 들어 1914년 위기상황이나 쿠바 미사일 위기와 같은 사안이라면, 무
관한 문제들(말하자면 관세나 카리브 해의 오염과 같은 문제들)은 너무나
도 사소한 것이 되어서 무시될 수 있을 것이다. 어떤 경우든 간에, 오직 중
심적인 상호행동에만 초점을 맞추는 전략은 명백히 정당화된다.

  그러나 만약 문제가 고립되어 있지도 않고 또한 완전히 복합적이지도
않다면, 문제가 발생한 상황 자체가 그 정치와 결과에 대해 결정적인 영향
을 미칠 수 있다. 사례연구가 보여 주듯이, 국제정치는 매우 다양한 상황을
포괄하고 있다. 문제들은 과거 경험의 특별한 배경들을 바탕으로 발생한다.
그것들은 같은 행위자들에 의하여 동시에 다루어지고 있는 다른 문제들과
연계되며, 참여자들에 의해 미래에 대한 기대라는 프리즘을 통하여 조망되
는 것이다. 상황이 갖는 효과를 무시하는 것은 협력에 관한 문제에 대한 게
임이론적 시각에 의해 야기되는 매우 흥미 있는 문제들의 많은 부분을 간
과하는 것이 될 것이다.

  따라서 우리는 2절에서 문제들이 처해 있는 상황에 대해 고찰할 것이다.
그렇게 함으로써 우리는 이 심포지엄이 초점을 맞추고 있는 세 가지 차원들
로부터 보다 폭넓은 고찰로 나아갈 것인데, 거기에는 문제들 간의 연계, 다
차원 게임들, 복합적 상황에서 취해진 호혜(reciprocity) 전략이 만들어 내는
복잡한 상태, 국제제도들의 역할 등과 같은 것들이 포함될 것이다. 게임들

이 처해 있는 상황을 분석하는 것은 우리가 그 상황을 순응적인 것으로 간주하게끔 만든다. 즉 국제정치에서 행위자들은 주어진 상호작용의 상황 속에서 서로 다른 전략을 추구할 수 있을 뿐만 아니라, 국제관계의 운영을 위한 특정 원칙이나 규범, 규칙 혹은 과정들을 포함하는 제도들을 구축함으로써 그러한 상황을 변경시키고자 할 수도 있는 것이다. 결론 부분에서 우리는 전략에 대한 상황적 접근이, 우리가 국제제도들의 중요성을 주시하게 만듦으로써, 게임이론적 주장들과 국제레짐(international regimes)에 관한 이론들 간에 필요한 연계를 만들어 내는 데 도움을 준다고 주장할 것이다.

1. 협력에 미치는 구조의 영향

세 가지 상황적 차원들이 협력하고자 하는 행위자들의 성향에 영향을 미친다. 즉 이해관계의 상호성, 미래의 투영, 행위자들의 수가 그것이다.

1) 보상구조: 공통적 선호와 분쟁적 선호

한 게임의 보상구조가 협력의 수준에 영향을 미친다는 것은 이미 밝혀진 바이다. 이 사실은 어떤 주어진 유형의 게임내에서의 비교를 위해 액슬로드에 의해 맨처음 형식화되었다. 그는 수인의 딜레마 게임과 같은 특정 게임들에서 이해관계의 상충 정도를 측정하는 방법을 확립하였다.[2] 액슬로드의 한 실험결과는 행위자들 간의 이해관계의 상충이 클수록 그들이 배반할 가능성이 커진다는 것을 보여 주었다. 저비스(Jervis)는 이러한 이론들을 좀더 발전시켰다. 그는 사슴사냥(Stag Hunt) 게임이나 치킨(Chicken) 게임과 같은 다른 유형의 게임들은 서로 다른 협력의 가능성을 갖고 있다는 것을 보여 주었다.[3] 그는 또한 자신의 전략적 분석방법을 안보 딜레마와

---

2) Robert Axelrod, "Conflict of Interest: An Axiomatic Approach," *Journal of Conflict Resolution* 2, March 1967, pp.87-99; *Conflict of Interest: A Theory of Divergent Goals with Applications to Politics*, Chicago: Markham, 1970.

3) Robert Jervis, "Cooperation under the Security Dilemma," *World Politics* 30, January 1978, pp.167-214.

관련된 역사적 또는 당대의 문제들에 적용시켰다. 그의 연구는 어떤 게임 체계하에서는 다른 게임들에 있어서보다 훨씬 쉽게 국제적 협력이 이루어질 수 있다는 것을 분명하게 보여 준다.

보상구조는 흔히 행위자들의 통제를 벗어난 곳에서 발생하는 사건들에 의존하고 있다. 1873~96년까지의 기간 동안의 경기침체와 1930년대 초의 경제공황은 곤궁에 빠진 기업들과 개인들로 하여금 보호무역을 요구하게 만들었고, 그 결과 정부들 간의 상호협력에 대한 인센티브를 감소시켰다. 1939년 이전의 영국과 프랑스 정부의 유약함과 우유부단함은 소련이 영국이나 프랑스와 반독일 동맹을 맺어서 얻을 수 있는 잠재적 가치를 감소시켰으며, 독소조약(Nazi-Soviet pact)을 맺는 것이 더 매력적으로 보이게 만들었던 것이다.

위의 사실은 명백한 것이다. 이보다 약간 덜 명백한 것이 있다면 그것은 이해관계의 공통성에 관한 또 다른 관점이다. 즉 이해관계의 공통성을 결정짓는 보상구조는 단순히 객관적 요인들에만 의존하고 있는 것이 아니라, 행위자 자신들의 이해관계에 대한 인식에도 기초하고 있는 것이다. 인식이 이해관계를 정의한다. 그러므로 이해관계의 공통성의 정도를 이해하기 위해서는 (혹은 공통성을 증진시키기 위해서는) 이해관계가 인식되고 선호가 결정되는 과정을 이해해야만 한다.

이러한 과정을 이해하는 방법 중 하나는 과정 그 자체가 보상구조에 변화를 야기시키는 데 관여한다고 간주하는 것이다. 그럼으로써 수인의 딜레마와 같은 게임이 더 상충적이 되기도 하고 덜 상충적이 되기도 한다. 먼저, 수인의 딜레마 게임은 상대방이 협조하거나 배반하거나에 상관없이 두 행위자 모두가 배반할 동기가 충분히 있는 게임이다. 만약 상대방이 협조한다면, 첫 번째 행위자는 배반하는 전략을 선호한다. 왜냐하면 DC>CC이기 때문이다. 반면에 상대방이 배반한다면, 첫 번째 행위자는 여전히 배반하는 것을 택할 것이다. 왜냐하면 DD>CD이기 때문이다. 딜레마는 바로, 만약 두 행위자가 다 배반한다면, 둘이 협력할 때보다 둘의 처지가 더 나빠진다는 것이다. 왜냐하면 CC>DD이기 때문이다. 따라서 수인의 딜레마는 두 행위자 모두에게 있어 DC>CC>DD>CD와 같은 선호도를 갖게 된다.[4]

이제 두 행위자들의 선호가 바뀌어서, 일방적 배반보다는 상호협조를 쌍방이 다 선호하는 경우를 생각해 보자. 이러한 경우의 선호도는 CC>DC>DD>CD인데, 이러한 선호도를 갖는 게임은 사슴사냥이라고 불리는 보다 덜 상충적인 게임이다.

세력균형체제에서 제휴(concerts)로의 전이에 관한 저비스의 연구는 세계대전 이후에 전승국들에 대한 보상구조가 일시적으로나마 사슴사냥 게임의 하나였으리라는 것을 제시하고 있다. 즉 같은 편에 서서 전쟁을 치룬 인연이 잠시나마 공존하게 하는 결과를 초래하게 된다. 패권국에 대항한 전쟁 이후 전승한 강대국들은 패권국이 될 가능성을 갖고 있는 패전국이 재기하지 못하도록 지속적으로 함께 노력하는 것이 그들의 공통의 이익이라는 사실을 인지한다. 그들은 서로에 대해 동질감을 느끼기조차 하며, 서로의 복지에 관심을 갖게 되기도 한다. 이러한 인식들은 국민대중뿐만 아니라 관료들 간에도 상당한 계기가 되는 듯하다. 그렇지만 이와 같이 지속되는 협력은 언제나 매우 쉽게 붕괴될 수 있다. 전쟁으로부터의 복구가 진전됨에 따라 한쪽 국가 혹은 양쪽 모두가 협력보다는 상대적 이득을 더 가치 있는 것으로 평가하기 시작할 수도 있다. 이런 경우 만약 한쪽이 상대방이 배반을 선호한다고 믿게 되면, 그 자신 또한 가장 나쁜 경우인 CD를 피하기 위해 배반 전략을 택하게 될 것이다.

행위자들은 또한 수인의 딜레마 게임으로부터 보다 상충적인 게임들로 옮겨 갈 수 있다. 만약 두 행위자 모두가 상호협력이 상호배반보다 나쁘다고 믿게 된다면, 그 게임은 교착(Deadlock) 게임이 된다. 이 게임의 선호도는 양쪽 모두 DC>DD>CC>CD가 된다. 각 행위자의 우위전략(dominant strategy)이 상대방이 어떤 행동을 취하든 간에 배반하는 것이기 때문에, 결과는 아마 DD일 것이다. 교착 게임에서의 행위자들은 수인의 딜레마 게임의 행위자들과는 달리 게임을 반복할 경우에 이득을 얻지 못한다. 그 게임에서는 상호배반이 상호협조보다 더 선호되기 때문이다.

---

4) 수인의 딜레마의 정의는 또한 하나의 추가적인 제한을 포함하고 있다. 즉 CC>(DC+CD)/2가 그것이다. 이는 착취하거나 착취당하는 자가 될 확률이 반반인 경우에 처하는 것보다는 상호 협조하는 것이 더 낫다는 것을 확실하게 하기 위한 것이다.

케네스 오이(Kenneth Oye)는 이번 심포지엄에서 발표된 1930년대의 통화외교에 관한 자신의 논문에서 수인의 딜레마 게임으로부터 교착 게임으로 이동해 가는 좋은 예를 제시하고 있다. 국제레짐에 관한 믿음에 있어서의 변화뿐만이 아니라, 특히 바람직한 경제정책에 관한 믿음에 있어서의 변화는 루스벨트(Franklin D. Roosevelt)와 같은 지도자들이 가능해 보이는 조건들에 대한 국제적 협력보다 일방적이고 독자적인 행동을 선호하게 만든다. 오이는 1930년대 초가 (수인의 딜레마 게임에서처럼) 공통의 이익이 존재하는 조정이 실패로 끝난 시기가 아니라고 주장하고 있다. 심포지엄의 다른 참여자들에 의해 인식되었듯이, 그보다는 이 시기에 이러한 공통의 이익들이 쇠퇴하였다는 것을 나타내 주고 있다는 것이다. 다운스(Downs), 로크(Rocke), 사이버슨(Siverson)은 이 심포지엄에서 발표한 그들의 논문에서 군비경쟁은 흔히 수인의 딜레마 게임이기보다는 교착 게임인 경우가 많으며, 이는 해결을 훨씬 어렵게 만든다고 주장하고 있다.

믿음이란 경제분야에 있어서만큼이나 군사적 영역에 있어서도 중요하다. 예를 들어 제1차 세계대전을 발발시킨 믿음에 대한 반 에베라(Van Evera)의 연구를 고찰해 보라. 1914년까지는 그가 '공격전략에 대한 숭배(the cult of the offensive)'라고 명명한 것이 주요 유럽국가들에 의하여 보편적으로 받아들여지고 있었다. 공격에 대한 숭배는 군부의 역할을 확대시키고 외교관들의 역할을 감소시켰기 때문에 어느 곳에서나 군사엘리트들의 기호에 들어맞는 독트린이었다. 그것은 또한 아주 잘못된 전략이었다. 왜냐하면 공격전에 대한 신봉자들이 최근의 기술적 변화로 인해 방어전략[곧 참호전쟁(trench warfare)이 되어 버린]이 압도적으로 유리하게 되었음을 간파하지 못했고, 또한 미국의 남북 전쟁과 러일 전쟁의 경험을 간과했기 때문이다.

이와 같은 공격에 대한 숭배에 사로잡힌 채, 유럽의 지도자들은 영토를 확장시킴으로써 보다 안전한 국경을 확보하고자 하였으며, 성공적인 공격전쟁의 가능성을 보다 심각하게 고려하였다. 그 결과, 독일과 (정도는 좀 덜하지만) 다른 유럽국가들이 그들을 상호 간의 충돌로 몰고 간 확장정책을 채택하였던 것이다. 유럽의 지도자들은 또한 위기시에는 먼저 군대를 동원해서 공격해야 한다는 강한 강박관념을 느끼고 있었다. 이는 공격이 지배적인 세계에서 늦게 움직임으로써 받게 되는 불이익이 훨씬 클 것이기 때문이었다. 이러한 강박관념은 군사동원과 이에 대한 적의 대항동원의 소용돌이를 가속화시켰고 이는 결국 1914년 7월의 위기를 통제할 수 없는 상태로 몰아쳤던 것이다. 만약 유럽인들이 방어의 실질적 능력을 인정했더라면, 팽창주의에 대한 호소력은 약해졌을 것이고, 군사동원과 그에 맞선 대항동원에 대한 강박관념 역시 감소되었을 것이다. 다시 말해서, 유럽의 보상구조는 사실상 협력을 통해 모두 이익을 얻을 수도 있는 형태였다. 그러나 유럽인들은 비협력만이 이익을 챙길 수 있는 보상구조를 인식하였고 그에 따라 반응하였다. 실재가 아니라 믿음이 행위를 지배하였던 것이다.

1914년의 사례는 위에서 지적한 점을 설명해 주기도 한다. 즉 한쪽에 의한 주관적 해석이 상대방에게는 객관적 실재가 된다는 것이다. 한 유럽국가가 팽창주의정책을 채택했을 때 그 주위에 있는 국가들은 자신들이 팽창주의적인 이웃과 함께 있는 걸 발견하게 되고 그에 대응조치를 취해야만 했던 것이다. 예를 들어, 독일의 팽창주의는 비록 그것이 대부분 착각에 근거한 것이었을지라도 러시아의 상황에 진정한 변화를 이끌어냈다. 러시아는 부동의 전쟁계획(오스트리아에 대해서뿐만이 아니라 독일에 대해서도 군사적 동원을 필요로 하는 계획)을 채택하였는데 그 이유의 일부는 러시아가 일단 자국군대가 오스트리아와 분쟁에 돌입하면 독일이 자국의 북방영토를 침략할 것을 두려워했던 데 있다. 따라서 러시아의 계산은 독일의 의도에 대해 러시아가 갖고 있는 이미지에 의하여 중요한 영향을 받았고, 러시아는 독일의 호전성에 대한 두려움 때문에 호전적 방법을 택하게 되었던 것이다. 독일의 팽창주의는 대부분 착각에 근거하고 있었지만, 러시아인들에게는 이 팽창주의는 대응을 필요로 하는 실제적 위험이었던 것이다.

보상구조에 대한 이러한 논의는 이 책의 저자들이 수인의 딜레마를 국제정치의 전형으로 간주하고 있지 않다는 것을 명확히 해준다. 강력한 행위자들은 빈번히 보다 약한 국가들과 마주치게 되며 비대칭적인 보상행렬들을 산출해 낸다. 게다가 대칭적 게임들조차도 사슴사냥, 치킨, 교착 게임들에서 묘사되듯이 다양한 형태를 취할 수 있다. 우리의 목적에 중요한 것은 수인의 딜레마 게임 그 자체에만 초점을 맞추는 것이 아니고, 수인의 딜레마가 (사슴사냥 및 치킨 게임과 함께) 보여 주는 근본적인 문제를 강조하는 것이다. 이러한 게임들에서는 자신의 이익에 대한 근시안적 추구로 인해 커다란 손해를 볼 수도 있다. 그렇지만 그들이 협력을 달성할 수만 있다면 양쪽 모두 협력을 통해 이득을 얻을 수도 있는 것이다. 이와 같이 전략의 선택과 제도의 변경은 특히 중요하며, 정보활동의 범위 또한 주목할 만한 것이다.

보상구조에 관한 우리의 고찰은 이 책의 중요한 주제들 중의 하나를 설명해 주기도 한다. 즉 정치·경제적 문제들과 군사·안보 문제들은 동일한 분석틀을 가지고 분석될 수 있다는 것이다. 사실상 경제적 이슈들은 대개 군사·안보 문제보다 덜 분쟁적인 보상구조를 나타내는 듯이 여겨진다. 은행가들에 대한 립슨의 분석과 군비통제협상들에 대한 다운스와 그의 동료들의 분석을 놓고 보았을 때, 은행가들 사이의 협조가 군비통제협상보다 광범위하고 성공적이었음을 알 수 있다. 또한 코니베어(Conybeare)가 설명한 무역갈등과 협력의 패턴은 반 에베라의 제1차 세계대전에 대한 설명에서처럼 그렇게 분쟁적이지 않다. 그 반면에, 몇몇 군비통제협상의 예들은 물론 저비스에 의하여 논의된 강대국 간의 협력(the great power concerts)은 오이의 논문에서 서술된 1930~1933년 사이의 무역 및 통화정책들보다도 더 협조적이었다. 그리고 전후 미국과 일본 간의 경제관계가 군사·안보관계보다 훨씬 분쟁적이었다. 경험적 문제로서, 군사적 이슈들은 극심한 이해관계의 갈등을 포함하는 보상구조를 흔히 갖게 된다. 그러나 항상 그러할 것이라고 믿을 만한 어떠한 이론적 이유도 존재하지 않는다.[5]

2) 미래의 투영

수인의 딜레마에서 미래에 대한 고려는 협력을 증진시키는 데 도움을 준다. 현재의 보상과 비교하여 미래의 보상이 높게 평가될수록, 현재 배반할 동기는 줄어든다. 왜냐하면 다음 번에는 상대편이 보복할 것이기 때문

---

5) 경제관계와 안보관계에 대한 검토를 위하여 공통의 분석틀을 사용하여 당대의 사건들을 설명하는 논문으로는 다음의 논문을 참조하라. Kenneth Oye, "The Domain of Choice," in Kenneth A. Oye, Donald Rothchild and Robert J. Lieber(eds.), *Eagle Entangled: US Foreign Policy in a Complex World*, New York: Longman, 1979, pp.3-33.

이다.6) 본 논문들에서 논의되고 있는 사례들은 이러한 주장을 뒷받침해 주며, 미래의 투영을 협력의 효과적인 촉진제로 만드는 데 도움을 주는 구체적 요소들을 밝혀 준다. 이러한 요소들에는 다음과 같은 것들이 포함되어 있다.

1. 장기적 전망
2. 이해관계의 규칙성
3. 상대방의 행위에 대한 정보의 신빙성
4. 상대방의 행위에 있어서의 변화에 대한 재빠른 반향

미래의 투영이라는 차원은 보상의 차원보다 더 명확하게 경제적 이슈들로부터 군사적 이슈들을 구별짓는 듯이 보인다. 실제로, 그 네 가지 구성요소들은 수인의 딜레마 게임을 적용할 때와 같이 보상구조가 비슷한 경우에도 어떻게 해서 국제정치경제에 관한 이슈들이 국제안보의 이슈들보다 더 협력적으로 해결될 수 있는가에 관한 몇 가지 이유들을 분석하는 데 사용될 수 있다. 가장 중요한 것은 두 가지 요소들의 결합, 즉 장기적 전망과 이해관계의 규칙성의 결합이다. 경제적 관계에 있어서 행위자들은 자신들의 관계라는 것이 무한정 기간 동안 지속될 것이라고 예측해야만 한다. 즉 그들 상호간에 행하는 게임이 반복될 것이라는 것이다. 전형적으로, 경제적 상호작용에 있어서는 양쪽 중 어느 쪽도 상대방을 제거하거나 단 한 번의 움직임으로 그 게임의 성격을 결정적으로 변화시킬 수는 없는 것이다. 그와 대조적으로, 안보문제들에 있어서는 성공적인 선제공격전의 가능성은 가끔씩 기습공격의 합목적적 시간조절을 위한 유혹적 경우가 될 수도 있다.7) 다시 말해서, 국제 정치경제에 있어서 배반에 대한 보복은 거의 언제나 가능할 것이다. 따라서 배반을 고려하고 있는 합목적적인 행위자는 보복 가능성과 보복의 결과들을 고려해야만 한다. 안보문제들에 있어서는 상대방의 효율적 보복능력을 제한하거나 완전히 제거하는 것이 가능할 수

---

6) Robert Axelrod, *The Evolution of Cooperation*, New York: Basic Books, 1984.
7) Robert Axelrod, "The Rational Timing of Surprise," *World Politics* 31, January 1979, pp.228-246.

도 있다.

　이 점을 설명하기 위해, 1914년의 사례를 당대의 국제채무협상과 비교하여 보자. 1914년에 몇몇 독일인들은 공격에 대한 숭배에 고취되어서 전 유럽에 걸친 전쟁이 유럽에 있어서의 세력 및 영토관계를 재구축함으로써 독일의 안보문제를 영구히 해결해 줄 것이라고 생각하였다. 이러한 독일지도자들에게 있어서 배반에의 유혹이란 엄청난 것이었는데, 그 큰 이유는 미래의 투영이라는 것이 매우 작게 여겨졌기 때문이다. 실제로, 단호한 독일의 행동에 의하여 미래의 보복은 방지되거나 쓸모없는 것이 될 듯이 보였다. 게다가 전쟁을 도발할 때는 상대방이 완전히 전쟁준비에 돌입하기 전에 선제공격권을 획득하는 것이 매우 중요하기 때문에 얻는 것이 평상시보다 훨씬 더 크다. 이와 같이 인식되는 이해관계의 비규칙성은 호혜원칙에 근거한 지속적인 협력의 가능성을 감소시킨다.

　대조적으로 최근의 은행들 간의 협상, 그리고 은행들과 채무국들 간의 협상은 미래의 투영에 의하여 지대한 영향을 받는다. 그렇다고 해서 각 게임에서 얻을 수 있는 몫이 같다는 것은 아니다. 사실 거기에는 커다란 불연속성이 존재한다. 왜냐하면 조정자들, 은행들, 그리고 차용인의 평판 등에 있어 스케줄의 재조정을 위한 최종시한 설정은 중요한 의미를 갖기 때문이다. 그렇지만 은행들은 채무국들과도 또한 다른 은행과도 협상을 되풀이해서 벌이게 될 것이라는 것을 알고 있다. 은행 간 관계를 지속한다는 것은, 립슨이 지적하듯이, 작은 은행들이 스케줄 재조정에 참여하기를 거부하는 방법으로 거대 은행들을 속이려는 전략을 재고할 것을 함축하고 있다. 만약 작은 은행들이 여러 경로로 커다란 은행들과 밀접히 연관되어 있을 때 특히 그러하다. 은행들과 채무국들 간의 지속적 관계는 은행들이 채무국들과 협력하도록 하는 동기를 부여하는데, 이는 단지 이미 행해진 대출에 대한 채무 원리금 변제를 촉진시키기 위해서뿐 아니라, 보다 번영의 미래를 기대하면서 계속해서 그들의 호감을 사기 위해서인 것이다. 아르헨티나와 브라질, 멕시코 등이 매우 크다는 사실, 그리고 부국이 될 잠재적 가능성을 갖춘 국가로 인식되고 있다는 것은 현재의 그 국가들에게는 협상을 유리하게 이끌 수 있는 중요한 협상자산인 것이다. 왜냐하면 그것은 은행측이 미래의 대출로부터 기대하는 이득을 증가시킴으로써 미래의 투영을 확대시

키는 것이다. 사실, 만약 이들 국가의 현 정부들이 장래에, 현재 자신들을
도와주는 은행들은 선호하고, 이러한 중요한 시기에 배반하는 은행들에게
는 불이익을 주거나 무시할 것이라고 확실히 약속할 수 있다면, 그들은 더
유리한 협상위치를 확보할 수 있을 것이다. 그렇지만 미래에 있어 정부 지
도자들이 바뀔 수밖에 없는 상황에서 그들로서는 그러한 방법을 효과적으
로 사용할 수 없는 것이다.

타방의 행동에 관한 정보의 신빙성과 반향(feedback)의 기민성 또한 미
래의 투영에 영향을 미치는 데 있어 중요하다. 비록 그것들이 정치·경제적
인 이슈들로부터 군사·안보적인 이슈들을 매우 명확히 구분짓고 있는 듯
이 보이지는 않지만 말이다. 군사 비밀이 존재하지 않기 때문에, 행위자들
은 가끔씩 군사·안보적 이슈들에 관한 것보다 정치·경제적 이슈들에 관하
여 더 많은 믿을 만한 정보를 갖게 된다. 은행은 정보에 대한 차별적 통로
를 갖고 성장하며, 따라서 그것을 매우 은밀하게 보유하고 있다. 게다가 정
치·경제적 행위의 체계적 효과는 흔히 매우 평가하기 어려우며 '어느 정도
속이기'는 용이하기 때문에, 정책과 결과 간의 반향은 느릴 수도 있다. 예
를 들어, 동경 라운드(Tokyo Round) 무역협상에서 얻은 이득의 배분은 아
직 추측의 문제이며 경제적 지식보다는 정치적 다툼의 문제인 것이다. 대
조적으로, 초강대국들은 각자 보유하고 있는 미사일의 정확한 숫자의 목록
들을 출판해 내며, 우리는 각자에 의해 취해진 명령통제 설비들을 파괴시
킬 압도적인 기습공격 이외의 군사적 행동의 효과에 관한 정보가 거의 즉
각적으로 상대방 국가의 지도자들에게 전달될 것이라고 추측할 수 있다.

보상구조의 성격처럼 미래의 투영의 범위는 반드시 어떤 상황의 객관적
특징들에 의하여 결정되는 것은 아니다. 반면에, 우리가 방금 살펴본 것처
럼 기대치가 중요하다. 국제제도들은 따라서 중요한 의미를 가질 수 있는
데, 이는 왜냐하면 제도들이 행위자의 기대치를 구체화시키고 영향을 미치
기 때문이다.[8] 따라서 제도는 정부들이 자신들의 현재 행동들이 미래의 이
슈들에 대한 타국의 행위에 영향을 미칠 것으로 기대하는 범위를 변경시킬

8) Stephen D. Krasner(ed.), *International Regimes*, Ithaca, N.Y.: Cornell University
Press, 1983; Robert O. Keohane, *After Hegemony: Cooperation and Discord in the
World Political Economy*, Princeton: Princeton University Press, 1984.

수 있다. 국제레짐들의 원칙과 규칙들은 각국 정부들이 선례에 관심을 가지게 만들고, 그래서 각국 정부들로 하여금 배반자들을 응징할 가능성을 증가시킨다. 이러한 방법으로, 국제레짐들은 미래를 현재와 연결시키는 데 도움을 주는 것이다. 그것은 미래의 협약을 성공시키고자 하는 노력이 이전의 협약내용들을 상대방이 얼마나 잘 지켰는지에 달려 있는 군비통제협약에 있어서나, 그 회원국들의 행위를 판단하는 잣대가 되는 규범과 규칙들을 구체화하는 '관세와 무역에 관한 일반협정(GATT)'에 있어서나 똑같이 사실인 것이다. 규칙을 위반한 이들에 대한 보복을 인가함으로써, 레짐들은 어떤 위반이 행해졌을 경우 그것은 하나의 고립된 사례로서 다루어지지 않고 상호연관된 행동의 연속선상에 있는 하나의 사례로 다루어질 것이라는 기대를 창출해 내는 것이다.

3) 행위자의 수: 제재의 문제

복합동기 게임에 있어서 정부가 협력할 수 있는 능력은 보상구조와 미래의 투영에 의해서만 영향을 받는 것이 아니고 그 게임에 참여하는 행위자들의 수와 그들의 관계가 어떻게 구축되어 있는가 등에 의하여도 영향을 받는다. 액슬로드는 각 행위자의 선택에 대한 가치가 명백히 정해진 반복적이고 쌍무적 죄수의 딜레마 게임에서 자신의 이익을 추구하는 행위자들 간에 협력을 이끌어내는 데 호혜주의(reciprocity)가 유용한 전략이 될 수 있음을 보여 준 바 있다.[9] 하지만 효과적인 호혜주의는 다음의 세 가지 조건에 달려 있다. ① 행위자들은 배반자들을 구분할 수 있어야 한다. ② 배반자들에 국한시켜 보복을 행할 능력이 있어야 한다. ③ 배반자들에 보복을 행하기에 충분할 만큼의 장기적 동기를 갖고 있어야 한다. 많은 행위자들이 있는 경우에는 흔히 이러한 조건들을 충족시키기가 더욱 힘들다. 그러한 경우들에 있어서는 응징은 말할 것도 없고 배반을 구분하기조차 불가능할 수 있다. 만약 그것이 가능하다고 할지라도 협조자들 중 어느 누구도 경찰의 역할을 행할 동기를 갖고 있지 않을 수 있다. 각 협조자는 규칙을 강제하고자 하는 다른 이들의 의지에 무임승차하려 할 수 있는 것이다.

---

9) Axelrod, *The Evolution of Cooperation*.

우리는 분산된 보복을 통하여 배반을 방지하고자 하는 어려움을 '제재의 문제'라고 부를 수 있을 것이다. 그 첫 번째 형태인 배반자 확인의 불가능성은 1983년 레바논의 미군기지에 대한 테러리스트들의 폭탄공격에 의해 묘사된다. 폭격이 발생했을 때 미국은 누가 폭탄공격을 주도했는지 알지 못했다. 폭탄책임을 추궁할 만한 유일한 국가는 시리아(Syria)였지만, 시리아는 그것을 부인하였기 때문에, 다마스커스에 대한 보복은 테러리스트 집단에 대한 응징도 못한 채 갈등만 확산시키고 심화시켰을 것이다. 배반자 확인의 이슈는 국제정치에서 협력을 이루고자 하는 노력에 늘 따라다니는 근본적 문제, 즉 적시에 적절한 양의 중요한 정보를 획득하는 문제의 한 측면이다. 수인의 딜레마와 같이 일방적 배반에 보상해 주는 그런 게임들에 있어서 협력을 유지시키기 위해서는 정부들은 상대방의 배반에 효과적으로 대응할 수 있게 해주는 상대방의 행동에 대한 감시능력에 확신을 갖고 있어야 한다. 립슨이 지적한 바와 같이, (배반당하는 쪽에게는) 정치·경제적인 관계에 있어서보다 군사·안보적인 관계에 있어서 배반당했을 때의 위험이 더 크기 때문에 전자보다는 후자의 영역에 있어서 정보를 수집하는 데 보다 큰 노력을 기울이게 된다.10)

제재문제의 두 번째 형태는 행위자들이 배반자들에 국한시켜 보복을 행할 수 없는 경우이다. 이러한 어려움은 영국과 한자(Hanse) 간의 무역전쟁에 관한 코니베어의 분석에 설명되어 있다. 한자동맹은 영국 사략선(私掠船)들의 약탈행위를 처벌할 수 없었으며, 대신에 한자내에 속하는 마을에 있는 영국 상인들에게 보복하였던 것이다. 이는 협력보다는 갈등의 확장을 창출해 냈다.

제재문제의 세 번째 형태는 한 집단의 몇몇 구성원들이 배반자를 응징해야 할 충분한 동기를 결여하고 있는 경우이다. 협력에의 이와 같은 장애물은 많은 수의 행위자가 존재하며, 그들 중 몇몇은 공통의 이익을 달성하기 위한 공동의 노력에서 협력하는 데 실패하는 경우 흔히 발생한다. 오이는 1931년 영국의 평가절하가 다른 국가들에게 해를 끼쳤음에도 불구하고, 어느 정부도 나서서 영국의 정책수정을 이끌어내는 데 자국의 자원을 동원하려 하지 않았음을 관찰하고 있다. 이러한 형태의 제재문제, 즉 배반자를

10) Lipson, op. cit.

424

응징하고자 하는 동기의 결여의 문제는 1980년대의 채무협상들에서도 발생하였다. 채무의 불이행을 막기 위해서는 추가적인 은행대출을 포함하는 일정 재조정 협약들을 매듭짓는 것이 필요했다. 작은 규모의 은행들은 새로운 기금제공 거부의 유혹을 받았다. 오직 거대 은행들이 소규모 은행들에게 출자하도록 압력을 가하고자 하는 강한 동기를 갖고 있었다는 사실만이 일정 재조정 협약들이 '싸구려 스웨터처럼' 실타래가 풀려 나가는 것을 방지했다.

제재문제가 심각할 때 협력은 붕괴의 위기에 처한다. 협력을 유발하게 하는 한 가지 방법은 상황을 재구성함으로써 제재를 보다 가능하게 만드는 것이다. 때때로 이러한 방법은 일방적으로 행해진다. 오이는 외부적 이익이나 손실이 '개별화 가능한' 것이 될 수 있음을 지적하고 있다. 즉 상황을 변화시켜서 한 행위자의 행동에 대한 이익과 손실을 협상 상대들에게 직접 돌리는 것이다. 오이는 1930년대 초에 영국이 환율조정을 통해서 그리고 쌍무적 협상의 결과로서 새로운 대출에 조건을 부여함으로써 자국의 국제통화(international currency) 관계를 개별화하는 데 궁극적으로 성공했다고 주장한다. 게임의 이와 같은 변형은 국제적 대출이 어느 정도 부활하도록 했는데, 이는 영국 자본시장에의 개방 때문이 아니라, 쌍무적 호혜주의에 근거한 것이었다.

위의 예들이 보여 주듯이, 제재의 문제들은 국제 정치경제에서도 일어날 수 있고, 군사안보적 이슈들에 있어서도 일어날 수 있다. 그것들은 정치경제적 이슈들보다는 군사안보적 이슈들의 경우에 보다 심각해지는 경향이 있는데, 이는 배반행위에 대한 응징이 치러야 할 많은 손실, 행위를 감시하는 어려움, 성공적인 배반이 극적으로 미래의 투영을 단축시킬 수 있을 때 부과되는 정보에의 엄격한 요구 등에 기인하는 것이다. 그러나 제재의 문제들이 두 가지 유형의 이슈들 모두에 발생하는 연유로, 이슈영역 하나만으로는 그것들의 발생이나 심각성을 설명할 수 없다. 제재문제의 발생과 심각성을 설명하기 위해서는, 배반이 분산된 보복을 통해서 방지될 수 있는가의 여부를 결정짓는 조건들에 초점을 맞출 필요가 있다. 즉 행동의 근원 규명의 용이성, 특별한 목표물들에 국한시켜 보복을 하거나 보상을 할 수 있는 정부의 능력, 그리고 배반자를 응징하고자 하는 집단 구성원들의 동기 등이 그것이다.

연관된 행위자들의 수의 증가에 의하여 이러한 문제들이 발생할 가능성이 커지는 한편, 처음 보아서는 완전히 쌍무적인 것처럼 보이는 이슈들에도 문제가 생길 수 있다. 예를 들어, 1914년의 사례를 고찰해 보자. 발칸 위기에서 오스트리아는 세르비아가 이질적인 종족인 오스트리아-헝가리 제국을 파괴하려고 시도하였던 혁명가들을 지원하였다는 이유로 세르비아에 제재를 가하고자 하였다. 그러나 세르비아에 대한 제재는 세르비아의 동맹인 러시아에 대한 응징의 뜻을 내포하고 있었다. 왜냐하면 러시아의 지도자들은 발칸에서의 또 한 번의 좌절을 받아들이려고 하지 않았기 때문이다. 하지만 러시아의 군사동원이 오직 오스트리아만을 향할 수는 없었다. 왜냐하면 러시아는 전반적인 군사동원에 대한 계획들만을 갖고 있었기 때문이다.11) 따라서 오스트리아도 러시아도 배반자에게 국한시켜 보복을 행할 수 없었다. 결국 양측의 행동들은 위기를 봉쇄하기보다는 확산시키는데 도움을 주었다. 보다 현명하고 온건한 지도력을 갖고 있었다면 오스트리아는 러시아를 위협하지 않고 세르비아를 응징할 방법을 찾을 수 있었을 것이다. 그리고 오스트리아만에 대한 상세한 군사동원 계획을 갖고 있었다면 러시아는 오스트리아의 세르비아에 대한 최후통첩에 대하여 보복할 수 있는 보다 정확하게 조준된 조치를 취할 수 있었을 것이다.

개별화가 협력을 유지하는 유일한 방법은 아니다. 게다가 위의 사례들 중 몇몇이 보여 주듯이, 개별화를 달성하기가 힘들다. 제재문제를 해결하는 또 다른 방법은 행동이 측정될 수 있는 표준을 제공하고, 제재를 행할 책임을 부여하는 국제레짐(international regimes)을 구축하는 것이다. 레짐들은 행위자들의 순응에 대한 정보를 제공하고, 평판의 발전과 유지를 촉진시키며, 상대방의 행동에 대한 주먹구구식 대응에 반영될 수도 있고, 규칙의 분산된 집행에 책임을 할당할 수 있는 것이다.12)

은행가들에 의해 세워진 국제대출레짐(international lending regime)에 관한 립슨의 논의는 많은 행위자들이 존재하고, 지배세력도 없으며, 세계

11) Robert E. Osgood and Robert W. Tucker, *Force, Order and Justcie*, Baltimore: Johns Hopkins University Press, 1967, 특히, chap.2, "The Expansion of Force."
12) Keohane, op. cit., pp.49-132.

426

중앙은행도 없는 경우에 조차 레짐이 어떻게 협력을 증진시킬 수 있는지를 보여 준다. 채권자 위원회는 거대 현금소지 은행들의 리더십하에서 설립되었다. 각각의 거대 현금소지 은행은 다수의 비교적 커다란 지역은행들에 대한 책임을 졌고, 이들 지역은행들은 보다 작은 은행들에 대하여 똑같은 책임을 지게 되었다.[13] 그 결과 은행들 간의 위계질서가 세워져 소규모의 은행들을 서로 고립시키고, 제재를 집행할 책임을 구축하였다. 배반의 경향을 보이는 작은 은행들은 장래에 정보의 흐름으로부터 제외될 것이고, 수익성 있는 장래의 대출에의 참여가 금지될 것이라고 암묵적으로 위협을 받았다. 이와 같은 비공식적인 위계질서는 물론 뒤에 버티고 있는 미국연방준비체계(US Federal Reserve System)의 존재에 의하여 강화되었다. 진위 여부는 알 수 없지만, 연방의 고위관리들로부터 '실토하도록' 강요당한 소규모 은행가들의 이야기가 1980년대 초기에 은행가에 파다했다. 그것은 소규모 은행의 대담한 은행장으로 하여금 재조정 작업에 참여하지 않음으로써 은행의 위계질서와 연방정부의 분노를 불러일으키는 위험 모두를 무시하도록 할 수도 있었을 것이다.

이와 같이 다자간 게임을 양자간 게임들의 집합으로 전환시키는 데 있어서의 제도의 역할에 관해 참조해 보는 것은 다시금 게임이 진행되는 맥락의 중요성을 제시해 준다. 고립된 상태에서는, 보상구조, 반복, 행위자의 수와 같은 서론에서 논의된 기본적인 개념들은 단지 분석을 위한 틀만을 제공할 뿐이다. 그것들이 다른 이슈들, 다른 게임들, 그리고 국제정치의 진로에 영향을 미치는 제도라는 보다 넓은 맥락 속에서 고찰될 때는, 더욱 복잡해지고 더욱 중요한 의미를 갖게 된다. 이제 우리는 상호작용의 맥락이 어떻게 정치적 행위와 결과에 영향을 미치는가의 문제를 살펴보기로 한다.

2. 상호작용의 맥락

중앙의 지침이 없이 협력이 이루어지는가의 여부는 우리가 지금까지 강조해 온 세 가지의 게임이론적인 차원들에 의해서만 결정되는 것이 아니

13) Lipson, "Bankers' Dilemmas," pp.200-225.

고, 상호작용의 맥락에 의해서도 결정된다. 물론 맥락이라는 것은 매우 다양한 것들을 뜻할 수 있다. 상호작용은, 흔히 암묵적으로, 참여자들에 의해 공유되는 규범의 맥락 속에서 발생한다. 존 러기(John Ruggie)는 국제정치에 있어서 주권의 '뿌리깊은 구조'에 관해 저술한 바 있으며,[14] 또한 사회에 대한 국가개입의 변화하는 가치와 규범 ─ 복지국가의 등장과 합법화와 같은 ─ 이 1914년과 1945년 사이의 세계 정치경제에 영향을 미친 방법에 관해서도 기술한 바 있다. 국제적인 정치·경제적 협상은 이 기간 동안 규범으로서의 자유방임적 자유주의로부터 러기가 명명한 '개입적 자유주의(embedded liberalism)'로의 전환에 의해 근본적으로 변화되었다.[15]

  상호작용은 또한 제도의 맥락 속에서도 발생한다. 로버트 커해인(Robert Keohane)은 그의 다른 논문에서, 만약 국가란 합목적적이고 자신의 이익을 추구하는 행위자들이라는 가정을 받아들인다고 할지라도, 국제정치에 있어서의 제도는 중요하다고 주장하였다.[16] 제도는 행위자들이 직면하고 있는 보상구조를 바꾸며, 미래의 투영을 연장시킬 수도 있으며, 다자간 게임을 보다 적은 숫자의 행위자들의 게임들로 나눌 수도 있다.

  이 심포지엄의 게임이론적 시각들을 사용하여 맥락을 고찰하는 방법이 특히 눈에 띈다. 이것은 우리가 다단계 게임(multilevel game)이라고 부르는 것들과 관계가 있다. 그러한 상황들에서는, 상이한 게임들이 서로 영향을 미치고, 그럼으로써 그것들의 결과들은 상호 의존적이 되는 것이다. 세 가지 그와 같은 상황들이 국제정치에 특히 중요한데, 즉 이슈연계, 국내-국제 연관성, 그리고 상이한 그룹의 행위자들로 이루어진 게임들 간의 비호환성(incompatibilities) 등이다. 이러한 상황들을 고찰한 후, 우리는 협력을 촉진하는 데 있어서 호혜주의의 전략이 갖는 효율성에 대한 이러한 다단계

---

14) John G. Ruggie, "Continuity and Transformation in the World Polity: Toward a Neorealist Synthesis," *World Politics* 35, January, 1983, pp.261-285.

15) John G. Ruggie, "Internaional Regimes, Transactions and Change: Embedded Liberalism in the Postwar Economic Order," *International Organization* 36, Spring 1982, pp.379-416, reprinted in Krasner(ed.), op. cit., pp.195-231; Fred Hirsch, "The Ideological Underlay of Inflation," in John Goldthorpe and Fred Hirsch(eds.), *The Political Economy of Inflation*, London: Martin Robertson, 1978, pp.263-284.

16) Keohane op. cit.

게임들이 갖는 의미를 살펴볼 것이다.

1) 다단계 게임들

(1) 이슈연계

대부분의 이슈들은 다른 이슈들과 연계되어 있다. 이는 상이한 이슈들을 놓고 치뤄진 게임들—스탠리 호프만(Stanley Hoffmann)의 표현으로는 상이한 '체스판' 위에서 치러진 게임들[17]—은 서로 영향을 미친다는 것을 의미한다. 게임들 간의 연결은 이슈들이 연계되어 있을 때 중요해진다.

이러한 의미에서의 이슈연계는 주어진 이슈에 대한 자신의 행위를 다른 이슈들에 대한 상대방의 행위에 부수적인 것으로 만듦으로써 추가적인 협상의 운신의 폭을 얻고자 하는 시도들과 관련이 있다.[18] 이슈연계는 한 이슈영역으로부터의 자원들을 사용하여 다른 이슈영역에서 상대방의 행위에 영향을 미치려고 하는 강대국들에 의해 채택될 수 있다. 혹은 폐쇄적 게임이 되어 버릴 수도 있는 그런 게임에 끼어 들려고 하는 따돌림받는 이들에 의해 채택될 수도 있다. 연계는 협상에 있어서 양쪽 모두에게 이득이 될 수 있으며, 다른 경우에는 불가능할 협약들을 용이하게 할 수 있다.[19] 행위자들이 가진 자원은 다를 수 있으며, 따라서 한 가지를 다른 한 가지와 교환한다는 것은 이치에 닿는 것이다. 예를 들어, 미국은 자신의 대 중동정책을 이집트가 지지해 주는 것에 대한 대가로 이집트에 경제원조를 제공할 수 있다. 게다가 행위자들은 저마다 상이한 정도의 선호도를 가질 수 있다. 이

---

17) Stanley Hoffmann, "International Organization and the International System," *International Organization* 24, Summer 1970, pp.389-413.

18) 하스(Ernst B. Hass)는 이것을 인과적 지식으로 인한 '본질적인' 이슈연계와 비교하면서 '전술적인' 이슈연계라고 말하고 있다. Haas, "Why Collaborate? Issue-linkage and International Regimes," *World Politics* 32, April, 1980, pp.357-405(at 372)를 보라. 전술적 이슈연계에 대한 더욱 세분적인 분석은 Michael McGinnis, "Issue Linkage and the Evolution of International Cooperation," *Journal of Conflict Resolution*(근간)을 보라.

19) Robert E. Tollison and Thomas D. Willett, "An Economic Theory of Mutually Advantageous Issue Linkage in International Negotiations," *International Organization* 33, Fall, 1979, pp.425-449.

와 같이 의안협력통과(log-rolling) 게임에서 각 정당은 자신이 그다지 높게 평가하지 않는 이슈에 대한 '한 표'나 정책입장을 자신이 보다 높게 평가하는 이슈에 대한 다른 정당의 한 표와 교환한다.

우리의 사례연구들 중에서 성공적인 협상연계의 가장 두드러진 예는 1922년의 워싱턴 해군군축협정(Washington Naval Treaty)이다. 다운스, 로크, 사이버슨이 보여 주듯이, 이들 군비통제협상들은 성공적이었는데, 그 이유 중의 일부는 군비에 대한 협상을 다른 이슈에 대한 협상과 연결시켰기 때문이었다. 전함구축 제한을 위한 협약의 일부로서, 일본은 영국과 미국에게 중국에서의 무역 및 특정한 태평양 섬들에 대한 요새화의 제한에 대한 보장을 하였다. 그 대가로 일본은 제1차 세계대전 후 독일로부터 빼앗은 특정 영토에 대한 권리를 합법적으로 인정받았다. 이러한 이슈들을 전함구축제한을 위한 협상에 포함시킨 것은 특정 이슈들에 대해서뿐만 아니라 전반에 걸쳐 협력을 가능하게 하는 데 도움이 되었다.

물론 모든 이슈연계가 힘의 행사로 협력을 이끌어낼 것으로 기대되는 것보다 더 협약을 촉진시키는 것은 아니다. 오이는 그가 복지(welfare)의 확장으로 간주하는 '등긁어 주기(backscratching)'와 복지의 수준을 감소시킬지도 모르는 '공갈협박(blackmailing)'을 구분한 바 있다.[20] '등긁어 주는 이'는 보상에 대한 대가로서 자신의 최고 이익이 될 수 있는 행위를 하는 것을 그만둘 뿐이다. 예를 들어, 격심한 어려움이나 정치적 혁명에 직면하지 않고는 제 때에 빚을 갚을 능력이 없는 채무국은 새로운 대출과 보다 쉬운 채무이행 스케줄로 보상받을 때에만 채무의 이행을 계속할 것을 제안할 수도 있다. 만약 이러한 제안이 받아들여지지 않으면, 채무국은 그러한 제안 없이 행하고자 했던 것을 실행할 것이다. 즉 빚을 갚지 않을 것이다.

등긁어 주기는 약속을 수반한다. 대조적으로 공갈협박은 위협을 내포한다. 셸링(T. Schelling)이 지적한 바와 같이, "다른 점은, 약속이란 성공할 때 비싼 값을 치르게 되며, 위협이란 실패할 때 비싼 값을 치르게 되는 것이다."[21] 공갈협박자들은 보상되지 않는 한 자기 자신들의 이익에 해가 되

20) Oye, op. cit.
21) Thomas C. Schelling, *The Strategy of Conflict*, New York: Oxford University Press, 1960, p.177.

430

는 행동할 것이라고 위협한다. 이와 같이, 채무 불이행에 의해 피해를 입게
될 채무국은 그럼에도 불구하고 보상이 제공되지 않는 한 채무 불이행을
할 것이라고 위협할 수 있는 것이다. 이러한 위협은, 만약 실행된다면, 채
무자(이 경우에는, 공갈협박자)와 그에 대한 채권자 둘 모두를 전혀 협상하
지 않고 그저 자신의 이익에 따라 행동하였을 때보다 더 나쁜 상황에 빠지
게 할 것이다. 그 반면에, 만약 공갈협박 전략이 성공적이라면, 그 효과는
자원들을 채권자로부터 채무자에게로 옮기는 것이 될 것인데, 이러한 행동
은 전반적인 복지를 반드시 증진시키지는 않을 것이다.

실제로 등굵어 주기와 공갈협박을 구분하는 것이 어렵다고 할지라도 그
것을 구분하는 것은 우리가 이슈연계란 기회뿐만이 아니라 위험도 내포하
고 있다는 것을 인식하는 데 도움을 준다. 한쪽이 상대방에게 다른 영역들
에서 너무 많은 것을 요구함으로써 이해관계를 공유하는 영역에서조차 협
력이 발생하지 않게 될 수도 있는 것이다. 이러한 비난은 헨리 키신저
(Henry Kissinger)의 연계의 경우에 대해 빈번히 행해졌다. 키신저는 군비
통제에 있어서의 미국의 협력에 대한 대가로 소련이 제3세계에서의 활동
을 대폭 제한하고 있다고 주장하였다.22) 오이의 표현을 빌리자면, 키신저
는 소련이 일방적인 제한으로 미국에 보상하지 않는 한 미국은 자신의 이
익에 반하게 행동할 것(군비통제를 지연시킬 것)이라고 위협함으로써 소련
에게 '공갈협박'을 하려고 하였던 것이다.23)

사례 연구들에 의해 강조된 연계와 관련해서 가장 흥미를 돋구는 점은
'맥락적' 이슈연계라는 것의 존재이다. 그러한 상황 속에서는, 주어진 협상
이 보다 중요한 장기적 관계의 맥락 속에 장기적 관계가 특정 협상과정의
결과에 영향을 미치는 형태로 포함된다. 맥락적 이슈연계의 두 가지 사례

22) George W. Breslauer, "Why Detente Failed: An Interpretation," in Alexander
L. George et al., *Managing US-Soviet Rivalry: Problems of Crisis Prevention*,
Boulder, C.O.: Westview Press, 1983, pp.319-340; John L. Gaddis, "The Rise,
Fall and Future of Detente," *Foreign Affairs* 62, Winter 1983/84, pp.354-377;
Stanley Hoffmann, "Detente," in Joseph S. Nye(ed.), *The Making of America's
Soviet Policy*, New Haven: Yale University Press for the Council on Foreign
Relations, 1984, pp.231-264.
23) Oye, op. cit., p.17.

는 이러한 형태가 논의되는 특정한 이슈들에 대한 참가자들의 선호에 아무런 영향조차 미치지 않고 흔히 갈등을 감소시키기도 한다는 것을 보여준다. 오이는 1936년에 미국, 영국, 프랑스가 부상하는 나치 독일에 대한 공동안보의 고려 때문에 국제통화개혁에 관한 협약에 도달할 수 있었음을 지적한다. 그리고 다운스와 그의 동료들이 지적하듯이, 평화적으로 종결된 군비경쟁에 있어서의 협력의 가장 중요한 이유는 제3자의 활동 때문이었다. 예를 들어, 1852년에서 1853년에 걸친 영국과 프랑스 간의 해군력 경쟁은 크리미아 전쟁에서 러시아와 싸우기 위해 두 국가가 동맹을 맺음으로써 해결되었던 것이다.

(2) 국제관계와 국내정치

국제관계와 국내정치 간의 관련을 고찰함에 있어서 유사한 분석적 의문들이 발생한다. 군비통제협상은 정부들 간의 협상만을 포함하는 것이 아니라, 사회 내부에서의 협상 또한 포함한다. 카터(Carter) 행정부는 소련과의 전략무기제한협정 II(SALT II) 게임을 해결할 수 있었지만, 미국(상원)의회와는 실패하였다. 무역이슈들 역시 전형적으로 국제적 게임과 국내적 게임 둘 모두를 포함한다. 동경 라운드에서 카터 행정부는-책임자는 로버트 스트라우스(Robert Strauss)로서 이전의 경우와는 달랐지만-국제적 게임과 국내적 게임을 꼭 맞물리게 할 수 있었는데, 이는 10년 전 케네디 라운드에서 몇몇 이슈들에 대해 행해졌던 바와 같이 (국제적 게임을 먼저 해결하고) 다음으로 국내 게임을 해결하는 방법보다는, 둘을 동시에 진행시킴으로써 가능하였다. 그 결과, 케네디 라운드에서 체결되었던 국제적 협약들 중 몇몇이 거부되었던 것과는 대조적으로, 동경 라운드에서 타국들과 맺은 무역협약들 모두가 의회에서 압도적으로 비준되었던 것이다.[24]

그와 같은 국내-국제적 문제의 연관은 흔히 일어난다. 국내적 협상 게임들에 의하여 제공된 동기들은 효율적인 외교정책을 억제하며 국제분쟁을 악화시킬 수 있다. 잘 알려진 한 가지 사례는 한국전쟁 초기 몇 달 동안의 미국의 결정 사례이다. 맥아더(MacArthur) 장군은 미국정치에 있어서 매우

24) Gilbert Winham, "Robert Strauss, the MTN, and the Control of Faction," *Journal of World Trade Law* 14, September-October 1980.

432

강력한 거물이어서 그의 군대 상관들조차 1950년 가을 압록강을 향해 진
군한다는 그의 결정에 대하여 이의를 제기하는 것을 꺼려하였다. 그렇지만
이 작전은 문제가 너무 많은 것이었는데, 만약 한창 진행되고 있던 국내정
치적 게임에 의해서가 아니었다면, 국방성과 백악관에서 상당한 정도의 유
보표명이 있었을 것이다.[25]

15세기에, 한자동맹은 영국에 의한 해상에서의 패퇴에 대하여 에드워드
4세(Edward IV)를 재정적으로 지원함으로써 대항하였는데, 그는 장미전쟁
에서 랭커스터 집안을 패배시키고 한자동맹의 무역이익에 일방적으로 유
리한 조약에 서명한 인물이었다. 영국의 국내정치에 개입함으로써 한자동
맹은 군사적 취약함에도 불구하고 승리할 수 있었던 것이다. 이러한 기술,
즉 국제적 수준에서의 취약함을 보완하기 위하여 국내정치 게임에 개입하
는 것은 최근에 미국 외교정책과정에 많은 이해관계를 갖고 있는 약소국들
에 의해 보다 교묘한 방법으로 사용된 바 있다.[26]

(3) 게임들 간의 호환성과 비호환성

국제정치에서는 서로 다르지만 중첩되는 행위자집단을 포함하는 많은
상이한 게임들이 발생한다. 가끔씩 한 가지 이상의 게임이 존재하는 것은
협력을 달성하는 것을 쉽게 만들기도 하지만, 연관된 게임들은 다른 한편
으로는 서로에게 어려움을 창출해 내기도 한다. 즉 국제정치에 있어서의
게임들은 서로 호환적일 수도 비호환적일 수도 있는 것이다.

한 쌍의 호환적 게임들의 사례를 주요 선진산업국가들 간의 국제경제협
상에 있어서의 협력에서 볼 수 있다. 제2차 세계대전 이후, 그러한 협력은
이들 국가들이 군사동맹국들이었다는 사실에 의하여 촉진되었다. 19세기
의 영국의 상황과는 대조적으로, 다른 주요 무역국가들로 하여금 자신이
선호하는 규칙을 받아들이도록 설득할 수 있었던 미국의 능력은 미국이 군
사-정치 게임에서 세계경제의 다른 주요 행위자들의 적대자였다기보다는

25) Alesxander George and Richard Somoke, *Deterrence in American Foreign Policy*,
New York: Columbia University Press, 1974.
26) Robert O. Keohane, "The Big Influence of Small Allies," *Foreign Policy*, no.2,
Spring, 1971, pp.161-182.

선배 파트너였다는 사실에 의하여 크게 향상되었다. 다른 예를 들어보자. 채무협상에 관한 립슨의 분석은 대규모 은행들 간의 협상 게임은 소규모 은행들이 서로 간에 조정을 행할 수 없게 하는 상황을 구축함으로써 대규모 은행들과 소규모 은행들 간의 게임들과 호환되도록 만들어졌다는 것을 보여 주고 있다. 즉 제3의 협상을 배제시킴으로써 두 쌍의 협상들이 호환 가능해졌던 것이다.

1914년의 사례는 게임들 간의 비호환성의 문제를 보여 준다. 위기상황이 아닌 때에는 동맹국들 서로 간의(within an alliance) 충성과 다른 동맹들과의(across alliance) 우호적인 관계가 양립 가능하였다. 그러나 1914년 위기가 발생했을 때, 오스트리아에 대한 독일의 지원, 세르비아에 대한 러시아의 지원, 러시아에 대한 프랑스의 지원 등과 같은 동맹국들 간의 충성은 다른 동맹들과의 배반을 의미하였다. 동맹국들 간의(intra-alliance) 게임들에서 증가된 협력은 협력의 보다 광범한 형태들을 불가능하게 했다.

현대의 국제 정치경제에 있어서도 비호환성의 문제들이 발생할 수 있다. 예들 들어, 관세나 에너지 정책들과 같은 문제들에 관한 협상은 협상 초기에 소수의 주요 행위자들만이 관련되어 있을 때 선진산업국가들에게 긍정적인 결과들을 산출해 낼 가능성이 아주 높다. 하지만 다른 국가들과의 알력, 특히 저개발국가들과의 알력은, 보다 큰 규모의 갈등을 빚어낼 수 있다. 혹은, 국제채무의 정치에 관한 다른 예를 들어 보면, 채무국들 간의 밀접하고 공공연한 협조는 채무국 정부들과 부유한 국가들의 은행들간의 관계를 붕괴시킬 수 있다고 두려워하는 이들도 있다.

1970년대의 미소 군비통제의 운명과 동경 라운드 무역협상 간의 대조는 다단계 게임들의 중요성을 보여 준다. 논쟁의 여지가 있는 다른 이슈들에 대한 연계에 직면해서, 복합적인 국내정치 게임들, 정치경제 게임들과 군사안보 게임들 간의 보강의 결여, 이해관계의 공유까지도, 그리고 미래의 기나긴 투영과 쌍무주의는 협력을 촉진시키는 데 불충분할 수 있다. 만일 상호작용이 반복되는 치킨 게임(iterated game of Chicken)인 경우라면, 각각의 행위자는 장기적으로 확고하다는 평판을 쌓기 위해서 단기적으로 협력을 거부하고자 하는 강한 동기를 갖게 됨으로써 문제는 더욱 악화된다. 역으로, 꽤나 커다란 이익의 충돌이 존재하는 경우일지라도, 이러한 문제

434

들은 어쩌면 북대서양조약기구(NATO)와 같은 조직내에서 제도화된 보다
중요한 상호이익에 의하여 덮일 수 있을 것이다. 다시 말하자면, 어떤 특정
상황을 정치적 맥락으로부터 고립시켜 분석하는 것은 불충분하다. 우리는
기대의 유형들, 그리고 그 속에서 특정 협상들이 발생하고 또한 그것의 영
향하에서 참가자들에 의해서 해석되는, 인간에 의하여 창출된 제도들을 분
석해야만 한다.

2) 다단계 게임의 전략으로서의 호혜주의

로버트 액슬로드는 호혜주의에 근거한 팃-포-텟 (Tit-for-Tat)과 같은 전
략이 협력을 촉진시키는 데 있어 매우 효과적일 수 있다는 것을 보여 주기
위해 두 사람 간의 반복적인 죄수의 딜레마 게임에 대한 컴퓨터 시합과 이
론적 분석을 행한 바 있다.[27] 완전한 이기주의자들 간에서도, 만약 초반전
에 협력 가능자들이 조금만 존재한다면, 협력은 '발생'할 수 있다.

이러한 주장은 상충적이고 보완적인 이해관계들의 혼합으로 특징지어지
는 다양한 상황들에 있어서, 즉 특정한 비영합(non-zero-sum) 게임들에 있
어서, 정부들이 호혜주의에 따라 행동하려는 동기를 가질 수 있다는 것을
제시한다. 이러한 가설의 증거는 특정 죄수의 딜레마 게임의 경우에서 가
장 잘 나타난다. 액슬로드의 이론은 이 게임에 있어서 호혜주의 전략이 다
른 다양한 전략들과 비교하여 상대적으로 높은 보상을 창출해 낼 수 있다
고 한다. 게다가 그러한 전략은 비협조적인 전략들을 사용하는 행위자들을
응징함으로써 공동체 전체에 도움을 준다. 따라서 죄수의 딜레마의 보상구
조일 때, 우리는 호혜주의를 실천하는 이들이 그것을 일반적인 관행으로
제도화하여 자신들에 의한 사용은 물론 다른 이들에 의한 호혜주의 전략의
사용으로부터도 이익을 얻으려고 할 것이라는 것을 예견할 수 있다.

상기한 바와 같이, 갈등이나 협력이 발생할 수 있는 모든 상황이 죄수의
딜레마로 범주화될 수 있는 것은 아니다. 치킨 게임이나 사슴사냥 같은 게
임들 또한 중요하다. 이러한 게임들에 대한 증거는 죄수의 딜레마의 경우
처럼 풍부하지는 않다. 그렇지만 오이가 이 책의 서론에서 지적하고 있는

27) Axelrod, *The Evolution of Cooperation*.

것처럼, 호혜주의가 다양한 비영합 상황들에 있어서 매력적인 전략이라고 믿을 만한 충분한 이유가 있다. 호혜주의가 성공적으로 작동하기 위한 주요 조건은 상호협력이 상호배반보다 더 나은 결과를 산출할 수 있지만 배반에의 유혹 또한 존재한다는 것이다. 그러한 상황에서는, 호혜주의가 협력적인 참여자들을 다른 이들에 의한 착취에 대해 과도하게 취약하지 않도록 하여 광범위한 협력을 가능케 할 수 있다. 게다가 비협조적 행위들을 미연에 방지할 수 있다.28)

그래서 호혜주의가 연구실의 분석가들에게뿐만 아니라 실질적인 협상자들에게도 보편적인 전략이라는 것은 놀라운 일이 아니다. 1930년대의 통화정치에 대한 오이의 분석은 영국이 스칸디나비아 국가들과의 관계에 있어서 그러한 전략을 개발하였다는 것을 보여 준다. 국제무역에 대한 당대의 논의들은 또 하나의 적절한 예를 제공한다. 미국 관리들은 호혜주의 전략의 추구가 다른 국가들의 미국상품에 대한 차별을 방지하고, 호혜주의를 적극적으로 추진하지 않음은 타국에 의한 보복을 초래할 것이라는 근거하에 무역관계에서 빈번히 호혜주의를 고수해 왔다. 호혜주의에 관해 회의적인 관찰자들조차도 흔히 동의한다. 미국은 무역협상에서 '공격적 호혜주의'를 실천해야만 한다는 현재의 제안들에 대해 비판적인 정책연구 논문에서, 윌리엄 클라인(William Cline)은 그러한 행동은 외국의 대항보복의 높은 가능성 때문에 비효율적이라고 주장한다.29) 액슬로드 식으로 말하자면,

---

28) 두 행위자의 선호도가 CC>DC>DD>CD로 정의된 사슴사냥 게임의 예를 생각해 보자. 만일 행위자 A가 협력으로 시작하는 호혜주의 전략을 구사할 것이라는게 믿을 만하면, 행위자 B가 협력할 동기는 증가된다. A의 협력에 대한 공약은 B가 배반당하지 않을 것이라는 것을 보증해 준다(B가 배반당할 경우에는 B는 최악의 보상을 받게 된다). 게다가 배반에 대해서는 보복할 것이라는 A의 공약은, 첫 번째 움직임(move) 이후에, B의 배반행위는 B의 두 번째로 선호하는 결과인 DC가 아닌 세 번째로 선호하는 결과인 DD를 초래하게 됨을 보증해 준다. 치킨 게임은 이 점에 있어 또 하나의 적절한 예이다. 치킨 게임에서는 상호협력이 양행위자들의 두 번째로 선호하는 결과밖에 되지 않지만, 상호배반은 양자에게 최악의 결과를 초래한다(DC>CC>CD>DD). 치킨 게임에서 행위자 A의 믿을 만한 호혜주의 전략은 B가 만일 협력하면 두 번째로 선호하는 결과를 보증해 주고, 계속적인 배반은 장기적으로는 B가 최악의 보상을 받게 됨을 보장해 준다. B의 미래의 투영이 아주 장기간이라고 가정하면, B는 A의 호혜주의 전략에 협력으로 대응해야 한다.

(협력으로 시작하고, 상대방의 배신이 있을 때마다 보복하는) 팃-포-텟은 '공격적 호혜주의'와 같은 착취전략을 취하지 못하도록 한다.

이와 같이, 팃-포-텟의 적용 가능성은 죄수의 딜레마에 한정되어 있지만 은 않은 것 같다. 그렇지만 팃-포-텟은 완벽한 전략은 아니다. 첫째, '메아리 효과(echo effect)'를 통해 갈등을 영속적인 것으로 만들 수 있다. "만약 상대방이 한 번 배반하면, 팃-포-텟은 배반으로 대응할 것이다. 그에 대해 상대방이 똑같이 배반으로 대응하면, 그 결과는 교대로 배반하는 끝없는 메아리가 될 것이다."[30] 연구소에 있어서는 물론 실제 정치상황에서도, 호혜주의는 협력뿐만 아니라 불화를 이끌어낼 수도 있다. 행위자들이 과거의 결과에 대해 상이한 인식을 갖고 있을 때 특히 그러하다.[31] 미소간의 데탕트가 붕괴된 데 대한 부분적인 이유로는 각자가 상대방이 호혜주의를 실천하는 것이 아니라 그와는 반대로 자신의 자제를 일방적으로 유리하게 이용하고 있다고 결론지었기 때문이다.[32] 둘째, 많은 공유된 이익들이 존재하고 동등성에 대한 판단이 왜곡되지 않았을 때에 조차도, 호혜주의는 교착상태로 치닫게 할 수 있다. 존 에반스(John W. Evans)는 호혜주의의 원칙에 따라 행해진 관세협상에서 잠재적인 양보가 나중에 사용하기 위해 축적해 놓는 '협상용 칩(bargaining chip)'이 될 수 있음을 다음과 지적하였다. "그것들을 유지하는 국가에 어떠한 본질적인 경제적 가치도 없는 관세들이 협상과정에서 다른 국가들이 호혜주의를 고집하는 바람에 가치를 획득하게 되었다." 그 결과, "보다 낮은 수준의 관세가 그 국가의 실제 수입을 증가시킬 것이라는 사실에도 불구하고 관세수준이 유지될 수 있다."[33] 셋째, 몇몇 행위자들이 본질적으로 상호의존적인 이슈들에 대해 각각 분리하

---

29) William Cline, "'Reciprocity': An New Approach to World Trade Policy?" *Policy Analyses in International Economics* 2, 1982. 9, Washington: Institute for International Economics, p.25.

30) Axelrod, *The Evolution of Cooperation*, p.176.

31) 나선형의 갈등형태에 대한 분석은 Robert Jervis, *Perception and Misperception in International Politics*, Princeton, N.J.: Princeton University Press, 1976, 특히 pp.58-113를 보라.

32) 각주 22)에 인용된 참조문헌들을 볼 것.

33) Evans, *The Kennedy Round in American Trade Policy: The Twilight of the GATT?* Cambridge: Harvard University Press, 1971, pp.31-32.

여 그리고 순서대로 협상을 벌일 때, 후속으로 이어지는 협상들은 이미 행해진 양보의 가치를 변경시킴으로써 이전의 협약들을 문제삼을 수 있다. 이와 같은 '이슈 상호의존 문제'는 제2차 세계대전 이후의 다자간 무역협상에 관한 제도보다 선행하던 조건부 최혜국 조항하에서의 협상들을 엉망으로 만들었다. 조건부 최혜국대우는 공급자들 간의 차별을 인정하였다. 따라서 수입국과 공급국들 간에 이루어진 그 이후의 협약들은 이전에 행해진 양보들의 가치를 부식시켰다. 이는 협상이 복잡하고, 격렬하며, 무척 힘든 형태를 띠게 만들었다.[34]

이러한 어려움들에도 불구하고, 호혜주의는 협력적인 협약들을 분산적으로 강요하는 데 가치 있는 전략으로 남아 있다. 메아리 효과, 협상의 교착상태, 그리고 이슈의 상호의존성 등의 문제들을 인식하고 있는 행위자들은 이러한 함정들을 메울 수 있다. 액슬로드는 팃-포-텟보다 나은 전략이 있다면 그것은 "주먹 한 대(a tat)에 대해 단지 주먹 한 방(a tit)의 10분의 9만을 돌려 주는 것일 것이다"라고 말한다.[35] 동경 라운드는 현재의 관세율에 근거하지 않고 가상적인 큰 폭의 전반적 관세인하를 위한 공식에 근거하여 협상들을 시작함으로써 교착의 문제를 다루게 되었는데, 거기에는 민감한 생산품들에 대한 제안의 철회를 위한 조항이라든지 혹은 적절한 보상이 이루어지지 않았을 경우에 관한 조항들이 포함되어 있었다. 이슈 상호의존의 문제는 관세협상에 대한 다자간 참여와 무조건적인 최혜국 대우를 채택함으로써 무역 분야에서 다루어졌다.

호혜주의를 적용하는 데 있어서의 이와 같은 어려움들과 거기에 대한 행위자들의 반응들은 그 테두리내에서 호혜주의가 실행되는 제도들의 중요성을 나타내 준다. 위에서와 같이, 다자간 무역협상이 그 적절한 사례이다. 호혜주의는 군사안보 영역에서도 제도화되었다. 예를 들어, 유럽에서의 미군의 주둔은 유럽정부의 미제 군사장비 구매와 연계된다. 하나의 제도로서의 북대서양조약기구(NATO)는 회원국들이 그와 같은 다양한 호혜적 협정들을 달성하는 데 도움을 주었다.

---

34) Robert O. Keohane, "Reciprocity in International Relations," *International Organization* 40, Winter 1986.

35) Axelrod, *The Evolution of Cooperation*, p.138.

438

립슨에 의하여 논의된 채무협상 또한 다자간 게임에서 호혜주의가 어떻게 제도화될 수 있는지를 보여 준다. 먼저, 주요 행위자들이 확인되고, 쌍무 협상들이 그들 사이에서 혹은 그들의 대리인들 사이에서 이루어진다. 국제통화기금(IMF)과 은행위원회들은 채무국들과 협상을 벌인다. 두 번째 단계에서, 소규모 은행들에게 이러한 협상에 따를 수 있는 기회가 주어지지만, 결정사항에 영향을 미칠 기회는 주어지지 않는다. 이 단계에서는, 상이한 단계에서의 호혜주의가 강조되는 것이다. 약자들이 무임승차자들(free riders)이 될 가능성이 있지만, 그들이 더 큰 게임에서 대가를 치를 것이라는 두려움 때문에 그와 같이 행동할 수 없도록 하기 위한 노력들이 행해지는 것이다. 소규모 은행들은 만일 그들이 재조정 대출을 위한 기금을 제공하는 데 실패할 경우 거대 은행들과의 주요한 관계 및 장래의 대출 연합으로부터 제외될 것이라는 위협에 직면한다. 위에서 묘사된 다른 사례들 처럼, 채무 재조정을 위한 호혜주의 전략들은 많은 행위자들이 존재할 때 발생하는 이슈 상호의존의 문제들을 회피하기 위하여 기발하게 수정된다.

3. 결론

1) 인식의 중요성

『무정부 상태하에서의 협력달성(*Cooperation under Anarchy*)』에의 기고자들은 정책결정에 있어서의 인식의 역할을 탐구하기 위해 특별히 무엇을 계획하지는 않았지만, 인식의 중요성은 계속 강조하였다. 믿음(beliefs)과 지각(cognition)을 포함한 인식의 중요성은 국제정치를 연구하는 이들에게 전혀 놀랍지 않다.[36] 그래도 애매모호한 상황에서의 정책결정은 행위자들이 자신들의 문제에 대하여 생각하는 방식들에 의하여 크게 영향받는다는 것은 다시 한 번 지적할 만한 가치가 있다.

이러한 점이 연구실에서 행해진 연구에서 여러 번 지적된 반면,[37] 연구

---

36) Jervis, *Perception and Misperception in International Politics*.
37) 예로서, Amos Tversky and Daniel Kahneman, "Judgment under Uncertainty:

실에서 정책결정에 대해 연구하는 심리학자들로부터 주의를 충분히 끌지 못하는 국제정치에 있어서의 중요한 비틀림(twist)이 존재한다. 한 국가의 지도자들은 다른 국가들의 지도자들과 멀리 떨어져서 살아간다. 그들은 공간적으로 멀리 떨어져 있을 뿐만 아니라, 인식의 틀에 있어서도 그러하다. 즉 무엇이 중요하고, 무엇이 행해져야 하며, 누가 변화에 대한 책임을 져야 하는가 등에 관한 그들의 암묵적 가정이 상이한 것이다. 간단히 말하면, 국가를 대표해서 행동하는 이들은 자신들의 행위가 어떻게 다른 이들에게 영향을 미치며, 어떻게 다른 이들에 의하여 해석되는지에 대해서 흔히 신경쓰지 않는다. 반 에베라가 제1차 세계대전에 관한 자신의 연구로부터 결론짓고 있듯이, 그 전쟁을 예방하기 위해서는 1914년 이전에 유럽에 만연했던 심각한 잘못된 인식들을 불식시키는 것을 필요로 했을 것이다.

인식의 중요성의 또 다른 주목할 만한 예들은 안보영역에서 온다. 예로서 다운스, 로크, 사이버슨은 군비경쟁에 돌입해 있는 국가들이 공격무기보다는 방어무기를 만들 때조차도, 대개의 경우 그러한 것은 군비경쟁을 해소시키기 위해서가 아니라 단지 그들이 그러한 무기들이 달러당 가장 커다란 양의 안보를 제공할 것이라고 믿기 때문이라는 것을 발견하였다. 요점에 더욱 근접한 것은 많은 경우의 군비경쟁이 그 결과에 대한 심각한 평가 없이 시작되었거나 가속화되었다는 것이다. 예로서, 소련 지도자들이 1955년에는 자신들의 폭격기 강도를 그리고 몇 년 후에는 자신들의 ICBM 능력을 의도적으로 과장해서 말했을 때, 그것은 단기적인 정치적 이득을 위해서였던 것이다. 그리고 미국이 그 위협을 심각하게 받아들이 시작했을 때 장기적으로 어떤 결과가 발생할 것인지를 그들이 완전히 평가했다는 어떠한 증거도 없다. 일반적으로 다운스, 로크, 사이버슨은 군비경쟁이 흔히 다른 이들에 의해 선택된 행위의 결과로서 인식되지 않는다는 것을 발견하고 있다. 전쟁의 발발에 이르는 사건들에 있어서, 국가의 지도자들은 자신들의 행동의 결과에 대하여 완전히 오해하고 있을 수 있다. 예로서, 반 에베라는 1914년에 러시아 정부가 자국의 군사적 동원이 직접적으로 독일의

Heuristics and Biases," *Science* 185, September 1974, pp.1124-1131; Richard Nisbet and Lee Ross, *Human Inference: Strategies and Shortcomings of Social Judgement*, Englewood Cliffs, N.J.: Prentice-Hall, 1980.

군사적 동원을 이끌어내어 전쟁에 이르게 할 것이라는 것을 깨닫지 못하고
있었음을 지적하고 있다. 사건의 왜곡된 해석의 효과의 또 다른 예는 강대
국들의 조화(concert)의 쇠퇴에 관한 저비스의 논의에서 제공되는데, 이 조
화는 어떤 쪽이 협력을 유지하기 위해 더 많은 양보를 행했는가 하는 데
대한 다양한 견해들에 의해 침식되었던 것이다.

　안보적 이슈들이 가장 극적인 예들을 제공해 주고 있는 한편, 정부들 또
한 자신들의 행동이 정치경제의 영역에서 다른 이들에게 어떻게 보일 것인
가를 이해하는 데 있어 조금도 더 낫지 않을 것이다. 코니베어의 연구는 무
역전쟁은 가끔씩 국가들이 타국이 그 자신의 수출공산품들에 대해 부과된
새로운 관세들에 대한 보복으로 수입된 식품에 대한 관세를 인상하는 것을
꺼릴 것이라는 잘못된 믿음을 견지할 때 시작되었다는 것을 보여 준다. 무
역전쟁은 국가들이 광범위하게 받아들여지고 있는 무역조건들에 있어서의
미약한 착취에 대한 타국의 용인에 관해 과장된 기대를 갖고 있을 때 시작
되었던 것이다.

2) 새로운 제도와 규범에의 모색

　우리의 프로젝트는 국제적 틀의 구체적 모습들이 협력의 발전을 위한
기회에 어떻게 영향을 미칠 것인가에 관한 일단의 가설들을 갖고 시작되었
다. 포함되었던 요인들은 이익의 상호성, 장래의 투영, 행위자의 수 등이었
다. 이러한 가설들은 14세기에서부터 시작된 많은 사례들에 의하여 뒷받침
되었으며, 무역분쟁, 통화정책, 군비통제는 물론 채무의 재조정, 전쟁의 발
생, 외교적 조화 등을 포괄하였다. 사실, 그 세 가지 요인들은 협력과 갈등
모두를 설명하는 데 도움을 주었다.

　우리는 또한 다른 것을 발견하였다. 즉 되풀이해서 우리는 행위자들은
단순히 자신들이 속해 있는 상황에 근거한 전략들을 선택하는 것만으로는
만족하지 않았다는 것을 고찰하였다. 많은 경우들에 있어서 우리는 이들
각각이 그 속에서 행동을 취할 맥락을 변화시킴으로써 바로 그 상황의 구
조를 변화시키고자 하는 의도적인 노력을 보았다. 결정작성자들 스스로는
(다소 의식적으로) 자신들이 직면했던 상황들의 몇몇 측면들이 협력을 어

렵게 하는 경향이 있다는 것을 인식하였다. 그래서 그들은 이러한 배경조건을 변경시키고자 하였다. 그들이 마주쳤던 문제들 중에는 다음과 같은 것들이 있다.

1. 어떻게 협력에의 동기를 제공함으로써 협력이 장기적으로 보상받고 배반은 응징받게 할 것인가
2. 협력자와 배반자가 구분될 수 있도록 어떻게 행위를 감시할 것인가
3. 어떻게 협력자에게는 보상을 배반자에게는 보복을 집중시킬 것인가
4. 어떻게 이슈들을 자기 패배적인 방법보다는 생산적인 방법으로 상호 연계시킬 것이며, 보다 일반적으로는, 어떻게 자기 자신의 전략에 발이 걸려 넘어지는 것을 피하면서 다면 게임들을 수행할 것인가

이러한 목표들을 획득하는 데 있어서의 근본적인 전략개념은 상호주의이다. 세계정치에 있어서의 협력은 타인에 대한 일방적 이익제공에 의하여 얻어지는 것이 아니라 조건적 협력에 의하여 가장 잘 얻어지는 듯이 보인다. 그렇지만 상호주의를 실행함에 있어서는 많은 문제들과 마주치게 된다. 액슬로드가 나타낸 바 있듯이, 또 1914년에 관한 반 에베라의 논의가 묘사하듯이, 전략적 틀에 있어서의 보상구조는 매우 악의적인 것이어서 팃-포-텟이 작동되지 않는다. 상호주의는 배반을 인식하고 거기에 대해 보복할 수 있는 능력을 필요로 한다. 그리고 보복은 격렬하게 확산될 수 있다.

세계정치에 있어서의 행위자들은 상호주의의 문제들을 부분적으로는 힘의 행사를 통해서 다루고자 한다. 강력한 행위자들은 관계를 구축함으로써 어떤 주어진 질서에 귀속된 국가들이 보다 낮은 수준의 귀속을 갖는 국가들을 효과적으로 다룰 수 있게 한다. 이는 복잡한 체계는 계서적 특징을 갖게 된다는 허버트 사이먼(Herbert Simon)의 주장으로부터 예측할 수 있듯이, 계서를 확립함으로써 행해진다.[38] 이 심포지엄에서 협력을 위한 계서의 구축은 제3세계의 채무 재조정을 촉진시키기 위한 은행 간 네트워크에 관한 립슨의 논의에서 가장 잘 설명되고 있지만, 강대국들의 조화에 관한

---

38) Simon, "The Architecture of Complexity," *The Sciences of the Artificial*, 2nd ed., Cambridge: MIT Press, 1982, p.99.

저비스의 논의에서도 또한 뚜렷이 나타나고 있다.

협력을 촉진시키는 다른 방법은 국제제도를 설립하는 것이다. 제도란 '국제관계의 어떤 주어진 영역내에서 그 주변에 행위자의 기대가 집중되는 일단의 묵시적 혹은 명시적 원칙들, 규범들, 규칙들, 그리고 결정작성과정들'로서 정의될 수 있을 것이다.[39] 국제제도는 1945년 이후의 국제정치경제에서, (GATT에 집중되어 있는) 국제무역제도 및 (다른 조직들과 네트워크들은 물론이요, IMF 또한 포함하고 있는) 국제통화제도에 의해 예증되듯이, 광범위한 영역을 차지하여 왔다.[40] 힘의 사용이 제도의 구축을 촉진시킬 수 있기 때문에, 이러한 접근은 계서적 권위에 대한 강조에 대해 갈등적인 것으로보다는 보완적인 것으로 간주되어야만 한다. 제도는 어떤 계서적 의미에 있어서의 규칙을 강제하지는 않지만, 거래비용의 패턴을 변화시키고, 참여자에게 정보를 제공함으로써 불확실성을 감소시킨다. 저비스는 유럽의 조화(Concert of Europe)가 정부들이 서로 이해하는 것을 용이하게 만듦으로써 협력을 촉진시키는 데 도움을 주었다고 주장한다. 립슨은 채무재조정을 위한 제도에 있어서 정보의 통제가 거대은행들에 의해 선호되는 조건상에서의 협력을 촉진시키는 데 어떻게 사용되는지를 보여 주고 있다. 그는 또한 그러한 은행들이 갖고 있는 한 가지 무기는 거래비용을 구축하는 그들의 능력이라는 것을 지적하고 있다. 즉 주요한 은행들을 포함한 협상의 비용은 감소되는 한편, 소규모 은행들에 의한 저항을 조성하는 데 드는 비용은 그렇지 않은 것이다. 코니베어의 분석은 만약 영국가 한자동맹이 국제적인 무역제도를 형성할 능력이 있었다면, 그들은 상호유익한 협상을 행하고, 그들 중 보다 더 고분고분하지 않은 구성원들을 징계할 수 있었을 것이라는 것을 내비치고 있다.

국제제도는 상호주의를 대신하지는 않는다. 그보다는 그것을 강화하고 제도화시킨다. 상호주의의 규범과 결합된 제도는 배반을 비합법화하며 그럼으로써 배반을, 더욱 많은 대가를 치러야 하는 것으로 만든다. 그것들이 관련된 이슈영역내에서 상호주의가 무엇을 의미하는지를 정확히 구체화시키는 한(에 있어서), 그것들은 상호주의를 꾸준히 실행하는 것에 대한 평판

---

39) Krasner, op. cit., p.3.
40) Keohane, *After Hegemony*, chaps.8-9.

을 수립하는 것을 보다 용이하게 만든다. 그러한 평판은 중요한 자산이 될 수 있는데, 이는 바로 다른 이들이 협력에 대해서는 협력으로 반응할 것이라고 기대될 수 있는 정부들과 협약을 작성하는 것을 보다 기꺼워할 것이기 때문이다. 물론 순응을 보장하기란 어려운 일이며, 국제제도가 규칙을 강제할 힘을 갖는 경우는 거의 없다. 그럼에도 불구하고 좋은 평판을 갖고 있는 정부들은 나쁜 평판을 갖고 있는 정부들보다 더 쉽게 협약을 이룰 수 있기 때문에, 국제제도는 좋은 평판을 얻는 것을 보다 쉽고 바람직한 것으로 만듦으로써 협력을 촉진시키는 데 도움을 줄 수 있는 것이다.[41]

국제제도는 또한 러기가 주장했듯이 새로운 규범을 발전시키는 데 도움을 줄 수 있다.[42] 그렇지만 이 책에서 논의된 사례들에 있어서는 그러한 사례의 명백한 경우가 거의 없다. 저비스에 의하여 논의된 강대국의 조화는 새로운 규범들을 포함하고 있지만, 이들은 오래 지속되지 않았다. 그리고 오이에 의해 묘사된 1930년대의 통화체계의 새로운 규범들은 매우 비협력적인 것이었으며, 제도의 제도화보다는 붕괴와 더욱 관련되어 있었다. 오늘날 주요 은행들은 (채무자들을 위한) 변제의 규범과 (은행들을 위한) 재대출의 규범들을 강화시키고자 강력히 노력하고 있지만, 이것이 성공적일 것인지는 전혀 명확하지 않다. 규범을 창출해 내는 것의 보다 나은 사례는 화학·생물학전에 관한 사고의 발전과 GATT하에서의 비차별 규범—우리가 보아 왔듯이 이제는 압력을 받고 있는—의 발전 등에 의하여 제공될 수 있을 것이다. 명백히 새로운 규범을 발전시키는 것은 어려운 일이며, 그것들은 흔히 명백한 위반에 대한 반작용으로 쇠퇴한다.

위계를 확립하고, 국제제도를 구축하며, 새로운 규범들이 받아들여지도록 노력하는 것 등은 모두 행위자들이 자신들의 상호작용 바로 그것을 변화시킴으로써 자신들이 그 안에서 작동하는 맥락을 변화시키고자 하는 시도들이다. 이러한 노력들이 대개의 경우 진보적인 합리성의 사례들이 아니었다는 것에 주목하는 것이 중요하다. 그보다는 그것들은 최근의 경험들에 근거한 현재의 상황을 향상시키고자 하는 실험적인 시행착오적 노력들이었다. 시행착오적 실험의 다른 형태들과 같이 그것들은 항상 작동되지는

---

41) Ibid., chaps.5-7.
42) Ruggie, "Internaional Regimes, Transactions and Change."

444

않았다. 실로 그러한 실험들이 실패할 수 있는 다양한 방법들을 열거하는
것이 교육적이다.

1. 실패의 가장 중요한 원인은 관계를 재구축하고자 하는 노력들이 결코
시작되지 않을 수도 있다는 사실이다. 다운스, 로크, 사이버슨이 지적하고
있듯이, 1914년 이전에는 활발한 평화운동이 전개되었으며, 제1차 세계대
전이 일어나기 전에는 군비통제를 확보하고, 국제법을 강화시키고자 고안
된 일련의 회의들이 개최되었다. 그러나 이러한 노력들은 세계정치의 본질
에 중요한 영향을 미치지 못하였다. 유사하게 1920년대의 통화조성의 불
안정성은 많은 참여자들에 의해 인지되었지만, 이러한 허약성을 다루기 위
해 개최되었던 회의들-1922년 제노아에서 열렸던 것과 같은-은 그것들
에 효과적으로 대처하는 데 실패하였다. 저비스에 의하여 논의된 강대국들
의 조화는 일면 보다 진전된 것으로 여겨지지만, 오래도록 존속할 것이라
는 전망을 갖기에는 결코 충분히 제도화되지 못하였다.

2. 몇몇 협약들은 제도화되지만 자기모순적인 것으로 드러난다. 우리는
조건부 최혜국 대우하에서의 순차적인 쌍무적 협상이 끝없는 회귀의 문제
에 이르게 됨을 언급한 바 있다. 즉 각 협상은 다른 많은 것들의 재협상을
요구하는 경향을 갖는 것이다. 그 제한이 제3의 집단으로 하여금 강대국들
을 따라잡기 위해 자신들의 군비를 증강하도록 고무시키는 쌍무적 군비통
제 협약들은 유사한 어려움에 직면한다.

3. 성공적인 조정조차도 쉽게 쇠퇴한다. 쇠퇴는 확립된 규칙들내에서 틈
새를 찾고자 하는 행위자들의 시도로부터 결과할 수 있다. 관세율을 감소
시키는 데 있어서의 GATT의 성공 그 자체가 비관세 장벽의 확장에 공헌
하였으며, 그러한 장벽들을 피해 나가려는 노력은 그것들의 점진적 확장과
엄밀화를 초래하였다.[43] 마찬가지로 안보영역에 있어서의 성공적인 협력
은 정부들로 하여금 자신들의 파트너의 협력이 상호주의에 근거한 것이 아
니라, 무조건적인 것이라고 믿게 만들 수도 있다. 이러한 믿음이 잘못된 것

---

43) Vinod Aggarwal, "The Unraveling of the Multi-Fiber Arrangement, 1981: An
Examination of Regime Change," *International Organization* 37, Autumn 1983,
pp.617-646; David B. Yoffie, *Power and Protectionism: Strategies of the Newly
Industrializing Countries*, New York: Columbia University Press, 1983.

인 한 부조화는 계속된다.

4. 몇몇 사례들에 있어서, 조정과 아무런 관련이 없는 변화들이 그것을 낡은 것으로 만든다. 따라서 1982년 8월 위기 전에 존재하였던 국제적 채무제도는 대부분의 제3세계의 빚들을 재조정해야만 했던 상황을 처리하기에는 명백히 불충분한 것이었다. 이 경우에 있어서는 구제도가 새로운 필요를 충족시키기 위해 각색되었다. 1930년대의 대공황은 정통적인 금태환 표준통화를 낡은 것으로 만들었다. 진실로, 오이는 1920년대의 협력적인 국제적 통화조정이 1930년대 동안의 통화협력에 대한 시도들을 방해하였다고 주장하고 있다. 구제도의 붕괴는 새로운 제도의 창출을 위한 필요조건이었다.

궁극적으로 어떠한 제도도 낡은 것이 되어 버린다. 문제는 어떠한 조건하에서 국제제도―'그 주위에 기대가 집중되는 인정된 행위의 패턴'이라고 광범위하게 정의된[44]―가 일정 기간 동안 상당한 정도의 협력을 촉진시키느냐 하는 것이다. 명백히 그러한 제도들은 그것들에 의하여 영향받는 국가들을 위해 동기를 변화시킬 수 있으며, 정부들이 스스로의 이익에 입각하여 행한 전략적 선택에도 영향을 미칠 수 있다.

동기와 제도 간의 이와 같은 상호작용은 전략의 상향주시이론과 제도의 하향주시이론을 연계시키는 것의 중요성을 제시해 준다. 전략적 접근은 그것이 개별 행위자가 무엇을 선택할 것이며, 이러한 선택에 근거해서 전체 체제를 위한 결과를 끌어낸다는 의미에서 상향주시적이다. 다른 한편으로, 많은 제도분석은 하향주시적이었는데, 이는 그것이 행위자들을 위해 전체 체제가 조직되는 방법이 함축하고 있는 것을 고찰한다는 의미에서 그러하다. 최근의 몇몇 연구는 이들 두 접근법을 결합시키고자 시도하였지만, 그것은 아직 형식적으로 엄격한 방식으로도, 혹은 경험적으로 포괄적인 방식으로도 이루어지지 않았다.

정책작성자들에 의한 실험적 모색이 반드시 협력을 달성하는 보다 강력하고 복잡한 방법들을 만들어 내지는 않는다. 그 과정은 발작적으로 진전

---

44) Oran R. Young, "Regime Dynamics: The Rise and Fall of International Regimes," *International Organization* 36, Spring, 1982, pp.277-298(reprinted in Krasner, fn.8, pp.93-114).

된다. 각 스텝이 성공할 것인지는 확실치 않으며, 이전의 성취가 실패로 끝날 위험이 항상 존재한다. 새로운 실험들은 오직 사건들의 명백한 압력(채무 재조정에서와 같이)하에서만 빈번히 시도된다. 그리고 그것들은 흔히 변화에 대한 심각한 필요성을 느끼면서 가장 커다란 자원을 갖고 있는 소수의 개인들이나 국가들의 능동적인 리더십에 의존하고 있다.

이 논문집에 포함되어 있는 에세이들은 우리가 협력이나 불화를 창출해 내는 전략적 선택에 영향을 미치는 구조적 조건들을 이해하기 시작하고 있음을 보여 준다. 이들 요인들은 이익의 상호성, 미래의 투영, 행위자의 수 등이다. 광범한 역사적 사례들에 걸쳐, 이들 상황의 세 가지 차원들은 무정부 상태하에서의 협력의 발생과 비발생을 설명하는 데 도움을 주고 있다.

그러나 이와 같은 총체적 조사를 진행시키는 과정에 있어서 우리는 또한 국가들이 흔히 자산들의 환경에 만족해 하지 못한다는 것을 발견하였다. 우리는 정부들이, 관련된 국가들이 함께 생산적으로 일하는 것을 가능하게 만들기 위해, 빈번히 그 속에서 자신들이 작동하는 구조를 변화시키고자 하였다는 것을 고찰하였다. 이러한 실험들 중 몇몇은 성공적이었고, 다른 몇몇은 성공적이지 못하였으며, 여전히 다른 것들은 자신들을 만들어 낸 이의 소망을 완전히 깨닫기도 전에 붕괴되고 있다. 우리는 국제제도에 의해 수행되는 기능과 그것들이 정부에 의해 추구되는 전략이 어떻게 영향을 미치는지를 몇 년 전보다는 더 잘 이해하고 있다. 이제 우리가 필요로 하는 것은 ① 언제 국제적 환경을 재구축하기 위한 실험이 실시될 것인가와, ② 어떤 특별한 실험이 성공할 가능성이 있는가의 여부를 설명해 줄 수 있는 이론들이다. 자산들의 주권을 빈틈없이 지키고 자신들이 힘을 보호하는 독립적인 국가들의 세계 속에서조차 경제적 복지와 군사적 안보 둘 모두의 견지에서 상호 만족스러운 결과들을 달성하기 위한 새롭고 보다 나은 조정을 위한 여유는 존재한다.

이러한 것이 국제적 협력을 촉진시키기 위한 모든 노력이 좋은 결과를 산출해 낸다는 것을 뜻하는 것은 아니다. 협력이란 나머지 사람들의 희생 하에 소수를 돕기 위해 고안될 수 있으며, 불완전한 세계에서 부정의를 완화할 수 있을 뿐만 아니라 강조할 수도 있는 것이다. 그렇지만 협력실패의 결과-전쟁으로부터 경기침체의 강화에까지 이르는-는 우리가 협력이란 흔히 많을수록 좋다는 것을 믿게 한다. 만약 정부들이 더 잘 협력된, 미래를 향한 길을 모색할 준비가 되어 있다면, 학자들은 그 과정을 연구할 준비가 되어 있어야만 할 것이다. 그리고 국가들이 빈번히 국제적 무정부 상태에 만족하지 못하는 세계 속에서 학자들은 학습과정을 진전시킬 준비가 되어 있어야만 하며, 그럼으로써 무정부 상태라는 현실에도 불구하고 유용한 형태의 국제적 협력이 촉진될 수 있을 것이다.

자유주의와 세계정치*

마이클 도일

자유를 증진시키면 평화가 온다고 흔히들 이야기 한다. 1982년 6월 영국의회에서 행한 연설에서 레이건 대통령은 개인의 자유를 존중하는 정부는 외교정책을 수행함에 있어서도 '자제'와 '평화적 의도'를 유지하게 된다고 주장하였다. 이어서 그는 '자유의 십자군'과 '민주주의의 발전을 위한 유세'를 선언하였다(Reagan, 1982. 6. 9).

대통령의 이와 같은 주장은 실제로 새로운 것이 아니다. 단지 수많은 자유주의 이론가(또 선동가)들이 주장해 왔던 오랜 이론—전쟁은 권위주의적 지도자와 전체주의적 정당이 가지고 있는 공격적 본능으로 인해 발발한다는—을 다시 한 번 되풀이한 것이었다. 또한 이 이론은 법 앞에 평등, 언론의 자유, 기타 시민권, 사유재산과 같은 개인의 권리를 존중하고 대의제를

* Michael W. Doyle, "Liberalism and World Politics," *American Political Science Review*, vol.80, no.4, 1986, pp.1151-1169(김태현 옮김).

▶ 이 논문은 소위 '민주평화'이론(democratic peace thesis)의 초석을 놓은 논문이다. 민주국가가 보다 평화애호적이라는 명제는 철학자 칸트에게서 제기되어 제1차 세계대전을 전후하여 미국의 윌슨(Woodrow Wilson) 대통령에 의해 크게 선양되었다. 민주국가는 전쟁의 개시를 포함하여 중대한 결정을 함에 있어 국내 제도적으로 제약을 받기 때문에 전제 혹은 독재국가보다 평화애호적이라는 명제이다. 그러나 이 명제는 전쟁이란 기본적으로 두 개 이상의 국가 사이에 일어나는 관계적 현상이라는 본질과 민주국가들도 독재/전제국가 못지않게 많은 전쟁에 참여했다는 경험적 사실에 의해 '이상주의'로 매도되었다. 도일의 이 논문은 '민주국가끼리는 서로 전쟁을 하지 않는다'는 명제를 칸트의 이론에서 제기하고 19세기 이래의 역사에서 검증함으로써 자유주의 국제정치이론의 새로운 기원을 열어 놓았다.

신봉하는 자유주의국가는 근본적으로 전쟁을 반대한다고 주장한다. 전쟁의 부담을 감당해야 하는 시민들이 정부를 뽑기 때문에 전쟁이 불가능하다는 것이다. 나아가 시민들은 무역으로부터의 이득은 단지 평화상태에서만 얻을 수 있다는 것도 잘 알고 있다. 따라서 미국이나, 일본, 기타 유럽의 여러 나라와 같이 자유주의국가가 존재한다는 사실 자체가 평화를 가져 온다는 것이다.

이 글에서 필자는 국제정치학에서 점차 증가하고 있는 이와 같은 이론에 관한 문헌에 기반하여 레이건 대통령이 다시금 주장한 이 자유주의이론을 새로이 검토한다. 자유주의이론은 대체로 세 가지 전통으로 분류할 수 있으며 이는 곧 세 사람의 이론가에 기인한 것이다. ① 대통령이 말한 자유주의의 평화적 성격을 명쾌히 제시한 슘페터(Joseph Schumpeter), ② 고전적 공화주의자로 그 영광은 바로 오늘날 우리가 흔히 보는 제국주의인 마키아벨리(Niccolo Machiavelli), 그리고 ③ 칸트(Immanuel Kant)가 그들이다.

자유주의적 평화주의와 자유주의적 제국주의 간의 갈등에도 불구하고 칸트와 기타 자유주의적 공화주의자들과 마찬가지로 자유주의는 외교문제에 매우 견고한 유산을 남기고 있다고 본다. 즉 자유주의국가는 다르다는 것이다. 실제로 자유주의국가는 평화애호국이다. 그러나 미국과 그의 '자유수호자'들이 니카라과에서 이제는 공공연히 전쟁을 수행하고 있듯이 자유주의국가는 전쟁도 자주한다. 칸트가 정확히 예언하였듯이 자유주의국가들은 그들만의 평화를 창출하였다. 그리고 칸트가 우려하였듯이 자유주의국가들은 침략을 정당화하기 위한 자유주의적 명분을 찾았다. 이 글의 결론은 자유주의적 평화주의, 자유주의적 제국주의, 그리고 칸트의 자유주의적 국제주의 간의 차이가 결코 우연한 것이 아니라 시민과 국가에 대한 기본 개념이 다르기 때문이라는 것이다.

1. 자유주의적 평화주의

자유주의에 대한 사전적 정의는 존재하지 않는다. 우리가 '자유주의적'이라고 부르는 것은 다양한 원칙과 제도들의 가족사진과 같다. 자유주의국가들은 혈통을 같이하는 가족처럼-개인의 자유, 정치적 참여, 사유재산, 기회균등 등과 같이-일련의 닮은 점을 가지고 있지만 어느 누구도 똑같지는 않고 어느 누구도 완벽하지는 않은 것이다. 자본주의와 민주주의가 국제정치적 의미를 지니고 있다고 주장한 슘페터가 이 자유주의 가족의 일원임은 틀림없다.

슘페터는 그의 1919년 저작 『제국주의의 사회학』에서 자유주의적 제도와 원칙이 지니고 있는 (비침략적이라는 의미에서의) 평화애호적 효과에 대해 일관되고 지속적인 주장을 하였다(Schumpeter, 1955; Doyle, 1986: 155-159). 무역과 같은 단일 측면에만 주목한 초기 이론가(Montesquieu, 1949: vol.1, bk.20, chap.1)나 이론을 주장하면서 비판적 성찰을 게을리한 다른 이론가들과는 달리 슘페터는 자본주의와 민주주의 간의 상호작용이 자유주의적 평화주의의 근본이라고 보았을 뿐 아니라 그의 주장을 제국주의의 역사에서 사회학적으로 검증하였다.

그는 '제국주의'를 "무제한적인 강제팽창을 향한 국가의 목적 없는 성향"이라고 정의한다(Schumpeter, 1955: 6). 단순히 '구호'에 지나지 않거나 (방어적 제국주의를 말하는) '목적이 있는' 제국주의를 제외하면서 그는 목적 없는 제국주의를 세 가지 기원에서 찾고 있다. 이들은 모두 격세유전적인 현상이다. 슘페터에 따르면 근대 제국주의는 '전쟁기계'와 호전적 본능, 그리고 수출 독점주의가 어울려 빚어 낸 현상이라는 것이다.

일단 필요에 의해 생겨나면 전쟁기계는 스스로의 생명을 가지고 국가의 외교정책을 지배하게 된다. "그것을 필요로 하는 전쟁에 의해 창출된 전쟁기계는 그것이 필요로 하는 전쟁을 창출한다"(Schumpeter, 1955: 25). 그 예로 슘페터는 히크소스 족을 이집트에서 몰아내기 위해 만들어진 고대 이집트의 군대가 오히려 국가를 차지하고 군사적 제국주 정책을 추진했음을 들고 있다. 절대군주시대의 유럽의 군대와 마찬가지로 고대 이집트의 군대는 전사(戰士)와 왕조의 영광과 전리품을 노린 전쟁을 하였던 것이다.

슘페터가 "피비린내 나는 원시주의의 본능적 요소"라고 부르기도 한 이와 같은 호전적 성향은 전쟁기계의 타고난 이데올로기였다. 그러한 성향은 그 자체로서 생성되기도 한다고 하였다. 페르시아인들은 애초부터 전사민족이었다고 슘페터는 말한다(Schumpeter, 1955: 25-32).

근대 자본주의하에서는, 근대 제국주의의 세 번째 기원인 수출독점주의는 폐쇄된 시장을 확장하기 위한 방편으로서 제국주의적 팽창으로 나간다. 절대왕조는 명명백백한 제국주의의 최후의 형태였다. 19세기의 제국주의는 루이 14세와 캐더린 여제(女帝)가 최초로 만들었던 제국주의의 유산에 불과한 것이었다. 따라서 수출독점주의는 절대왕조의 격세유전적 현상이었다. 왜냐하면 수출독점주의는 절대왕조와 그 군사적 후예들이 수입을 늘리기 위한 수단으로 부과하였던 관세에 전적으로 의존하였기 때문이다(Schumpeter, 1955: 82-83). 관세가 없었더라면 독점수출업자는 외국과의 경쟁을 배겨날 수 없었을 것이다.

결국 근대, 즉 19세기 제국주의는 격세유전적으로 나타나는 전쟁기계, 그리고 절대왕조시대의 유산인 호전적 태도, 그리고 절대왕조시대의 재정수단에 지나지 않는 수출독점주의에 기반한 것이었다. 근대에 있어서 제국주의자들은 그들의 사적 이익만을 추구하였기 때문에, 국가의 입장에서 보자면 이들이 저지른 제국주의 전쟁은 목적을 상실하였다는 것이다.

여기서 슘페터이론의 핵심이 나타난다. 자본주의와 민주주의가 평화를 위한 힘이라는 것이다. 이들은 바로 제국주의의 반명제적 요소이기 때문이다. 슘페터에게 있어서 자본주의와 민주주의 성숙은 곧 제국주의의 소멸을 의미한다. 그는 자본주의는 반전적 성향을 창출하고 그 속에서 사는 사람들은 '민주적이고, 개인주의적이며 합리적'으로 된다고 주장한다(Schumpeter, 1955: 68). 사람들의 일상 활력은 생산활동에 투입된다. 산업체의 규율과 시장은 '경제적 합리주의'에 따라 사람들을 길들이며 산업생활이 불안정하기 때문에 사람들은 타산적이지 않을 수 없다. 자본주의는 또한 개인주의를 낳는다. '주관적 기회'가 전통적 위계사회의 '불변적 요소'를 대체하게 된다. 합리적인 개인은 민주적 지배를 요구한다.

민주적 자본주의는 평화를 가져 온다. 슘페터가 그 증거로 들고 있는 것은 자본주의세계 전체에 '전쟁과 팽창 그리고 밀실외교'에 대한 반대가 성장해 온 사실을 든다. 현대 자본주의는 주로 평화주의적 정당과 연계되어 있다는 사실도 있다. 그리고 자본주의의 산업노동자는 "제국주의에 열렬히 반대하고 있다"는 사실도 있다. 뿐만 아니라 슘페터는 자본주의세계는 헤이그의 국제법정과 같은 전쟁방지 수단을 개발해 왔으며, 봉건적 성격이

452

가장 적고 가장 자본주의적 성격이 강한 사회, 즉 미국이 제국주의적 성향
이 가장 작다는 사실도 지적한다(Schumpeter, 1955: 95-96). 미국에 제국
주의적 성향이 없다는 예로, 미국이 1846~48년간의 전쟁에서 멕시코의
영토 반 이상을 정복하지 않고 내버려 두었다는 사실이라고 슘페터는 생각
했다.

자유주의의 평화적 성격에 대한 슘페터의 설명은 아주 간단하다. 전쟁에
서 덕을 볼 사람들은 전쟁상인이나 군부지도층밖에 없기 때문이다. 자유무역
이 지배하게 되면 강압적 팽창에서 덕을 볼 계층은 아무도 없다. 왜냐하면,

> 외국의 자연자원과 식량에의 접근은 모든 국가에게 자국 영토의 물건과 마찬
> 가지로 쉬워진다. 또 문화의 후진성으로 인해 정상적인 경제활동이 식민지 지
> 배에 의존해야 하는 곳에서도 자유무역하에서 어느 '문명국'이 식민지 지배의
> 과업을 맞느냐 하는 것은 문제가 되지 않기 때문이다(Schumpeter, 1955: 75-
> 76).

슘페터의 이상과 같은 주장을 평가하는 것은 어려운 일이다. 슘페터류의
명제를 일부 검증한 마이클 하스(Hass, 1975: 464-465)는 민주주의와 경
제개발, 그리고 지속적인 근대화가 평화적인 조건과 관련이 있음을 발견하
였다. 그러나 스몰과 싱어(Small and Singer, 1976)는 슘페터이론의 핵심을
이루는 1816~1965년의 기간 동안 민주주의와 전쟁 사이에 부(負)의 상관
관계를 찾는 데 실패하였다(Wilkenfeld, 1968; Wright, 1942: 841).

그의 후일 저작 『자본주의, 사회주의, 그리고 민주주의』에서 슘페터는
"아테네와 베네치아와 같이 순수한 부르주아 자본주의에 가까운 국가는
이득이 있을 경우 때로 침략적이 된다"고 인정하였다(Schumpeter, 1950:
127-128). 그럼에도 불구하고 그는 그의 원래 주장을 고집하여 자본주의적
민주주의는 "점차 … 전쟁이 경제적으로 이득이 되더라도 무력의 사용에
반대하고 평화적 해결에 찬성하게 되며, 경제적으로 유리한 전쟁은 오늘날
의 상황에서는 매우 개연성이 낮다"고 주장하였다(Schumpeter, 1950:
128).[1] 자유주의국가(liberitarian state)와 국제폭력에 관한 럼멜(Rummel,

---

1) 여기서 그는 이 명제를 검증하는 것은 '자세한 역사적 분석'을 요하는, 상당히

1983)의 최근 연구가 그나마 슘페터의 평화론을 가장 근사하게 검증한 것이라고 할 수 있다. (정치적, 경제적 자유를 누리는) '자유'국가는 '비자유'국가에 비해 경제제재 정도 이상의 폭력의 사용이 현저히 적다는 것이다. 자유국가, (스웨덴과 같은 민주사회주의 국가를 포함한) 반자유국가, 그리고 비자유국가는 그가 검증한 기간 동안의 국제폭력의 각각 24%, 26%, 61%에 책임이 있는 것으로 나타났다.

이 연구는 인상적이기는 하나 슘페터이론의 결정적인 증거를 제시하지는 못한다. 우선 검증기간이 1976~80년의 5년에 불과하기 때문이다. 이 기간의 국제폭력은 러시아-아프가니스탄 전쟁, 베트남의 캄보디아 침공, 탄자니아의 우간다 침공 등을 포함하지만 미국이 1975년에 앙골라에 대해 치른 비밀개입, 그리고 1981년 이래의 나카라과에 대한 그보다 더 공공연한 개입은 1년 차이로 빠뜨리고 있는 것이다. 더욱 중요한 것은 이 연구가 무수한 개입이 있었던 냉전의 전기간, 그리고 민주적이고 자본주의국가들의 역사를 특징짓는 (보어전쟁, 미서전쟁, 미-멕시코 전쟁 등과 같은) 오랜 식민지전쟁의 역사를 빠뜨리고 있다는 점이다(Doyle, 1983b; Chan, 1984; Weede, 1984).

슘페터의 이론과 자유주의국가들의 역사와의 괴리는 그의 이론이 세 가지 극단적인 가정에 기반하고 있다는 것을 잘 보여 준다. 첫째, 그의 유물론적 관점으로 말미암아 국가나 개인이 지향하는 비경제적인 목적이 끼어들 여지가 없다. 영광, 명예, 이념, 혹은 순수한 권력욕은 국가정책을 결정하는 요소가 아닌 것이 된다. 이와 같은 비물질적 목적은 무역의 비교우위 논리와 달리 제로섬적 게임을 동반한다. 둘째, 이러한 비판은 그의 국가관에도 적용된다. 개인의 정치생활은 '합리적이고 개인주의적이며 민주적'이 됨에 따라 동질적으로 되었다고 볼 수도 있다. 자본가이건 노동자이건, 혹은 도시민이건 농촌민이건 시민들은 물질적 복지를 추구한다. 슘페터는 누가 이들을 어떻게 지배하는가는 문제가 되지 않는다고 가정한 듯하다. 그는 또한 (국내 정치연합을 유지하기 위해 대외적인 분쟁을 야기하는 것과

어려운 작업이 될 것이라고 보았다. 그러나 군에 대한 부르주아지의 태도, 부르주아사회가 전쟁을 하는 정신과 방식, 그리고 장기전에서 그들이 군부통치를 수용할 태세 등은 '그 자체로서 결정적인' 증거라고 한다(Schumpeter, 1950: 129).

454

같이) 대중의 복지에 반하지만 자신의 정치권력을 증진하기 위해 취할 수
있는 정책조치는 있을 수 없다고 가정하였다. 셋째, 그는 국제정치도 국내
정치와 마찬가지로 동질적인 것으로 보았다. 유물론적이고 민주적 자본주
의체제는 모두가 자유무역과 자유를 추구한다고 가정한 것이다. 국가의 내
부구조는 슘페터의 분석에서 사라져 버렸다. 다만 '문명'국가들이 '문화적
으로 후진' '지역'을 지배할 따름이다. 이들 가정은 마키아벨리의 자유주의
이론에서는 찾아볼 수 없다.

2. 자유주의적 제국주의

마키아벨리는 공화정은 평화주의적이 아니라 제국주의적 팽창에 가장
적합한 형태라고 주장한다. 뿐만 아니라 제국주의적 팽창에 적합한 공화정
을 건설하는 일이야말로 국가의 생존을 보장하는 최고의 방법이다.

마키아벨리의 공화국은 혼합형 공화국의 고전적인 형태이다. 이는―그
가 곧 폭정의 형태로 변질되고 말 것이라고 믿은―민주주의가 아니라 사회
적 평등, 대중적 자유, 그리고 정치적 참여에 의해 특징지어질 따름이다
(Machiavelli, 1950: bk.1, 112; Huliung, 1983: chap.2; Mansfield, 1970;
Pocock, 1975: 198-199; Skinner, 1981: chap.3). 집정관이 '왕' 노릇을 하
고 귀족으로 구성된 원로원이 국가를 관리한다. 의회에 모인 시민은 힘의
원천이다.

자유는―원로원, 집정관, 그리고 (평민을 대표하는) 호민관 사이의 권력
분산에 따른 경쟁과 타협에의 필요를 의미하는―'분열'에서 온다. 자유는
또한 시민의 거부권에서도 온다. 마키아벨리는 지배를 원하는 막강한 소수
가 나머지 다수를 폭정으로 위협한다고 한다. 그러면 대중은 지배를 거부
하고 따라서 그들의 거부권이 국가의 자유를 보존한다는 것이다(Machia-
velli, 1950: bk.1, 122). 그러나 시민과 통치자는 서로 다른 사회적 성격이
있기 때문에 시민들의 무모함이나 무기력함으로 인해 국가의 팽창능력이
손상되지 않도록 시민들은 소수에 의해 '관리'될 필요가 있다(Machiavelli,
1950: bk.1, 249-250). 따라서 원로원과 집정관들은 팽창을 기획하고 신탁

(神託)을 물으며 시민들의 에너지가 공급하는 자원을 관리하기 위해 종교를 동원하는 것이다.

힘과 그에 따른 제국주의적 팽창은 자유가 인구증가와 재산증식을 가져옴으로써 가능해진다. 그리고 인구와 재산은 시민들이 그들의 생명과 재산이 자의적인 착취로부터 안전하다고 믿을 때 늘어난다. 자유시민은 대규모의 군대를 무장시키고 군인들을 공급한다. 군대는 공공의 영예와 재산을 위해 싸운다. 이는 곧 그들 자신의 것이기 때문이다(Machiavelli, 1950: bk. 2, 287-290). 조국이 팽창하는 명예를 누리려면 조국을 스파르타나 베니스와 같이 귀족공화정이 아니라 로마와 같이 자유로운 대중공화정을 만들어야 한다고 마키아벨리는 주장한다. 따라서 팽창은 자유공화정을 요구한다.

정치적 생존의 '필요'는 팽창을 요구한다. 안정된 귀족공화정이 영토팽창을 위해 외국과의 분쟁을 하게 되면 "그 기반은 사라지고 국가 자체도 패망하게 된다." 반면 내부의 안정이 계속되면 "지속적인 안락함은 무기력을 낳거나 내부 분열을 야기시키게 되고 이 둘이 동시에 혹은 별도로 국가를 패망시킨다"(Machiavelli, 1950: bk.1, 129). 따라서 마키아벨리는 스파르타나 베니스가 아닌 로마의 헌법을 모델로 삼아야 한다고 믿었다.

이러한 믿음이 바로 자유주의적 제국주의로 연결된다. 우리는 모두 영예를 사랑한다고 마키아벨리는 언명한다. 우리는 지배하거나 최소한 압제를 피하기를 원한다. 지배든 해방이든 우리는 우리 개인이든 우리 국가든 단순한 물질적 복지 이상을 원한다. 다른 국가들도 마찬가지의 목표를 가지고 있고, 따라서 우리를 위협하기 때문에 우리는 스스로 팽창에 대비하여야 한다. 우리 동료시민들은 그들의 야망을 충족하거나 그들의 정치적 정력을 발산할 기회를 주지 않으면 우리를 위협할 것이기 때문에 우리는 팽창하는 것이다.

자유주의적 제국주의에는 상당한 역사적 증거가 있다. 마키아벨리가 본 (또 폴리비우스가 본) 로마와, 투키디데스가 본 아테네는 모두 마키아벨리의 정의에 따르면 제국주의적 공화국이다(Thucydides, 1954: bk.6). 전후 미국이 행한 많은 개입의 예들은 마키아벨리의 주장을 지지한다(Aron, 1973: chaps.3-4; Barnet, 1968: chap.11). 그러나 앞에서 보았듯이 자유주의적 평화주의의 사례들은 미약하나마 그의 통찰에 최소한 의문을 제기한

456

다. 오늘날 시민이 실제로 혼합공화정을 통제하는 (따라서 그것의 균형을
깨뜨리는) 이상 이들의 망설임이 엘리트(곧 '원로원')의 공격성을 지배할
수도 있기 때문이다.

여기서 두 가지 결론이 가능하다. ① 슘페터의 예언처럼 자본주의적 평
화주의가 자본주의적 민주주의의 발전과 더불어 우세해졌거나, 아니면 ②
평화주의와 제국주의가 섞여 나타난 것을 보면 몇몇 자유국가는 슘페터류
의 민주국가인 반면 다른 일부 자유국가는 마키아벨리류의 공화정이라는
것이다. 그러나 이 두 가지 결론 중 하나를 택하기 전에 근대 국제정치에
나타난 또 하나의 명백한 패턴을 검토해야 한다.

3. 자유주의적 국제주의

근대 자유주의는 두 가지 유산을 남겼다. 자유주의국가들은 평화주의와
제국주의라는 별도의 영향을 미친 것이 아니라 동시에 영향을 미쳤다.

유산의 첫째는 자유주의국가 간의 국제관계를 평화롭게 한 것이다.[2] 19
세기에 미국과 영국은 끊임없는 갈등관계에 있었다. 그러나 1832년 개혁
법안에서 실질적인 대의(代議)만이 영국의회 주권의 공식적 원천이라고 정
의된 이래 영국과 미국은 그들 사이의 분쟁을 교섭에 의해 해결하였다. 그
들 사이의 교섭에 의한 분쟁의 해결은 미국 시민전쟁중 북군이 영국이 커

---

2) (현대 국제관계의 맥락에서) 민주주의가 그들 사이에 평화를 유지하는 경향이 있
다는 것을 최초로 지적한 것은 아마도 클레런스 스트레이트(Streit, 1938: 88,
90-92)인 듯싶다. 이러한 경험적 경향에 기반하여 그는 1930년대의 15개 주요
민주국가 간에 (비칸트적인) 연방을 창설할 것을 제안하였다. 페르디난드 허멘스
(Hermens, 1944)는 스트레이트의 분석이 지닌 정책적 함의를 매우 재미있게 제
시하고 있다. 밥스트(Babst, 1972: 55-58)는 이 '민주적 평화(democratic peace)'
현상에 관한 경험적 연구를 하였고 럼멜(Rummel, 1983)도 전후의 자료를 가지
고 (자유방임국가라는 의미에서의) 자유국가에 대한 유사한 연구를 하였다. 이는
그의 『분쟁과 전쟁의 이해』의 부록(1979: 386)에 소개된 미간행 연구(Project
no.48)에 기반한 것이다. 필자는 자유주의적(liberal)이라는 용어를 보다 넓은, 칸
트적인 의미에서 사용한다(Doyle, 1983a). 이 글에서 필자는 1790년에서 지금에
이르는 기간 동안을 조사하였으나 자유주의국가 간의 전쟁의 사례를 찾지 못하
였다.

다란 경제적 이익을 가지고 있었던 남부를 봉쇄하였을 때도 해당되었다. 영국과 프랑스 간의 식민지 경쟁은 매우 치열하였지만 자유주의적인 프랑스와 자유주의적인 영국은 제1차 세계대전에서 비자유주의적인 독일에 대항하여 협상을 맺었다. 독일, 오스트리아와 함께 삼국동맹을 형성하고 있는 자유주의적인 이탈리아는 1914~15년간 조약에 따른 동맹국을 지원할 의무를 수행하지 않았다. 대신 이탈리아는 영국과 프랑스와 동맹을 맺음으로써 다른 자유주의국가와의 전쟁을 회피하고 독일과 오스트리아에 전쟁을 선포하였다. 영국과 미국 간에 수십 년간 계속된 분쟁과, 영국이 미국의 대독일 교역에 전시통제를 가했음에도 불구하고 미국은 1914~17년까지 영국·프랑스를 지지하다가 마침내 그들 편에 서서 전쟁에 가담하였다.

18세기에 들어서면서 서서히 칸트가 '평화연방(pacific federation)' 혹은 '평화연합(pacific union)'이라고 불렀던 평화지대(zone of peace)가 자유주의적 국가들 사이에 형성되기 시작하였다. 오늘날에 여기에 소속된 국가는 40개국이 넘는다. 대개는 유럽과 북미지역에 있지만 그 외 모든 대륙에도 분포되어 있다(<부록 1> 참조).

여기서 자유주의국가는 평화적인 자제를 할 수 있고 이에 따라 그들 간의 별도의 평화가 존재한다는 자유주의적 평화주의자들(그리고 레이건 대통령)의 예측이 출발한다. 이 별도의 평화가 미국이 자유주의적 열강과 맺고 있는 중요한 여러 동맹들, 즉 북대서양조약기구(NATO)와 미일동맹의 공고한 기반을 이루고 있다. 이 기반은 카터와 레이건 행정부를 괴롭힌 동맹국들과의 분쟁에도 요지부동이었다. 이 기반이 있음으로 해서 자유주의국가들 간의 평화는 계속될 전망이고, 자유주의국가들의 수가 증가함으로써 세계평화의 가능성을 천명할 수 있는 것이다.

물론 특정 연도에 특정한 두 국가 간에 전쟁이 발발할 개연성은 낮다. 보다 장기적으로 인접한 두 국가 간에 전쟁이 발발할 개연성은 아마 보다 높을 것이다. 인접하였든 아니든 자유주의국가들 간에 지난 200년간 전쟁이 없었다는 명백한 사실은 따라서 중요한 발견이다. 이러한 주장은 봉건국가, 파시스트국가, 공산주의국가, 권위주의국가, 혹은 전체주의국가들 사이에는 적용될 수 없다(Doyle, 1983a: 222). 기타 다원적 국가나 혹은 단순히 유사한 형태의 국가들도 마찬가지이다. 보다 중요한 것은 만일 자유주

458

의국가가 진행중인 세계대전에 참전하지 않을 수 없게 될 때 이들은 전쟁의 경로와는 무관하게 같은 자유주의 진영 편에 선다는 사실이다. 이는 자유주의국가들 간의 평화가 통계적으로 유의하다거나 자유주의가 평화를 설명하는 유일한 변수임을 증명하는 것은 아니다.[3] 다만 이는 자유주의국가들은 실제로 별도의, 그리고 그들만의 평화를 구축해 왔다는 사실을 의미하고 있다.

자유주의의 두 번째 유산은 국제적인 경솔(imprudence)이다(Hume, 1963: 346-347). 자유주의국가들의 평화를 위한 자제는 다른 자유주의국가들과의 관계에만 적용이 되는 듯하다. 자유주의국가들은 비자유주의국가들과는 무수한 전쟁을 해왔기 때문이다(1816년 이래의 국제전쟁의 목록은 <부록 2> 참조).

이들 전쟁의 다수는 방어전쟁이었고 따라서 불가피하게 신중한 것이었다고 할 수 있다. 자유주의국가들은 자유주의국가들과의 관계에서 특별히 자제를 해야 할 이유가 없는 비자유주의국가들에 의해 공격을 받고 또 위협을 받았다. 권위주의 지배자들은 명예와 이익, 그리고 다른 국가들에 대한 두려움이 모두 국가를 전쟁으로 몰아붙이는 국제정치환경을 부추기고 또 그에 대응해 왔다. 따라서 전쟁과 정복은 루이 14세와 나폴레옹에서, 무솔리니의 파시스트, 히틀러의 나치, 그리고 스탈린의 공산주의자들에 이르기까지 많은 권위주의 지배자나 정권의 행위를 특징지어 왔다.

그러나 우리는 정치가들이 흔히 이야기하는 것처럼 전쟁이 단순히 권위주의나 전체주의 정권의 탓이라고만 할 수 없다.[4] 대부분의 전쟁은 국익의

---

3) 실제로 밥스트(Babst, 1972)는 제1차 세계대전에서 동맹의 분포가 유의한지에 대해 초보적인 검증을 하였다. 그 결과 동맹의 동반자의 실제 분포가 우연에 의해 생성되었을 확률은 1% 미만이었다(p.56). 그러나 이는 모든 국가의 쌍(雙)이 전쟁에 들어갈 확률은 동일하다는 가정을 한 것으로 이 가정은 매우 강한 가정이다. 럼멜(Rummel, 1983)은 이 문제에 관한 통계적 유의성에 대한 보다 상세한 논의를 하고 있다.
4) 맑시스트정권은 비맑시스트정권에 비해 일인당 군사비를 많이 쓰고 있다는 연구가 있다(Payne, n.d.). 그러나 이를 권위주의나 전체주의 정권이 본질적으로 침략적이라든가, 혹은 자유주의정권이 본질적으로 평화적이라는 증거로 해석할 수는 없다. 특히 맑시스트정권은 지금의 국제체계내에서 소수이고 전략적으로 포위되어 있을 뿐 아니라 국내적으로도 정통성을 결여하고 있기 때문에 내외로

계산 혹은 오산에 따라, 혹은 오해, 상호적인 불신에서 발발한다. 제1차 세계대전이 그 대표적 예이다. 그러나 또한 많은 전쟁은 자유주의국가에 의한 침략에 의해 일어났다. 19세기에 프랑스와 영국은 많은 팽창주의적인 식민지전쟁을 하였다. 미국도 1846~48년간 유사한 전쟁을 멕시코와 하였고 아메리칸 인디언의 씨를 말리는 전쟁을 하였으며 제2차 세계대전 이전과 이후에 많은 주권국가들에 대해 군사적으로 개입하였다. 자유주의국가들은 약소한 비자유주의국가들은 침략하고, 보다 강대한 비자유주의국가들과의 관계에서 놀라울 정도의 불신을 노정하고 있다(Doyle, 1983b).

현실주의(혹은 국가중심주의)이론도 맑시스트이론도 이 두 가지 유산을 제대로 설명하지 못하고 있다. 세력균형이론이나 패권안정이론은 일정 기간 동안의 국제적 안정을 설명할 수 있을지는 몰라도(Aron, 1968: 151-154; Russett, 1985), 자유주의 원칙과 제도라는 특정한 통치형태를 공유한다는 이유만으로 150년 이상 동안이나 유지되어 온 별도의 평화를 설명하지는 못한다. 세력균형이론은 국가 간의 지리전략적 경쟁이 신축적으로 적응을 거듭한다고 믿고 있다. 이를 위해서는 예방전쟁도 합당한 방법이다. 패권국가들은 차고 이지러지지만 자유주의적 평화는 지속된다. 맑시스트 '초제국주의'이론은 자본주의국가들 간에 평화적인 경쟁관계를 예측하지만 평화는 단지 자유주의적 자본주의국가들 사이에만 유지된다. 레닌주의자들은 자유주의 자본주의국가들은 비자유주의적 국가들에 대해 침략적이라고 이야기하지만 동시에 같은 자유주의적 자본주의국가들에 대해서는 제국주의적이 된다고 주장한다.

칸트의 자유주의적 국제주의이론이 이 두 가지 유산의 이해를 도와준다. 국제윤리 이론가로서의 칸트의 중요성은 널리 평가되고 있다(Armstrong,

---

부터의 이중의 방위부담을 안고 있기 때문이라는 해석도 가능하기 때문이다. 나아가 안드레스키(Andreski, 1980)는 (순수한) 군사독재정권은 국내적인 취약성 때문에 대외적으로 군사적 모험을 할 여지가 없다고 주장하기도 한다. 월터 클레망스(Clemens, 1982: 117-118)의 연구에 따르면 미국(1946~76년)은 소련(1946~79년)이 한 것보다 두 배 더 많이 제3세계 지역에 개입했다. 이와 관련하여 포젠과 반 에베라의 연구에 따르면(Posen and Van Evera, 1980: 105; 1983: 86-89) 미국은 그 총 방위비의 1/4, 소련은 1/10을 (단순히 방어적으로만 볼 수 없는) 제3세계지역 개입을 위해 썼다고 한다.

1931; Friedrich, 1948; Gallie, 1978: chap.1; Galston, 1975; Hassner, 1972; Hinsley, 1967: chap.4; Hoffmann, 1965; Waltz, 1962; Williams, 1983). 칸트는 또한 중요한 국제정치학의 분석이론을 제시하고 있다. 1795년에 쓴 그의『영구평화론』(Kant, 1970: 93-130)은 국제관계가 어떻게 상호작용적으로 구성되는지를 잘 보여 주고 있다. 방법론적으로, 칸트는 체계 차원의 국제관계와 국가 차원의 다양한 행태를 단독으로 연구할 수 없다고 가르치고 있다. 내용에 있어서도 칸트는 자유주의적 평화연방의 평화적 효과가 확산될 것이라고 예측하고, 설명하며, 나아가 자유주의국가들이 비자유주의국가들에 대해서는 왜 평화적이지 않은가에 대해서도 설명하고 있다. 그는 영구한 평화는 평화의 세 가지 '결정적인 조항(Definitive Articles)'을 널리 수용함으로써 보장될 수 있다고 주장하였다. 모든 국가가 칸트가 조인할 것을 종용한 영구평화를 위한 은유적인 '조약'의 결정적인 조항을 수용할 때 영구평화가 구축될 것이라는 것이다.

제1조는 국가의 헌정질서는 공화정일 것을 요구한다. 여기서 공화정이란 도덕적 독자성, 개인주의 그리고 사회질서를 종합하는 문제를 해결한 정치적 사회를 말한다. 민간부문에서는 사유재산과 시장지향적 경제가 이 문제를 부분적으로 다룬다. 공공 혹은 정치영역은 보다 까다롭다. 칸트의 해결책은 권력분립을 이룬 대의정부에서의 법적 자유-신민으로서의 시민의 법적 평등성-를 보존하는 공화정에 있다. 법률적 자유가 보장되는 이유는 도덕적으로 독자적인 개인은 대표를 통해서 본인을 포함한 모든 시민들에게 동등하게 적용되는 법률을 만드는 자기 입법가이기 때문이다. 폭정을 방지할 수 있는 이유는 개인이 집행권을 가지지 못하는 법률에 구속되기 때문이다(Kant, PP: 99-102; Riley, 1985: chap.5).[5]

자유주의적 공화정들은 평화연방 혹은 평화연합(foedus pacificum)이라

---

5) 칸트의 원전은 모두 니스벳(H. B. Nisbet)의 번역을 한스 라이스(Hans Reiss)가 편집한 *Kant's Political Writings*(1970)에 의존하였다. 본문에서 칸트의 원전은 다음과 같은 약어로서 표시하였다.
PP: *Perpetual Peace*(1975)
UH: *The Idea for a Universal History with a Cosmopolitan Purpose*(1784)
CF: *The Contest of Faculties*(1798)
MM: *The Metaphysics of Morals*(1797)

는 방법으로 그들 사이에 평화를 구축할 것이라고 칸트는 제2조에 쓰고 있다. 평화연합은 자유국가들 내부에 평화를 구축하고 모든 국가의 권리를 확고히 유지한다. 그러나 세계는 "먼 후일 무수한 시행착오 끝에서야" 공화국들의 자유를 궁극적으로 보장할 '영구평화'를 달성할 것이다(Kant, UH: 47). 그 때가 되면 모든 국가는 평화란 적절한 헌법이 무엇인지를 제대로 깨닫게 되고 달고 쓴 경험을 겪은 후 선한 의지를 통해서만 달성할 수 있는 것이라는 교훈을 얻게 될 것이다. 그 때가 되어서야 개인들은 완벽한 공화정의 권리 혹은 세계적 차원에서의 정당한 평화를 완전히 보장받게 될 것이다. 한편, 자유공화국의 '평화연방'—'전쟁을 방지할 것으로 기대되는 공고하고 서서히 팽창해 나가는 연방'—은 그 속으로 보다 많은 공화국들을 끌어들여—공화정들이 붕괴하고 후퇴하고 또 재앙적인 전쟁들이 있을지라도—갈수록 팽창해 나가는 별도의 평화를 구축한다(Kant, PP: 105).[6] 칸트는 다음과 같이 강조한다.

> 서서히 팽창하여 모든 국가를 포괄함으로써 영구평화에 이르게 된다는 이와 같은 연방주의의 아이디어가 실현 가능하고 객관적 실체를 포함하고 있다는 것은 증명할 수 있다. 만일 어떤 막강하고 계몽된 나라가 운이 좋아 (그 속성상 평화를 추구하는 경향이 있는) 공화정을 채택하게 되면 다른 국가들 사이에 연방의 관계를 형성할 수 있는 초점이 될 것이기 때문이다. 이들 국가는 최초의 국가와 함께 동맹을 결성함으로써 국제권리의 아이디어에 따라 각국의 자유를 확보하고, 이 전체가 이와 같은 방식으로 맺은 일련의 동맹을 통해 점진적으로 확산되어 나갈 것이다(Kant, PP: 104).

평화연방은 특정한 전쟁을 종식시키기 위한 단일의 평화조약도 아니며, 세계국가나, 여러 나라로 구성되어 그 위에 군림하는 나라국가(a state of nations)도 아니다. 칸트는 평화조약은 충분치 않다고 보았다. 세계국가나 나라국가는 폭정의 위험이 있다고 보았다. 국가주권의 개념으로 인해 나라

---

6) 필자는 칸트가 자유정권들 사이에 평화가 구축되어 새로운 자유정권이 나타남에 따라 통상적인 정치적, 법률적인 수단을 통해 확장되어 나간다는 것을 의미했다고 생각한다. 점진적인 확산을 통해 평화가 세계적이고 영구적으로 되며 비자유정권들이 사라짐에 따라 그들과의 전쟁을 할 이유도 없어질 것이라는 것이다.

462

국가에 실질적으로 복속하는 것은 일어나지 않을 것이었다. 세계국가는 인간능력의 개발의 근거를 이루는 시민의 자유를 파괴할 것이었다(Kant, UH: 50). 칸트는 다양한 고전적 국제연합이나 근대의 외교회의에 편중되어 있지만 이 조약의 체계적 조직을 개발하지 않아 아마 제도화가 필요하다고 느끼지 않았던 것 같다(Riley, 1983: chap.5; Schwarz, 1962: 77). 그가 염두에 둔 것은 상호불가침조약이나 집단안보장치, 혹은 제3조에 규정한 세계법(cosmopolitan law)이었던 것 같다.7)

제3조는 평화연방과 함께 작동할 세계법률을 규정하고 있다. 이 세계법률은 "세계적 환대(universal hospitality)의 조건에 국한되어야 한다"고 규정한다. 여기서 칸트는 "외국인이 다른 나라에 도착했을 때 적대적으로 취급받지 않을 권리"를 요구한다. 이 권리는 "그들(외국인)이 그 지역 주민들과 관계(통상)를 맺으려고 노력하는 것을 넘어서는 것은 아니다"(Kant, PP: 106). 환대는 외국인이 추방되었을 때 갈 곳이 없는 경우가 아니면 시민권이나 영주권을 주는 것을 요구하지 않는다. 이 권리에 따라 외국을 정복하거나 약탈하는 것은 있을 수 없다. 환대는 자유접근의 권리와 시민들이 물품과 생각을 서로 교환할 수 있는 기회를 보장할 의무를 요구한다. 그러나 (자유헌법하에서 자발적인 행위인) 통상의 의무를 부과하지는 않는다.

칸트에 있어 영구평화는 하나의 인식론인 동시에 윤리적 행동의 조건이며, 또한 가장 중요한 것으로 어떻게 "자연의 기계적 과정이 인간들 사이에 (심지어 그들의 의지에 반하여, 그리고 그들 간의 불화의 수단에 의해) 조화를 가져 오는 목적적 계획을 눈앞에 내보이는가"에 대한 하나의 설명이다(Kant, PP: 108; UH: 44-45). 역사를 이해하기 위해서는 인식론적 기반이 있어야 한다. 영구평화에 대한 약속과 같은 목적론이 없으면 역사의 복잡함이 인간의 이해력을 압도해 버릴 것이기 때문이다(Kant, UH: 51-53). 그러나 영구평화는 단지 역사의 이해를 돕기 위한 제도적 도구만은 아

---

7) 따라서 칸트의 평화연방은 하나의 평화조약도 아니고 세계국가도 아니다. 아마도 보다 느슨한 제도를 지닌 국제연맹이나 국제연합과 같은 것을 염두에 둔 듯하다. 현실적으로 이들 두 기구는 자유국가들 사이에는, 그리고 그들 사이에만, 성공적으로 작동하였으나 딱히 자유'평화연방'과 같은 것은 제도화되지 않았을 뿐이라고 주장할 수도 있다. 대신 자유국가들은 과거 180년 동안 마치 칸트의 평화연방과 영구평화조약에 서명한 것처럼 행동해 왔다.

니다. 칸트는 『영구평화론』에 대한 첫 번째 보유(補遺) 「영구평화의 보장에
관하여」에서 설명하기를 영구평화는 인간들이 그들의 윤리적 의무를 다할
때, 그리고 그렇지 않은 경우에는 숨은 계획에 의해 보장된다고 하였다.[8]
평화는 하나의 윤리적 의무이다. 왜냐하면 모든 인간들이 서로를 목적을
위한 하나의 수단이 아니라 하나의 목적으로 간주할 수 있는 것은 평화의
조건하에서만 가능하기 때문이다(Kant, UH: 50; Murphy, 1970: chap.3).
물론 이 의무가 현실적이기 위해서 칸트는 평화가 실제로 가능하다는 것을
보여 줄 필요가 있다. 프랑스혁명의 초기 성공에 따라 나타난 광범한 지지
를 보면서 그는 세계적 폭을 지닌 윤리적 정서가 진실로 사람을 감동시킬
수 있다고 믿었다(Kant, CF: 181-182; Yovel, 1980: 153-154). 그러나 이
는 영구평화가 확실히 올 것이라는 것을 의미하지는 않는다. 과학적으로
일정한 궤도를 돌고 있는 행성조차도 궤도가 일정치 않은 혜성과 부딪히면
궤도를 벗어날 수 있다. 인간의 자유라는 명제는 역사의 진행궤도가 크게
달라질 수가 있음을 의미하는 것이다. 따라서 후퇴나 파멸적인 전쟁의 가
능성을 인정하여야만 한다. 다만 그러한 사건은 나라들에게 평화의 중요성
을 깨우쳐 줄 것이다(Kant, UH: 47-48).

　　그러나 종국에 가서는 영구평화의 보장은 윤리적 행동에 의존하지 않는
다. 칸트는 다음과 같이 강조한다.

　　우리는 이제 영구평화에 대한 전망이라는 핵심적인 질문에 도달하였다. 인

---

8) 『도덕의 형이상학』에서 칸트는 마치 영구평화가 단지 인식론적 도구이며, 윤리
적 의무이기는 하나, 경험적으로는 단지 '종교적인 희망'에 지나지 않는 것처럼
쓰고 있다(MM: 164-175). 그러나 여기서도 그는 평화연방이 '실현 불가능'하지
는 않다고 한다(MM: 171). 『보편적 역사』에서 칸트는 마치 인간육체의 적나라
한 힘에 의해 불가피한 평화가 오는 것처럼 쓰고 있다. 요블(Yovel, 1980: 168
이하)은 탈비판적 시각에서 '영구평화론'은 두 가지 역사관이 타협한 결과라고
주장한다. '자연'은 인간이 창조한 자연(문화 혹은 문명)이다. 영구평화는 우리
로 하여금 역사의 인과적, 개연적 패턴을 분별할 수 있게 해주는 "후천적인 것
의 선험적인 것"이다. 공화적 입헌주의의 법칙과 '정치기술'은 윤리적 발전과
구별되나 양자는 독자적으로 영구평화를 가져 온다. 전자는 폭력과 두려움, 그
리고 이기심에 의해, 그리고 후자는 진보적 계몽에 의해. 그리고 양자는 공히 옳
은 일을 하는 것이 가지는 부담을 점차 가볍게 하는 상황을 확대함으로써 영구
평화를 가져 온다.

간 자신의 이성이 의무라고 가르치는 이 목표와 관련하여 자연이 하는 일은 무엇인가? 즉 자연이 인간의 도덕적 목적의 증진에 어떻게 기여하는가? 인간이 그의 자유의 법칙에 따라 해야만 하는 (그러나 하지 않는) 일들이 실제로 자연의 강요에 의해 이루어질 것이라는 것을 인간의 자유의지를 해하지 않고 자연이 어떻게 보장하고 있는가? … 이것은 자연이 우리에게 그것을 하라는 의무를 부과한다는 의미는 아니다. 의무는 실천적 이성에 의해서만 강요될 수 있기 때문이다. 오히려 자연은 이를 스스로 한다. 우리가 원하건 원하지 않건(facta volentem ducunt, nolentem tradunt)(Kant, PP: 112).

따라서 칸트는 보장은 도덕적인 천사와 같은 행동에 의존하는 것이 아니라 "이해력을 가지고 있는 한, 악마와 같은" 행동에 의존한다고 주장한다(Kant, PP: 112). 영구평화의 이 세 조항 개개의 근원을 설명하면서 칸트는 (자유롭고 지능적인 악마로서의) 우리가 어떻게 두려운가, 폭력, 그리고 타산적인 이득과 같은 동기에 의해 움직여서 영구평화를 가져 올 것이라고 기대할 수 있는 일련의 행동을 취할 수 있는가를 보여 준다. 그러나 영구평화에 이르는 길을 이처럼 이해할 수도 있는 반면, 칸트 자신은 사회가 진화함에 따라 도덕적 행동의 조건이 덜 까다로워져서 보다 쉽게 나타날 것이라고 주장하였다(Kant, CF: 187-189; Kelly, 1969: 106-113). 정치적, 도덕적 발전의 효과를 추적하면서 그는 왜 자유국가들이 그들 간의 평화를 유지하며 어떻게 평화연방이 확장되어 나갈 것인지를 설명한다. 그는 또한 어떻게 이들 공화정들이 비공화정들과 전쟁을 하며, 따라서 윤리적인 정책이라면 피해야만 마땅한 전쟁이라는 '슬픈 경험'을 겪게 되는지도 설명한다.

세 가지 조항의 첫 번째 근원은 정치적 진보, 즉 입헌적 법률에 있다. 자연(신)의 섭리에 따라 인간은 전쟁에 쫓겨 가게 되는 모든 지역에서 살 수 있다(한 때 지리학을 가르친 칸트는 랍스 족, 사모예드 족, 페셔라 족 등의 예를 든다). '몰사회적 사교성(asocial sociability)'이 인간들을 한 데 묶어 안전과 물질적 복지에 필요한 것들을 수행하게 만든다. 그것은 사람들로 하여금 사회적 산물의 분배와 지배를 놓고 다투게 만들기 때문이다(Kant, UH: 44-45; PP: 110-111). 이와 같은 폭력을 동반한 자연적 진화는 자유 평화를 향해 나아가는 경향이 있다. '몰사회적 사교성'은 불가피하게 공화정부를 가져 오고 공화정부는 자유평화의 근원을 이루기 때문이다.

공화정에서의 대표의 원칙과 권력분산의 원칙은 국가가 외세의 위협에 (단결로써) 대처하고, 이기적이고 공격적인 개인들을 (대표성에서 도출되는 권위와 일반법칙과 독재를 모르는 행정으로) 길들이기 위해 '잘 조직되기' 때문에 생겨난다(Kant, PP: 112-113). 이렇게 조직되지 않은 국가는 패망할 따름이다. 따라서 군주정들도 국부를 늘리기 위해 통상과 사유재산을 권장하게 된다. 그들은 신민들의 정치적 지지를 강화하거나 기꺼이 세수(稅收)에 동의하도록 하기 위해 신민들에게 대표권을 부여하게 된다(Hassner, 1972: 583-586).

칸트는 일단 수립이 된 공화정들이 어떻게 평화적인 관계로 나아가는지를 보여 준다. 그는 일단 절대왕조의 공격적 이해가 길들여지고 공화정에 포함된 개인권리를 존중하는 습관을 기르면 전쟁은 시민들의 복지에 치명적인 타격으로 간주될 것이라고 주장한다. 근본적인 이유는 다음과 같다.

> 이 헌법하에서는 불가피한 것과 같이, 만일 전쟁을 선포하기로 결정하기 위해서 시민의 동의가 필요하게 되면 시민들은 그처럼 위험한 일을 저지름에 있어 매우 망설이게 된다는 것은 아주 자연스러운 것이다. 왜냐하면 이는 스스로 전투를 수행하고, 자기의 호주머니에서 전쟁비용을 감당하며, 전쟁에 의한 파멸의 주인공이 되고, 궁극적으로는 악마의 손을 들어 주는, 전쟁의 모든 비참함을 스스로 감당해야 함을 의미하기 때문이다. 또한 악마의 손을 들어 줌으로써 평화 그 자체를 비참하게 만들 뿐 아니라 새로운 전쟁의 위협 때문에 끝내 갚지 못할 빚의 부담을 지는 것을 의미하기 때문이다. 신민이 시민이 아닌, 따라서 공화정이 아닌 헌법 아래서는 전쟁을 결정한다는 것은 세상에서 제일 간단한 일이다. 왜냐하면 국가수반은 동료시민이 아니라 국가의 소유자이고 전쟁을 한다고 해서 그가 즐기는 파티, 사냥, 놀이궁전, 무도회와 같은 것은 조금도 희생할 필요가 없기 때문이다. 따라서 그는 아무 중대한 이유 없이, 예컨대 재미의 하나로 전쟁을 결정하고는 아무런 걱정 없이 전쟁의 정당성을 입증하는 일은 (항상 그런 일을 할 준비가 되어 있는) 외교관들에게 맡기면 되는 것이다(Kant, PP: 100).

그러나 이상과 같은 공화정 내부의 제약은 전쟁을 종식시키지는 않는다. 그렇다면 자유국가는 호전적이 아니어야 하는데, 이는 사실과 다르기 때문

466

이다. 그러나 그러한 제약은 군주의 변덕 대신에 공화적인 조심-칸트가 말하는 '망설임'-을 도입한다. 자유주의적 전쟁은 대중의, 자유주의적 목적을 위해서만 싸운다. 역사적으로 자유주의의 유산은 자유를 증진하고 사유재산을 보호하기 위해서, 혹은 비자유주의적 적과 싸우는 자유주의적 동맹국들을 지원하기 위한 전쟁으로 점철되어 있다. 이 점에 대해 칸트는 모호한 입장을 취한다. 그는 이들 전쟁이 정당하지 못한 것이라고 여기고 자유주의자들에게 그들이 그러한 전쟁에 빠지기 쉽다는 사실을 경고하고 있다(Kant, PP: 106). 동시에 칸트는 각 나라는 그 이웃국가에게 자유국가의 평화연방에 가입할 것을 요구할 수 있고 또 요구해야 한다고 주장한다(PP: 102). 따라서 평화연방이 어떻게 자유국가들 사이의 전쟁의 경우는 없애면서 자유국가와 비자유국가들 사이의 전쟁은 없애지 않는지를 이해하기 위해서 이제 우리의 주의를 헌법에서 칸트에게 있어 두 번째 근원인 국제법으로 옮길 필요가 있다.

조심이라는 헌법에 따른 보장을 도와 국제법은 조항들의 두 번째 근원을 추가한다. 존중의 보장이 그것이다. 몰사회적 사교성에 따라 나라가 나뉘면 이는 서로 다른 언어와 종교를 발전시켜 나가면서 점차 강화된다. 이것이 서로 '세계적, 정신이 없는 독재'를 피하기 위해 필요 불가결한 조건인 별도의 국가들로 구성된 세계를 더욱 보장한다. 그러나 동시에 이는 또한 자유국가들을 도덕적으로 뭉치게 만든다. "문화가 성장하고 인간이 점차 그들의 원칙에 대한 합의를 발전시켜 나가면 궁극적으로는 상호이해와 평화에 이르게 된다"(Kant, PP: 114). (첫 번째 근원인) 공화정이 등장하고 문화가 성숙함에 따라 모든 시민과 모든 공화정들의 합법적 권리에 대한 이해가 생겨난다. 그리고 이것이 이제 정책을 지배하는 조심과 더불어 자유평화의 도덕적 기반을 이루는 것이다. 이에 따라 국제법이 칸트가 말한 유명도의 중요성을 잘 나타내 준다. 국내적으로 유명도는 공화정의 관리들이 그들이 주장하는 원리에 따라, 그리고 그들이 대표하는 선출자들의 이익에 따라 행동하도록 도와준다. 국제적으로 언론의 자유와 외국인들의 정치적 삶의 의미를 정확히 전해 주는 효율적인 통신은 존중을 보장하는 이해를 기르고 보존함에 있어 핵심적인 역할을 한다. 국내적으로는 동의에 기반한 공화정만이 외국의 공화정들 또한 동의에 기반하고, 정당하며, 따라서 포용할 만한 가치가 있는 것이라고 믿게 된다. 협력의 경험은 국가정책의 결과가 확실하지 않으나 (잠재적으로) 상호 도움이 될 때 더욱 협력적인 행위를 하게 한다. 동시에 자유국가는 자발적인 동의에 의해 비자유국가들은 정당하지 않다고 가정한다. 비자유정부는 그 국민에 대해 침략행위를 하고 있는 것이나 마찬가지이기 때문에 자유국가들은 그들의 외교관계에 대해 뿌리깊은 불신을 가지고 있다. 결국 같은 자유국가들은 우호적이라고 추정되는 반면 비자유국가들은 적대적이라고 추정되는 것이다. 이들 두 추정은 아마 정확한 것이리라. 그러나 이들 추정은 또한 스스로를 합리화시켜 나가는 힘을 지녔다.

마지막으로 세계법은 도덕적 약속에 물질적 유혹을 추가한다. 환대라는 세계적 권리에 따라 조만간 '통상의 정신'이 모든 나라를 지배하고 따라서 국가들은 평화를 고양하고 전쟁을 회피하게 한다. 자유경제이론은 이러한 세계적 유대가 비교우위에 따른 협력적인 국제분업과 자유무역에서 도출된다고 주장한다. 각국의 경제는 자급자족일 경우보다 낮게 되고, 따라서 각국은 그러한 경제적 유대를 파괴할지도 모를 정책을 회피하게 된다. 개방된 시장을 유지한다는 것은 곧 앞으로의 거래도 강요가 아닌 가격에 의해 결정될 것이라는 믿음을 갖고 있는 것을 의미하기 때문에 일종의 상호적 안보의식에 안보적 필요에 따른 경제적 자급자족에의 유혹을 뿌리치는 데 필수적이게 된다. 따라서 다른 자유국가의 안보에 대한 도전을 회피하고 동맹을 통해 서로의 안보를 오히려 높여 주는 것이 경제적 상호의존의 자연스러운 귀결이다.

자유평화의 또 하나의 세계적 근원은 국제시장이 국가정책의 직접적인 영역으로부터 생산과 분배라는 어려운 결정을 제외시켜 준다는 점이다. 따라서 외국이 이러한 결과에 직접적인 책임이 없기 때문에 국가는 시장경쟁에서 한 발 물러나 필요시 위기에 개입할 준비를 갖출 수 있게 된다. 통상에 따른 상호의존과 국가관리들 간의 국제적인 접촉은 초국가적인 유대를 형성하여 상호포용을 도와준다. 근대 자유주의 이론가들에 의하면 국제금융가들과 초국가적/초정부적 기구들이 포용에 유리한 이해관계를 조성한다고 한다. 더욱이 이들의 다양함으로 인해 어떤 하나의 갈등이 상호 보복의 악순환을 통해 전체 관계를 파멸시키는 일은 일어나지 않는다

(Brzezinski and Huntington, 1963: chap.9; Keohane and Nye, 1977: chap.7; Neustadt, 1970; Polanyi, 1944: chaps.1-2). 역으로 자유정부와 비자유정부 간에는 불신감이 지배하고 따라서 사회 간의 접촉의 폭이 제한되며 이로 인해 하나의 갈등이 전체 관계를 파괴할 가능성이 높아진다.

국내적, 국제적, 혹은 세계적 근원 어느 한 가지만으로는 충분치 않다. 그러나 함께 어울릴 때 (또 그럴 때만) 자유정치와 자유경제의 특징은 지속적인 자유평화와 연결된다. 상호전략적 필요에 따라 형성된 자유국가와 비자유국가 간의 동맹은 깨어졌다. 자유국가와 비자유국가 간의 경제는 유대는 취약함이 드러났다. 그러나 자유권리와 이익 간의 정치적 유대는 상호불가침의 놀랄 만큼 굳건한 토대임이 입증되었다. 자유국가들 사이에 별도의 평화가 존재하는 것이다.

자유국가들은 그러나 비자유국가들과의 관계에서는 세계정치체계의 무정부적 성격에서 유래된 불안에서 해방되지 못하였다. 뿐만 아니라 자유국가들 간의 평화의 근거를 이루고 있는 헌법에 따른 제약, 개인의 권리에 대한 국제적 존중, 그리고 상업적 이익의 공유 그 자체가 자유국가와 비자유국가 사이의 관계에 또 하나의 갈등의 근원으로 작용하는 것이다.

4. 결론

칸트의 자유주의적 국제주의, 마키아벨리의 자유주의적 제국주의, 그리고 슘페터의 자유주의적 평화주의는 인간과 국가, 국제관계의 본질에 대한 근본적으로 다른 견해에 기반하고 있다.[9] 슘페터가 보는 인간은 합리적이고 개인주의적이며 민주적이다. 또한 오로지 물질적 이익만 추구하는 동질적인 존재이다. 인간의 물질적 이익은 평화로운 무역에 있기 때문에 인간은 그리고 이들 인간이 지배하는 민주국가는 평화주의적이다. 마키아벨리가 보는 시민은 그들이 추구하는 목적에 있어서도 매우 상이할 뿐만 아니라 서로 지배하려고 노력하거나 지배당하는 것을 두려워하는 가운데 근본적으로 동등하지 않다. 지배엘리트의 지배를 확장하기 위해서도, 또 국가

---

9) 칸트사상의 정치적 기반에 대한 비교 논의는 Shklar(1984: 232-238) 참조.

의 정치적 몰락을 피하기 위해서도 제국주의적 팽창이 필요하다.

칸트가 보는 인간 또한 그 목적에 있어서 다양하며 개인주의적이고 합리적이다. 그러나 가장 중요한 것은 인간이 모든 개인이 도덕적으로 동등하다는 것을 알고 다른 개인들을 수단이 아닌 목적으로 취급할 수 있다는 점이다. 따라서 칸트가 보는 국가는 공화정체로서 법률에 의한 공개적인 통치가 이루어진다. 칸트의 국가는 '합리적인 악마'이든 윤리적 주체이든 개인주의적이고 동등한 인간을 통치하는 문제를 해결한 국가이다. 즉 공화정은 다음과 같은 특징을 지닌다.

> 모두들 생존을 위해서 세계적인 법률을 필요로 하지만, 몰래 자기만은 예외이고 싶어하는 합리적인 존재들의 집단을 조직하기 위해서는, 헌법은 시민들이 개인적으로는 서로 반대하더라도 상충하는 의견들이 서로를 상쇄하여 그들의 공적인 행위는 마치 그들이 악마적인 태도를 전혀 갖지 않을 때와 다름없게 만들어져야 한다(Kant, PP: 113).

마키아벨리의 공화정과 달리 칸트의 공화정은 그들 상호 간에 평화를 구축할 수 있다. 민주주의적 조심이 있고 다른 공화정들의 국제적 권리를 인정할 수 있기 때문이다. 다른 공화정들이 국제적 권리를 갖는 것은 이들이 우리와 도덕적으로 동등한 외국인들을 대표하기 때문이다. 슘페터의 자본주의적 민주주의와 달리—미국을 포함한—칸트의 공화정은 공화정이 아닌 국가와는 전쟁상태를 유지한다. 자유공화정들은 대표성에 의한 제약을 받지 않는 비공화정들에 의한 침략의 위협을 받고 있다고 본다. 비록 전쟁이 이득보다는 비용이 크지만 자유공화정들은 비공화정으로부터 해외의 민주주의, 사유재산, 개인의 기본권을 지키고—필요시 무력으로—증진시킬 준비가 되어 있다. 비공화정들은 개인의 기본권을 대표하지 않기 때문에 불간섭의 권리를 주장할 수 없다. 이들 전쟁은 해외의 억압받는 개인들을 해방시킬 것이다. 물론 엄청난 고통도 뒤따를 것이다.

자유주의가 갖고 있는 경솔함이라는 유산에 굴복하지 않는 동시에 자유평화라는 유산을 보존하는 것은 도덕적인 도전인 동시에 전략적인 도전이다. 양극적인 국제체계의 안정성, 초강대국 간의 핵전쟁이 가져 올 상호파

470

멸의 확실성 등은 과거 그토록 많은 전쟁의 발발을 가져 왔던 계산착오의 경향을 제한하는 '수정공효과(crystal ball effect)'를 가져 왔다(Carnesale, Doty, Hoffmann, Huntington, Nye and Sagan, 1983: 44; Waltz, 1964). 그러나 이러한 '핵무기에 의한 평화'는 초강대국에 국한된 것 같다. 제3세계에의 군사적 개입은 막지 못하였다. 더욱이 핵무기에 의한 평화는 그것이 지닌 제약을 극복하기 위한 절망적인 기술경쟁과 초강대국들을 전쟁의 위기에까지 몰아넣는 위기를 가져 올 수 있다. 우리는 여전히 자유민주주의 국가들을 교대로 사로잡았던 전쟁의 열기와 유화의 무드를 고려해야만 한다.

그러나 자유주의가 가진 경솔함은 그것이 공격적이든 소극적이든 자유주의의 평화적 효과를 위협하지 않을 수 없다. 우리 외교정책의 전략적 혜지를 증진시키기 위해서는 국가이익을 장기적 견지에서 꾸준히 전략적으로 검토하는 동시에 국제정치 환경에서의 변화에 유연하게 대처해야 한다. 외국에의 무분별한 간섭을 제한하기 위해서는 '역사, 문화, 그리고 멤버십의 독자성'에 깊은 이해가 있어야 할 것이다(Walzer, 1983: 5). 그러나 전략을 개선하고 간섭을 제한하기 위해서는 행정부가 외교정책문제에 대한 의회의 제약에서 해방될 필요가 있는 동시에 개인의 보편적 권리에 대해 무차별한 정치적 문화가 필요할 것이다. 이러한 조건들은 자유국가들의 평화연방을 유지해 온 헌법의 보장, 대의정부의 존중, 그리고 초국가적 접촉망의 고리를 끊을 수도 있다.

칸트는 영구평화가 공화정의 힘든 역정의 종착점이라고 말한다. 영구평화의 약속과 전쟁이 폭력으로 가르쳐 준 교훈, 그리고 부분적인 평화의 경험은 곧 세계평화가 필요한 동시에 가능하다는 것을 보여 준다. 그리고 이들은 또한 도덕적인 시민과 국가지도자들이 평화를 위해 노력해야 할 의무의 근거를 이루고 있다.

● 부록 1 자유주의 정권과 평화연합(1700~1982)

기간	기간	기간
18세기	1900~1945(계속)	1945~ (계속)
스위스 칸톤(Canton)*	이탈리아, 1922~	아이슬란드, 1944~
프랑스공화국, 1790~95	벨기에, ~1940	프랑스, 1945~
미국,* 1776~	네덜란드, ~1940	덴마크, 1945
합계 = 3	아르헨티나, ~1943	노르웨이, 1945
	프랑스, ~1940	오스트리아, 1945~
1800~1850	칠레, ~1924, 1932~	브라질, 1945~54; 1955~64
스위스 연방	호주, 1901	벨기에, 1946~
미국	노르웨이, 1905~40	룩셈부르크, 1946~
프랑스, 1830~49	뉴질랜드, 1907~	네덜란드, 1946~
벨기에, 1830~	콜롬비아, 1910~49	이탈리아, 1946~
영국, 1832~	덴마크, 1914~40	필리핀, 1946~1972
네덜란드, 1848~	폴란드, 1917~35	인도, 1947~75; 1977~
피드몬트, 1848~	라트비아, 1922~34	스리랑카, 1948~61; 1963~
덴마크, 1849~	독일, 1918~1932	71; 1978~
합계 = 8	오스트리아, 1918~34	에콰도르, 1948~63; 1979~
	에스토니아, 1919~34	이스라엘, 1949~
1850~1900	핀란드, 1919~	서독, 1949~
스위스	우루과이, 1919~	그리스, 1950~62; 1975~
미국	코스타리카, 1919~	페루, 1950~62; 1963~68;
벨기에	체코슬로바키아, 1920~39	1980~
영국	아일랜드, 1920~	엘살바도르, 1950~61
네덜란드	멕시코, 1928~	터키, 1950~60; 1966~71
피드몬트, ~1861	레바논, 1944~	일본, 1951~
이탈리아, 1861~	합계 = 29	볼리비아, 1956~69; 1982~
덴마크, ~1866		콜롬비아, 1958~
스웨덴, 1864~		베네수엘라, 1959~
그리스, 1864~	1945~**	나이지리아, 1961~64; 1979
캐나다, 1867~	스위스	~84
프랑스, 1871~	미국	자메이카, 1962~
아르헨티나, 1880~	영국	트리니드 토바고, 1962~
칠레, 1891~	스웨덴	세네갈, 1963~
합계 = 13	캐나다	말레이시아, 1963~
	호주	보츠와나, 1966~
1900~1945	뉴질랜드	싱가포르, 1965~
스위스	핀란드	포르투갈, 1976~
미국	아일랜드	스페인, 1978~
영국	멕시코	도미니카 공화국, 1978~
스웨덴	우루과이, ~1973	온두라스, 1981~
캐나다	칠레, ~1973	파푸아뉴기니, 1982~
그리스, ~1911; 1928~36	레바논, ~1975	합계 = 50
	코스타리카, ~1948, 1953~	

앞의 표에서 '자유주의적 정권'을 분류함에 있어서 칸트가 불가결하다고 한 네 가지 제도를 기준으로 삼았다. ① 시장과 사유재산 경제, ② 대외적으로 주권적인 정치체, ③ 사법적 권리를 행유하는 시민, 그리고 ④ (공화정이든 혹은 입헌군주정이든) '공화주의적'이고 대의적인 정부. 여기서 마지막 기준은 공공정책의 수립에 효율적인 역할을 수행하는 동시에 공개경쟁을 통해 선출된 입법부를 포함한다. 또한 남성들 간의 보통선거가 광범위(예컨대, 30%)하게 시행되고 있는지, 혹은 영토 내부의 주민들에게 '업적'에 따라 개방되어 있는지(예컨대 인두세의 납세, 혹은 가택 소유자 등)의 여부도 고려 대상에 포함시켰다. 기타 고려 대상이 된 조건들은 다음과 같다. ① 여성 보통선거권이 대규모 대중운동에 의해 요구된 지 한 세대내에 부여되었는지, ② 대의정부가 내부적으로 주권적인지(예컨대 특히 군사 및 대외관계에 있어서), 또 안정적인지(최소한 3년간 존재할 것) 등이다. 이들 자료의 출처는 Banks and Overstreet(1983), Gastil(1985), *The Europa Yearbook 1985*(1985), Langer(1968), UK Foreign and Commonwealth Office(1980)와 US Department of State(1981)이다. 마지막으로 이 표의 목록은 고대 및 중세 '공화정'들은 제외하고 있다. 이들은 칸트가 요구한 자유주의적 개인주의의 기준에 부합하지 않기 때문이다(Holmes, 1979).

* 이들 자유주의적 정권 내부에도 국내적 차이가 있다. 스위스 경우는 일부 주(canton)에서만 자유주의적이었다. 미국은 1865년까지는 메이슨-딕슨 선(Mason-Dixon line) 이북에서만 자유주의적이었다.

** 이하의 목록에는 인구 100만 미만의 자유주의적 정권은 제외하고 있다. 이들은 가스틸(Gastil)이 '자유스러운(free)' 국가라고 분류한 모든 나라를 포함하며 보다 공식적인 자본주의적 성향을 지닌 '부분적으로 자유스러운'(4/5 이상 자유스러운) 국가들도 포함한다.

● 부록 2 국제전쟁(발생년도 순)

영국-마하라탄 전쟁(1817~18)
그리스 독립전쟁(1821~28)
프랑스-스페인 전쟁(1823)
제1차 영-버마 전쟁(1823~26)
자바 전쟁(1825~30)
러시아-페르시아 전쟁(1826~28)
러시아-터키 전쟁(1828~29)
제1차 폴란드 전쟁(1831)
제1차 시리아 전쟁(1831~32)
텍사스 전쟁(1835~36)
제1차 영-아프간 전쟁(1838~42)
제2차 시리아 전쟁(1839~40)
프랑스-알제리 전쟁(1839~47)
페루-볼리비아 전쟁(1841)
제1차 영-시크 전쟁(1845~46)
멕시코-미국 전쟁(1846~48)
오스트리아-사르디니아 전쟁(1848~49)
제1차 슬레스비히-홀스타인 전쟁(1848~49)
헝가리 전쟁(1848~49)
제2차 영-시크 전쟁(1848~49)
로마공화국 전쟁(1849)
라 플라타 전쟁(1851~52)
크리미아 전쟁(1853~56)
영국-페르시아 전쟁(1856~57)
제2차 터키-몬테니그로 전쟁(1858~59)
이탈리아 통일전쟁(1859)
스페인-모로코 전쟁(1859~60)
이탈리아-로마 전쟁(1860)
이탈리아-시실리 전쟁(1860~61)
프랑스-멕시코 전쟁(1862~67)
에콰도르-콜롬비아 전쟁(1863)
제2차 폴란드 전쟁(1863~64)
스페인-산토 도미니카 전쟁(1863~65)
제2차 슬레스비히-홀스타인 전쟁(1864)
로페즈 전쟁(1864~70)
스페인-칠레 전쟁(1865~66)
7주일 전쟁(1866)
10년 전쟁(1868~78)
프랑스-프러시아(보불) 전쟁(1870~71)
네덜란드-아치니스 전쟁(1873~78)
발칸 전쟁(1875~77)
러시아-터키 전쟁(1877~78)
보스니아 전쟁(1878)

제2차 영국-아프간 전쟁(1878~80)
태평양 전쟁(1879~83)
영국-줄루 전쟁(1879)
프랑스-인도차이나 전쟁(1883~84)
마디스트 전쟁(1882~85)
중국-프랑스 전쟁(1884~85)
중앙아메리카 전쟁(1885)
세르비아-불가리아 전쟁(1885)
청일 전쟁(1894~95)
프랑스-마다가스카르 전쟁(1894~95)
쿠바 전쟁(1895~98)
이탈리아-에티오피아 전쟁(1895~96)
제1차 필리핀 전쟁(1899~1902)
보어 전쟁(1899~1902)
의화단의 난(1900)
일린덴 전쟁(1903)
러일 전쟁(1904~1905)
중앙아메리카 전쟁(1906)
중앙아메리카 전쟁(1907)
스페인-모로코 전쟁(1909~10)
이탈리아-터키 전쟁(1911~12)
제1차 발칸 전쟁(1912~13)
제2차 발칸 전쟁(1913)
제1차 세계대전(1914~18)
러시아 민족전쟁(1917~21)
러시아-폴란드 전쟁(1919~20)
헝가리-동맹국 전쟁(1919)
그리스-터키 전쟁(1919~22)
리피안 전쟁(1921~26)
드루즈 전쟁(1925~27)
중소 전쟁(1929)
만주사변(1931~33)
차코 전쟁(1932~35)
이탈리아-에티오피아 전쟁(1935~36)
중일 전쟁(1937~41)
창구펭 사건(1938)
노모한 전쟁(1939)
제2차 세계대전(1939~45)
러시아-핀란드 전쟁(1939~40)
프랑스-태국 전쟁(1940~41)
인도네시아 전쟁(1945~46)
인도차이나 전쟁(1945~54)

(뒷면에 계속)

마다가스카르 전쟁(1947~48)	축구 전쟁(1969)
제1차 카시미르 전쟁(1947~49)	방글라데시 전쟁(1971)
팔레스타인 전쟁(1948~49)	필리핀-MNLF 전쟁(1972~)
하이데라바드 전쟁(1948)	욤 키푸르 전쟁(1973)
한국 전쟁(1950~53)	터키-사이프러스 전쟁(1974~)
알제리 전쟁(1954~62)	에티오피아-에리트리아 전쟁(1974~)
러시아-헝가리 전쟁(1956)	베트남-캄보디아 전쟁(1975~)
시나이 전쟁(1956)	티모르 전쟁(1975~)
티벳 전쟁(1956~59)	사하라 전쟁(1975~)
중국-인도 전쟁(1962)	오가덴 전쟁(1976~)
베트남 전쟁(1965~75)	우간다-탄자니아 전쟁(1978~1979)
제2차 카시미르 전쟁(1965)	중국-베트남 전쟁(1979)
6일 전쟁(1967)	러시아-아프간 전쟁(1979~)
이스라엘-이집트 전쟁(1969~70)	이란-이라크 전쟁(1980~)

앞의 표는 멜빈 스몰과 데이비드 싱어(Small and Singer, 1982: 79-80)에서 따온 것으로 1816~1980년 사이의 국제전쟁의 부분 목록이다. 그들의 책 <부록 A, B>에서 스몰과 싱어는 총 575건의 전쟁을 수록하고 있으나 이들 중 대략 159건은 국내전 혹은 내전의 성격이 보다 강하다.

이 목록은 비밀공작은 제외하고 있고, 그들의 일부는 미국이 칠레의 선거와 아옌데 정권을 흔들어 놓으려고 한 것과 같이 자유주의정권이 자유주의정권을 상대로 한 것도 있었다. 그럼에도 불구하고 그러한 간섭은 공인된 정책으로 추구된 것이 아니었다는 점이 중요하다. 칠레에 대한 비밀공작은 미상원조사위원회에 의해 자세히 기록하고 있다(US Congress, 1975).

본문에서의 주장을 따라 이 목록은 내전들도 또한 제외한다. 내전은 비록 그 잔혹성에서는 차이가 없더라도 사안의 성격에서는 국제전과 커다란 차이가 있기 때문이다. 경계로 나뉘어 독립적인 이웃으로 잘 살고 있는 두 민족이 한 나라에서 살도록 강요당한다면 세입과 세출, 지도자의 선출, 중대한 법률의 입안 등을 둘러싸고 불공대천의 원수가 될 수 있다. 이러한 차이가 있지만 자유주의적 평화주의의 주장을 뒤집을 만한 내전은 아직 본 적이 없다.

□ 참고문헌

Andreski, Stanislav. 1980, "On the Peaceful Disposition of Military Dictatorships," *Journal of Strategic Studies* 3.

Armstrong, A. C. 1931, "Kant's Philosophy of Peace and War," *The Journal of Philosophy* 28.

Aron, Raymond. 1966, *Peace and War: A Theory of International Relations*, Richard Howard and Annette Baker Fox(trans.), Garden City, N.Y.: Doubleday.

_____. 1974, *The Imperial Republic*, Frank Jellinek(trans). Englewood Cliffs, N.J.: Prentice Hall.

Babst, Dean V. 1972, "A Force for Peace," *Industrial Research* 14(April).

Banks, Arthur and William Overstreet(eds.). 1983, *A Political Handbook of the World; 1982 ~1983*, New York: McGraw Hill.

Barnet, Richard. 1968, *Intervention and Revolution*, Cleveland: World Publishing Co.

Brzezinski, Zbigniew and Samuel Huntington. 1963, *Political Power: USA/USSR*, New York: Viking Press.

Carnesale, Albert, Paul Doty, Stanley Hoffmann, Samuel Huntington, Joseph Nye and Scott Sagan. 1983, *Living with Nuclear Weapons*, New York: Bantam.

Chan, Steve. 1984, "Mirror, Mirror on the Wall...: Are Freer Countries More Pacific?" *Journal of Conflict Resolution* 28.

Clemens, Walter C. 1982, "The Superpowers and the Third World," in Charles Kegley and Pat McGowan(eds.), *Foreign Policy: USA/USSR*, Beverly Hills: Sage.

Doyle, Michael W. 1983a, "Kant, Liberal Legacies, and Foreign Affairs: Part 1," *Philosophy and Public Affairs* 12.

_____. 1983b. "Kant, Liberal Legacies, and Foreign Affairs: Part 2," *Philosophy and Public Affairs* 12.

_____. 1986. *Empires*, Ithaca: Cornell University Press.

The Europa Yearbook for 1985, vol.2. London, Europa Publications.

Friedrich, Karl. 1984, *Inevitable Peace*, Cambridge, M.A.: Harvard University Press.

476

Gallie, W. B. 1978, *Philosophers of Peace and War,* Cambridge: Cambridge University Press.

Galston, William. 1975, *Kant and the Problem of History,* Chicago: Chicago University Press.

Gastil, Raymond. 1985, "The Comparative Survey of Freedom 1985," *Freedom at Issue* 82.

Haas, Michael. 1974, *International Conflict,* New York: Bobbs-Merrill.

Hassner, Pierre. 1972, "Immanuel Kant," in Leo Strauss and Joseph Cropsey (eds.), *History of Political Philosophy,* Chicago: Rand McNally.

Hermens, Ferdinand A. 1944, *The Tyrants' War and the People's peace,* Chicago: University of Chicago Press.

Hinsley, F. H. 1967, *Power and the Pursuit of Peace,* Cambridge: Cambridge University Press.

Hoffmann, Stanley. 1965, "Rousseau on War and Peace," *The State of War,* New York: Prager.

Holmes, Stephen. 1979, "Aristippus in and out of Athens," *American Political Science Review* 73.

Huliung, Mark. 1983, *Citizen Machiavelli,* Princeton: Princeton University Press.

Hum, David. 1963, "Of the Balance of Power," *Essays: Moral, Political, and Literary,* Oxford: Oxford University Press.

Kant, Immanuel. 1970, *Kant's Political Writing,* Hans Reiss(ed.), H. B. Nisbet (trans.), Cambridge: Cambridge University Press.

Kelly, George A. 1969, *Idealism, Politics, and History,* Cambridge: Cambridge University Press.

Keohane, Robert and Joseph Nye. 1977, *Power and Interdependence,* Boston: Little Brown.

Langer, William L.(ed.). 1968, *The Encyclopedia of World History,* Boston: Houghton Mifflin.

Machiavelli, Niccolo. 1950, *The Prince and the Discourses,* Max Lerner(ed.), Luigi Ricci and Christian Detmold(trans.), New York: Modern Library.

Mansfield, Harvey C. 1970, "Machiavelli's New Regime," *Italian Quarterly* 13.

Montesquieu, Charles de. 1949, *Spirit of the Laws,* New York: Hafner (Originally published in 1748).

Murphy, Jeffrie. 1970, *Kant: The Philosophy of Right,* New York: St. Martins.

Neustadt, Richard. 1970, *Alliance Politics,* New York: Columbia University Press.

Payne, James L. n.d., "Marxism and Militarism," *Polity,* Forthcoming.

Pocock, J. G. A. 1975, *The Machiavellian Moment,* Princeton: Princeton University Press.

Polanyi, Karl. 1944, *The Great Transformation,* Boston: Beacon Press.

Posen, Barry and Stephen Van Evera. 1980, "Overarming and Underwhelming," *Foreign Policy* 40.

_____. 1983, "Reagan Administration Defense Policy," in Kenneth Oye, Robert Lieber and Donald Rothchild(eds.), *Eagle Defiant,* Boston: Little Brown.

Powell, G. Bingham. 1982, *Contemporary Democracies,* Cambridge, M.A.: Harvard University Press.

Reagan, Ronald. 1982. 6. 9, "Address to Parliament," *New York Times.*

Riley, Patrick. 1983, *Kant's Political Philosophy,* Totowa, N.J.: Rowman and Littlefield.

Rummel, Rudolph J. 1979, *Understanding Conflict and War,* vol.5, Beverly Hills: Sage Publications.

_____. 1983, "Libertarianism and International Violence," *Journal of Conflict Resolution* 27.

Russett, Bruce. 1985, "The Mysterious Case of Vanishing Hegemony," *International Organization* 39.

Schumpeter, Joseph. 1950, *Capitalism, Socialism, and Democracy,* New York: Harper Torchbooks.

_____. 1955, "The Sociology of Imperialism," *Imperialism and Social Classes,* Cleveland: World Publishing Co.(Essay originally published in 1919).

Schwarz, Wolfgang. 1962, "Kant's Philosophy of Law and International Peace," *Philosophy and Phenomenonological Research* 23.

Shell, Susan. 1980, *The Rights of Reason,* Toronto: University of Toronto Press.

Shklar, Judith. 1984, *Ordinary Vices,* Cambridge, M.A.: Harvard University Press.

Skinner, Quentin. 1981, *Machiavelli,* New York: Hill and Wang.

Small, Melvin and J. David Singer. 1976, "The War-Proneness of Democratic Regimes," *The Jerusalem Journal of International Relations* 1(4).

_____. 1982, *Resort to Arms,* Beverly Hills: Sage Publications.

Streit, Clarence. 1938, *Union Now: A Proposal for a Federal Union of the Leading Democracies,* New York: Harpers.

Thucydides. 1954, *The Peloponnesian War,* Rex Warner(ed. & trans.) Baltimore: Penguin.

UK Foreign and Commonwealth Office. 1980, *A Yearbook of the Commonwealth 1980,* London: HMSO.

US Congress. Senate. Select Committee to Study Governmental Operations with Respect to Intelligence Activities. 1975, *Cover Action in Chile, 1963 ~74,* 94th cong., 1st sess., Washington, D.C.: U.S. Government Printing Office.

US Department of State. 1981, *Country Reports on Human Rights Pratices,* Washington, D.C.: U.S. Government Printing Office.

Waltz, Kenneth. 1962, "Kant, Liberalism, and War," *American Political Science Review,* 56.

_____. 1964, "The Stability of a Bipolar World," *Daedalus,* 93.

Walzer, Michael. 1983, *Spheres of Justice,* New York: Basic Books.

Weede, Erich. 1984, "Democracy and War Involvement," *Journal of Conflict Resolution* 28.

Wilkenfeld, Jonathan. 1968, "Domestic and Foreign Conflict Behavior of Nations," *Journal of Peace Research* 5.

Williams, Howard. 1983, *Kant's Political Philosophy,* Oxford: Basil Blackwell.

Wright, Quincy. 1942, *A Study of History,* Chicago: Chicago University Press.

Yovel, Yirmiahu. 1980, *Kant and the Philosophy of History,* Princeton: Princeton University Press.

□ 편역자 소개

김우상(연세대 교수), 한국외국어대, University of Rochester
김재한(한림대 교수), 서울대, University of Rochester
김태현(중앙대학교 국제대학원 교수), 서울대, Ohio State University
박건영(가톨릭대 교수), 서강대, University of Colorado, Boulder
백창재(서울대 교수), 서울대, University of California, Berkeley
신욱희(서울대 교수), 서울대, Yale University
이호철(인천대 교수), 서울대, Rutgers University
조기숙(이화여대 국제대학원 교수), 이화여대, Indiana University

한울아카데미 204

국제관계론강의 1

ⓒ 박건영 외, 1997

옮긴이 | 김우상·김재한·김태현·박건영·백창재·신욱희·이호철·조기숙
펴낸이 | 김종수
펴낸곳 | 한울엠플러스(주)

초판 1쇄 발행 | 1997년 2월 28일
초판 15쇄 발행 | 2020년 11월 20일

주소 | 10881 경기도 파주시 광인사길 153 한울시소빌딩 3층
전화 | 031-955-0655
팩스 | 031-955-0656
홈페이지 | www.hanulmplus.kr
등록번호 | 제406-2015-000143호

Printed in Korea.
ISBN 978-89-460-6968-8 94340

* 가격은 겉표지에 있습니다.